亂世行春秋事

戴笠與中國特工

孫雨聲——著

1897–1936

戴笠早年留影

戴笠攝於民國二十五年前後

民國十七年六月十七日，戴笠（左一）與胡宗南、趙龍文攝於杭州西湖大佛寺。

戴笠影像之一。

民國十八年七月十二日，戴笠（左一）在泰山隨侍蔣中正（前坐者）。

民國二十三年，戴笠（左）與黃杰攝於北平。

戴笠影像之二。

戴笠與陳華同遊杭州西湖。

戴笠與陳華同遊杭州靈隱寺。

民國二十五年十二月二十六日，蔣中正自西安返抵南京，戴笠隨侍。

戴笠影像之三。

國民政府軍事委員會委員長蔣中正。

軍政部長何應欽　武昌行營主任張學良　全國經濟委員會委員宋子文

上海市長吳鐵城　軍統局局長陳立夫　軍統局副局長陳焯

力行社書記長劉健群　中央警官學校校長李士珍　南昌行營調查課課長鄧文儀

與戴笠關係密切之政府要員。

二期鄭介民　二期張炎元　二期林桓

三期邱開基　三期柯建安　三期翁光輝

三期謝鎮南　三期岑家焯　三期江雄風

早期參加特務處工作的黃埔同學之一。

四期趙世瑞　五期喻耀離　六期唐縱

六期鄭錫麟　六期胡天秋　六期喬家才

七期白世維　七期徐遠舉　七期戚南譜

早期參加特務處工作的黃埔同學之二。

乙處書記長李果諶
（二十四年）

乙處書記長張毅夫
（二十五年）

乙處書記長梁幹喬
（二十六年）

乙處助理書記涂壽眉

乙處助理書記劉欲仙

甲室書記徐亮

情報科長唐縱

電訊科長魏大銘

編審股長傅勝藍

重要內勤工作人員之一。

上海特別區區長王新衡

北平特別區區長張炎元

港粵特別區區長邢森洲

杭州通訊站站長胡國振

天津通訊站站長陳恭澍

察綏通訊站站長馬漢三

湖南通訊站站長吳賡恕

隨節偵查組組長黎鐵漢

禁煙密查組組長周偉龍

重要外勤工作人員之一。

胡宗南　趙龍文

杜月笙　楊虎

許兆賢　陳華

戴笠之密友。

弁言

戴笠，字雨農，浙江江山人，黃埔軍校六期出身。天賦異稟，少懷大志，及長，獻身國民革命，久掌特工密勿，歷任國民革命軍總司令部聯絡參謀、聯絡組組長、三民主義力行社特務處處長、浙江省警官學校中央政治訓練特派員、軍事委員會調查統計局第二處處長、副局長、局長、南昌行營調查課課長、豫鄂皖三省剿匪總司令部第三科科長、武昌行營第三科科長、中央警官學校校務委員會主任委員、軍事委員會蘇浙行動委員會書記長、忠義救國軍總指揮、運輸統制局監察處處長、財政部緝私署署長、戰時貨運管理局局長、中美合作所主任等職，進不求名，退不避罪，忠於領袖，唯國是憂。

自戴笠御風而逝，國府明令褒揚，生平事跡存備宣付史館，用示篤念勛勞之意。然戴笠一生，如神龍之變化，行蹤飄忽，悄然來去，其建立組織也，棋布星羅，無遠弗屆；其開展工作也，奇謨密運，威略潛回；其摘奸發伏也，洞燭機先，隨宜指授；其制敵伐謀也，百道並出，五間俱起，不惟外人難悉原委，雖參讚帷幄者亦鮮能窺其奧蘊。戴笠生前，庶務叢集，餐風飲露，不遑寧處，且不矜不伐，淡泊名利，既無日記自傳之作，文牘亦僅紀其梗概。播遷以還，案卷闕失，文獻散佚，舊部或志在歸隱，拒談既往；或狃於積習，守口如瓶。雖有追述其事者，或瞻前顧後，言辭閃爍；或摭拾片段，以偏概全；或時過境遷，記憶漫滅；或耳食相傳，真相浸失。尤以檔冊多涉隱秘，未便公開，世人轉而懸揣，管窺蠡測，貳臣伺機獻媚，郢書燕說，於是誇張附會、肆意詆毀之作濫矣。

費雲文、唐良雄、王蒲臣諸書，皆以戴笠舊屬，確具過人之見，惟虛美隱惡，有褒無貶，而紀事不贍，論贊費辭，頗遭空洞浮泛之誚；江紹貞、魏斐德、馬振犢諸書，皆以後世學者，宜為持平之說，然詳略失當，真偽混淆，且預設立場，偏采讕言，難免誣書曲筆之譏。喬家才彙集口譚，張霈芝全憑局史，直是資料之整編，未稱博洽之著作。至於流俗鄙陋之本，率多系影捕風，向壁虛構，固不值識者一笑。或曰，倘以戴笠言行，廣為蒐集，勒成實錄，允為天下第一奇書。奈何斗轉星移，歲月更歷，化名不辨，隱語難解，而老成凋謝，無復可備咨詢之人，馴至青史湮沒，以迄於今。

余自幼喜讀史書，嚮慕古人奇節偉行、非常之功，每覽近代國事蜩螗，忠義之士攘袂奮起，以殉民族之難，未嘗不廢書而歎也。弱冠以來，志切著述，慨然於戴笠史事之誣濫，亟思有以正之。於是殫精竭慮，網羅放失，焚膏繼晷，露纂雪鈔，尤以軍統史籍，流布極稀，每過書肆，必加意檢索。越數年，規模粗具，乃整齊舊聞，參稽比勘，惟以金匱石室之書，無緣獲睹，欲成一家之言，力有未逮。

邇來情報局機密註銷，國史館檔案上線，使嫏嬛酉陽之秘簡，皆昭示天下，蘭台石渠之逸文，得化身千百。余喜逢其時，乃取與私存史料相印證，凡稗乘之舛午，皆以官書糾其謬，凡正史之疏忽，復以軼聞補其闕，於是融會貫通，大有豁然開朗之感。遂以國史館庋藏之檔案文獻為本，輔以情報局秘不示人之珍笈，遍考唐乃建、張炎元、陳恭澍、喻耀離、劉培初、王孔安、喬家才、魏大銘、鄭修元、毛善森、張毓中、姜毅英、何芝園、張季春、涂壽眉、王立生、張我佛、毛鍾新諸老之記述，兼及各家著作，旁徵博采，索隱探賾，以志戴笠言行，並紀特工事跡。至於考訂剪裁，一秉大公，於溢美者則除其虛譽，於貶損者則辨其誣枉，務使刪削去取，期於至當。

夷考戴笠與中國特工，自民國二十一年至二十五年為統一時期，亦即對日抗戰之準備時期，自二十六年至三十五年為對日抗戰之進行時期，以及戰後時期。今以統一時期編年述事，成六卷四十八節，凡卅餘萬言，起其降生，迄其不惑，先付剞劂。竊以戴笠長於鼎新之際，故於國民革命之背景則詳為解說；復以其事業隨領袖之意旨為轉移，故於蔣中正之功烈則不憚縷述；至於內外組織之沿革、情報工作之開展、考績獎懲之實施以及重要案件之偵辦諸節，事或綿延數歲，凡按年分述不足成篇者，皆考其首尾，詳具本末，而不拘泥於斷限。惟是學無二酉，才愧三長，錯漏之處，在所難免，倘蒙學界專家與讀者諸君不吝指正，實深禱幸。拙作之成，苟能廉頑立懦，抑使有志者披覽此編，想見其人，而能奮然興起，則斯願足矣。

孫雨聲

戊戌仲秋序於三餘書屋

目次

卷一　清光緒二十三年至民國二十一年

滿清末年，孫中山先生首倡國民革命，揭橥三民主義，糾合同志與專制政體相搏，歷盡艱難險阻，終於締造了中華民國。民國成立後，帝制餘孽繼續興風作浪，革命政府侷促於廣州一隅，處在內憂外患之中。民國十三年，孫先生鑒於過去「只有革命黨的奮鬥，沒有革命軍的奮鬥」，決定創辦黃埔軍校，並把建校建軍的重任付託蔣中正。孫先生逝世後，蔣中正繼志承烈，建立國民革命軍，誓師北伐，不三載而京津底定，全國統一。

戴笠出生於國民革命運動風起雲湧的時代大背景下，他於民國十五年考入黃埔軍校第六期。北伐期間，投身革命密勿工作，以國民革命軍總司令部聯絡參謀名義，肩負前線軍事情報之蒐集調查，犯難投險，辛苦備嘗。他曾對人言及追隨蔣中正的緣由，曰：「黃埔，一洪爐也，我領袖蔣公校長，一大工程師也，我有今日，實工程師鍛鍊之賜也。」其許身革命與效忠領袖之誠，灼然可見。

北伐完成後，蔣中正召集軍事將領，協議編遣國軍，實行三民主義，詎料綰兵符者陽奉陰違，野心政客奔走撥弄，因而叛亂頻仍，戰禍連年，統一之基，遽難奠定。民國二十年，「九一八」事變爆發，外侮日急，國勢阽危，蔣中正為促成黨內團結，毅然辭去本兼各職，他於下野前夕，指示戴笠成立聯絡組，賦予「團結黃埔學生革命力量，繼續蒐集情報」的任務，是為戴笠領導中國特種工作組織的開端。

本卷凡八節，概述國民革命之演進以及蔣中正之事功，兼述戴笠三十六歲以前的個人歷史，對其早年求學闖蕩、投身黃埔、從事革命工作的經歷，以及結識楊虎、杜月笙、胡宗南、趙龍文、周偉龍、王天木、張炎元、陳恭澍等人的經過，皆有詳實的敘述，另對戴笠化名、「密查組」存廢以及「十人團」名單等眾說紛紜的問題，亦均有所辨正。

一、勳業千秋

清代末葉，中國遭遇「千年未有之變局」，在西方列強的威力侵逼之下，中華民族已經到了存亡絕續的關頭，於是憂時之士怵於亡國滅種之痛，開始自救自強。然而，救亡圖存的道路是艱辛而曲折的：曾國藩、李鴻章等人領導的洋務運動，前後經營三十多年，曾造成「同光中興」的氣象，卻經不起甲午戰爭的考驗，這說明「中體西用」的道路是行不通的。康有為、梁啟超等人領導的變法運動，經歷了「百日維新」，曾使光緒帝頒布一系列改革詔令，卻以「戊戌政變」的悲劇收場，這說明寄望於清廷變法維新也是辦不到的。

面對清廷的腐朽無能，孫中山先生領導的革命運動終於出現在了國人的面前。孫先生生於中國，受教育於夏威夷和香港，他瞭解中國積弱不振的原因，更通曉西方國家的政情和世界大勢的變化，認為只有革命才是救國的唯一道路，他要以革命的手段，把一個暮氣沉沉、腐敗落後的舊中國，建設成一個獨立自主、平等自由、統一強大、進步文明的新中國，他的理想是「以此世界至大至優之民族，而造成一世界至進步、至莊嚴、至富強、至安樂之國家，而為民所有、為民所治、為民所享。」為了實現這一偉大的理想，孫先生於甲午年十月二十七日亦即西元一八九四年十一月二十四日，在檀香山糾合同志，成立了近代中國第一個革命團體興中會，也就是中國國民黨的前身。孫先生親自制定興中會的章程，並明定會員宣誓誓詞亦即興中會的宗旨是：「驅除韃虜，恢復中國，創立合眾政府。」

乙未年九月初九重陽節，亦即一八九五年十月二十六日，興中會在廣州發動首次起義，以陸皓東設計的青天白日旗為軍旗。不幸消息外洩，香港運送械彈又有失誤，以致志士們未及展開行動即遭到拘捕，陸皓東等數人壯烈殉難。陸皓東在臨刑前警告清吏：「一我可殺，而繼我而起者不可盡殺。」這種慷慨激昂、視死如歸的精神，激勵著愛國的革命志士們，繼續作前仆後繼的英勇奮鬥。

第一次起義失敗後，孫先生經日本到美國再轉歐洲，沿途向僑眾宣傳革命，但因此時風氣未開，效果未著。然而革命的火炬已經燃起，世界各國都知道中國出現了救國救民的革命黨，孫先生歷經一八九六年在倫敦被清廷駐英公使館誘捕事件，立即使他聲名遠播，成為各國公認的中國革命領袖，不少外籍人士開始與孫先生結交，並予以援助。

一九〇〇年，八國聯軍侵華，北京陷落，清帝逃亡，國民於積憤之餘，加深了對清廷的憎惡。在此種形勢下，孫先生發動了第二次革命起義，即惠州三洲田之役。這是一次堂堂正正的革命壯舉，革命軍在興中會會員鄭士良指揮下，高舉青天白日旗，轉戰十餘日，最終雖因缺乏接濟而失敗，但其影響甚為深遠。

由於人心丕變，革命風潮乃逐漸形成，思想變化最劇烈者，為留學日本及歐洲的青年學生。革命思潮很快影響到上海學術界，國內外知識青年的思想已經普遍覺醒，行動也逐漸聯為一體，於是孫先生再作美歐之行，把各地的革命青年組織起來，共同致力於革命救國的大業。一九〇五年八月二十日，中國同盟會遂在東京正式成立。

同盟會的成員包括十七省的留日學生以及海外華僑青年，且將海內外革命團體興中會、華興會、光復會結合為一體，形成了革命勢力的空前大團結。同盟會選舉孫先生為總理，孫先生從此成為各方公認的革命領袖，在他統一領導下進行的革命建國行動，免除了歷史上各次革命群雄並立的紛亂局面，也減少了人民可能遭受到的痛苦。孫先生對同盟會抱有極大的希望和信心，他曾說：「成立革命同盟會於東京之日，吾始信革命大業可及身而成矣。於是乃敢定立中華民國之名稱，而公布於黨員，使之各回本省，鼓吹革命主義，而傳布中華民國之思想焉。」

十一月，同盟會本部創刊《民報》，孫先生於發刊詞中，正式提出三大主義。三大主義的目的，是要同時解決三大問題，即民族問題、政治問題和社會問題。孫先生把三大主義定名為民族、民權和民生，均以民為本，故稱三民主義，其實施的方向則是民族地位的提升、民主政治的推行與均富社會的建設。

革命是驚天動地的大事業，建國是經緯萬端的大工程，既不可一蹴而就，更不可輕率從事。於是一九〇六年十月至十二月間，同盟會本部召開了一系列幹部會議，制定了「中國同盟會革命方略」，決定革命程序為軍法之治、約法之治及憲法之治三個時期，循序而進，有條不紊，期為中華民國奠定穩固的基礎，為中華民族的前途開創出光明幸福的遠景。

孫先生首倡革命，取義於「湯武革命，順乎天而應乎人」的古訓，至此，他正式把他領導的革命稱為「國民革命」。他在同盟會「軍政府宣言」中有兩段重要的說明：「前代為英雄革命，今日為國民革命。所謂國民革命者，一國之人，皆有自由、平等、博愛之精神，即皆負革命之責任，軍政府特為其樞機而已。」「今者，由平民革命以建國民政府，凡為國民皆平等以有參政權。大總統由國民公舉，議會以國民公舉之議員組成之。制定中華民國憲法，人人共守，敢有帝制自為者，天下共擊之。」

孫先生並於《民報》週年紀念大會發表演講時，剴切闡明了五權憲法的要義，決定了中華民國將以五權憲法為憲政規範的基本原則。五權憲法是孫先生的一項新發明，他將中國固有的監察權、考試權與西方國家的立法權、行政權、司法權融為一體，足以杜絕西方三權分立的流弊。

同盟會成立後的革命行動，表現得積極而強勁，尤以氣勢磅礡的文字宣傳與前仆後繼的起義行動，最為生動、激昂而頻繁。

文字宣傳方面，同盟會的《民報》和保皇黨的《新民叢報》展開了激烈的論戰。此一理論戰場遍及日本、南洋、港澳、美洲等地，而以東京為主。雙方論戰的焦點在於：同盟會主張排滿革命與民主憲政，認為革命不會招致列強瓜分，亦不會使中國發生內亂；保皇黨則主張君主立憲，認為革命將引起瓜分慘禍，並將造成長期的混亂局面。自一九〇五年起，兩報互相辯駁，歷時達三年之久，論戰文字不下百餘萬言，由於保皇黨的主張違反世界潮流，《新民叢報》的言論遂逐漸被《民報》所壓制，保皇黨亦偃旗息鼓。

武裝起義方面，同盟會於一九〇六年在湘贛邊境發動萍瀏醴之役，聲勢浩大，清廷調派四省兵力始克鎮壓。一九〇七年，孫先生在安南河內設立指揮部，連續發動湖州黃岡之役、惠州七女湖之役、欽州王光山之役與廣西鎮南關之役。同年，安徽安慶有徐錫麟起義，浙江紹興有秋瑾起義，二人雖均死難，其精神志節則永垂不朽。一九〇八年，孫先生又命黃興發動欽廉上思之役與雲南河口之役。一九一〇年一月，熊成基在哈爾濱謀刺清廷海軍大臣載洵，被捕遇害；同年二月，倪映典在廣州領導新軍起義，死難百餘人，極為慘烈；兩個月後，汪精衛、黃復生等人在北京謀刺清攝政王載灃，事泄被捕，清廷權貴為之大驚失色。

起義接連失敗，革命黨人的士氣頗受打擊，而孫先生一秉勇往直前的精神，從不氣餒，他於十月到達馬來亞的庇能，召集幹部會議，決定籌募巨款，在廣州發動一次驚天動地的壯舉。辛亥年三月二十九日，亦即一九一一年四月二十七日，同盟會全力以赴，起義於廣州，不幸這次驚天地、泣鬼神的革命行動又失敗了，至少有八十六位志士壯烈犧牲！他們的悲壯事跡和英烈精神，震驚中外，更喚醒了全中國的人心，凝結成革命黨人的黨魂。孫先生認為烈士們轟轟烈烈的表現，不但「震動全球」，而且造成國內革命浪潮的高漲，成為半年後武昌起義的動力，他說：「全國久蟄之人心，乃大興奮，怨憤所積，如怒濤排壑，不可遏止，不半載而武昌之大革命以成。」

辛亥年八月十九日，亦即一九一一年十月十日，革命黨人舉義於武昌，成立中華民國鄂軍軍政府。各省革命黨人紛紛響應，五十日內，即有十五省宣告光復，清廷之覆亡已成必然之勢。此一重大事件，史稱辛亥革命。武昌起義後，清廷大為震驚，起用袁世凱為湖廣總督及內閣總理，下令北洋軍勁旅馮國璋、段祺瑞兩部進軍漢口，與革命軍交戰。革命軍以黃興為總司令，抵禦清軍，雖以質、量均遠遜於清軍，未能奏勝，但因黃興之艱苦支撐，各省乃能先後光復，袁世凱亦知清廷大勢已去，遂派人與革命軍談和。

辛亥革命成敗的關鍵，在於各省迅速光復，最早宣布光復的是湖南與陝西，繼之而起者有江西、山西、雲南、貴州、上海、江蘇、浙江、廣西、安徽、廣東、福建、四川、山東等省區，其中尤以上海之光復，影響全局，最為重要，而主其事者則為陳其美。上海光復後，陳其美出任滬軍都督，他組成蘇浙聯軍，於十二月二日光復南京，革命之大局，因以益振。陳其美之部下多為同盟會中允文允武之幹才，黃郛、蔣中正、張群、何應欽等人乃其健者。蔣中正曾策劃並參加光復杭州之役，他擔任敢死隊的指揮官，英勇無比，首先衝入督署，其軍容及戰績，上海《民立報》曾以「浙江敢死隊之壯觀」為題作詳細報導，譽為「吾國之模範敢死隊」。蔣中正年甫二十五歲，初臨戰陣即旗開得勝，但他功成不居，於杭州光復後立即返回上海輔佐陳其美訓練部隊。

各省光復後，十七省代表組成代表會，先後在上海、武昌、南京集會，通過「中華民國臨時政府組織大綱」，決議臨時政府設於南京。十二月二十九日，十七省代表在南京舉行臨時大總統選舉會，共投十七票，孫先生以十六票當選為中華民國首任臨時大總統。又過四天，孫先生在南京就職，明令改用陽曆，以辛亥年十一月十三日亦即一九一二年一月一日為中華民國元旦，正式宣告中華民國成立。二月十二日，清帝溥儀宣布退位，孫先生「三十年如一日之恢復中華、創立民國之志，于斯竟成。」

中華民國的成立，為中國歷史開創了新紀元，中國從此進入了民主共和的新時代。孫先生主政期間，制訂並公布「中華民國臨時約法」，制頒和實施了一系列利於中國民主憲政發展的政令和促進社會文化革新進步的措施。這些政令和措施，雖一時未能貫徹實行，社會觀感則逐漸轉變，平等自由思想遂以普及。

然而，孫先生為了促使清帝退位，避免生民塗炭，只擔任了三個月的臨時大總統，便辭讓給袁世凱。經過四十多天的議和，孫先生和同盟會的同志們堅持了中華民國共和國體的基本原則，同時實現了南北雙方的和平統一，使全國人民免於戰火的荼毒，更使意圖對中國進行武力干涉的帝國主義國家失去了藉口。孫先生採取退讓和妥協的態度，因而有人譏為不澈底，甚至視之為失敗，但從全局去觀察，就不能不承認孫先生的退讓和妥協，實出於遷就現實以求有利於國家民族整體利益的理性考慮，非汲汲於名位權力之短視政客可比。

四月九日，臨時政府遷往北京，同盟會本部亦於四月二十五日北遷，另設機關部於上海。此時政情急劇變化，同盟會在臨時參議院中面臨反對黨的挑戰，曾任同盟會政事部與總務部主任幹事的宋教仁一向主張政黨內閣，他計劃組成大黨以爭取國會議員選舉的優勢，而後掌握政權，此一擴張黨勢的計劃獲得了孫先生的同意。八月二十五日，同盟會與其他四個宗旨相同的政團合組為國民黨，以「鞏固共和，實行平民政治」為宗旨，由孫先生擔任理事長，宋教仁實際負責推動黨務。

國民黨傾向於兩黨制的實施，成立宣言中曾謂：「一國政黨之興，只宜二大對峙，不宜小群分立。」此一主張倘能順利建立規範，自屬美事，無如當時中國的政治環境並不適合民主憲政之施行，國民黨雖於首屆國會選舉中獲得勝利，卻無法轉變袁世凱的守舊思想，宋教仁竟以身殉，民初政黨政治的實驗終告失敗。

袁世凱出身清廷舊臣，雖有相當的經驗和才幹，無乃思想落伍，尚沉湎於專制時代的迷夢，他並不明悉民主共和為何物，只想集權力於一身，建立獨裁統治。國民黨則堅持民主共和為不可變更的立國原則，總統要依據約法行使職權，政府須受國會監督。由於基本政治理念不同，袁世凱自始即防制國民黨。迨民國二年三月國會選舉結束，支持袁世凱的共和、統一、民主三黨在參眾兩院中的合計席次尚不足國民黨之三分之二，此一結果竟導致袁世凱的恐懼，而謀對國民黨有所壓制，於是發生了三月二十日的宋教仁被刺案，造成了民主憲政歷史上的一幕悲劇。雖然袁世凱否認知悉暗殺宋教仁的計劃，然而根據宋案證據，購兇刺宋之指使者為內務部秘書洪述祖，袁世凱則被認為是幕後元兇。

宋案發生後，袁世凱祕密調軍南下，向國民黨步步緊逼。國民黨人忍無可忍，遂於七月十二日發動「二次革命」，以武力討伐袁世凱。由於實力懸殊，「二次革命」很快失敗，孫先生等國民黨的主要領導人再度亡命海外。十一月四日，袁世凱下令解散國民黨，全國皆淪入其獨裁統治之下。此後，袁世凱為所欲為，先是解散國會及各省省議會，廢止民國元年由孫先生正式公佈的「中華民國臨時約法」，並修改大總統選舉法，使自己變成終身制的總統。至民國四年，袁世凱竟改國號為「中華帝國」，改元洪憲，終於演出了帝制自為的醜劇，中華民國的法統因而中斷！

二次革命的失敗，對國民黨的打擊異常重大。黨部被解散，黨員被捕殺，逃亡海外者則大多灰心喪志，認為短時間內無力再與袁氏相抗。然而孫先生並不消極氣餒，他於二年八月十八日抵達日本東京後，對失敗原因痛加檢討，決定結合最有革命精神和決心的同志組成中華革命黨，繼續討袁。經過將近十個月的籌備，中華革命黨終於三年六月二十三日在東京舉行選舉大會，孫先生當選為總理。中華革命黨以推翻袁世凱的獨裁統治為中心目標，除在各省建立支部發展組織外，並派軍事人員策動起義。自九月二十日起，孫先生接連召集十七次幹部會議，制定「中華革命黨革命方略」，組織中華革命軍，並明定以青天白日旗為軍旗，青天白日滿地紅旗為國旗。

四年九月以後，革命黨人以上海為活動中心。十二月五日，陳其美、蔣中正、吳忠信等人發動肇和軍艦起義。十二月二十五日，蔡鍔、李烈鈞、唐繼堯組織雲南護國軍。五年三月二十三日，袁世凱在國人的一致反對以及革命黨人的軍事壓力下，被迫取消帝制。四月，中華革命軍東北軍舉兵於山東濰縣，聲勢甚壯。此時，孫先生祕密回到上海指揮全局，他命令各地中華革命軍與雲南護國軍一致行動，共擊袁氏，袁世凱遂於六月六日憤恚而亡。繼任大總統黎元洪於六月二十九日下令恢復「臨時約法」，並定八月一日在北京重新召開民國二年四月開幕的第一屆國會，討袁軍事至此結束，中國仍維持統一的局面。

袁世凱為北洋軍之渠帥，他死後，各省政權仍由北洋軍出身之督軍控制，世稱「北洋軍閥」。黎元洪空有大總統之名，軍權則操諸北洋軍閥巨魁段祺瑞與馮國璋之手。段祺瑞雖非督軍，但久長陸軍部，且為國務總理，以山東、安徽、浙江、福建、陝西、甘肅為其勢力範圍，馮國璋則以副總統兼任江蘇督軍，由直隸、江西、湖北督軍奉為首領。段為安徽人，馮為直隸人，他們領導的集團，分別被稱為皖系、直系。

六年六月，黎元洪、段祺瑞發生「府院之爭」，段祺瑞嗾使督軍團干預國政，安徽督軍張勳趁機率軍入京，將國會解散，竟於七月一日上演了擁戴清廢帝溥儀復辟的醜劇，中華民國的法統再遭中斷！張勳之亂旋為段祺瑞討平，由馮國璋代理大總統，段祺瑞遂以「再造共和」之功自居，但他不許黎元洪復任，也不恢復國會，而是自行任命閣員，並召集沒有法理依據的臨時參議院。事實上，段祺瑞始則嗾使督軍團干政，繼則竊權盜國，置民國法統於不顧，足見其「以叛討叛、以賊滅賊」的行徑，乃為爭權攘利，非為擁護共和。於是孫先生義無反顧，發起護法運動，以維護中華民國之法統，亦即民國元年之「臨時約法」與二年四月開幕之第一屆國會。

八月二十五日，隨孫先生南下的國會議員在廣州召開非常會議。八月三十一日，成立中華民國軍政府。九月一日，選舉孫先生為海陸軍大元帥，主持護法討逆。十一月十八日，孫先生通電全國，申明：「非至約法完全恢復，國會職權完全行使時，斷不廢止。」孫先生以護法大義號召中外，旗幟堂堂，然而護法事業一波三折，並不順利。軍政府內的政客與軍閥並非真心護法，而欲與北方和談以爭權力，乃陰謀變更軍政府之組織，迫使孫先生去職。孫先生於七年五月二十一日離粵返滬，是為護法大業第一次挫折。

孫先生返回上海後，對時局採取「暫不過問」之態度，決心從事著述，以啟發國民思想。他先後著成《孫文學說》及《實業計劃》，這兩部著作與此前完成的《民權初步》合稱為《建國方略》。《孫文學說》旨在闡明知難行易學說，是為心理建設；《實業計劃》為經濟建設之重大方針與基本藍圖，是為物質建設；《民權初步》在教導國民行使民權，是為社會建設。自《建國方略》告成，而新中國之建設經綸，已燦然明備。

八年五月四日，北京爆發學生愛國運動，孫先生認為革命黨人必須負起主導思潮的使命，因而將中華革命黨改組為中國國民黨，並於十月十日正式通告中外，同時公佈「中國國民黨規約」，明定黨之宗旨為：「鞏固共和，實行三民主義」，是為「三民主義」一詞見於黨章之始。九年十一月，「規約」重加增訂，改稱「黨章」，明定中國國民黨「以三民主義為宗旨」、「以創立五權憲法為目的」。

九年十二月，革命武力粵軍陳炯明部驅逐桂系軍閥及政學會政客，收復廣州，孫先生得以重新回粵，繼續護法。孫先生回粵後，觀察國內大勢，認為「護法斷斷不能解決根本問題」，應即建設正式政府。抵穗國會議員遂於十年四月二日召開非常會議，決議改軍政府為中華民國政府。四月七日，孫先生當選為大總統。五月五日，孫先生在廣州就職，由國會非常會議議長林森主持並授印。隨即發表對內、對外宣言，對內申言「文誓竭智盡誠以救民國，破除障礙，促成統一，鞏固共和基礎。」對外說明北京政府已無合法依據存在，呼籲各國政府即行承認依國會決議而成立之中華民國政府。孫先生此次回粵，不僅要繼續護法事業，而且要開創統一全國的新局面，他從黨務、軍事和外交三方面同時積極行動，於八月平定廣西後，計劃舉兵北伐，不意於十一年六月十六日突遭陳炯明叛變之打擊，再度離粵回滬，是為護法大業第二次挫折。

在護法運動先後進行之六年中，北方政局仍然混沌不堪。民國七年三月，皖系搜羅政客，組成「安福俱樂部」，操縱選舉，改選議員，並於是年秋組成以安福俱樂部議員占絕對多數的新國會，史稱「安福國會」，又於十月選舉徐世昌取代馮國璋任大總統，以壓制直系。馮國璋於八年十二月病死後，直隸督軍曹錕及其部將吳佩孚繼起為直系頭目。此外尚有東三省巡閱使張作霖，稱為奉系。九年七月，直皖戰爭爆發，直系聯合奉系擊敗皖系，段祺瑞下台，北京政府遂為直系、奉系所控制。十一年四月，直奉矛盾加劇，第一次直奉戰爭爆發，奉系戰敗，直系獨佔北京政府。直系復以贊成護法、恢復民六國會為手段，迫徐世昌下台，迎黎元洪復位。國會既在北京復會，南方即失去護法理由，陳炯明之叛變，即與直系暗中勾結有關。其實，黎元洪亦為解散民六國會之應負責者，且其任期已由馮國璋代滿，在法律、事實兩方面皆無復職之可能，直系的真正目的在於藉舊國會之召開，選出其渠帥曹錕為大總統，翌年遂有曹錕賄選的醜聞出現，國會議員的失格深為國人所不齒。

孫先生不愧為百折不回、愈挫愈奮的革命家，雖然陳炯明之叛變使國民革命事業遭遇嚴重挫敗，但他不因此而稍餒，始終以維護中華民國與全民福祉為責任。他於十一年八月下旬回到上海，決心檢討得失，重訂黨章，因應時勢，擴展黨務，立即召集同志籌商黨務改進，研議並起草新的總章、黨綱及宣言，歷時四個月，各項文件始定稿。

中華革命黨於民國八年十月十日改稱中國國民黨時，只發表了一則通告，並未發表宣言，故十二年一月一日由孫先生以總理身分核定發表的「中國國民黨改進宣言」，實等於中國國民黨成立宣言，意義非常重大。宣言首先闡明孫先生之革命精神，「乃以三民主義為立國之本原，五權憲法為制度之綱領」，復對國民革命的本質作了更為具體的說明：「前代革命雖起於民眾，及其成功則獨夫取而代之，不復與民眾為伍。今日革命則立於民眾之地位而為之嚮導，所關切者民眾之利害，所發抒者民眾之情感，於民眾之未喻，則勞心焦思瘏口嘵音以申儆之，且不恤排萬難冒萬險以身為之先；及其既喻，則相與戮力，鍥而不捨，務蘄於成而後已。故革命事業，由民眾發之，亦由民眾成之。」

上文所稱民眾，意指全體中國人，無畛域之別，無階級之分，宜在同一主義或同一目標之下，共同奮鬥，所爭者全體國民的利益，所求者全體國民的幸福。因此孫先生領導的國民革命，本質上是全民革命，而非階級革命；範圍上為全面革命，而非局部革命；進程上為全程革命，而非階段革命，其最後目的則在實現全體中國人的自由、平等與安樂。其次說明黨的任務：「民國以前，吾黨本主義以建立民國；民國以後，則本主義以捍衛民國。」復次宣示國家建設計劃及現階段政策三項十二條，每條均極新穎、具體而明確，充滿了革新進步的精神。

在黨務改進的同時，孫先生派鄒魯為駐港特派員，策動桂省境內之滇軍楊希閔、桂軍劉震寰兩部討伐陳炯明。一月十六日，滇桂軍進佔廣州，陳炯明被逐。孫先生因再回粵建立大元帥大本營，任命蔣中正為大本營參謀長，致力於掃除廣東境內的叛軍，鞏固與開拓廣東革命基地。八月，孫先生派蔣中正率團赴蘇俄考察其軍事、政治與黨務。十月，孫先生開始著手黨的改組，令上海黨本部結束工作，以廣州為黨中央所在地，令設中國國民黨臨時中央執行委員會，主持黨務改組，並籌備召開第一次全國代表大會。

十三年一月二十日，中國國民黨第一次全國代表大會在廣州揭幕，由總理孫先生親自主持，出席國內外代表一九八人，會期十一天，至一月三十日閉幕。大會除聽取國內外各地黨務報告外，並通過黨章、宣言，及組織國民政府等要案，選出第一屆中央執行委員二十四人，候補十七人，中央監察委員五人，候補五人，建立了強固的中央領導機構，將組織發展到各省區及海外各地，使國民黨成為一個有活力的新機體。

大會最重要的文件，是「中國國民黨第一次全國代表大會宣言」。內容分為三段，第一段為中國國內現狀，第二段是解釋三民主義，第三段是中國國民黨政綱。政綱又分對內對外兩部分：對內十六條，含均權主義、省憲、縣自治、普選、以考試救選舉之窮、保障民權、行徵兵制度、安置土匪游民、廢除釐金等雜稅、均足民食、改善農民生活、制定勞工法、男女平等、普及教育、制定土地法及國營企業。對外七條，最富號召力且為國人所一致喝彩者為第一條：一切不平等條約，以及外人在中國境內行使一切政治之權力侵害中國主權者，皆當取消，重訂雙方平等、互尊主權之條約。

大會通過了「中國國民黨總章」，明文規定「本黨以創行三民主義、五權憲法之孫先生為總理」，並規定全國代表大會為最高權力機關，有權選舉中央執監委員，修改黨章，制定政綱及決定政策。此一新制度的建立，使中國國民黨通過全國代表大會即可適應時代思潮和社會環境的變遷，而制定新的政綱政策，並可促進人事的新陳代謝，隨時代而進步，永不停滯，永不衰退。大會通過了「國民政府建國大綱」，第一條規定：「國民政府本革命之三民主義、五權憲法，以建設中華民國。」規範了國民黨和國民政府的最高指導綱領即是三民主義與五權憲法，這一原則，從未改變。

孫先生在第一次全國代表大會開幕講話時，明確表示此次改組的目的，不僅要改造中國國民黨，而且要改造國家。同日，孫先生於組織國民政府提案作口頭說明時，提出「以黨建國」的主張。以黨建國，其意係以中國國民黨革命建國的理論和政策為建設中華民國的最高準則。因此，孫先生於一月二十七日起，在廣東高等師範學校開始講演三民主義，至八月二十四日止，共講十六次，被認為是「黨義之寶庫，理論之準繩」，且為中華民國立國精神之所在。

建國必須排除革命障礙，因之革命武力之建立乃為必要之圖。孫先生鑒於過去「只有革命黨的奮鬥，沒有革命軍的奮鬥」，因決定創辦「中國國民黨陸軍軍官學校」，設校址於黃埔，任命蔣中正為校長，廖仲愷為黨代表。六月十六日，黃埔軍校正式開學，孫先生親臨訓話，對軍校學生寄以最殷切的希望。孫先生將建校建軍的責任付託給蔣中正，蔣中正也沒有讓孫先生失望，日後他以不滿五百人的軍校學生為基幹，建立了國民革命軍，為中國國民黨的組織締造了新生命，為孫先生的革命大業開創了新局面。

九月十五日，第二次直奉戰爭爆發，孫先生決定出師北伐，遂任譚延闓為北伐軍總司令，並移大本營於韶關，令胡漢民留守廣州，以示決心。十月二十三日，直系將領馮玉祥突然倒戈，發動北京政變，曹錕被囚，吳佩孚浮海南遁，段祺瑞出任臨時執政，北方情勢乃形驟變。旋段祺瑞、張作霖、馮玉祥均電邀孫先生北上共商國是，孫先生亦希望經由和平談判達成國家統一，於是有北上之舉。

十一月十三日，孫先生起程北上，道經黃埔，蔣中正率全體官生士兵，整列校門外之碼頭恭迓。孫先生蒞校周視一遍，贊勵備至，他對蔣中正說：「余此次赴京，明知其異常危險，將來能否歸來尚不一定，然余之北上，是為革命，是為救國救民而奮鬥，又何危險之可言耶？況余年已五十九歲，雖死亦可安心矣！」蔣中正聞之愕然，問：「先生今日何突作此言耶？」孫先生說：「余所提倡之主義，冀能早日實行，今觀黃埔軍校學生，能忍苦耐勞，努力奮鬥如此，必能繼吾之革命事業，必能繼續我之生命，實行我之主義。凡人總有一死，只要死得其所。若二三年前，余即不能死，今有學生諸君可完成吾未竟之志，則可以死矣！」是為蔣中正與孫先生最後一次見面。

此後形勢的演變是令人失望的，段祺瑞、張作霖並不接受孫先生的國是主張，而孫先生也不幸於十四年三月十二日病逝北京，頓使中國國民黨面臨極大的震撼與挑戰。國民黨中央諸負責同志於悲痛之餘，宣告全國，繼續推進國民革命，以實現孫先生之遺志。五月二十四日，國民黨一屆三中全會決議接受孫先生遺囑，繼續為克竟革命事業之全功而努力。七月一日，由大本營改組而成之中華民國國民政府正式在廣州成立。

孫先生逝世時，蔣中正正統率黃埔校軍東征陳炯明，在棉湖一役，獲空前大捷，東江遂告底定。六月，蔣中正以黨軍司令官率部回師廣州，戡平滇桂軍之亂，革命基地因得鞏固。十月，發動第二次東征，克復惠州，廣東全省已統一於國民政府政令之下，廣西隨後亦歸附於中國國民黨之領導。十五年一月，中國國民黨在廣州召開第二次全國代表大會，蔣中正當選中央執行委員及中央常務委員，開始擔負中央決策的重任，乃著手整軍肅黨，準備北伐，以完成孫先生未竟的革命事業。

五月中旬，國民黨二屆二中全會在廣州召開，決議出師北伐。此時隸屬革命陣營之各部軍隊已統一編組為國民革命軍，國民政府遂於六月五日特任蔣中正為國民革命軍總司令。七月九日，蔣中正就職，並舉行北伐誓師大典。由國民政府主席譚延闓授印，中央監察委員吳敬恒代表中央黨部授旗，中央執行委員孫科奉總理孫先生遺像。蔣中正於宣誓後，校閱大軍，發表演說，並發布宣言，申言北伐目的：「在造成獨立之國家，以三民主義為基礎，維護國家及人民之利益。」

當時北方軍閥有三大系統：吳佩孚之舊直系，以武漢為中心，據有長江流域及豫、陝等省，吳自稱「十四省聯軍總司令」；孫傳芳之新直系，以南京為中心，據有蘇、浙、閩、皖、贛五省，孫自稱「五省聯軍總司令」；張作霖之奉系，以北京為中心，據有東三省及冀、魯兩省，張僭稱「大元帥」。三系軍閥兵力合計超過八十萬人，然係割據局面，各自為政。國民革命軍當時編有八個軍，兵力僅八萬人，且不能全部投入戰場。惟國民革命軍有主義信仰，且為吊民伐罪的王者之師，紀律嚴明，士氣如虹，更加卓越高明的指揮以及政略戰略的配合，故能以少勝多，以寡擊眾，分進合擊，所向無敵。

十月十日，國民革命軍克復武漢。十一月八日，克復南昌。國民革命軍總司令部隨即進駐南昌，規劃東南作戰計劃，下令何應欽部東路軍向閩、浙進攻，於十六年三月二十二日攻克上海，由南昌東進之中路軍則於三月二十三日攻取南京，至是東南大定，其成功之速，中外人士咸表震驚。南京龍盤虎踞，為孫先生生前選定之國都，國民黨中央政治會議因於四月十七日決議國民政府定都南京，並自四月十八日起開始辦公，發表宣言，宣示中外。

二、志在四方

在國民革命運動風起雲湧的時代大背景下，戴笠於清光緒二十三年四月二十七日，亦即西元一八九七年五月二十八日，出生於浙江省江山縣仙霞鄉的保安村。[1]日後他正式參加國民革命之際，正是蔣中正繼志承烈、統軍北伐之時，於是他一生的事業皆與蔣中正密切相關，他所領導的中國特種工作亦成為國民革命運動的一個重要組成部分。

戴笠，字雨農，這是他而立之年投身黃埔時所用的名字。此前，他的譜名是春風，學名是徵蘭。此後，他正式參加國民革命，長期從事密勿工作，所用化名甚多，就現存文獻來看，即有江漢清、汪濤、洪淼、鐘靈、龍澤霖、華重光、健進、金水、雷雲、余龍、馬健行、自新、志成、葆真、蔡行素、楊素平、崇實、戴力行、儂、冬、裕隆、何永年、宏偉、張叔平、瑞華等二十五個。[2]

1 國防部情報局編印：《戴雨農先生年譜》第二至三頁。

2 就現存文獻所見，戴笠化名共計二十五個，分為兩個體系：戴笠致電（函）特務處及軍統局同志所用之化名有十一個，其一般規律是新名啟用，舊名即不再用：江漢清為民國二十六年九月二十三日以前化名；汪濤為二十六年九月二十六日至二十七年三月三十日化名；洪淼為二十七年四月四日至同年十二月四日化名；鐘靈為二十七年十二月五日至二十八年六月九日化名；龍澤霖為二十八年六月十一日至同年十月九日化名；華重光為二十八年十月十二日至十二月三十一日化名；健進為二十九年元旦至同年九月七日化名；金水為二十九年九月八日至三十年十一月二十九日化名；雷雲為三十年十二月二日至三十一年十一月一日化名；余龍為三十一年十一月二日至三十二年十二月三十一日化名；馬健行為三十三年元旦以後化名。戴笠致電（函）專人所用之化名有十四個：自新，見於二十五年致許兆賢、熊少豪各電；志成，見於二十五年至二十六年致杭州張彝鼎各電；葆真，見於二十六年七月十六日致保定宗周電；蔡行素，見於二十六年至三十年致上海趙紹蘭、香港陳華、天津端木納各電；楊素平，見於二十七年致徐來、梁寶惠各電及二十九年致鄧翠、許勵行、許兆賢、陳華各電；崇實，見於二十七年至二十九年致香港施為真各電；戴力行，見於二十七年至三十年致忠義救國軍徐光英、周偉龍、郭履洲各電；儂，見於二十八年九月六日致上海謝文秋電；冬，見於二十八年至二十九年致香港宋子文各電；裕隆，見於二十八年至三十年致上海陳恭澍、香港杜月笙等人各電；何永年，見於二十八年至三十一年致香港吳家元各電；宏偉，見於二十九年九月二十七日致上海羅滌生電；張叔平，見於二十九年致上海唐生明電；瑞華，見於三十二年致潘友聲各電。

戴氏世居仙霞之龍井，戴春風的高祖戴日明由龍井遷居保安，以開飯鋪為業，其家在保安街的中段，坐西朝東，面對石鼓山，背負鼇頂山；祖父戴順旺務農，兼營山地竹林紙廠，小有田財，克己行善。父親戴冠英是武秀才，在衢州府衙任職，元配管氏，生一女戴春鳳；續娶保安太學生藍炳奎之四女藍月喜，生三子，長子戴春江早殤，次子戴春風，三子戴春榜。[1]藍月喜天性忠厚，待人和善，她曾受禮教的薰陶，是一位賢德的內助。

戴春風四歲時，戴冠英因病去世，藍月喜盛年守寡，常遭親族欺淩，有人擅自斫伐戴家的樹木和竹子拿去變賣，甚至擅取戴家的物件一借不還。戴家本來薄有產業，但是孤兒寡婦不事生產，加以親族侵佔，家計遂越發艱難，然而藍月喜立志撫孤，眼光遠大，並不依照當時的習俗讓兒子去學生意、做手藝，而是決定排除萬難，讓兒子讀書。[2]

戴春風七歲啟蒙，肄業戴姓家塾。家塾以戴家子弟為主，亦接受別家子弟附讀，入學即從《論語》讀起，不授《三字經》、《千字文》之類雜書。戴春風在塾師毛逢乙處讀書五年，天資穎悟，記憶力尤超越常兒，入學二年，即學作文，解「見賢思齊」之意，才思敏捷，受到毛逢乙的注意。此時戴春風尚不懂世事，但逞強好勇，喜歡打抱不平，藍月喜對此教誨很嚴，不惜體罰。戴笠多年以後曾回憶說：「我今天之所以仰不愧於天，俯不愧於地，不負父母，不疚良心，完全是由於受了母親鞭策的原故。自我幼時以至十四歲離開家庭，整整受了十年的嚴格的母教，數百次痛苦的笞楚，才練成今天的我。」他還曾說：「我這個人雖然沒有到外國留學，得過博士，但我母親告訴過我許多做事的道理。」可見他得力於母教的地方的確是至深且鉅。[3]

清宣統二年，戴春風十四歲，這年春天他考入江山縣立文溪高等小學，改名徵蘭。文溪高小原為文溪書院，是江山最完善的高級小學。戴徵蘭考入文溪後，開始表現超人的學習能力與領導能力，一連當了四年班長，他聰慧過人，考試總是名冠全班。時有試題「問立志」，戴徵蘭洋洋灑灑，頃刻成篇，結語謂：「希聖、希賢、希豪傑而已」。[4]

---

1 申元：《戴笠家世》，《江山文史資料》第五輯第三十九至四十一頁。
2 國防部情報局編印：《戴雨農先生傳》第二至三頁。
3 國防部情報局編印：《戴雨農先生傳》第三頁；喬家才：《鐵血精忠傳》第六至七頁；毛鍾新：《戴笠將軍別傳六》，《中外雜誌》第三十一卷第五期第一〇三頁。
4 國防部情報局編印：《戴雨農先生傳》第三至四頁。

其實戴徵蘭玩心很重，並不用功讀書，有機會就翹課，夜裏也常爬牆偷出去玩，可是他的成績仍然不受影響，有默書或考試時，他只要臨考前夕翻一下書，每試必列第一。戴徵蘭的揮霍也出了名，他與飲食攤混得很熟，可以掛賬，他和同學外出吃喝，必搶先付錢。只是每學期快結束時，飲食攤的老闆便紛至學校討債，戴徵蘭只得常把鋪蓋交給當鋪保管。[1]

戴徵蘭進入文溪高小的第二年，適值中華民國成立，當時江山偏處一隅，風氣尚未轉變，然而戴徵蘭思想進步，早已將滿清時代的髮辮剪掉。他看到同學周念行的腦後仍然拖著辮子，便把周念行一把拉到寢室，拿起剪刀，幫他剪掉了辮子。[2]

文溪高小瀕臨文溪，有小橋通往溪中的「仰止亭」，為同學們課餘之暇排遣煩悶的場所。有一天，戴徵蘭和周念行在亭上，看到對岸有些纏足女子，行動非常不便，戴徵蘭覺得非加以改革不可。此外，當時鄉間盛行抽鴉片煙，也有必要痛加取締。於是戴徵蘭在校組織「青年會」，一面聯絡同學感情，一面勸人講求公共衛生，以「男勿吸鴉片煙，女勿纏足」為宗旨。一時間，「凡同學之倜儻不羈者附之」，戴徵蘭做了青年會的會長，鼓勵同學們利用假期回到家鄉進行宣傳。[3]

除了熱衷改革、嫉惡如仇，戴徵蘭還有明辨是非、不肯妥協的天性。有一天，國文老師講「孟子・離婁下」，孟子告齊宣王曰：「君之視臣如手足，則臣視君如腹心；君之視臣如犬馬，則臣視君如路人；君之視臣如土芥，則臣視君如寇讎」。這位老師思想落伍，對孟子這段話加以批判，他以為：「君在上，臣在下，君高民卑，不管君怎樣對待臣子，做臣子的都不應該視君如路人，視君如寇讎」。課後，同學們議論紛紛，多認為老師的見解很有問題，但無人敢出頭反對。戴徵蘭則公開說：「孟子的說法很正確，國文老師以他個人的謬見批評孟子，不配再做我們的老師，應當請他走路。」當時也有人主張給老師留點面子，不要趕他走，戴徵蘭卻斬釘截鐵的說：「現在已經是民國時代，不能再讓保皇思想來誤人子弟，非請他走路不可。」由於戴徵蘭的堅持，大家熱烈附和，那位國文老師自知理虧，從此沒有再來上課。[4]

---

1 毛鍾新：《戴笠將軍別傳六》，《中外雜誌》第三十一卷第五期第一〇四頁。
2 國防部情報局編印：《戴雨農先生傳》第四頁。
3 國防部情報局編印：《戴雨農先生傳》第四至五頁；喬家才：《鐵血精忠傳》第十頁。
4 國防部情報局編印：《戴雨農先生傳》第五頁。

民國二年，戴徵蘭十七歲，這時他已是臨近畢業的高年級優等生，同學們都對他敬而畏之，尤其低年級的新生更覺得他是一位了不起的人物。某日，有同學姜潤才者，欺侮新生王蒲臣，把王蒲臣當馬騎，讓他在地上爬，王蒲臣又哭又叫，姜潤才則得意洋洋的哈哈大笑。這一幕被戴徵蘭看到，便責罵姜潤才為何欺侮同學，說：「同學們應該相親相愛，互相幫助，你不幫助他已經不對了，怎麼還可以騎在他的身上取樂呢？以後不許這樣！」從此以後，同學們以為王蒲臣是戴徵蘭的朋友或是親戚，再也不敢欺侮他了。[1]

這一年，戴徵蘭以第一名畢業於文溪高小，先後兩任校長楊文洵、周邦英都很看重他的才華，但也對他倜儻不羈、好管閒事的性格不以為然。時有同學姜紹謨者，比戴徵蘭晚三年入學，是個文質彬彬、循規蹈矩的「好學生」，戴徵蘭曾和姜紹謨到十八曲街買新鮮玉米，被周邦英看到。第二天朝會，周校長以警告的口吻說：「好學生不可跟著壞學生亂跑。」[2]

民國三年，戴徵蘭十八歲，奉母命與江山縣風林鄉耕讀世家之女毛秀叢結婚，並於這年夏天考取浙江省立第一中學。省立一中位於杭州，為全省學子嚮往的學校，戴徵蘭在校期間仍然是個受人注目的高材生，可惜入校三個月後便因細故被迫退學。當時省立一中的學生多住宿舍，戴徵蘭的寢室位於二樓樓梯口，每到深夜，便有舍監上樓查看，履聲橐橐，擾人清夢。戴徵蘭因此經常夜不成眠，甚為厭惡，於是暗將啞鈴置於樓梯間，希望以此警告舍監。某夜，舍監照例上樓查看，誤踏啞鈴跌倒，他知道定是有人惡作劇，遂要求校方查明嚴懲。校方為此集合學生查詢，戴徵蘭不待詢及，便坦承是他所為，並且申述理由，侃侃而談，博得同學們的一致同情。校長知道戴徵蘭是一名優秀的學生，見他勇於認錯，本想薄責了事，無如舍監以去就力爭，校長最終只得讓他退學。此後他未再入學，所以戴笠日後常說：「論資格，我只是高小畢業，中學只住了三個月」[3]

戴徵蘭自離開省立一中以至投考黃埔軍校的十二年間，一直浪跡江湖。他被一中開除之初，曾瞞著母親，逗留杭州，在親戚所開的豆腐店裏幫忙照顧生意。後藍月喜念子心切，親赴杭州查及去處，偕戴徵蘭返鄉，且教以

1 王蒲臣：《滾滾浪沙九十秋》第四十至四十一頁。

2 國防部情報局編印：《戴雨農先生傳》第五頁；喬家才：《戴笠和他的同志》第一集第一五六頁。

3 喬家才：《鐵血精忠傳》第十六至十八頁；良雄：《戴笠傳》第十六至十七頁。《戴雨農先生年譜》及《戴雨農先生傳》記戴笠被開除事，略謂「舍監每以鄉愿作風對學生，眾以師生顏面，心惡之而不敢言，先生獨鳴不平，因而觸怒舍監，強校長開除先生」云云，語焉不詳。另《戴雨農先生年譜》載戴笠於民國五年亦即入學浙省一中兩年後始被開除，未知何據。

為人處世之道，勉其力爭上游，奮發圖強。戴徵蘭回家後，於閒暇時多讀史書，當他看到《漢書》上班超投筆從戎的故事時，非常嚮往。民國六年，戴徵蘭已經二十一歲，他不忍在家坐食，重勞母親，遂離開家鄉，投效浙軍潘國綱部當志願兵，希望能從行伍之中找到進身之階。可是潘國綱的部隊沒多久便在一次作戰中被打垮了，戴徵蘭流落寧波，只得在關帝廟內暫時存身。藍月喜得知後，再次不遠千里來到寧波，親自把戴徵蘭接了回去。[1]當時交通條件甚為惡劣，從保安村到江山縣要翻山越嶺，出了縣城才有小木船可乘，而且重灘積石，急水箭流，這種旅行對於一個一雙小腳、不會說普通話的老年婦人而言，是非常艱難而危險的。[2]

戴徵蘭投效浙軍前後，還參加過兩次考試。一次是在民國五年夏天，投考衢州聯合師範，國文考題是「君子和而不同論」，戴徵蘭以第二名的成績考取了，然而並未就讀，原因不明。另一次是當槍手，替一個餘姚人考杭州師範，也考取了。此外，戴徵蘭還曾擔任保安村的學務委員，經管地方公產所撥款項，籌付保安水口廟區立初級小學兩名教員的薪水，事務甚簡。但他志在四方，不願終老牖下，遂於民國九年懇辭母親，外出闖蕩，藍月喜壯其志，乃割賣竹林山地，充其資斧。[3]

九年以後，戴徵蘭大部分時間都是浪跡在外，經常往來於上海、杭州、金華、衢州等地。他志在交游，廣泛深入社會各階層，瞭解了許多社會問題的內幕和癥結，獲得了許多接近群眾和為人處世的經驗教訓，這些書本上學不到的知識，對他日後的事業有很大的幫助。最為難能可貴的是，戴徵蘭出淤泥而不染，始終保持著清醒的頭腦和超然的態度，他雖然結交幫會人物，卻始終沒有加入，雖然經常進出於燈紅酒綠、紙醉金迷甚至萎靡罪惡的場合，卻始終不曾沉醉墮落。[4]

戴徵蘭在流浪期間，仍然力求保持風度。他夏天在杭州，只有一套白布掛褲和一雙白皮鞋，沒有第二套衣服可供替換。他為了保持衣服整潔，便在西湖僻靜人少的地方脫掉衣服，跳入水裏洗滌乾淨，等衣服晾乾，再從水

1 國防部情報局編印：《戴雨農先生年譜》第九頁；國防部情報局編印：《戴雨農先生傳》第六頁。
2 毛鍾新：《戴笠將軍別傳六》，《中外雜誌》第三十一卷第五期第一〇五頁。
3 國防部情報局編印：《戴雨農先生年譜》第九至十頁；國防部情報局編印：《戴雨農先生傳》第六頁；毛鍾新：《戴笠將軍別傳六》，《中外雜誌》第三十一卷第五期第一〇六頁。
4 國防部情報局編印：《戴雨農先生傳》第六至七頁。

裏走出來穿上。晚上睡覺時，他把衣服疊好，用兩條板凳相向壓到天亮，衣服便能筆挺有型。[1]

戴徵蘭在鄉期間，經常參加家鄉的文娛活動。江山文娛之風甚盛，據同治《江山縣誌》載：「邑好弦歌，歲遇有秋，則絲竹管弦之盛，幾如壤祝衢謳。」戴徵蘭天性好動，善操各種樂器，敲鑼、打鼓、鐃鈸、胡琴，樣樣都會，別人有興趣玩哪一樣，戴徵蘭就讓給人家玩，自己另玩一樣。一場聚會，無論缺少哪樣樂器的人手，戴徵蘭都能接替。春節玩龍燈，戴徵蘭必舞龍頭，但龍尾、龍珠亦會，如果有人要舞龍頭，他亦讓給人家，自己另舞一處。此外，戴徵蘭還參加名為「花會」的益智性賭博活動，擔任「主筒官」。[2]

民國十三年，戴徵蘭二十八歲，他已經在外浪跡多年，還沒有創出什麼事業來，加以母親倚門盼望、妻子一再勸說，於是他回到家鄉，未再外出。當時軍閥互爭雄長，到處兵連禍結，是年浙軍伍文淵部與閩軍孟昭月部又起戰爭，兩軍接戰的地區正是戴徵蘭的家鄉一帶。軍閥作戰，向來勝敗雙方都要騷擾地方人民，於是戴徵蘭倡議組織保安自衛團，自任團總，仿照曾國藩辦團練的方法，以應付遊兵散勇乘機搶劫。[3]

仙霞為閩浙交通之咽喉，保安村南至二十八都，北至峽口，其間小竿嶺、窯嶺，均有寇盜出沒，這些寇盜多是工人或樵夫，常在冬季伺候於官道附近，剽掠單身客人，再用劫得的錢財回家過年。保衛團原額十人，無給職，有單響毛瑟槍十支，平常不集合、不操練，也無任務。戴徵蘭當了團總，卻當作一件正經事來辦，要求團員集合出操，搜捕強盜。遇有盜警，即出發搜捕，且澈底追究，常常搜捕到臨近的箬山、三卿口等村，真正破獲了幾件案子，抓到犯人送官法辦。[4]

自衛團需要張羅伙食，吃喝用度漸漸成了問題，於是戴徵蘭一面自己貼補，一面向地方攤派挪借，等到戰爭結束，他已欠下一大筆債務，受到各方的指摘，藍月喜雖然愛子情深，這時也不免責難他「好管閒事」，罵他是「潦鬼」，意為敗家之人，甚至毛秀叢也這樣稱呼他。戴徵蘭覺得家鄉終非久留之地，遂復萌外出之志。[5]

1 喬家才：《鐵血精忠傳》第二十一頁；戈士德：《胡宗南與戴笠下》，《中外雜誌》第三十一卷第四期第三十三頁。
2 毛鍾新：《戴笠將軍別傳六》，《中外雜誌》第三十一卷第五期第一〇六頁。
3 國防部情報局編印：《戴雨農先生傳》第七頁。
4 毛鍾新：《戴笠將軍別傳六》，《中外雜誌》第三十一卷第五期第一〇六至一〇七頁。
5 國防部情報局編印：《戴雨農先生傳》第七頁；毛鍾新：《戴笠將軍別傳六》，《中外雜誌》第三十一卷第五期第一〇七頁。

三、革命洪爐

早在民國三年，戴徵蘭就讀過一部叫做《神州光復誌》的書，這部書仿照《三國演義》的筆法講述中國國民黨的歷史，使戴徵蘭對國民革命有了初步的瞭解，他深深的感覺到，「革命之所以成功，是由於許多革命先烈忠勇奮發，同心協力，秉承總理的意志，為國家為人民，拋頭顱灑熱血的結果。」[1]時值軍閥禍國，戴徵蘭奮身跟隨堂兄戴志南奔走革命，幾瀕於危。[2]因為參加革命的關係，他在民國七年被北洋政府以「亂黨」罪名逮捕，身陷囹圄，但他並未因此嚇倒，出獄以後，「更明白革命的道理，對革命的情緒更加濃厚，對革命的行動也更趨激烈。」[3]當民國十三年黃埔軍校成立後，他不禁心嚮往之。

民國十五年春末夏初，戴徵蘭有事進江山縣城，在悅來客棧遇到了多年不見的文溪同學毛善餘。把晤暢談之下，才知道毛善餘本來已在廣州考取黃埔軍校第四期，卻因一場大病退了學，所幸同鄉周念行亦在廣州從事革命活動，毛善餘遂在病好之後，經周念行幫助找到了一份工作，現因父親去世，故回鄉奔喪。毛善餘明白戴徵蘭的處境和志向以後，竭力鼓勵他到黃埔去，因為「革命的朝氣在黃埔」，只有黃埔才是鍛鍊革命青年的大洪爐！於是戴徵蘭便打定主意去投考。[4]

戴徵蘭知道母親和妻子很難同意他遠走廣東，便在縣城籌措了一百塊大洋的路費，回家放在抽屜裏，準備乘夜稍帶幾件換洗衣服，瞞著家人，一走了之。不料晚上打開抽屜時，大洋卻不見了，後來毛秀叢承認是她拿走

---

1 戴笠講詞，民國三十三年十一月十二日，《戴先生遺訓》第一輯第二一二頁。

2 國防部情報局編印：《國防部情報局史要彙編》下冊第六頁。據《江山文史資料》第九輯第七十七頁載：戴志南，字子造，譜名戴春陽，江山保安人。清末留學日本弘文學院，入中國同盟會，後回縣祕密從事革命活動。辛亥革命後，歷任南京臨時政府內務部秘書、山東省督軍署顧問、浙江省督軍署諮議、浙江省第二屆省議員、浙江憲法起草委員會委員。民國十八年，國民黨清黨，因受誣陷，憤而自縊，逝于故里。

3 戴笠講詞，民國三十三年十一月十二日，《戴先生遺訓》第一輯第二一四頁。

4 國防部情報局編印：《戴雨農先生傳》第七至八頁。

了，問戴徵蘭要這許多錢做什麼。戴徵蘭支支吾吾，不肯實說。毛秀叢說：「自從我到你家裏來了之後，因為你時刻在外，婆婆便嗔怪我連一個男人也管不住，彷彿你的時時外出都是我唆使的，過去的日子我幾乎沒有一天不是以淚洗面，希望你這次為了我不要再出門吧！」戴徵蘭不得已，乃將現在外面的局勢以及他不能株守田園的苦衷直說，希望毛秀叢諒解他。兩人暗暗哭泣了好久，毛秀叢終於同意了丈夫的主張，明知放他出去，婆婆第二天便要大發脾氣，也顧不得許多了。毛秀叢起身為戴徵蘭整理行裝，還特地將自己陪嫁的金簪送給他，以壯行色。戴徵蘭悄悄從後門出去找了一個力夫，回來時毛秀叢已為他煮好了四枚雞蛋，為他踐行。在這種相對黯然的情況下，戴徵蘭勉強吃了兩枚，眼淚流到碗裏。天快亮時，他慌忙丟下哭泣的妻子，領著力夫從後門走了。[1]

當時浙江、福建都在軍閥孫傳芳控制之下，反對國民革命，「走廣東」的青年必須祕密進行，逃過孫傳芳的耳目。戴徵蘭經過杭州，沒有久留，便迅速趕到上海乘船南下，於五月抵達廣州。此時廣州的革命情勢正呈現出一片空前蓬勃的新氣象，就在戴徵蘭抵達不久之後，黃埔軍校校長蔣中正受任為國民革命軍總司令，於七月九日誓師北伐，民心士氣也隨著革命浪潮鼓舞澎湃起來。

戴徵蘭等候黃埔軍校招生期間，曾去投靠同鄉周念行，但因周念行已隨軍北上，沒能找到。戴徵蘭舉目無親，便在長堤附近一家旅店住下，一面購閱書報，關心時事，一面進修數學，準備應考課程。時間一久，他的旅費快用完了，為了節省開支，又搬到司後街的小客棧「宏信學旅」去住。有一天，戴徵蘭因為欠了幾天房錢，被老闆娘攔著不准出門，雙方吵了起來。正在為難之際，住在旅店的一位青年慷慨解囊，替戴徵蘭付清了五塊毫洋的欠帳，然而戴徵蘭未作任何表示，只瞟了那位青年一眼，便離開了。

當夜，戴徵蘭向這位仗義解圍的青年道謝，二人互通姓名，才知道此人名叫徐亮，字為彬，在國民革命軍總司令部特別黨部第九分部當幹事，正準備投考黃埔軍校，因見戴徵蘭行止顧盼，頗有瞻視非常之概，故而有心結識。當下二人互談抱負，直到深夜兩點鐘後始去，從此他們成了志同道合的好朋友。日後每天傍晚，徐亮從特別黨部回到旅社，戴徵蘭便與他長談，往往不知不覺就到了夜裏十二點，這時門口有賣臘味飯、荷葉飯的，二人便買些來吃，有時沒錢，便相偕到財政廳門口的粥攤去吃粥。[2]

1 徐亮：《紀念戴雨農先生》，《戴雨農先生全集》第一一六四至一一六五頁。

2 國防部情報局編印：《戴雨農先生傳》第九至十頁；徐亮：《紀念戴雨農先生》，《戴雨農先生全集》第一一六三至一一六五頁。

後來，戴徵蘭和徐亮又認識了一位住在「廣泰來」旅館的陝西青年王孔安，他也是來投考黃埔的，於是三人成了朋友。不久，三人去長堤入伍生部參加考試，徐亮和王孔安都考取了，戴徵蘭卻名落孫山，王孔安說：「你以前叫春風，現在又叫徵蘭，恐怕是你的名字有問題，軍人哪有什麼花呀草呀，改個名字吧！」於是戴徵蘭再次報考，改名戴笠，字雨農，寓埋頭苦幹、從事革命之意，這次終於考取。[1]

黃埔軍校自第三期起，實施入伍生制度。[2]自第四期起，新生入校後先施以六個月之入伍訓練，再行分科升學教育。入伍訓練期間實施嚴格之管理、測驗、甄別與淘汰制度，其目的在灌輸軍事學之基本原理，養成學生恪守黨紀、軍紀之習性，並陶冶其品德、鍛鍊其體格，使領悟軍營生活及各種勤務，以奠立國民革命軍之戰鬥基礎。[3]十月七日，戴笠入伍，編入入伍生第一團第十七連，同團的同學有徐亮、王孔安、何峨芳、勞建白、喬家才等人，這些同學後來都追隨戴笠參加了特種工作。[4]

黃埔軍校的教育方針，在使學生體認當前革命需要，篤信三民主義，樹立智仁勇三達德，抱定不成功便成仁之決心，嚴守革命紀律，研習革命戰術，熟練戰鬥技能，以擔負救國救民之神聖使命。教育重點則分精神教育與軍事教育兩點，精神教育之內涵，在於革命思想、革命精神與高尚品德；軍事教育概分學、術二科，學科在探討一般原理原則之真諦，術科則在習得實際作戰所需之技能。[5]

戴笠進入黃埔以前，經歷了十二年的潦倒與折磨，蘊積了太多的痛楚與煎熬，艱苦備嘗，情偽盡知。如今在這座國民革命的大洪爐中，他脫胎換骨，變化氣質，為日後的革命事業打下了基礎。入伍訓練時，戴笠因有浙軍從軍經歷，他的步兵基本動作，無論是正步、跑步、托槍、轉法，都很老練好看，可是他的體力不夠，常常生病，他曾對徐亮說自己將來不能帶兵，最適宜從事警察工作。[6]

戴笠考入黃埔之時，已是而立之年，他兩頰多髭，沉默寡言，故一般同學都不喜歡與之接近。[7]戴笠的同桌

1　喬家才：《鐵血精忠傳》第二十四頁。
2　陸軍軍官學校編印：《陸軍軍官學校校史》第四篇第二十頁。
3　陸軍軍官學校編印：《陸軍軍官學校校史》第四篇第四十七頁。
4　國防部情報局編印：《戴雨農先生年譜》第十二至十三頁。
5　陸軍軍官學校編印：《陸軍軍官學校校史》第四篇第二至三頁。
6　徐亮：《紀念戴雨農先生》，《戴雨農先生全集》第一一六五頁。
7　王蒲臣：《戴先生在軍校時期的一頁對共鬥爭史》，《健行月刊》第四十四期第十八頁。

是湖南同學勞建白，才十八歲，他看戴笠常常把口張開，不用鼻孔呼吸，且有把頭偏向一邊的習慣，內心十分反感。直到有一天自習的時候，勞建白無意間看見戴笠正在給母親寫信報平安，信上寫有「心香一炷遙祝健康」等字，這才引起了他內心的共鳴。戴笠寫好之後，微笑著問他：「你是不是也需要寫家信？」至此，二人始有正式交往，以後經常討論一些學術上的問題。[1]勞建白個性耿直，起初覺得戴笠老氣橫秋，一定是投機份子，不是來革命的，後來戴笠處處照顧他，總是勸他說：「小孩子不知輕重，不要闖禍」，勞建白竟漸漸不再討厭戴笠，反而把他當老大哥，一切聽他的。[2]

當時，黃埔軍校入伍生除從事訓練外，尚須擔任本校及各地之警戒任務。是年冬，第五期入伍生由防地調回升學，防務由第六期學生接替，遂由入伍生第一團第四營往虎門駐防，第二團往石龍、東莞、深圳三處駐防，其餘留沙河訓練。駐防期間，學術兩科均照常教授。[3]有一天，戴笠和徐亮、王孔安等同學從沙河調防到深圳，到車站時，值星官下令暫緩下車，因為當地正在舉行歡迎某位師長的儀式。儀式上的三番號音，引起了不少同學的羨慕，徐亮感慨的說：「大丈夫當如是也！十年以後，也會有像今天的場面來歡迎我們的。」王孔安說：「不見得吧。」戴笠則說：「太沒出息了，十年以後，你不會有比他更大的事業嗎？」[4]

1 喬家才：《戴笠和他的同志》第二集第三十一頁。
2 國防部情報局編印：《戴雨農先生傳》第十頁。
3 陸軍軍官學校編印：《陸軍軍官學校校史》第四篇第一二二頁。
4 王孔安訪問紀錄，《健行月刊》第一四〇期第一六四頁。

四、護黨救國

戴笠在黃埔求學期間，正值中國國民黨實行聯俄容共政策，隨著國共兩黨的矛盾日趨激烈，戴笠也不可避免的捲入了這場鬥爭。

中國國民黨聯俄容共政策的實行，始於民國十一年底黨務改進期間。當時總理孫中山先生掌握國內外政治情勢的發展，並基於擴大黨勢以促成國民革命早日成功的需要，決定允許中國共產黨黨員以個人身分加入國民黨，為國民革命而努力。同時與蘇俄代表越飛在上海晤商，發表共同宣言，在不接受共產主義與蘇維埃制度，不損害中國領土與主權的原則下，接受蘇俄的援助。這兩項決定，發展成為國民黨的聯俄容共政策，這是一項重要的政策，卻也是一項自始即引起爭議的政策。

蔣中正於十二年八月奉孫先生之命，率「孫逸仙博士代表團」赴蘇俄考察其政治、軍事和黨務。他於事後回憶蘇俄之行說：「總括我在俄考察三個月所得的印象，乃使我在無形之中，發生一種感覺，就是俄共政權一旦臻於強固時，其帝俄沙皇時代的政治野心之復活並非不可能，則其對於我們中華民國和國民革命的後患將不堪設想。」還說：「在我未往蘇俄之前，乃是十分相信俄共對我們國民革命的援助，是出於平等待我的至誠，而絕無私心惡意的。但是我一到蘇俄考察的結果，使我的理想和信心完全消失。我斷定了本黨聯俄容共的政策，雖可對抗西方殖民地主義於一時，決不能達到國家獨立自由的目的，更感覺蘇俄所謂『世界革命』的策略與目的，比西方殖民地主義，對於東方民族獨立運動，更是危險。」[1]

蔣中正回國後，即向孫先生提出「遊俄報告書」，並於十三年一月十六日由滬抵粵，再向孫先生面陳他對聯俄容共的意見，然而他的看法並未得到孫先生的採納，蔣中正多年以後曾坦誠回憶此事說：「國父認為我對於中俄將來的關係，未免顧慮過甚，更不適於當時革命現實的環境。國父深信並言此時只有使中國共黨份子能在本黨

1　蔣中正：《蘇俄在中國》，《總統蔣公思想言論總集》第九卷第三十一頁。

領導之下，受本黨統一指揮，才可防制其製造階級鬥爭，來妨礙我國民革命進行。如我們北伐軍事一旦勝利，三民主義就可如期實行。到那時候，縱使共黨要想破壞我們國民革命，亦勢所不能了。何況蘇俄對中國革命只承認本黨為唯一領導革命的政黨，並力勸其共產黨員加入本黨，服從領導，而又不否認中國並無實行其共產主義的可能呢？故仍堅持其聯俄容共的決策。」[1]

在孫先生的堅持下，若干共產黨員開始在國民黨內擔任要職。一月三十日，由孫先生親自主持，選舉中央委員。選舉結果，中央執行委員及候補執行委員四十一人，共產黨員佔十人。一月三十一日，中央執監委員暨候補委員舉行首次全體會議，決定各部人選，組織部長譚平山、宣傳部長戴季陶、工人部長廖仲愷、農民部長林祖涵、青年部長鄒魯、婦女部長曾醒，其中譚平山、林祖涵均係共產黨員。此外，並推舉廖仲愷、戴季陶、譚平山三人為常務委員，辦理日常黨務。[2]

七月十一日，中央政治委員會正式成立。此會為孫先生決定設立者，其職能為輔助孫先生計劃政治之方針及重要人事之任免。孫先生自任主席，指派俄人鮑羅廷為高等顧問，胡漢民、汪精衛、廖仲愷、譚平山、伍朝樞、邵元沖為委員。同日第一次會議，決議成立軍事委員會，派許崇智、楊希閔、劉震寰、譚延闓、樊鐘秀、胡漢民、廖仲愷、蔣中正、伍朝樞為委員。譚平山已為中央組織部長，無暇兼顧政治委員會事務，乃另薦共產黨員瞿秋白自代，當經中央政治委員會同意。[3]

中國國民黨由於實行聯俄容共政策，建立了新的制度，吸收了新的黨員，使黨的組織普及於各個階層，黨的發展有一日千里之勢。然而國共兩黨在信仰、政策方面均有諸多矛盾，國民黨內也因聯共、容共及反共意見的不同而出現了糾紛、衝突甚至是分裂。蘇俄及中共復根據國民黨員對待聯俄容共政策之態度，在國民黨內劃分「左派」、「中派」、「右派」，實行「壯大左派，爭取中派，打擊右派」的分化政策。[4]意圖改變國民黨的政治綱領和組織結構，使之成為共產國際的一個支部，亦即實現蘇俄在華政治、軍事、外交政策的工具。[5]上述情

1 蔣中正：《蘇俄在中國》，《總統蔣公思想言論總集》第九卷第三十二頁。
2 李雲漢：《中國國民黨史述》第二編第四五一至四五六頁。
3 李雲漢：《中國國民黨史述》第二編第四五七至四五八頁。
4 中國社會科學院近代史研究所民國史研究室編：《中華民國史》第五卷第一六五至一六六頁。
5 中國社會科學院近代史研究所民國史研究室編：《中華民國史》第五卷第一八六至一八七頁。

形，造成了國民黨黨務發展過程中的一大隱憂。

孫先生於是年十月至翌年三月北上期間，由胡漢民留守廣州，代行大元帥職權。其後孫先生病勢加重，蘇俄駐華公使加拉罕和蘇俄顧問鮑羅廷出於奪取國民革命領導權的目的，在孫先生棄世之前，便開始物色未來可供他們驅使的國民黨領袖。他們最初研議的領袖人選是胡漢民、汪精衛和戴季陶，此三人均為追隨孫先生革命多年的國民黨老同志，且都是第一次全國代表大會選出之中央執行委員，其中尤以胡漢民、汪精衛二人在黨內的歷史最為深長，具有相當的資望。加、鮑詳加考慮之後，便對三人各下一個考語，以定取捨，對胡漢民的考語是「難相與」，對戴季陶的考語是「拿不定」，對汪精衛的考語是「有野心可利用」，於是汪精衛便中選了。孫先生尚在世，加、鮑即給汪精衛戴上一頂「今後中國國民黨的領袖」的帽子，汪精衛聞之，欣然色喜，及孫先生逝世，汪精衛更以「國民黨領袖」的資格，週旋於加、鮑之間。[1]

孫先生逝世後，國共矛盾日益加劇。十四年七月一日，大元帥府改組為國民政府，代行大元帥職權之胡漢民改任國民政府委員兼外交部長，被視為「左派領袖」的汪精衛則在鮑羅廷的支持下，以中國國民黨中央執行委員及中央政治委員，一躍而為國民政府主席及軍事委員會主席，登上政軍領導地位。

八月二十日，中國國民黨中央常務委員兼工人、農民兩部部長廖仲愷在中央黨部門口遇刺身死，隨即引起劇烈的政治風暴。廖案的發生，加深了國民黨人之間的猜忌與分裂。汪精衛和鮑羅廷則藉機發動「反右派」的鬥爭，意在排擠反對聯俄容共的國民黨人，於是聯絡部長胡漢民前往蘇俄「養病」，海外部長林森、青年部長鄒魯奉令北上「宣傳」，軍事部長兼粵軍總司令許崇智則因部下涉及廖案，難辭縱容之責，不得不依循蔣中正之請辭卸本兼各職，於九月二十日離粵赴滬。這樣一來，所謂「右派」分子均被驅離廣州。[2]

十一月二十三日，一部分表明反共立場的中央執、監委員，在北京西山碧雲寺孫中山先生靈柩暫厝之處召集「第一屆中央執行委員會第四次全體會議」，是為「西山會議」。西山會議是一次反共會議，也是中國國民黨自實行聯俄容共政策以來發生的首次分裂，發起者為林森、鄒魯、謝持、張繼等人，上海之吳敬恒、戴季陶、葉楚傖、居正等人亦表贊同。會議決議取消共產黨員加入國民黨者之黨籍、解除鮑羅廷顧問職務、彈劾中央執行委員

1 李雲漢：《從容共到清黨》第三五九至三六〇頁。

2 李雲漢：《中國國民黨史述》第二編第六四三至六四四頁。

汪精衛、停止廣州中央執行委員會職權以及中央執行委員會暫移上海等項。西山會議諸人旋在上海建立「中央黨部」，粵滬分裂之局由是形成。[1]

十五年一月一日，中國國民黨第二次全國代表大會在廣州開幕。一月十六日，改選中央執、監委員以及候補執、監委員。此項選舉由汪精衛主席，候選人名單係由各代表推薦並由主席團決定者，汪精衛並將候選人名單出示鮑羅廷，徵詢他的意見。開票結果，中央執、監委員以及候補執、監委員共計八十人，其中共產黨員及「左派」人士佔三分之一以上，較第一屆之人數已大為增加，足可影響國民黨的重大決策。[2]

一月二十二日，中國國民黨二屆一中全會選舉中央常務委員，並決定各部部長人選。結果常務委員九人之中，譚平山、林祖涵、楊匏安三人為共產黨員，汪精衛、陳公博、甘乃光三人是「左派」人士，胡漢民遊俄未歸，真正堅持三民主義革命立場的只有蔣中正、譚延闓兩人而已。各部部長八人：組織部長譚平山、宣傳部長汪精衛、工人部長胡漢民、農民部長林祖涵、商民部長宋子文、青年部長甘乃光、婦女部長宋慶齡、海外部長彭澤民，汪精衛旋於二月五日薦毛澤東自代，主持各部部務之秘書亦多共產黨員。至此整個國民黨中央領導機構，已經全部為共產黨及「左派」所掌握。[3]

自孫中山先生逝世後，蔣中正遵奉遺教，對聯俄容共政策表示支持，對黃埔軍校內國共兩黨的學生亦一視同仁。與此同時，蔣中正在堅守中國國民黨革命立場的原則下，盡力維護黃埔軍校與革命軍隊的團結和統一，他對共產黨籍學生動輒批評孫先生與三民主義的行為不以為然，曾剴切告誡說：「各共產黨的同志要明白，諸位加入國民黨，是信仰三民主義在中國革命上是惟一的主義，明白中國的革命就非實行三民主義不可，對於總理的人格，尤其要尊重，不可有絲毫侮蔑的心思。如果共產黨真正能奉我們的總理為共產黨的領袖，那末我相信國民黨員決不會排斥共產黨員的。」[4]

此外，蔣中正雖不同意西山會議諸人另立中央的做法，但對這些曾與孫先生同生死共患難的老同志亦頗表同情。二全大會期間，共產黨員及「左派」人士對西山會議諸人提出彈劾，欲將彼等驅除出黨。蔣中正則盡力阻

1 李雲漢：《中國國民黨史述》第二編第六六四至六六七頁。
2 李雲漢：《中國國民黨史述》第二編第六九八至七〇二頁。
3 李雲漢：《中國國民黨史述》第二編第七〇二至七〇三頁。
4 楊奎松：《國民黨的聯共與反共》第一三四頁。

止，奉勸與會代表：「以總理之心為心，以總理之意為意，不要使我們第二次全國代表大會的結果，使總理在天上哭。」然而二全大會在共產黨及「左派」控制下，仍然通過「彈劾西山會議決議案」，謝持、鄒魯二人被永遠開除黨籍；林森、居正、邵元沖、葉楚傖等十二人由大會書面警告；戴季陶由大會予以「懇切之訓令」，促其反省。[1]

二全大會結束後，蔣中正終因北伐問題與共產黨爆發了衝突。當時，蔣中正力主北伐，以完成孫中山先生的遺志，汪精衛身為國民政府主席兼軍事委員會主席，初對北伐亦表贊成，不料由於蘇俄軍事顧問季山嘉的反對，竟又改變立場。季山嘉不僅極言北伐不利，而且建議蔣中正往北方練兵，蔣中正認為這是「兒戲欺人之談」，是季山嘉「根本打消北伐之毒計」，其目的在使蔣中正離粵，以「減少吾黨之勢力」。[2]

二月二十七日，蔣中正往訪汪精衛，力陳季氏專橫，如不免去其職，非惟危害黨國，且必牽動中俄邦交。[3]三月八日，蔣中正再訪汪精衛，表示「國民革命未成以前，一切實權皆不宜旁落，而與第三國際必能一致行動，但須不失自動地位也。」[4]不料汪精衛受讒已深，竟於數日後附和季山嘉的提議，有諷蔣中正離粵之意。[5]此外，汪精衛未經蔣中正同意即削減黃埔軍校之經費，且語帶威脅對軍校學生演講謂：「土耳其革命成功，乃殺共產黨，中國革命未成，又欲殺共產黨乎？」在此前後，更有人大量油印誹謗、誣蔑蔣中正之傳單，從事反蔣宣傳。凡此種種，均使蔣、汪之間隔閡日深。[6]

三月十八日晚，蔣中正座艦中山艦未奉命令，即自廣州駛往黃埔。次日上午，汪精衛之妻陳璧君連續三次給蔣中正打電話，問他今天是否去黃埔？蔣中正說：「還不一定。」當日下午，中山艦即自黃埔開回廣州。同日，有人告知蔣中正，季山嘉企圖在他前往黃埔途中，劫他到中山艦上，強迫離粵，直駛海參崴。[7]蔣中正將此情報與近月來汪精衛、季山嘉之言行相印證，判定中山艦必有異謀，因決定採取定變措施，於三月二十日晨下令

1 李雲漢：《中國國民黨史述》第二編第六九二至六九五頁。
2 李雲漢：《中國國民黨史述》第二編第七一八至七二〇頁。
3 蔣中正日記，民國十五年二月二十七日。
4 蔣中正日記，民國十五年三月八日。
5 毛思誠：《民國十五年以前之蔣介石先生》，民國十五年三月十四日。
6 李雲漢：《中國國民黨史述》第二編第七二一至七二三頁。
7 李雲漢：《中國國民黨史述》第二編第七二五至七二六頁。

拘捕中山艦艦長、共產黨員李之龍，派兵包圍蘇俄顧問駐所，將其衛隊繳械，並將共產黨控制之省港罷工委員會工人糾察隊解除武裝，此即「中山艦事件」。

事件發生後，汪精衛極為忿怒，然而蘇俄方面決定退讓，汪精衛遂不得不於三月二十三日悄然隱匿，季山嘉亦被遣返蘇俄。[1]四月十六日，中央黨部與國民政府召開聯席會議，決定汪精衛所任政治委員會、軍事委員會兩主席之改選問題，推選譚延闓為政治委員會主席，蔣中正為軍事委員會主席。

五月十五日，中國國民黨二屆二中全會在廣州揭幕，通過由蔣中正領銜提出的整理黨務案。其要點為：凡他黨黨員之加入本黨者，對於總理及三民主義不得加以懷疑或批評，在高級黨部任執行委員之額數不得超過總數三分之一，不得充任本黨中央機關之部長，其名冊交本黨中央執行委員會主席保存。決議案中的「他黨」即「共產黨」，據此，組織部長譚平山、農民部長林祖涵、代理宣傳部長毛澤東等共產黨員全部被迫辭職。五月十九日，中央監察委員張人傑當選中央常務委員會主席，是為中央常務委員會設置主席之始。五月二十八日，中央執行委員會常務委員會決議，由蔣中正任組織部長，甘乃光任農民部長，顧孟餘代理宣傳部長。各部部長就職後，立即展開重建國民黨黨權之活動，蔣中正呈請任命陳果夫為組織部秘書，經四個月之整頓，始將組織部恢復國民黨的本來面貌。[2]

自孫中山先生逝世以至中國國民黨二屆二中全會舉行，時間上雖僅一年有奇，而情勢之繁雜與變化之劇烈，均有出人意表者。這是國民黨轉危為安的關鍵歲月，也是國共兩黨勢力消長的分水嶺。在國民黨的歷史上，二屆二中全會更是一座明顯的里程碑，自此以後，便開啟了以蔣中正為中心人物的新時代。

六月五日，國民政府特任蔣中正為國民革命軍總司令。七月二日至六日，中國國民黨中央執行委員會召開臨時全體會議，為求北伐期間黨政與軍事之協調，決定改選蔣中正為中央常務委員會主席，復經常會決定，蔣中正出發前方，其職務由張人傑代理。並通過蔣中正為軍人部部長，有任免所轄革命軍及軍事機關黨代表之權。此外，政治委員會應與中央常務委員會合開一政治會議，以代政治委員之會議，後由常會另推汪精衛、譚延闓等二十

---

1 李雲漢：《中國國民黨史述》第二編第七三二頁。

2 李雲漢：《中國國民黨史述》第二編第七四〇至七四四頁。

一人為政治會議委員，以蔣中正為主席，當出發前方作戰時期，由譚延闓代理。[1]

自中山艦事件與整理黨務案發生後，蘇俄與中共一直對蔣中正表示退讓，但這只是一種以退為進的策略，蘇俄使館參議索洛維也夫曾向蘇俄駐華公使加拉罕明白吐露：「使團決定遷就蔣介石並召回季山嘉，是將此舉作為一個策略步驟，以便贏得時間和做好準備除掉這位將軍。」[2]七月十二日，中共中央召開擴大會議，將蔣中正列為「將來之敵人」。[3]北伐開始後，中共復在廣州策動「迎汪運動」，即敦促正在歐洲「養病」的汪精衛回國銷假，執行國民政府主席職權，以建立中共和「左派」的聯合政權。[4]

十一月七日，國民革命軍克復南昌，蔣中正隨即率領總司令部人員進駐，中央黨部與國民政府亦決議北遷武漢，鮑羅廷等首批人員並於十二月十日先行抵達。十二月五日起，中央黨部與國民政府停止辦公，中央常務委員會代理主席張人傑、國民政府代理主席譚延闓定於十二月十一日啟程赴贛轉漢。此時鮑羅廷為奪取國民革命之領導權，乃利用此一間隙，於十二月十三日在武漢成立「中國國民黨中央執行委員暨國民政府委員臨時聯席會議」，以「左派」人士徐謙為主席，並通告各方：「在中央執行委員會政治會議未在鄂開會以前，執行最高職權。」[5]

以臨時聯席會議執行黨的最高職權，黨章中無此規定，亦未經黨中央任何會議做成決議，事實上也無成例。十二月三十一日，張人傑、譚延闓、何香凝、顧孟餘、丁惟汾等中央委員到達南昌，於瞭解武漢情勢後，於十六年一月三日在南昌召集中央政治會議第六次臨時會議，決議：「現為政治與軍事發展便利起見，中央黨部與國民政府暫駐南昌。」否定了武漢聯席會議「執行最高職權」的地位。此一決議傳抵武漢，鮑羅廷、徐謙等人均不接受，因而造成武漢與南昌的對立形勢。

蔣中正試圖說服武漢諸人以團結為重，接受中央政治會議決議，曾於一月十一日前往武昌，結果卻大失所望。蔣中正返回南昌後，武漢隨即展開反蔣宣傳，高喊「提高黨權」，指稱蔣中正為軍事獨裁。蔣中正在南昌聞

1 李雲漢：《中國國民黨史述》第二編第七五三頁。
2 中國社會科學院近代史研究所民國史研究室編：《中華民國史》第五卷第一八九頁。
3 楊奎松：《國民黨的聯共與反共》第一七〇頁。
4 李雲漢：《中國國民黨史述》第二編第七七九至七八〇頁。
5 李雲漢：《中國國民黨史述》第二編第七九六至七九七頁。

訊後，亦予以嚴辭反擊，痛斥：「聯席會議是沒有根據的，若要提高黨權，就要取消漢口的聯席會議，只有徐謙是實行獨裁制的，他以沒有根據的漢口聯席會議，自居主席，不受黨的命令，這才是獨裁制！」[1]

二月二十一日，武漢臨時聯席會議主張在漢口召開二屆三中全會，以解決黨的爭議。三月七日，譚延闓、李烈鈞、丁惟汾、陳果夫等委員自南昌來漢口，甫上岸，即被迎往南洋大樓參加全會預備會議。譚延闓提議延期數日以待蔣中正，但遭共產黨員吳玉章、毛澤東等人強烈反對，致李烈鈞憤而退席，立返南昌。

二屆三中全會自三月十日至三月十七日開會，出席中央執、監委員及候補執、監委員三十三人，共產黨員及「左派」人士超過三分之二。會議以「提高黨權」、「反對軍事獨裁」、「打倒新軍閥」為口號，通過「統一革命勢力」、「統一黨的領導機關」、「軍事委員會組織大綱」、「修正國民革命軍總司令條例」等案，不僅否定二屆二中全會「中央各部部長不得任用跨黨分子」之規定，對於「交出跨黨分子名冊」及「組織兩黨聯席會議」等條款亦均一筆勾銷。且廢除中央執行委員會主席，改由全體會議互選常務委員九人組織常務委員會；廢除軍事委員會主席，改設主席團七人；規定國民革命軍總司令對中央執行委員會負責，作戰動員令須經軍事委員會決議與中央執行委員會之核准。[2]

上述決議案，未曾顧及北伐軍事發展的需要與孫中山先生聯俄容共的本意，意在剝奪蔣中正的權力，而集黨政軍大權於共產黨及「左派」之手，使國民黨的本質逐漸與共產黨同一色彩，進而轉變國民革命為共產革命。

三月十一日，二屆三中全會進行中央黨部與國民政府負責人改選。選舉結果，黨政權力復由共產黨與「左派」掌握。汪精衛雖然尚在國外，卻在選舉名單中居於特別顯要的地位，他身兼中央常務委員、組織部部長、政治委員會主席團委員、軍事委員會主席團委員暨國民政府常務委員五項要職，集黨政軍大權於一身。[3]此一選舉結果傳出，汪精衛即決定啟程歸國。

李烈鈞返回南昌後，建議蔣中正速作移節南京之計，以奠國本而壹觀瞻。武漢衛戍司令、第十一軍軍長陳銘樞亦因不滿鮑羅廷等人之主張，赴南昌向蔣中正說明會議情形，並請決計反共。至此，蔣中正始令陳果夫離開武

1 李雲漢：《中國國民黨史述》第二編第七九七至七九八頁。
2 李雲漢：《中國國民黨史述》第二編第七九八至八〇三頁。
3 李雲漢：《中國國民黨史述》第二編第八〇六頁。

漢，回南昌共商應付方策。陳果夫建議召集中央監察委員會全體會議籌議清黨，當為蔣中正採納，此時上海、南京已為國民革命軍相繼克復，蔣中正遂通知各監察委員至上海開會。[1]

三月二十八日，在滬中國國民黨中央監察委員蔡元培、吳敬恒、張人傑、古應芬、李煜瀛首次集會，是為全體會議之預備會議。吳敬恒提議對國民黨內之共產黨員「應行糾察」，蔡元培立即附議，並斷然主張「取消共產黨人在國民黨黨籍」，與會監委一致同意，決議由吳敬恒擬具檢舉共產黨員之草案，提出全體會議公決。吳敬恒復提議此項糾察國民黨內共產黨員之運動，應稱之為「護黨救國運動」，與會監委亦均決議接受。[2]

四月二日，中央監察委員會全體會議在上海莫里哀路孫中山先生故居正式舉行，到監委蔡元培、吳敬恒、張人傑、古應芬、陳果夫、李煜瀛、李宗仁、黃紹竑八人，由蔡元培主席，馬敘倫記錄。會中，吳敬恒朗誦其請求懲辦共產黨員之呈文，要求中央監察委員會咨請中央執行委員會採取非常之處置。蔡元培亦提出「中國共產黨陰謀破壞國民黨之證據」，交各監委傳閱。各監委審閱上項文證後，主席當即徵詢各監委意見，眾無異議，主席即宣布：「如無異議，應照吳委員所擬辦法咨送中央執行委員會。」[3]

四月九日，中央監察委員會八位委員聯名發表護黨救國通電，列舉武漢臨時聯席會議乖謬措施，呼籲全體同志「念黨國之危機，懷喪亡之無日，被髮纓冠，共圖匡濟，扶危定傾，端視此舉」，並將四月二日決議咨請中央執行委員會之咨文發出。四月十二日，蔣中正命令東路軍前敵總指揮、淞滬戒嚴司令部司令白崇禧在上海厲行清黨，進攻共產黨領導之上海工人糾察隊，佔領共產黨機關，取締共產黨組織，逮捕共產黨員及「左派」人士，是為中國國民黨清黨之始。上海武力清黨之後，浙、閩、粵、桂、皖、川等省繼之，軍中及海外亦起而響應，清黨運動遂全面展開。[4]

先是蔣中正在南昌決計清黨反共前後，黃埔同學會監察委員會常務委員胡靖安特來南昌報告軍校內國共衝突情形。蔣中正聞之甚感痛心，因命胡靖安返回黃埔，遷同學會至南昌辦公，並和軍校內的國民黨籍同學進行聯絡。胡靖安回廣州後，即創辦《三民週刊》，開設三民書店，與共產黨的《嚮導週報》針鋒相對，進行理論鬥

1 李雲漢：《中國國民黨史述》第二編第八〇九頁。
2 李雲漢：《中國國民黨史述》第二編第八一三至八一四頁。
3 李雲漢：《中國國民黨史述》第二編第八一四至八一六頁。
4 李雲漢：《中國國民黨史述》第二編第八一九至八二一頁。

爭。[1]

戴笠對中國國民黨與蔣中正都有很深的信仰，他對共產黨必然心存反感，但黃埔軍校內共產黨有很大的力量，不僅大部分政治教官是共產黨員，各級黨部也大都被共產黨控制，以致國民黨籍同學因反共而被開除者不乏其人。在此種情勢下，戴笠不露鋒芒，從不公開發表意見，而是祕密與胡靖安聯絡，以反共相期許。於是他經常往來於廣州、沙河之間，對於學術兩科常常缺席，曾有一次逾假未返，被罰禁閉兩天。實則戴笠已經負有祕密任務，他鑒於校內共產黨員的身分多不公開，而是祕密活動，遂在暗中將共產黨籍同學的活動作成詳細記錄，以備他日之用。[2]

四月十五日，廣州開始清黨。同日，黃埔軍校入伍生部開始檢舉並逮捕共產黨員。至五月底止，第一團被扣者一百九十二人，潛逃者九十八人，第二團被扣者一百人，潛逃者一百四十八人。[3]在此期間，戴笠看到時機成熟，遂把平日作成的詳細紀錄報告長官，一舉逮捕了二十幾名共產黨員。[4]

1 胡靖安：《奮鬥三十七年的我》，《息烽訓練集》第十七至十八頁。
2 喬家才：《鐵血精忠傳》第二十七至三十頁；王蒲臣：《戴先生在軍校時期的一頁對共鬥爭史》，《健行月刊》第四十四期第十八頁。
3 陸軍軍官學校編印：《陸軍軍官學校校史》第六篇第四十一頁。
4 國防部情報局編印：《國防部情報局史要彙編》第一頁。

五、鵬程發軔

清黨不久，蔣中正鑒於國民革命軍將在北方平原作戰，遂命黃埔軍校就第六期入伍生中選拔三百人成立騎兵營，以沈振亞為營長。此時戴笠被選入騎兵營，隸屬第一連，由上等兵晉升為中士，同時入選的還有徐亮，每逢盛大集會，戴笠和徐亮都被推舉為籌備人員。此外，黃埔軍校內各級國民黨黨部已經重新改組，原在黨部服務之共產黨員全部離職，改由國民黨員擔任，戴笠亦當選為騎兵營黨部執行委員。[1]

起初，騎兵營使用川桂兩省的小馬進行訓練，不合要求，校本部乃派營長沈振亞到上海採購馬匹。沈振亞購馬竣事後，曾致電校本部請示運輸工具和運輸費用，然而函電數度往返，均無結果。此事為騎兵營所知，乃由戴笠徵得全體同學同意，向沈振亞建議，將騎兵營開到南京訓練，則馬匹之運輸問題可以迎刃而解。這項建議獲得沈振亞和校本部的採納，騎兵營遂於民國十六年六月間由廣州轉上海赴南京，駐小營訓練。[2]

騎兵營北上不久，國內大勢又發生了劇烈的變化。先是清黨前夕，汪精衛於四月一日回國抵滬，上海諸人乃極力向其說明容共問題之嚴重，盼其留滬參加反共清黨。當時蔣中正與汪精衛數度懇商，並為表示支持汪精衛復職之誠意，曾以總司令名義於四月三日通電國民革命軍將領，申明一致擁護之忱。不意汪精衛虛與委蛇，言不由衷，竟於四月五日與中共中央總書記陳獨秀發表「聯合宣言」，號召「國共兩黨同志們」繼續合作。汪陳宣言中有謂：「中國國民黨多數同志，凡是瞭解中國共產黨的革命理論及其對於中國國民黨真實態度的人，都不會懷疑孫總理的聯共政策。」吳敬恒當即糾正：「聯共二字，本不見條文，我們國民黨之條文上止有容納共產黨員入國民黨而已。」[3]

1 國防部情報局編印：《戴雨農先生傳》第十二頁。
2 王蒲臣：《戴先生在軍校時期的一頁對共鬥爭史》，《健行月刊》第四十四期第十九至二十頁。
3 李雲漢：《中國國民黨史述》第二編第八一六至八一七頁。

汪精衛堅不同意對共產黨斷然處置，只主張召集二屆四中全會解決。他於四月六日祕密搭輪離滬，致書張人傑，說去武漢取得多數同志之同意，於四月十五日齊集南京開會解決糾紛。然而汪精衛於四月十日抵達武漢後，卻未提及去南京開會之事。至上海清黨後，在滬中央執、監委員於四月十三日趕往南京，仍盼汪精衛能踐二屆四中全會之約。赴寧中央執行委員中，以胡漢民最受矚目，他於十五年五月來滬後，自稱「臥病申江，閉門譯述」，然志切愛黨，於黨事未嘗忘懷。[1]

四月十四日，在寧中國國民黨中央執、監委員十多人舉行預備會議，由胡漢民主持，決定次日照原定計劃召開全體會議，並電促汪精衛踐約來寧。汪精衛則聲言國民政府已決定遷都南京，應俟政府遷寧後再議開會之事。四月十五日，在寧中央執、監委員由於人數不足，改開談話會。次日，再開談話會，通過胡漢民之提議，決定召開中央政治會議主持大局。四月十七日，中央政治會議第七十三次會議在南京召開，出席柏文蔚、蔣中正、吳敬恒、張人傑、甘乃光、陳果夫、胡漢民七委員以及李煜瀛、蔡元培兩位中央監察委員，推吳敬恒擔任主席。吳敬恒首先說明：「自南昌、武漢間發生中央地點問題以後，武漢以中央自居，然其決議案及命令中發現多量危害國民革命之行動，因此經中央監察委員會全體會議決定舉發案以後，確認南京有繼續南昌中央政治會議開會之必要，今日正式開會。」蔣中正提議：「總理北上時，因北京時局緊張，曾加添中央政治委員會委員數人在北京開會，現在在武漢之同志未來，北伐方在進展，客觀的需要與總理北上時相同」，請加派蕭佛成、蔡孑民、李石曾、鄧澤如、何應欽、白崇禧、陳可鈺、陳銘樞、賀耀組九同志為中央政治委員會委員，決議通過。吳敬恒又提議：國民政府於本月十八日開始在南京辦公，同時舉行慶祝典禮，決議通過。[2]

四月十八日，國民政府奠都南京，府址設於丁家橋前江蘇省議會原址。由蔡元培代表中央黨部授任，胡漢民代表國民政府接受。同日，國民政府發表宣言，其要義為：國民政府係謹遵總理遺志，接受多數同志之主張，依據中央政治會議之決議，而奠都南京；所行政策，惟求三民主義之貫徹；至國民革命之方略，一曰使黨軍愈與人民密切的相結合，二曰造成廉潔之政府，三曰提倡保護國內之實業，四曰捍衛農工團體之利益並輔助其發展。[3]

1 李雲漢：《中國國民黨史述》第二編第八一八至八二二頁。
2 李雲漢：《中國國民黨史述》第二編第八二二至八二四頁。
3 李雲漢：《中國國民黨史述》第二編第八二六頁。

中國國民黨自總理孫中山先生逝世後，因容共問題而不斷引發糾紛。先是第一屆中央執、監委員形成廣州中央與上海中央的分裂，至此，第二屆中央執、監委員亦形成南京與武漢兩黨部、兩政府的對峙。不過，寧、漢雙方對於孫先生的遺教與國民革命的路線均表示信奉，乃分別繼續北伐。六月一日，武漢北伐軍攻佔鄭州。六月二日，南京北伐軍攻佔徐州。六月三日，山西督辦閻錫山亦自稱北方革命軍，改懸青天白日旗。此時各地北伐軍如能乘勝北上，則革命大局必有新的進展。

不幸的是，汪精衛視「東征討蔣」重於北伐，他於鄭州攻克後第五日，即離開武漢前往鄭州，嗣於六月十日與北方軍事將領馮玉祥舉行會議，意在爭取馮玉祥對武漢政權的支持，以便漢方北伐軍唐生智、張發奎兩部班師回漢，移軍東征。馮玉祥原為北京政府委任的西北邊防督辦，十三年十月發動北京政變，服膺國民革命，並將所部改編為國民軍。其後國民軍為直奉軍閥擊敗，殘部退往綏遠、陝西一帶，馮玉祥則於十五年一月宣布下野，前往蘇聯考察。八月，馮玉祥返回國內整頓舊部，旋在五原就任國民軍聯軍總司令。十六年五月，漢方任命馮玉祥為「國民革命軍第二集團軍總司令」，馮玉祥即揮兵東進，與武漢北伐軍會師鄭州，至是隴海鐵路遂全為國民革命軍所控制。在鄭州會議上，漢方甘心讓步，將豫、陝、甘三省軍政全權交予馮玉祥。然而馮玉祥是個講現實的人，他於鄭州會議結束後僅六天，又東去徐州，與寧方諸領袖舉行會議。[1]

徐州會議結束之初，馮玉祥不願與蔣中正聯名通電反對武漢政權。後經寧方黃郛、李石曾、李烈鈞等人往詢其故，馮玉祥說：「經濟未決。」蔣中正即允每月發給二百萬元，馮玉祥乃與蔣中正通電漢方要求反共。馮玉祥且對蔣中正說：「我這個電報一定有個結果，否則我對他們便當實行相當手段。」馮玉祥轉向反共，頓使漢方受到重大威脅，然而漢方最大的困難，乃是來自內部。寧方控制東南沿海後，對長江中游實施封鎖，漢方貨運不暢，發生財政問題，而共產黨在兩湖地區開展之農工運動不斷出現過激行為，更使漢方經濟面臨崩潰。兩湖本為產糧大省，但各地農會阻止糧食外運，竟使武漢出現糧食危機，須由江西調糧方能維持，武漢政權雖然下令糾正農運之「過火」，然已無補於事。唐生智等將領更是表示只有分共，才能東征。[2]

隨著武漢政權與共產黨的矛盾日益加劇，汪精衛終於七月十五日決定分共。七月二十六日，汪精衛以中央政

---

1 李雲漢：《中國國民黨史述》第二編第八三〇至八三二頁。

2 金以林：《國民黨高層的派系政治》第四十七頁。

治委員會主席團名義發表「統一本黨政策決議案」，限令國民黨內的共產黨員退出共產黨，否則一律停止其職務。七月二十七日，鮑羅廷返回蘇俄。八月一日，中共發動南昌暴動，打響了武裝反抗國民黨的第一槍。八月六日，汪精衛發表文章，公開承認說：「我們最大的錯誤，是誤解了總理的容共政策。總理的容共政策，是容納共產黨員加入國民黨，共同致力國民革命。由此可知共產黨員如果不和我們共同致力國民革命，我們便立刻不能容他。我們為什麼一直等到共產黨員快要消滅國民革命，我們才不容他？這真是我們極大的錯誤。」八月八日，汪精衛親自向武漢中央政治委員會提議清黨，他說：「現在還要說是容共的，就不算得是人。」[1]

汪精衛由親共而分共而反共，為中國國民黨造成了無法估計的損害，他雖承認自己犯錯，卻又沒有勇氣改錯，在分共的同時，仍然慫恿唐生智、張發奎討蔣。寧方為防漢方東侵，不得不將北伐軍主力撤回，直魯軍閥乘機反攻，徐州遂於七月二十四日失陷。蔣中正力主規復徐州，曾親自率部反攻，卻因輕敵深進，遭遇敗績。[2]

不過，寧、滬、漢三方的分裂，本由於容共與反共之爭，及三方均已反共，合作之議遂起。惟汪精衛堅持以武漢之國民政府與中央黨部為「黨國之最高機關」，並堅持「倒蔣」。南京方面李宗仁、白崇禧等人曲徇汪精衛之意，亦有諷蔣中正下野之表示。蔣中正迫於形勢，亦本相忍為國之胸襟，遂於八月十二日辭去本兼各職，返回故鄉浙江奉化。八月十五日，胡漢民、吳敬恒、李煜瀛、蔡元培亦宣布隱退，南京國民政府已呈瓦解之勢。[3]

蔣中正下野期間，騎兵營已由南京開到蘇州，戴笠曾和劉藝周、賴雲章等同學代表騎兵營赴奉化晉謁校長，蔣中正對他們慰勉有加，要他們回去好好讀書。事實上，由於校長下野，騎兵營無人照顧，連飯錢都沒有著落，營長沈振亞只好讓太太變賣首飾來維持大家的伙食。在這種情勢下，很多同學都不忍心留在騎兵營吃飯，便各自出去謀生，戴笠也是其中之一。[4]

戴笠離開了騎兵營，宣告了他在黃埔軍校學生生活的結束，但他經過這座革命洪爐的淬煉，並未從此終結自己的革命活動。事實上，戴笠早在離開騎兵營之前，就已經祕密加入了胡靖安主持的密查組工作。

當四月間廣州清黨以後，胡靖安一度擔任黃埔軍校第六期入伍生政治部主任，不久離粵赴滬，擔任蔣中正的

1 李雲漢：《中國國民黨史述》第二編第八三七至八三九頁。
2 蔣中正日記，民國十六年八月三日。
3 李雲漢：《中國國民黨史述》第二編第八四〇至八四一頁。
4 喬家才：《鐵血精忠傳》第三十一頁。

侍從參謀。當時國民革命軍總司令部設立密查組，負責蒐集各方情報，蔣中正以胡靖安對黨忠實，做事認真，派其兼任密查組組長。[1]

胡靖安曾在廣州和戴笠密切接觸，對他的為人和才幹有比較深刻的認識，於是找到戴笠，請他擔任密查組的情報員。密查組的工作既無官階名義，也沒有固定經費，戴笠卻幹得相當出色，興致也高，有時為了蒐集一件情報，甚至廢寢忘食，這便是戴笠最初從事特種工作的情形。[2]戴笠多年以後曾回憶說：「民國十六年七八月的時候，我是在總司令部底下做事情，但究竟做的甚麼事？沒有幾個人知道！有不有名義？沒有！有不有薪餉？也沒有！當時如果有人到總司令部去會我，恐怕連名字都找不到！」[3]

戴笠為便在上海開展情報工作，主動拜訪了滬上聞人楊虎和杜月笙。楊虎，字嘯天，安徽寧國人，早歲參加國民革命，曾追隨孫中山先生、陳其美、蔣中正等人多年，久參戎機，北伐時期，任國民革命軍總司令部特務處長。十六年四月，蔣中正以浙滬地屬要衝，清黨之後局勢混亂，任楊虎為上海警備司令，並調軍隊二團歸其統率，以資震懾。[4]

楊虎與戴笠見面後，眼見其一表人才，談吐不俗，且態度謙虛誠懇，當即豪爽地對他說：「你要在上海做情報工作，有一位朋友是非結交不可的。此刻我先跟他通個電話，假使他有空，我就陪你去見見他。」說罷，楊虎拿起桌上的電話，給上海幫會領袖杜月笙打了過去。華格臬路那一頭，接電話的是杜公館的總管萬墨林。萬墨林轉告杜月笙：「爺叔，是楊司令的電話，他說他要帶一位朋友來拜望你。」杜月笙立刻說：「好，你請他們過來吧。」

那天，戴笠身穿一身整齊的西裝，由楊虎陪同來到了杜公館，他長髮中分，梳的相當熨帖，兩隻眼睛大而有光，說起話來中肯得體，給杜月笙留下了深刻的印象。杜月笙長於孤寒，崛起閭巷，識人的本領高人一等，他見戴笠只有三十出頭，卻能在「杜先生」和「楊司令」面前侃侃而談，三言兩語寒暄過後，便能要言不煩地向他提出要求，乃毫不猶豫地答應戴笠：「好的，以後你有什麼事情，可以隨時打電話來，假使我不在，你可以交代萬

1 胡靖安：《奮鬥三十七年的我》，《息烽訓練集》第十九頁。
2 國防部情報局編印：《戴雨農先生傳》第十二頁。
3 戴笠講詞，民國三十年四月一日，《戴先生遺訓》第一輯第九十九頁。
4 「蔣介石委楊虎為警備司令」，《新聞報》，民國十六年四月二十六日。

墨林。」

此後，戴笠每隔一段時間就給杜公館打電話，或是親自來找杜月笙面談，他並不要求杜月笙幫忙什麼事情，多半是問候性質的電話。杜月笙接電話後，則經常會請戴笠過來談天，他們每次會晤都作長談，談話的內容也很嚴肅。當時，杜月笙聯絡各方的手段，多是藉由賭錢，常在杜公館出入的朋友很少有不賭錢的，戴笠則是絕無僅有的一位。[1]

是年夏，戴笠與楊虎、杜月笙在杭州西湖之濱的杜莊，結為異性兄弟，三兄弟中以杜月笙居長，楊虎居仲，戴笠最小。杜月笙和楊虎都已經四十歲，戴笠則只有三十一歲，論地位，杜月笙在上海的聲光正是如日中天，楊虎則是上海警備司令、蔣中正的腹心，而戴笠不過是騎兵營黨部的一名執行委員，和杜、楊兩人相比，可謂身分卑微，由此足見三人的結拜，絲毫不曾牽涉政治關係上的相互利用，而完全是出於英雄相惜的純潔動機。[2]

八月十二日，蔣中正下野，密查組奉命隨總司令部結束。[3]九月二十二日，蔣中正決定出洋考察，遂離鄉赴滬，旋於九月二十八日東渡日本，停留月餘，至十一月十日回滬，住法租界拉都路。自蔣中正辭職後，戴笠不因校長下野而動搖心志，不因無錢無職而怠忽工作，仍在上海追隨胡靖安從事情報活動。[4]

胡靖安當時住在拉都路二十號，另在法租界租下一間亭子間作為辦公處所，由黃埔二期同學蔡勁軍負責內勤，六期同學喬家才負責交通。喬家才每天往來於閘北、南市、租界之間，向包括戴笠在內的三位黃埔同學收取情報，由蔡勁軍把情報寫成報告，再用胡靖安的名義呈送蔣中正，由於蔣中正住在法租界，故租界方面的情報最顯重要，而這一方面的負責者正是戴笠。戴笠每天交給喬家才的情報都有厚厚一疊，比其他兩位同學加在一起的數量還要多很多，喬家才感到很驚奇，何以戴笠的神通這麼廣大？他用什麼方法，從那裏找來這麼多的情報呢？彷彿全上海的大事小情，都非得經過他不可！[5]

事實上，戴笠的情報工作全系義務性質，他不遑寧處，甚至食宿也無保障。有一段時間，戴笠寄居在表親張

---

1 萬墨林：《諜戰上海灘》第十七至十八頁。
2 萬墨林：《諜戰上海灘》第二十四至二十五頁。
3 蕭烈：《國民革命軍司令部密查組概況》，《文史資料存稿選編》第十五冊第七十頁。
4 國防部情報局編印：《戴雨農先生年譜》第十五至十六頁。
5 喬家才：《海天感舊錄》第二六二至二六三頁。

冠夫家，然而張冠夫只是商務印書館的一名會計，所入有限，對戴笠的花費也是愛莫能助。這時戴笠的高小同學王蒲臣來到上海謀事，恰好與張冠夫住在一座樓房，他見戴笠進進出出，匆忙而興奮，不知所司何事，可是又不便問。戴笠從王蒲臣的神態中看出了他的意思，乾脆對他說：「我做的事是有意義的，現在不能講，也許將來你會明白。」王蒲臣被戴笠的熱情所感動，有一次看到戴笠急需金錢周轉，便毫不猶豫把自己僅存的二十塊銀元送給他用。[1]

有一天，戴笠聽說共產黨江山縣黨部特派員王某來到了上海，便約張冠夫、王蒲臣去找此人，但是礙於權限，未能進行處置。又有一天，戴笠偕王蒲臣前往蘇州，在火車上看見一個神色慌張的客人，戴笠輕聲告訴王蒲臣：「這個人有問題，我要跟蹤他，你到蘇州先找一個旅館住下等我。」戴笠說完，便移近那個客人。車到蘇州後，戴笠便和那位客人一同下車。第二天，戴笠來到旅館告訴王蒲臣：「火車上那個人是一個逃犯，我已查明，通知縣政府把他抓回去了。」[2]

戴笠是矢志反共的人，他所從事的情報工作即以協助清黨作為主要任務，然而他也破例營救過一位身分特殊的共產黨員，這就是他的姪女戴學南。戴學南曾任浙江省立女子中學校長，因參加共產黨而在清黨期間被捕。當時浙江省清黨委員會情報處主任兼審查處主任是姜紹謨，是戴笠的高小同學。戴笠為救姪女，曾來杭州請姜紹謨幫忙，以後每到杭州，也常在姜家居住。戴學南獲釋後，脫離了共產黨的關係，日後還參加了戴笠領導的特種工作。[3]

1 國防部情報局編印：《戴雨農先生傳》第十二至十三頁。
2 王蒲臣：《難忘的幾件事》，《戴笠和他的同志》第二集第三三五至三三六頁。
3 喬家才：《戴笠和他的同志》第一集第一五九頁；毛鍾新：《戴笠將軍別傳二》，《中外雜誌》第三十卷第六期第五十二頁。

六、攔車投書

蔣中正下野後，寧、滬、漢三方幾經協商，於民國十六年九月十六日成立中國國民黨中央特別委員會，作為過渡時期的中央領導機構，從前峙立之三黨部均不復行使職權，從前三方面攻擊之言論皆不得復引為口實。特別委員會先後進行了國民政府、軍事委員會及中央黨部的改組，結束了十四年十一月以來中國國民黨的分裂局面。然而特別委員會的地位在黨章中並無依據，難免引起爭議，且黨內具有聲望與實力之領袖蔣中正、胡漢民、汪精衛三人均未參加，因而特別委員會的權力運用實亦困難重重。

汪精衛希望在蔣中正下野後，由自己操控中央大權，漢方因於八月十七日召開會議，決定遷都南京，汪精衛亦於九月五日抵京，主張召開二屆四中全會，解決黨內糾紛。然而寧、滬兩方對此均表反對，蓋因此前在武漢召開之二屆三中全會為「聯共會議」，不具有合法性，且武漢政權亦非正統政府，沒有資格和理由提議召開四中全會。胡漢民、吳敬恒更因汪精衛反復無常，拒絕與其見面。由於汪精衛的權力係在三中全會取得，故寧、滬兩方否認三中全會亦即否認了汪精衛在黨內的合法地位。特別委員會成立後，汪精衛僅獲選為常務委員，未免大失所望，於是暗中支持漢方軍事將領唐生智和張發奎，分別在武漢和廣州反對特別委員會。[1]

十月二十日，國民政府依軍事委員會之決議，下令討伐唐生智，褫奪其本兼各職，交軍事委員會依法治罪。隨即由第三路軍程潛、第四路軍李宗仁兩部組成西征軍，沿江左江右兩路並進。十月二十九日，汪精衛抵達廣州。次日，與廣東省政府主席李濟深等人聯名通電，宣布在粵召集二屆四中全會，望各中央執、監委員尅日到粵開會，全會未成以前，中央執、監委員會均照常辦公，並指責中央特別委員會為非法。[2]

十一月一日，蔣中正在日本閱報，獲悉汪精衛在粵之舉動，歎曰：「從此黨國紛亂，更難設想矣！」因思喚

1 中國社會科學院近代史研究所民國史研究室編：《中華民國史》第六卷第五三五至五四二頁。
2 中國社會科學院近代史研究所民國史研究室編：《中華民國史》第六卷第五四九至五五〇頁。

起黨員祛私奉黨之誠心，以為補救之策。[1]十一月四日，蔣中正致電汪精衛，以救黨相勗，曰：「黨國日非，如領袖能互相諒解與覺悟，未始非幸也。」[2]十一月十日蔣中正歸國抵滬後，曾再電汪精衛表示：「若欲使本黨復歸完整，非互相諒解，從速恢復中央執行委員會不可。」汪精衛接電後，亦表示悔悟之意，他在黃埔軍校訓話時聲言：「現在本人對蔣同志非常原諒，本人深悔當日之過舉，但本人勇於改過，以後仍當與蔣同志益加團結」云云。[3]

自汪精衛抵粵後，中央執、監委員分別集中於南京、廣州、上海三處，彼此雖有歧見，然亦未曾間斷促成團結的努力。最終，大家建立了兩項共識：一為促請蔣中正復任國民革命軍總司令，繼續領導北伐；一為召開二屆四中全會，解決黨內糾紛。十二月三日，二屆四中全會預備會議在上海召開。十二月十日，預備會議第四次會議通過汪精衛等人的提議，敦請蔣中正復任國民革命軍總司令，以完成北伐並籌備全體會議之進行。

在預備會議召開前後，唐生智於十一月十二日戰敗下野，張發奎則於十一月十七日發動廣州事變，宣布驅逐廣東省政府主席李濟深，另推汪精衛之親信陳公博為主席。此時中樞無力，將士離心，北伐幾乎陷於停頓，中共更利用廣州事變之機，於十二月十一日發動廣州暴動，公開建立蘇維埃政權。雖然張發奎很快將暴動鎮壓，但汪精衛由此成為眾矢之的，他因袒共之嫌，不能為同志諒解，遂於十二月十七日引退出洋，以息紛爭。[4]

十七年一月九日，蔣中正通電宣布繼續行使國民革命軍總司令職權。二月二日，中國國民黨二屆四中全會在南京丁家橋中央黨部大禮堂正式揭幕，出席中央執、監委員二十九人，決定改組中央黨部及國民政府，並重新推定中央執行委員會、國民政府、軍事委員會委員。中央執行委員會行常務委員共同負責制，常務委員為蔣中正、譚延闓、丁惟汾、于右任、戴季陶五人。國民政府及軍事委員會則行主席制，由譚延闓任國民政府主席，蔣中正任軍事委員會主席。至此，強有力的革命領導中心始告重建。

二月六日，全會通過「集中革命勢力限期完成北伐案」。二月七日，全會閉幕，蔣中正即於二月九日北上徐州，檢閱各軍，召集重要軍事會議。二月二十八日，國民政府任命蔣中正兼第一集團軍總司令，沿津浦路北

1 蔣中正日記，民國十六年十一月一日。
2 蔣中正日記，民國十六年十一月四日。
3 中國社會科學院近代史研究所民國史研究室編：《中華民國史》第六卷第五五二頁。
4 李雲漢：《中國國民黨史述》第二編第八四七至八四八頁。

進；馮玉祥為第二集團軍總司令，沿平漢路北進；閻錫山為第三集團軍總司令，由山西、綏遠直襲北京之後方；稍後復將李宗仁部編列為第四集團軍，為總預備隊。四月七日，蔣中正頒布北伐動員令。四月九日，下總攻擊令，各軍依戰鬥序列，同時出擊，以北京為攻擊總目標。

先是蔣中正下野期間，有感於黨國紛亂，即有「組織嚴密之調查、偵察機關」之設想。[1]二期北伐開始後，北方軍閥張作霖、孫傳芳、張宗昌等輩尚圖負隅頑抗，如何迅速討平，亦有賴於確切而靈活的情報。此時胡靖安另有任用，他主持的情報工作分由蔡勁軍和戴笠負責，蔡勁軍負責南京方面的情報，戴笠則以聯絡參謀的名義負責長江以北津浦、平漢、隴海各方面的情報。[2]

起初，戴笠並未得到蔣中正的注意，他雖是總司令部的一員，卻並不到部辦公，因此總司令部認識他的人不多，知道他負有情報任務的人更少。戴笠有幾次獲得重要情報，時機迫促，又恐洩漏，乃徑往總司令部求見蔣中正，蔣中正的侍從人員不知道戴笠是誰，所以屢次拒絕。戴笠乃決定「攔車投書」，先到總司令部守候，俟蔣中正座車停下，正步出汽車時，便跑步上前將報告面呈。戴笠這種做法很危險，因為侍從人員不知他目的何在，如誤以為他要謀刺，很可能將他當場擊斃。戴笠幸而未被誤殺，卻曾因此遭受毆打，蔣中正的侍衛長王世和曾聲言：「如戴笠敢再搗亂，即拿送憲兵部懲辦！」然而毆辱和恐嚇並未阻止戴笠的決心，他認為有必要時仍然會去守候，有時守候竟日也未能見到蔣中正，則第二天再去。後來，蔣中正終於召見戴笠，慰勉有加，並囑侍從人員：「如戴笠有事面報，准其隨時來見。」至此，戴笠終於撥雲見日，受知於蔣中正。[3]

戴笠的活動還一度引起中央組織部調查科的疑忌。先是十六年「清黨」後，中央組織部成立調查科，以國民革命軍總司令部機要室主任陳立夫兼任科長。當調查科人員發現戴笠也在做調查工作時，咸憤憤不平，說：

1 蔣中正日記，民國十六年十一月一日。

2 喬家才：《為歷史作證》第二一九頁。國防部情報局編印之《史要彙編》、《戴雨農先生年譜》、《戴雨農先生傳》等書云，二次北伐伊始，胡靖安赴德留學，蔣中正遂命戴笠主持密查組工作。案戴笠於三十年四月一日出席獻劍典禮演講「團體即是革命家庭」時回憶：「記得我們在民國二十年十二月十日以前，祗有一個人，或者說一個半人。」此明言二十年以前並無組織活動，故戴笠主持密查組之說當不足信，見《戴先生遺訓》第一輯第九十八頁。另據胡靖安於二十九年二月五日主持息烽訓練演講「奮鬥三十七年的我」時回憶，他於二次北伐期間另有任用，至京津底定後始奉派赴德留學，則諸書所載胡靖安之事跡亦有誤，見《息烽訓練集》第二十一至二十四頁。

3 良雄：《戴笠傳》第三十八至三十九頁。

「蔣公是否對我們不信任而另派戴笠去做？」陳立夫對眾人說：「我們的工作可稱之曰黨的耳目，你們看人身上耳與目都是成雙的，所以黨的耳目亦不妨有兩個，互相查對是有益無損的。」眾人始平息下來。後來陳立夫曾向蔣中正查問：「有一位名叫戴笠者，在外聲稱是蔣公要他做調查工作，有無此事？」蔣中正說：「有的，我有時候要他去查一兩件案子，並無特別組織。」[1]

二期北伐期間，徐州為第一集團軍之後方基地，設有戒嚴司令部，戴笠即以司令部少校副官的名義掩護其情報活動。[2]他一度住在小旅館，房間甚為骯髒，但他對生活起居講求整齊清潔，決不將就，到旅館後，先盛了幾盤水，把桌子擦了又擦，再去買白紙，用來糊牆壁和天花板，等到完工時，天已亮了。[3]

二期北伐進展神速，北方軍閥亦作困獸之鬥，戰況激烈。戴笠經常一人一騎，奔走於津浦和隴海鐵路兩側的豐、沛、蕭、碭之間，不辭艱辛地努力工作。當時蘇魯一帶的馬鞍多是木制的，沒有幾天，戴笠便騎破了臀部，血流滿褲，但他從不考慮休息。有一次，戴笠因故觸怒某位團長，被綁在樹上打了一頓。[4]又有一次，戴笠在碭山遇見了正在軍中服務的黃埔同學徐亮，徐亮看到戴笠疲憊不堪的樣子，心中實在不忍，再三強迫他到旅館休養，並從軍中請來醫生和護士，替他洗滌傷口，上藥包紮。這樣休息了四五天，戴笠不甘虛度光陰，便乘徐亮不備，又一人一騎溜掉了。[5]

後來，戴笠在徐州戒嚴司令部認識了一位上尉副官鄧展謀。鄧展謀告知戴笠，他出身黃埔軍校五期炮科，入伍生時隨軍北伐，歷經湖南汀泗橋、湖北武昌、江西牛行車站諸役，後服務於第六軍十九師，因在一次紀念會中聽到軍長程潛對蔣中正不滿之言論，乃憤而離開長沙。戴笠聽了，頻頻點首，並對鄧展謀撫肩嘉慰，後邀其同住一室，二人朝夕相處，情感甚佳。鄧展謀對戴笠的最初印象是：雙目炯炯，蓄有神光，與人談話或獨自思考時，頭部常作偏狀，遇事仔細精明，精神倍於常人。

鄧展謀每當午夜夢醒之時，輒見戴笠在孤燈之下奮筆疾書，於是勸他早睡，有事明天再辦，戴笠卻不聽；

1 陳立夫：《成敗之鑑》第一〇六頁。
2 喬家才：《鐵血精忠傳》第三十四頁。
3 毛鍾新：《戴笠將軍別傳七》，《中外雜誌》第三十一卷第六期第一二四頁。
4 毛鍾新：《戴笠將軍別傳五》，《中外雜誌》第三十一卷第四期第一一三頁。
5 徐亮：《紀念戴雨農先生》，《戴雨農先生全集》第一一六六頁。

問他忙些什麼？他說寫情書。日子一久，鄧展謀疑竇不解，乃於某日拂曉突然檢查，結果所獲無一情書，全系情報。鄧展謀向戴笠請罪，戴笠未加責怪，但囑其嚴守祕密，切勿外洩。此後，鄧展謀臨時成為戴笠的私人助手。[1]

當時戴笠經常公差外出，十天半月才能返回徐州，他外出時隨帶一隻小皮箱、一個藤提包，分別裝置文書及衣物，他最討厭臭蟲，另備一隻行軍床，由勤務兵賈金南攜帶。[2]有一次，某位師長和戴笠住在一起，他對賈金南說：「戴笠這個人脾氣這樣壞，你為何不走？跟他這樣的人做甚麼？」賈金南說：「戴先生的脾氣雖然不大好，時常罵人，但他的心很好！」結果還是矢志不二。[3]

戴笠外出期間，他的副官業務由鄧展謀代表，母親藍月喜由江山家中寄錢給他，也由鄧展謀代收。戴笠每次出差返回，必請鄧展謀外出聚餐，飯後去澡堂洗澡，從無遺漏。有一次敘談中，鄧展謀問戴笠為何來此任職？戴笠回答：「徐州乃古戰場，軍事地位非常重要，津浦、隴海兩路沿線各種狀況亟須調查明白。」六月上旬，北伐告成，徐州戒嚴司令部撤銷。戴笠急欲返回南京，但以母親匯款未到，沒有旅費，憂形於色。鄧展謀忖度戴笠之心事，乃將自己手中的編遣費及金戒指一併奉贈，戴笠頗感驚奇，連聲稱謝，旋即收束行裝，夤夜返京，並囑鄧展謀辦完結束事宜後立即赴京相見。此後，鄧展謀經戴笠介紹，前往整編第一師第二旅徐庭瑤部任職。[4]

戴笠南返後，於六月十七日來到杭州西湖大佛寺，與兩位朋友討論革命形勢，作竟夜長談。一位是鎮海胡宗南，黃埔一期畢業，時任國民革命軍第二十二師師長；另一位是義烏趙龍文，東南大學畢業，時任浙江省立第一中學教員，三人職責有別，但志向相合，遂訂為性命道義之交，成為終生的革命摯友。其中，尤以胡宗南與戴笠情誼篤厚，且日後歷任第一師師長、第十七軍團長、第三十四集團軍總司令、第一戰區司令長官等軍事要職，係蔣中正最為倚重的軍事將領之一，他對戴笠的特種工作幫助甚多。[5]

北伐完成後，戴笠曾赴北平公幹。當時，戴笠的小學同學姜超嶽正在前方擔任總司令部機要科長。有一天，

---

1 鄧展謀：《一代偉人》，《健行月刊》第一七六期第二十六頁。
2 鄧展謀：《早年追隨憶往事》，《戴笠和他的同志》第二集第三八九至三九〇頁。
3 戴笠講詞，民國三十年四月一日，《戴先生遺訓》第一輯第九十八頁。
4 鄧展謀：《一代偉人》，《健行月刊》第一七六期第二十六至二十七頁。
5 於憑遠、羅冷梅編纂：《胡宗南上將年譜》第三十一頁。

戴笠請姜超嶽代發幾封電報，被告知：「按照總司令部的規定，由機要科代發密電，必須附有原稿。」戴笠聽後，可能認為附上原稿有所不便，就沒讓姜超嶽代發。沒過幾天，姜超嶽竟接到上級通知：「奉總座諭，以後戴笠拍發電報，不必按照規定辦理。」姜超嶽這才知道，戴笠真是「神通廣大」，一定是他把相關情況報告了總司令蔣中正，才會有這個通知。[1]可見此時的戴笠已經頗獲蔣中正的信任，再也不必「攔車投書」了。

是年年底，發生安徽大學文學院學生搗毀省立第一女子中學、毆傷女生的事件，適逢蔣中正巡視安徽，對於此案甚為關注。十二月三日，《新聞報》刊出一則題為「蔣主席處辦皖學潮」的消息，內稱蔣中正密派戴笠調查，並據戴笠報告責問省府委員孫棨。[2]戴笠於次日見報後，立即致函該報負責人稱：「主筆先生大鑒：昨日（三日）貴報第三張教育新聞欄內，載有蔣主席處辦皖學潮消息一則，其中有稱『比即派總部機要科科員戴笠會同安慶市公安局督察員饒吉甫，往一女中實地調查』、又『同時復據戴笠報告，即據以問孫棨，斥以不辦』云云。此次蔣主席蒞皖，笠雖適在安慶，但本身既非總部機要科員，當日又未奉任何方面之使命前往一女中調查。務請於貴報來件欄內，迅予更正。戴笠手啟，十二月四日。」[3]此時戴笠擔任何種職務，究竟是否負有調查皖省學潮之責，皆難判定，惟其負有若干祕密使命，故不願在報紙上看到有關自己的消息，則是顯而易見的。

1 喬家才：《鐵血精忠傳》第三十五頁。
2 「蔣主席處辦皖學潮」，《新聞報》，民國十七年十二月三日。
3 「戴笠為皖女中案來滬」，《新聞報》，民國十七年十二月八日。

七、信陽遇險

民國十七年六月八日，國民革命軍克復北京，北伐軍事告一段落。六月十六日，新疆宣布服從國民政府。六月二十日，中國國民黨中央政治會議議決：北京改名北平，直隸省改名河北省。七月六日，國民革命軍總司令蔣中正偕高級將領至北平西山碧雲寺致祭總理孫中山先生，由蔣中正主祭，馮玉祥、閻錫山、李宗仁三總司令襄祭。蔣中正伏讀祭文，申言：「北伐告成，建設伊始，當依遺教，力求貫徹。」讀畢，伏櫬痛哭。十二月二十九日，東北宣布服從國民政府，東三省保安總司令張學良通令東北全境改懸青天白日滿地紅國旗。至此，中國十餘年來之分裂局面遂告統一。

北伐告成，軍政時期結束。中國國民黨依據孫中山先生建國程序的規定，準備實施訓政。八月十四日，國民黨二屆五中全會決議：國民政府依建國大綱之規定，設立行政、立法、司法、考試、監察五院。十月三日，國民黨中央常務委員會通過「訓政大綱」及「中華民國國民政府組織法」。依「訓政大綱」之規定：訓政期間，由國民黨代表國民行使政權，訓練人民行使選舉、罷免、創制、複決四權的能力，以立憲政之基礎；國民黨中央執行委員會政治會議則為指導國民政府施行重要國務之決策與監督機構，實為訓政時期治權權力中心。

十月八日，中央常務委員會決議：推蔣中正為國民政府主席，譚延闓為行政院長，胡漢民為立法院長，王寵惠為司法院長，戴傳賢為考試院長，蔡元培為監察院長。十月十日國慶日，新任國民政府主席、委員、五院院長在南京中央黨部大禮堂宣誓就職，由中央監察委員吳敬恒代表國民黨中央監誓並授印，蔣中正代表國民政府接受。

訓政開始，國家施政及黨務發展的方針亟待確定，中國國民黨因於十八年三月十五日在南京召開第三次全國代表大會。三月二十一日，大會通過「確定總理主要遺教為訓政時期中華民國最高根本法」。此外，大會於策定訓政時期國家建設之全盤方針，均有細密切實的考慮，作成符合實際需要的決策，被認為是國民政府實施新政的開端。

大會閉幕後，中國國民黨即積極籌備總理靈櫬奉安大典。先是孫中山先生於民國十四年逝世於北京後，以時局紛亂，靈櫬暫厝於北京西山碧雲寺，至十八年五月南京總理陵園竣工，中央遂成立奉安籌備委員會，並派專員前往北平迎靈。五月二十六日，啟靈南下。五月二十八日，靈車抵浦口，國民政府委員及國民黨中央執、監委員均渡江恭迎。六月一日，舉行奉安大典，安葬總理靈櫬於紫金山麓之中山陵，由譚延闓親書「中國國民黨葬總理孫先生於此」碑文，勒石紀念。

訓政之順利推行，有賴於政令軍令的統一、安定的社會環境和充足的人力財力。然而國民政府由於國軍編遣問題，招致了一批高級軍事將領的誤解和不滿。於是自十八年四月起，爆發了一系列反對中央的叛亂行動。繼李宗仁發難之後，馮玉祥稱兵汴洛，張發奎抗命宜昌，石友三倡亂於浦口，唐生智反覆於鄭州。叛亂之發生，實由於這些高級軍事將領的封建觀念作祟，他們仍把軍隊視作私人的政治資本，地方割據的落伍思想無法革除。蔣中正以國民政府主席兼全國陸海空軍總司令之地位，對叛軍毫不假借，堅持興師敉亂，以申國家紀綱。這一政策獲得國民黨元老胡漢民、譚延闓、蔡元培、吳敬恒等多人的支持，卻被反對者指責為「削藩」或「排除異己」，而將叛軍反對中央的行動名之曰「反蔣」或「倒蔣」，若干社會人士不察，亦將蔣、馮、閻、李等量齊觀，而忽視蔣中正作為國家元首以及國民政府有維護法紀之責任的事實。

當馮玉祥於五月間稱兵作亂時，中央曾寄望第三集團軍總司令閻錫山協助解決此一問題。閻錫山乃邀馮玉祥赴太原商議「偕同出國」事宜，隨即將馮玉祥軟禁於晉祠。六月二十七日，蔣中正來到北平，與閻錫山商議軍事善後問題，復在北平巡視、遊覽，至七月十一日始驅車南返。蔣中正北上期間，戴笠一直隨侍左右。

六月二十八日，蔣中正衛隊的兩輛軍用汽車在北平缸瓦市與一輛電車相撞，汽車被撞翻，衛兵受傷數人，電車車窗也全被震毀。衛隊方面怒不可遏，即將電車司機及賣票生逮捕，五花大綁，隨行隨打，當時觀者如堵，警察不敢作聲，衛兵的蠻橫舉動頗使革命軍人的形象受損。北平電車工會聞訊，由全體執監委員偕同總工會代表前往肇事地點調查，並派人向衛隊交涉，同時請總工會轉請蔣中正下令衛隊放人。工會擬具呈文時，被捕司機與賣票生已由衛隊釋放，但因傷重送入首善醫院，事仍未了，故呈文照舊送出，並定明早謁見蔣中正面陳。[1]蔣中正於六月二十九日接獲總工會呈文後，始知衛隊汽車與電車相撞之事，他當即下令釋放工友，後知已經釋放，乃於

[1] 「蔣衛隊汽車與電車相撞」，《大公報》天津版，民國十八年六月二十九日。

下午一時餘派戴笠為代表，偕同衛兵連長李曙文，赴電車公司及工會慰問，並致歉意。戴笠對電車公司方面表示：「蔣主席衛兵絕不壓迫工友，雙方均無過。」並請對方原諒衛隊之行為。[1]

七月十二日，蔣中正於南返途中遊覽泰山，與泰安縣長姚光裕及侍從人員合攝一影，戴笠亦在合影之中，惟居於邊緣位置。[2]由處理撞車事件與參與泰山合影來看，戴笠在蔣中正身邊的地位已較過去更加凸顯。

不久，爆發石友三、唐生智之亂，戴笠獲得了一顯身手的機會。石、唐係以「護黨救國」為名反叛中央，且在政治上支持「改組派」。「改組派」與汪精衛實有密切關係，蓋汪精衛於十六年十二月出洋後，原武漢政權之汪系中央執、監委員即被摒棄於中樞以外，陳公博、王法勤等人遂於十一月二十八日在上海成立「國民黨各省市海外黨務改組同志會」，擁汪精衛為領袖，倡言「恢復民國十三年改組之精神」。實則「改組派」並無一定的政治綱領，只是因為權位而反對中央。[3]

十八年十月，汪精衛由法國回到香港，開始積極策動各地「反蔣」，委任張發奎、唐生智、石友三、胡宗鐸、李宗仁為「護國救國軍」各路總司令。十二月二日，石友三在安徽滁縣稱兵作亂，自稱「護黨救國軍第五路總司令」。十二月五日，唐生智也在河南鄭州通電指責中央，自稱「護黨救國軍第四路總司令」。

安徽、河南同時告急，情勢嚴重，於是戴笠前往洛陽，從事情報活動。十二月五日及十二月七日，戴笠以「微戌」、「虞巳」兩電報告南京蔣中正：四十四師師長方鼎英、四十七師師長王金鈺、四十八師師長徐源泉等前方軍事將領「對於中央均表示始終擁護」等情，並謂洛陽行營主任楊杰命其回京面陳軍情，但因洛陽沒有飛機，故而一時無法成行。[4]這兩封電報是迄今所見戴笠最早呈送給蔣中正的軍事情報。

不久，戴笠又趕往唐生智叛軍控制下的信陽活動，他於到達信陽次日，即在固定時間與一位擔任小學校長的李姓同志接頭。李君出身世家，富有革命思想，他與戴笠相識，係在鄭州銘功園的一次宴會中，二人一言投機，便結為知己。此後戴笠查其所好，每次見面必贈以手錶、鋼筆、球拍、棋具等物，並請宴飲，遂由李君輾轉介紹，在漯河、許昌、駐馬店等地建立了社會關係。

1 「蔣衛兵撞車事」，《大公報》天津版，民國十八年六月三十日。
2 萬仁元主編：《蔣介石與國民政府》上冊第九十五頁。
3 李雲漢：《中國國民黨史述》第三編第三十頁。
4 戴笠電蔣中正，民國十八年十二月五日，蔣中正總統檔案；戴笠電蔣中正，民國十八年十二月七日，蔣中正總統檔案。

這次相見，李君神色惶促，告訴戴笠叛軍正在懸賞緝捕南京派來的祕密工作人員，建議他乘坐今晚十點南下的火車，迅速離開信陽。戴笠說：「你想的太天真，既然人家重賞緝捕我，難道車站、車廂沒有稽查部署嗎？」李君啊了一聲：「這我可沒想到！」當晚，戴笠穿著長衫，化裝學生，投宿於東街佛照樓旅社。佛照樓緊鄰叛軍特務營和軍警稽查處，軍警稽查處長周偉龍係黃埔四期生，戴笠曾與其略有過從，但無深交。當時，戴笠每到北方各地，便邀約友人及同學宴飲，藉以建立社會關係，他和周偉龍也是這樣認識的。他曾在暗中觀察周偉龍的言行，感覺此人在唐生智部下任職，並非心甘情願，隱約透露過「身在曹營心在漢」的意味。於是他經過通宵考慮，決定冒一次險。

第二天，戴笠拿著「東方白」的名片去找周偉龍。周偉龍知道戴笠的身分，又驚訝又為難，當下責備他不該不知死活，送上門來。戴笠卻輕鬆地說：「今天的情形，我是走不了的，與其被人誤會受辱，不如將我這顆頭顱送給同學，以成功名」，因勸周偉龍把他送到叛軍總部領賞。周偉龍頗受感動，反問戴笠：「你看我是這種人麼？」戴笠知道周偉龍是性情中人，於是曉以大義，動以利害，一面勸他脫離叛軍，效忠中央；一面告以脫險方法，請他掩護。

當天中午，周偉龍在信陽最大的酒樓「宴陽樓」請戴笠吃飯，對人說是替北平來的朋友餞行。飯後，周偉龍親送戴笠到車站，二人頻頻交談，避開了軍警稽查人員的耳目。戴笠隨即搭乘下午兩點四十五分的客車，急馳而去。臨行，對周偉龍說：「按常情判斷，我走後不久，就有人懷疑到你身上。你如愛護革命，珍重前途，最好也於今晚最遲不過明日藉故離開這裏，越快越好，遲則生變，離開後可到南京雞鵝巷五十三號來找我，我們共同為革命奮鬥！」[1]戴笠與周偉龍分手後，搭車直達北平，去找他的另一位同志，曾任西北軍內部防衛處處長的王天木。時值嚴冬，戴笠向王天木借了一件毛衣禦寒，即返回南京。[2]

在中央軍大舉討逆的壓力下，石友三於十二月二十一日通電表示「主張和平，反對改組派」，並撤銷「護黨救國軍」名義，唐生智叛軍陷入孤立。這時，鄧展謀正在中央軍整編第一師第二旅任連長，駐漯河車站。有一天，周偉龍忽穿便衣來訪，他告知鄧展謀，已經根據戴笠的計畫，策動叛軍某部向中央軍第一旅旅長胡宗南接洽

1 王敬宣：《戴先生外紀之一》，《健行月刊》第八十期第十三至十七頁。

2 戈士德：《戴笠與周偉龍上》，《中外雜誌》第三十一卷第五期第一三六頁。

投效，因訪胡宗南不遇，故前來求助。鄧展謀知道事機急迫，即引周偉龍去見第二旅旅長徐庭瑤，接納該部祕密效順，以為內應。十九年一月二日，唐生智率主力反攻駐馬店，遭中央軍裏應外合，節節敗退。周偉龍趁機脫離叛軍，投效戴笠。[1]從此，二人成為過命之交，曾約定如有先死者，則後死者為其治喪。[2]

此際，以「護黨救國」為護符的人，已經一律挫敗。時任立法院長胡漢民曾作如下批評：「改組派教唆軍人的大題目，是『護黨救國』。最初曾喊這四個字，替李宗仁、白崇禧作招牌，後來又用它害過一下馮玉祥。可是大家都明白的，照這般人前後的歷史來看，黨固絕不要他們來護，國也絕不待他們來救，這四個字由他們喊，是萬喊不出去的。」[3]

大體來說，民國十八年發生的軍人變亂，除了維持既有地盤以及抵制編遣外，並沒有推翻國民政府的企圖。南方的李宗仁、北方的馮玉祥，彼此間並無共同的政治目標，張發奎、唐生智雖稱知兵，但不懂政治，石友三則是反覆無常的嗜利小人。至十九年二月閻錫山決定反抗中央後，情勢就不同了，他將軟禁之中的馮玉祥放回陝西，又與「改組派」的汪精衛、陳公博以及「西山會議派」的謝持、鄒魯等人串通，形成所謂「反蔣勢力的大聯合」，其後召開所謂「擴大會議」，並在北平成立了「國民政府」和「中央黨部」。

五月一日，蔣中正通電討伐閻、馮，民國成立以來最大的一次討逆戰爭遂在中原一帶展開。大戰期間，戴笠派王孔安等人滲入「擴大會議」，蒐集情報，並親自屢入敵後，冒險犯難。[4]十月，中央軍相繼攻克開封、鄭州、洛陽、潼關、西安等要地，閻錫山、馮玉祥通電下野，國民政府終於戡平叛亂，再奠統一之局。

此次中央討逆戰爭之勝敗，不僅關係中國國民黨的存亡，且為中國軍閥勢力盛衰的關鍵，意義十分重大。戰爭勝敗的因素中，東北邊防司令長官張學良的態度極關重要。中央曾先後派遣方本仁、張群、吳鐵城等人前往沈陽陳述利害，希望他擁護中央，閻錫山、馮玉祥亦派代表前往遊說，極力爭取。張學良起初不肯表明真正立場，至全局勝敗已具端倪後，始有配合中央的表示，曾致電閻錫山告以「不與聞北京組織政府」事。及與中央就軍費及善後軍政達成某些諒解後，乃出兵入關，擁護統一，使討逆戰爭得以提前結束。張學良的愛國行動，深受

1 國防部情報局編印：《戴雨農先生傳》第十七頁。
2 戈士德：《戴笠與周偉龍上》，《中外雜誌》第三十一卷第五期第一三六頁。
3 李雲漢：《中國國民黨史述》第三編第八十一頁。
4 國防部情報局編印：《戴雨農先生年譜》第二十二頁。

各方嘉許，國民政府授予他整頓北方八省軍政全權，張學良於就任全國陸海空軍副司令後，開府北平，成為華北最高軍政長官。然而東北軍精銳調駐關內，東北防務因而空虛，竟為日本關東軍所乘，一年後便爆發了舉世震驚的「九一八事變」。[1]

1 李雲漢：《中國國民黨史述》第三編第八十八至八十九頁。

八、聯絡組長

中原大戰結束後，國民政府主席蔣中正建議中央定期召開國民會議，中國國民黨遂於民國十九年十一月十二日在南京召開三屆二中全會，決議二十年五月五日在南京召開國民會議，全會並通過「修改國民政府組織法」，以原任行政院長譚延闓已於九月二十二日逝世，決議由蔣中正兼任。國民會議之召開，本為孫中山先生之遺志，然而在會議籌備期間，卻發生了蔣中正與胡漢民的意見衝突。蔣中正主張召開國民會議並制定約法，以為訓政時期的施政依據；胡漢民時任立法院長，一向堅持其強烈的黨治主義，他同意召開國民會議，但不同意由國民會議制定約法。蔣、胡之歧見終不能調和，乃有二十年三月一日胡漢民被蔣中正移往湯山幽禁之事件發生。

胡漢民是國民黨粵籍元老，在黨內聲望極高，「湯山事件」的發生，直接導致了國民黨粵籍中央執、監委員另立門戶。自三月起，國民政府文官長古應芬、鐵道部長孫科、司法院長王寵惠、立法院秘書長李文範、南京市長劉紀文等均託故離京，或養痾滬上，或南行入粵。其他蟄居各地與南京中央不相容的國民黨人如汪精衛、唐生智、陳友仁等，也都乘機活動。首先揭開這場政治大風暴序幕的，是四月三十日中央監察委員鄧澤如、林森、蕭佛成、古應芬聯銜自廣州發出彈劾蔣中正的通電，其主旨在聲援胡漢民。蔣中正將監委彈劾事請中央監察委員會徹查，中央監察委員會於五月三日復函蔣中正，略謂鄧澤如等之彈劾電「其語皆摭拾浮言，任意指斥，且未合正式彈劾手續，請暫勿深究。」適於此際，駐粵第八路軍總指揮陳濟棠通電擁護四監委彈劾案，公然反抗中央。孫科等人亦自上海南下廣州，與汪精衛、陳濟棠等合流，於五月二十五日聯銜通電要求蔣中正下野。五月二十七日，粵方在廣州成立「中國國民黨中央執監委員非常會議」，次日成立「國民政府」，與南京分庭抗禮，至此終於釀成了「寧粵失和」的悲劇。[1]

1 李雲漢：《中國國民黨史述》第三編第一三一至一三三頁。

蔣中正初對廣東變局不甚看重，他更關心的是圍剿江西中共紅軍的戰事與國民政府暨中央黨部的改組。直至七月十八日，石友三在河北順德叛變，聲言就任粵方所委任之「第五集團軍總司令」，蔣中正獲悉石友三係由粵方以五十萬元收買後，始對粵方大不諒解，於七月二十三日發表之文告中，稱粵方為「粵逆」。就在情勢幾乎不可收拾之時，九一八事變突然爆發。

九月十八日晚，駐屯南滿鐵路的日軍自行將柳條湖一小段鐵軌炸毀，誣稱係遭中國邊防軍破壞，竟向沈陽北大營駐軍發動猛烈攻擊，並佔領沈陽。「九一八事變」完全出自日本關東軍的預謀，事變前，日本已先製造「中村事件」、「萬寶山事件」及「朝鮮排華事件」；事變後，迅即瘋狂擴大戰爭，相繼攻佔中國東北三省，並將清廢帝溥儀自天津誘赴長春，作為扶植傀儡組織之準備。事變發生後，國人無不義憤填膺，抗日聲浪響徹神州，然而國民政府衡量自身實力以及國際情勢，認為還不是全面抗日的有利時機，因而採取外交途徑向國際聯盟提出申訴，要求國際聯盟以有效手段制裁日本的侵略行為。

國難當頭，中國國民黨最重要的工作是促成寧粵雙方的合作，共謀團結禦侮之道。十月十五日，胡漢民恢復自由。十月二十五日起，寧粵雙方代表在滬舉行會談，至十一月七日終於達成協議：南京、廣州分別召開第四次全國代表大會，分別選舉中央執、監委員，一起在南京參加四屆一中全會，以建立統一的中央黨部和國民政府，統一的中央黨部和國民政府建立後，粵方「中央黨部」和「國民政府」即宣布取消。十一月十二日，第四次全國代表大會在南京召開，蔣中正以「黨內團結是我們唯一的出路」為題發表講話，指出此次大會有兩個重大使命：一是團結內部，二是抵禦外侮。粵方之「四全大會」亦於十一月十八日開幕，然而由於內部意見不一，派系暗鬥激烈，竟又分裂為滬、粵兩會，滬會以汪精衛為首腦，粵會奉胡漢民為領袖。滬會主張履行上海會談之協議，粵會則堅持非蔣中正先行下野，粵方「中央黨部」和「國民政府」即不取消，粵方中央委員亦不北上，且由胡漢民領銜發出促蔣中正下野的通電，頓使寧粵雙方瀕臨新的對立危機。蔣中正以大局為重，於十二月十五日向中央執行委員會辭去國民政府主席、行政院長及陸海空軍總司令本兼各職，並通電下野，表示：「避位讓賢，以促成黨內之統一，而達我救國之目的。」

此時，第一師師長胡宗南率部駐鄭州，接獲蔣中正辭職通電後，全軍彷徨，遂於十二月十七日電請蔣中正「指示方針，以慰眾望」，並請「迅令戴笠同志組聯絡組，以聯絡各地忠勇同志為目的，為在野時間領袖與幹部聯絡的惟一機關，每月經費約二千元至三千元之數，請指定的款，按月撥發。」十二月十九日，蔣中正覆電胡宗南表示同意。[1]

自中原大戰結束以至九一八事變，戴笠身居何職，做何工作，史料中殊少記載。蔣中正下野後，於十二月二十二日偕夫人宋美齡返回家鄉奉化，臨行，命戴笠成立「聯絡組」，轄十人，付予「團結黃埔學生革命力量，繼續蒐集情報」的任務。聯絡組組部位於南京雞鵝巷五十三號，本是胡宗南的駐京辦事處，胡宗南知道戴笠不願以金錢小事向蔣中正冒昧瀆請，遂慨然讓借給戴笠使用。[2]

聯絡組是戴笠從事特種工作由個人活動變為組織活動的開始，其工作人員，除組長戴笠外，還曾陸續吸收唐縱、鄭錫麟、徐亮、周偉龍、黃雍、張炎元、馬策、王天木、陳恭澍等人。這些最早追隨戴笠參加特種工作的同志，被視為日後特務處與軍統局的開山鼻祖，有「十人團」之稱。[3]

唐縱，字乃建，湖南酃縣人。幼穎異，舉止端凝，為鄉里所稱譽。及長，好讀書，尤關心國事，有攬轡澄清之志。聞國民革命之風，毅然投考黃埔軍校六期，以好學深思，沉潛雅健，見稱於師長同學間。畢業後，服務軍中，深感革命大業，政治重於軍事，宣傳重於作戰，而思想與信仰尤為革命之基礎。遂辭職赴南京，與同志創辦《建業日報》，鼓吹革命建設，嘗謂：「革命應以學問為基礎，建設應以文化為首務。」爰於宣傳主義外，兼事新文藝運動，冀能深入社會，喚起群眾。[4]唐縱至遲在二十年八月間，已與戴笠相識。[5]蔣中正下野後，唐縱甚感苦悶，曾往戴笠家中討論時局，戴笠遂邀其參加聯絡組。十二月二十八日上午十時，唐縱在戴笠家中鄭重宣誓，成為聯絡組最早的工作人員，時年二十七歲。[6]

---

1 王宇高編：《事略稿本》，民國二十年十二月十九日。

2 國防部情報局編印：《戴雨農先生年譜》第二十五頁；良雄：《戴笠傳》第四十三頁。

3 戴笠開始吸收工作人員，變個人活動為組織活動之時間，《戴雨農先生年譜》云聯絡組時期，《戴雨農先生傳》云中原大戰前後。戴笠於三十年四月一日演講時說：「記得我們在民國二十年十二月十日以前，祇有一個人，或者說一個半人。」案聯絡組成立於二十年十二月十九日以後，而非十二月十日，戴笠回憶略有誤差，惟聯絡組成立以前並無組織活動當可確定。聯絡組時期之工作人員名單，歷來眾說紛紜，此處所載唐縱等人，悉以特務處及軍統局工作人員名冊等原始檔案為依據。又，國防部情報局編印之《戴雨農先生年譜》及《戴雨農先生傳》，僅列舉早期工作人員姓名，並未提及「十人團」，此一說法較早見於黃雍《黃埔學生的政治組織及其演變》、沈醉《我所知道的戴笠》及喬家才《胡天秋高風亮節》等文。

4 治喪委員會：《唐乃建先生事略》，《唐乃建先生紀念集》第二十一頁。

5 公安部檔案館編註：《侍從室高級幕僚唐縱日記》，民國二十年八月二十二日。

6 公安部檔案館編註：《侍從室高級幕僚唐縱日記》，民國二十年十二月二十八日。

鄭錫麟，四川溫江人，成都第一中學、黃埔軍校六期畢業。早在黃埔求學時期即與戴笠相識，從事調查共產黨員之活動。[1]與唐縱同時參加聯絡組工作，時年二十九歲。[2]

徐亮，字為彬，以字行，江蘇無錫人。上海大學英文系、黃埔軍校六期騎科畢業。十五年六月，經周頌西介紹加入中國國民黨。[3]二十一年一月參加聯絡組工作，時年三十歲。[4]

周偉龍，字道三，湖南湘鄉人，黃埔軍校四期畢業。曾任湖南陸軍第三混成旅上尉參謀、建國湘軍第三軍少校參謀、國民革命軍第十三軍少校特務營長、中校憲兵營長、唐山軍警稽查處處長、討逆軍五路總部中校憲兵營長。[5]二十一年一月，參加特務處工作，時年三十三歲。[6]

張炎元，一名張炳華，廣東梅縣人，黃埔軍校二期畢業。在校期間，曾加入「左派團體」，參加第一次東征棉湖之役、五華之役、討伐楊劉之役。畢業後，歷任海軍安北艦少校黨代表、江固艦中校黨代表、安北艦中校黨代表。寧漢分裂時期，擔任二十七師團附。此後脫離部隊，前往南洋謀生，曾任加拉旺中華學校教員。十九年冬，返國。二十年春，入中央軍校特別研究班受訓。畢業後，窮無所歸，乃經同學黃雍介紹認識戴笠，一經見面，即獲允建立工作關係。[7]二十一年一月，正式參加聯絡組工作，時年三十一歲。[8]

黃雍，字劍秋，湖南平江人，黃埔軍校一期畢業。亦為聯絡組之一員，其參加工作之時間當與張炎元同時。但自二十一年三月以後，即不再與戴笠發生工作關係，曾對人表示寧願居於協助地位，遂成為聯絡組中唯一未再追隨戴笠的人。[9]

1 袁中行：《我所知道的鄭錫麟》，《溫江文史資料選輯》第三輯第一三三至一三四頁。
2 據軍事委員會調查統計局編製之《二十八年工作總報告》，鄭錫麟二十一年七月參加工作，另據《工作會議內外勤出席人員名冊》，則於二十一年四月參加工作，皆誤。案唐縱日記二十年十二月二十八日條略云：「在戴笠家裏，經過宣誓鄭重的儀式，與走開了的朋友錫麟又走在一條道路上來了。」則鄭錫麟參加工作之時間，當不晚於唐縱。
3 軍事委員會委員長侍從室人事登記片，徐為彬。
4 軍事委員會調查統計局編製：《二十八年工作總報告》第十五頁。
5 戈士德：《戴笠與周偉龍上》，《中外雜誌》第三十一卷第五期第一三五至一三六頁。
6 特務處編製：《二十六年份內外勤工作人員總考績名冊》，周偉龍條。
7 李士璉編校：《張炎元先生集》第二十五至三十二頁。
8 軍事委員會調查統計局編製：《工作會議內外勤出席人員名冊》，張炎元條。
9 陳恭澍：《北國鋤奸》第十三頁。

馬策，字秋心，浙江東陽人，黃埔軍校四期畢業。其參加工作之時間，日後軍統局名冊中記載在聯絡組成立之前。[1]此或有誤，因聯絡組成立以前戴笠尚無組織活動。

王天木，本名王仁鏘，吉林人，日本士官學校出身。曾在西北軍中擔任參議，又在河南收編土匪，自任司令。二十一年二月，參加聯絡組工作，時年三十三歲。[2]

陳恭澍，以字行，河北寧河人，黃埔軍校五期出身。曾加入共產黨，後脫離關係。[3]二十一年二月，參加聯絡組工作，時年二十四歲，日後成為戴笠最為倚重的幹部之一。[4]

上述諸人除王天木外，均為黃埔軍校亦即中央軍校出身，戴笠當係以同學關係與他們建立了最初的聯繫，進而將他們吸收為聯絡組的工作人員。其中黃雍、張炎元、陳恭澍三人曾以不同原因被註銷了黨籍與學籍，後於二十年春參加中央軍校特別研究班受訓，經蔣中正親自批示恢復黨籍與學籍，並在各期同學錄上分別予以註記。三人畢業時，正值九一八事變之後，由蔣中正手諭分發中央黨部報到，卻因中央組織部長陳立夫的反對而沒有結果。當時黃雍、張炎元在南京花牌樓忠義巷租房居住，陳恭澍進退無據，也前往寄居，三人一同等待上級分派工作。[5]戴笠對上述情形似有所知，曾與唐縱談論「陳立夫之賣蔣總司令」。[6]

戴笠與陳恭澍結交係經黃雍、張炎元介紹。先是，戴笠已與黃、張結識，並請二人參加聯絡組工作。一天下午，戴笠去見黃、張，和二人握手寒暄後，第一次看見了陳恭澍，於是又面帶笑容向他伸出了友誼的手。黃雍連忙為雙方介紹：「這位小老弟是五期同學陳恭澍」，「這位老大哥是六期同學戴笠，戴雨農。」五期的稱「小老弟」，六期的稱「老大哥」，這句介紹詞讓陳恭澍覺得有點奇怪。陳恭澍曾回憶這次見面說：「看上去，他（戴笠）的年齡是比我大得多，濃眉大眼，隆準高顴，身材雖不高，顯得很厚重、很結實，稱得上相貌脫俗，氣宇非凡了。這第一印象，相當深刻。」四位同學聚在一起，不拘形跡的談論開來，四個人都說普通官話，除陳恭

1　軍事委員會調查統計局編製：《工作會議內外勤出席人員名冊》，馬策條。
2　戴笠呈蔣中正，時間不詳，蔣中正總統檔案；陳恭澍：《北國鋤奸》第四十至四十二頁。
3　軍事委員會委員長侍從室人事登記片，陳恭澍；中央訓練團畢業學員生學籍登記表，陳恭澍。
4　特務處編製：《二十六年份內外勤工作人員總考績名冊》，陳一新條。
5　李士蓮編校：《張炎元先生集》第三十一頁。陳恭澍：《北國鋤奸》第七至八頁。
6　公安部檔案館編註：《侍從室高級幕僚唐縱日記》，民國二十年十月二十九日。

澍外，黃雍是湖南平江人，張炳華是廣東梅縣人，戴笠是浙江江山人，鄉音都嫌太重，話卻十分投機，不知不覺，已是日落西山。

此後，戴笠常到三人那裏坐坐，偶爾也同去看一場電影。有一天，三人和房東太太打麻將，戴雨農見陳恭澍牌運不佳，大有一顯身手的氣勢，便叫陳恭澍站起來，替陳恭澍打幾局。不過在陳恭澍看來，戴笠吃張摸牌的手法，「並不像是善於此道的熟手。」陳恭澍曾問黃雍、張炎元，這位戴同學是做什麼工作的？二人說：「只知道他在校長官邸，並不明瞭所司何職。」陳恭澍追問：「他既然在官邸任職，為什麼這次校長下野回奉化，他不跟了去？」二人沒有正面回答，只含含糊糊嗯了一聲。[1]

事實上，聯絡組的核心工作即是聯絡並考察黃埔同學的行動與態度。[2]戴笠接近陳恭澍的初衷之一，亦是藉此考察他的立場。陳恭澍有同學曹霄青者，在政治上接近胡漢民，戴笠與陳恭澍日漸熟稔後，曾問他：「恭澍兄，你認識曹霄青這個人？」陳恭澍說：「豈止認識而已，我們倆同連入伍，同排又同班，而且是雙架床鋪的一上一下。」還說：「自從他四期升學進入本校政治科，我因病落後編入第五期步科後，分手到現在，始終沒有再見到過。」戴笠又鄭重其事的問：「如果曹霄青目前就在南京呢？」陳恭澍說：「那我就馬上去看他。」並問戴笠：「他真的是到了南京？」戴笠搖了搖頭說：「我只是希望他能到南京來而已。」戴笠的話讓陳恭澍莫名其妙，後來陳恭澍從戴笠那裏得知，曹霄青已經加入胡漢民組織的「新國民黨」，正在上海從事反對中央的活動。[3]

自蔣中正下野後，時局異常紛亂。中國國民黨於十二月二十二日召開四屆一中全會，改組國民政府，將國民政府主席定位為「中華民國元首，對內對外代表國民政府，但不負實際政治責任」，行政院「為國民政府最高行政機關」。十二月二十八日，全會推定林森為國民政府主席，孫科為行政院長，並通過中央政治會議設常務委員三人，推選蔣中正、汪精衛、胡漢民三人為中央政治會議常務委員。

二十一年元旦，廣州「中央黨部」及「國民政府」宣布撤銷，但是改稱「中國國民黨中央執行委員會西南

1 陳恭澍：《北國鋤奸》第九至十頁。
2 公安部檔案館編註：《侍從室高級幕僚唐縱日記》，民國二十年十二月二十六日。
3 陳恭澍：《北國鋤奸》第十至十一頁。「新國民黨」成立之時間不能確定，據有關檔案，至遲當在二十一年四月下旬，見陳紅民：《函電里的人際關係與政治》第一五〇頁。

執行部」及「國民政府西南政務委員會」，仍然維持其半獨立狀態，形同割據。而以孫科為首的行政院才能有限，對於時局一籌莫展，孫科深感難有作為，遂懇請蔣中正返京主持大計。

一月十七日，蔣中正、汪精衛在杭州會面，兩人已有共維艱鉅之諒解，遂於一月二十一日聯袂入京。一月二十四日，孫科辭職赴滬，南京陷入無政府狀態，蔣中正雖已入京，而無正式名義，是以難負其責。正當此際，日本海軍突於一月二十八日在上海挑起侵略戰爭，擔任京滬衛戍任務的國軍第十九路軍奮起反抗，是為「一二八事變」。

「一二八事變」當天，中央政治會議決定以汪精衛繼任行政院長。次日，決議成立國民政府軍事委員會，推蔣中正、馮玉祥、張學良、閻錫山、李宗仁、李濟深、何應欽、朱培德、陳紹寬、陳銘樞、唐生智為委員，決定抵抗日本侵略。蔣中正往來於津浦線上，部署軍事，聯絡各方，他以原駐京滬、京杭兩線的八十七、八十八兩師編為第五軍，開赴上海支援十九路軍作戰，並電令第一師師長胡宗南、第九師師長蔣鼎文，各率部自豫、贛出發，增援淞滬。

淞滬抗戰持續一個月多，十九路軍與第五軍將士用命，全國同胞也一致支援，曾迫使日軍三度增兵、三易主帥。然而三月二日以後，隨著日軍增援部隊登陸瀏河，對國軍取包圍攻勢，國軍即難以應付而被迫後撤。最終，在英美法意四國調停下，中日雙方於五月五日在上海簽訂停戰協定。日軍雖然撤退至一二八事變前的駐地，國軍卻也只能留駐上海外圍的現駐地，上海治安則由中國憲警負責維持，此一結果頗使國人感到沮喪。

當滬戰進行之際，軍事委員會委員雖已推定，而組織尚未建立，蔣中正以委員身分調動軍隊未盡相宜。國民政府因提出「軍事委員會暫行組織大綱」，經中國國民黨四屆二中全會修正通過，規定軍事委員會直隸國民政府，為全國軍事最高機關，設委員長一人，委員七至九人。三月六日，中央政治會議選定蔣中正為軍事委員會委員長。三月十八日，蔣中正通電就職。至此，國民政府終於實現了「賢者在位，能者在職」的新局面：以德高望重的林森擔任國民政府主席，但不負實際政治責任，而將重要國務分別由行政院長汪精衛與軍事委員會委員長蔣中正主管，「蔣汪合作」新局面大體上維持了中央政局的安定，「安內攘外，統一禦侮」的國策得以制定並執行。

卷二 民國二十一年

民國二十一年，蔣中正返京主持大計，就任國民政府軍事委員會委員長兼參謀本部參謀總長。斯時內憂外患紛乘迭至，蔣中正深感情報工作之重要，因命戴笠負責「特務處」工作，從事內外情報資料之蒐集與調查，肩負捍禦外侮、鞏固政權之任務。

戴笠開創中國特種工作的時代背景，正是日本帝國主義發動九一八事變、一二八事變，暴露其吞併中國狂妄野心的時候，也正是中國共產主義運動日漸興起，企圖武裝推翻國民政府的時候，更是一切反革命的軍閥、官僚、政客不甘退出歷史舞台，繼續勾結作亂的時候。特務處自誕生之日起，即擔負了安內攘外的雙重任務，成為蔣中正直接領導下的一隻有力的革命隊伍。

本卷凡六節，主要敘述民國二十一年戴笠的活動與特務處草創時期的歷史，對於特務處內外組織之佈建、偵查與執行工作的開展、「藍衣社」說法的產生以及「軍事委員會調查統計局」的沿革等問題，均依據最為可靠的原始史料，有不同以往著作的全新論述。

一、初膺重任

當「九一八事變」爆發前後，中國外有日寇侵略，內有共產革命，而執政的中國國民黨組織脆弱、變亂迭生，中華民族已經到了最危險的關頭。蔣中正在下野期間，曾自省此次革命失敗之原因，一是「不能自主」，二是「無幹部、無組織、無情報」，以致「陷於內外挾攻之境」，[1]故「此後如欲成功，非重起爐灶，根本解決，不足以言革命也。」[2]與此同時，以滕傑為首的一批黃埔早期畢業生，有感於內憂外患的交相侵迫，滿懷著救亡圖存的愛國情操，正籌劃在國民黨內建立一個意志統一、紀律森嚴、責任分明、行動敏捷，而絕對擁護蔣中正的革命核心組織「三民主義力行社」。[3]

組織力行社係由黃埔四期生滕傑首先倡議，一期生曾擴情率先同意，最初參與其事者則有一期生賀衷寒、鄧文儀、二期生鄭介民、三期生康澤、周復、四期生葉維等人。[4]其中鄧文儀時任蔣中正的侍從秘書，他於蔣中正下野期間，隨同蔣中正返鄉，就近報告了力行社的籌備事宜。蔣中正本來禁止黃埔學生搞小組織，但他經過一段時間的考慮，認為學生們的做法切合挽救時局的需要，遂決定接受力行社的組織計劃。[5]

有一天，賀衷寒邀請力行社的籌備人員吃飯，滕傑來到賀衷寒家，發現在座的除了力行社的籌備人員外，還有一個不認識的人。席間，滕傑頻頻向這位陌生人注意，賀衷寒看到後，連忙介紹說：「呵，還沒有給你們介紹，我今天就是要向團體介紹這個人，他名叫戴笠，戴帽子的戴，斗笠的笠，是第六期的後起之秀，人非常好。」滕傑連說「很好」，並站起來和戴笠握手，表示歡迎他加入團體的籌備工作。隨後，大家開始討論，戴笠

1 蔣中正日記，民國二十年十二月二十二日。
2 蔣中正日記，民國二十一年一月八日。
3 鄧元忠：《國民黨核心組織真相》第七十二至七十九頁。
4 勞政武編撰：《滕傑口述歷史》第一一二頁。
5 鄧元忠：《國民黨核心組織真相》第七十二至七十九頁。

卻一言不發。就這樣，戴笠也成為力行社的發起人之一。

事實上，戴笠擔任聯絡組長，負有考察黃埔同學行動與態度的任務，他參與力行社籌備工作的初衷，當係出於考察的目的，但他漸漸瞭解力行社的宗旨後，乃主動向滕傑提供情報。滕傑住在南京豆菜橋的一間出租房內，每天為了籌備工作忙得不可開交，總是一大早就起來去辦公室。戴笠打聽到滕傑的情況，於是每天更早到滕傑家，送來一些情報，然後匆匆講幾句話就告辭了。當時在蔣中正身邊負責情報工作者，除戴笠外尚有蔡勁軍，滕傑認為戴笠的情報很有價值，也曾問他：「蔡勁軍的情報工作究竟做得怎樣？」戴笠不屑地說：「他只負責把報紙雜誌的消息剪下來。」滕傑聞言，心想戴笠可能有不凡的作為，惟要求他不必親自送情報，以後派人前來即可。[1]

蔣中正於二十一年一月下旬返回南京後，曾召見賀衷寒、康澤、滕傑三人，聽取他們的詳盡計劃，鄧文儀則以秘書身分在場記錄。四人面見蔣中正時改稱「校長」為「領袖」。蔣中正聽完他們的報告後說：「你們仍然稱我為校長好了。」又說：「你們懂得時局的需要，這個計劃也很適切，不過你們年紀輕，經驗不夠，我怕你們做不好，讓我來領導你們吧。」[2]

這次談話不久，一二八事變爆發，日本侵華的野心益為明顯，國難更加深重。於是蔣中正在二月初的一天晚上，在中山陵園松林中的一間房屋內召集力行社的全體籌備人員開談話會。這是一棟長方形的磚牆瓦蓋平房，房屋西端的牆壁上懸掛著總理遺像、遺囑，並有「革命尚未成功，同志仍須努力」的對聯。下設小型寫字檯、藤質圓靠椅，四周沿牆壁放著大小不等的沙發、木椅，大家進屋後，都隨意而坐。不久，蔣中正由鄧文儀陪同進入，眾人一致起立致敬，蔣中正點首入座，鄧文儀則坐在他右側的小沙發上。會議開始後，首先由滕傑報告人數，並呈上名冊，當日出席者二十五人，為一期生賀衷寒、桂永清、酆悌、孫常鈞、潘佑強、杜心如、蕭贊育、鄧文儀、二期生葛武棨、蔡勁軍、三期生周復、康澤、駱德榮、韓文煥、邱開基、黃仲翔、李一民、四期生滕傑、婁紹鎧、五期生彭孟緝、干國勳、易德明、六期生戴笠、劉誠之、陳祺，此外一期生胡宗南、曾擴情、四期生葉維三人因公請假，共計二十八人。[3]

1 勞政武編撰：《滕傑口述歷史》第一四一至一四二頁。
2 鄧元忠：《國民黨核心組織真相》第七十九至八十頁。
3 勞政武編撰：《滕傑口述歷史》第一一八至一一九頁。

蔣中正對大家說：「黨國現處於非常危難中，特約你們來談談，聽取你們各個人的意見，故不採正式會議形式，重在聽取你們每個人發表你們的意見，說話不限時間。」於是大家按照期別、長幼依次發言，蔣中正一改過去對學生嚴厲的態度，靜坐傾聽，不時用藍鉛筆記其要點，偶爾聽不清時會發問一兩句，而極力避免打斷發言者的話頭。據與會者之一干國勳回憶：「座談時屋外沒有崗哨，僅戴笠一個人內外走動，他表現得機警、勤勞、鎮定，這種不設崗哨是當時蔣先生所到之處少見的。」談話會一直開到深夜十二時，蔣中正指示未發言的人明天繼續。

從這天起，直至二月二十九日力行社正式成立，蔣中正多次利用晚飯後的時間，召集力行社的籌備人員在這裏開會。所談事項包括力行社的原則方針、組織架構、人事問題、工作規劃等等，幾乎把能想到的問題全部提出討論。每次開會都有一個固定的主題，完全採用民主方式充分溝通，蔣中正並無任何意見勉強大家接受，只把討論的結果作最後裁定。幾天以來，戴笠辛苦極了，別人除發言外多是靜坐休息，而他尚需保障安全，僅在發言時坐了兩分鐘。據干國勳回憶，戴笠「濃眉、大眼、方口，穿灰間白點的中山裝站立室中，表示他的意見，簡明有力，說完謙請領袖及老大哥們指教。」

在連續多日的討論中，蔣中正特別提醒大家要明白「攘外必先安內」的道理，他指出，日本處心積慮吞滅中國，已作幾十年的準備工夫，如今發生九一八事變和一二八戰爭，就是它開始行動的時候，我們當然要抵抗日本的侵略，但絕不是盲目抵抗，而要有計劃地抵抗。現在日本就是想要製造全面進攻的藉口，我們不能中它的詭計。所以，我們應該小心翼翼的作局部抵抗，以不引發全面大戰為原則，把全面大戰拖得越後越好，我們就能爭取更多的時間來完成內部的準備工作，等到內部準備工作妥善，就有把握將敵人澈底擊敗。[1]

大家發言結束後，蔣中正說：「大家對於革命的現狀和前途，大致也都有了正確的看法，所提出的意見和方案，大致也都能切合需要，希望大家本此研究結果，再繼續研究後再作決定。一經決定，即應全力以赴，發揮硬幹、快幹、實幹的精神，以求完全貫徹。為求提高努力的成效，你們大家必須要做無名英雄，必須要決心不計個人的榮辱得失，來全心全意的救國家。能如此，那你們就必能成功。」此後，大家開始準備成立會。

1 勞政武編撰：《滕傑口述歷史》第一一九至一二〇頁；干國勳：《關於所謂「復興社」的真實情況》，《藍衣社復興社力行社》第一一一至一一三頁。

二月二十九日和三月一日，三民主義力行社的成立會在南京黃埔路勵志社連開了兩天。第一天會議開始後，首先由蔣中正致詞，說明力行社成立的意義，隨即舉行力行社各部分負責人的選舉。滕傑根據大家的意思，不在當場開票，而將全部選票封好交鄧文儀帶回，由蔣中正作最後核定。選舉結束後，由蔣中正當場出了兩道題目，一為「論俾斯麥的鐵血政策」，一為「試述合作社之意義」，要大家各選一個題目寫一篇文章，次日交卷。後來，蔣中正即根據大家談話會的內容、選舉的結果、作文的成績以及他平日對各人的認識，決定了大家在力行社內的任務分配。

第二天，蔣中正核定賀衷寒、桂永清、酆悌、孫常鈞、潘佑強、蕭贊育、鄧文儀、胡宗南、鄭介民、葛武棨、康澤、邱開基、滕傑十三人為力行社中央幹事，以賀衷寒、康澤、滕傑三人為常務幹事，以滕傑為第一任書記。田載龍、周復、李秉中為中央監事，以田載龍為常務監事。幹事會與監事會產生以後，舉行宣誓儀式，蔣中正帶領大家舉起右手宣讀誓詞，略曰：「余誓以至誠，復興中國革命，力行三民主義，效忠領袖，服從組織，嚴守祕密，為達成使命，甘任勞怨，不辭犧牲，如違誓言，願受最嚴厲之制裁。」宣讀完畢後，由滕傑收齊誓詞，按照規定焚毀。接著，蔣中正與大家站成一個大圓圈，手牽著手對大家說：「三民主義力行社從此正式成立了，我將盡心竭力來領導你們，大家從此要更加精誠團結，努力奮鬥，不達目的決不中止，我現在預祝大家成功！」大家一致嚴肅的表示接受領導，成立會即在大家無限的興奮與希望中結束。[1]

力行社以蔣中正為社長，以幹事會為最高權力機關，下設書記、組織、宣傳、特務與總務五處。[2]其中，特務處最初的負責人是桂永清，但他僅在任一週，即以個性不合而堅決辭職。蔣中正對特務處的人事問題十分關切，自桂永清辭職後，即多次向滕傑詢問此事，滕傑總是答以尚未找到。於是蔣中正問滕傑：「我替你介紹一個人如何？」滕傑問誰？蔣中正說：「戴笠，我看這個人有特務天才，你考查考查如何？」滕傑連忙說：「戴笠已經加入團體，既然領袖看上他有這方面的天才，不會錯的。」蔣中正仍說：「你還是考查考查看！」滕傑仍然堅持不必考查，於是蔣中正說：「那麼，就這樣決定了！」[3]

1 勞政武編撰：《滕傑口述歷史》第一二〇至一二二頁；鄧元忠：《國民黨核心組織真相》第八十三至八十五頁。
2 鄧元忠：《國民黨核心組織真相》第九十六頁。
3 勞政武編撰：《滕傑口述歷史》第一四〇至一四一頁。

三月下旬的一天，蔣中正在中山陵園召見戴笠，徵求他的意見。戴笠報告說：「這件事我不能做，因為團體裏的人都是我的老大哥，以我這樣的後輩來負責這樣大的責任，決計做不好。」蔣中正考慮了一下說：「還是你做好！只要有決心就行，其他不必顧慮！」在這種情形之下，戴笠不能再辭，只有說：「是的！報告校長，你是我的校長，我是你的學生，你是我的領袖，我是你的部下，一個革命團體的細胞，當然是絕對聽命組織，聽命領袖，既然校長命令我做，我只有盡自己的能力來做！」並向蔣中正表示：「從今天接到了命令之日起，我的這個頭就拿下來了。」蔣中正問為甚麼？戴笠說：「這個工作做得好，頭一定要給敵人殺掉，做不好，當然要給領袖殺。」[1]

常務幹事康澤聽說了特務處長的人選後，次日即發言反對，聲稱要「打倒」戴笠，蔣中正為此很不高興地說：「我要你們提人，你們提不出來，我提出來，你們又要反對。」戴笠深恐不為同志諒解，曾向蔣中正請辭，蔣中正卻不為所動，仍然支持他。[2]多年以後，戴笠曾回憶說：「領袖當時為甚麼叫我負特務處這個責任呢？就是因為我從民國十六年任事以來，沒有名義也幹，沒有錢也幹，絕沒有在外面招搖。」[3]

在蔣中正的全力支持下，戴笠從三月下旬開始籌備，至四月一日，特務處在南京正式成立。[4]特務處任務艱巨，卻無成規可循，該處負有何種責任？組織人事如何確立？工作計劃如何開展？工作人員如何獎懲？工作經費所需多少？這些都是亟待解決的首要問題。為此，戴笠在徐亮協助下，起草了特務處的「組織大綱」、「組織系統表」、「工作計劃」、「工作人員信條」、「工作人員獎懲規則」、「工作人員保障辦法」及「經費概算

1 戴笠講詞，民國三十年四月一日，《戴先生遺訓》第一輯第九十七至九十八頁。戴笠自述獲蔣中正召見之時間為二十一年一月二十六日，《國防部情報局史要彙編》據此記載：「二十一年二月，戴先生奉命組織特務處」。喬家才以戴笠自述時間過早，在《鐵血精忠傳》中寫作二月二十六日。案蔣中正日記，力行社成立於三月一日，特務處之籌備當在三月一日以後。另據戴笠於二十九年三月二十九日呈蔣中正報告，內云：「自二十一年三月奉命成立特務處」，尤為明證，見蔣中正總統檔案。

2 喬家才：《六十年落花夢》第三四八頁。另據戴笠三十五年三月十日講詞謂：「我接受領袖成立特務處的命令，領袖支持我，固然絕對要負責，但是次日上午有一位同志，現已出國，名字我不便說了，來要打倒我。」此一同志即指康澤，見《戴先生遺訓》第一輯第一一〇頁。

3 戴笠講詞，民國三十年四月一日，《戴先生遺訓》第一輯第九十九頁。

4 國防部情報局編印：《國防部情報局史要彙編》上冊第十三頁。

書」等重要文件，這些文件經蔣中正進行若干修改後，成為特務處草創時期的制度準繩。[1]

其中「特務處組織大綱」明白宣示了特務處的性質：「本處秉承幹事會之意旨，社長之命令，以嚴密之計劃，嚴厲之手段，辦理一切偵察及執行事宜，係一轄制反革命份子之總樞紐。」並將特務處的工作分為兩步：第一步，「注意於有關政局之一般的調查，精選向來忠實於領袖之同學或同志為工作人員，除令其努力服務外，兼寓訓練之意，同時並儘量物色忠勇精幹之同志，以為深入各階級各職業間之準備」；第二步為「工作實施之期」，「即本處轄制反革命份子之任務確實進行之日」。[2]

戴笠在三十六歲這年擔任特務處長，這是他一生事業的重要轉捩點。從此以後，他在蔣中正的長期信任之下，得以正式招徠志同道合之人，按照自己的構想開展特種工作。戴笠自二十一年起直至三十五年殉職，一直擔任特務處長以及特務處改組後的軍統局負責人，先後將近十四年，與蔣中正擔任軍事委員會委員長的任期相始終，因此他一生的功業皆與蔣中正密切相關，他所領導的特種工作亦成為國民革命大業的重要組成部分。

---

1 喬家才：《戴笠和他的同志》第一輯第二二三頁。

2 特務處「組織大綱」施行之時間未見明確記載，案其中有關於偵查組、執行組之規定，因偵查組、執行組至遲在二十二年二月已改稱為通訊組、行動組，故其施行時間當在二十二年二月以前。

二、羅致人才

特務處成立後，亟須建立組織，吸納人才。當時力行社內鄭介民、邱開基二人對情報工作素有經驗，蔣中正特派二人協助戴笠。[1]

鄭介民，號庭炳，廣東文昌人，清光緒二十四年生。廣東省立慰文中學畢業。因家中經濟困難，曾離鄉前往泰國，半年後再往星加坡。在南洋凡居六載，曾任商店書記、吉隆坡《益群日報》社特約編輯，並於民國九年經革命元老沈鴻柏、鄧子實介紹，加入中國國民黨。十三年，由當地黨部送回國內投考黃埔軍校，抵廣州時，軍校一期已經開課，乃考進警衛軍講武堂，是後常往中山大學聆聽孫中山先生演講三民主義，接受革命熏陶。數月後，警衛局講武堂歸併黃埔軍校二期，鄭介民入步科，在校一年期間，曾參加第一次東征戰役。十四年九月畢業後，任國民革命軍第一師秘書。十五年三月，通過中央黨部留俄招生考試，赴蘇聯莫斯科中山大學習政治經濟。

鄭介民留俄兩年餘，因立場反共，極為共產黨所注意。他除上課外，即在圖書館中看書，深研共產黨之理論與策略，極具心得。十七年三月自蘇聯歸國後，以多謀善戰，為蔣中正所賞識，歷任國民革命軍總司令部少校侍從副官、第四軍政治部少將代主任、第十五師政訓處少將主任、廣西省政府委員、廣西省黨部整理委員、第六十四師黨務特派員，所擔任者多為情報工作。[2]鄭介民在參加特務處之前，文職已至簡任，武職亦有公開職務，其資歷地位遠在戴笠之上。當他參加特務處工作之後，卻能不計地位名利，一心一意輔弼戴笠，歷任偵查科長、副處長等要職，功績懋著。[3]

邱開基，字衛華，雲南景東人，清光緒三十一年生。黃埔軍校三期、日本陸軍經理學校、日本步兵學校畢

---

1 喬家才：《六十年落花夢》第三四八頁。

2 軍事委員會委員長侍從室人事登記片，鄭介民；中央訓練團學員自傳，鄭介民；國防部情報局編印：《國防部情報局史要彙編》下冊第九至十頁。

3 喬家才：《六十年落花夢》第五十頁。

業。十三年二月加入中國國民黨。曾任湘贛剿匪總部第二支隊上校副官長、第三軍軍部少將參議。[1]

邱開基與鄭介民的心態完全不同，他對特務處的工作並不情願。戴笠曾對他說：「校長說你對情報很有經驗，特務處的工作要你大力支持。」邱開基卻說：「我沒有甚麼經驗。」戴笠說：「民國十四年討伐楊希閔和劉震寰的滇桂軍，就是根據你的情報，因為知道了滇軍主腦趙成樑在石牌的正確位置，集中攻擊目標，一舉擊潰滇軍主力，才獲大捷。」邱開基仍說：「那是周體仁報告校長的，那裏是我報告的！」事實上，當年擊潰滇桂軍的情報確由邱開基報告蔣中正，他之所以不承認，完全係出於對待特務處工作的消極態度。[2]

此外，邱開基在工作方面也與戴笠頗多歧見。戴笠曾對邱開基說，他將世人分為兩種，一為好人，一為壞人。邱開基問：「好人與壞人如何區分？」戴笠的答覆至為簡明：「與我戴某人好的即是好人，與我戴某人不好的即是壞人。因為我忠於領袖，就是好人的模範。」戴笠還提出：好人應歸領袖管，壞人應歸特務管，所以特務處吸納工作人員，好人要用，壞人也要用，並舉鮑叔牙舉薦管仲、郭子儀禮遇盧杞、曾國藩任用官文等事為例。且說「用壞人」的辦法是：「懷德而畏威，先疑而後用。只懷德而不畏威，必至敗亡；只見用而不見疑，足以僨事。」戴笠這種用人原則，頗與傳統的辦法相悖，邱開基聽後，乃極力反對。[3]

邱開基在特務處任事之初，其母在雲南病故，報喪函件寄到南京時，邱開基正有重要任務，如果回家奔喪，來去需要三個多月，為事實所不許。於是戴笠將報喪函件扣下，不令邱開基得知，而以邱開基名義寄了兩千元回家，邱家得此鉅款，喪事辦得相當妥善，對邱開基未能回家奔喪亦感到諒解。此事戴笠未向邱開基說明，直到數月以後，邱開基接到家信才獲知詳情，他為母喪感到悲痛，也為兩千元治喪費感到驚異，因為這不是一筆小數目，相當於他一年的薪水。邱開基向許多同志查問，均不得要領，又問戴笠，戴笠也說不知道，後經邱開基一再追問，戴笠才說：「老大哥！你不要吵了，總是有人代你匯錢，不認識你誰會代你匯錢？」邱開基知道這是戴笠對他的照顧，事後卻不肯邀功賣好，不禁十分感激。[4]但他終與戴笠在工作方面意見不合，不久即脫離了特務處。[5]

1 國民政府文官處人事調查表，邱開基。
2 喬家才：《六十年落花夢》第三四九頁。
3 邱開基訪問紀錄，《健行》民國七十三年特刊第一二六至一二八頁。
4 邱開基訪問紀錄，《健行月刊》第一五二期第一六九頁。
5 勞政武編撰：《滕傑口述歷史》第一四五頁。

除鄭介民、邱開基外，其餘工作人員尚須戴笠自行羅致。這對戴笠而言並不太難，因為他對優秀幹部的物色與接納，並非一朝一夕，而是早在黃埔時期就已經下了功夫。戴笠在黃埔求學期間，特別重視參加中國國民黨的組織活動與結納同學中的才智之士。在黨的活動方面，他以多數票當選為區黨部委員，也曾擔任騎兵營黨部的執行委員。在結納同學方面，每當考試成績公布時，戴笠便首先去看榜，記住名列前茅的同學，以便與他們結交。此外，戴笠還有一個與眾不同的特點，就是特別注意爭取服務機會，凡有活動，一定參加，並負責籌備、採辦，一項活動只要經過他的手，就一定辦得比別人精彩，甚至自己貼錢，也要讓大家稱心滿意。戴笠從參加活動和服務的過程中，運用敏銳的洞察力，做好了調查工作，瞭解了同學們的個性與特征。[1]

特務處成立之初，核定編制一〇三人。[2]戴笠據此延攬黃埔同學參加工作，這些同學有理論、有方法，皆一時之選，逐漸成為特務處的骨幹。此外，戴笠亦藉助一切社會關係，吸納奇才異能之士，在最初的兩個月中，有翁光輝、趙世瑞、張業、梁幹喬、劉藝舟、蘇子鵠、張冠夫、劉欲仙、劉培初、胡天秋、邢森洲、毛宗亮等人參加工作。

翁光輝，字三民，浙江麗水人。黃埔軍校三期畢業。二十一年三月，參加特務處工作，時年二十二歲。曾任上海通訊組組長、處本部督察、淞滬警備司令部偵查隊隊長等職。[3]

趙世瑞，字養吾，浙江諸暨人。黃埔軍校四期畢業。入學黃埔以前，即加入中國國民黨。畢業後，歷任第一軍上尉連長、第二師第四旅少校參謀、第二師補充團中校團附等職。[4]二十一年三月，參加特務處工作，時年二十八歲。曾任南京特別區區長。[5]

張業，字耀先，浙江青田人。黃埔軍校三期畢業。二十一年四月，參加特務處工作，時年三十歲。曾任隨節行動組代組長。[6]

1 毛鍾新：《戴笠將軍別傳一》，《中外雜誌》第三十卷第五期第一三三頁。
2 「特務處組織系統表」，國防部軍事情報局檔案。
3 特務處編製：《二十六年份內外勤工作人員總考績名冊》，翁光輝條。
4 軍事委員會委員長侍從室人事登記片，趙世瑞。
5 軍事委員會調查統計局編製：《二十八年工作總報告》第十三頁；軍事委員會調查統計局編製：《工作會議內外勤出席人員名冊》，趙世瑞條。另據特務處編製之《二十六年份內外勤工作人員總考績名冊》，趙世瑞二十一年四月參加工作。
6 軍事委員會調查統計局編製：《工作會議內外勤出席人員名冊》，張業條。

梁幹喬，本名梁昭桂，廣東梅縣人。黃埔軍校一期畢業。十四年二月，參加東征淡水之役。十五年三月，赴俄留學。留俄期間，正值俄共史達林、托洛斯基兩派爭鬥甚烈，梁幹喬以立場反共，被誣為「托洛斯基派」。十七年十月，莫斯科紅場舉行十月革命紀念大會，時托洛斯基已失勢，由史達林掌握大權，梁幹喬在大會上以俄語向群眾高呼：「打倒蘇聯官僚主義！打倒史達林！」全場皆驚。梁幹喬由是被捕，放逐至西伯利亞之赤塔，其後竟能賄買士兵，擺脫格柏烏的監視，利用假護照逃離俄國，回到上海。[1]二十一年四月，梁幹喬參加特務處工作，時年三十二歲。[2]曾任處本部書記長等職。

劉藝舟，河南修武人。黃埔軍校六期騎科畢業。二十一年四月，參加特務處工作，時年二十九歲。[3]曾任特務處河南站長、河南省保安處諜報股長等職。

蘇子鵠，雲南嵩明人。黃埔軍校四期畢業。十五年七月，經鄭洞國介紹，加入中國國民黨。曾任軍事委員會津浦鐵路中校稽查、江蘇省啓東縣警察大隊上校大隊長。二十一年四月，參加特務處工作，時年三十五歲。曾任處本部第二科執行股長等職。[4]

張冠夫，又名張袞甫、張裕榮，浙江江山人，為戴笠之表親。杭州甲種商業學校畢業。二十一年四月，參加特務處工作，時年三十一歲。曾任處本部第三科代科長等職，長期負責特務處的會計、庶務工作。[5]

劉欲仙，湖南新化人。湖南第一師範畢業，國民革命軍第七軍軍官教導團出身。二十一年四月，參加特務處工作，時年三十三歲。歷任處本部書記室助理書記、江西郵檢所所長兼江西站副站長、湖南站書記、西安行營第三科第二股股長、武漢行營第三科書記、武漢區書記、西安行營第四課書記、西北區第一股股長等職。[6]

劉培初，以字行，湖北大冶人。少倜儻，卓異於儕輩。及冠，痛憤軍閥禍國，魚肉百姓，遂間關萬里，奔赴羊城，投身黃埔軍校第五期，接受革命洗禮。會北伐軍興，參與武昌之役。其後國共分裂，擔任武漢分校區

1 喬家才：《戴笠和他的同志》第二集第二七一至二七三頁。
2 特務處編製：《二十六年份內外勤工作人員總考績名冊》，梁幹喬條。
3 軍事委員會委員長侍從室人事登記片，劉藝舟；特務處編製：《二十六年份內外勤工作人員總考績名冊》，劉藝舟條。
4 國民政府文官處人事調查表，蘇子鵠；特務處編製：《二十六年份內外勤工作人員總考績名冊》，蘇子鵠條。
5 特務處編製：《二十六年份內外勤工作人員總考績名冊》，張袞甫條。
6 國防部情報局編印：《本局殉職殉難先烈事蹟彙編》第七十三頁。

隊長，以為人所忌，被迫離校。繼而從事工人運動，力爭工人福利，被資方誣為共產黨人，下獄經年，幾至於死，然亦以是見知於世。嗣後志不少衰，益淬礪奮發，慨然以紓國難、解民困為己任。[1]

二十一年春，劉培初經鄧文儀介紹，往見戴笠於武漢東方飯店。時戴笠與客人談話，越半小時，而談興不減，劉培初遂起身告辭。戴笠親送至樓梯口，說：「劉同志，我們尚未談談呀！」遂約明日午前到另一地方詳談。戴笠與劉培初似有夙緣，一談就十分投契，馬上邀其共事，並決定其待遇在少校之上。[2]五月，劉培初參加特務處工作，時年二十五歲。[3]曾任處本部華中督察、第一科軍事股長等職。

胡天秋，江蘇銅山人。多才多藝，善京劇，能操胡琴，尤長於書法。早歲痛恨軍閥禍國，南下廣州，投入黃埔六期，與戴笠為騎兵營同連同學。為人守正不阿，擇善固執，而淡泊名利，有「高風亮節」之譽。[4]二十一年五月，參加特務處工作，時年三十二歲。[5]曾任處本部督察室督察。

邢森洲，字華山，廣東文昌人。辛亥之年，受孫中山先生之感召，在海南島參加同盟會學生軍，從事革命運動。民國成立後，負笈北上，考入湖北南樓鐵道專門學校，期在交通方面服務。未幾袁世凱危害民國，乃挺身而出，奔走湘鄂桂粵各地，響應討袁運動。後因川資困難，遂赴廈門學習中醫，翌年返回家鄉，藉行醫以利革命工作之進行。四年十二月，往南洋開業，有聲於高棉、南圻各地，遂藉行醫鼓勵僑胞討袁。嘗一人一騎行於金純埠峽谷，前遇匪徒數人，手持刀斧，站立不走，其時馬倦難以疾馳，乃高歌緩行，示以泰然，匪徒竟相顧而散。六年，由越南往暹羅，結識革命前輩蕭佛成、陳美堂諸人，於是聯絡僑眾，贊助護法運動。常招青年學子來寓相見，看戲飲冰，講述革命俠義故事，鼓勵大家為國服務。諸生有感於邢森洲之愛護，呼其為「阿公」而不名，由是南洋各地華僑同志以及暹越緬馬諸族人士，皆以「阿公」稱之。

八年秋，邢森洲由曼谷到庇能。九年春，被推為益華學校校長，得以結識馬來各部中國國民黨前輩鄧澤如、鄭螺生諸人，發起組織大同儲蓄會、華僑聯合會，並通訊各地派員聯絡同志僑胞，以為國民革命大業之後援。十

---

1 劉濟川：《故陸軍少將劉公行狀》，《劉培初先生紀念集》第九頁。
2 劉培初：《浮生掠影集》第五十三至五十四頁。
3 特務處編製：《二十六年份內外勤工作人員總考績名冊》，劉培初條。
4 喬家才：《戴笠和他的同志》第一集第二二四頁。
5 軍事委員會調查統計局編製：《工作會議內外勤出席人員名冊》，胡天秋條。

一年一月，當選中國國民黨庇能支部長，於是親往馬來半島各埠，鼓吹僑眾捐輸軍餉，增援北伐。六月，遭英國殖民當局逮捕，送往星加坡關押，後經孫中山先生拍電交涉，始於十二月獲釋出境。隨即前往上海晉謁孫先生，面陳南洋各地黨務情形。十二月七日，奉派為華僑宣慰員，返回南洋宣傳慰問，傳達孫先生眷念僑胞之德意，並設立中國國民黨各支分部。

十三年三月，邢森洲返回廣州復命，與鄭介民、黎鐵漢、龔少俠、賀衷寒、胡宗南、潘佑強、桂永清、周復、葉維等人相識。北伐時期，擔任國民革命軍第一師黨務科長、後方留守處主任，冒險犯難，屢瀕於危。十六年一月派任廣東省文昌縣長。十七年一月調任浙江省台州屬六縣新政督察員。[1]二十一年五月，參加特務處工作，時年三十五歲。[2]長期擔任港粵單位負責人。

毛宗亮，字佐漢，浙江江山人。戴笠之妻弟。江西省立第四師範畢業。十六年五月，加入中國國民黨。曾任江山小學教員、校長、江山縣教育款產委員會委員、教育局區教育委員。[3]二十一年五月，參加特務處工作，時年三十一歲。[4]曾任浙江警校特派員辦公室事務課長、處本部第三科庶務股副股長。

五月以後，又有劉暨、毛萬里、姚敦文、王孔安、喬家才、謝厥成、羅杏芳、許建業、徐人驥、曾澈、胡子萍、蔡慎初等人參加工作。

劉暨，字紀曾，河南固始人。河南省立第一師範、河南法政專門學校、黃埔軍校第四期步科畢業。十四年十月，經蔣中正介紹，加入中國國民黨。曾任第三師八旅十六團一營上尉連長、少校營長、河南省保安第一團中校團副、第二團中校大隊長。[5]二十一年六月，參加特務處工作，時年二十八歲。[6]曾任江西站副站長、濟南站副站長兼書記。

毛萬里，譜名毛善高，號凡黎，浙江江山人。其兄毛善餘亦即毛人鳳，係戴笠文溪高小同學。二十一年，毛

---

1 馮秀雄、陳容子合編：《阿公歷險奇跡》第一至十五頁。
2 特務處編製：《二十六年份內外勤工作人員總考績名冊》，邢森洲條。
3 軍事委員會委員長侍從室人事登記片，毛宗亮。
4 特務處編製：《二十六年份內外勤工作人員總考績名冊》，毛宗亮條。
5 總統府人事調查表，劉暨。
6 特務處編製：《二十六年份內外勤工作人員總考績名冊》，劉暨條。

萬里考取浙江警官學校正科，時由戴笠主持警校政訓工作，毛萬里以同鄉之誼，致函表示仰慕之忱。戴笠因約毛萬里談話，問他做過什麼工作？毛萬里答以文牘工作。戴笠說：「我看你不要讀警官學校了，大丈夫志在四方，何必讀書而後為學？參加我們的實際工作，在工作中去求真實的學問吧！」[1]毛萬里遂於八月參加特務處工作，時年二十八歲。[2]曾任處本部甲室書記、北平區書記等職。

姚敦文，字錦之，湖南晃縣人。浙江省警官學校正科畢業。曾任浙江省警士教練所區隊長、文書股主任股員、浙江省民政廳事務員。[3]二十一年八月，參加特務處工作，時年二十歲。曾任處本部譯電股長。[4]

王孔安，號敬宣，陝西咸陽人。耕讀傳家，早年畢業於陝西省立第三中學。十年，考入國立武昌大學。十三年，印度大文豪泰戈爾來華講學，曾於南京歡迎會上當場賦詩，王孔安即席翻譯，文辭典麗，意境高雅，深獲泰戈爾之讚賞，譽為不可多得之青年才俊。王孔安旋應四川成都大學之聘，擔任講師。在川期間，因同學之介紹，得祕密閱讀《三民主義》，革命思想，油然而生。事為四川軍閥所知，意圖加害，乃辭去教職，於十五年九月投考黃埔軍校第六期步科。十七年六月，加入中國國民黨。畢業後，奉派國民革命軍第一師見習官，歷任中尉排長、上尉連長，深得師長胡宗南之信任。十九年，參加中原大戰蘭封戰役，旋提升師部少校參謀。二十一年，隨胡宗南晉京，寓戴笠處。戴笠素與王孔安相知甚深，遂向胡宗南商借。[5]九月，王孔安參加特務處工作。[6]曾任浙江警校特派員辦公室書記長、特務處川康區區長等職。

喬家才，字華塘，山西交城人。黃埔軍校六期畢業。十三年十月，經苗培成介紹，加入中國國民黨。[7]二十一年九月，參加特務處工作，時年二十六歲。[8]曾任北平區第二組組長。

謝厥成，號聿觀，湖南祁陽人。賦性忠誠，博學多才。卒業於湖南省立第三師範暨中央軍校特別研究班第六

1 喬家才：《戴笠和他的同志》第一集第六十九頁。
2 特務處編製：《二十六年份內外勤工作人員總考績名冊》，毛萬里條。
3 軍事委員會委員長侍從室人事調查表，姚敦文。
4 特務處編製：《二十六年份內外勤工作人員總考績名冊》，姚敦文條。
5 國民政府文官處人事調查表，王孔安；國史館編印：《國史館現藏民國人物傳記史料彙編》第七輯第十一頁。
6 特務處編製：《二十四年年終總考績擬請增薪人員名冊》，王孔安條。
7 軍事委員會委員長侍從室人事調查表，喬家才。
8 特務處編製：《二十六年份內外勤工作人員總考績名冊》，喬家才條。

期。十三年冬加入中國國民黨，參加北伐。歷任武漢總政治部宣傳大隊幹事、湖北省防軍政治部宣傳科長、第五路軍總部指導員、香港報社總編輯等職。二十一年九月，參加特務處工作，時年二十六歲。[1]曾任處本部第一科編審股股員、江西站副站長。

羅杏芳，湖南酃縣人。黃埔軍校六期畢業。二十一年九月，參加特務處工作，時年二十八歲。曾任浙江警校政治指導員、南京郵檢所副所長等職。[2]

許建業，字衡生，江西奉新人。江西省立第五中學畢業。曾入國民革命軍第一軍軍官團受訓。[3]二十一年九月，參加特務處工作，時年二十四歲。曾任處本部特務隊隊長。[4]

徐人驥，湖南耒陽人。廣東大學經濟科畢業。二十一年十月，參加特務處工作，時年三十四歲。曾任處本部第三科會計股長。[5]

曾澈，號育汶，浙江瑞安人。二十一年秋畢業於上海法學院，其言語文章，犀利清新，而盱衡國難，壯懷激烈。十一月，經軍事委員會辦公廳主任林蔚介紹，參加特務處工作，時年二十歲。[6]歷任處本部甲室助理書記、江西臨川辦事處書記、保定站書記、天津站書記等職。[7]

胡子萍，浙江蘭谿人。黃埔軍校六期畢業。未進黃埔以前，即與戴笠相識。特務處成立時，戴笠尋其幫助工作，無奈不知下落。二十一年八月，胡子萍在吳興結婚，事為戴笠所知，乃致送禮金二十元，並邀共事。[8]二十一年十二月，胡子萍參加特務處工作，時年二十八歲。[9]曾任處本部考核股長、交通股長，長期負責人事。

蔡慎初，字闞菴，安徽定遠人。中央軍校第五期軍官班、河南省立法政專門學校畢業。十三年十月，加入中

1 國防部情報局編印：《本局殉職殉難先烈事蹟彙編》第七七二至七七三頁。
2 特務處編製：《二十六年份內外勤工作人員總考績名冊》，羅杏芳條。
3 軍事委員會委員長侍從室人事登記片，許建業。
4 特務處編製：《二十六年份內外勤工作人員總考績名冊》，許建業條。
5 特務處編製：《二十六年份內外勤工作人員總考績名冊》，徐人驥條；黃康永口述、朱文楚整理：《軍統興衰實錄》第十六頁。
6 特務處編製：《二十六年份內外勤工作人員總考績名冊》，曾澈條。
7 國防部情報局編印：《本局殉職殉難先烈事蹟彙編》第三至四頁。
8 喬家才：《戴笠和他的同志》第一集第六十七頁。
9 特務處編製：《二十六年份內外勤工作人員總考績名冊》，胡子萍條。

國國民黨。曾任國民革命軍第一軍一師二團中尉排長、上尉指導員。二十一年十二月，參加特務處工作，時年二十九歲。曾任蚌埠直屬偵查員、安徽保安處諜報股長、安徽站長。[1]

二十二年，特務處工作人員增至六七二人，是年參加工作且日後在處內擔任要職者，有謝鎮南、王兆槐、張行深、林堯民、余樂醒、鄭修元、陸矩吾、周起湲等人。

謝鎮南，號挺帆，廣東梅縣人。黃埔軍校三期步科畢業。十五年一月，加入中國國民黨。歷任排長、連長、科長、秘書、營長等職。[2]二十二年一月，參加特務處工作，時年二十七歲。[3]曾任南昌組長、江西站長、處本部第一科華南股長、廣東站第五組組長等職。

王兆槐，號鐵厂，浙江遂安人。早年畢業於杭州體育師範。十四年，激於革命潮流，毅然遠走廣州，考取黃埔軍校第四期步科。入伍時期，參加東征之役。畢業後，歷任國民革命軍總司令部參謀、副官處長、團附。[4]二十二年五月，參加特務處工作，時年二十七歲。[5]曾任淞滬警備司令部上校偵緝隊長。

張師，字行深，江蘇丹陽人。早歲畢業於江蘇省立第六中學。先後肄業中國公學大學部、上海法政大學法律系。十三年，在北平加入中國國民黨。十四年五卅運動期間，領導同學工作極多。旋由江蘇省黨部保送，由中央黨部派往蘇俄中山大學。畢業後，再往莫斯科克拉星炮兵學校讀書。回國後，擔任參謀本部第二廳中校參謀，從事對俄研究。[6]二十二年五月，參加特務處工作，時年三十一歲。[7]曾任處本部書記長。

林堯民，浙江黃岩人。黃岩中學畢業。二十二年六月，參加特務處工作，時年三十一歲。曾任處本部第三科會計股副股長。[8]

1 軍事委員會委員長侍從室人事調查表，蔡慎初；特務處編製：《二十六年份內外勤工作人員總考績名冊》，蔡慎初條。
2 國民政府文官處人事調查表，謝鎮南。
3 特務處編製：《二十四年年終總考績擬請增薪人員名冊》，謝鎮南條。
4 國史館編印：《國史館現藏民國人物傳記資料彙編》第十四輯第十九頁。
5 軍事委員會調查統計局編製：《二十八年工作總報告》第十四頁。
6 軍事委員會委員長侍從室人事登記片，張師；中央訓練團學員自傳，張師。
7 軍事委員會調查統計局編製：《工作會議內外勤出席人員名冊》，張師條。
8 特務處編製：《二十六年份內外勤工作人員總考績名冊》，林堯民條；谷兆芬：《軍統局初創期三個月見聞》，《文史資料存稿選編》第十三冊第七一八頁。

余樂醒，字鳴三，一字炳炎，湖南醴陵人。生有異秉，弱不好弄。早年喜研物理，而苦無師長。七年，赴法國留學，畢業於梭米高工專校及巴黎工業大學。歷遊德、比，旋考入蘇俄陸軍大學。十五年，學成歸國，參加北伐。十六年，在滬創辦中央汽車專門學校。十九年，任陝西機器局副局長，成績斐然，卓起聲譽。[1]二十二年七月，參加特務處工作，時年三十五歲。[2]曾任華東區駐滬特派員、杭州特務警察訓練班主任教官、處本部第五科科長。

鄭修元，字伯良，江西德安人。早年肄業於德安高小。十四年春，考入九江三中。畢業後，以家中生計困難，無力升學，充德安第一區保衛團文牘。復以月薪微薄，先後改任統稅局稽查及商民協會幹事，收入略增，聊供菽水。十五年冬，加入中國國民黨。九一八事變後，滿腔熱忱，時表憤激，乃參加國民黨德安縣黨部所領導之抗日後援委員會，從事抗日宣傳工作。不久，被推為常務委員兼《抗日週報》社社長。同時兼任商會籌備委員，領導全邑商民與貪官劣紳鬥爭，甚有成效，由是深得一般紳民之信賴。此後歷任縣黨務整理委員會宣傳幹事、縣黨部執行委員。[3]二十二年七月，經父執胡靖安介紹，參加特務處工作，時年二十五歲。[4]曾任上海區助理書記、處本部甲室書記。

陸矩吾，江蘇武進人。株萍鐵路電報所畢業。曾任國民革命軍第一軍上尉連長、第十八師上尉隊附、浙江省保安處少校隊長。二十二年九月，參加特務處工作。曾任處本部第三科交通股長。[5]

周起浚，字佛民，湖北廣濟人。湖北廣濟中學、國立武昌商科大學畢業。十七年八月，在武昌加入中國國民黨。曾任湖北民政廳科員。二十二年十二月，參加特務處工作，時年三十七歲。曾任處本部人事股副股長。[6]

1 戚再玉主編：《上海時人誌》第九十三頁。
2 特務處編製：《二十六年份內外勤工作人員總考績名冊》，余樂醒條。
3 中央訓練團學員自傳，鄭修元。
4 特務處編製：《二十六年份內外勤工作人員總考績名冊》，鄭修元條；鄭修元：《隨侍戴雨農先生十三年上》，《春秋》第三卷第三期第六頁。
5 軍事委員會委員長侍從室人事調查表，陸矩吾；特務處編製：《二十四年年終總考績擬請增薪人員名冊》，陸矩吾條。
6 軍事委員會委員長侍從室人事登記卷，周起浚；特務處編製：《二十六年份內外勤工作人員總考績名冊》，周起浚條。

三、特工訓練

特務處的組織初步建立後，須配合革命之進展，符合國策之需要，以開展工作，由於所負責任甚為艱鉅，僅靠戴笠羅致的黃埔同學及親朋故舊已經難以應付。且從事革命特種工作之人，必須具備堅定之信仰、高尚之品德與忠勇奮發之精神，而執行各項業務又必須具備特有之技術，非一般社會人士懷有一技之長者所能勝任。故而戴笠決定設班招生，訓練特務人才。

二十一年五月，戴笠開始籌備「特務警察訓練班」，以期培養忠實勇敢願為中國復興而努力之革命特務人才。該班在名義上直屬參謀本部，班設主任，下設事務、教務、訓育三課及學員隊。初以參謀本部第二廳廳長申聽禪為班主任兼事務課長，首都警察廳長王固磐為教務課長，戴笠為訓育課長。後申聽禪辭職，改以王固磐為班主任，戴笠為事務課長，鄭介民為教務課長，參謀本部簡任參謀李士珍為訓育課長兼學員隊長。

參謀本部特務警察訓練班設於南京大豐富路洪公祠，故又習稱「南京特警班」、「洪公祠訓練班」，此班之開辦，實為特務處訓練工作之濫觴。[1]基於保密需要，其掩護名稱是「外國語言訓練班」。[2]南京特警班的第一期學員，係戴笠要求陳恭澍在黃埔軍校四至七期同學中進行徵集的。當時三道高井、明瓦廊一帶的小旅館裏住著許多等待分派工作的軍校同學，陳恭澍即在其中物色了三十人。[3]

開學前，李士珍曾對學員訓話，略謂：「你們都是很優秀的，是特別挑選出來的，是到這裏來受一種特殊而又嚴格的訓練，將來要擔當國家的重大任務。」又說：「從現在起，不准外出，任何事亦不准請假，也不許與任何人通訊，家庭亦不例外。」當時很多學員原本以為是來分發工作，不知道是來接受特種訓練的。學員喻耀離即

1 國防部情報局編印：《國防部情報局史要彙編》中冊第十四頁。
2 周念行：《先進奮鬥工作之一斑》，《健行月刊》第五十六期第三十八頁；徐遠舉：《軍統最早的一個特訓班》，《文史資料存稿選編》第十三冊第四四二頁。
3 陳恭澍：《北國鋤奸》第二十頁。

曾回憶說：「我們聆訓之後，實有一種莫名其妙的感覺，但既來之，則安之。」[1]

六月一日，南京特警班正式成立。上午，舉行開學典禮，蔣中正由戴笠隨侍步入禮堂，其餘身著軍服、便裝的隨從人員則全部止步門外。首先舉行宣誓，蔣中正舉左手引導宣讀，戴笠和每位學員拿出預先油印的誓詞隨聲宣讀，讀畢，戴笠即刻把全部誓詞收集起來，引火焚化，全場肅穆無聲。[2]

接下來，蔣中正對學員訓話，闡明情報工作之重要，略謂：「情報之重要，對於國外者，以國際形勢日益複雜，國際間諜到處活動，我國非有情報專門人才不足以資應付，而立國于現代世界。對於國內者，以我國地廣人稠，交通不便，邇來反動份子、共產黨徒更恣意活動，非有整個計劃、專門機關蒐集情報，嚴加偵察，不足以破其奸謀，而消滅叛亂之萌。尤有要者，須知情報之蒐集雖以軍事為主，但至歐戰以後，舉凡一國之土地、人民、資源、財政以至社會文化與農工商業，無不成為國際戰爭之要素。」「今我國始有情報組織，初辦情報訓練，更宜努力猛晉，以期迎頭趕上。」[3]據喻耀離回憶，當時蔣中正還對大家說：「特務人員，是個無名英雄，為國家民族的靈魂，作領袖的耳目，特務工作是一種非常的工作，要有堅忍不拔的精神，抱定不成功便成仁的決心，方可達成所負之任務。」又說：「特務工作是一種終身職業，不得中途退出。」[4]

洪公祠的環境十分僻靜，平時門扉緊閉，令人高深莫測，園內有多株蒼勁高大的常青古樹，枝葉茂密，潮濕多陰。更奇特的是有一大群黑壓壓的烏鴉以古樹為家，每當日落黃昏，群鴉夜宿，聒噪不止，久久才能安靜棲息，既神祕又詭譎。[5]

洪公祠的面積不大，只有一些舊式建築以及一片高低不平的操場。南京特警班處在草創時期，一切設備都很簡陋：班本部辦公室設在兩間矮房中，連門也沒有，只掛上一幅白門簾；辦公室斜對面的一排房子是學員宿舍，光線陰暗，有門無窗，當時正是盛夏，燠熱難熬，下雨時還會漏水，學員住的上下鋪由薄木板拼成，睡上去就吱呀作響，翻個身也會吵得四鄰不安；教室即是禮堂，講台由木板搭成，講台左右各有一間耳房，作為儲備書

1 周念行：《先進奮鬥工作之一斑》，《健行月刊》第五十六期第三十七至三十八頁。
2 陳恭澍：《北國鋤奸》第二十四至二十五頁。
3 王宇高編：《事略稿本》，民國二十一年六月一日。
4 周念行：《先進奮鬥工作之一斑》，《健行月刊》第五十六期第三十八頁。
5 張毓中：《滄海拾筆》第三十九頁。

籍、講義及實驗物品之用，同時也是教官略事休息之所；與教室一牆之隔的是飯廳，學員每日三餐，早餐是饅頭、稀飯，中午和晚上規定六人一桌，供給四菜一湯，教職員與學員一齊用餐，伙食完全一樣；飯廳旁邊有個露天的角落可供盥洗沐浴，前後幾扇木板，聊以蔽體，有搪瓷臉盆和大木桶，可以任意取水沖洗。[1]

南京特警班的物質條件雖然簡陋，課程安排卻很豐富。本班教育方針係於短促時間內，使各學員對各學科有相當認識與了解，並著重各項技能之普遍熟練，俾養成忠實勇敢之革命工作幹部。教育時間預訂每期三個月，除星期例假外，實得授課七十四日，每日八小時。訓練課程足有三十多門，屬於專科者，有情報法、偵察法、傳信法、爆破法、訊鴿教練等；屬於補助科者，有手槍射擊、捕繩術、命相術、化裝術、攝影術、汽車駕駛、摩托車駕駛、自行車駕駛、速寫法、速繪法、麻醉使用法、催眠術等；屬於社會科學者，有社會問題、社會主義、社會調查、近世祕密結社等；屬於地理學者，有天文地理學、人文地理學等；屬於心理學者，有犯罪心理學、群眾心理學等；此外，尚有軍制、兵器、交通、測圖、新聞學及高等警察學等。

南京特警班注重政治教育與特務技能的講授，以使學員明瞭國內現狀、國際環境與本班所負之使命，培養其犧牲奮鬥之精神，磨煉其始終不渝之品性，造成復興革命之特務工作人才為目的。訓育方法，係透過小組討論，個別談話、體育運動、技能鍛鍊、祕密考察等方式，以完成思想、精神、品性、行動等項之訓練，其項目如下：

一，思想訓練項目，包括：對主義之認識與信仰，對黨之認識與態度，對領袖之認識與信仰，中國政治經濟狀況，世界政治經濟狀況，糾正思想上之錯誤。二，精神訓練項目，包括：總理之一貫革命精神，領袖之一貫革命精神，繼續先烈之革命精神，恢復黃埔之革命精神。三，品性訓練項目，包括：人格道德之修養，信義氣節之養成，待人接物之態度，惡劣根性之革除，機密性能之增進。四，行動訓練項目，包括：特種科學之研究，特種技能之訓練，書報之閱讀，體格之訓練。[2]

南京特警班的授課者均為力行社的幹部以及陸軍大學、中央大學、憲兵司令部、首都警察廳等機關的專家，如：情報法的教官是特務處的鄭介民；偵察法的教官是曾在蘇俄擔任格別烏工作的葉道信；速繪法的教官是知名畫家梁鼎銘；速寫法的教官是「張才速記法」的傳人，高等警察學的教官是參謀本部的李士珍等等。每一位教

1 陳恭澍：《北國鋤奸》第二十至二十三頁。

2 國防部情報局編印：《國防部情報局史要彙編》中冊第十四至十五頁。

官都有高度的熱忱，遲到缺課的情形絕無僅有，解答問題也不厭其詳，這是在當時的訓練機構中相當難得的現象。不過授課過程中也有插曲發生，有位講授麻醉、窒息的教官曾用兔子做實驗，不料注射過後，兔子仍然跳了半天，弄得場面十分尷尬。[1]

南京特警班紀律嚴格，註意保密。訓練期間所有學員的星期例假一概取消，與外界隔絕一切聯繫。開訓前幾天，戴笠曾囑咐班長陳恭澍，在受訓的三個月期間，把每一位學員的思想、言論和該當注意的事項寫成記錄，不能被其他學員知道，並約定由戴笠的副官賈金南每星期一、三、五前來收取一次。[2]訓練期滿後，各位學員所分發之工作地區，彼此均不知道，且不准聯絡。[3]

南京特警班共辦三期。[4]第一期六月一日開學，九月二十四日結束，學員三十人，有三人中途退出，共畢業二十七人。[5]第二期於九月二十九日開學，因時令關係，改為每日授課七小時，刪去軍制、兵器、測圖等科，並加強實習，令各學員化裝車夫、小販、工匠、酒館侍役及電話司機等身分實地工作，故延至二十二年一月十四日始告畢業，較原計劃超出一個月，共畢業六十人。[6]第三期的開學時間與學員人數均不詳，僅由戴笠呈給蔣中正的報告中可知，本期學員分甲乙兩班訓練，至六月底畢業。[7]同年，戴笠奉蔣中正之命，將南京特警班併入杭州特警班，南京特警班至此結束，其原定經費一萬元移充學員實習經費。[8]

特警班課程較多，時間較短，學員很難達到樣樣精通的水平，但訓練過後，大家都盼望能早日一試身手。[9]

1 戴笠電蔣中正，民國二十一年九月二十四日，蔣中正總統檔案；陳恭澍：《北國鋤奸》第二十六至二十八頁。
2 陳恭澍：《北國鋤奸》第二十九頁。
3 周念行：《先進奮鬥工作之一斑》，《健行月刊》第五十六期第三十八頁。
4 國防部情報局編印之《史要彙編》記載南京特訓班共辦兩期，惟該班學員陳恭澍（見《藍衣社內幕》第十一頁）、喻耀離（見《健行月刊》第五十六期第三十八頁）、徐遠舉（見《文史資料存稿選編》第十三冊第四一頁）等人均稱共辦三期。案戴笠於二十二年七月一日電蔣中正報告稱：「京特務警員訓練班甲乙兩班學員已於六月底畢業，刻正在京舉行特務演習。」此當為南京特警班第三期，《史要彙編》記載有誤。
5 戴笠電蔣中正，民國二十一年九月三日，蔣中正總統檔案；國防部情報局編印：《國防部情報局史要彙編》中冊第十五頁。
6 國防部情報局編印：《國防部情報局史要彙編》中冊第十五頁。
7 戴笠電蔣中正，民國二十二年七月一日，蔣中正總統檔案。
8 戴笠電蔣中正，民國二十三年十一月二十五日，國民政府檔案。
9 陳恭澍：《北國鋤奸》第二十八頁。

在南京特警班三期學員的一百餘人之中，黃埔二期的黎鐵漢、三期的翁一揆、翁光輝、四期的廖宗澤、劉乙光、田動雲、羅毅、五期的陳恭澍、趙理君、喻耀離、何龍慶、莊駿烈、陳致敬、六期的喬家才、詹藜青、唐光輝、楊英、邱堯勛、七期的徐遠舉、戚南譜等，後來都成為特務處的重要幹部。[1]

1 陳恭澍：《北國鋤奸》第三十七至三十八頁；徐遠舉：《軍統最早的一個特訓班》，《文史資料存稿選編》第十三冊第四四二頁。

四、浙江警校

浙江省警官學校成立於民國十七年，校址位於杭州。首任校長由浙江省民政廳長朱家驊兼任，繼任者為施承志。二十一年五月，蔣中正以該校正科第二期學生畢業期近，「政治與黨務須加特別訓練」，遂派戴笠前往該校擔任「政治訓練特派員」。[1]

戴笠擔任特派員的消息傳到浙江警校後，學生們都感到很奇怪，因為只有軍隊中才有「政治特派員」，全國學府都無此編制。六月初，戴笠偕徐亮、趙龍文等政治指導員來到警校，立刻佈置辦公室，說幹就幹，令人觀念一新。戴笠初次與學生見面是在大禮堂，校長施承志向大家介紹：「這位就是戴特派員。」戴笠手挾皮包，神態緊張，他自謙地說：「沒有學識能力，只有一腔熱忱血性，來校輔導大家提高政治認識，擁護中央，服從領袖，使中國統一強盛。」還說：「我素知貴校校風優良，學生品學兼優，是國家未來的棟梁之才，你們這一期即將畢業，適逢其會，經報請中央核准，派我擔任政治特派員，負起政治教育之重任，讓你們認識革命理論，走上正確的革命途徑，達到革命救國的目標。」戴笠講話時，聲音洪亮有力，身體晃來晃去，彎著腦殼，揚起濃眉，兩隻大眼來回打轉，有種難以捉摸的神祕感。此外，他因患有鼻病，一面講話，一面不停的掏出手帕擤鼻涕。[2]

浙江警校本來只重學術研究，學生聽見戴笠滿口革命，慷慨激昂，都感到很新鮮。但他講話之後，大家竊竊私議，有一些不好的評價，尤其江山籍的學生早就聽過戴笠的大名，說：「他就是戴春風，一點家產，被他花光了，到處流浪。」甚至有學生罵戴笠是「潦鬼兒」。[3]對戴笠表示惡感的不只有學生，還有教職員，戴笠日後曾向蔣中正報告稱：「生自奉鈞命前往警校擔任政治訓練特派員，該校教職員、學生均懷疑懼」，此因「教職員方

---

1 蔣中正電魯滌平、呂苾籌、許紹棣，民國二十一年五月二十二日，蔣中正總統檔案。

2 張毓中：《滄海拾筆》第二十三至二十四頁；毛森遺稿、胡德珍提供：《往事追憶——毛森回憶錄》，《傳記文學》第七十五卷第二期第四十一至四十二頁。

3 毛森遺稿、胡德珍提供：《往事追憶——毛森回憶錄》，《傳記文學》第七十五卷第二期第四十一至四十二頁。

面認為中央要接辦該校或改組內部，致地位不保；學生方面因過去為抗日救國有軌外行動，恐要甄別，畢業在即，文憑失望。」[1]

戴笠開始工作後，將第二期兩百多名學生分成六個小組，每小組派一位政治指導員，每天要開幾次小組會議，以專題討論的方式，先由大家各抒己見，然後作綜合討論，再由指導員作結論，並寫成紀錄，彙交特派員，最後由特派員辦公室油印分發給大家。討論的題目有「三民主義與共產主義」、「國家資本主義與社會資本主義」、「國家主義與個人主義」、「獨裁制度與專制制度的分野」、「領袖的重要性」等等，都是針對當時的革命趨勢而提出的。各指導員深入分析，見解精闢，使學生茅塞頓開，大感興趣，在不知不覺間，啟發了革命思想，認識了時代青年的新使命。[2]

戴笠有時旁聽學生上課，有時觀察學生出操，一面訓練學生們忠黨愛國的意識，一面觀察學生們的個性思想。當時蔣中正在國內聲望極高，戴笠在名片上自稱蔣中正的「侍從參謀」，學生們都不太相信，他們為了測驗戴笠的地位，便公推毛森、羅道隆兩位同學找到戴笠，問他能否請蔣中正在畢業同學錄上題字。戴笠一口答應，毫無難色。過了幾天，他把蔣中正題寫的「禮義廉恥」四個大字交給了學生，於是大家不得不相信他確與蔣中正有十分親近的關係。[3]

戴笠也很註意和學生聯絡感情。毛森在畢業考試前夕患了瘧疾，因警校醫務所無力醫治，只得自費住院治療。戴笠與毛森素無關係，只因欣賞其成績優良，有意羅致，便囑咐秘書毛宗亮替毛森付清了醫藥費。[4]經過戴笠的努力，學生們對他的惡感都渙然冰釋，而且革命意識有所增進，在「學生思想測驗表」的「對革命領袖之信仰」一欄，一六七名學生中有一六二人填寫了信仰蔣中正，而其餘五人則表示信仰孫中山先生。[5]

七月，浙江警校正科第二期學生行將畢業，戴笠為健全特務處之情報組織，發揮工作效能，計劃在浙江警校

1 戴笠呈蔣中正，時間不詳，戴笠史料。
2 張毓中：《滄海拾筆》第二十四至二十五頁。
3 毛森遺稿、胡德珍提供：《往事追憶—毛森回憶錄》，《傳記文學》第七十五卷第二期第四十二頁。
4 毛森遺稿、胡德珍提供：《往事追憶—毛森回憶錄》，《傳記文學》第七十五卷第二期第四十一頁。
5 戴笠呈蔣中正，時間不詳，戴笠史料。

成立訓練班，招收優秀畢業學生及滬杭有志青年受訓，採取祕密訓練方式，以培養忠實勇敢之革命情報人員。[1]戴笠將此設想報告蔣中正，蔣中正於七月二十五日復電指示：「挑選訓練四十人，定名特務警察訓練班，經費准由本部撥發可也。」[2]

按照浙江警校的規定，正科學生畢業後，要到浙江各縣市警局見習一年，再分派工作，而被戴笠選中的畢業生，自然不在此限。張玉麟是被選中的人之一，他沒有接到任何警局的見習命令，卻接到了戴笠的談話通知，同學們對此既驚訝又羨慕。張玉麟來到政治特派員辦公室報告行禮後，戴笠的眼睛離開卷宗，抬起頭來向張玉麟凝視了片刻。他的雙眼炯炯逼人，在四目相對的一剎那，張玉麟緊張不已。接下來開始問話，戴笠簡單問過姓名、年齡和家庭狀況後，對張玉麟說：「為了革命偉業，我需要培育一批愛國的優秀青年，所以創辦『中央警察研究所』，特別到警校來遴選同學」，「經我這幾個月對你的觀察和考核，你的表現很好，現在決定選你受訓，如果你願意，就等候通知。」戴笠態度誠懇，語氣堅定，張玉麟聽了很興奮，連說「願意」、「願意！」[3]

毛森也是戴笠選中的畢業生之一，他的心態則和張玉麟完全不同。某天傍晚，毛森在運動場碰到戴笠，對代繳醫藥費之事表示感謝，戴笠說：「小意思。」問毛森畢業後是否要回家？毛森說：「正在等候分派工作命令，暫時不想回家。」不料戴笠竟說：「你的派令，我已把它撕了。」並告知毛森，除了他以外，還挑選了幾十位優秀畢業生一起繼續深造，參加更重要的新工作。毛森乍聽之下，深感不安，自己在警校努力學習了幾年，現在終於畢業，結果心血結晶還沒見到，卻被人撕了，而且警察學術大致已經學完，戴笠所謂「繼續深造」指的是什麼呢？當時戴笠並未詳細說明這些問題，毛森也絕不會想到，他日後會成為戴笠最為倚重的幹部之一，在抗戰時期的上海灘大顯神通。[4]

戴笠素來重視女性工作人員在特務活動中的運用，故而他在創辦浙江警校特警班時，有意招收若干女性學員，姜毅英即是其中的一位。

姜毅英原名姜鶴根，浙江江山人，她的堂叔姜穎初是戴笠的高小同學，也是趙龍文的好友。姜鶴根家境貧

---

1 國防部情報局編印：《國防部情報局史要彙編》中冊第十六頁。
2 王宇高編：《事略稿本》，民國二十一年七月二十五日。
3 張毓中：《滄海拾筆》第二十七至二十八頁。
4 毛森遺稿、胡德珍提供：《往事追憶—毛森回憶錄》，《傳記文學》第七十五卷第二期第四十二頁。

窮，讀書時常受同學歧視，但她個性好強，力爭上游，自小學至高中，曾兩度跳級就讀，且一直名列前茅，尤其在數理課上更有優異的表現，深獲教師讚賞。因此，她於二十一年夏自杭州第一高級中學畢業後，便被戴笠看中，有意羅致。然而姜鶴根準備就讀清華大學，無意領受戴笠的垂青，乃置之不顧。戴笠便託趙龍文給姜鶴根寫信，備述自己為革命培養人才的苦心，趙龍文亦對姜鶴根暢述革命救國之責任，無可旁貸，並分析「特警」之意義，機不可失，姜鶴根終為所動，遂決定參加特警班。於是戴笠為其改名「姜毅英」，並贈予一本《秋瑾傳》和一把白朗寧手槍，示以新的革命人生觀，戴笠並特意翻開《秋瑾傳》，圈出了「身不比男兒強，心卻比男兒烈」等字，希望姜毅英以秋瑾的言行相期許。姜毅英表示決不辜負戴笠的厚愛和培育，她會踏著革命先烈的事跡英勇邁進。[1]

十月，杭州特警班正式開訓，戴笠以政訓特派員兼任班主任，余樂醒為副主任，謝力公為教務課長，柯建安為訓育課長，毛宗亮為事務課長，董益三為指導員。[2]

開訓當天上午，戴笠曾在飯廳召集學生訓話，略謂：「各位同志，今天是我們『中央警察研究所』開訓的第一天，我覺得很高興。不過各位要知道，這個『研究所』不是研究警察，而是學習革命理論，研究救國圖強的實際方法和技能，擔任特種工作，採取絕對祕密的方式進行，所以今天沒有開學儀式和邀請來賓。各位是我從二百多位同學中慎重挑選出來的，從今天起，你們就是中央的人，你們以後的工作都由我來負責安排，我一定會使各位學到別人想學都學不到的東西，這些東西對國家民族會有很大的貢獻。訓練的時間暫定三個月，除了訓練費用統統由我負責以外，每月發十五元大洋作你們的伙食和零用。從現在起，一個月內不放假不會客，不准對外通信通電話。我對你們期望很高，希望你們安心的專心的接受特種訓練。革命工作應出於自願，假如不願意，現在還可以退出。」戴笠身材結實，鼻子挺直，說起話來自負自信，似乎有用不完的精力，他不時以炯炯如炬的目光向大家掃射，令人不得不敬畏懾服。大家聽完後，都沉默不語，心中充滿了好奇、神祕和疑懼，完全不明白特種訓練的真面目。中午進行會餐，酒菜豐美，大家都吃得都很開心。戴笠離席時，指導員羅毅告訴大家：「以後口頭

1 姜毅英訪問紀錄，《健行》民國七十五年特刊第九十四至九十五頁。
2 國防部情報局編印：《國防部情報局史要彙編》中冊第十六頁。

稱特派員為『戴先生』，公文稱『主任』。」從此，學生們便稱戴笠為「戴先生」。[1]

杭州特警班按照學員程度深淺，分甲、乙、丙三種班分別施訓。三種班都有的課程包括：特工技術，教官余樂醒；情報業務，教官謝力公；科學偵察法，教官梁翰芳；外國文，教官霍淑英、余秀豪，以英、俄、德、日等文為限，學生可任意選修；政治訓練，教官董益三；國內外政黨概要，教官汪祖華；手槍射擊，教官汪德龍；汽車學，教官曾惕明；汽車駕駛，教官張秉午、黃四欽、吳平；照相，教官王文釗；仿造法、擒拿法，教官金民杰；另有小組會議與紀念週，總課時七八〇小時。

甲種班設在杭州雄鎮樓，與警校隔離。除原訂課程計劃外，復比照南京特警班的課程標準，增加如下課程：政治偵探學，教官管容德；格別烏，教官葉道信；爆破法，教官殷振裘；訊鴿教練法，教官黃瀛；警犬使用法，教官不詳；方言，教官高若蘭，教授北平、廣東兩種；化裝術、催眠術、魔術，教官阮振南；另有麻醉、化學、速繪等課。乙、丙兩班設在警校之內，乙種班著重訓練駕駛、射擊；丙種班著重勤務，分中菜、西菜、理髮三部。[2]甲種班第一期自十月三日開始，訓練三個月，共計畢業四十一人，內有三名女生。乙種班第一期自十二月二日開始，訓練兩個月，畢業人數不詳。丙種班第一期自十二月二十二日開始，訓練四個月，畢業十六人。

杭州特警班的學生宿舍寬敞明亮，空氣流通，到了冬天還裝設火爐，生活條件十分安適。受訓初期，每位學生發拍紙簿一打、鉛筆半打，上課時，聽、看、抄同時進行，心、眼、手同時並用，非常緊張。下課後，忙著整理筆記，閱讀指定書籍，撰寫讀書心得，忙得不亦樂乎。[3]

杭州特警班的教官皆一時之選。攝影教官是杭州佛國照相館的攝影師；駕駛教官是公路局的資深駕駛員；特工技術教官余樂醒、格別烏教官葉道信都曾加入共產黨，對製造炸藥、實施破壞、埋設地雷、投擲手榴彈等技術反覆演習；化裝術、催眠術的教官是越南魔術師阮振南，他談吐滑稽，一言一行令人捧腹，其「催眠術」可令人喪失理智，聽人擺佈。他曾徵得警校正科三期學生章微寒的同意，進行催眠表演，章微寒被催眠後，開始扮演「大總統就職」，發表演說，其架勢動作十分逼真，毛森見阮振南十分緊張，問他什麼緣故，阮振南說：「催眠

1 張毓中：《滄海拾筆》第二十八至二十九頁。
2 國防部情報局編印：《國防部情報局史要彙編》中冊第十八至十九頁。
3 張毓中：《滄海拾筆》第二十九至三十頁。

後還醒動作，如有遺漏一點沒有做到或做錯，會長期影響其心神智慧及身體健康。」除教官外，戴笠也在忙碌之中抽出時間，親自上課，他沒有書本講義，而是口述社會各階層情形，對於各行各業的活動形態、派系組織、人事離合都如數家珍；對於全國各地的城市環境、風俗習慣都瞭如指掌。[1]

爆破課程最為危險，也最刺激。學生製造爆炸物時，需將炸藥和玻璃、鋼釘等物裝入瓶罐或特製容器，在配藥、安裝、保管與攜帶過程中，隨時可能爆炸，致人死命。當學生將自己小心翼翼製成的爆炸物帶到郊區，居高臨下，對準目標一擲而下時，轟然一聲，硝煙四散，這對於年輕的小夥子們而言，感覺十分興奮。[2]

化裝術是課程中最有趣的，第一期學生一共進行過三次演習。第一次演習時，戴笠命令男女同學一律參加，並命張玉麟擔任督察。督察的工作是依照演習計劃，對每位同學進行考核，需要詳細記錄大家的化裝技術、言行舉止、外形神態，再做成祕密報告，呈給戴笠察閱。戴笠從口袋裏掏出十元大鈔，交給張玉麟購買化裝需要的衣物和工具，張玉麟只花了兩元錢，就在舊貨店裏買好了，當他把剩下的錢還給戴笠時，戴笠不僅不收，還且怒且喜地訓斥道：「真沒出息！連錢都不會花，把這些剩下的錢都拿去用吧！」

張玉麟化裝成電氣小工，面上抹些灰土，租一部腳踏車，按照督察任務的規定，滿城飛馳。總核演習結果，大致上每位學生都費了一番心機，表現十分良好。其中有張培蘭者，化裝成賣芝麻糖的小販，一身鄉下土布衣褲，配合扁擔籮筐，坐在小板凳上，形象神態都惟妙惟肖，是化裝最成功的一人。戴笠看了督察報告，十分高興，特命張玉麟陪他到實地觀看。當時張培蘭在湖濱公園門口擺攤，戴笠遠遠的下了車，邊走邊觀察，面帶笑容走到了張培蘭的身旁，正準備拍照作參考時，不料張培蘭竟驚慌失措的站起身來，立正鞠躬，使戴笠啼笑皆非，連聲說：「完了，完了！這麼精彩的化裝，被你這樣一來，就失去意義了，這證明我們的訓練不夠，以後要以此事為鏡，加強訓練！」

參加化裝演習的女學生共有三人，分別是姜毅英、吳孝姑、龔成香。姜毅英化裝成高貴少婦，濃妝艷抹，衣著華麗，她到西湖湖濱公園一轉，驚鴻一瞥，引起遊客注目，不得不快步離開，僱車返校。吳孝姑成熟大膽，化裝成村姑，手提竹籃，高聲叫賣落花生，非常入戲，可是碰到幾個吃豆腐的「登徒子」，極為討厭。龔成香為人

1 毛森遺稿、胡德珍提供：《往事追憶——毛森回憶錄》，《傳記文學》第七十五卷第二期第四十二至四十三頁。
2 張毓中：《滄海拾筆》第三十頁。

保守，想來想去，也不知化裝成什麼好，最後急得掩面哭泣，讓張玉麟請示戴笠能否免去她的化裝演習，經張玉麟轉報後，戴笠一笑置之。[1]

甲班第一期幾乎清一色是浙江警校二期的同學，絕大多數是男生，姜毅英的加入，頓時讓眾人十分注意。她長長的秀髮，靈活的雙眸，中等身材，五官端正，而沉默寡言，給人以端莊文靜的好印象。在短短數日之內，她便贏得全班同學的好感，許多男生都為她傾心，想盡辦法與她接近，其中追求最為熱烈的則為葉文昭。結業時，戴笠給學生們放三天假，張玉麟要去筧橋訪友，姜毅英也要去筧橋看堂姐，便與張玉麟約好做伴同去。張玉麟是葉文昭的好友，便把這個消息相告，葉文昭高興得跳了起來。第二天早晨，三人在火車站會合，姜毅英見了葉文昭，心中有數，但她沒有表示。三人一路有說有笑，氣氛十分美好，到了筧橋，約好回程見面的時間，張玉麟乃故意找藉口，請葉文昭單獨護駕。這一次筧橋之行，成為日後姜毅英、葉文昭感情發酵的重要契機。[2]

丙班學生只有十餘人，除領班廚師為男生外，其餘學生都是年輕貌美的少女，戴笠特別在警校內開設一家西餐廳和理髮店，以供丙班實習。原本按照規定，甲、乙、丙三班為了保密的關係，是分開受訓，分開生活，彼此不准來往。但西餐廳和理髮廳不能對外營業，又不能沒有顧客，只好准許甲班學生前去應卯。所謂西餐廳，其實僅能供應簡單的豬排、魚排、咖啡、紅茶、西點而已，其目的在於訓練學生的西餐禮儀、刀叉擺設、服務態度等等，作為將來擔任特種工作之掩護。因西餐廳價格極為便宜，於是甲班學生便成了餐廳的常客。理髮店的服務一律免費，甲班的小夥子們見有年輕貌美的理髮小姐免費為自己洗頭修面，怎能輕易放過這個機會，乃趨之若鶩。甲班學生倪永潮甚至追到了理髮廳的丙班學生蔡小姐，後來二人締結良緣，成為同學間的美談。[3]

當南京特警班第二期及杭州特警班甲種班第一期畢業後，全部學生均於二十二年二月初集中南京等待分發工作，其中京訓班六十人，杭訓班四十一人。這時戴笠接受參謀本部德國顧問駱梅蒼的建議，就兩班一〇一名學生中再行挑選十四人成立「班長班」，集中南京洪公祠繼續訓練。[4]這十四名學員，包括京訓班的黎鐵漢、郭文年、趙理君、卓飛以及杭訓班的毛森、石仁寵、張人佑、鄭海良、王滌平、羅道隆等人。「班長班」的教官多係

1 張毓中：《滄海拾筆》第三十四至三十五頁。
2 張毓中：《滄海拾筆》第三十一至三十二頁。
3 張毓中：《滄海拾筆》第三十三至三十四頁。
4 戴笠電蔣中正，民國二十二年二月三日，蔣中正總統檔案；戴笠呈蔣中正，民國二十二年二月十九日，戴笠史料。

德國顧問，其中駱梅蒼係將級軍官，態度嚴肅，要求較為苛刻。另有一位年輕的校級軍官，常駕車帶領學員到山野上課，他能在一天之內，將南京站崗的警察全部偷拍下來。他的祕密相機像一條帶子，掛在胸前，鏡頭像紐扣一樣露在衣外，快門用線通至褲袋，要拍攝時只要鏡頭對準目標，用手一捺即可，同時自動移上次張，不用拿出對光，至拍完一條軟片再拿出沖洗。此外尚有偷測軍事目標、航空速繪等新奇技術，均使學員深刻感受到「弱國無國防」的道理。[1]

杭州特警班甲種班自二十一年十月至二十五年三月開辦，每期訓練三個月，共辦六期，畢業學員一八三人，均分發各地擔任情報工作。乙種班自二十一年十二月至二十五年開辦，起初每期訓練兩個月，後增為三個月，共辦六期，畢業學員二二七人，均分發各地擔任警衛、巡捕工作。丙種班辦理一期後即結束，未再續辦。[2]

戴笠在南京、杭州開設特警班，是中國情報史上破天荒的創舉，既無成規可循，也無教材設備。以授課老師為例，都是戴笠多方設法臨時聘請來的，但因交通不便，時間調配困難，有些課程往往一連幾天連續講完，授課者固然辛苦，學生也難免乏味。杭訓班的爆破、射擊、駕駛、照相等課均在杭州市區和郊區進行，保密性差，常被市民看到，引起注意。至於幾次化裝演習，更因學生經驗不足，鬧了不少笑話。當時學生化裝，不外乎扮成車夫、小販、小工等職業，但因對社會百態、民間習俗所知甚少，雖外貌相似，舉止言談卻破綻百出。例如裝小販的斤兩不分，裝車夫的道路不熟，甚至不收車錢，等等。這些有悖常理的舉動，曾導致流言四起，當時反對中央的勢力已將力行社謠傳為「藍衣社」，浙江警校則被視為「藍衣社」的訓練基地。不過凡事處在草創時期，問題總是在所難免，無論如何，南京和杭州特警班的學生經過數月訓練，對於特務工作之學識與技術均有相當之成績，他們遂成為特務處最早的一批生力軍。[3]

1 毛森遺稿、胡德珍提供：《毛森回憶錄》，《傳記文學》第七十五卷第二期第四十三至四十四頁。
2 國防部情報局編印：《國防部情報局史要彙編》中冊第十九頁。
3 張毓中：《滄海拾筆》第三十六頁。

五、組織佈建

戴笠在特務處成立之初，擬定了「組織大綱」與「組織系統表」，這兩項重要文件確立了特務處最初的組織形態、工作區域與人員編制。

按照「組織大綱」規定，特務處組織包含處本部、偵查組、直屬偵查員、執行組四個部分。一，處本部：設處長一人，綜理本處全部事務，指導全體工作人員之活動，考查其勤惰及行為；設科長二人，一司偵查，協助處長考核及指導全體偵查組及偵查員之活動，並復核一切偵查案件；一司執行，協助處長考核及指導全體執行組及執行員之活動，並根據各種偵查案件擬具執行辦法；設書記一人，協助處長辦理一切文件；設會計一人，編製豫計算，並處理本處全部會計事務；設譯電員二人，翻譯往來電稿，收發、鈔寫並保管一切文件，合計七人。二，偵查組：在全國各衝要地區設普通偵查組，在上海、天津、香港三地設特別偵查組。三，直屬偵查員：在全國各次要地區設直屬偵查員，直接受處本部領導。四，執行組：在上海、天津、香港三地設執行組。[1]

另據「組織系統表」顯示：南京、京滬、武漢、廣州、北平、汴洛六地設普通偵查組，每組轄組長一人，偵查員三至八人；上海、天津、香港三地設特別偵查組，每組轄組長一人，偵查員四至十一人；上海、天津、香港三地設執行組，每組轄組長一人，執行員五人；太原、石莊、西安、濟南、青島、徐海、淮陽、杭州、蚌埠、安慶、南昌、吉安、湖南、重慶、成都、福州、梧州等地設直屬偵查員一人；合計九十六人。[2]

按照上述規劃，特務處在南京徐府巷三號成立處本部，簡稱「乙處」，以戴笠為處長，化名「江漢清」。鄭介民為偵查科長，邱開基為執行科長，唐縱為書記，張冠夫為會計，賴雲山為譯電，張柏春為文書。[3]另在聯絡

1 特務處編製：「特務處組織大綱」，國防部軍事情報局檔案。
2 特務處編製：「特務處組織系統表」，國防部軍事情報局檔案。
3 國防部情報局編印：《國防部情報局史要彙編》上冊第十三頁；李邦勛：《軍統局的前身復興社特務處》，《文史資料存稿選編》第十三冊第四三六頁。

組原址雞鵝巷五十三號成立處長辦公室，處理機要，簡稱「甲室」，甲室負責人變動頻繁，在短短一年之內，先後以梁幹喬、徐亮、王孔安、曾澈等人為秘書。[1]十二月，乙處增設通訊科，以梁幹喬為科長。[2]

各地組織的實際情況與「組織系統表」不盡相合，其最初的負責人大概是：南京，方超、陳蓂南、左曙萍、陳遠湘；上海，翁光輝、張業；京滬路，徐亮；徐州，胡天秋；海州，岳燭遠；杭州，胡國振；安徽，蔡慎初；南昌，柯建安；贛州，喻耀離；撫州，謝鎮南；武漢，周偉龍、劉培初、蕭勃；長沙，蔣肇周；粵港，邢森洲；香港，吳迺憲、張炎元；廈門，連謀；鄭州，劉藝舟；開封，劉曁；山東，李郁文；青島，姚公凱；煙台，劉乙光；膠濟路，鄭興周；津浦路，高振鵬；天津，王天木、靳汝民；北平，陳恭澍、楊英、齊慶斌、王雲孫；太原，靳易夫、喬家才；歸綏，王和眾；西安，賈文郁。[3]

在南京處本部及各地組織以外，另在漢口豫鄂皖三省剿匪總司令部內成立警衛組，負責護衛蔣中正之安全，及一般情報與行動任務。由戴笠自兼組長，邱開基為副組長，組員有王兆槐、何鴻、余定華等人。警衛組成立後，戴笠即經常往來於南京、杭州、漢口之間，邱開基則常住漢口負責。戴笠在漢口住在俄租界東方飯店，其余組員分別住在舊德租界漢中胡同和舊日租界長清里兩幢堅固的洋房里。警衛組的辦公處所對外均不公開，行動也絕對祕密。武漢偵查組長周偉龍雖常與警衛組人員往來，亦不知其辦公處所。[4]

特務處成立的第一年，工作人員逐漸由一〇三人增加至一四五人。次年，再增加至六七二人。[5]由於人員與業務擴張，處本部組織與各地組織亦發生較大變化。辦公處所方面，乙處於二十二年夏間遷至鼓樓四條巷六號，甲室則一直位於雞鵝巷五十三號。[6]

1 據《國防部情報局史要彙編》上冊第十三頁記載，甲室以王孔安為書記。案《二十四年年終總考績擬請增新人員名冊》，王孔安二十一年九月始參加特務處。另據王孔安回憶，他於二十一年秋由陝晉京，代替徐亮主持甲室工作，在徐亮之前尚有梁幹喬，三人主持甲室時間均數月而已，見《唐乃建先生紀念集》第二五二至二五四頁。

2 國防部情報局編印：《戴雨農先生年譜》第二十八頁；戴笠呈蔣中正，民國二十二年一月二十八日，國防部軍事情報局檔案。

3 國防部情報局編印：《戴雨農先生年譜》第二十八至二十九頁。

4 余定華：《軍統特務在武漢製造的一件血案》，《湖南文史資料選輯》第二集第二一八至二一九頁。

5 國防部情報局編印：《國防部情報局史要彙編》上冊第九頁。

6 李邦勛：《軍統局的前身復興社特務處》，《文史資料存稿選編》第十三冊第四三六頁。

二十二年一月，特務處增設副處長，由鄭介民擔任。[1] 同年，處本部成立書記室，原偵查科、執行科、通訊科名義均取消，改為第一科、第二科、第三科。處本部單位計有：書記室，下轄統計、考核、文書、譯電、收發五股；第一科，負責偵查工作，下轄指導、編譯兩股；第二科，負責總務工作，下轄庶務、會計、交通三股；第三科負責行動工作，下轄執行、司法兩股。另為監察內外勤工作，增設督察人員，直接受處長指揮；為製造無線電機，成立無線電機製造所；為聯絡各電台通訊，在京成立無線電總台。[2]

特務處在全國陸續佈建組織後，旋因各地偵查員多以「軍事雜誌社通訊員」名義為掩護，遂自二十一年九月起，陸續將偵查組改稱通訊組或通訊站，直屬偵查員改稱直屬通訊員，執行組則改稱行動組。當時設有：杭州、武漢、膠濟、粵港四個通訊站，杭州站長胡國振、武漢站長周偉龍、膠濟站長鄭興周、粵港站長邢森洲；上海、天津、津浦路等特別組，上海組長翁光輝、天津組長王天木、津浦路組長高振鵬；京滬路、南京、上海、南昌、汴洛、山東、北平、太原、廈門、長沙等通訊組，京滬路組長徐亮、南京組長方超、上海組長陳紹宗、南昌組長柯建安、汴洛組長劉藝周、山東組長李郁文、北平組長陳恭澍、太原組長靳易夫、廈門組長連謀、長沙組長蔣肇周；南京、上海、武漢、天津、北平、粵港等行動組，南京行動組長蘇子鵠、上海行動組長吳時春、武漢行動組長許千秋、天津行動組長李惠遠、北平行動組長戚南譜、粵港行動組長何伯羽、張俊山；南京直屬通訊員朱金驊、蕭堅白、莫鈞、上海直屬通訊員馬明初、陳國琛、姜穎初、甘唯奇、余靖芳、周樹美、高鞏白、淮陽直屬通訊員王咨民、徐州直屬通訊員胡天秋、海州直屬通訊員岳燭遠、運河直屬通訊員丘德明、安慶直屬通訊員倪超凡、蚌埠直屬通訊員蔡慎初、皖西直屬通訊員宋文漢、青島直屬通訊員姚公凱、煙台直屬通訊員劉乙光、西安直屬通訊員賈文郁、歸綏直屬通訊員王和眾、廣州直屬通訊員張覺時、阮兆輝、各部隊直屬通訊員陳國治、鄧匡元、劉懿民、胡智吾。[3]

1 國防部情報局編印：《國防部情報局史要彙編》上冊第一篇第三章附表二；戴笠呈蔣中正，民國二十二年一月二十八日，國防部軍事情報局檔案。
2 國防部情報局編印：《國防部情報局史要彙編》上冊第十三頁、第一篇第三章附表二。
3 國防部情報局編印：《國防部情報局史要彙編》上冊第十五頁；徐遠舉等：《軍統局保密局中美特種技術合作所內幕》，《文史資料存稿選編》第十三冊第四七二頁。案戴笠二十一年十月五日致電蔣中正，仍有「上海偵查組翁光輝」等語，至二十二年二月二十四日致電蔣中正，始見「南京通訊組長方超」之稱謂。

至遲在二十二年夏秋之際，特務處復將各地組織作大幅調整。將全國劃分為四區：華東區，轄江蘇、浙江、福建三個省及上海、南京；華中區，轄湖北、湖南、江西、安徽、河南、四川六個省及武漢；華南區，轄廣東、廣西、雲南、貴州四個省及廣州、香港；華北區，轄河北、山西、陝西、甘肅、山東五個省及北平、天津。各區以特派員負責，當時曾任特派員者，華東區有余樂醒、吳迺憲，華中區有葉道信，華南區有岑家焯，華北區有鄭介民等。各重要地區視業務繁簡及任務不同，設特別區或省站，再次則設通訊站或通訊組，組下則為通訊員。各特別區、省站負責指揮所轄各通訊站、組工作。至此，特務處的外勤組織建立了四區、特別區及省站、通訊站及通訊組三層情報體系。[1]

同年底，鄭介民奉派赴德國考察，[2]而特務處的另一重要幹部梁幹喬又須兼任憲兵政訓處與政治訓練所工作，以致特務處乏人指導。戴笠為健全指導機關能力，增進工作效能起見，於十二月十二日呈請蔣中正在特務處本部內增設書記長，並調中央軍校特別黨部書記長林桓充任，是為特務處增設書記長之始。林桓，字襄白，廣東人，黃埔軍校二期畢業，為人忠實幹練，且極能保守祕密，遂為戴笠所重。[3]

至二十三年一月，特務處之組織已較成立之初大為擴展。除南京處本部及杭州警校特派員辦公室外，各地組織有：

華東特派員辦公室、南京通訊組、南京行動組、上海通訊站、上海行動組、浙江通訊站、京滬路通訊組、濟南通訊組、膠濟路通訊組、津浦路通訊組、平綏路通訊組；華中特派員辦公室、武漢通訊站、武漢行動組、江西通訊站、湖南通訊站、河南通訊站、九江臨時通訊組、隨節偵查組、隨節警衛組；華南特派員辦公室、港粵通訊站、港粵行動組、福建通訊站；華北特派員辦公室、北平通訊站、北平行動組、北平特約通訊員、天津通訊站、天津行動組、河北戰區流動組、陝甘通訊站、山西通訊站、保定通訊組；上海直屬員、安慶直屬員、蚌埠直屬員、徐州直屬員、清江浦直屬員、運河站直屬員、海州直屬員、合肥直屬員、廣州直屬員、汕頭直屬員、梧州

1 據《國防部情報局史要彙編》上冊第十五頁記載，二十三年成立四區，各區以特派員負責。案戴笠於二十二年七月七日報告蔣中正，內稱鄭介民為「華北特務工作特派員」；復於九月三十日致電蔣中正，有「本處華東區駐滬特派員余樂醒」等語，則四區及特派員設立之時間，當在二十二年夏秋之際。

2 樂炳南編著：《鄭介民將軍生平》第二〇〇頁。

3 戴笠電蔣中正，民國二十二年十二月十二日，戴笠史料。

直屬員、蕪湖直屬員、成都直屬員、重慶直屬員、香港直屬員、東北軍偵查員、各部隊政訓員、閩浙贛邊區臨時通訊組、南京各處坐探、憲兵團政訓員，等等。[1]

與內外勤組織的變化相比，特務處的隸屬關係則更為複雜。

特務處的工作性質極為特殊，需要高度保密，故其組織雖隸屬於力行社，但在成立後不久即已形成半獨立狀態。力行社常務幹事賀衷寒為此曾向書記滕傑提出改組特務處，滕傑乃約戴笠見面。見面後，賀衷寒直問戴笠特務處「獨立」之故，戴笠不悅，拍桌要走，後經滕傑婉勸，戴笠乃同意特務處「對領袖交代的事，應直接向領袖負責；對團體決定的事，則須向團體負責。」[2]特務處執行科長邱開基因有時直接聽命於力行社，遂與戴笠在工作方面意見不合。二十一年五月某日，邱開基與戴笠正在談話之間，突然有人在背後隔牆開槍，擊中邱開基耳後，好在子彈透過牆壁力道弱了，沒有深入。戴笠惟恐被人誤解，一面把邱開基送醫，一面立刻報告蔣中正，是警衛擦槍走火。邱開基傷愈後，即被調往漢口工作。[3]

對於特務處在力行社內保持高度獨立性的緣故，日後擔任戴笠秘書多年的毛鍾新曾有如下述評：「力行社的高階層幹部中有傾軋，尤其是戴先生與其中許多人的關係，自成立以至解散，可說始終惡劣。許多人都想多把持一點，多操縱一點，戴先生一貫的信念是特務工作只對領袖負責，而且領袖是唯一的，此外不容許有第二、第三把交椅，所以絕不接受人家妄想把持或操縱。」又說：「戴先生矢志『忠臣不和，和臣不忠』，所以在力行社中人際關係不好。抗戰以前，南京勵志社每年舉行力行社年會，其中必有一項決議，就是撤換戴先生的職務，領袖親臨裁決時，予以保留。」[4]

自二十一年九月起，特務處在隸屬力行社的同時，復隸屬情報局為第二處，是為特務處擁有政府機關名義之始。情報局的成立，是蔣中正長期醞釀的結果。蔣中正自二十一年三月就任軍事委員會委員長兼參謀本部參謀總長以來，對情報工作的興趣即愈發濃厚，其四月三日日記曰：「國際情報學非速看不可也。」[5]四月二十一

---

1 特務處編製：「民國二十三年一月份經常、特別費收支對照表」，國民政府檔案。
2 鄧元忠：《國民黨核心組織真相》第二四五至二四六頁。
3 張炎元：《由雞鵝巷洪公祠到鼓樓》，《健行月刊》第一〇四期第八頁；鄧元忠：《國民黨核心組織真相》第二四五頁。
4 毛鍾新：《為戴笠先生白謗辯誣》，《中外雜誌》第三十卷第四期第十七頁。
5 蔣中正日記，民國二十一年四月三日。

日，看《各國情報之內幕》，「閱之手難釋卷，甚恨看之不早」。[1]四月二十二日，再窮一日之力，將《各國情報之內幕》看完，記曰：「為近今最愛最要之書，此為董顯光先生所訂，從政者非知此不可也，得益非淺。」[2]與此同時，蔣中正有意建立最高情報單位，曾於四月十三日考慮特務組織人選，記曰：「以徐恩曾、陳希曾、戴笠、鄭介民、竺鳴濤為幹部，蔡勁軍亦可入選。」[3]四月十九日再記曰：「期得一人為情報領袖，與之商決情報組織，總未得其人也。」[4]四月二十一日又記曰：「情報精巧與重要實為治國惟一之要件，但選人甚難，夢寐求之，未易得也。以後以情報機關組織法與情報網之組織最為重要，當精思之。」[5]

五月二十四日，蔣中正就任豫鄂皖三省剿匪總司令，旋於六月親往武漢設立總司令部，指揮剿共軍事。八月二十二日，蔣中正曾約戴笠、鄭介民、梁幹喬來漢商談情報組織事宜。八月三十一日，蔣中正致電南京參謀本部第二廳廳長林蔚，告以總部將設立總情報局，擬以朱紹良為局長，林蔚為副局長；下分三處一室，第一處為情報處，以林蔚兼任處長，陳焯為副處長；第二處為訓練處，以劉健群為處長，戴笠為副處長；第三處為總務處，以徐恩曾為處長，段劍岷為副處長；以顧順章為化學室主任。時朱紹良常在剿共前線，故由林蔚代理局長主持局務。蔣中正並指出：設立情報局「為今日革命惟一重要工作，而尤以情報處接收審察情報虛實、批示懲獎為尤要，而其惟一要素乃為承上啟下。時間之迅速靈敏與辦事組織之緊張切實，固在於各處主持者專心一志、嚴厲監察與切實指導，以求進步。務望兄等悉心進行，期收實效。至於組織辦法以及其餘人選，請與各處長副等妥商，並望於十日內開始工作也。」[6]

九月三日，林蔚致函蔣中正請示情報局有關事宜。九月五日，蔣中正覆電告以：「戴笠等所得情報，亦皆交第一處收轉，並由總局正、副局長隨時考核，以求進步。每星期止少須有二次以上召集各處長、副討論過去及現在、將來工作之缺點與批評為要。」[7]

1 蔣中正日記，民國二十一年四月二十一日。
2 蔣中正日記，民國二十一年四月二十二日。
3 蔣中正日記，民國二十一年四月十三日。
4 蔣中正日記，民國二十一年四月十九日。
5 蔣中正日記，民國二十一年四月二十一日。
6 蔣中正電林蔚，民國二十一年八月三十一日，蔣中正總統檔案。
7 蔣中正電林蔚，民國二十一年九月五日，蔣中正總統檔案。

情報局的組織辦法與運作情形，由於其事太過隱秘，所遺文獻無幾，後人頗難一窺究竟。不過由情報局的初期人事安排與辦事原則不難看出，該局無疑是蔣中正領導下的最高情報機關。朱紹良時任三省剿匪總部總參議，協助策劃剿共事宜；林蔚、陳焯分別為參謀本部第二廳正副廳長，主管情報業務；劉健群時任軍事委員會政訓處長，亦為中央軍校政訓研究班班主任；戴笠、徐恩曾分別為力行社特務處長與國民黨中央調查科主任，亦即蔣中正最為信任之特工幹部；顧順章為已轉向之中共特工負責人，被視為特工天才。上述人選，均為極具情報工作經驗者，由此可知，蔣中正成立情報局之目的，當在於統一辦理各單位情報工作，以發揮協力之效。[1]情報局成立後，特務處隸屬該局為第二處，國民黨中央調查科則為第一處，[2]戴笠初任第二處副處長，旋即改任第二處負責人。[3]

至二十二年初，朱紹良、林蔚均已因故不再負責情報局，蔣中正於二月一日電令陳立夫任副局長，代理局長接事。[4]陳立夫時任中國國民黨中央組織委員會主任委員，亦為前中央調查科主任，對情報工作自有相當經驗，但他於二月三日復電蔣中正表示難以勝任。蔣中正則堅持此一任命，電令陳立夫「切實負責接辦，不可推諉。」[5]

情報局成立後，戴笠仍然堅持特務工作只對蔣中正負責的原則，始終不為局長陳立夫所用，在他的堅持下，陳立夫不僅對特務處亦即第二處的組織人事、情報活動等等難窺究竟，即對特務處的辦公場所亦只知道雞鵝巷五十三號，而不知道徐府巷三號和後來的鼓樓四條巷六號。戴笠並嚴誡特務處工作人員不可向情報局洩漏祕密，否則定要予以嚴厲的紀律處分，於是特務處的一般工作人員只知本處係由蔣中正直接領導，而不清楚與情報局的上

1 國防部情報局編印之《史要彙編》以及《戴雨農先生年譜》、《戴雨農先生傳》諸書，僉謂二十一年九月成立軍事委員會調查統計局，特務處隸屬該局為第二處，軍統中人皆奉此說為圭臬，後來學者亦多信用之而不疑。惟遍檢檔案，二十四年以前無隻字提及「軍事委員會調查統計局」者，二十一年九月所成立者為「情報局」。二十四年初情報局結束，同年四月調查統計局成立，其各項開支仍照常在原有情報局項下撥發，可知情報局實為調查統計局之前身也。

2 國防部情報局編印：《國防部情報局史要彙編》上冊第十三頁。

3 戴笠於二十一年十月二十三日致電蔣中正，請以余洒度任第二處政治訓練股總幹事，「藉以補生之不逮，而期工作之推進」。據此，至遲在十月間，戴笠已為第二處負責人。

4 蔣中正電林蔚、陳立夫，民國二十二年二月一日，蔣中正總統檔案。

5 蔣中正批示陳立夫來電，民國二十二年二月六日，蔣中正總統檔案。

下隸屬關係。[1]

十一月，陳立夫召開情報局會議，為配合蔣中正在江西之剿共軍事，且為尊重情報局之組織，決定成立情報局駐贛辦事處，由一、二、三各處派遣統計、繕校、譯電人員各三人組成，由蔣中正之秘書毛慶祥指揮，負責統一辦理第一處徐恩曾與第二處戴笠兩方情報之傳達事宜，藉收情報集中、傳達迅速、機密易守之效。[2]然而駐贛辦事處的成立，並未到達陳立夫預期的效果，戴笠只將過去送往情報局之情報改送駐贛辦事處，緊急情報則仍用有線電徑呈蔣中正。[3]

戴笠對情報局和陳立夫的態度，亦為蔣中正所默許。陳立夫晚年曾無奈的表示：「講到戴雨農啊，蔣公太放任他一點！他在蔣公身邊，我也沒有辦法指揮他，他有什麼真正好的消息，他就直接報告蔣公，再來通知我。」還說：「（戴雨農）表面上是受我指揮，事實上他每天接受蔣公之命行事，我無法指揮他，我想蔣公要我來檢查他一下，所以戴雨農不敢對我無禮，但是我本身如果稍微有一點小毛病，他會馬上密報蔣公，那我早就垮掉了，他如果被我抓到了小毛病，我亦不客氣會呈報蔣公。所以表面上他對我還是很敷衍很客氣的，實際上他如果有了重要的情報，他會直接給蔣公弗經過我啦！」[4]

特務處既是力行社的下級機構，也是情報局亦即日後軍事委員會調查統計局的第二處，表面上隸屬不同，實際上是「一體的兩面」。[5]特務處對雙方均保持高度獨立，因而曾招致或多或少的不滿，這既是戴笠的堅持，也是蔣中正默許的結果，而在特務處存在的六年間，這種局面從未發生改變。

1 李邦勛：《情報局和中統、軍統前身的錯綜隸屬關係》，《文史資料存稿選編》第十三冊第二十二頁。
2 戴笠呈蔣中正，民國二十二年十一月十七日，蔣中正總統檔案。
3 戴笠電鄧文儀，民國二十二年十二月九日，戴笠史料。
4 張緒心、馬若孟編述，卜大中翻譯：《撥雲霧而見青天：陳立夫英文回憶錄》第七六四至七六五頁。
5 陳恭澍：《北國鋤奸》第三十五頁。

六、工作開展

特務處工作之開展，在「特務處工作計劃」中有詳細的說明，包含偵查計劃、執行計劃與報告三個部分：

偵查計劃包含八項：一，政治組織，以共產黨、第三黨、國家主義派、改組派、西山派、太子派、勵學社、五十友以及流氓團體等為偵查對象。二，軍隊，注意其官長之姓名、籍貫、經歷、派別、言論、行動及與外界之關係；各級編制及官兵、伕馬之實數；官兵對領袖之信仰心；各種教育及軍風紀；各種武器來源、實數及其類別或式樣；佈防情形、調動時之任務與目的地等。三，商人團體，注意其重要份子之姓名、歷史、旨趣、派別；商會與公會、黨部之關係等。四，工人群眾，注意其種類、數量、籍貫、組織；工人與流氓之關係；工會與黨部之關係；領袖工人之姓名及旨趣等。五，學生團體，注意其學校與教職員之背景；學生之籍貫、派別、態度；領袖學生之姓名及旨趣；操縱者之姓名及背景等。六，黨部，注意其黨員之數量、質量、職業、派別；優秀黨員之姓名及旨趣；有實力黨員之姓名及旨趣等。七，政治機關，注意其長官之背景與旨趣；平日之交游；與軍人之關係；貪污之實況；官民之情感等。八，警察機關，注意其長官之背景與旨趣；貪污或廉潔；官警之情感；警民之情感；警察對領袖之信仰等。

執行計劃規定：已決定執行之案件，由本處執行科擬具辦法，呈請核准，外交所在地執行組執行之；執行組對於決定執行之案件，以極嚴密、極嚴厲之手段執行之；執行組為達到其任務，在特別情況下得獨斷專行，以處理執行案件。

報告部分規定：各小組、各直屬偵查員每天向本處報告一次，各偵查員每天向組長報告一次。報告方式包含密電、藥水函、反藏函、自帶小無線電機拍發以及於普通信件中用商業用語通訊五種。報告傳遞方法包含兩種，一種是受信人約定若干假姓名，並規定若干受信處，以分別收取各種郵電；另一種是專員傳遞。[1]

1 特務處編製：「特務處組織大綱」，國防部軍事情報局檔案。

事實上，特務處的工作並不侷限於上述計劃的既定內容，而是根據時局的變化隨時進行調整。在特務處成立之初的兩年間，中國仍是變亂頻仍：二十一年九月，山東省政府主席韓復榘與十二師師長劉珍年發生衝突，擾攘一個多月；十月，四川省政府主席劉文輝與川康綏靖總司令劉湘展開混戰，先後持續一年；二十二年一月，日寇進攻熱河，長城抗戰爆發。五月至十二月，正當蔣中正第五次圍剿紅軍之際，國民黨內對「攘外必先安內」國策不滿的人士先後發動兩次反對中央的事變，一是馮玉祥的「察變」，二是蔣光鼐、蔡廷鍇的「閩變」。凡此種種事變發生前後，特務處均全力活動，以謀化解之方。

特務處的基本任務是「偵查」與「執行」，後來逐漸改稱「情報工作」與「行動工作」。情報工作的宗旨，在於廣佈線索，從事情報之蒐集與調查；行動工作的宗旨，在於發伏除奸，阻遏敵謀，鎮壓反動，防制異己。

特務處情報工作的流程，一般是由各地組織先行蒐集，電告南京處本部，再由處本部對所得情報進行編審，以戴笠的名義報告蔣中正及上級單位。各地組織最初從事情報工作的情形多不可考，僅就汴洛、南昌、北平三組分述如下：

汴洛組方面，初派南京特警班贛籍學員喻耀離在開封工作。當時河南省政府主席劉峙為江西人，豫省軍公教人員亦頗多贛籍者，因此喻耀離在開封比較容易尋覓鄉親關係，但他初出茅廬，不能絲毫隨便，既不敢任意探訪戚友，又不能不找工作路線，以致戰戰兢兢，終日在矛盾中打轉。最終，他鼓起勇氣，開始藉故與軍公教人員暨社會人士接觸，以蒐集情報，而後有聞必錄，每日一報。兩個月後，戴笠認為喻耀離成績不錯，於十一月間調其回京，當面獎勵，改派江西贛縣工作。[1]

南昌組方面，自二十一年底開始，由喻耀離負責贛縣情報工作。時贛南駐軍為粵方主力余漢謀部，南昌組對余部軍事部署、部隊實力、幹部情緒等均有詳細調查之必要。喻耀離為便深入該部，以記者身分為掩護，復以黃埔軍校同學關係，與贛縣中學軍事教官周某密切聯繫。當時余部幹部亦不乏黃埔軍校出身者，喻耀離常在周某家中邀請余部幹部吃飯打牌、便談心曲。這些同學均深明大義且重視感情，逐漸與喻耀離成為忘形之交，喻耀離可以隨便出入彼等之機關閒談，甚至可以在辦公室內翻閱所有公文。

經三個月之努力，喻耀離對余漢謀之真正態度及其與陳濟棠之微妙關係，以及余部軍事部署、現有實力、幹

---

[1] 周念行：《先進奮鬥工作之一斑》，《健行月刊》第五十六期第三十八頁。

部意向、後勤配備等情，均偵悉無遺，乃作有系統之報告，並加研判意見，認為中央如能簡派大員向余漢謀提出保證，則其定能為中央所用。戴笠接閱此項報告後，認為極有價值，覆電嘉勉，並令繼續偵察，隨時呈報。[1]

北平組方面，以組員范行最具工作成績，他常能提供日本在華軍事部署以及日本軍方政治陰謀之類高級情報，據他自稱，這類情報來源於某國大使館武官處的一名譯員，北平組將情報轉報上級後，上級認為頗具參考價值。鄭介民於二十二年三月間擔任華北特務工作特派員後，對范行提供的情報極感興趣，曾多次詢問情報來源，惟范行不肯吐露。鄭介民為此單獨指示北平組長陳恭澍：「范行的情報質量雖高，但其可靠性則有參差，如果不能澈底了解來源的真相，將來在情報運用上還是有顧慮的。」並指出：「按照過去范行所提供的情報，很少可能會在同一來源中獲得。」

此後，陳恭澍繼續向范行查問情報來源，甚至暗中跟蹤以探究竟，但因范行有意隱諱，陳恭澍始終未曾見過所謂的「某國大使館譯員」。范行到底是有難言之隱，抑或另有政治企圖？陳恭澍無從判斷，只得再與鄭介民進行研討。最終，鄭介民指示了如下幾項處理原則：「假設他（范行）有什麼政治背景或國際關係的話，那正是我們求之不得的工作線索，無妨將計就計，進行一場考驗性的情報戰與政治鬥爭」，「若干可疑之點，不急於馬上求得解答，因為我們迄今並無任何損失」，「對他轉來的情報，今後要慎重處理，保留原件，以便集中檢討，前後比對」。[2]

特務處自二十一年四月成立以迄年底止，共計蒐集情報一三一三六件，其中摘呈上級者四二一七件。二十二年收入情報一六〇二九件，較去年增長二八九三件；其中摘呈上級者六一七九件，較去年增長一九六二件。[3]摘呈上級之情報及報告，皆由戴笠親自具名，他對蔣中正自稱生，對位尊年長者自稱晚，其內容字斟句酌，敬禮有加。尤其呈給蔣中正的報告，必用毛筆正繕，字如棋子，黑大圓光，戴笠有時親筆書寫，有時交由下屬代寫，他對繕寫人員字體之端正、筆畫之粗細以及筆墨、信封、信箋等，都親自審查，決不草率。如報告篇幅較長，須用

1 周念行：《先進奮鬥工作之一斑》，《健行月刊》第五十六期第三十八至三十九頁。
2 陳恭澍：《北國鋤奸》第四十六至五十三頁。
3 國防部情報局編印：《國防部情報局史要彙編》上冊第一九二頁。

新銅釘裝訂成冊，反面用紙糊上，以免釘尖刺手，或銅綠有毒，其小心翼翼如此。[1]

蔣中正對特務處較有價值的情報會批示留存，或轉知相關負責人參考，對內容不確的情報則復電予以申斥，或令戴笠追究原報人。

屬於前者的，如：二十二年六月十三日，戴笠呈報日本陸軍省電令關東軍截斷張家口與庫倫交通之情報，蔣中正批示「告何部長」。[2]八月二十七日，呈報新國民黨及共產黨計劃暗殺財政部長宋子文之情報，蔣中正批示「轉吳市長切實注意防範」。[3]八月二十九日，呈報日本陸軍省密派熟悉山西情形之佐藤忠雄赴山西進行特務活動，蔣中正批示「電閻主任、徐主席注意」。[4]九月二日，呈報山東省政府主席韓復榘密令濟南官印刷局仿印中央印花稅票，蔣中正批示「密電財部嚴令注意」。[5]

屬於後者的，如二十一年六月十九日，戴笠呈報軍需署長朱孔陽舞弊之情報，經蔣中正查詢真相，認為係誣告，責令戴笠追究原報人。[6]十月二十日，戴笠呈報有關胡漢民、汪精衛、馮玉祥各方情報，蔣中正認為「不確之至」。[7]在此前後，蔣中正曾告誡戴笠：「各方情報應慎加判斷，再行電呈」，「勿為無稽謠傳所惑」，然而這種狀況在短時間內並無明顯改善。[8]二十二年五月二十九日，戴笠呈報馮玉祥拉攏東北軍反對中央之情報，蔣中正認為「不啻為馮逆間接造謠，適中其反宣傳之計」，批示「不宜盲從塗說」。[9]六月二十四日，戴笠呈報馮玉祥部之作戰計劃，遭蔣中正批示「怪誕不經，太無常識」，甚至由此痛責特務處的情報「謊妄已極」，警告戴笠「若不切實改正，不如不辦」。[10]

---

1 戈士德：《胡宗南與戴笠上》，《中外雜誌》第三十一卷第二期第十三頁；毛鍾新：《戴笠將軍別傳七》，《中外雜誌》第三十一卷第六期第一二四頁。

2 戴笠電蔣中正，民國二十二年六月十三日，蔣中正總統檔案。

3 戴笠電蔣中正，民國二十二年八月二十七日，蔣中正總統檔案。

4 戴笠電蔣中正，民國二十二年八月二十九日，蔣中正總統檔案。

5 戴笠電蔣中正，民國二十二年九月二日，蔣中正總統檔案。

6 戴笠電蔣中正，民國二十一年六月十九日，蔣中正總統檔案。

7 戴笠電蔣中正，民國二十一年十月二十七日，蔣中正總統檔案。

8 王宇高編：《事略稿本》，民國二十一年八月十六日。

9 戴笠電蔣中正，民國二十二年五月二十九日，蔣中正總統檔案。

10 戴笠電蔣中正，民國二十二年六月二十四日，蔣中正總統檔案。

最令蔣中正不滿的，大概是戴笠在「閩變」期間呈報的一件情報，內云「白寶山年來迭在江淮、徐海一帶謀亂」，特務處「早定制裁之計」。案白寶山時任軍事參議院參議，不久前曾來江西晉謁蔣中正，並無謀亂之實情，蔣中正覆電怒斥：「此種報告極不確實，非有意誣害即企圖邀功，如果長此以往，中正不敗於敵，乃敗於你們之手矣！」[1]

造成情報不確的原因很多，最重要的原因則是特務處事屬開創，沒有前例可循，工作人員並不具備深厚的學養和豐富的閱歷，常為不確之情報所矇騙。

以武漢偵查組長周偉龍為例，他以重金僱用嚴某，擔任對日情報工作，視為最得力之人員。周偉龍每將情報整理後，即親自送至豫鄂皖三省剿匪總部，面囑總部人員毋須整理，迅即轉呈總司令核閱。總部人員初亦允其所請，嗣經仔細審核，滋生疑竇，遂將其先後送來之資料詳加彙編分析，對其所報數字一一統計，終於斷為捏造。如周偉龍所報日本船隻運卸漢口之軍品，經總部人員彙計數字，則漢口日本租界無地可以堆存許多軍火，乃通知周偉龍對原報人嚴某進行究辦。[2]

和周偉龍一樣，戴笠早期羅致的同志，大都沒有受過系統的情報訓練，至於特警班的學員，雖然學習過若干情報課程，但受訓時間普遍較短，很難有深切的體會。陳恭澍即回憶說：「許多課程太專業，不要說以六個月的時間學那麼多花樣，就是單學兩樣也未必能登堂入室。」[3]更何況情報工作風譎雲詭，本非在課堂中能夠盡得其妙者，特務人員只能在日後的工作中不斷摸索，積累經驗，而在工作初期出現「盲從塗說」、「為無稽謠傳所惑」的現象也確實是難以避免。

行動工作的基本任務是對「反革命份子」進行逮捕與制裁，由於事關重大，行動案件須經處本部呈請核准後，再交各地組織予以執行。

特務處成立後的第一次行動任務，是對「力社」份子的逮捕。先是九一八事變後，軍事委員會委員李濟深因不滿中央「先安內後攘外」之國策，曾糾合滬上文人王鰲溪、黃埔學生曾志祖等五、六人在上海創辦《新大陸

1 戴笠電蔣中正，民國二十二年十二月十二日，蔣中正總統檔案。
2 涂壽眉遺稿：《蕩蕩老人憶舊》第二一八至二一九頁。
3 陳恭澍：《北國鋤奸》第二十八頁。

報》，刊登攻擊中央之言論。力行社成立後，王鰲溪等人探知一鱗半爪，但又無從瞭解更多內幕，甚至連力行社的真正名稱也不知道，乃編造出「藍衣社」之名詞，意在影射力行社是意大利「褐衫黨」一類的法西斯組織，復根據力行社中央幹事共有十三人的事實，編造了「十三太保」的稱謂。王鰲溪等人的造謠消息一經傳出，歐美、日本等國駐滬記者如獲至寶，開始向本國報界寫通訊、發專電，使子虛烏有的「藍衣社」迅速為中外所知。[1]

王鰲溪等人不僅蓄意造謠挑撥，且祕密組織「力社」以反對力行社，其規模雖小，但藉法租界為掩護，對力行社造成了極大的威脅和不良的影響，力行社如欲繼續生存，非消滅此一敵對的小組織不可。七月二十五日晨，特務處旗開得勝，在京捕獲力社份子曾志祖，戴笠當即將此消息報告蔣中正，蔣中正於次日指示南京憲兵司令谷正倫：「應即暫行管押，並密審《新大陸報》稿件之所由來，必須澈辦為要。」[2]

曾志祖被捕前後，另外兩名力社份子秦湘溥、劉廣亦被捕獲，戴笠將三人一併解往漢口，交警衛組長邱開基嚴密關押，其中曾志祖、劉廣押于漢中胡同，秦湘溥則押于長清里。不久，戴笠和邱開基在東方飯店召集警衛組開會，決議在關押地點將曾志祖等三人祕密處決。余定華問：「如果槍聲一響，驚動了左鄰右舍怎麼辦？」戴笠沒有答復，只用雙手作鉗形加於頸際，示意可以勒斃，不必用槍打。[3]

九月某日，戴笠離開漢口。邱開基對余定華說：「雨農今天去南京，臨走時交代趕快解決他們三個，今晚先解決劉廣，把他弄到郊外去槍斃。」當晚，天氣陰沉，細雨濛濛，邱開基、王兆槐、余定華、何鴻四人各帶一支小號白朗寧手槍，將劉廣從漢中胡同押到江漢關附近。押走時，劉廣沒有上鐐，也沒有捆縛，而由兩名組員左右挾持而行。到了江邊，劉廣被押到船上，面色緊張，問：「到哪裏去？」邱開基板起面孔說：「為了解決誤會，請到對河不遠的地方對證一下材料，就可以釋放你。」於是把船開到徐家棚，眾人停船上岸，順著堤壩往下遊走。這時天已黑暗，四顧無人，劉廣邊走邊問：「究竟到哪裏去？」邱開基沒有答話，回頭對余定華說：「可以了吧！」余定華隨即掏出手槍，當場把劉廣打倒，但因手槍殺傷力不強，劉廣猶在水氹中掙扎，於是眾

1 勞政武編撰：《滕傑口述歷史》第一四三頁；王化云、張天魁、王德俊：《王鰲溪傳略》，《巴中縣黨史資料》第一輯第一二六至一二八頁。

2 王宇高編：《事略稿本》，民國二十一年七月二十六日。

3 余定華：《軍統特務在武漢製造的一件血案》，《湖南文史資料選輯》第二集第二一九至二二〇頁；「王鰲溪等組織力社」，《大公報》天津版，民國二十一年十一月四日。

人再打數槍，劉廣終於氣絕。後來，邱開基在徐家棚買了一口棺材，僱人收殮了劉廣的屍體，埋在附近堤埂之上，並在墓牌上寫了幾個假姓名，以滅痕跡。

劉廣死後，警衛組再在漢中胡同將曾志祖勒斃，把屍體盛在大木箱內，塞進生鐵，於深夜運到徐家棚輪渡碼頭附近沉入江底。最後又在長清里將秦湘溥用電燈線電死，其尸體用棺木公開埋葬。[1]十一月二日，力社首腦王鰲溪、焦島淞亦被上海公安局會同公共租界捕房捕獲，力社至此被澈底消滅。[2]

力社藉法租界為掩護，且有其深刻的政治背景，對於新成立的特務處而言，消滅力社本來是一個不小的挑戰，但在戴笠的指揮下，此一任務得以成功達成。據力行社書記滕傑回憶：「他（戴笠）先運用我們在上海各方面的組織關係、人事關係，很巧妙地到法租界把力社的人統統騙了出來，然後捉到南京審問，一下子就把力社這個組織消滅了，由此可見戴笠的執行力量是多麼強勁！」[3]

除逮捕力社份子外，特務處在成立的第一年，至少還執行過兩次逮捕任務，一是毛鳳吉案，一是鄧國威案。毛鳳吉為某日本間諜組織的平津組長，於八月二十七日由特務處報請天津公安局長王一民予以逮捕，送往北平法辦。[4]鄧國威係一招搖撞騙之徒，冒充「太湖剿匪總指揮部旅長」等職，濫發委狀，經特務處報請蔣中正核准密拿究辦，乃於九月二十二日會同上海公安局將鄧國威及其黨羽秦桂芳、徐少卿等六人拘獲。[5]

二十二年起，特務處在繼續執行逮捕工作的同時，正式開展了制裁工作。五月七日，北平通訊組擊斃前湖南督軍張敬堯於北平東交民巷，開制裁工作之先河。此後，上海行動組於六月十八日在法租界暗殺「中國民權保障同盟」總幹事楊杏佛，北平行動組於十二月四日在鎮芳公寓制裁青年黨特務隊長程志達，[6]皆為有據可查的案件。

在最初的兩年間，特務處的行動能力有限，且各地組織並無公開合法地位，除承擔上級交付的任務外，不具

1 余定華：《軍統特務在武漢製造的一件血案》，《湖南文史資料選輯》第二集第二二〇至二二一頁。
2 「王鰲溪等組織力社」，《大公報》天津版，民國二十一年十一月四日。
3 勞政武編撰：《滕傑口述歷史》第一四三頁。
4 戴笠電蔣中正，民國二十一年八月二十八日，蔣中正總統檔案。
5 戴笠電蔣中正，民國二十一年九月二十三日，蔣中正總統檔案。
6 戴笠呈蔣中正，民國二十二年十二月六日，蔣中正總統檔案。

有任何法定權力，故而無論逮捕或制裁工作，皆不輕易執行。以北平組為例，當時維持地方治安、取締違法活動、逮捕反動份子等工作，均由北平市警察局、中央憲兵第三團、中央憲兵第四團、北平憲兵司令部等法定的軍、警、憲單位負責執行，北平組的主要責任，在於通過「力行社」的組織與同志關係，向法定單位提供不法活動的情報。至於制裁工作，則只能在東交民巷等法權所不能及的地區執行。[1]

和情報工作一樣，特務處的行動工作也暴露了許多問題。如北平組組員戚南譜曾向該組報告，謂有不法分子假做壽為名，在北新橋一家飯莊擺酒宴客，意圖滋事。北平組據此通知憲三團團附丁昌，將飯莊內數十人悉數逮捕，豈料一一訊明後，方知是幫會份子在飯莊內「開香堂」收徒弟，雖然形跡可疑，卻非搗亂治安，結果憲三團為了處理開釋問題大費周章，最後只得將多數人以「非法集會」為名從輕發落。[2]再如「閩變」期間，南京組罔顧時局，擅自逮捕社民黨要員張正道等人，蔣中正為此極為不滿，將戴笠記大過一次，並將特務處書記唐縱及南京組長方超禁閉兩月。

戴笠自知特務處事屬草創，各項工作之開展必多有不足，因此他不敢懈怠，而是一心一意以求工作之進步。他經常利用吃飯的時間約集三五同志談話，有時由他親自邀請，有時命令主管人事的胡子萍代為通知，大家一邊吃飯，一邊討論事情，常常飯吃完了，問題也解決了。當外地同志來京時，戴笠即邀他們共餐，一面為他們接風洗塵，一面聽取他們報告工作，因此，戴笠對各地情形都瞭如指掌。此外，戴笠為人謙虛，對自己不懂的事情從不冒充內行，而是虛懷若谷向專家學者或處內同志請教。當國內或國際間發生重大事件時，戴笠每邀相關專家學者共餐，靜聽他們發表意見，他的注意力和理解力很強，往往一餐飯吃完，對某一問題已有了相當的瞭解。[3]在戴笠的不懈努力下，特務處的工作乃能修正錯誤，汲取經驗，不斷地進步與擴展。

1 陳恭澍：《北國鋤奸》第一二二頁。
2 陳恭澍：《北國鋤奸》第一二二至一二三頁。
3 喬家才：《戴笠和他的同志》第一集第六十九頁。

卷三 民國二十二年

民國二十二年，日寇進攻長城各口，對我國之侵略變本加厲；國內殘餘軍閥、失意政客，或標新立異，伺機謀亂，或勾結外人，甘為漢奸；而對中央「安內攘外」國策表示異議的人士，更是發動了「察變」與「閩變」兩次大規模變亂。在此種情勢下，戴笠與特務處任務艱鉅，如何摘奸發伏，鎮壓反動，皆為當務之急，因廣佈線索，蒐集情報，且積極行動，阻遏亂萌。

本卷凡八節，主要敘述民國二十二年戴笠與特務處的活動情況，包括開辦東北情報訓練班、遊說地方軍事將領孫殿英、制裁與日寇勾結之前湖南督軍張敬堯、暗殺「中國民權保障同盟」總幹事楊杏佛、緝拿職業兇手王亞樵、逮捕「閩變」份子周鎬等內容，不乏以往著作從未提及的情節。至於特務處成立初期申領活動經費以及掌握公開單位的情況，向為學界所忽略，亦各用一節分別說明。

一、北平之行

九一八事變後，日寇侵華的野心愈益暴露，先於二十一年三月扶植清廢帝溥儀成立偽滿洲國，繼而開始策劃侵佔熱河。七月至八月，日寇先是藉口軍事聯絡員石本權四郎等人之失蹤，向遼熱邊境的朝陽寺進攻，後又派遣飛機飛臨熱河上空進行偵察與轟炸。十月，日寇第八師團之鐵甲車已開至山海關附近，向國軍炮擊。

二十二年一月一日，日寇開始進攻山海關，長城抗戰爆發。一月十一日，日本陸軍省發表聲明，宣稱：「熱河為滿洲國之一部」。一月二十一日，日本外相內田在議會作外交方針之演講時說：「滿蒙與中國係以長城為境界者，由歷史而言，亦無議論之餘地，尤以熱河省之屬於滿洲國之一部者，徵諸該國建國之經緯當可明瞭。」與此同時，日寇加緊調動軍隊，關東軍於二月十七日正式下達進攻命令。

特務處成立之初擬定的「工作計劃」中，並未列入對日工作內容，然而在事實上對於日本的動態不能不有所注意。當日寇在熱河頻繁挑釁之際，特務處平津單位曾蒐集若干情報，由戴笠呈報蔣中正，如二十一年七月二十五日，戴笠電呈蔣中正稱：「日本之決策有所謂新三省案、懲張學良案、消除國民黨案三者，期在必行，惟軍事定在九月間發動，非直佔平津，乃以熱河為根據地，新三省係指冀、熱、察而言，所欲推戴者為蒙古人，亦另建一國」等情；[1]七月二十六日，再電呈稱：「日對熱河官民各方均經妥協，張學良防禦兵力不過十二旅，日擬出四師團，並以飛行為主力」等情。[2]

二十二年初，戴笠針對北方情勢，計劃設立「東北特種訓練班」，挑選學員四十名，訓練三星期，分發至遼寧、吉林、黑龍江、熱河、察哈爾、河北等省，佈置東北情報網。二月十五日，戴笠將東北情報網計劃呈報蔣中正，同時附呈內容詳盡之「設置東北情報網計劃綱要」、「東北情報組織系統表」、「東北情報人員派遣

1 戴笠電蔣中正，民國二十一年七月二十五日，蔣中正總統檔案。

2 戴笠電蔣中正，民國二十一年七月二十六日，蔣中正總統檔案。

圖」、「東北情報網臨特費概算書」、「東北情報網經常費預算書」等件，惟蔣中正對此批示：「應從小做起，此種大規模計劃，試問有此能力與成效否？辦事須先自估其成效也。」[1]

先是，中央軍校政訓研究班主任劉健群曾挑選東北學生二十人，擬派往東北擔任義勇軍工作。戴笠提出東北情報網計劃後，蔣中正即令劉健群將此二十人交給戴笠運用。惟東北特種訓練班學員預定四十名，戴笠因於二月十九日請求蔣中正手諭中央軍校教育長張治中，再在軍官訓練班及第八期東北學生中挑選二十名，以利東北工作。但蔣中正認為預定之學員人數太多，對此仍未允准。[2]

最終，戴笠按照蔣中正的指示，對東北情報網計劃進行縮減，於二月底在南京香林寺成立「臨時東北情報訓練班」，以余灑度任主任，江雄風任隊長。學員由中央軍校政訓研究班送來之二十名東北學生中考選十四人，復由中央軍校軍官訓練班選送東北學生十人，共二十四名，預定訓練三星期。[3]

中央軍校軍官訓練班位於南京馬標，以桂永清為主任，有學員一千七百多人，均係國軍各部隊抽調訓練之青年軍官。戴笠向桂永清說明考選東北情報人員之計劃後，軍官班即向學員宣稱：「張北分校即將成立，由軍官班北方籍同學中考選該校隊職官，自由報名。」張北位於察哈爾北部，接近抗日前線，學生們聽說要在張北設校，均踴躍報名。經過考試，在二百多名報名者中錄取十名，復由桂永清和戴笠在班本部主持口試。

有學生楊清植者進行口試時，桂永清向他提出問題：「假定你在這間房屋裏，外面有一個人正準備進來攻擊你，你應該怎樣處置？」楊清植身材強壯，答道：「他進來，便同他打。」桂永清說：「你不要以為你的塊頭大，可以硬拼。萬一進來的人比你的力氣大，你就未必打贏他，甚至他拿著手槍，不等你動手，已經先把你打倒了。最好是躲在門背後，等到敵人推開門，一隻腳剛踏進來，還沒有站穩，你乘其不備把他打倒。」桂永清一邊說，一邊作示範表演。

楊清植出去後，下一個進屋應試的學生是張家銓，桂永清向他提出了同樣的問題。不料張家銓不假思索，就給出了答案，且連說帶做，與桂永清剛才的演示完全相符。兩位主考官莫名其妙，非常驚奇，戴笠說：「你回

1 戴笠呈蔣中正，民國二十二年二月十五日，國防部軍事情報局檔案。
2 戴笠呈蔣中正，民國二十二年二月十九日，國防部軍事情報局檔案。
3 戴笠電蔣中正，民國二十二年二月二十八日，戴笠史料。

答的很好，你怎樣想到如此處置？這樣處置正確嗎？」張家銓笑了笑說：「自然十分正確，剛才桂主任示範表演的時候，我從門縫偷看，看了個清楚，也聽了個清楚。」戴笠聽了非常高興，一邊稱讚張家銓「真是特務天才！」一邊站起來同他握手。[1]

東北訓練班為便保守祕密，以「軍事委員會軍事雜誌社」名義為掩護，學員均佩戴該社證章，並使用該社公文紙。課程方面，各教官均由特警班教官兼任，由鄭介民教授祕密通信，軍事委員會俄籍顧問波爾林教授政治偵探，此外尚有梁幹喬、余洒度、江雄風、徐為彬等人，教授煽動、爆破、攝影、射擊等課程。二十四名學員中的史泓、倪中立、卜玉琳、張家銓、張奉馨、李元超、楊清植、李叢林、高硯宸、邵鴻賓、裴蔭梅、王耀先、趙斌成等人，日後均參加了特務處的工作。[2]

當東北訓練班開辦之際，熱河方面的戰況正在急劇變化。二月二十三日，日寇向國民政府外交部提出要求中國軍隊撤出熱河的備忘錄，遭到拒絕後，日寇第六、第八師團等部及偽軍數萬人，分三路向熱河發動總攻。二月二十四日，開魯淪陷；二月二十五日，朝陽淪陷；三月二日，凌源淪陷。這時，東北軍宿將、熱河省主席湯玉麟驚慌失措，竟扣留前線軍車，滿載私產運往天津租界，其本人亦於三月四日由承德逃往豐寧，承德因而淪陷。蔣中正時在南昌剿共，聞訊記曰：「此種失地，誠不能為天下後世諒也！」[3]

熱河淪陷，全國輿論嘩然，尤以北方學界的情緒更為激動，除對湯玉麟予以嚴厲譴責外，更指責北平軍分會代委員長張學良因循誤國，要求政府下令免除其職。蔣中正鑒於熱河方面情勢嚴重，決心親自支持戰局，他於三月六日自南昌北上，三月八日抵石家莊，調商震、宋哲元、蕭之楚、徐庭瑤、黃杰、關麟徵等部接防長城各口，奮勇抵抗。三月十日，張學良向國民政府引咎辭職，國民政府特派軍政部長何應欽兼代執行北平軍分會委員長職權。

當蔣中正北上之初，戴笠即電鄭介民以華北特派員名義赴北平工作。三月十日，戴笠在杭州接到蔣中正催促

---

1 喬家才：《戴笠和他的同志》第一集第三十七至三十八頁。

2 李元超：《東北訓練班》，《文史資料存稿選編》第十三冊第四五四至四五六頁；喬家才：《戴笠和他的同志》第一集第三十九頁。

3 蔣中正日記，民國二十二年三月四日。

北上的電令，乃決定次日回京，率同東北訓練班學員二十四人北上聽命。[1]東北訓練班學員北上後，起初負責在保定火車站從事調查工作，每列火車載有多少軍隊，番號多少，何時到達，何時開走，均須登記清楚，一分一秒也不能出錯。此時各學員才知道，他們北上的任務並不是擔任張北分校的隊職官，而是蒐集軍事情報。於是軍官訓練班出身的十個人開了一次祕密會議，一致決定不幹特務，並要求帶隊的徐亮送他們返回原部隊任職，否則就要怠工抗議。徐亮奈何眾人不得，只好把戴笠請來。

後來，戴笠召集眾人嚴詞訓斥，略謂：「軍人以身許國，國家需要你們做甚麼，你們就得做甚麼！軍人以服從為第一，那裏由得你們自己！在軍官班兩百多人中間才挑選了十個人來，並不容易，去嘛，更難！老實告訴你們，從今以後，只有好好工作，報效國家，遵守團體紀律，不許再說甚麼！」眾人聽了戴笠的話，不敢再有異議，當保定實習結束後，即分派北平、天津、石家莊、邢台、唐山、榆關、綏遠、熱河等地工作。[2]

自三月中旬起，戴笠開始在北平視察。三月二十五日，蔣中正自保定南返，戴笠仍留北平活動，至五月上旬始離去。戴笠在北平先是單獨住在北京飯店，另將機要秘書毛萬里及譯電員數人安置在花園飯店，後來他在棲鳳樓胡同租到一所兩層樓帶院子的住宅，就此安頓下來。戴笠空閒的時候，喜歡約集北平組長陳恭澍、書記王雲孫、天津組長王天木、秘書毛萬里等人出去走走，最常去的地方是北海公園和中山公園，有時會在五龍亭和來今雨軒喝茶，偶爾也去各具風味的小館子。在戴笠看來，這也是工作的一部分，他認為觀察一個人、瞭解一個人，要從細枝末節中才能看得更真實。[3]

由於局勢吃緊，故都北平頓時又成為軍政重心，冠蓋雲集，熱鬧非常，這對特務工作而言，本是一個蒐集情報的好機會，然而北平組因為社會關係不夠開闊，無法攀附上層情報路線，戴笠對此瞭如指掌，並未責難北平組的工作人員。他為了打開工作局面，乃親自出馬，在北平廣泛交游，結識了包括吳泰勛在內的許多上層人物。吳泰勛，字幼權，係前黑龍江督軍吳俊陞的兒子，此時在北平寓居。戴笠在吳泰勛的義務幫助下，接觸到了黎天才、關吉玉、王卓然、王以哲等東北籍人士，其中黎天才又名李北海，曾任張學良之「政治特務處長」，參與張

---

1 戴笠電蔣中正，民國二十二年三月十日，蔣中正總統檔案。
2 喬家才：《戴笠和他的同志》第一集第三十九至四十一頁。
3 陳恭澍：《北國鋤奸》第六十一頁。

之機密，頗受東北將領之重視，他與戴笠相處甚洽，於是戴笠瞭解了東北軍的若干內情，並就東北軍的宣傳、憲兵、人事諸方面工作向蔣中正提出建議。[1]

先是，軍事委員會政訓處長劉健群鑒於北方各軍與中央素來缺乏疏通，為便團結各軍一致禦侮，避免日寇分化，乃建議蔣中正以中央軍校政訓研究班學生組織「華北宣傳總隊」，由劉健群任總隊長，對北方各軍從事政訓工作。然而華北宣傳總隊隊員籍隸北方者甚少，以大多數語言不通之人員從事宣傳工作，收效甚微，而且東北軍認為中央將以政治工作改革該軍，故對華北宣傳總隊多抱懷疑與恐懼態度。戴笠瞭解此種情形後，於四月一日致電蔣中正建議：「查平軍分會有差遣隊之設立，素為收容失職東北講武堂與教導隊學生之所，現有隊員百餘人尚在候差中，生意是項差遣隊可改為宣傳隊，由劉總隊長健群設法加以一星期之切要政治訓練，而後分發京來各宣傳隊擔任宣傳工作，既可免語言隔閡之弊，並藉以消解南北之界限，且從中吸收東北下級幹部之優秀份子為來日整飭東北部隊之用，實甚有益也。」[2]

除劉健群外，蔣中正當時還派豫鄂皖三省剿匪總部黨政委員會黨務處長張厲生為華北軍事代表，駐節北平，負責與北方軍事將領疏通聯絡。[3]四月三十日，戴笠再電蔣中正，對張厲生、劉健群直接表達了不滿，內云：「近來平津反動派假名救國團、鋤奸團等，大發反動傳單，詆毀領袖，煽動軍心，不遺餘力，生與介民同志已密商我憲兵三、四兩團共同嚴密實施懲處矣。惟此輩奸徒信口雌黃，極易淆惑人心，中央負宣傳之責者，亟應設法宣傳，針鋒相對，口誅筆伐，以證其妄，尤須利用時機，根據事實，擴大宣傳。如最近國家主義派青年黨王捷俠、霍維周等之脫黨宣言，宣布國家主義派與日勾結之情形，以及最近我中央軍在南天門一帶與敵血戰肉搏之事實，均應作強有力之宣傳，證明中央抗日救國之決心，藉以鞏固吾人政治之立場。但此間黨部及華北宣傳總隊均噤若寒蟬，殊屬失策，務乞鈞座迅電張委員厲生、劉總隊長健群注意為幸。」[4]

1 戴笠電蔣中正，民國二十二年三月十九日，戴笠史料；陳恭澍：《北國鋤奸》第五十五至五十八頁。據陳恭澍回憶，北平單位稱「北平站」在二十二年三月。案戴笠二十二年九月三十日電蔣中正，內有「陳（恭澍）現任北平通訊組組長」等語；另據特務處編製之「民國二十三年一月份經常、特別費收支對照表」，內有「北平通訊站」條，則北平單位由組改站當在二十二年十月至二十三年一月間。

2 戴笠電蔣中正，民國二十二年四月一日，戴笠史料。

3 杜元載主編：《革命人物誌》第十一集第八十五頁。

4 戴笠電蔣中正，民國二十二年四月三十日，戴笠史料。

戴笠不僅嚴詞批評宣傳工作，而且對憲兵工作也有所指責。先是，北平憲兵司令由東北軍出身的邵文凱擔任，長城抗戰爆發後，蔣中正復以中央軍出身的蔣孝先擔任北平憲兵副司令，負責指揮憲兵第三、第四兩團，駐北平活動，由此引起了邵文凱的猜疑。戴笠於四月十五日電報蔣中正稱：「我憲兵三、四團調平時，憲兵司令邵文凱曾令其所部駐平之三大隊處處防範，並偵查我三、四團官兵之行動與我便衣隊憲兵之活動，自鈞座電委蔣團長孝先為副司令後，此種敵對行動，邵始於前天召集三大隊長密議時聲言撤消。」並稱蔣孝先於四月十三日赴司令部視事時，邵文凱曾令各課文卷加蓋「副司令蔣」字樣，表示合作，不料次日開始辦公後，邵文凱聲稱此後一切上下行公文，東北、中央兩部分仍各自辦理，「即關乎東北四大隊者由邵處理，關乎中央三、四兩團者由蔣處理」。戴笠認為「邵之態度忽轉強硬值得注意」，後經探查，方知邵文凱的做法得到了何應欽的允許，戴笠據此向蔣中正陳詞：「似此副司令等於虛設，與其今日失卻鈞座之威信，毋寧當時不要發表乎！吾人固宜委曲求全，但鈞座之威信亦必須維持也。」戴笠出於擁護領袖的熱誠，不惜對北平軍分會委員長何應欽進行指摘，惟蔣中正接閱來電後，頗不以為然，復電告誡：「中央兩團應一切尊重何部長之處置，遇事謙和，勿稍涉爭執為要。」[1]

人事方面，戴笠主要對安置鄒作華的問題有所建議。鄒作華為東北軍元老，民國二十年奉派出國考察，回國後，中央尚未對其安置。戴笠於四月十四日電報蔣中正稱：「鄒作華對東北軍有深切歷史，失職之胡毓坤、現役之王以哲對鄒均表同情。鄒久靜思動，馮（玉祥）亦拉鄒甚急，鄒固認識馮之為人，但為急欲出山計，如中央不予位置，恐終為馮所利用，因馮最近曾手書致鄒，生曾目睹。查鄒前至保定晉謁鈞座後，回平寓北京飯店越半月，因中央迄未予以慰藉，已於前天赴津，日來與東北及馮方在津人員多有聯絡」，因而建議「即電鄒前來晉謁，並於京平方面予以相當位置，免為反動之用。」[2]

戴笠除對馮玉祥特別注意外，對其他「反動派」拉攏東北軍之情形亦頗瞭解。他於四月十八日電報蔣中正稱：「國家主義派曾琦、羅隆基及西南代表李筱蘭等近迭散發反動傳單，煽動東北軍甚力，實非加以制止不可

1 戴笠電蔣中正，民國二十二年四月十五日，蔣中正總統檔案。
2 戴笠電蔣中正，民國二十二年四月十四日，戴笠史料。

也。」[1]同日再報：「頃據北平憲兵司令部秘書長密告其秘書廖誠輝云，平津兩地為于學忠、王樹常、邵文凱、鮑毓麟已和日滿妥協，大約不出數日，平津將有異動等情。該秘書長囑廖嚴守祕密，廖實係我方之偵查員也。」[2]

四月二十一日，戴笠續報蔣中正稱：「曾琦近來進行于學忠、韓復榘合作甚力，大倡直魯聯防，以鞏固華北，國家主義派固圖以于、韓為成立華北政府之基幹也，查于、韓情感近確較前接近」，「各反動派與東北之失意軍人鄒作華、胡毓坤輩，乘張漢卿走後東北軍心理不安之時機，大施挑撥與離間，致華北情形日惡」，「鄒挾其炮兵舊屬及吉林同鄉在東北軍之勢力，確有相當之力量」，遂再次建議「起用鄒作華，以免搗鬼」，並稱「探鄒之志，得一軍分會委員足矣，用鄒實甚有益也。」[3]

上述各項建議是否為蔣中正採納多已不得而知，惟可注意者，戴笠的志向並不侷限於特務工作本身，同時亦希望對蔣中正的若干決策貢獻意見。

1 戴笠電蔣中正，民國二十二年四月十八日，戴笠史料。
2 戴笠電蔣中正，民國二十二年四月十八日，戴笠史料。
3 戴笠電蔣中正，民國二十二年四月二十一日，戴笠史料。

二、赤城遊說

戴笠在平期間，負有兩項重要任務，一是蒐集東北軍的情報，一是制止馮玉祥別樹一幟的活動，這兩項任務關繫緊密，往往共策進行。

馮玉祥因中原大戰失敗下野後，初在山西蟄居，後往泰山「讀書」，依賴其舊部山東省政府主席韓復榘的接濟，希圖東山再起。九一八事變後，馮玉祥主張立刻對日作戰，對中央的「不抵抗政策」甚為不滿。蔣中正辭去國民政府主席及行政院長後，馮玉祥入京擔任國民政府委員，並出席國民黨四屆一中全會。其後汪精衛擔任行政院長，蔣中正擔任軍事委員會委員長，曾發表馮玉祥為軍事委員會委員，馮玉祥亦一度參加蔣中正召集之徐州會議，有共濟艱危之表示，然而終因他的一系列主張未獲中央採納，遂再回泰山，「恢復其讀書生活」。

二十一年九月，馮玉祥舊部宋哲元出任察哈爾省政府主席，馮玉祥遂於十月九日由泰山移居張家口。當時戴笠密報蔣中正，馮玉祥在離魯之前，曾與韓復榘密晤，說：「我此次北上，與宋哲元他們兄弟會會，再進行倒蔣」云云。[1]二十一年底至二十二年初，馮玉祥與中共北方組織取得聯繫，並招納舊部方振武、吉鴻昌等人到察哈爾，圖謀自立門戶。戴笠對馮玉祥的活動始終關注，迭向蔣中正有所報告。蔣中正瞭解情形後，於三月初在保定時，曾兩度派人去張家口勸馮玉祥進京共謀國是，但未被馮玉祥接受。

此後，馮玉祥不僅抓緊聯絡舊部，且極力拉攏其他各方力量。四月二日，戴笠電報蔣中正稱：「據確息，馮於日內在張家口召開抗日救國軍事會議，其最重要議案在討論經濟與指揮兩問題」，「孫殿英之代表胡捷三、段祺瑞之代表賈德耀均於昨見馮」，「素與生通聲氣之同志亦有被馮邀往晤談並參與會議者，今日已有數人前往」等情。[2]戴笠報告中提到的孫殿英，字魁元，出身軍閥，為人反覆，曾因率部盜掘清東陵之珍寶文物而為世

1 戴笠電蔣中正，民國二十一年十月九日，蔣中正總統檔案。
2 戴笠電蔣中正，民國二十二年四月二日，戴笠史料。

所知，時任第四十一軍軍長。長城戰起，孫殿英率部馳援熱河，曾在赤峰與日寇激戰，為全國輿論稱譽一時，後以眾寡不敵，撤退至察東赤城。

戴笠為阻止馮玉祥拉攏孫殿英，積極尋找遊說線索，後經黎天才介紹，結識了韓麟符。韓麟符為赤峰人，早年加入中共，聯俄容共時期曾當選中國國民黨第一屆中央候補執行委員，清黨後，繼續在北方從事共產主義運動，曾任中共內蒙特別支部書記，十九年在天津被捕，押於北平軍人反省院。韓麟符與孫殿英關係密切，於二十二年初，經孫殿英向張學良力保，被釋出獄。據戴笠分析，孫殿英保釋韓麟符的目的，「一則借韓以自重，一則欲藉韓以號召熱河之民團、土匪為己用」，而韓麟符自出獄後，「欲求政治上之正當出路」，故有對其進行利用的可能。

戴笠和韓麟符建立關係後，「晤談數次甚歡」，韓麟符表示「對孫殿英絕對有把握，決可左右孫之主張」，並告知戴笠，馮玉祥於四月一日曾派親信鄧哲熙到北平找韓麟符，希望他到張家口見馮玉祥，他答以「容緩一二日」。戴笠於四月三日電報蔣中正時分析：「馮近以『抗日必先倒不抵抗之蔣』為號召，並以中央不援助積極抗日之二十九、四十一兩軍為宣傳，馮欲以宋哲元、孫殿英兩部先發難已無疑，而宋、孫個性之比較，孫實慣搗亂，孫如不首先發難，則馮之陰謀必不能逞」，並告以韓麟符「欲乘此機會表示擁護中央、信仰鈞座之熱情，自告奮勇，決即赴張，相機晤馮，生贈以贐儀，刻已動身矣。」蔣中正於四月六日接閱電報後，批示「可照辦」。[1]

韓麟符與馮玉祥晤面後，於四月八日由張家口回到北平，因孫殿英來電促其晤面，遂再馳往赤城。[2]四月十六日，戴笠接韓麟符自赤城來電云：「刻與孫軍長暢談一切，符將國家危急現狀及中央倚畀之殷等情陳述後，孫軍長表示至為懇切，決意在中央指導之下，為民國效死，削平反側，鞏固中央，此本正義大勢所趨，亦孫軍長抗戰切膚之痛，孫斷可為中央用，萬分誠意無疑也，符可作鐵的保證。總觀此方情形，軍心、士氣、風紀均好，雜牌軍有此現象，竟出人意料之外，中央可寄以心腹重任，斷不可忽視。孫軍長表示，只要官兵有飯吃，有子彈可

1 戴笠電蔣中正，民國二十二年四月三日，蔣中正總統檔案。

2 戴笠電蔣中正，民國二十二年四月九日，戴笠史料。

放，誓為中央效命，別無他求。孫對符印象甚好，請速轉呈總座，示以方針，或兄來赤城，或符歸去。」[1]

與此同時，孫殿英也致戴笠一電，囑轉呈蔣中正，表示效忠中央之意，云：「刻麟符兄來晤談之下，藉悉中央關切之殷，如此撫創，心甘如飴。元自出口以來，誓以必死，志在救國家救民族，他非所知也，如於國家民族危亡中尚有槍頭掉向自己者，必為國家民族之罪人」，並表示「此時唯一之望，只要全體將士有飯吃、有彈放足矣，救亡大計惟總座馬首是瞻。」戴笠除將此電轉呈蔣中正外，並向蔣中正陳述：「生意中央近日不僅要防止孫殿英為馮玉祥用，且應進一步設法用孫以制馮，孫固狡黠，但係英雄主義者，如運用得法，未始不可利用也。」同時請蔣中正致電孫殿英予以嘉慰。[2]

四月十八日，戴笠續電蔣中正報告馮玉祥之活動稱：「馮急欲取得部隊集中張垣，以便高唱抗日，更利欺騙世人」，「彼留守汾陽之手槍團與軍官學校學生隊所混合改編之二十九軍教導團，刻正由太原向大同進發中，不日可到達張垣」。此外，「馮圖鼓動孫殿英及東北軍發難甚急，但各有利害關係，雖信使不斷往還，未能立即實現」，「且馮近正設法收編多倫一帶之義勇軍，俟彼有兵在手，更利搗亂矣」，「故馮之問題急宜解決，否則必為真抗日真救國者之障礙無疑也」。[3]同日，戴笠再電蔣中正陳述對於孫殿英部之辦法稱：「日來反動各派多方拉孫殿英，今日之孫實舉足輕重也，韓麟符說孫已有成績，萬乞鈞座速電孫先予嘉慰，以安其心，俾韓得竟全功。」[4]蔣中正接閱後，即應戴笠之請，連發「洽」、「巧」兩電對孫殿英予以嘉慰。

就在戴笠加緊策動之際，孫殿英忽因接到何應欽的調防命令而改變態度。何應欽以古北口、喜峰口之間興隆一帶戰事吃緊，而孫部駐地赤城鄰近馮玉祥活動之張垣，遂命孫殿英調一部移防興隆，同時命令黃顯聲之騎兵第二師向赤城附近之沙城、康莊一帶開進。孫殿英懷疑中央有武力解決該部之可能，接到命令後疑慮甚深，「其左右與各方之代表復竭力煽動之」，遂公然抗拒調防命令。孫殿英且向韓麟符表示：「何部長如此對我，真要逼我投降滿洲國也！」韓麟符一面勸說孫殿英少安毋躁，一面自赤城馳回北平，於四月十九日向戴笠報告一切，稱孫殿英對蔣中正「力表信仰，惟須請求寬恕過去之一切」，並稱孫殿英有意南下晉見蔣中正，同時邀請戴笠前往赤

1 戴笠電蔣中正，民國二十二年四月十六日，戴笠史料。
2 戴笠電蔣中正，民國二十二年四月十六日，戴笠史料。
3 戴笠電蔣中正，民國二十二年四月十八日，戴笠史料。
4 戴笠電蔣中正，民國二十二年四月十八日，戴笠史料。

城晤面。戴笠唯恐孫殿英有所動搖，一面請鄭介民晉見何應欽有所陳述，一面準備親赴赤城遊說孫殿英。[1]

四月二十日，戴笠再向蔣中正轉呈孫殿英電，內云：「洽、巧兩電敬悉，迭頒訓諭，慰勉有加，職雖不才，感恩圖報，豈敢後人，當本鈞座意旨繼續努力，保我疆土，與敵周旋。連日職軍在熱西古房、楊樹、溝門一帶與日寇三宅中將及張海鵬、傅銘勳等部不時衝突，當地保甲、民團均為我助，敵終未得逞，且士氣激昂，願與敵作殊死戰。」孫殿英此電極言該部抗日之事實，既是表示效忠之意，亦是暗示當前戰事激烈，不便移防興隆。蔣中正接閱後，復電批示：「努力保疆，殊死奮戰，至可嘉慰，各情仍盼隨時續電。」[2]

四月二十一日，戴笠續電蔣中正，陳述安撫孫殿英之重要，稱：「舊安福系與國家主義派並東北軍之張作相等，密謀成立華北政府，與日滿妥協，擁段為政治領袖，而以軍事領袖餌馮。據李興中、鄧哲熙昨密告韓麟符，有人以此主張向伊等探詢馮之態度，當答以馮主張抗日云云」，「生認定目前吾人切要之圖，一則制止馮之活動，一則安東北軍之心也。欲制止馮之活動，特種工作一時不宜進行，首宜穩定孫殿英，孫昨夜復有電來，力表服從鈞座之命令，孫雖狡黠，但今日之孫非往日之孫也，其言當有幾分可信。」[3]

然而在戴笠一再陳述之下，何應欽迄未變更移防孫殿英部之命令。戴笠於四月二十二日再電蔣中正進言稱：「向為孫殿英奔走之胡捷三頃自赤城奉孫命來平，語韓麟符云：『軍分會仍有電令該部速開興隆，但彼方敵軍現正增加兵力，圖謀總攻，加以赤城一帶民眾團體之挽留，該部日前礙難移動』等情。此固孫有不願移防之表示也，事關軍分會命令，原無變更之理，惟當此華北局勢緊急之時，反動各派均圖煽動孫首先發難，中央在此種情勢之下，應減少予反動者以可乘之機。故生一面語韓，軍分會所以命令孫移防興隆者，實因興隆居喜峰、古北兩口之間，形勢緊要，非調重兵不可也，請韓電孫解釋；一面密請介民同志面呈何部長以利害，奈何部長表示：『仍希望孫服從命令，迅行開拔，否則聽之可也』云云。孫在今日實舉足輕重，務乞迅電何部長對孫善為應付，免為反動派所利用。」[4]

何應欽無意變更調防孫部之命令，自亦有其原因，而最重要的理由則是赤城局勢非如孫殿英所聲稱之嚴重，

1 戴笠電蔣中正，民國二十二年四月二十日，戴笠史料。
2 戴笠電蔣中正，民國二十二年四月二十日，蔣中正總統檔案。
3 戴笠電蔣中正，民國二十二年四月二十一日，戴笠史料。
4 戴笠電蔣中正，民國二十二年四月二十二日，戴笠史料。

孫部駐防該地實無意義。何應欽於四月二十三日致電蔣中正稱：「孫部正面僅有騎兵一旅及偽軍千餘，且孫部主力均已退入獨石口至赤城之內，該方有長城為依託，實屬無用，故令調防興隆，以厚此方兵力。至察省方面固屬可慮，然危點似在多倫方面，當不在孫之正面也。」[1]同日，蔣中正接閱戴笠四月二十二日來電，對其遷就孫殿英而反對何應欽的態度頗不以為然，復電訓斥：「弟等只做特務工作，不必與聞此等任外之事，以後切勿再以特務工作為名而成為一流氓政客也！」[2]

戴笠因孫殿英迭電邀往，於四月二十三日偕韓麟符密往赤城。至四月二十七日自赤城回到北平後，始接閱蔣中正訓斥之電。他心緒難平，復電辯解稱：「訓誨諄諄，敢不銘心，惟念生之與聞孫殿英事，非敢於特務工作之外別效流氓政客之所為，實緣目睹華北風雲日急，倭寇既著著進逼於前，國內反動各派復肆意搗亂於後，孫在今日實有舉足輕重之勢，奈此間當局何部長、蔣總參議等或昧於事實，或懷有成見，甚或尚有計及個人之前途與自身之權利者，遇事處置諸多失當。生觀察所及，心實謂危，故每請介民同志婉轉密陳於何部長之前，凡所條陳，未有不顧及中央之尊嚴與何部長之威信也。何部長係代鈞座坐鎮華北，遵重何部長即所以遵重鈞座也，惟是上下隔閡，反招薏苡。至赤城之行，前曾迭呈鈞座，伏念生自追隨鈞座以來，早懷赴湯蹈火之志，此無他，實受良心與熱血之驅使也。現奉迭電訓諭，謹當恪遵，惟孫曾有書囑呈，當先行續電奉陳。」[3]

戴笠情急之下，電詞頗為越軌，蔣中正接閱後甚為不滿，復電痛斥：「毫無經驗，總不自知，而尚以為自足，殊可深嘆！」，並嚴令戴笠「以後除特務工作外，不得與聞其他方面接洽，免為人利用。」[4]至於孫殿英通過戴笠轉呈的兩封電報，蔣中正亦不以為然，因孫殿英一面聲稱「軍人以服從為天職」，移防之事決無問題，一面卻又列舉五點，極言「能駐原防於全局極為有利」，並請蔣中正發給槍械、補充空額。蔣中正接閱後，覆電戴笠云：「總核所陳各節，兩言括之，孫不願調離現防，祇願擴編部隊，是奔走聯孫之結果徒為孫所利用耳。」[5]

蔣中正對孫殿英不表信任的原因，可由何應欽四月二十七日來電中一窺究竟，內云：「（孫殿英）近與馮勾

1 何應欽電蔣中正，民國二十二年四月二十三日，蔣中正總統檔案。
2 蔣中正批示戴笠來電，民國二十二年四月二十三日，蔣中正總統檔案。
3 戴笠電蔣中正，民國二十二年四月二十七日，戴笠史料。
4 蔣中正批示戴笠來電，民國二十二年四月二十八日，蔣中正總統檔案。
5 蔣中正批示戴笠來電，民國二十二年四月二十九日，蔣中正總統檔案。

結甚密，馮時嗾其反對中央，前調彼部移防平東，彼亦再三推諉，並同各方活動，紛紛來阻調，似此情形，於外交應用上尚多困難也。」[1]由此觀之，只要孫部不遵命移防，則雖有種種藉口，亦終難獲得蔣中正的諒解。而戴笠屢次陳詞，希望蔣中正變更孫部移防之命令，遂被蔣中正視為「毫無經驗」與「為人利用」。五月二日，蔣中正電令戴笠來贛見面，改派劉健群負責策動孫殿英。[2]

劉健群應命後，曾於五月十四日電報蔣中正稱：「職到赤城與殿英見面，渠謂任何新組之華北政府必勾結日本方能成立，彼若參加即非人類，又云對馮雖有舊情，然絕不隨彼搗亂國家。該部先後經雨農及職前往後，對鈞座之信仰已有進步，惟完全信仰絕對服從，則時機尚嫌太早，須視今後之運用如何。」[3]

五月二十五日，「塘沽協定」簽訂，中日雙方停戰。五月二十六日，馮玉祥在張家口成立「察哈爾抗日同盟軍」，通電指責國民政府，是為「察變」，孫殿英於接到馮玉祥通電後，即大罵「馮不明大義」，表示「對馮之反抗中央行動決不參加」，並派韓麟符到北平向何應欽陳明一切。[4]此後直至八月間「察變」平定，孫殿英始終不曾參與其事，可見戴笠對於孫殿英的策動雖然未竟全功，但也並非全無作用。

1 何應欽電蔣中正，民國二十二年四月二十七日，蔣中正總統檔案。
2 戴笠電蔣中正，民國二十二年五月五日，蔣中正總統檔案。
3 劉健群電蔣中正，民國二十二年五月十四日，蔣中正總統檔案。
4 戴笠電蔣中正，民國二十二年五月三十一日，蔣中正總統檔案。

三、短兵相接

戴笠於二十二年五月初奉命離平赴贛，離平之前，曾由鄭介民陪同晉見何應欽，並到前線拜會第二師師長黃杰、第二十五師師長關麟徵。臨行之際，戴笠又在棲鳳樓胡同居所召集平津方面鄭介民、陳恭澍、王雲孫、王天木、楊英、戚南譜、白世維等同志談話。他首先分析了內外情勢，強調了華北工作的重要性；其次指示平、津兩組要加強工作部署，多方開闢情報路線；再次說明當前的工作需求，不僅要蒐集日寇及漢奸的情報，還應特別注意中共的活動；最後他要求每位同志增強工作能力，庶可肩任艱鉅。戴笠講完後，又尊請鄭介民發表意見，鄭介民不便推辭，便按照戴笠的講話引申了幾句。[1]

戴笠南返不久，平津單位不負期望，執行了一次重要的行動案件，此案係特務處首次與「反動份子」短兵相接，開制裁工作之先河，其對象則為漢奸張敬堯。

當日寇大舉進攻長城各口之際，奉天特務機關長板垣征四郎來到天津，設立特務機關，陰謀策動華北舊軍閥將領進行「反蔣」。起初，板垣針對段祺瑞、吳佩孚、孫傳芳等人進行策動，但均告失敗，於是又將目標轉向張敬堯。[2]張敬堯在北洋政府時期曾任湖南督軍，而今下野多年，寓居津沽，他在日寇慫恿之下，甘心叛國，準備號召黨羽，在平津暴動，並陰謀刺殺何應欽，以配合日寇的軍事進攻。四月二十一日，張敬堯化名常世古，偕其妻及隨從一人由天津英租界來到北平，匿居於「化外之地」東交民巷，在六國飯店樓上連開第三十、三十一號兩間房屋，分別居住。此後，張敬堯常有闊綽友人來訪，他時召五六人在房內密談，談話時將竟其妻遣出，不准參與。[3]

1　陳恭澍：《北國鋤奸》第六十二至六十三頁。
2　土肥原賢二刊行會編、天津市政協編譯組譯：《土肥原秘錄》第十八頁。
3　「北平六國飯店昨發生兇案」，《大公報》天津版，民國二十二年五月八日。

張敬堯的陰謀為特務處偵知後，即向何應欽進行報告，何應欽知道事態嚴重，急召特務處華北特派員鄭介民籌商對策。鄭介民鑒於六國飯店位於使館區內，無法對張敬堯進行逮捕追究，遂建議以迅雷不及掩耳之手段，對其進行制裁。何應欽表示同意，並令鄭介民辦理此事。[1]

鄭介民一面報告戴笠，一面召集平津單位負責同志陳恭澍、王天木等人密議，當時平津單位尚在草創時期，並無行動編組，經過商議，選定北平組工作人員白世維負責執行任務。白世維，字子廉，山東蓬萊人，中央軍校武漢分校第七期畢業，九一八事變後，由中國國民黨河北省黨部派到撫甯縣任黨務宣傳員兼民團教練官，因成績優異，被委任為東北義勇軍第二十七支隊司令，雖無糧無餉，仍抗日不懈。[2]二十一年十月，經黃埔同學戚南譜介紹，參加特務處北平組工作，時年二十四歲。[3]

白世維得知自己被選定執行制裁任務後，很是興奮，他對鄭介民說：「軍人以服從為天職，為民族生存，為國家除奸，為保障何部長的安全，為使北平一百三十萬老百姓免受暴動的塗炭，世維準備犧牲個人生命，願意接受這一項任務。」鄭介民慎重地說：「此去必須達成任務！最低限度也要做到同歸於盡，千萬不能落到日本人手裏，增加政府的困難，給日本軍閥以侵略的藉口。」並問白世維對其家庭有何交待？白世維慷慨激昂的回答：「世維受國家培植，參加革命，早已許身黨國，置生死於度外。」「如果成仁，希望國家能照顧父母妻女；如果成功歸來，不要獎金，只希望進陸軍大學深造」。[4]鄭介民聽罷，當場從身上解下來一支德國造毛瑟手槍，交給了白世維。[5]

於是陳恭澍、王天木、白世維、戚南譜等人組成臨時行動小組，計劃由王天木化裝為日本大昌洋行買辦，入住六國飯店進行偵察；陳恭澍負責備妥車輛，接應撤退；戚南譜則在巷口警戒，擔任掩護。[6]計議已定，首先需要解決偵察問題，王天木對陳恭澍說：「一個單身男人不帶行李去開房間，總會惹人起疑，若是一男一女，那

1 國防部情報局編印：《戴雨農先生傳》第二十八頁。
2 國防部情報局編印：《戴雨農先生傳》第二十九頁。
3 特務處編製：《二十六年份內外勤工作人員總考績名冊》，白世維條；陳恭澍：《北國鋤奸》第七十七頁。
4 國防部情報局編印：《戴雨農先生傳》第二十九頁；喬家才：《鐵血精忠傳》第五十五至五十六頁。
5 陳恭澍：《北國鋤奸》第一一九頁。
6 國防部情報局編印：《戴雨農先生傳》第二十九頁。

就好得太多了。」剛好陳恭澍在八大胡同的「蒔花館」認識一位花名叫做「飛龍」的妓女，遂請「飛龍」與王天木扮作夫妻，一同前往六國飯店。[1]接下來還要解決車輛問題，先是戴笠在北平期間，曾代人購買過一部一九三一的別克敞篷二手車，臨走時曾囑咐陳恭澍：「那部車請你暫時保管，不久就要運走，你千萬不要開著玩，弄壞了就麻煩了。」陳恭澍讓戚南譜把戴笠僱用的汽車司機找到，把車從修理廠開了出來，作為此次行動的交通工具。[2]

張敬堯有吸毒的惡習，每天中午十二時才起床，他雇用的四名保鏢要到下午一時才到六國飯店上班，因此制裁他的最佳時間是在中午十二時到下午一時之間。五月六日晚，王天木化名「周作人」，偕「飛龍」下榻於六國飯店樓上第二十六號房間。五月七日晨八時許，王天木忽向飯店聲稱二十六號房間昏暗，乃移至三十三號房間，遂與張敬堯之房間毗鄰。十時許，白世維身穿灰華絲葛夾袍來訪王天木，兩人即在房間附近伺機行動。

六國飯店各房的衛生間都在走廊一面裝有窗戶，只要窗戶打開，走廊上的人就能看清衛生間內的情況。中午十二時剛過，張敬堯起床走進了衛生間，王天木在走廊向白世維指明目標後，偕「飛龍」先行離去。白世維隻身來到三十號房間附近，適由玻璃窗前望見張敬堯正在洗面，乃隔窗勁射，擊中張敬堯下頦，復向其背後發射，子彈擊入腹內。張敬堯連中兩彈，應聲倒地，其妻驚駭之餘，在房內大呼「有刺客！」此時白世維迅速持槍下樓，飯店茶役本欲上前阻攔，均被白世維用手槍嚇退，乃從容逃出門外，躍登預先備好的汽車，向南疾馳而去。東交民巷巡捕房聞訊趕來查勘，「刺客」早已不知去向，張敬堯尚未斷氣，竟做賊心虛，堅不承認遭人刺殺，而稱誤觸電流導致受傷。[3]

不久，張敬堯以傷勢嚴重，斃命於德國醫院。五月八日，特務處以「專鋤漢奸救國團」之名義發表代電，云：「各報館轉全國同胞鈞鑒：漢奸張敬堯出身微賤，軍閥殘餘，近更包藏禍心，陰謀建立華北偽國，受敵人七百萬元之接濟，企圖在平津暴動，作賣國之先驅，為虎作倀，數典忘宗。似此敗類不除，實國家心腹之禍患，民族之污玷，故本團爰於本月七日手誅該賊於北平六國飯店，馬到成功，今後更願與全國同胞再接再厲，撲滅一切

1　陳恭澍：《北國鋤奸》第七十一頁。
2　陳恭澍：《北國鋤奸》第六十三頁。
3　國防部情報局編印：《戴雨農先生傳》第二十九頁；喬家才：《戴笠和他的同志》第一集第一四九頁；「北平六國飯店昨發生兇案」，《大公報》天津版，民國二十二年五月八日。

無恥漢奸，進而與敵人作殊死戰，還我河山，直指顧問事耳。專鋤漢奸救國團敬啟，五月八日。」[1]張敬堯被暗殺的消息傳出後，人心大快，各大報紙連日登載此一重要新聞，《大公報》曾發表短評云：「張敬堯以做過督軍的人，喪心病狂，甘為漢奸，到頭得著兩粒槍彈，可算是求仁得仁，貨真價實。祇可憐一旦死了還不能發喪，尚不足與張宗昌、褚玉璞相比，真正何苦？凡為漢奸者，還不趕快猛醒，立刻罷手？」[2]

制裁張敬堯對於特務處而言意義重大，這是特務處首次執行制裁任務，並在經驗不足、裝備簡陋的情況下獲致成功，振奮了民心士氣，故陳恭澍自許是「一件完美無缺的佳構」，北平軍分會及南京特務處本部均曾予以嘉獎。[3]另據「特務處組織大綱」之規定，特務處之任務分為兩個階段，第一階段「注意於有關政局之一般的調查」，第二階段「即本處轄制反革命份子之任務確實進行之日」。制裁張敬堯的行動，標誌著特務處已經正式邁入了第二階段。蔣中正於五月九日獲悉此事後，亦頗感欣慰，其日記記曰：「倭寇以張敬堯在北平收買軍警發難，圖消滅古北口方面中央主力，幸於事前發覺，而張受戮，是上帝助我復興中華之機也，勉之！」[4]

然而就當時大局而言，張敬堯以一過氣軍閥，影響畢竟有限，他死之後，日寇對古北口之軍事進攻並未減緩，反而較前更為猛烈。蔣中正對此亦甚明瞭，他於五月十日致電何應欽，告以：「敵方企圖，原屬分途雜進之複式運動，一面再取攻勢，一面收買軍隊，欲輕而易舉變換華北局面，自為其方案之一。惟敵至狡，獨擇利而行，隨時變遷，恐亦不限於一途耳。張逆已斃，於其企圖有無多少影響，尚盼多方偵查，妥籌應付也。」[5]

此時，國民政府已在北平設立行政院駐平政務整理委員會，由前外交部長黃郛出任委員長。在何應欽、黃郛主持下，中方代表團於五月三十一日與日方簽訂「塘沽協定」，全文四條，略為：一，中國軍即撤退至延慶、昌平、高麗營、順義、通州、香河、寶坻、林亭口、寧河、蘆台所連之線以西以南之地區；二，日本軍為確認第一項之實行情形，隨時用飛機及其他方法以行視察；三，日本軍如確認第一項所示規定中國軍業已遵守時，即不再越該線追擊，且自動概歸還於長城之線；四，長城線以南及第一項所示之線以北以東地域內之治安維持，由中國

1 「漢奸張敬堯垂斃」，《大公報》天津版，民國二十二年五月九日。
2 「不過值得一粒子彈」，《大公報》天津版，民國二十二年五月九日。
3 陳恭澍：《北國鋤奸》第一一三頁。
4 蔣中正日記，民國二十二年五月十一日。
5 何應欽上將九五壽誕叢書編輯委員會編：《何應欽將軍九五紀事長編》上冊第三〇五頁。

警察機關任之。至此，華北局勢始告緩和。[1]

制裁張敬堯一個多月後，特務處又在上海制裁了楊杏佛。楊杏佛即楊銓，早年追隨孫中山先生革命，北伐時期擔任中國國民黨上海特別市黨部執行委員，曾因同情中共而遭扣押。國民政府奠都南京後，歷任大學院教育行政處主任、中央研究院總幹事等職。楊杏佛於民國十九年加入鄧演達之「第三黨」，從事「反蔣」活動。鄧演達死後，復於二十一年與宋慶齡發起組織「中國民權保障同盟」，致力營救共產黨之政治犯。此後，楊杏佛的政治立場與中共日益接近，並積極參加破壞國民政府的各種活動，遂逐漸引起蔣中正的不滿。

二十二年六月，戴笠親往上海佈置制裁楊杏佛的工作，並選定上海行動組趙理君、過德成等四名行動員負責執行。[2]趙理君，四川大足人，化名曹立俊、陶士能，重慶聯合縣立高級中學、黃埔軍校五期砲科畢業，曾任第二方面軍炮兵團連長、陸軍第二十六師警衛中隊長。[3]二十二年六月，參加特務處工作，時年三十歲。[4]

楊杏佛因獨居無偶，寄寓法租界亞爾培路三三一號中央研究院出版品國際交換處，每星期日都會駕車出遊，已成習慣。六月十八日為星期日，楊杏佛於晨八時十五分偕子楊小佛由居所乘自備汽車擬赴滬西，車方出門，趙理君、過德成等四名行動員突然衝出，圍集車身兩旁射擊，一時彈如雨下。楊杏佛身中三彈，倒於車內，楊小佛因楊杏佛俯伏庇護，僅受輕傷。趙理君等人見目的已達，遂四散逸去，楊杏佛由附近汽車公司之俄籍職員送至金神父路廣慈醫院施救，車抵醫院時已傷重氣絕。

此次行動中，過德成亦受傷身死，成為特務處因從事行動工作而殉職之第一人。過德成之殉職原因，係圍擊之際，流彈橫飛，其手臂為流彈所傷。後法租界巡捕聞警趕到，過德成蹣跚奔逃，至環龍路新聞路之平房處，見無路可通，乃毅然以手槍向頸部自戕，重傷倒地。經巡捕送往廣慈醫院後，一面治療，一面審問口供，過德成自稱「高德臣」，堅不承認係暗殺楊杏佛之兇手，延至上午十時卒以流血過多身死。[5]

---

1 劉維開：《國難期間應變圖存問題之研究》第一三六頁。國防部情報局編印之《戴雨農先生傳》以為「張敬堯的突然被殺，（日軍）內應計畫落空，以及其本身戰線拉長，戰區擴大，兵力不敷分配，補給運輸也多不便，只好自動提議休戰」云云，言過其實，以一區區張敬堯之死，雖能振奮民心，然實不足以戢日寇之兇鋒也。

2 沈醉：《軍統內幕》，第一五八頁。

3 軍事委員會委員長侍從室人事登記片，趙理君。

4 特務處編製：《二十四年年終總考績擬請增薪人員名冊》，趙理君條。

5 國防部情報局編印：《本局殉職殉難先烈事跡彙編》第一一八一頁；「楊杏佛昨晨被暗殺」，《申報》，民國二十二年六月十九日。

張敬堯、楊杏佛兩案同為特務處首開紀錄的制裁行動，惟社會輿論對兩案之觀感大相徑庭。楊杏佛固為國民政府之反對者，然亦為負有時望之學者，故其遽遭暗殺，招致非議甚多。中央研究院院長蔡元培於案發後致電國民政府主席林森、行政院長汪精衛，請「飭屬緝兇，以維法紀」。六月二十日，楊杏佛成殮，宋慶齡、蔡元培、孔祥熙先後往吊，國府要員孫科、宋子文、朱家驊、吳鐵城等均贈花圈。[1]其後楊案久未破獲，蔡元培於七月十日再呈國民政府，請重申嚴令迅緝兇犯，呈文中稱：楊杏佛「努力從事於學術事業之建設，成績偉大，士林同欽」，「今竟有此等目無法紀之徒處心積慮，在青天白日之下，聚眾行兇，遂令身在國家機關服務之重要人員、致力學術之著名學者、一生努力革命艱苦卓絕之志士慘遭戕害，噩耗傳出，舉國駭然」等語。[2]

蔡元培為「中國民權保障同盟」之成員，悲痛之餘，其言或有偏袒。而《大公報》發表之社評「楊杏佛暗殺案感言」，則足以代表當時社會之一般觀感，內云：「由國民黨之歷史及政府之地位論，當然可斷言其絕不縱容任何性質之暗殺行為。其略有可慮者，或有一輩青年，其政見或接近政府，而行動則別有組織，或見解錯誤，或感情激越，因而或採極端行動，以對付其所認為於國家有害之人。吾人雖不知有無此種組織，然當此國家非常之時，其感情熱烈之人，當然可想像其有種種思想傾向不同之團體的組織。共黨既為祕密黨，則與之針鋒相對者亦或有各種組織的行動」。

可見楊案之發生，已使輿論隱約察覺有一「政見接近政府」之特務組織存在。該社評續云：「吾人所望諸政府當局者，須知社會風氣本有『扶得東來西又倒』之憂。所貴有領導政治之責者，磊落光明，以法治精神與天下人相見，凡踰越法軌之行為一律禁遏。苟非犯法，雖政敵聽其自由；反之若為犯法，雖親厚亦不容恕。對智識青年，為國家惜才計，尤宜寬大，政府當局時刻注意，猶恐有時不免有冤抑之事，稍不經心，則望風承旨者冥冥中將不知伊於胡底矣。至於對社會上之暗殺事件，其因私仇報復者固依法懲兇，而政治性質之暗殺亦在所必禁。」該社評最後指出：「楊杏佛氏為國民黨名士，今遭暗殺，其真相如何，當局自應飭責任官吏，澈底調查，使社會周知。滬電傳，宋慶齡女士近亦時接恐嚇信件，此係何種團體或個人所為，應速偵查，預加防範。吾人感想，倘政治上暗殺之風大作，恐國家基礎大受損害，於政府施政上有極不良之影響。恐怖空氣下，安有憲政

1 「楊杏佛成殮」，《大公報》天津版，民國二十二年六月二十一日。
2 蔡元培呈國民政府，民國二十二年七月十日，國民政府檔案。

制度之成長哉？甚願黨國當局速留意及之也！」[1]

這篇社評立場客觀，所提建議亦屬正言讜論，惟其並未顧及政治鬥爭的現實需要，尤其與特務處「以嚴厲之手段轄制反革命份子」之宗旨背道而馳。當時的中國，內憂外患交相侵迫，在國民革命事業遭遇空前危機的時期，暗殺行為是否為革命所需要，可謂見仁見智，難有定論。可以確定者，對於蔣中正與戴笠而言，張、楊兩案只是一個開始，他們並未因為一時的非議而改變初衷，此後特務處對「反革命份子」的制裁行動仍在繼續。

1　「楊杏佛暗殺案感言」，《大公報》天津版，民國二十二年六月二十日。

四、電訊技術

民國二十一年特務處成立伊始，因人員、經費等限制，沒有無線電通訊單位與設備，各地組織的情報均借用中國國民黨中央調查科和國民政府軍政部的電台代為拍發。然而調查科電台與特務處組織的地點並不一致，如特務處太原組的情報，必需交由調查科人員帶到石家莊的電台拍發，非常不便。至於軍政部的電台，由於技術太差，拍發一份一百字的電報常有二三十個錯字，不免貽誤事機。[1]情報講求保密、時效與準確，不能做到這三點便與廢紙沒有區別，所以特務處必需要有一套屬於自己的無線電通訊系統，才是長久之計。二十二年三月，胡宗南為戴笠介紹了一位擅長無線電通訊的人才魏大銘，特務處的通訊難題終於逐漸得到解決。[2]

魏大銘，上海人。畢業於上海電報學堂無線電班，民國十三年在上海領港公會的千噸輪上工作，因技術優異而名噪一時。十六年國民革命軍克復上海後，總司令部後方交通處長李範一承總司令蔣中正之命，在上海南洋大學內創辦通訊事業，由魏大銘擔任電台台長，領導技術，甚著權威。二十一年淞滬抗戰期間，魏大銘擔任第一師師部無線電教官，停戰後留滬研讀無線電新創技術，深有心得。[3]在當年的中國，魏大銘確是一位不可多得的無線電青年才俊，戴笠將其羅致後，很高興地對幾位同志說：「我已請到中國兩個半無線電好手中的一位，不必再仰人鼻息了！」[4]

三月十日傍晚，魏大銘來到位於杭州上倉橋的浙江省警官學校，找到政訓特派員辦公室向戴笠報到。當時戴笠正在辦公室內主持會議，與會者有教務主任趙龍文、訓育主任史銘、女生指導員章粹吾、特訓班指導員簡樸等十多人，大家或穿警服，或穿中山裝，卻見一位身穿長袍、態度瀟灑、不到三十歲的青年走了進來。戴笠立刻起

---

1 戴笠呈蔣中正，民國二十二年七月七日，國防部軍事情報局檔案。
2 國防部情報局編印：《戴雨農先生傳》第二十五頁。
3 魏大銘、黃惟峰著：《魏大銘自傳》第十一至十九頁。
4 喬家才：《戴笠將軍和他的同志》第一集第七十五頁。

身表示歡迎，說：「來的正好，請坐下開會吧。」會後，戴笠為大家介紹：「這位就是魏大銘同志，特地請來為我們主持無線電工作的。」[1]

魏大銘參加工作後，特務處即開始進行電訊人才的吸收、無線電機的製造與內外通訊的建立。

二十二年三月，特務處在杭州雄鎮樓亦即特警班甲班地址成立電訊人員訓練班，由魏大銘負責主持，由無線電工程師康寶煌、蘇民、謝松元等人擔任教官。第一期招收學員十二人，其中十人由浙江警校正科畢業生中挑選，為丁祥峨、葉文昭、趙文琦、朱昌誠、童學南、張培蘭、陳梅春、陳漣、戴梁、陳舜齊，另有廣東站保送的杜炳漢和戴笠的侄兒戴永安。第一期學員畢業後，戴笠非常滿意，發給魏大銘兩百元獎金和一段上青嗶嘰，魏大銘用獎金去上海買了一部《資治通鑑》，用嗶嘰做了一套中山裝，換下了長袍。電訊訓練班從第二期起，先在上海設立「三極無線電傳習所」，招訓社會上對無線電有志趣的青年，然後從中挑選適宜擔任祕密工作的人才送入電訊班施訓。自二十二年三月至二十六年五月，杭州電訊班共計訓練九期，畢業二五九人。[2]

與此同時，特務處在杭州成立無線電機製造所，以魏大銘為主任，負責自製電機。[3]特務處外勤組織的電台，除通都大邑可用體積較大的電機外，其餘各地由於環境困難，需要體積小、效能高且便於攜帶與偽裝的電機，於是魏大銘本此旨趣，和康寶煌進行研商。康寶煌認為：「把收報用的真空管的電壓提高一倍，也能發出訊號來，雖說只有兩瓦特的電力，但訊號聲音比較尖銳，足以通訊」。經過試驗，康寶煌的設想非常成功，這種自行研製的小型收發報機除去電池、聽筒、電鍵以外，其體積祇有兩隻餅乾桶大小，為特務處建立通訊網奠定了基礎。[4]

七月初，無線電機製造所蒙蔣中正下發開辦費五八六九元，率先製成二瓦特收發報機四架。戴笠又於七月九日向蔣中正呈上製造所經常費預算書，請求每月發給七六九三元五角，用來「自製輕便靈巧之收發報機」，然而

1 魏大銘、黃惟峰著：《魏大銘自傳》第十九頁；喬家才：《戴笠將軍和他的同志》第一集第七十五至七十六頁。魏大銘報到日期，其自傳云三月中旬某日，並云報到次日，「戴先生就離杭他去」。案戴笠三月十日自杭州電蔣中正云「頃接賀衷寒同志電示鈞諭，促即北上工作，生準於明日回京」，是後即赴北平，直至五月初均未再返杭，據此魏大銘報到日期或即三月十日。

2 國防部情報局編印：《戴雨農先生傳》第二十六頁；喬家才：《戴笠將軍和他的同志》第一集第七十六至七十七頁。

3 國防部情報局編印：《國防部情報局史要彙編》上冊第十七頁。

4 國防部情報局編印：《戴雨農先生傳》第二十六頁。

遲遲未獲蔣中正的答復。[1]魏大銘懷疑這次不太容易得到批准，戴笠卻很有把握地說：「委員長囑，少量的款子，他會給的。」[2]

此時，蔣中正為增進勦共效能，正在牯嶺主持廬山軍官訓練團。於是戴笠與魏大銘攜帶最新研製的小型收發報機來到牯嶺，一方面建立電台與南京通訊，一方面趁機向蔣中正爭取無線電機製造所的預算。豈料牯嶺雲霧蔽山，直進屋內，以致天線效能降低，通訊倍感困難，魏大銘雖然技術超群，也不禁感慨這種氣候為其平生所僅見。為了完成通訊，魏大銘先對天線進行改進，以增強發射出去的電力，然後親自上機，憑藉自己清楚均勻的手法，嘗試向南京發報。南京方面的收報員是花克強，他靜心屏息，用肩頭撳緊耳機，隨著聲音飄移，轉動收報機的刻度盤進行捕捉。當他把魏大銘發來的電報一點一滴抄下來以後，已是滿頭大汗，在旁協助的人也如釋重負。[3]當時牯嶺的軍用電台至少要用十五瓦特的電機才能通訊，而且速度遲緩、錯碼較多，戴笠見魏大銘用自製的二點五瓦特電機便能快速通訊、錯碼甚少，感覺十分滿意，他於八月十八日報告蔣中正稱：「杭州無線電訓練班主任教官兼無線電製造所主任魏大銘年輕心熱，技術優良，現率同報務人員攜機來廬，擬乞提前賜見，俾得早日回杭。」獲蔣中正批示「來見」。[4]

某日下午，魏大銘正在牯嶺電台指導工作，戴笠的副官賈金蘭匆忙跑來說：「委員長召見，立刻和戴先生同去，時間是四點半鐘，已來不及了！」魏大銘聽了，馬上帶著特工機隨戴笠趕往蔣中正官邸，當他們快步趕到大門口時，卻見蔣中正已經走出大門去散步了。魏大銘很著急地說：「我們誤了時間，怎麼好呢？」戴笠卻滿不在乎，他和蔣中正的一位侍從人員說了幾句話，便對魏大銘說：「不要緊，已經約好明天上午十點鐘再去。」第二天，魏大銘按照約定的時間，和戴笠再次來到官邸，侍從人員告知他們，委員長在會客，請他們在大草坪上稍等。不久，蔣中正步出官邸，戴笠指著特工機向蔣中正報告，這就是牯嶺電台所用的電機。蔣中正遂在草坪上察看起來，頻頻對魏大銘頷首慰勉，並對他說：「將來給你重要任務。」[5]

---

1 戴笠呈蔣中正，民國二十二年八月十八日，國防部軍事情報局檔案。
2 魏大銘、黃惟峰著：《魏大銘自傳》第二十頁。
3 魏大銘、黃惟峰著：《魏大銘自傳》第二十頁；喬家才：《戴笠將軍和他的同志》第一集第七十九至八十頁。
4 戴笠呈蔣中正，民國二十二年八月十八日，國防部軍事情報局檔案。
5 魏大銘、黃惟峰著：《魏大銘自傳》第二十頁；喬家才：《戴笠將軍和他的同志》第一集第八十一至八十二頁。

蔣中正接見魏大銘後，很快批准了無線電機製造所的經常費預算書。特務處有了人員和經費，即開始建立內外通訊網。南京總台於同年冬建成，初設洪公祠，後改設於白鷺洲石壩街二十九號，由于燄生主持。于燄生出身交通部無線電訓練處，參加特務處工作時已是而立之年，魏大銘評價他：「老成持重，忠厚和善，無火氣，耐性好，所以能統率許多通訊好手，專心工作，使總台建立得結結實實」，「電報沒有耽擱，錯誤也少」。[1]

除南京總台外，另設杭州、廬山二座分台，並由中央調查科代為設立專供特務處使用之香港、杭州、南昌、武漢、青島、北平六台，與南京總台構成通訊網。二十三年，特務處增設上海、杭州、福州、南平、晉江、香港、南昌、漢口、重慶、成都、天水、蘭州、鄭州、濟南、北平、天津十六台，仍由中央調查科代為設立長沙、西安、石家莊、青島、張家口五台。二十四年，增設韶關、廣州、香港、長沙、宜昌、雲南、西安、歸綏、北平、保定、石家莊、濟南、青島、東海十四台。二十五年，除南京總台外，其餘各地分台因工作關係分別建撤，計有五十七座。[2]

戴笠用人專，信人深，對魏大銘賦予全權，從不幹預電訊工作。特務處的電訊業務在魏大銘的主持下，電台人員認真負責，爭先工作，大家自動比賽收發電報的字數，造成了技術好、風氣好、情緒好的進步局面。[3]

1 喬家才：《戴笠將軍和他的同志》第一集第八十三頁。
2 國防部情報局編印：《國防部情報局史要彙編》上冊第十七至十八頁。
3 國防部情報局編印：《戴雨農先生傳》第二十七頁；喬家才：《戴笠和他的同志》第一集第八十三頁。

五、經費困擾

按照特務處成立伊始擬定的「按月經常費概算書」，特務處編制一〇三人，總計每月需要生活、活動、辦公等費一九四一〇元，而「各員初次出發之旅費」及「其他臨時費」概未計算在內。[1]這筆經費由力行社發給一部分，然而每月不過數千元。[2]另由政府公開機關發給一部分，如特務處在南京開辦特務警察訓練班，在名義上隸屬參謀本部，其經費由軍政部軍需署按月發給八千元。[3]

民國二十一年九月，情報局成立，此後特務處所需經費除照例由軍需署發給外，並由情報局負擔一部分。特務處主管會計工作的是張冠夫，他本以為軍需署和情報局都是政府機關，今後不必再為領款發愁。然而他沒有想到的是，政府機關作風保守，不到規定日期絕不發款，而特務處用款迫切，以致如何週轉成了新的難題。為此，戴笠請軍需署派人來特務處擔任會計工作，以便了解特務處的難處。十月，軍需署派來老成忠厚的徐人驥，接替了張冠夫的職務。後來，徐人驥將特務處的實情向軍需署進行說明，軍需署有時便對經費採取若干變通和破例的辦法。此後十餘年間，徐人驥一直負責特務處和軍統局的會計工作，深得戴笠的信任。[4]

二十二年初，情報局一度無人負責，特務處的經費也因此受到影響。二月三日，戴笠電告蔣中正，情報局總務處長徐恩曾發給特務處之一月份經費係中行支票，可是徐恩曾「竟向該行止付」，此時特務處南京、杭州兩特警班學員正在南京集合，等待分發，每人擬發服裝費三十元，旅費三十元，「共需洋六千元之譜，待用孔亟。」戴笠懇請蔣中正電令軍需署長朱孔陽發給特別費六千元，以解燃眉之急，蔣中正復電准予照辦。[5]

1 特務處編製：「特務處按月經常費概算書」，國防部軍事情報局檔案。
2 良雄：《戴笠傳》第五十四頁。
3 蔣中正電戴笠，民國二十一年六月二十二日，蔣中正總統檔案。
4 喬家才：《六十年落花夢》第二六五至二六六頁。
5 戴笠電蔣中正，民國二十二年二月三日，蔣中正總統檔案。

二月底，特務處成立東北情報訓練班，加以南京特警班第二期及杭州特警班第一期畢業學員分發各地工作，開支大為增加。此前特務處每月經費預算為二七一二〇元，此時激增至四七二二〇元，已超過原有預算二〇一〇〇元。三月中旬，陳立夫、徐恩曾向蔣中正呈報情報局新造的經費預算，共計每月七萬元，由於當時戴笠洽在北平從事祕密工作，未能與陳立夫、徐恩曾及時接洽，所以這份新造預算中，雖然包括了特務處原有預算二七一二〇元，卻未加入超過預算的二〇一〇〇元。三月二十三日，戴笠將上述情形及新舊預算對照全份詳細呈報蔣中正，獲蔣中正批准增加預算，並於三月三十日手諭軍需署長朱孔陽，自三月份起，每月發特務處臨時費二〇一〇〇元，交由戴笠具領。此後數月，特務處之工作得以維持不墜。[1]然而好景不長，特務處的經費很快因為軍費審計而發生了曲折。

六月十八日，蔣中正批閱德國駐華軍事總顧問佛采爾的條陳，內云：「軍費無審核，則軍與國俱亡。」因決心審計軍費。[2]七月三日，蔣中正電令軍需署長朱孔陽，應即查復情報局每月經費七萬元係何人所領，何時領起，並說這七萬元中包含了「特務組（處）之二〇一〇〇元」，如有「誤發雙倍」之事，應查明扣還。其實這是蔣中正誤記了，情報局每月經費七萬元中包含的是特務處的經常費二七一二〇元，所謂二〇一〇〇元是由軍需署直接發給的臨時費，並不包括在七萬元中。[3]

蔣中正的誤記直接造成了軍需署的混亂。七月二十三日，軍需署出納科告知戴笠：奉蔣中正電令，特務處每月在該署具領之二〇一〇〇元暫緩發給，查明再核等情。為此，戴笠特電蔣中正告急：「目下時屆月底，情報局方面之二七一二〇元迄今分文未發，而每月直接向軍需署具領之二〇一〇〇元又奉令緩發，現各處工作人員待款孔亟，生實無法應付」，「伏乞迅賜電令軍需署朱署長照常發給，以利工作之進行。」蔣中正接閱後，或許意識到了自己的誤記，乃批示「照辦」。[4]

直到八月三日，戴笠終於向軍需署領到了七月份的臨時費二〇一〇〇元，但向情報局轉領的二七一二〇元經常費仍未領到，因為情報局的經費也是由軍需署發給的，而此時軍需署正遵照蔣中正的電令，須查清情報局三至

1　戴笠電蔣中正，民國二十二年七月二十三日，蔣中正總統檔案。
2　蔣中正日記，民國二十二年六月十八日。
3　蔣中正電朱孔陽，民國二十二年七月三日，蔣中正總統檔案。
4　戴笠電蔣中正，民國二十二年七月二十三日，蔣中正總統檔案。

六月的收支情況後再繼續下發，在情報局本身尚未領到經費的情況下，自然不能轉發給特務處了。八月十日，戴笠再電蔣中正告急：「現七月份已終了，八月份又屆上旬，各處工作人員經費因情報局至今未發分文，催款函電竟如雪片飛來。伏乞鈞座迅賜電令情報局徐恩曾先生，即將生處七月份應領經費全數發給，以資維持，臨電不勝迫切待命之至！」蔣中正對此批示：「轉徐恩曾照發」。[1]

問題至此本應得到解決，卻因為蔣中正的一封電報又變得複雜起來。八月十一日，蔣中正電告朱孔陽：「情報局每月原定之數照付，惟戴笠之款即在其中，以後戴笠之款如無另電或手令關照，則不可另支。」[2]據此，軍需署下發了情報局七月份的經費，戴笠自然也向情報局轉領了七月份的經常費二七一二〇元，然而當戴笠向軍需署領取八月份的臨時費二〇一〇〇元時，軍需署卻不允再發。戴笠乃於八月二十四日再向蔣中正備述詳情：自本年三月份起，特務處每月預算四七二二〇元，除向情報局具領一部分經常費外，不敷之數係由軍需署發給的臨時費，故「是項臨時費實即經常費也」，現在軍需署認為特務處「每月既向情報局具領二七一二〇元，不應再向該署直接具領臨時費二〇一〇〇元」，「實屬誤會」，因而「伏乞電令軍需署將生處每月應領之臨時費即經常費照常發給，以利工作」。蔣中正批示「應照發。」[3]

戴笠經過一番詳細說明，終於使扣發經費的問題暫時獲得解決，但在此後很長一段時間，他仍被拖延經費的問題所困擾。九月二十四日，戴笠電蔣中正稱：「生處應向情報局、軍需署具領之經常費，八月份迄今僅領得半數，九月份分文未曾領得，而內外勤工作人員之生活費每月分兩次發給，刻不容緩。生除將京杭兩特警班之餘款盡數移墊，並向第一師通訊處暫借發給外，現已移借俱窮，各地催發九月份經費之函電紛至，生實無法應付。為此電陳困難，伏乞迅電軍需署、情報局將生處本月份經費即予發給，並此後須特別通融，准予按月發清為幸。」時值第五次剿共期間，軍費開支浩繁，蔣中正接閱戴笠來電後，只得暫時不予回復。[4]

十月一日，戴笠再電蔣中正稱：「生處八月份經費，情報局由徐恩曾同志經發者尚有半數計一萬三千餘元未發，九月份情報局與軍需署均迄今分文未發。生除將困難情形迭電奉陳鈞座外，並日向局、署請求發給，但均無

1 戴笠電蔣中正，民國二十二年八月十日，蔣中正總統檔案；徐恩曾電蔣中正，民國二十二年七月二十九日，蔣中正總統檔案。
2 蔣中正電朱孔陽，民國二十二年八月十一日，蔣中正總統檔案。
3 戴笠電蔣中正，民國二十二年八月二十四日，蔣中正總統檔案。
4 戴笠電蔣中正，民國二十二年九月二十四日，蔣中正總統檔案。

以給領。」「現各地工作人員之生活無法維持，而粵方被捕人員之營救與某種工作之進行均待款甚急，伏乞迅電軍需署與情報局即予撥發為幸。」[1]這次，蔣中正終於批示「照辦」，並電令朱孔陽緩發國防設計委員會經費，以便速發戴笠各款。[2]

十二月中旬，情報局應發特務處十一月份經費又有半數未發，軍需署應發本月份經費亦無分文給領。時值「閩變」期間，特務處必須加緊活動，而閩粵等處之工作，「為避免各該地當局之懷疑，每月經費均須作一次匯滬，託商號轉匯。」戴笠鑒於「月半已屆，遠地之本月份經費尚無以匯出，而近地之上月份下半月經費亦無以發清，各地工作人員之生活幾瀕絕境。」乃於十二月十三日向蔣中正懇切陳明，特務處和其他情報機關相比，經費最感困難的事實：

> 查徐恩曾先生之調查科既有黨部經費可以移墊，復有立夫、恩曾先生在社會之地位與其所經營之數家商店經濟可以活動。即鄧秘書文儀之三省剿匪司令部第三科與其行營之調查科，因前方經理處經濟狀況較佳，且鄧隨侍左右，與經理人員見面有情，其隸屬各省保安處諜報股之工作人員，其經費又大都取諸於省府，故均不感困難。惟生既乏公開機關掩護，又無經濟權力，且歷來因抱定不敢欺騙鈞座之宗旨，故每有所知，無不直陳，因是環境日益險惡，辦事諸感棘手。而仰體鈞座期望之深切與所負使命之重大，受良心之督責，工作復不敢後人，每為增進工作之效能計，對必需之款又不能不設法給與。但每當晉謁或書面呈報之時，因顧慮中央財政之支絀，尤不敢多事請求，生之困難甚矣！倘蒙召見軍需署所派之本處會計股長徐人驥，更必能洞悉生處經濟之實在困難情形也。

於是，戴笠向蔣中正請求三點，以救困難：一，「將情報局每月應發生處之經費統劃由軍需署直接發給」；二，「電令朱署長對生處之經費特別通融，准予于本月十日以前一次發給，以免與情報局職掌經理之徐恩曾先生為領款而發生誤會」；三，以上如辦不到，「請祈賜發週轉費五萬元，以資應付。」戴笠並向蔣中正保證：

1 戴笠電蔣中正，民國二十二年十月一日，蔣中正總統檔案。
2 蔣中正電朱孔陽，民國二十二年十月三日，蔣中正總統檔案。

「生誓不敢將公帑濫費。」對於三項請求，除第一項蔣中正批示「不可」外，其餘兩項均獲批「可」，並電軍需署照辦。[1]

正當戴笠慶幸「困難略可解除」之際，卻遭軍需署告知「各部隊與各機關週轉費早已停發」，蔣中正批准的五萬元週轉費「萬難遵命照發」，且每月應發之經費「亦不能於每月十日以前一次發給」。戴笠於十二月二十三日再電蔣中正訴苦：「情報局每月應發生處之經費三萬餘元遲至四五十天方能陸續領到，即軍需署方面應發者亦不能按月發清」，「生處種種困難，實非各部隊與各機關所可比。」懇請再電軍需署照蔣中正之意辦理。[2]

就在同一天，朱孔陽也向蔣中正報告了拒絕戴笠請求的理由：第一，「特務處經費均已於當月內分兩期清發，比較任何部隊機關為早」；第二，「週轉費名目久已取銷，值此軍費困難之際，似未便准予發給。」最終，蔣中正給出的結論和辦法是：「戴笠應向情報局領取之經費，每至愆期甚久，極感困難，現週轉費之名目既已取銷，請轉為設法，准其開一透支戶口在五萬元以內隨時透支，隨時以所領經費歸還，俾資週轉可也。」[3]

特務處之所以經費困難，除了「中央財政支絀」的因素外，也和戴笠極力拓展工作範圍有關。特務處成立之初僅有一〇三人，後來逐漸增至一四五人，至第二年已有六七二人。[4]與此相應的是，特務處各地訓練班、通訊組、通訊站均迭次擴充，經費必然逐漸上漲。如二十二年七月七日，因港粵工作之佈置，戴笠請求蔣中正發給特別費七千四百元以及每月增發香港組經費一千元；[5]八月十八日，因無線電機製造所準備自製收發報機，請求月發經費七六九三元五角；[6]十二月六日，因山東新增和仲平組，請求月發經費四百元，福建新增鄭寰雄組，請求月發經費五五〇元，新增各地分台與南京總台，請求月發經費三七七九元。[7]

根據特務處二十三年一月及二月「經常、特別費收支對照表」記載。特務處於一月領到軍需署經費三一一六九元、情報局經費二七一二〇元、參謀本部經費一萬元、軍需署臨時費四〇五〇元，並由特別費移墊經常費不敷

1 戴笠電蔣中正，民國二十二年十二月十三日，蔣中正總統檔案。
2 戴笠電蔣中正，民國二十二年十二月二十三日，蔣中正總統檔案。
3 朱孔陽電蔣中正，民國二十二年十二月二十三日，蔣中正總統檔案。
4 國防部情報局編印：《國防部情報局史要彙編》上冊第九頁。
5 戴笠呈蔣中正，民國二十二年七月七日，國防部軍事情報局檔案。
6 戴笠呈蔣中正，民國二十二年八月十八日，國防部軍事情報局檔案。
7 戴笠電蔣中正，民國二十二年十二月六日，蔣中正總統檔案。

數九五三四・九七元，共計收入經常費八一八七三・九七元。二月領到軍需署經費一五五八四元、情報局經費一三五六〇元、軍需署臨時費四〇五〇元，以及不敷數三七三七九・〇八元，共計收入經常費七〇五七三・〇八元。這兩個月的經費已較成立之初擬定的一九四一〇元激增三至四倍，其中支出最多的一項是各地組織的經費，一月計有四九一七五元，二月計有四八九四〇元。此外，蔣中正尚於一月手令軍需署發給特務處特別費五萬元，用以支出二十二年十二月以前不敷數二九九八三・七元以及治喪、撫恤、購置等費。[1]

特務處成立兩年以來，迭有工作表現，蔣中正對戴笠愈發信任，對其增發經費的請求也盡力滿足，以是特務處雖然長期遭遇經費困擾，但其工作仍然不斷發展壯大起來。

1 特務處編製：「民國二十三年一月份經常、特別費收支對照表」、「民國二十三年二月份經常、特別費收支對照表」，國民政府檔案。

六、公開職務

特務處的工作屬於高度機密，礙難公開，然而工作人員的訓練、工作經費的領取乃至工作任務的達成常常需要公開職務和公開機關的掩護，因而戴笠始終注意舉薦特務處工作人員擔任公開職務、掌握公開機關，以為特務工作之助。

二十一年五月，戴笠奉派為浙江警校政治訓練特派員，這是他擔任特務處長後最先兼任的公開職務。此後，戴笠全面掌握浙江警校之人事，浙江警校成為特務處訓練特工人才的搖籃，亦是特務處最初掌握的公開單位。十二月，京、杭兩特警班學員行將畢業，戴笠為減省實習費用、增進實習效果以及推擴特務工作之範圍計，於十二月十九日呈請蔣中正，擬將畢業學員分配於各部隊，以公開名義擔任政訓工作，實則從事偵查工作，因「各學員平日對於政治學識均有相當之根底，現又受過三個月之特務訓練，以之偵查部隊必能收優良之效果也。」[1]此一建議當獲蔣中正之批准，各部隊政訓員遂成為特務處工作人員最先掌握的公開職務之一。[2]

二十二年一月，中央航空學校為防敵人破壞，擬成立便衣特務班，航空署長葛敬恩示意杭州公安局長何雲擬由杭州公安局派員擔任。戴笠獲悉後，認為「省會警察素無此種訓練，何局長恐難勝任」，因請蔣中正電令葛敬恩徑向特務處商洽辦理。然而蔣中正對此不以為然，批示曰：「此等事非在分內，何必代庖。」[3]

戴笠掌握航校特務班的計劃受挫後，再就首都警察廳特務大隊長一職提出呈請。他於二月二十六日致電蔣中正，指出現任警廳特務大隊長李菁藩「既無特務工作之學識與經驗，且精神不振，敷衍從事，致隊務廢弛，等於虛設」，因請電令新任廳長陳焯委任特務處工作人員江雄風為特務大隊大隊長，以改進首都治安，並使特務處之

1 戴笠呈蔣中正，民國二十一年十二月十九日，戴笠史料。

2 蔣中正批准特務處人員擔任各部隊政訓員之具體時間不能確定。案戴笠於二十二年七月二十五日電請蔣中正諭令軍事委員會政訓處長賀衷寒，各部隊特務工作人員免予調往廬山訓練，故此一時間當不晚於二十二年七月，見蔣中正總統檔案。

3 蔣中正批示戴笠來電，民國二十二年一月十一日，蔣中正總統檔案。

工作增加效能。[1]此一呈請未見蔣中正回復，江雄風是否擔任特務大隊長亦不得而知，惟不久之後特務處南京偵查組長方超兼任警廳特務組主任，無疑是獲得蔣中正批准的結果。[2]此一公開職務甚關重要，日後曾為特務處發揮重要作用。

七月七日，戴笠續向蔣中正呈請兩事，一請委任鄭介民為北平市公安局局長，一請委任趙世瑞、胡國振為江蘇、浙江兩省政府視察員。戴笠在報告中不僅詳細說明呈請的理由，並且系統闡述他對政治形勢的觀察。其呈請委任鄭介民之報告云：

> 竊查北平市公安局局長鮑毓麟有自動辭職之說，為整理今後華北政局及發展特務工作計，該局局長一職似非有忠實、精幹而有相當工作基礎之人才繼任不可。如所傳袁良市長等，其力德之不逮，生前已面呈。茲平市市長業已撤換，公安局長一職如果鮑辭職，擬懇委鄭介民同志接充，不特駕輕路熟，且於特務工作前途多所裨益，謹縷陳理由如下：
>
> 一，北平為華北一切反動力量結集之中心，是平市警察權非操諸忠實幹練如鄭介民同志者不可。二，目前平市特務工作缺乏掩護之機關，人力、財力固屬不甚經濟，且實際工作亦多妨礙。三，鄭介民同志曾充廣西省政府委員，且歷來工作慎重精幹，資望能力尚無不足之處，且于各方之重要人物，因現任工作之關係，皆有相當之聯絡，是介民同志之行動早為人所注意也。四，近來華北特務工作漸有進展，因之反響亦日大，如前報日憲兵懸賞通緝我特務工作人員，捕獲一名賞洋二千元，格殺一名賞洋五千元，及六月三十日晚我天津特務工作負責同志鄭士松在車站為公安局之特務員及車站檢查旅客之班長李某狙擊等案，皆證明如無有力機關之掩護，實則困難殊多。今鄭同志擔任駐平辦事處主任，又將兼華北特務工作特派員，為保障工作之健全，似亦非兼任公安局局長不可。
>
> 總之，革命勢力之推進與特務工作之發展與基礎之穩定，除工作人員忠勇邁進無前之外，猶貴有相當

1 戴笠電蔣中正，民國二十二年二月二十六日，戴笠史料。

2 案戴笠於二十二年十二月二日致電蔣中正，有「南京通訊組長兼警察廳特務組長方超」等語，則方超擔任警廳特務組長之時間當不晚於此時。

之掩護與保障。抑更有進，生竊觀每有一般自稱革命同志而又忠於鈞座者，考其實際工作，多背革命之道而行之，欺上凌下，假公濟私，如此者實無異斷送革命，埋葬領袖。時至今日，在可能範圍內，應請鈞座廣為安置忠勇廉潔之士，藉以培植革命之勢力，鞏固革命之基礎，方不負我領袖之苦心孤詣也。故就愚見所及，冒昧陳詞，可否之處，尚乞鑒核。

其呈請委任趙世瑞、胡國振之報告云：

本處自開始工作以來，因曾努力于貪污之檢舉，但過去對於貪污案件，多由情報局用軍委會名義，令行各該上級政府查覆後，則官官相護，結果實者皆虛，不惟成效鮮著，亦且打草驚蛇，反索密告之人，使工作人員由失望而灰心，此誠為工作前途之一危機也。在蘇浙區域內，除上海應專注反動派之活動與制裁外，內地各縣則集力於貪官污吏之檢舉，此兩省擬每縣各派一人，從事地方之調查，並由本處保舉一忠勇廉潔工作人員為省視察員，一面打通政府，一面聯絡各縣，同時加強各該組之執行力量，所有貪污案件由各省視察員秉承我領袖意旨，會同各該省政府主席辦理，各省視察員則由本處嚴密監督其行使職權。茲擬請以京滬路通訊組長趙世瑞為江蘇省政府視察員，以杭州通訊站長胡國振為浙江省政府視察員，是否有當，敬乞核示遵行。

戴笠的報告言辭激切，而又頗中時弊，他對革命陣營中「欺上凌下，假公濟私」者的抨擊以及對「反動勢力」、「貪官污吏」的痛恨皆躍然紙上。蔣中正看過報告後，對鄭介民事批示「不能」，對趙世瑞、胡國振事則予以「照准」。[1]然而事過多日，趙世瑞、胡國振仍未接到省府任命，當戴笠再次呈請時，蔣中正卻又批示：「不得用省府委任名義，以後偵察員絕不許公開或與政府機關有何關係，免為招搖舞弊之階也。」[2]由此可見，蔣中正唯恐特務人員藉由公開職務濫用職權，尤其市公安局長與省府視察員均為地方高級官員，更易造成招

1 戴笠呈蔣中正，民國二十二年七月七日，國防部軍事情報局檔案。
2 戴笠電蔣中正，民國二十二年七月三十日，蔣中正總統檔案。

搖舞弊之階，故在戴笠剴切陳述之下，蔣中正的態度仍然相當慎重。

不過，蔣中正對特務人員擔任公開職務的態度並非完全禁止，且一向支持特務處介入政訓工作。繼特務處人員擔任各部隊政治訓練員後，蔣中正於十月初再命戴笠保薦憲兵各團政治訓練員。戴笠鑒於憲兵各團編制僅有團訓練員一人，幹事三人，而「憲兵各團大都分防各鐵道幹線及京滬平漢各大城市與保護長江交通」，現有編制「不能同時普遍訓練，而於特務工作復不能收完滿之效用」，故呈請蔣中正准予每連增設訓練員一人，每團則減少幹事一人，並委任特務處情報科長梁幹喬兼任憲兵司令部政治訓練處長，「庶憲兵政訓與特務工作兩蒙其利」。惟蔣中正對此未置可否，僅批示「囑梁來見」。[1]

先是，梁幹喬在粵港從事情報工作，因遭粵方通緝，返回南京，戴笠呈請委任梁幹喬為憲兵政訓處長，實有便利對粵工作的考量，他於十月十九日致電蔣中正稱：「憲兵司令部政治訓練處長一缺，伏乞委任幹喬同志充任，並准其兼任本處情報科長，以期一部分特務工作得以進展，而軍隊政訓工作之成績亦可得有良好之一部，蓋梁既有力且負責也。而況廣東方面正事緝梁，若予梁以公開名義，經報紙披露，則可以懈粵方緝梁之企圖，梁亦可不時赴港指揮原有之工作也。事關特務工作之推進，務乞鑒核賜准為幸。」可見戴笠頗欲藉由中央之明令委任，使粵方有所忌憚。然而蔣中正的看法正與戴笠相反，其復電稱：「粵方既緝梁，虛構一種『藍衣社』之關係，聞搜獲文件頗多，本由鄒魯等之栽誣，粵中方在半疑半信之間，如中央委梁之名義公開披露，恐授反動者以構煽之證明，殊有未妥。」[2]

戴笠並不氣餒，續於十月二十二日致電蔣中正稱：「鑒於過去奉派遣以政訓工作為掩護之特務工作人員，因種種關係，不能充分發生能力，收良好效果。故對於憲兵司令部政訓處長一缺，務乞准予與本處有關之梁幹喬充任，以利工作，不勝迫切待命之至。」[3]最終，蔣中正批准了戴笠的請求，梁幹喬至遲在十二月間，已經擔任憲兵司令部政訓處長。[4]

除梁幹喬外，戴笠鑒於上海地位重要，乃極力設法使特務處華東區駐滬特派員吳迺憲取得公開職務，以利特

1 戴笠電蔣中正，民國二十二年十月十三日，蔣中正總統檔案。
2 戴笠電蔣中正，民國二十二年十月十九日，蔣中正總統檔案。
3 戴笠電蔣中正，民國二十二年十月二十二日，蔣中正總統檔案。
4 戴笠於二十二年十二月二十二日電蔣中正，已有「梁幹喬又須兼任憲兵政訓處與政治訓練所兩事宜」等語。

務工作之進行。戴笠於九月三十日曾電請蔣中正，轉令上海市長兼淞滬警備司令吳鐵城委任吳迺憲為司令部稽查處長或副處長，以便「本處工作負責人在可能範圍內取得掩護，以增進工作效能」，但蔣中正接閱後，對此並未批示。[1]十月底，上海公安局設立警士教練所，戴笠再電蔣中正，請委任吳迺憲為警士教練所政訓特派員，並稱：「吳迺憲在滬工作亟須取得掩護，而吳係粵人，以之應付吳市長、文公安局長尤為適宜。」蔣中正閱電後，電令吳鐵城核辦。[2]

當十一月間特務處在上海破獲「紅丸機關」案後，工作環境愈發險惡，戴笠於十一月十九日赴贛向蔣中正報告案情時，曾對稽查處事重申前請，稱：

生處上海工作自此次破獲紅丸機關後，將必益形困難也。生固不怕艱險，不辭勞怨，但上海地方之重要，工作必須佈置週密、指揮靈便，是以特務工作應取得相當公開機關之掩護，而後方能收事半功倍之效。

近觀《各國情報史》、《切卡工作》、《格柏烏》等之特務工作書籍，各國之特務工作莫不以取得公開機關名義之掩護為能事也。查中央黨部調查科在上海之特務工作，因取得上海公安局特務股之公開掩護，故年來對上海剷共工作較有成績。前當吳市長就任淞滬警備司令兼職時，生曾電請鈞座電令吳市長將該部之偵緝股仍改為稽查處或股，並保舉吳迺憲為稽查處長或股長，尚未奉批示。茲為順利上海之工作與圖收效之較大計，伏乞鈞座乘此次紅丸機關破獲之後，以加緊防毒與肅反為由，電令吳市長將淞滬警備司令部之偵緝股改為稽查處或偵查股，委任林桓（二期，廣東）或吳迺憲為處長或股長，江雄風（三期，浙江，留俄）或張業（三期，浙江）為副處長或副股長，生當嚴行督飭，決不至為上海環境所同化，而為盛德之累也。抑更有進者，革命環境日益險惡，特務工作急須加緊與擴大，藉以增進肅反之力量。但為人才與經濟所限，致令上海工作年餘來仍不能有多大進展。如本處能取得此公開機關為掩護，則人才、經濟兩有裨益也。生非敢濫權，實為工作前途計耳，務乞鑒核賜准為幸。

1 戴笠電蔣中正，民國二十二年九月三十日，蔣中正總統檔案。
2 戴笠電蔣中正，民國二十二年十月二十九日，蔣中正總統檔案。

這次，戴笠不再就事論事，而是外察時局，內審國情，系統闡述了自己對於藉由公開機關開展特務工作的見解。惟報告呈上之後，蔣中正仍未准其所請。[1]

十二月，警士教練所事已有結果，戴笠卻與公安局長文鴻恩因為吳迺憲的職位問題發生了爭執。十二月九日，戴笠致電蔣中正稱：「上海公安局警士教練所增設政治訓練特派員並請介紹吳迺憲為政治訓練特派員一節，前奉鈞座電令吳市長核辦，吳已照辦矣。但該公安局長文鴻恩硬要取消政訓特派員名義，改為訓育主任，致迺憲刻尚未就，因訓育主任下有隊長，根本無事可做也。事關訓練警察，擬乞再電吳市長仍維持政訓特派員原案，以便工作。」[2]

蔣中正閱電後，認為戴笠態度不佳，措辭尤屬失當，乃復電訓誨曰：「政訓特派員改為訓育主任，及職權關係如何，尚未據吳市長具報，當去電詢查，再行核辦，然此不過名稱之略有不同，根本無關宏旨。如事權過小，不便辦事，不妨再電吳市長商改。吳迺憲不應因此不就，尤不應加以『硬要取消』字樣，盛氣相詆。如奉派人員不知尊重主管機關之長官，偶有不遂，動以去就相要，張皇入告，則紀律何存。勿以為中所介紹，遂有所持而無視一切也。」[3]戴笠接電後，自然不便再事爭論，卒令吳迺憲就訓育主任之職。[4]

在戴笠看來，特務人員擔任公開職務、掌握公開機關為特務工作所必須，故特務處在成立初期的兩年間，即曾掌握或運用浙江省警官學校、首都警察廳特務組、憲兵司令部政訓處及上海公安局警士教練所等重要公開單位，已如上述。日後曾任戴笠機要秘書多年的毛鍾新曾這樣述評：「戴先生對公開機構的掌握運用，有很難聽的四個字，『借尸還魂』，說得人毛骨悚然。如說『舊瓶裝新酒』，就容易接受多了。意思是運用人家的名義、編制、經費、人員，注入新的幹部，建立新的工作精神，以擴大殺敵除奸、鎮壓反動的力量。」[5]

1 戴笠呈蔣中正，民國二十二年十一月十九日，蔣中正總統檔案。
2 戴笠電蔣中正，民國二十二年十二月九日，戴笠史料。
3 蔣中正批示戴笠來電，民國二十二年十二月日，蔣中正總統檔案。
4 戴笠電蔣中正，民國二十二年十二月十八日，蔣中正總統檔案。
5 毛鍾新：《為戴笠先生白謗辯誣》，《中外雜誌》第三十卷第四期第十六頁。

七、胡三問鼎

自國民政府奠都南京以來，反對中央的各種勢力針對國府要員的暗殺事件即一刻未曾停止，這些事件的執行者多是王亞樵及其黨徒。

王亞樵，一名王鼎，字九光，安徽合肥人，性好動，喜打抱不平，少時常將鄰里少年編結成隊，專與強者為敵。辛亥革命之際，在合肥組織軍政府，事敗流亡南京，此後即常在寧滬闖蕩。[1]王亞樵政治思想多變，先後加入「中國社會黨」、「無政府主義研究小組」及中華革命黨。民國八年，曾上書孫中山先生，認為救亡之策，「非組織暗殺團體不可」。孫先生接函，批示曰：「暗殺一舉，向不贊成，即在清朝時代，亦阻同志行此，以天下惡人殺不勝殺也。道在我，有正大之主張，積極之進行，則惡人自然消滅，不待於暗殺也。」[2]旋王亞樵再度上書，重申暗殺主張，並請孫先生獎助，略謂暗殺「雖違人道」，但「儆一亦庶以戒百」，今救國之法，舍此無由，孫先生接函，以其不聽勸阻，乃答以「各行其志，無不可也，惟此亦甚艱困，實無力相助。」[3]十一年，王亞樵在滬組織「安徽駐滬勞工總會」，以維護勞工利益為號召，一時聲勢浩大，入會者十數萬人。復派黨徒組織「斧頭隊」與資方相抗，遇有糾紛，即以斧頭砍殺，雖幫會領袖黃金榮、杜月笙、張嘯林輩，亦視其為亡命之徒，多趨避之。[4]

國民政府奠都南京後，王亞樵以未獲任用，心甚怏怏，從此走上暗殺之途，成為一名職業兇手。他與安徽省主席陳調元有宿怨，遂於十七年五月首先指使黨徒暗殺前安徽省政府建設廳長張秋白，開戕害國府要員之惡

1 洪耀斗：《我所知道的王亞樵》，《合肥文史資料》第三輯第二十七至二十九頁。
2 中國國民黨中央委員會黨史委員會編印：《國父年譜》，民國八年七月一日。
3 中國國民黨中央委員會黨史委員會編印：《國父年譜》，民國八年七月四日。
4 王述樵：《王亞樵生平活動記略》，《合肥文史資料》第三輯第五頁。

例。[1]十九年七月，王亞樵再受僱於輪船招商局董事長李國杰，暗殺招商局總辦趙鐵橋。案趙鐵橋嚴正不阿，勇於任事，因剔除積弊而遭李國杰之忌恨，遂以重酬嗾使王亞樵行兇，案發之後，滬上震動。[2]二十年五月，寧粵對峙，王亞樵擔任粵方「政治委員」，在上海活動。[3]並於七月指使黨徒行刺財政部長宋子文，宋子文以機警得免，其秘書唐腴臚則被擊斃。[4]此案以前，王亞樵之暗殺行動尚屬個人恩怨或係受僱行兇，自此以後，其支持粵方反對中央的政治立場則暴露無遺。

二十一年一二八淞滬抗戰期間，日寇為圖削弱抗戰陣營，詭計百出，其手段之一，即係嗾使粵方骨幹王亞樵、陳人鶴、陳中孚、陳友仁、任援道等人在上海暴動，由日方發給槍枝，以驅逐上海市長吳鐵城，製造傀儡政府。中央對此有所耳聞，軍政部長何應欽曾接中委張道藩轉來前淞滬警備司令楊虎密報稱：「滬上搗亂者如王亞樵、陳人鶴輩，借抗日之名組織軍隊，冠附十九路軍字樣，以皖籍工人為基本兵士，王任旅長，胡抱一、鄧祖禹任團長」，「此事籌備據云已有八成把握，設果實現，殊為中央腹心大患」。[5]

二月九日，各搗亂分子齊集陳人鶴家開會，商定作亂部署。當時孫科已經辭去行政院長職務，由京來滬，他輾轉得知此事，即邀王亞樵、陳人鶴等人來寓，嚴加詰問。孫科雖係粵方領袖，但對彼等勾結日寇反對中央之做法並不贊成，迨彼等承認確有其事，孫科不禁怒斥：「此等行為與吳三桂、石敬瑭賣國賣身無異！」並規勸彼等：「不可因個人之權利與一時之意氣，作萬世之罪人。在此強敵壓境之下，只有擁護中央，抵抗侵略，乃唯一救亡之出路，否則覆巢之下，焉有完卵。」彼等當即表示服從孫科，取消前議，並於次日解散徒眾，日方之詭謀始得消弭於無形。[6]

滬戰結束後，王亞樵不甘寂寞，繼續密派黨徒龍林、唐明等人，意圖暗殺黨國要人顧維鈞、宋子文、吳鐵城、羅文幹，並謀行刺國聯調查團團長李頓。嗣後龍林、唐明因搶劫錢莊被公共租界捕房逮捕，於十一月九日由

1 王述樵：《王亞樵生平活動記略》，《合肥文史資料》第三輯第九頁。
2 王述樵：《王亞樵生平活動記略》，《合肥文史資料》第三輯第十二頁。
3 「洪東夷自述既往史實」，民國二十四年八月二十九日，蔣中正總統檔案。
4 王述樵：《王亞樵生平活動記略》，《合肥文史資料》第三輯第十四至十五頁。
5 張道藩電何應欽，民國二十一年二月十二日，蔣中正總統檔案。
6 中央研究院近代史研究所編印：《馬超俊先生訪問紀錄》第一六九頁。

上海公安局向捕房提走，審明一切，其歷次暗殺之事實因而敗露。[1]

蔣中正對王亞樵之活動素有所聞，早在二十年二月間即電飭上海公安局長陳希曾務須緝獲王亞樵為要。[2]至龍林、唐明等人案發後，蔣中正再令上海市長吳鐵城、上海公安局長文鴻恩嚴緝兇犯，並令戴笠赴滬參與本案。此時王亞樵攝於形勢，不得不有輸誠之表示。吳鐵城於十一月二十五日密報蔣中正稱：「聞王亞樵有輸誠表示，是否出自至誠，抑或為勢所迫，藉以緩馳緝捕，以便遠逸，無從揣度。蓋自該暗殺黨機關破獲後，首犯在逃，子文兄及鐵共同懸賞五萬購緝，初聞王應胡召赴港，近偵查仍匿滬地，公安局現正會同英法捕房四面網羅，期必弋獲。彼所恃者，均已失勢，又除滬外，別無憑藉之地，如彼無切實表示及保證，寬縱之必貽後患。」蔣中正復電指示：「非有切實表示及保證，萬難寬縱。」同時電告戴笠，須提妨王亞樵「勢窮假輸誠」。[3]

戴笠與王亞樵相識甚早，兩人曾結為異性兄弟，彼此瞭解甚深。蔣中正曾對戴笠指示辦理王亞樵案之兩種辦法，一是「根本剷除」，一是「實行吸收」。戴笠赴滬後，似更傾向於「吸收」的辦法，乃通過安徽人何南僧與王亞樵輾轉建立聯繫，約其面決一切。王亞樵亦有意見面，遂與何南僧商量會晤地點，時為二十二年一月。不料與此同時，文鴻恩未與戴笠互通聲氣，突於一月十八日深夜出動多輛警車，包圍趙主教路王亞樵寓所。[4]王亞樵察覺後，將家門緊閉，電燈熄滅，而後從曬台躍下，利用警探尚未接近之時，蛇形逸去。是夜正值雪後，滿地銀白，王亞樵在雪光反映之下，形影顯現，恐為伏探所見，旋行旋止，見野地有一枯棺，乃俯依其側，忽聞路有人聲，便潛入棺內。歷時既久，人聲犬吠漸息，王亞樵探身棺外，知無埋伏，遂脫險而去。此後，王亞樵懷疑抓捕之舉係戴笠「搗鬼」，兩人約晤之事遂告擱置。[5]

七月一日，老閘捕房中西幹探在先施樂園遊藝場拘獲王亞樵之黨徒周執章，嗣又續獲王述樵、洪耀斗二名。王述樵係王亞樵之胞弟，在法租界薩坡賽路開設律師事務所，此次係因周執章供出其與刺殺趙鐵橋案有重大關

1 「滬公安局向特區一院迎提大批暗殺犯」，《大公報》天津版，民國二十二年十一月十日。
2 蔣中正電陳希曾，民國二十年二月十四日，蔣中正總統檔案。
3 吳鐵城電蔣中正，民國二十一年十一月二十五日，蔣中正總統檔案。
4 戴笠呈蔣中正，民國二十二年十一月十七日，蔣中正總統檔案。
5 洪耀斗：《我所知道的王亞樵》，《合肥文史資料》第三輯第四十三頁。

係，故由捕房拘捕。[1]七月二十日，吳鐵城密報蔣中正稱：「刺殺趙鐵橋案兇手及前年北站謀刺宋部長之重要犯人，近復捕獲數人，王亞樵之胞弟王述樵亦在其中，或因此能使王亞樵俯首就範，或更覓得線索，將其拿獲，亦未可知。」[2]七月二十一日，蔣中正電飭戴笠赴滬，協助進行。戴笠奉命後，經探詢前為此事奔走之何南僧，感覺尚有綫索可尋，遂令何於七月二十三日晨赴滬聯絡王亞樵，戴笠本人亦遵命赴滬，相機辦理。[3]

何南僧赴滬後，首先設法向王亞樵傳達消息，然而自王述樵及洪耀斗被捕後，凡與王亞樵有舊者均祕密逃離上海，以致何南僧窮盡晝夜之力，也毫無進展。[4]戴笠為便尋找線索，再請王亞樵之故舊胡抱一來滬幫忙。胡抱一早先追隨王亞樵從事暗殺，後立場轉變，現在追隨第一師師長胡宗南在甘東活動，[5]他應戴笠之邀抵滬後，與戴笠聯名在《新聞報》及《申報》登載化名啟事，希圖與王亞樵通訊，但是並無結果。八月十六日，胡抱一再以個人名義在《申報》刊登啟事，約王亞樵「面決」，這則啟事的標題是「胡二問鼎」，「胡二」係胡抱一自稱，「鼎」則係王亞樵之化名。[6]與此同時，戴笠根據王述樵和洪耀斗的供述，又在甘世東路找到王亞樵之密友常恒芳，請其出面幫忙。[7]

在眾人奔走努力之下，戴笠終於在八月下旬和王亞樵建立了聯繫。他深知王亞樵徒眾甚多，行蹤詭秘，且與日本勾結，不易澈底解決，於是通過何南僧、常恒芳等人輾轉傳遞消息，與王亞樵商定了三項條件：一，王亞樵將老母、獨子送京為質，以求蔣中正之寬宥，而予自新之路；二，王亞樵由戴笠保護，祕密入京或赴杭；三，公安局方面釋放王述樵、洪耀斗等人。[8]此三項條件，前兩項是王亞樵投誠的表示，第三項則是戴笠的讓步。戴笠於八月二十三日致電蔣中正稱：「生再四思維，澈底解決，目前既勢所不能，不如祕密容許其俯首就範，尚有利

1 「暗殺趙鐵橋案獲五人」，《新聞報》，民國二十二年七月九日。
2 吳鐵城電蔣中正，民國二十二年七月二十日，蔣中正總統檔案。
3 戴笠電蔣中正，民國二十二年七月二十二日，蔣中正總統檔案。
4 戴笠電蔣中正，民國二十二年七月三十日，蔣中正總統檔案。
5 中央研究院近代史研究所編印：《郭廷以先生訪問紀錄》第二三五頁。
6 「胡二問鼎」，《申報》，民國二十二年八月十六日。
7 王述樵：《王亞樵生平活動記略》，《合肥文史資料》第三輯第二十二頁。
8 戴笠呈蔣中正，民國二十二年十一月十七日，蔣中正總統檔案。

用對付反動之可能。」蔣中正復電指示：「可照辦」。[1]

當時財政部長宋子文對緝捕王亞樵事甚為關切，戴笠於接奉蔣中正容許王亞樵投誠之電示後，即請吳鐵城轉告宋子文，宋子文表示尊重蔣中正之意旨辦理。[2]於是戴笠通知胡抱一、何南僧按照此前約定，先將王亞樵之母、子送京為質，並託王亞樵之親戚馮某前往合肥王之原籍，迎接王之母、子。馮某到王家後，適值王母患痢疾甚劇，正在延醫診治。不料此時又橫生枝節，上海公安局因急於緝捕王亞樵，乃派警探前往合肥，會同該地駐軍搜捕王家。同時上海方面有人假借王亞樵名義，具書質問宋子文，有「既許投誠，何不釋放其弟、友？」等語。宋子文以之質問吳鐵城，吳鐵城再問戴笠，戴笠又請何南僧、常恒芳輾轉追究。直至十一月初，戴笠接閱王亞樵來書，對具書質問宋子文之事絕對否認，並出具親筆正草四紙為證。戴笠將此手書送交吳鐵城及宋子文核對筆跡，確與此前來書不符，證明宋子文「所得王書係奸人偽造」。[3]

經過這番曲折，戴笠深有感觸，他於十一月十七日報告蔣中正稱：「王母年老病危（上海往合肥搜捕之警探曾經目睹），礙難來京，日前何南僧、常恒芳商以王妻與子即日送京為質，履行第一個條件，而後再圖第二條件之實現。惟此事楊嘯天、吳醒亞、唐海安、吳市長輩之急圖除王以邀功或報仇，與華租警捕之圖得王以取賞，在在予生以進行上之困難與阻礙，致迄今尚不能奏吸收或剷除之功效，深為憾事。」楊嘯天為上海市保安處處長、吳醒亞為社會局局長、唐海安為江海關監督，皆與吳鐵城、戴笠同負緝捕之責，但是正如戴笠所言，眾人各行其是，互相爭功，以致負責者雖多，卻未能收協力之效，反而使戴笠的工作功虧一簣。這時王亞樵幾經變故，愈發謹慎，他在日本人的庇護下住進虹口萬歲館，使戴笠的緝捕工作更加困難。[4]

不久，失意軍人李濟深、陳銘樞領導十九路軍發動「閩變」，反對中央，王亞樵亦參與其事。吳鐵城於十一月二十四日報告蔣中正稱：「據密報，王亞樵於前星期赴香港，領到陳銘樞十萬元返滬，其部下八十人皆一律補發三個月餉，現已積極準備行動，收容落伍軍人，定名為『聚訓社』。等候閩軍到達閩浙交界之仙霞嶺時，在滬大舉暴動，對於留滬中委必要時施行威嚇，使其離滬。再探得共產黨、社會民主黨、新社會黨現已積極與王聯絡

1 戴笠電蔣中正，民國二十二年八月二十三日，蔣中正總統檔案。
2 戴笠電蔣中正，民國二十二年九月二日，蔣中正總統檔案。
3 戴笠呈蔣中正，民國二十二年十一月十七日，蔣中正總統檔案。
4 戴笠呈蔣中正，民國二十二年十一月十七日，蔣中正總統檔案。

等情。除密飭公安局加緊防範偵緝外，謹電奉陳。」蔣中正接閱後，批示：「閩變既發，一切防範偵緝希格外注意，王犯及其餘黨尤盼多方購線捕拿為要。」[1]十一月二十九日，吳醒亞亦向蔣中正密報稱：「陳逆（銘樞）任王亞樵為別動隊長，余立奎副之，來滬搗亂，王並入日籍，請日人保護。」[2]

二十三年一月，「閩變」平息，王亞樵趁機離開上海，隨李濟深、陳銘樞潛逃香港。此後他正式參與西南兩機關反對中央的種種活動，其生活費用即由西南政務委員會月支三千元。據說，王亞樵離滬時為躲避追捕，不惜以火燒臉，塗以醬油，迎窗曬黑，於是面目改觀，成功避開碼頭警探之耳目，使國府之緝捕工作再以失敗告終。[3]

回顧緝捕過程中，戴笠念及舊情，始終不曾放棄「吸收」王亞樵的努力，以便導之於正軌。後王亞樵於七月間再派友人金雅丞赴京面見戴笠，接洽輸誠事宜。蔣中正對此表示接受，王亞樵乃親自致書蔣中正，略謂：「得蒙公捐棄其既往，並勗我于將來，樵且感且慚，五衷如裂。竊樵于公本無纖介之嫌，徒以群小弄奸，不能無慨于中。今國勢阽危，凡有血氣者，祗應團結一致，統一國內，以期挽回國家民族危機於萬一，雖任何人不應再有渠漢之爭，更何有于樵。茲特請老友金雅丞兄持親函代謁，聊申愧赧之忱」云云。[4]

王亞樵雖然言辭誠懇，但內心并不情願，由於他缺乏歸服中央的誠意，這次接洽又無結果。[5]於是蔣中正對王亞樵的為人頗不以為然，曾告諭戴笠：「這種人不能用！」戴笠遵從蔣中正的意旨，從此放棄了「吸收」的想法。王亞樵察覺了戴笠態度的變化，曾致書戴笠說：「我對你沒有話講，委員長禮賢下士，你就和顏悅色；委員長疾言厲色，你就嫉惡如仇。」戴笠的回復是：「不管我們私人過去的關係怎麼樣，如果你有危害領袖的舉動，我就要殺你。」兩人的交情遂就此結束。[6]

1 吳鐵城電蔣中正，民國二十二年十一月二十四日，蔣中正總統檔案。
2 吳醒亞電蔣中正，民國二十二年十一月二十九日，蔣中正總統檔案。
3 王述樵：《王亞樵生平活動記略》，《合肥文史資料》第三輯第二十三頁。
4 王亞樵函蔣中正，民國二十三年七月二十二日，國民政府檔案。
5 戴笠呈蔣中正，民國二十四年十一月八日，蔣中正總統檔案。
6 戴笠講詞，民國三十二年八月三十日，《戴先生遺訓》第一輯第七十二頁。

八、福建事變

民國二十二年十一月二十日，十九路軍將領蔣光鼐、蔡廷鍇發動「閩變」，是為「察變」之後又一次反對國民政府的大規模變亂，而其情勢遠較「察變」為嚴重。

十九路軍本是一支有光榮歷史的部隊，其前身為北伐時期的第四軍第十師。九一八事變後，中央應粵方請求，將十九路軍調駐京滬，以十九路軍總指揮陳銘樞為京滬衛戍總司令官兼代淞滬警備司令，以蔣光鼐繼任總指揮，蔡廷鍇為軍長。一二八事變期間，十九路軍奮起抗戰，聲譽大著。及政府改組，陳銘樞以行政院副院長兼交通部長，權重一時。淞滬停戰協定簽訂後，國民政府任命蔣光鼐為福建綏靖主任，十九路軍亦奉命調駐福建擔任剿共任務。不久，陳銘樞因對「先安內後攘外」之國策不滿，辭職出國，返國後即往來於香港、上海間，極力拉攏粵桂胡漢民、陳濟棠、李濟深等人「反蔣」，並與中共方面進行聯絡。胡漢民雖對中央不滿，但也反對任何有違國民黨革命立場的行動，故不予支持；陳濟棠則隨胡漢民的態度為轉移；惟李濟深係十九路軍之老長官，且對剿共政策懷有歧見，遂與陳銘樞前往福建，策動十九路軍反對中央。

蔣中正對福建方面的動態甚為明悉，他希望能消弭叛亂於無形，因請國民政府主席林森以掃墓為名，回閩勸誡。林森於十月二十一日赴閩，曾召見陳銘樞、蔣光鼐等人，然而並無效果，遂於十一月十二日離閩返京。

戴笠對陳銘樞、李濟深及十九路軍的動態一直有所注意，曾於二十二年五月派梁幹喬赴香港佈置港粵方面工作。當時陳銘樞之親信鄧彥華及蔡廷鍇之副官鄧啟英均在廣州，有鄧淑賢者，與鄧彥華及鄧啟英之夫人有「姊妹之關係」，梁幹喬遂將其吸收為工作人員，從兩位夫人處刺探消息。[1]此外，特務處在福建的組織和上海的電台也偵獲了十九路軍與紅軍聯絡的若干情報。[2]

1 戴笠呈蔣中正，民國二十二年七月七日，國防部軍事情報局檔案。

2 國防部情報局編印：《戴雨農先生傳》第三十一頁。

除蒐集情報外，特務處更致力於策反工作。有一天下午，戴笠從外面回到乙處，怒氣沖沖地指向書記唐縱，暴躁地問：「你們徐府巷的人，究竟做些什麼事？都睡著了嗎？你叫劉欲仙來問問！」當時劉欲仙負責繕呈蔣中正之情報，故戴笠把怒氣都向他發洩。唐縱聽了，從容地問：「究竟發生了什麼事？」戴笠說：「今天領袖召見我，第一句話就問：『最近福州情況的發展，你還沒有報告。』可見我們的情報被人搶先了一步。」唐縱說：「福州不穩情況，中外報紙似已隱約有所報導，在情報價值上來講，未必是搶先一步。這裡有一份呈領袖的報告，專等你回來親自送去。」唐縱把報告從公文卷中取出，戴笠看了，頓時笑逐顏開，立刻前往官邸。據說這份報告即與策反十九路軍將領有關。[1]

十一月十九日亦即「閩變」爆發前一天，戴笠曾報告蔣中正稱：「福建確將成立人民政府，以胡漢民為主席，陳銘樞任五省聯軍總司令，黃琪翔為軍事委員，蔡廷楷為前敵總指揮，準備向浙江出動。胡（漢民）、陳（銘樞）已與粵陳商妥條件，第一不在粵設政府，第二保全粵方原有地盤，第三人民政府經費粵方暫時不負擔，聞其經費係由日本祕密接濟等情。」[2]此一情報得自華東區特派員吳迺憲，其內容基本準確，惟閩府將以胡漢民為主席等語亦非事實。

十一月二十日，李濟深、陳銘樞發出「聯共、反蔣、抗日」之通電，改國號為「中華共和國」，在福州成立「人民政府」，以李濟深為主席，並組織「生產人民黨」，禁用青天白日滿地紅國旗。閩府份子複雜，行為怪誕，而其撤除孫中山先生遺像及宣布解散中國國民黨等舉措，尤屬自毀立場，雖一向反對中央之粵方，對閩府之所為亦難表苟同。十一月二十一日，國民政府訓令行政院及軍事委員會「即飭所屬軍政機關迅予處置，務使叛亂剋日敉平。」蔣中正對「閩變」採用剿撫兼施的辦法，先於十一月二十二日發表「告十九路軍全體將士書」，空投於福州及其他十九路軍駐地，勸彼等自動來歸；繼於十一月二十四日抽調十一個師的重兵，由蔣鼎文指揮入閩討逆。

特務處方面，戴笠除電令原在福建之人員加緊工作外，並有若干新的佈置，其十一月二十四日電報蔣中正稱：「刻已由張性白同志之介紹，任閩人林宗賢為福建臨時通訊組長。林由閩來京不久，對福建各方情形甚熟

1 王孔安：《魂兮千古》，《唐乃建先生紀念集》第二五三頁。
2 戴笠呈蔣中正，民國二十二年十一月十九日，蔣中正總統檔案。

悉，渠于漳泉、福州、廈門等處可物色幹員十人任偵查工作，現暫定月支經費兩千元，准今日動身。惟中央調查科原在廈門之電台不能為生處盡量通訊，刻正準備電台，不日設法送廈另行架設矣。」[1]

廈門建台的工作，戴笠選定姜毅英、葉文昭等三人前往佈置。先是，姜毅英自杭州特警班畢業後，即奉戴笠之命赴滬學習英文，復與葉文昭入「三極無線電學校」學習電訊技術。二人畢業時，適逢「閩變」發生，廈門電台亟須建立，戴笠便令二人以工作夫妻身分，與另外一位同志編為一組，經過詳慎策劃，待命出發。臨行，戴笠特意舉行一次演習，派其他同志進行盤查，所幸毫無破綻，得以通過。後來三人搭乘海輪至廈門登岸時，遇到十九路軍檢查行李，由於訓練有素，肆應得宜，遂得驚險通過，成功在廈門建立起第一座祕密電台，及時傳遞重要情報，使國府有效地部署討逆軍事。葉文昭、姜毅英旗開得勝，一對原已滋長愛苗的青年男女，在險惡的環境中朝夕相處，互相關心，這種患難與共的感情，早已超過了一般的夫妻，此後二人平安歸來，葉文昭終於如願以償，贏得了姜毅英的芳心，二人遂結為連理。[2]

除自行佈置者外，戴笠尚有其他情報路線。時有中央戰車隊長張傑英，係東莞人，因與李濟深及陳銘樞之左右相稔，故被蔡廷鍇委任為別動隊司令，他有意反正，便與戴笠進行接洽，並將閩府在上海設有電台的祕密告知戴笠。[3]時任特務處情報科長的張炎元曾回憶：「李濟深在福建造反，情報科分華中、華南、華東、華北四股辦事，我們密電部門有敵人方面的密本，所有敵人的電報，我們都能翻譯出來。」[4]

行動方面，特務處對參與「閩變」的份子進行了抓捕，當時閩府派出代表，四出活動。武漢偵查組長周偉龍於十一月二十三日會同駐漢憲兵第五團破獲「反動機關」，搜出「人民革命軍」委狀、關防、圖記、信件等物，抓獲熊梅村、湯楠卿、趙復初等十餘人。[5]旋又捕獲餘黨周鎬、蘇業光，據周偉龍向戴笠報告，周、蘇二人「誠意悔悟」，戴笠接報後，復電「准予戴罪立功」，但也提出「以誅方為第一條件」。[6]「方」係指反對中央

---

1 戴笠電蔣中正，民國二十二年十一月二十四日，蔣中正總統檔案。
2 姜毅英訪問紀錄，《健行》民國七十五年特刊第九四至九五頁；張毓中：《滄海拾筆》第三十二頁。
3 戴笠電蔣中正，民國二十二年十二月九日，蔣中正總統檔案。
4 李士珒編校：《張炎元先生集續編》第一二八頁。
5 戴笠電蔣中正，民國二十二年十一月二十五日，蔣中正總統檔案。
6 戴笠電周偉龍，民國二十二年十二月五日，戴笠史料。

甚力的方鼎英，因蘇業光與方鼎英是同鄉，故戴笠有此提議。[1]此外，「生產黨」黨員黃天煜、鄭藏等人在武漢組織「人民政府武漢行動委員會」、「第三黨民主革命同盟」、「生產黨武漢支部」，以「武漢農業學會」為掩護，響應「閩變」，亦被特務處破獲逮捕。[2]

「閩變」未平之際，特務處曾在南京闖下大禍，令戴笠頭痛不已。起因是「閩變」將發生時，京、滬兩地之社會民主黨份子大事活動，該黨幹部沈公展並由滬來京，與在京黨徒一日數會。特務處一面派員加緊偵查，一面設法勾通沈公展，利用威脅利誘之手段，使其將社民黨在京負總務、財務、宣傳、書記等責之張正道、施經伯、周雲錦、包華國等盡行供出，特務處乃進一步密行跟蹤與監視。

十一月二十七日，特務處書記唐縱下令南京通訊組長兼首都警察廳特務組長方超，將張正道、周雲錦、施經伯、包華國等人分別祕密誘捕。當時戴笠正應江蘇省政府主席陳果夫之約赴鎮江處理「漢奸劉元武案」，他於十一月二十八日午回京後，方得知抓捕經過，當即痛責唐縱、方超失察，謂：「以今日政治環境之複雜，吾人樹敵不可太多，且首都關係重要，不應造成恐怖。」於是一面停止逮捕，一面即令被捕諸人書具加入社民黨之經過與今後脫離該黨之誓詞，並於當夜一一設法釋放，「事後各人均未承認逮捕，仍照常在京供職，社會人心均甚安靜。」[3]蔣中正於十二月一日獲悉此事後，甚感特務處處置失當，電責戴笠謂：「此次在京擅捕人員，並非急事，可謂荒唐已極！以後非先請命，不得自由行動，並將現捕人犯應即交公安局辦理，不得密禁，希即復，並來南昌一見。」蔣中正擬完稿，或覺措詞過於嚴厲，又將「可謂荒唐已極」改為「何以不先請命」。[4]

戴笠接電後，遵命將詳情電復蔣中正，並於十二月二日離京赴贛。抵贛後，於十二月六日以報告形式向蔣中正自請處分，謂：「生力微任重，年餘來雖晝夜黽勉，仍難免隕越，致貽鈞座之憂，負罪實深，惟工作缺乏掩護，困難實多。此次在京逮捕社會民主黨負責人施經伯等，不顧環境，構成罪過，擬請將負責人戴笠、唐縱、方超三人各記大過一次，並禁閉一星期，在禁閉期間，戴笠職務由鄭介民代理，唐縱職務由徐亮代理，方超職務由石仁寵代理，以重紀律。」蔣中正對此批示：「戴笠記大過一次，唐縱、方超禁閉兩個月，降一級，其職務准由

1 沈醉、文強：《戴笠其人》第十五頁。
2 國防部情報局編印：《戴雨農先生傳》第三十一頁。
3 戴笠電蔣中正，民國二十二年十二月二日，蔣中正總統檔案。
4 蔣中正電戴笠，民國二十二年十二月一日，蔣中正總統檔案。

徐、石代理可也。」[1]

此後一段時間，戴笠的首要任務是佈置前線通訊網。先是，蔣中正命令浙江省保安處長俞濟時在浙閩交界之雲和、龍泉、遂昌、宣平、慶元、景寧、泰順、平陽、麗水、衢州、縉雲、武義、金華各重要鄉鎮派遣便衣隊，並商由戴笠多帶小無線電機到以上各處試與杭州直接通電。[2]俞濟時奉命後，轉囑特務處杭州無線電製造所主任魏大銘辦理此事，於是魏大銘日夜趕製，曾於十二月十日報告戴笠稱：「現江山電台業已成立，浦城、龍泉兩台三日內准可出發，並擬於上饒、乍浦、鎮海、海門、永嘉、平陽等處各設一台，在本月二十五日前亦可陸續出發。」[3]

十二月中旬，國軍部署已定，開始向十九路軍發動進攻。蔣中正特於十二月十八日電囑戴笠：「我軍各師行動、地點及其軍風紀等可用書函報告，不得任意濫用無線電，被逆、匪竊取，洩漏機密。」[4]戴笠除復電遵命外，並於十二月二十三日自杭州趕往閩北重鎮浦城，考察前方新近佈置之通訊工作。[5]同日，蔣中正亦由南昌飛往杭州，準備親自赴閩平亂。十二月二十五日，蔣中正抵浦城，戴笠亦於同時到達，寓仙樓下五號。[6]

戴笠在閩期間，除令所屬積極蒐集情報外，並親赴廈門轉漳州，對叛軍六十一師師長毛維壽進行策動，再由毛維壽影響六十師師長沈光漢，促其棄暗投明。[7]事實上，十九路軍有很多中下級軍官均不願隨蔣光鼐、蔡廷鍇等人作亂，故國軍入閩作戰，進展神速，連克延平、古田、福州等地。

二十三年一月，閩局大致底定，一月二十一日，沈光漢、毛維壽、區壽年等人聯名通電，譴責閩府「同室操戈，貽害邦國」，並稱「擁護中央，促李、陳、蔣、蔡諸公先行離開」。不久，李濟深等人逃往香港，「閩變」澈底敉平。國民政府任命陳儀為福建省政府主席，改編十九路軍為第七路軍，以毛維壽為總指揮，繼續擔任剿共任務。

1 戴笠呈蔣中正，民國二十二年十二月六日，蔣中正總統檔案。
2 蔣中正電俞濟時，民國二十二年十二月一日，蔣中正總統檔案。
3 戴笠電蔣中正，民國二十二年十二月十日，戴笠史料。
4 蔣中正電戴笠，民國二十二年十二月十八日，蔣中正總統檔案。
5 戴笠電蔣中正，民國二十二年十二月二十日，蔣中正總統檔案。
6 戴笠電周偉龍，民國二十二年十二月二十五日，戴笠史料。
7 國防部情報局編印：《戴雨農先生傳》第三十一頁。

事變期間，軍情緊急，特務處的工作異常繁忙緊張，書記唐縱每日領導所屬同志，要由清晨八時一直辦公到午夜十一時半。戴笠作為特務處負責人，自然也承受著不小的工作壓力，有一天晚上過了十一點鐘，他忽然跑來辦公室，見工作人員都在，獨缺書記，書記的桌上堆了好高的卷宗，乃大發脾氣，把卷宗都掃落在地板上。工作人員都不敢說話，只是走過去把卷宗撿了起來。過了一會，戴笠自己找了一把椅子，坐下來和大家聊天，講了些輕鬆的故事，然後走了。「閩變」得以迅速敉平，固由於閩府不得人心、蔣中正指揮若定，而特務處之努力工作亦與有力焉。迨事變平息，唐縱積勞成疾，患嚴重之咳嗽病，張炎元亦吐了半痰盂的血，二人均被戴笠送往杭州莫干山養病。[1]

「閩變」既平，戴笠自閩返京度歲，稍事休整後，於二月二十三日再次自滬動身赴閩。二月二十五日，戴笠抵福州，寓東大路三十九號，一面追緝「閩變」餘黨，一面對福建工作組織汰弱留強，重新布置。[2]時有管棟材者，中央軍校七期畢業，自稱奉蔣中正之命主辦「藍衣社」，並冒充「討逆軍第四路副司令」等職，專事招謠撞騙，罪惡多端，戴笠於三月七日晚派員會同憲兵第四團將其逮捕，經報請蔣中正核准後，就地槍決。[3]三月十六日，戴笠乘輪離開福州，轉往廈門與香港負責同志會商工作。[4]在廈門停留數日後，於三月十九日飛往上海，結束了為期二十三天的福建之行。[5]

戴笠此次來閩，為便查訪「閩變」餘黨，特意住在一位「閩變」要角陳某的家中，並向其夫人探詢一切。陳夫人係一舊式婦女，為戴笠提供了許多幫助，戴笠甚為感激。戴笠離開福州時，陳夫人挪著「三寸金蓮」前來相送，和戴笠殷殷話別，她很擔心在廈門大學讀書的兒子，言念及此，不禁淚下，戴笠安慰她說：「我到廈門，會立刻去廈門大學看你的兒子，要他向你報平安。」戴笠身負「鎮壓反動」之責，而有「罪不及孥」之表示，陳夫人聞言深受感動，遂放聲大哭，旁觀者亦為之飲泣。[6]

1 張炎元：《悼念唐先生》，《唐乃建先生紀念集》第二一八頁；李士建編校：《張炎元先生集續編》第一二八至一二九頁。
2 戴笠電蔣中正，民國二十三年二月二十六日，蔣中正總統檔案；戴笠電宣鐵吾，民國二十三年二月二十五日，《戴先生遺訓》第三輯第四十六頁。
3 戴笠電蔣中正，民國二十三年三月八日，蔣中正總統檔案。
4 戴笠電宣鐵吾，民國二十三年三月十三日，戴笠史料；戴笠電黎鐵漢、羅毅、謝鎮南，民國二十三年三月十五日，戴笠史料。
5 戴笠電蔣中正，民國二十三年三月十九日，蔣中正總統檔案。
6 姜毅英訪問紀錄，《健行》民國七十五年特刊第九十五頁。

卷四　民國二十三年

民國二十三年，特務處的工作穩步發展。三月，在福建捕獲共產黨重要幹部嚴靈峯。六月，在南京解決日本領事藏本失蹤事件。十一月，先後制裁前西北軍將領吉鴻昌及著名報人史量才。同月，捕獲企圖刺殺蔣中正之「中華民族共濟會」份子蔡維坤、劉仲武。由於迭有工作表現，戴笠得於是年兼任豫鄂皖三省剿匪總部第三科長以及南昌行營調查課長，並於年底召開督察會議，重新規劃佈置工作。

本卷凡八節，主要敘述民國二十三年戴笠與特務處的活動情況，其中詳述禁煙密查組、隨節偵查組、隨節警衛組的組建沿革情形，填補了這一方面的空白。此外，特務處的考績獎懲體現了戴笠的工作思想，學界向無系統研究，特廣泛蒐集案例進行述評，如北平德勝門外「箱屍案」、蔡崇勳招搖撞騙案、翁光輝賣上圖利案、張我佛擅離職守案、解鴻禧招妓洩密案以及營救張炎元、撫恤周聲敷等事件，均係首次披露。

一、禁煙密查

自清季以來，中國盛行吸食鴉片之風，積久未能轉移，不僅敗壞風俗，更以此招致國家民族之奇恥大辱，而為外人所輕侮。民國成立之初，由於國家分裂，時局混亂，非但鴉片未能肅清，反因海洛因、嗎啡等毒品之製成，使煙毒更為氾濫。國民政府成立後，重視煙毒之為害國民與社會，初於民國十七年設立禁煙委員會，掌理禁煙禁毒事宜，然而禁令空疏，辦理未善。

當時中國各地煙毒氾濫之情形，以豫鄂皖贛諸省最為嚴重，其中湖北漢口為華中運土中心，西南三省之煙土多由此分運他省。財政部因於十八年在漢口設立清理兩湖特稅處，征收鴉片煙稅，以開發財源，寓禁於徵。二十一年五月，蔣中正坐鎮漢口督師剿共，目睹毒氛瀰漫，深感痛心，深知欲完成禁絕煙毒之政策，必須改用切實有效之方法。乃採國民會議議決之六年禁絕方案，試行分年漸禁辦法，由剿共區域之豫鄂皖贛四省及其毗鄰之地區切實試辦，並頒布一系列有利於禁煙禁毒的法令。[1]

二十二年七月，戴笠報告蔣中正，謂特務處對於蘇浙二省之工作，自七月份起集中力量檢舉貪污。蔣中正接閱後，批示：「對各省鴉片開燈與特稅處弊端須切實偵查。」是為特務處介入禁煙工作之始。[2]十月五日，戴笠電報蔣中正，謂上海發現一處生產紅丸、嗎啡的製毒機關，月得利三百萬餘元，並謂該機關與上海市政府有關，請示可否下令憲兵團迅速逮捕。蔣中正接閱後，批示：「凡製造紅丸機關，不問何屬，應一律逮捕。」[3]

戴笠提到的製毒機關位於中華路太平里，係淞滬警備司令部參謀長蔣群及副官處長溫建剛所包庇者，由於

1 賴淑卿：《國民政府六年禁煙計畫及其成效》第四十一至四十二頁。
2 戴笠呈蔣中正，民國二十二年七月七日，國防部軍事情報局檔案。
3 蔣中正批示戴笠來電，民國二十二年十月五日，蔣中正總統檔案。

蔣、溫二人均係上海市長兼淞滬警備司令吳鐵城所任用，故戴笠認為此案與上海市政府有關。[1]十一月十八日夜，戴笠派特務處書記唐縱會同駐滬憲兵第一團，對該製毒機關進行破獲，當場逮捕人犯二十名，並將房屋、機器、什物等一律發封。[2]十一月二十五日，特務處會同憲一團，將製毒機關經理陳哲民及職員王志成、朱德勝三名主犯押解赴贛。[3]

蔣中正對紅丸機關案甚為重視，在破獲當日即致電吳鐵城，令將蔣群與溫建剛二人派專員解送來贛。[4]次日，蔣中正再電吳鐵城，重申前令。[5]十一月二十日，蔣中正以吳鐵城迄未復電，乃再致一電，限五日內將蔣、溫二人解到南昌，不得延誤。[6]在蔣中正迭電嚴令之下，蔣、溫卒於十一月二十三日晚被解往南昌訊辦。[7]

此後，與蔣群、溫建剛有關之政府要員開始極力為二人說項。首先開口的是立法院長孫科，他於十一月二十四日致電蔣中正稱：「頃接蔣群、溫建剛電告，近奉嚴令押解南昌，實為萬萬不料之冤，請託轉懇緩頰，特電轉陳。乞先予詳查，然後定讞，至所盼禱。」蔣中正接閱後，未予理會。[8]孫科乃於次日再電蔣中正稱：「關於蔣群、溫建剛案，昨已電達，旋晤嘯天、醒亞，方悉顛末。查蔣群係總理舊人，而亦頗有功績之同志，科知之甚深，年來過從尤密，每欲推挈，苦無機會。此次承鐵城約任事淞滬，為時僅五十日，科敢保其必無違法之事，即小有差池之處，請公於訓斥之餘，加以策勵，必能感激奮勉，以圖報稱。愚見如此，倘荷鑒納，至所感幸。」蔣中正接閱後，仍然未予答復。[9]除孫科外，吳鐵城亦重託湖北省政府主席張群與南昌行營秘書長楊永泰，請向蔣

---

1 夏詠南：《淞滬警備司令部包庇紅丸毒品案紀略》，《上海文史資料存稿彙編》第十二冊第二六四頁；「上海破獲製毒機關」，《大公報》天津版，民國二十二年十一月三十日。

2 戴笠電蔣中正，民國二十二年十一月二十六日，蔣中正總統檔案；「上海破獲製毒機關」，《大公報》天津版，民國二十二年十一月三十日。

3 戴笠電蔣中正，民國二十二年十一月二十一日，蔣中正總統檔案；戴笠電鄧文儀，民國二十二年十一月二十五日，戴笠史料。

4 蔣中正電吳鐵城，民國二十二年十一月十八日，蔣中正總統檔案。

5 蔣中正電吳鐵城，民國二十二年十一月十九日，蔣中正總統檔案。

6 蔣中正電吳鐵城，民國二十二年十一月二十日，蔣中正總統檔案。

7 「蔣群溫建剛奉蔣密令送京」，《大公報》天津版，民國二十二年十一月二十五日。

8 孫科電蔣中正，民國二十二年十一月二十四日，蔣中正總統檔案。

9 孫科電蔣中正，民國二十二年十一月二十五日，蔣中正總統檔案。

中正設法疏解，然而蔣中正對此皆不為所動。[1]

戴笠深知，一旦蔣、溫被判無罪，特務處必將負誣告之責，因此他對政府要員的說項不敢大意。當時上海保安處長楊虎突然由滬赴贛，戴笠對此甚為警覺，特於十一月二十五日致電南昌行營調查課長鄧文儀及侍從室侍衛長宣鐵吾，請他們幫忙留意楊虎的態度，其致鄧文儀電稱：「滬太平里嗎啡製造機關經吾人破獲後，滬上軍政聞人大震，日來大事活動，多方疏解，希圖機器發封，主犯釋放。今日楊嘯天已飛贛矣，敢乞注意其言行，隨時賜示為荷。」[2]致宣鐵吾電稱：「楊嘯天為滬嗎啡製造機關破獲案，今日飛贛謁校座，請注意楊之言論，有以電示。」[3]

時值「閩變」爆發，蔣中正於十二月一日電令戴笠來南昌一見。[4]戴笠赴贛後，曾於十二月六日向蔣中正報告自己對紅丸機關案的見聞：

> 此次鈞座命令吳市長將溫建剛、蔣群解來南昌，京、滬、贛一帶人心大快，道路歌頌，時有聽聞。生前天於南潯車上，聽見一商人模樣者向其座客云：「蔣群在九江、上海無惡不作，唯有蔣委員長才是青天，所以能將其逮捕，聽說不久要槍斃咧。」另一座客云：「不至槍斃，聽說有許多大姥官已經向蔣委員長保釋，馬上就可放出來了。」彼商人模樣者復云：「蔣群的老子做人不好，所以沒有善終，蔣群的哥哥是蔣群害死的，蔣群在九江有許多地皮，大都是侵佔別人家的，他過去在家裏聚賭，是有公安局長為他看門的，蔣群不特是貪官，且是土豪」等情。事關民意，謹舉以奉聞。至於溫建剛素行反動，應即處以極刑。[5]

戴笠這番生動描述的目的，自然是勸蔣中正不要聽信關係方面的說項，而治蔣、溫以包庇製毒機關之罪，然

---

1 張群電楊永泰，民國二十二年十一月三十日，蔣中正總統檔案。
2 戴笠電鄧文儀，民國二十二年十一月二十五日，戴笠史料。
3 戴笠電宣鐵吾，民國二十二年十一月二十五日，戴笠史料。
4 蔣中正電戴笠，民國二十二年十二月一日，蔣中正總統檔案。
5 戴笠呈蔣中正，民國二十二年十二月六日，蔣中正總統檔案。

而上述「民意」究屬戴笠的一面之詞，欲將蔣、溫繩之以法，仍然需要確鑿的證據。為此，戴笠於十二月八日電告華東區駐滬特派員吳迺憲，「關乎紅丸製造之原料等名目不清楚」，請即「再往檢查，將其器具等逐一拍照繳存，並請密飭原報告人將製造情形與銷路詳行具報，專人送京為要，因總座對此點甚重視也。」[1]

蔣群、溫建剛被解往南昌後，由鄧文儀負責審究。戴笠於十二月十日電告鄧文儀稱：「滬太平里製造毒品機關兼製紅丸一節已獲有物證，該機關原設法界，後遷來太平里，自民十八年即已開辦。此案務請詳行質審，因該犯人等甚狡黠也。各種證物準明日專員送上，社會對此案之辦理甚為重視，乞注意。」[2]

十二月十三日，戴笠續電鄧文儀稱：「太平里案續獲證物已於昨派唐同學光輝送上矣，其中有協豐公司之賬簿多種，係自民十九即已開辦者，後因法租界當局厲行禁毒，該公司得華界警政當局之入夥，遂遷華界太平里，更名『洽記』，其職工發薪名冊明載自本年三月一日為始，所謂開辦僅四月者，實欺上之語也。」「該機關三樓確係製造紅丸之所，現有淋粉、咖啡精等之製造紅丸必需原料及烘盤、篩子等必需器具為憑。且原報告人可到庭作證，則製造紅丸之罪亦已成立。」

此外，戴笠並向鄧文儀詳細闡述他對本案的意見：「據查，在前次逮捕之二十人中，尚有公安局經常派駐之便衣警衛三人在內，刻正偵查其真姓名中。各犯均狡黠異常，不肯吐露真姓名與其職掌，弟意非嚴刑審究不可。」「此案據鄙見，應有一般犯罪與特別犯罪之分，製造毒品應歸一般犯罪部分議處，至公務人員朋夥製造毒品，甚至有辱沒革命領袖之行為，應歸特別犯罪部分處置。故對未到案之製造主犯顧嘉棠應嚴令滬市府緝拿；已到案之陳哲民等罪犯應嚴刑審究其真姓名與職掌，分別槍斃與監禁；至於蔣、溫兩人，實數罪俱發，應重嚴懲處，以正官心而肅紀律。吾人站在革命立場，應為領袖表揚功德於民而樹立其威信，蓋中外對此案均甚重視，吾兄革命健者，諒必表同情也。」[3]

此後一段時間，戴笠專注於應對「閩變」，未再過問紅丸案。二十三年一月「閩變」平定後，戴笠一面在福州緊張工作，一面仍要兼顧紅丸案的餘波。二月二十四日，蔣中正曾電戴笠責問：「前次上海嗎啡案，你說製造

1 戴笠電吳迺憲，民國二十二年十二月八日，戴笠史料。
2 戴笠電鄧文儀，民國二十二年十二月十日，戴笠史料。
3 戴笠電鄧文儀，民國二十二年十二月十三日，戴笠史料。

紅丸有憑證可呈，為何至今毫無影響？是否別有作用？希秉公澈底詳呈，不得含糊，否則當治誣告之罪。」[1]紅丸案已經過去三個多月，戴笠也在去年十二月將人犯與物證解往南昌，如今蔣中正再申前令，當係憑證尚不充份之故。戴笠於三月十一日致電吳迺憲稱：「校座近對太平里前案迭電催促補提憑證，以便澈底究辦。此事據弟推測，顯有人從中攻擊吾人做事不盡不實也，吾人對此案應速補提物證人證，以證明該機關確係兼製紅丸者，以免受誣告之罪，並保持吾人既往之信譽。」[2]人證方面，吳迺憲遵照戴笠指示，派王昌裕將紅丸案之原報告人送往南昌質審。[3]物證方面，吳迺憲查明石炭港北標碼頭地穴中有大批贓物，與太平里製毒機關有關。[4]人證物證既全，溫建剛、蔣群旋被法辦。

溫建剛平日招搖撞騙，到處信口開河，誇大其詞，被捕之前，曾公開對外宣傳，將煙土加工為紅丸、白麵是剿匪總部高級人員要辦的，對於政府信譽跡近毀謗。他被押到南昌行營監獄聽候軍法機關審辦期間，仍然膽大妄為，竟將兩位姨太太接到南昌，常在監獄會聚，結果兩位如夫人爭風吃醋，在監獄內吵鬧起來，弁髦軍法，莫此為甚。鄧文儀將事實報告蔣中正，很快奉核定應予槍決。溫建剛死後，人心大快，不僅整肅了軍紀官箴，而且澄清了上海對禁煙的謠言。[5]蔣群亦經行營審究，被判徒刑。[6]惟有另一主犯顧嘉棠未被法辦，原因不明。至此，紅丸機關案之餘波始告結束。

按照蔣中正之指示，特務處對於禁煙工作，除須偵查製毒機關外，尚須檢舉特稅處之弊端。二十三年二月以來，蔣中正有感於湖北特稅日形低落，為整頓稅收計，乃迭電戴笠選派人員，負責特稅密查事宜。[7]戴笠遂於三月初就特務處各地組織中抽調熟悉特稅情形且工作具有成績之黃埔同學十三名，成立湖北特稅密查組。[8]密查組以周偉龍為組長，劉培初為副組長，邢森洲為督察，其餘均為組員。該組成立之初，全部人員奉諭

1 蔣中正電戴笠，民國二十三年二月二十四日，蔣中正總統檔案。
2 戴笠電吳迺憲，民國二十三年三月十一日，戴笠史料。
3 戴笠電吳迺憲，民國二十二年三月十三日，戴笠史料。
4 戴笠電蔣中正，民國二十二年三月十五日，戴笠史料。
5 鄧文儀：《從軍報國記》第二〇二頁。
6 夏詠南：《淞滬警備司令部包庇紅丸毒品案紀略》，《上海文史資料存稿彙編》第十二冊第二六四頁。
7 蔣中正電戴笠，民國二十三年二月二十七日，蔣中正總統檔案。
8 戴笠電宣鐵吾，民國二十三年三月十日，戴笠史料；戴笠電黎鐵漢、羅毅，民國二十三年三月十二日，戴笠史料。

前往南昌晉見蔣中正，戴笠時在福州處理閩變餘波，聞訊後，迭電侍衛長宣鐵吾、偵查組長黎鐵漢、警衛組長羅穀，請對周偉龍等人不吝指教，並予接待。三月十二日，密查組除鄧匡元、田動雲路途較遠，尚未到達外，其餘人員均抵南昌，等候晉見。戴笠自福州電囑周偉龍、邢森洲稱：「請即赴交際科登記請見，弟當電呈總座也」，「密查組之組織與運用及經費，應如何方能防止放私與增加稅收，務乞兩兄多多磋商，條陳總座」，「此次晉見人員之名冊及相片等，均請妥為辦理，鄧、田兩員一同造報可也」，「兄等晉見時，對於態度、言語、服裝等，均請嚴加註意。」[1]

三月十五日，蔣中正電告戴笠，已傳見周偉龍等人，戴笠接電後，當即電詢黎鐵漢、周偉龍晉見結果如何。[2]戴笠沒有想到，蔣中正對周偉龍的印象並不良好。先是晉見之前，周偉龍聽說蔣中正重視儀表，特意新理了髮，還擦了髮蠟，不料蔣中正接見時，斥責他：「革命軍人，油頭滑腦。」且周偉龍眇一目，有「獨眼龍」之稱，蔣中正事後曾告訴戴笠：「周偉龍五官不正，不可重用。」[3]

四月一日，兩湖特稅處改組為禁煙督察處，隸屬南昌行營，下轄處本部、會計處及總監察室，三個機構地位平等，互相監督，以李基鴻為處長，黃天民為會計長，陳希曾為總監察。[4]處本部下轄秘書室、四個科、緝私室及監運所，其中緝私室主管禁煙緝私，防止走私漏稅，以邱開基為主任，緝私室下轄一個巡緝團，由邱開基兼任團長，沈開越擔任副團長；監運所主管監運煙土，以便分銷公賣，以特務處工作人員陳德謀為所長，但特務處對該所並未掌握運用。總監察室負責考核、調查禁煙督察處內部人員有無貪污舞弊情事，在十省禁煙分處所在地設有監察分室，於是特稅密查組改稱禁煙密查組，隸屬總監察室，周偉龍仍任組長，副組長改由監運所所長陳德謀兼任。[5]

禁煙密查組成立後，一面負責考核、調查禁煙督察處及所屬分處、緝私專員有無貪污舞弊情事，一面蒐集當

1 戴笠電周偉龍、邢森洲，民國二十三年三月十二日，《戴先生遺訓》第三輯第四二四頁。
2 戴笠電黎鐵漢、周偉龍，民國二十三年三月十五日，戴笠史料。
3 戈士德：《戴笠與周偉龍上》，《中外雜誌》第三十一卷第五期第一三七頁。
4 王宇高編：《事略稿本》，民國二十三年三月十七日。
5 國防部情報局編印：《國防部情報局史要彙編》上冊第二十六頁；郭旭：《蔣介石禁煙政策的內幕》，《文史資料存稿選編》第十二冊第六一六至六一七頁。

地情報。所獲情報凡關於禁煙者，均報告禁煙督察處總監察室，其餘則直接報告特務處。特務處內曾任密查組組員的，有倪超凡、何芝園、鄧匡元、杜述昭、翁一揆、袁紹齡等人，各密查組員分駐老河口、漢口、宜昌、重慶、蕪湖、潼關、洪江、福州、南陽、九江等處工作。[1]

戴笠對密查組寄予厚望，亦嚴厲督責，當組員尚在陸續派定之際，即於四月十八日電囑周偉龍：「在密組未開始工作前，所有該組到漢之人員均請指派臨時工作，以免散漫而資練習，尤其須多多討論特稅方面之事項。」[2]五月十八日，戴笠再電周偉龍，指示人事問題：「禁煙密查組派往督察處以下擔任內勤之人員如尚有缺額，茲擬派遣東大畢業在鐵道部任職多年之何芝園同志前來擔任，何長於文字，且甚可靠，請即查明電示為荷。」[3]

密查組性質特殊，其經費不由特務處負責，而由南昌行營單獨發給，惟一度遭遇拖欠。五月三十日，戴笠接周偉龍電稱：該組經費早由總監察陳希曾造送蔣中正呈核，但迄今未奉批示，致四、五兩月僅向陳希曾處借得三千元，為發給各外勤工作人員旅費及借支之需，故目下工作進行，頗感困難等語。戴笠為此致電南昌行營秘書長楊永泰稱：「查該組各工作人員雖由晚處原有工作人員調充，但各該員既專任禁煙密查工作，其原有職務早已另派人員補充，而晚處預算之緊縮，經費之拮据，實無法為該組助，且該組經費前由晚呈委座鑒核，奉批請鈞長核辦後，復奉公面諭須列入總監察預算之內，故遵由陳總監察造送委座，為此據情電陳，伏乞吾公賜予查催，迅賜批准，以便工作為幸。」[4]

戴笠請求楊永泰批准經費的最重要理由，是密查組人員已經不再從事特務處之活動。事實上，周偉龍擔任密查組長後，並未專任禁煙密查工作。是年八月初，周偉龍曾電告戴笠：有自稱山東省政府主席韓復榘秘書裴光中者現在漢口，到處宣稱韓復榘如何反對中央，經多方偵查，獲悉裴光中確為韓復榘所組織之「社會青年黨」在武漢方面之負責人，在黨內有「小火車頭」之綽號，經跟蹤二週後，於八月七日下午將裴光中逮捕，復據裴光中密

1 特務處編製：《二十六年份內外勤工作人員總考績名冊》，禁煙密查組條；郭旭：《蔣介石禁煙政策的內幕》，《文史資料存稿選編》第十二冊第六一八頁。

2 戴笠電周偉龍，民國二十三年四月十八日，戴笠史料。

3 戴笠電周偉龍，民國二十三年五月十八日，戴笠史料。

4 戴笠電楊永泰，民國二十三年五月三十日，《戴先生遺訓》第三輯第四二五頁。

告，其小同鄉閻曉程為共產黨，現任航空第四隊機械處中士，乃於八月八日中午再將閻曉程逮捕。當時戴笠病羈杭州，接電後，即於八月十日轉報蔣中正。[1]

此後周偉龍續有電來，戴笠以事關緊要，故每接電後，皆據情轉報蔣中正。不料至八月十四日，戴笠續接周偉龍來電，所報「閻犯供詞」竟與此前相反，令戴笠不知如何向蔣中正解釋，乃電責周偉龍曰：「前後矛盾若此，可見辦事輕浮，不著實際，兄固可以欺弟，弟實不敢欺總座也，今大錯鑄成，將何補救？因弟接兄之電報後，對贛杭方面之嫌疑犯均已命令逮捕矣。事已至此，務希將審問閻犯之人員與其口供，何以前後不同之實情，即詳電示為要。」[2]

周偉龍接電後，顯然對戴笠的指責不以為然，竟復電表示辭職，戴笠於八月十七日再電曰：「兩年來吾兄任勞任怨，公忠黨國，弟固無時不在欽佩感激之中。但此次逮捕審訊航空第四隊各犯手續與辦法暨所陳報者，均有未妥善之處，吾兄應明白也！應覺悟也！今日之事，非不幹可以甘休，種種環境之逼人，吾人只有立定腳跟，埋頭去幹，低心下氣的去幹，有過當改，忠言宜納，弟因與兄聯繫之密切，故督責不得不嚴，弟如有過，亦極願兄以之責弟也。病中掬誠奉複，對閻犯等仍希嚴訊徹究，隨時電示為要。」[3]

其實，閻曉程極有可能是被冤枉的。時在豫鄂皖三省剿匪總部負責審理特種案件的涂壽眉曾有如下回憶，略謂：「二十三年秋季，周偉龍君因某某案捕訊某軍青年軍官八九名，以刑訊逼供，均承認參加某案不諱。周君平日驕狂，自以為破獲如此鉅案，企圖擴大羅織，以成其功。余閱卷後，綜核前後供詞，認為原審以刑取供，決不實在。周大不以余為然，竟指余袒護要犯，應即扣訊，治以同等之罪。」「余所經辦之冤獄案，承辦單位反復詳訊偵察，認周偉龍君初審所下之結論有欠正確，為慎重計，密派幹員赴漢調查，旬日回報：『案係冤枉，涂某複審所提意見公正細密』。」[4]涂壽眉雖未明言此案內情，但極有可能是指閻曉程案。

除閻曉程案外，密查組還一度熱衷於緝私工作，戴笠為此特電周偉龍告誡：「禁煙密查組專一任務在於偵查內部人員之貪污舞弊，緝私是附帶工作也。查近來我禁煙密查組工作，專著意於緝私，未免有貪獎邀功之嫌，而

1 戴笠電蔣中正，民國二十三年八月十日，蔣中正總統檔案。
2 戴笠電周偉龍，民國二十三年八月十四日，《戴先生遺訓》第三輯第五十七頁。
3 戴笠電周偉龍，民國二十三年八月十七日，《戴先生遺訓》第三輯第五十七頁。
4 涂壽眉：《蕩蕩老人自述》第二四五至二四八頁。

所謂嚴密之組織，亦將受累矣。務請吾兄特別注意，尤須嚴防各組員所用之助手在外招搖撞騙，致累及我特工之信譽為要。」[1]

密查組的工作不僅難讓戴笠滿意，更未能獲得蔣中正的認可。蔣中正曾於二十四年三月二十四日電告戴笠：「禁煙督察處監運所長陳德謀、密查組長周偉龍浮華不實」，令設法糾正。戴笠接電後，於三月二十七日復電稱：「除電飭華中督察劉培初嚴密考核其情弊具報外，生當于日內前往漢口調查一切。」[2]

此後戴笠迭電周偉龍，勸其力戒招搖。四月二十九日，戴笠與駐福州之密查組員袁紹齡晤談，因覺其人「雖具魄力，但近誇大」，特電周偉龍請其注意，並稱：「聞德謀兄日前曾與警部檢查衝突，致被拘押，不僅個人受辱，實累及團體。吾人環境日非，但不患人之攻擊我，特患自身做壞耳，幸乞注意。」[3]五月十三日，戴笠再電周偉龍告誡曰：「兄乎，弟常言不怕人家說我壞，只怕自己有壞處，密查組固然要招怨要遭忌，但吾人如能事事奉公守法，處處慎密力行，人家雖怨我忌我，無妨也。兄為一組之長，萬懇多用腦少說話，以應付此困苦艱危之環境，以免整個失敗為幸。」[4]

戴笠之所以一再告誡，係因他對周偉龍頡頏傲世、飛揚跋扈的性格知之甚深。周偉龍之為人，天馬行空，不受羈絆，他在特務處內只服戴笠一人，與其他同志常難相處。劉培初曾任密查組副組長、華中督察，他到武漢辦公時，周偉龍的辦公處所分上下樓，竟只准劉培初在樓下辦公，不准上樓，樓梯口還派警衛監視。這件官司後來牽涉到甲室書記毛萬里，毛萬里因此被戴笠關了二十八天的禁閉。[5]

1 戴笠電周偉龍，民國二十三年某月二十一日，《戴先生遺訓》第三輯第四二四頁。
2 戴笠電張冠夫轉蔣中正，民國二十四年三月二十七日，戴笠史料。
3 戴笠電周偉龍，民國二十四年四月二十九日，戴笠史料。
4 戴笠電周偉龍，民國二十四年五月十三日，戴笠史料。
5 戈士德：《戴笠與周偉龍上》，《中外雜誌》第三十一卷第五期第一三七頁。

二、藏本事件

民國二十一年「淞滬停戰協定」及二十二年「塘沽停戰協定」簽訂後，日寇並未因此放緩其侵略中國的腳步。二十三年三月一日，偽滿改稱帝國，溥儀就「皇帝」位，改年號為「康德」。同日，國民政府外交部發表談話，指明溥儀等人並無獨立人格，無論其居何名義，其為傀儡的本質並無改變，中國政府完全不承認此一偽組織之存在。

此際，國民政府為在外交上孤立日本，開始加強與國際聯盟的關係，並與歐美諸國洽商武器和顧問的協助。這一政策，引起了日本的干涉，日本外務省情報部長天羽英二於四月十七日發表對華政策聲明，揚言不許其他國家向中國提供任何幫助，中國也不能與其他國家發生關係。此一聲明，直視中國為日本的保護國，對中國而言是莫大的侮辱，國民政府外交部先後於四月十九日、四月二十五日發表聲明，一方面否認任何國家，得在任何地方有獨負維持國際和平的責任，一方面聲明中國為一主權獨立之國家，與其他國家間之關係一如任何獨立主權國家應有之關係。

天羽聲明發表時，蔣中正適在江西主持第五次剿共，他密切注意國內政情及外交關係的發展，曾於四月二十一日電告行政院長兼外交部長汪精衛，告以對於天羽聲明不能掉以輕心，並應研究對策。四月二十三日，蔣中正在撫州主持擴大總理紀念週講話時，認為天羽聲明係對我們全體國民「一個最大的侮辱」，勉勵國人「做一個獨立國家的國民」，要立志收復失地。然而收復失地不能憑血氣之勇，而是需要一個長期積蓄國力的過程，因此國民政府此一時期的對日方針仍是盡力忍讓，以免日方有所藉口，可是這一穩健的外交政策卻招致部分愛國青年與黨內人士的非議與責難，別有懷抱者復從中挑撥利用，愈使情勢變得錯綜複雜。

在中日關係空前緊張的情勢下，特務處既要偵察日方的詭謀，又要注意國內激進抗日份子的活動。五月十九日，戴笠曾密報蔣中正，立委劉盥訓、董霖政、童冠賢、鄧鴻業、監委李夢庚、邵鴻基、劉峨青、田炯錦、考委會委員王用賓、中央黨部秘書王子壯等首都各機關籍隸北方者五十人，最近發起「華北救亡會」，「企圖反對政府外交方針」。戴笠除派員會同憲警機關祕密監視各發起人外，並因「該會人員既多，且係各機關之有地位者」，請示可否捕拿並勒令解散。蔣中正批示：「對各該重要會員，派人祕密跟蹤監視其行動。」[1]

令人遺憾的是，就在戴笠專注於防制激進抗日活動之際，日寇卻無視國民政府的忍讓，在南京製造了震驚一時的「藏本事件」。

六月八日，國民政府外交部為慶祝新廈落成，特舉行宴會招待各國駐華使節。當晚十一時，日本駐華公使有吉明參加完宴會後，由下關車站乘坐夜車前往上海。[2]有吉臨行時，日本駐南京總領事須磨彌吉郎率領事館官員前往車站送行，因人多車少，副總領事藏本英明未與眾人同行，乃自行前往。六月九日晨，須磨突然跑到國民政府外交部大肆咆哮，謂藏本於昨晚前往下關後即告失蹤，可能已被我國抗日志士殺害。查日方之一貫伎倆，即以駐華人員失蹤為藉口挑起事端，以遂行其侵華之陰謀，故「藏本事件」發生後，一時情勢緊張，舉國關注。當日中午，戴笠將此一事件電報正在南昌主持剿共的蔣中正，蔣中正指示戴笠：「應注全力偵查，即日判明下落具報，毋稍疏懈。」[3]

戴笠奉命後，即派幹員會同警憲機關展開偵查。當時日本領事館宣稱：藏本於八日晚十時許來館辦公，不到十分鐘即要汽車到下關為有吉送行，因館中汽車均已開出，藏本聲言坐黃包車去，此後即不知去向。但據日本領事館前之崗警朱金瑞稱：藏本於十一時三十分從領事館北大樓乘一一〇六號汽車北去，約十餘分鐘後空車駛回。由於崗警所述與領事館之宣傳顯有不符，愈使此一事件的真相變得複雜。[4]

與此同時，日本朝野藉機大放厥詞，極盡污衊與挑釁之能事。如《大阪每日新聞》發表了題為「中國政府之恥辱」的社論，稱：「這一事件顯有反日政治陰謀」，「應由中國政府負完全責任」，並稱藏本「如無生還之希望」，則日方將撤回僑民，「發動自衛」。《東京日日新聞》在社論中稱：「藏本副領事之失蹤，當非僅係遭受匪賊，如在事實上成為國家機關之某社，亦似與此案不無關係，故其責任全在華方，且可謂頗為重大，而日本當

1 戴笠電蔣中正，民國二十三年五月十九日，蔣中正總統檔案。
2 「有吉昨返滬」，《大公報》天津版，民國二十三年六月九日。
3 戴笠電蔣中正，民國二十三年六月九日，蔣中正總統檔案。
4 戴笠電蔣中正，民國二十三年六月九日，蔣中正總統檔案。

局將對此案採取強硬態度。」所謂「某社」即指力行社。[1]

另一方面，日本海軍由上海派遣驅逐艦至南京江面示威，並派陸戰隊登陸，其陸軍當局且揚言「不惜訴諸武力」。六月十日，由於藏本尚未尋獲，情勢變得愈發緊張，日本陸海武官會議已有「斷然處置」之說。當夜，行政院長汪精衛約集軍事委員會辦公廳主任朱培德、參謀本部參謀次長賀耀組、首都警備司令谷正倫、首都警察廳長陳焯等人詳議此一事件，眾人均認為「首都軍警素來嚴密，數年以來從無暗殺、綁票等事發生，此事極可疑」，因電請蔣中正考慮，在此種情形之下，「日內是否宜於回京」。[2]六月十一日，蔣中正復電汪精衛，告以：「弟意此事須竭力設法，勿使其陸戰隊登陸入城。」[3]另電朱培德指示：「日副領事失蹤事，一面應靜以處之，以待其事態之變化；一面應祕密準備在京所有之兵力，以防萬一，但必須以靜制動，切令軍警勿稍形張皇為要。」[4]

除特務處奉命尋找藏本外，首都警察廳自六月九日接到外交部通知後，即派員往日本領事館訪問，多方調查藏本之個性、嗜好、身材、服飾等問題，同時向日方索取藏本近照，立即翻印多張，分向藏本平日來往各處及城關站埠四出查訪，又將日本領事館至陰陽營藏本寓所及下關車站沿路崗警逐一查問，然而並無線索可尋。六月十日，警廳廳長陳焯召集各局隊所長官，研究擴大訪查辦法，繼續盡力訪查，可是仍無發現。六月十一日，首都警察廳及首都警備司令部在首都各報刊登廣告，內稱「無論何人，如能將該副領事藏本英明氏直接尋獲，賞洋一萬元。」[5]

六月十二日，須磨謁見汪精衛，轉達日本外相廣田弘毅對中國的三點通告，略謂：藏本萬一不幸，不論加害者之行為及動機如何，實為關係到帝國威信之重大案件，須澈底糾彈南京政府之責任；如中國政府缺乏誠意，又無搜索能力，日方當派遣陸戰隊，以實力進行搜索；判明失蹤案件真相後，將向國民政府提出向日本認罪、嚴懲加害者、賠償一切損失、保證不再發生類似事件等要求。這三點通告實際上是對國民政府的最後通牒，戰爭已有

1 經盛鴻：《南京淪陷八年史》第四十六至四十七頁。
2 楊永泰電蔣中正，民國二十三年六月十一日，蔣中正總統檔案。
3 蔣中正電汪精衛，民國二十三年六月十一日，蔣中正總統檔案。
4 蔣中正電朱培德，民國二十三年六月十一日，蔣中正總統檔案。
5 「藏本失蹤案之謎」，《大公報》天津版，民國二十三年六月十二日。

一觸即發之勢。[1]

六月十三日午前，藏本仍無下落，此時美國使館傳出內部消息：據《字林西報》某位外籍記者稱，藏本已經祕密前往上海。此消息經特務處偵悉後，戴笠除令上海工作人員嚴查外，並以「元午」電報告蔣中正稱：「此消息雖不能斷定其為確實，但極可供參考。」然而就在這封電報發出不久，戴笠竟又接到藏本已經尋獲的報告，於是他再發「元未」、「元申」兩電，將實情報告蔣中正。[2]

尋獲藏本的關鍵人物是特務處在中山陵園佈置的特約通訊員張燕亭，其公開身分是陵園的工頭。這天上午九時許，張燕亭在工房附近發現了一個中等身材，年約四十多歲的人，很像報紙上登載的藏本，乃急忙打電話向首都警察廳報告。待張燕亭打完電話，藏本卻不見了，正在此時，工人魏宗青趕來，說在樹林中發現了一個形跡可疑的人，張燕亭遂帶魏宗青和另一工人郝正林前往查看。不久，警廳特務組員曾仗、李侃等人趕到，會同三名工人深入山內找尋，終於下午一時在明孝陵後山圍牆內一個土穴中將藏本尋獲。當時藏本神經衰弱，體力疲憊，不願返回城內，後經委婉勸導，始於下午二時餘被送往警廳，妥為招待。

藏本素與警廳廳長陳焯相識，見面後不禁涕泣，自稱他於八日晚因送有吉未果，頓生感觸，即乘黃包車出中山門，登紫金山，居高俯瞰，見電火熒熒，乃揮手呼曰：「別矣，中國美麗之國都！」即欲供豹狼吞噬，以了此身，後豹狼不來，又欲掘坑自埋，但無氣力，遂在山中徘徊數日。陳焯問他何以厭世，藏本不肯吐露。戴笠除將上情報告蔣中正外，並分析稱：「詳究其出亡與欲自殺之原因，不外渠與須磨總領事不洽，因渠屬外交系，須磨屬陸軍系，須平日對藏事事予以難堪，尤其此次須宴有吉，藏不與焉。」陳焯與戴笠為免日方有所藉口，先商請駐京之哈瓦斯與路透社外國記者至警廳慰問藏本，並取得藏本承認係自動出走之口頭憑證後，再將藏本送往外交部安置。[3]藏本抵外交部後，先後由外交部常務次長唐有壬及亞洲司長沈覲鼎等人與之談話，藏本懺悔不已，唏噓泣下。後沈覲鼎以電話通知日本領事館，不久須磨趕來外交部，將藏本領回，藏本事件終告平息。

1 經盛鴻：《南京淪陷八年史》第四十八至四十九頁。
2 戴笠電蔣中正，民國二十三年六月十三日，蔣中正總統檔案。
3 戴笠電蔣中正，民國二十三年六月十三日，蔣中正總統檔案；陳焯電蔣中正，民國二十三年六月十三日，蔣中正總統檔案；「藏本失蹤之謎已解」，《大公報》天津版，民國二十三年六月十四日；顧綴英：《藏本事件始末》，《文史資料存稿選編》第十二冊第六八〇頁。

六月十四日，蔣中正接戴笠元申電，獲悉藏本已經尋獲，日寇不得藉口，乃決定離贛赴京。[1]當日下午，須磨奉日本外務省訓令，親自謁見汪精衛及陳焯、谷正倫等人，向中國政府表示謝意，並稱「過去疑雲已一掃而空，兩國邦交益見好轉」云云。當晚，汪精衛以陳焯、谷正倫甚著功績，邀宴二人，以示慰勞，美國駐南京副領事雷森德亦致函陳焯表示欽佩。至於警廳懸賞之一萬元獎金，以五千元獎給張燕亭、魏宗青、郝正林三名工人，另以五千元犒賞出力之警員與憲兵。[2]

八月，陳焯、谷正倫復以尋獲藏本有功，由軍政部呈請國民政府予以陸海空軍甲種一等獎章。[3]其實，無論是最先發現藏本的張燕亭，亦或是後來趕到的警廳特務組員曾仗、李侃，他們無一例外都是特務處的工作人員，如論平息藏本事件之功，戴笠當居其首，只不過出於特務工作保密的需要，報紙上始終不曾出現他的名字。

1 袁惠常編：《事略稿本》，民國二十三年六月十四日。
2 「藏本案完全結束」，《大公報》天津版，民國二十三年六月十五日。
3 「痛心的光榮」，《大公報》天津版，民國二十三年八月二十四日。

三、調查課長

自民國二十一年特務處成立以來，曾先後掌握若干公開單位，以為特種工作之助。至二十三年戴笠兼任豫鄂皖三省總部第三科長及南昌行營調查課長後，特務處的組織和工作更是獲得前所未有的充實與發展。

先是二十一年六月，蔣中正在武漢成立豫鄂皖三省剿匪總司令部，在總部秘書處下設第三科，以秘書鄧文儀為科長，主管情報、警備、肅奸、防諜等工作，惟規模不大，工作人員僅有二十餘人。[1]二十二年五月，國民政府成立軍事委員會委員長南昌行營，授予蔣中正全權處理江西、廣東、福建、湖南、湖北五省軍政及剿共事宜之責。南昌行營秘書處下亦設調查課，其任務與三省剿匪總部第三科類似，蔣中正以鄧文儀在三科科長任內具有經驗，仍命其兼任調查課長。調查課之人員、經費均較第三科大為增加，尤其在豫、鄂、浙、贛四省政府保安處內成立諜報股，由調查課直接監督指揮。調查課由此成為頗具規模的情報體系，而其權責較特務處猶有過之。[2]

二十三年七月，鄧文儀奉命調查航空署失火案，因洩露調查結果，遭蔣中正痛斥，並於七月二十一日辭去調查課長職務。[3]在此前後，蔣中正曾電召戴笠赴廬山，[4]參與調查航委會失火案。至鄧文儀辭去調查課長，蔣中正即命戴笠接任。[5]此外，鄧文儀一併辭去三省剿匪總部第三科長職務，三科事務亦改由戴笠處理。[6]

當時戴笠在南昌百花洲設有辦事處，特務處在南昌的工作人員均可隨時找他聊天。一天黃昏，隨節偵查組組員張玉麟去看戴笠，戴笠不在，只見到副官賈金南，二人便嘻嘻哈哈談笑起來。這時戴笠滿面春風地回來了，他

1 鄧文儀：《從軍報國記》第一八〇頁。
2 鄧文儀：《從軍報國記》第一八七頁；王立生：《一個情報老卒的回憶》，《健行》第一六四期第四十三頁。
3 呂芳上主編：《蔣中正先生年譜長編》，民國二十三年七月二十一日。
4 蔣中正電戴笠，民國二十三年七月十四日，蔣中正總統檔案。
5 戴笠電蔣中正，民國二十三年七月二十四日，蔣中正總統檔案。
6 蔣中正電張學良，民國二十三年七月三十一日，蔣中正總統檔案。

喜形於色地對張玉麟說：「你來了！坐！坐！」又對賈金南說：「賈金南！馬上燒泡飯給我吃。喔！還是先倒洗腳水給我洗腳！」張玉麟問：「是不是有好消息？」戴笠說：「你不知道，我當課長了！」張玉麟脫口而出道：「一個課長有什麼了不起，你怎麼會這麼高興？」戴笠說：「真是小孩子！這個課長可不是一般的課長，你懂什麼呀！」[1]

戴笠接任調查課長後，首先對調查課所屬各省保安處諜報股的人事進行了調整，他於八月七日電報蔣中正稱：「河南保安處諜報股長吳賡恕祕密性欠缺，工作暴露，劉主席對之亦不滿，現決將吳撤回，其遺缺擬保六期豫籍同學劉藝舟接充之，伏乞賜准，並電劉主席加委為幸。查劉藝舟任本處河南通訊站長兩年，平日工作努力，成績雖優良，但因素無掩護，難免不為人所注意，致工作不能收事半功倍之效，故不得不有此請求也。」另據浙江省保安處長俞濟時函告，諜報股長王兆槐有貪污行為，戴笠遂電請俞濟時將王兆槐扣留，並派特務處督察翁光輝前往澈查。[2]

八月九日，戴笠由京赴杭解決王兆槐事，不料於途次中暑發熱，引發喉症，次日即入院診治。[3]八月十二日，戴笠喉症減輕，熱度亦漸退，惟痰中突然帶血，遂再延醫治療。[4]然而直至八月十六日，戴笠仍未痊愈，且醫生堅囑，無論如何尚須一週方能行動。[5]戴笠之所以大病一場，實與他內心焦急有關。他剛剛接手調查課，尚須親往南昌進行整理，可他病的不輕，如今只得羈留杭州，與各方電報往還，處理諸多待辦事項。

吳賡恕辭去河南保安處諜報股長一職後，曾應戴笠之約往南京相見。戴笠於八月十二日致電吳賡恕曰：「弟因病留杭，致遲回京，有勞久候，至悵！甚歉！頃奉委座電示，准調兄回課工作，遺缺以藝舟兄接充，並已電劉主席加委矣等因。奉此，除電知藝舟外，請兄即赴汴、鄭一行，與藝舟商洽一切，對此後工作應如何進行之處，務請兄多多指示藝舟為幸。」[6]

1 張毓中：《滄海拾筆》第六十二至六十三頁。
2 戴笠電蔣中正，民國二十三年八月七日，蔣中正總統檔案。
3 戴笠電蔣中正，民國二十三年八月十日，蔣中正總統檔案。
4 戴笠電黎鐵漢，民國二十三年八月十二日，《戴先生遺訓》第三輯第四十四頁。
5 戴笠電毛萬里，民國二十三年八月十六日，《戴先生遺訓》第三輯第八十頁。
6 戴笠電吳賡恕，民國二十三年八月十二日，《戴先生遺訓》第三輯第一三〇頁。

八月十三日深夜二時，戴笠因有要情傳達，曾打長途電話到南京處本部，結果電話局懇切答復：「二二五三一話機經接線多次，時間延至卅分鐘之久，均無人聽話。」戴笠為此痛心之極，他於午間倚枕電斥在京負責之彭堯亭、張冠夫曰：「查京寓為本處之總樞紐，警衛應如何嚴密，值日值夜，必須分派，為何弟不在京，即無一人在寓宿夜乎？如有者，豈均是死人乎？當此天氣炎熱，夜間二時，時候不能說遲，我在京時，常見夜間露宿天井者甚多，何以昨夜電話竟無一人聽到乎？足證我不在京，京寓即無人住宿也。似此天良喪盡，將何以做事，還配來參加革命嗎？希即將昨夜無人聽話原因詳查電告，以便處罰。此後電話室須有一值星之官長一員住宿，專負值夜之責。凡庶務、會計、交通各股之職員，均須輪流值夜，門警亦須有人值日，並須備具日記，每天將應行登載事項，詳行列入，每日呈由書記長核閱批迴，以便查考，此電並希送呈行深兄一閱。」[1]

最令戴笠關心的仍是接手調查課的相關事宜。調查課成立一年多以來，工作人員全部由鄧文儀提拔任用，與戴笠素無淵源，這些人員不僅工作能力甚強，而且數量也在特務處之上。現在戴笠有意將特務處與調查課合併辦公，新舊幹部之間難免有畛域之分，也很容易發生摩擦和排擠。為此，戴笠對調查課人員竭誠表示信任與尊重，並盡力消弭新舊之間的界限，以期雙方幹部能和衷共濟，合作無間。

在戴笠未到南昌以前，特務處方面由柯建安與調查課方面進行接洽。因此，戴笠對柯建安的囑咐尤其殷切，其八月十二日電曰：「弟病困杭州，焦急萬狀！刻正積極醫治，一俟稍愈，當即前來調查課。在此新舊交替之際，人心之未安，在所不免，務請兄堅忍以待之，毅力以赴之」，對調查課負責之李厚徵、張毅夫、李果諶、謝力公等同志「務乞代達感激信仰之忱，以便共同維持現狀」，並囑「在弟未到贛前，萬懇勿離南昌一步，如兄已離南昌，請立即回去，容弟再詳行面商一切可也。」[2]八月十七日再電曰：「對於課事，萬懇吾兄鼎力維持，消息務求其靈通，情況務求其明瞭」，「至由京調課各同志，務請堅囑其勿多言，埋頭做，待人接物須力行謙和，調查課、特務處之界限尤須竭力避免也。」[3]

此外，戴笠對於調查課原有人員極力安撫。他於八月十六日特電副課長李厚徵致謝曰：「課事荷蒙鼎力支

1 戴笠電彭堯亭、張冠夫，民國二十三年八月十三日，《戴先生遺訓》第三輯第二四六頁。
2 戴笠電柯建安，民國二十三年八月十二日，《戴先生遺訓》第三輯第八十二頁。
3 戴笠電柯建安，民國二十三年八月十七日，《戴先生遺訓》第三輯第八十一至八十二頁。

持，甚感！」[1]後李厚徵赴星子，戴笠於八月十九日電囑調查課軍事股長李果諶負責主持課務，由柯建安在旁助理。[2]八月二十日，戴笠另電前課長鄧文儀曰：「弟因病羈杭，勞念至歉！現已痊愈，擬日內赴牯面領教益。調課之事，弟蕭規曹隨，無甚問題。」[3]

八月二十三日，戴笠終於痊愈，他於當晚離杭赴滬，再搭次日出口之船前往南昌，結束了為期半月的休養。[4]戴笠病羈杭州期間，即決定將南京特務處內勤人員大部遷往南昌併入調查課工作，以集中人力、辦事迅速，配合第五次剿共軍事。[5]他抵達南昌後，在調查課經堂巷禮堂內召集副課長以下內勤幹部百餘人，即席訓示奉命接任之經過，表示對未來工作開展的信心，語多慰勉，詞極誠懇。訓示畢，乃請在場諸人舉手表決是否願意留任，當時除副課長李厚徵等少數人因故沒有留任外，表示願意繼續工作者約達十分之九，其中李果諶、張毅夫、吳賡恕、王新衡、謝力公、王立生、周世光、廖樹東、唐玉琨、涂壽眉、曾堅等人，不僅繼續擔任調查課的職務，日後更成為特務處的重要幹部。[6]

李果諶，別名樵，號崇德，湖北武昌人。少英異，負奇氣，幼讀私塾，聰慧逾群兒。日本陸軍士官學校、莫斯科中山大學畢業。復入蘇聯軍事委員會特別訓練班受訓，觀摩潛化，學有專成。回國後，歷任第四軍軍官教導隊上校科長、少將代參謀處長、調查課軍事股長、第一組長等職。[7]

張毅夫，湖南醴陵人，湖南省立第一中學及北平師範大學國文系畢業。民國十七年七月經鄧文儀介紹，加入中國國民黨。歷任第四十六軍政治部少校科員、第十師特別黨部秘書、豫鄂皖三省剿匪總部中校科員、南昌行營中校秘書。[8]

吳賡恕，號默謙，湖南長沙人。生性豪邁，智力過人，英姿爽颯，風骨偉岸，事無纖鉅，經手即能。廣州嶺

---

1 戴笠電李厚徵，民國二十三年八月十六日，《戴先生遺訓》第三輯第八十一頁。
2 戴笠電李果諶，民國二十三年八月十九日，《戴先生遺訓》第三輯第八十二頁。
3 戴笠電鄧文儀，民國二十三年八月二十日，《戴先生遺訓》第三輯第七十九頁。
4 戴笠電張行深，民國二十三年八月二十三日，《戴先生遺訓》第三輯第二四三頁。
5 戴笠電蔣中正，民國二十三年八月二十日，蔣中正總統檔案。
6 王立生：《一個情報老卒的回憶》，《健行》第一六四期第四十五頁。
7 國民政府軍事委員會調查統計局編印：《先烈史略稿》初輯第三十四頁。
8 軍事委員會委員長侍從室人事登記片稿，張毅夫。

南大學畢業，得學士。著《中國民族復興之政策與實施》，所論農業改良政策、工業漸進政策、國營廣告及彈性教育等，皆中時要，識者韙焉。旋進中國國民黨政治講習班，受革命熏陶。既卒業，歷任第二軍交通處材料庫長、政治部秘書、交通處長、第十八師參謀處交通科科長、豫鄂皖三省剿匪總部參議，均著勛勤，時望翕然。[1]

王新衡，原名兆壎，學名心恒，字子常，號新衡，浙江慈谿人。天資英拔，秉性俊邁，自上海衛靈中學畢業後，升入上海大學。成績優異，尤喜結交，龍蟠鳳逸，頭角早露。五卅事件期間，上海市學生聯合會發動碼頭工人拒卸日貨，王新衡負責匯山碼頭，每日先赴南市學生聯合會領款，再往匯山碼頭發放工資，不但自付車費，而且逐日繳回節餘款項，為負責分發工資二十人中僅有之一人，其熱心報國及忠於所事，此時已見端倪。十五年，留學莫斯科中山大學。畢業後，留校任俄文翻譯，並在共產國際東方部中國問題研究所從事研究。十八年，因遭中共幹部王明等人控告，指為反對史達林政策，遂遭蘇俄特務機關監禁，歷時四月餘始獲釋出。十九年底，經海參崴返回上海，以俄文造詣甚深，成為國內研究蘇俄問題權威人士之一。初任中央軍校政訓班指導員，曾以所譯《赤卡的工作》一書呈蔣中正，獲召見嘉勉，後任南昌行營調查課組長。[2]

謝力公，號展鵬，廣東雲浮人。俄國莫斯科東方大學畢業。歷任豫鄂皖三省剿匪總部參謀處少校參謀、南昌行營中校股長、少校組長，兼任軍事委員會駐外武官訓練班上校主任教官。[3]

王立生，別號梨僧，江西萬安人。江西省立第一師範、上海大學經濟系畢業，曾在教育界服務。二十一年冬，經徐業道介紹，在豫鄂皖三省總部第三科擔任編審工作。翌年春，調南昌行營調查課中校股長，並兼南昌郵電新聞檢查所所長。半年後，轉任江西省保安司令部諜報股中校股長。[4]

周世光，湖南湘鄉人。先後肄業於雅禮大學及湖南大學，明敏幹練，認真負責。民國十五年，任北伐軍左翼總指揮部組織科上尉科長。十六年，任第三軍少校宣傳科長。此後退出軍旅，從事教育。二十二年，任安徽崇實中學校長，作育英才，頗多建樹。同年七月，參加調查課工作。[5]

1 國民政府軍事委員會調查統計局編印：《先烈史略稿》初輯第二十二頁。
2 國史館編印：《國史館現藏民國人物傳記史料彙編》第一輯第八十至八十一頁。
3 軍事委員會委員長侍從室人事登記表，謝力公；特務處編製：《二十六年份內外勤工作人員總考績名冊》，謝力公條。
4 國史館編印：《國史館現藏民國人物傳記史料彙編》第六輯第十七頁。
5 國防部情報局編印：《本局殉職殉難先烈事蹟彙編》第一六八至一六九頁。

廖樹東，湖北沔陽人。中央軍校六期畢業。曾任中央軍校武漢分校區隊長、鹽務緝私局隊長、漢口市社會局勞動股主任、湖北省水上公安局巡查隊長及沔陽縣保衛團副團長等職。二十二年五月，經陳紹平介紹，參加南昌行營調查課工作。[1]

唐玉琨，字蘊山，安徽合肥人。中學畢業，負笈滬濱，肄業上海大學，繼以嚮慕革命救國，考入中央軍校五期。畢業後，以成績優異，獲選送莫斯科中山大學深造。學成歸國，歷任中國國民黨第五師特別黨部總幹事、獨立旅參謀主任等職，精明幹練，著有聲譽。二十二年十二月，參加南昌行營調查課工作，任課員。[2]

涂壽眉，字頌喬，湖北黃梅人。湖北私立法政專校政經科畢業。二十年六月，由徐業道介紹，加入中國國民黨。曾任湖北廣濟縣政府民政股長、陸軍第十八師司令部軍法官、豫鄂皖三省剿匪總部秘書處少校科員、南昌行營中校股長。[3]

曾堅，字魯平，別號大成，湖南邵陽人。幼有大志，肄業於北平中國大學，力學勤苦，見重於師友。十六年七月，加入中國國民黨。[4]二十二年十月，參加調查課工作，任少校課員。[5]

戴笠正式接任後，對調查課的組織和人事進行了調整：除自兼課長外，設副課長一人，以徐亮充任，下設書記室、三個組、督察室和偵查隊；書記室處理行政及公文，以張毅夫為書記，下設考核、譯電、文書、收發四股；第一組司情報，下設華東、華南、華中、華北、國際、統計、編審七股；第二組司行動，下設司法、執行二股；第三組司總務，下設會計、庶務、交通三股。[6]但此一組織和人事安排僅僅存在幾個月，調查課即隨南昌行營結束而併入特務處了。

1 國民政府軍事委員會調查統計局編印：《先烈史略稿》初輯第二〇〇頁。
2 國防部情報局編印：《本局殉職殉難先烈事蹟彙編》第九九三頁。
3 軍事委員會委員長侍從室人事登記片，涂壽眉。
4 軍事委員會委員長侍從室人事調查表，曾堅。
5 國防部情報局編印：《本局殉職殉難先烈事蹟彙編》第七七四頁。
6 國防部情報局編印：《國防部情報局史要彙編》上冊第十三至十四頁。

四、督察會議

自民國二十二年以來，蔣中正以政治手腕解決了察變，以武力討伐敉平了閩變，使安內工作得以順利進展，其個人聲望亦大為提高。至二十三年十月初，第五次剿共即將完成，蔣中正決定巡視中原及北方各省，以促進國內之統一與團結。十月五日，蔣中正由九江到武漢，十月十日抵洛陽，十月十二日到西安，十月十七日飛蘭州，十月十九日飛甯夏，十月二十三日到開封，十月二十四日飛北平，十一月四日過宣化、張家口，十一月五日至大同，十一月六日到歸綏，十一月八日飛太原，至十一月十一日由太原返漢口，十一月十二日回南昌。

蔣中正巡視期間，戴笠一直隨侍左右。[1]十月二十六日，蔣中正突接江蘇省政府主席陳果夫來電稱：「接韓人密報，某國天津駐軍司令部密派王亞樵率領其部下數人攜帶強力炸彈潛赴鄭州等候鈞座謀刺，並令如該處環境不佳，可在漢口或南京云。特此奉告，請防範為要。」其中「某國」即指日本，此因中日關係緊張而未便明言。蔣中正接閱後，除將來電抄交戴笠嚴密偵緝外，並分電河南省政府主席劉峙、漢口警備司令葉蓬及南京憲兵司令谷正倫等人注意。[2]由於防範嚴密，蔣中正巡視期間並無意外發生。

十一月八日下午，戴笠隨節抵達太原，入住山西大飯店，與侍從室侍衛長宣鐵吾同居一室。此前，晉站工作人員郭文年、薄友鋑、張鴻蕙等人曾向南京處本部告狀，說站長靳易夫「拿錢多，不做事」，戴笠聽說後，對靳易夫甚為不滿，準備到太原順便處理此事。十一月十日清晨，戴笠正在盥洗，晉站內勤喬家才突然來見，對戴笠說：「戴先生明天就要離開，還沒有和這裏的同志們見面，我覺得最好同他們談談，予以鼓勵。」戴笠與喬家才交情深厚，此時相見甚歡，當即答道：「好的，你去安排，上午就開始談話。」在談話之前，喬家才特意邀請戴笠和宣鐵吾到清和園品嘗當地的特色早餐「頭腦」。「頭腦」又名「八珍湯」，由羊腦、羊肉、酒糟等食材

1 國防部情報局編印：《戴雨農先生年譜》第三十九頁。
2 陳果夫電蔣中正，民國二十三年十月二十六日，蔣中正總統檔案。

調製而成，喬家才沒有想到的是，戴笠和宣鐵吾都是浙江人，不僅不吃羊肉，連羊膻味都怕聞，弄得場面十分尷尬，三人只好臨時轉換陣地。

早餐後，戴笠與七八位晉站工作人員整整談了一個上午。這些人都由是喬家才介紹參加特務處工作的，他們和戴笠談話時，把復興民族的愛國熱忱表露無遺，戴笠聽了十分高興。下午，戴笠再與基本同志靳易夫、胡天秋、喬家才、張存仁、郭文年、薄友錂、張鴻蕙等人談話，地點在靳易夫家裏。戴笠對晉站的人事糾紛，首先批評了靳易夫，然後很生氣地責備了郭文年，並令郭文年於次日隨他離開山西，以便懲處。其實，戴笠抵晉之初本來無意過問晉站工作，只想把站長靳易夫帶回南京議處。喬家才對此有所察覺，他對郭文年等人的指控不以為然，便安排戴笠召見晉站工作人員，以便了解實情。經過一整天的談話，戴笠對晉站的工作實況非常滿意，發現並非像郭文年報告中說的那樣嚴重，所以臨時改變主意，沒有懲處被告，而將原告帶走。[1]

晉站的人事糾紛，凸顯出督察工作的重要。事實上，戴笠對督察制度早有規劃，當特務處成立之初，除責成各站長、組長對所屬人員進行考察外，並經常親赴各地，巡迴視察。至本年，戴笠有感於考察責任之不專，乃分區專設督察人員，直接受處長指揮，凡特務處所期望於外勤單位者，盡錄付各督察人員，就地督促實施，並考察其進度。督察人員對於各站組全盤工作及各個人員之活動、修養情形，均有按月考核報告，處本部即據以制定指導方針，力求內外聯繫密切。最初擔任督察者，有柯建安、胡天秋、廖華平、葉道信、邢森洲等人。同年戴笠兼任調查課長後，在調查課內亦有督察室之設置。[2]

十二月二十二日，戴笠在浙江警校召集督察會議，對來年工作之佈置詳加商討，參加者除特務處、調查課兩方督察外，並有特務處掌握的其他單位，如武漢總部第三科、保定行營調查科及禁煙密查組負責人等。[3]督察會議歷時三晝夜，由戴笠親自主持，凡工作計劃、工作方法、報告表式與督察法規等項，悉重加釐定，以期督察制度益臻完善。

戴笠在會議上訓示以下各點：一，督察人員最要條件為公正嚴明，潔身自好，以身作則；二，督察工作須隨

1 喬家才：《我們的工作在山西》，《健行》民國七十三年特刊第七十三至七十五頁。
2 戴笠呈蔣中正，民國二十四年五月二十五日，國民政府檔案；國防部情報局編印：《國防部情報局史要彙編》上冊第十三頁；王立生：《戴先生對於督察工作的重視》，《家風月刊》新第一卷第一期第二十三頁。
3 戴笠呈蔣中正，民國二十三年十二月二十九日，國防部軍事情報局檔案。

時隨地深入考察，注意同志之學能、品德、思想、生活、言行，尤應注意幹部人才之羅致；三，督察工作不是消極的懲罰，而是積極的獎善。會後，戴笠重新決定督察工作之人事佈置：以柯建安為督察室主任兼考核股長，王立生為內勤督察兼考核股副股長，王新衡為滬杭督察，石仁寵為京區督察，王平一為平津督察，胡天秋為豫陝督察，劉培初為武漢督察，吳賡恕為湘鄂督察，等等。

戴笠賦予督察室之權責頗大，而督察室亦能秉承戴笠之意旨認真執行，貫徹命令，絲毫不苟。當時特務處之辦公、作息時間等均有嚴格規定，而執行效率如何，胥由督察室是問，故處內一般人員均視督察主任柯建安為「黑臉將軍」。各督察有所報告，均須由督察室分別簽呈戴笠親自批示，事無巨細，鮮有棄置。戴笠因公在外時，督察室亦必將工作情形摘要電告，戴笠雖在百忙之中，亦常電詢：「某某事件，督察室已否接有報告？及報告是否詳確？已否加以復查？或究作何種處置？」即一字之微，片言之差，亦必往返電查，至再而三，以明究竟，其重視督察工作有如此者。[1]

十二月二十五日，再舉行會計會議，出席者有特務處、調查課兩方會計及力行社派遣之會計、稽核等。至十二月二十九日閉會後，蔣中正適由溪口來杭州，戴笠因請蔣中正對督察、會計兩會議出席人員予以召見。[2]

二十四年一月一日，蔣中正應戴笠之請，對出席會議人員進行了訓示，他首先要求大家檢查過去之錯誤與缺點，力求改進，並砥礪道德、鍛鍊精神及增進知識。接著，蔣中正囑咐了最為重要的兩點：第一，絕對服從命令；第二，不許自作主張。最後，蔣中正勉勵大家堅定信仰，認清責任，以完成革命。[3]

督察會議是特務處成立以來全國重要幹部首次聚於一堂，意義十分重大。警校方面的工作人員曾在除夕之夜開了一次盛大的同樂晚會，表示對此次大會與各地幹部的歡迎之意，情況至為熱烈。不過會議期間也有插曲發生，劉培初和王平一均是參加督察會議的資深工作人員，兩人在寢室內，竟因玩笑開過了頭，互以冷水澆頭，乃至相吵相罵，幾乎要動起手來。幸好戴笠及時來到，說了句「你們兩人想想，今年是多少歲了？」兩人才停下來。不過劉培初與王平一正是「不打不相識」，兩人在之後的幾十年中都保持著友情，每一見面都會提到杭州吵

1 王立生：《戴先生對於督察工作的重視》，《家風月刊》新第一卷第一期第二十三頁。
2 戴笠呈蔣中正，民國二十三年十二月二十九日，國防部軍事情報局檔案。
3 蔣中正講詞，民國二十四年一月一日，《總統蔣公思想言論總集》第十三卷第五至八頁。

架這段往事。[1]

特務處、調查課兩方工作經數月之整理，自二十四年一月起切實合併，統一指揮。[2]此時第五次剿共工作已經完成，蔣中正於二月二十日通電全國，宣布南昌行營、豫鄂皖三省剿匪總司令部結束，行營移設武昌，訂於三月一日開始辦公。至此，南昌行營調查課正式歸併於特務處，特務處的工作人員由原來的六七二人激增至一七二二人。[3]大批生力軍的加入，使戴笠領導的中國特種工作翻開了新頁，對其以後事業之發展具有決定性的作用。

戴笠對待原屬調查課之工作人員一如故舊，決不稍存彼此之分，他以原調查課第一組長李果諶破獲「地雷案」有功，毅然擢升其為兩方合併後的首任特務處書記長。或以戴笠待李果諶過厚有所不宜，戴笠慨然說：「鄧文儀能用之人，我如不能用，則我便非戴笠！」[4]由於戴笠有「與天下人才共天下事」的雅量，所以調查課與特務處的人員很快融為一體，略無痕跡，在以後十年，從未發生過相互摩擦情事。[5]

在調查課併入特務處的過程中，涂壽眉的經歷頗具代表性，他原本不願加入特務處工作，有趁機離職之意，但在戴笠極力羅致之下，最終改變了主意。先是涂壽眉在三省剿匪總部工作時，即聽說「神祕人物戴笠工作甚有成效，但對幹部管理甚嚴，有時超出情理以外，難與共事。」嗣調南昌行營調查課任職，始知已入戴笠之「牢籠」，於是決定早作自拔之計，以免今後無法脫身。迨調查課併入特務處，涂壽眉即向副課長徐亮表示：「家眷在鄂，決不東行。」徐亮則極力勸說：「戴先生雖尚未與兄謀面，但在工作中對兄有深刻認識，務請入京相助。」當時因車船關係，調查課人員分三批入京，徐亮惟恐涂壽眉不去，特派其為第二批之領隊，自為第三批之領隊，各率數十人至京。

涂壽眉抵京後，戴笠約其至雞鵝巷五十三號公館晚餐。此係二人初次見面，戴笠笑容滿面，稱兄道弟，一邊開餐，一邊談敘，最後說：「數月以來，在工作中知兄細心努力，以後請多幫忙。」並說：「宜早日將家眷接

1 劉培初：《浮生掠影集》第五十九頁。
2 戴笠呈蔣中正，民國二十三年十二月二十九日，國防部軍事情報局檔案。
3 國防部情報局編印：《國防部情報局史要彙編》上冊第十三頁。
4 費雲文：《戴先生傳初稿》第一節第三頁；李邦勛：《軍統局的前身復興社特務處》，《文史資料存稿選編》第十三冊第四三四頁。
5 良雄：《戴笠傳》第五十七頁。

來南京安置，如有困難，隨時告我。」是日，賓主只有二人，菜僅四五色，而烹調很好，涂壽眉因一心想回武昌，用餐時頗不檢點，把魚骨雞骨都丟到地毯上去，想故意給戴笠留下壞印象。

不料次日，戴笠仍派涂壽眉為書記室書記，畀以重任。起初，涂壽眉誤以為特務處之書記就是一般機關擔任繕寫之書記，他非常氣憤，立刻向徐亮表示絕對不幹。徐亮乃詳為解釋，略謂：「此處是軍委會一個單位，直屬於委員長，對外一切以軍委會名義行之，組織特殊。處長為戴先生，副處長為鄭介民先生，多不在處內辦公。以下設書記長，由李果諶充任，擔任與南京有關機關之聯絡，少看公文。書記室即秘書室，書記即一般機關之秘書，我亦是書記之一，日內即將戴先生批閱公文之圖章交你，你就要為其代判、代批一般公文。」於是，涂壽眉便正式成為了書記室的書記。[1]

戴笠羅致涂壽眉確是慧眼識珠之舉，這從日後的工作中可以得到證明。當時特務處各科呈送蔣中正核閱之文件，必須先送秘書室核判，因涂壽眉對情報科之文件頗有刪改，情報科長唐縱曾表示不悅。其實，涂壽眉這樣做，與他在牯嶺侍從室從事文書工作的經歷有關。他在侍從室時，見各地呈送蔣中正之文件，寫作均極講究，且侍從秘書每日把文件彙為一表，使蔣中正只費最少時間，便能逐日了解國內外情勢，此類文件，文字須力求簡明，而內容則務求賅備，如呈送文件之單位不細加整理，侍從秘書亦將大為筆削，影響時效。久之，唐縱亦以為然。此後，涂壽眉每日與唐縱共桌而食，關係融洽。唐縱亦常於雪夜嚴冬來秘書室聊天，和李果諶、劉欲仙、徐為彬、涂壽眉等人飲酒吃蟹，這時徐為彬笑話最多，足可解除大家整天之疲勞。[2]

---

1 涂壽眉：《蕩蕩老人憶舊》第二五二至二五三頁。
2 涂壽眉：《一位小心謹慎而又勇於進取的人物》，《唐乃建先生紀念集》第二六九頁。

五、革新警政

特工與警察關係密切，在職責與技術方面均有諸多相通之處，故戴笠為謀特務工作之開展，一直注意對警察機關的掌握與運用。

早在民國二十一年一二八抗戰結束後，戴笠就曾向蔣中正建議訓練一批「政治警察」，以為情報、警衛之用。[1]六月，特務處在南京開辦「參謀本部特務警察訓練班」，正式開始訓練特務工作人員。同月，戴笠奉派為浙江警校政治訓練特派員，當即前往杭州，在校內成立政治特派員辦公室，是為戴笠與警界發生關係之始。

浙江警校在校長之下，設總務、教務、訓育三處，分理全校校務。除總務由校長直接指揮外，教務、訓育兩處分別由該處主任主持。[2]八月，戴笠呈准蔣中正，委任趙龍文擔任教務主任；[3]九月，再呈准蔣中正，並商請第一師師長胡宗南之同意，調第一師第一團團長史銘擔任訓育主任。[4]十月，戴笠在校內開辦「特務警察訓練班」，自兼主任。十一月，原任校長施承志辭職，戴笠保薦南京特警班主任王固磐繼任校長。[5]至此，戴笠全面掌握浙江警校之人事，使該校成為特務處訓練特工人才的搖籃。

戴笠與趙龍文訂交甚早，對其信仰領袖、努力工作、生活刻苦、勇於任事之性格知之甚深。惟趙龍文在浙江警校襄助戴笠之初，並未參加特務處工作，甚至不是力行社社員。後戴笠介紹趙龍文加入力行社之外層組織「革命青年同志會」，亦因故未能通過。戴笠遂於二十二年一月二十八日呈文蔣中正，請特許趙龍文入社，報告稱：「趙擔負警校及特務訓練之教務主任，警校既為吾團體訓練人才之所，趙職責重要，似不宜等閒視之。揆

1 國防部情報局編印：《戴雨農先生傳》第五十三頁。
2 中央警官學校編印：《中央警官學校校史》第八十四頁。
3 王宇高編：《事略稿本》，民國二十一年八月四日。
4 戴笠電蔣中正，民國二十一年九月三日，蔣中正總統檔案。
5 中央警官學校編印：《中央警官學校校史》第九十頁。

諸社章，社長有特許社員加入之權，伏祈鈞座體念該主任趙龍文對於領袖之信仰與革命黨員條件之具備，仰懇俯賜條諭本社，准將該主任加入為社員，俾其格外努力效忠鈞座，實深幸甚。」蔣中正接閱後，批示：「可照准。」[1]

二十三年二月，王固磐調任廈門公安局長，趙龍文於三月一日升任校長。[2]此後，浙江警校之正規教育與特務警察之訓練工作，在趙龍文與戴笠密切配合之下，均告加強。[3]

八月，蔣中正駐節廬山，牯嶺之上一時冠蓋雲集。戴笠為加強維護廬山治安，奉准以浙江警校正科三期應屆畢業生與杭州特警班四期學生共百余人，組成廬山暑期實習隊，利用暑假期間擔任警察工作，一面進行學生實習，一面補充當地警力的不足。實習隊由訓育主任史銘擔任隊長，實習項目包括特勤警衛、查察戶口、偵查刑案、改善環境衛生、舉辦軍民夜校等等，均著成效。是時蔣中正提倡「新生活運動」以育民德，實習隊在廬山推動甚力，以服裝整潔、精神飽滿、態度謙和、服務周到的儀態，勸導民眾遵守交通秩序，生活合乎禮義，博得中外人士的一致好評。一時上海各大中外報刊，均以此事為題進行報導，實習隊更被譽為中華民國現代警政革新的先鋒。在實習期間，趙龍文與戴笠均曾先後親臨督導，並敦請當時在牯之政府要員孫科、陳誠、陳布雷、陳立夫等人蒞隊訓話，林森、蔣中正也於百忙之中傳諭嘉獎。[4]

此時戴笠的理想不再侷限於警校政訓與特工訓練，而有革新中國警政之志，他在實習隊尚未離開廬山之前，即擬具「杭州警察實驗區意見書」呈請蔣中正核閱，他針對浙江警政廢弛、警校學生待遇不佳的景況，計劃以杭州為實驗區進行改革浙江警政的嘗試。此一計劃旋獲蔣中正批准，並准以趙龍文兼任浙江省會公安局長，俾訓練與實施互相參證，以資推進。然而浙省民政廳長呂苾籌對實驗區計劃藉故拖延，戴笠乃於十月二十二日再次呈文蔣中正，瀝陳杭州警察實驗區計畫實施與否，實與浙江警校之成敗、全國警察之改良、特務工作之盛衰與新生活運動之推行有關，[5]懇請蔣中正電令呂苾籌迅予實行，並以趙龍文兼任省會公安局長，報告云：

1 戴笠呈蔣中正，民國二十二年一月二十八日，國防部軍事情報局檔案。
2 戴笠電蔣中正，民國二十三年二月二十七日，蔣中正總統檔案。
3 中央警官學校編印：《中央警官學校校史》第九十一頁。
4 中央警官學校編印：《中央警官學校校史》第九十三至九十四頁。
5 戴笠呈蔣中正，民國二十三年十月二十二日，戴笠史料。

欲特務工作收事半功倍之效，欲新生活運動有良好之成績，均非積極改良警察不為功，居今日而欲改良警察，更非於中央政令確能貫澈之地方，首先改革警察各級幹部之訓練，而後按照實地之情形，妥為配備，善為指導，嚴行考核，使訓練與實施互相參證，以期逐步改進，藉以造成模範警察之基礎不可。如訓練與實施兩者漠不相關，負警察行政主管之機關，對負警察訓練者之計劃與人才不僅敷衍從事，甚至故意留難，使訓練者無實驗之機會，則雖有較良之訓練，而警察亦終無改良之希望也。

生自二十一年四月奉命以政治訓練特派員名義負襄辦浙江警官學校之責以來，對於警察之訓練固自知缺乏學識與經驗，但仰賴鈞座之教導與維護，兼有趙龍文、史書元兩同志及全體教職員均能和衷共濟，恪盡職責，故現在警校內部精神之緊張，上下意志之統一，實足以告慰於鈞座者也。今夏三期正科學生廬山實習而後，已承贛省熊主席商調十八人派往南昌公安局服務，而四期正科繼續招生，復蒙湘贛兩省政府資送四十名赴杭入學，足證浙江警校已得到各省人士之嘉許與引起國內之注意也，實為改良全國警察之大好企望。

惟生與趙龍文同志等感覺使命之重大與學識經驗之缺乏，且以二十一年夏季畢業之正科第二期學生百二十人，除當時奉命挑選四十人受特務警察訓練與無線電訓練，現在各地任偵查工作及無線電報務員外，其餘八十人當時均由民廳分發各縣實習，定實習期間為一年。無如浙省警政廢弛，主管官敷衍塞責，所謂警政視察員也，所謂實施各縣警察訓練也，事前既無切實計劃，事後又不能嚴行督察，徒為官樣文章，例行公事已耳。致二期正科分發各縣實習之學生，距今兩年餘，大部仍無實際之工作，竟有局內無下榻之所者。而各縣警察經費大都又無的款，致各該實習生每月三十元之薪餉，尚有積欠三四個月者，既無工可作，復被困於生活。生身為警校負責人之一，且被舉為該校同學會會長，該生等之來書請求工作與夫踵門乞援者紛至沓來，實令生無法應付。

蓋生今日之環境，除酌量呈請鈞座派遣與在本身工作範圍內，如有相當人才可以任用外，實不能向外介紹一人。因生之任務，凡熟識者均已明悉，一經生之介紹，即無其他之用意，人亦必目之為生之偵探，必多方防範與排斥，使彼被介紹者做不通或竟蒙不白之冤也。而浙省民廳主任秘書馮學壹、警政科先後科長洪惠九、伍崇仁輩，復到處宣稱，生係中央所派警校政訓特派員，不能直接向民廳為警校學生請求工作，蓋若輩均以浙省警察為其安插親戚故舊之所也。故凡警校學生之能得較優之位置者，均非逢迎若輩，出入其門不可，致生雖奉有「協同辦理警校」鈞座二十一年七月致魯主席之電令，但試問魯主席、呂廳長兩年餘來有無生直接保舉警校學生而為之請求工作之事。

生瞻念警政之前途與夫奉命襄辦警校之初衷，故在警校三期正科學生尚在廬山實習未回杭舉行畢業之初，即擬具杭州警察實驗區意見書，呈請鈞核，業蒙批准。並准以趙校長龍文兼任省會公安局長，俾訓練與實施互相參證，以資推進。第呂廳長以浙邊未靖，暫緩調動為詞，迄今時隔月餘，浙事已昇平，經將實驗區計劃書送去，仍延不實施。而三期正科學生已於本月二十日舉行畢業典禮，刻正待命分發杭州實驗區為巡長，良以改良警察必須健全下級幹部也。萬乞鈞座迅電呂廳長即劃杭州為警察實驗區，並以趙校長龍文兼任省會公安局長，且予以盡量行使警察職權之保障，俾得致力模範警察基礎之樹立，且可成為新生活運動推行之模範區也。一年以內，如能充份行使職權，生可斷言，必大有成績可觀，如謂趙一身不能兼顧兩事，則警校教務主任酆裕坤在美國學習警察有年，且曾任首都警察廳保安科長兼秘書，足以負實際校長責任。為實驗區辦事便利計，趙不得不兼領校長之名也。同時警校現有英美德法奧日各國研究警察歸來之教官七八人，既能設計，又可指導，而生所負之政訓工作亦可推進於省會公安局也。生為工作前途計，為改良警察計，用敢不厭求詳，舉以奉陳。務乞鑒核賜准為幸。[1]

報告呈上之後，當獲蔣中正批准。趙龍文旋於十一月一日兼任浙江省會警察局長，即按照戴笠擬具之計劃，從事警政革新實驗，以為全國警政樹立楷模。趙龍文到任後，聘請警校政治指導員胡國振為省會警察局督察長，襄助擘畫，首先對省會公安局的人事進行調整。凡省會公安局舊有幹部中年老力衰、能力薄弱、習氣過深或操守不謹者，經考核後均分別予以淘汰或他調，而以警校各期畢業生予以遞補。其前期畢業生服務警界年資較久者，充任內外勤主管或副主管，內勤之組長、股長、外勤之局員多由警校正期畢業生充任，基層之巡官、分隊長則由警校巡訓班學生充任。省會公安局之陣容，一時呈現出蓬勃氣象，上下做法相同，呵成一氣，而命令貫

1 戴笠呈蔣中正，民國二十三年十月二十二日，戴笠史料。

徹，更收指臂之效。[1]

趙龍文另在省會警察局內設立警政設計委員會，聘請警校教師酆裕坤、沈覲康、余秀豪等人及甫由日、奧留學歸國之正科一期生多人為設計委員，凡警局新政，必先經委員會之研究設計，再付實施。各委員多在先進國家精研警政，且在警校任教多年，採彼邦之所長，合國情之需要，斟酌去取，貢獻頗多。如舉辦巡邏區制、澈底清查戶口、改善外僑管制、建立記錄卡片、防盜防竊、清理煙毒等等，均著成效，允為政教合一之功。[2]

戴笠為激勵警察同仁之服務情緒，決定在省會公安局設總指導員一名，由警校政治指導員簡樸擔任；各分局及直屬單位亦均設政治指導員一名，由警校遴派職員充任。戴笠曾接見各指導員指示工作原則，因見他們衣裝不整，便責問說：「看看你們的衣服，活像游擊隊，成什麼樣子！」於是為每人做了一套警察制服、一雙黑皮鞋，配備一輛新腳踏車，看起來整齊而精神。戴笠要求各指導員不分晝夜，經常巡視管區，考察各分局長及所屬警員的言行、勤惰，事無巨細，均要一一記錄，使每位員警都防不勝防，且無從作偽。[3]

起初，趙龍文對指導員制度有些懷疑，而各分局長亦心存顧忌，表面上敷衍客氣，實則不予合作，但是這些困難都被簡樸一一化解。簡樸為人態度和藹，易於相處，而辦事負責，立場堅定，他要求各指導員每天填報一張工作記錄表，一式三份，自己保存一份，呈報總指導員及警校政治訓練特派員各一份，記錄表內要求填寫巡視的時間、地點，且須言之有物，才能交卷。簡樸另將紀錄表比較重要的內容進行摘抄，彙集在全體員警每日動態記錄簿上，呈報趙龍文參考，於是趙龍文足不出戶，對全體員警的動態都能瞭如指掌，對應興應革事項亦均有所依憑。年終考績時，每位員警的言行、勤惰，指導員都能一一列舉，不使忠勤者吃虧，亦不使怠惰者僥倖，黜陟賞罰，皆以事實為據。於是員警大悅，無不兢兢業業，杜絕投機，省會警察局之風氣亦為之丕變。至此，趙龍文始服戴笠先見之明。[4]

縱觀戴笠在全面抗戰前的事業，除特工外當屬警政用力最深，他對警政的期望，可由他於二十五年七月一日為浙江警校第四期正科同學錄撰寫的序言中一窺究竟：

---

1 中央警官學校編印：《中央警官學校校史》第九十五頁。
2 中央警官學校編印：《中央警官學校校史》第九十六頁。
3 中央警官學校編印：《中央警官學校校史》第九十五頁；喬家才：《戴笠和他的同志》第二集第一七二頁。
4 喬家才：《戴笠和他的同志》第二集第一七三頁。

歲月不居，忽忽兩載，又居本校第四期正科同學畢業之期矣。回溯過去，展望將來，有不能已於言者，願申數義，以與諸同學共勉之：

就一般警察之任務而言，維持社會治安、改良地方風俗與指導人民生活，似已盡其職責，了無遺憾，以視我同學，則未謂已足。蓋我同學除負有是項之任務而外，別有重大革命使命在：革命警察之目的，不僅在維持社會治安，要在瞭解社會淩亂之源，摘伏發奸，防患未然；不僅在改良地方風俗，要在洞明風俗式微之由，良誘善導，納於正軌；不僅在指導人民生活，要在發現人民生活矛盾之點，勸誡糾正，使之合理。如此腳踏實地，身體力行，則他日社會之改良，民族之復興，我同學乃有絕大之貢獻，方不負領袖之期望，而無愧本身之職責也。今日國家、民族之危機，已至最後關頭，如何喚起民眾，以擔當復興之重任，乃目前亟待解決之問題，論者多端，莫衷一是。余以為最能接近民眾與民眾有直接影響而易於收效者，厥為警察，以諸同學之地位與環境，此項責任之負荷，誠責無旁貸。新生活之運動，尤望努力推行，慎毋以個人或局部無關宏旨為理由，以懈怠其應盡之天職。須知個人或局部之行為，乃社會之積，準若干社會之積，便形成人類之歷史。故必須人人努力，社會乃有進步，歷史乃見光榮。

復次關於本身之修養，亦宜重視，學業寧有止境，個人經驗亦屬有限，革命的人生觀，端在自強不息。此後出而任事，應本自強不息之精神，兼以治學，二者不可偏廢。蓋任事即治學，治學即任事；任事而兼治學，則此心必虛懷若谷，不敢自滿；而兼任事，則所為必妥慎詳明，不甘暴棄。更須認清吾人之歷史，吾人之責任，以完成個人之修養，以創造未來之新世紀。晚近青年之最大通病，但憑一己之熱情衝動，不計理智，馴至事業百無一成，反加重社會之混亂局面。深望諸同學於上述之修養以外，更為訓練群眾生活之努力，以發揚群治精神，本愛群之觀念，具冷靜之頭腦。無論對人乃至臨事，一切須憑理智，以控制情感之衝動，進德修業，此其嚆矢。上述諸點，亦嘗與諸同學諄諄言之，茲當諸同學臨別之際，特再表而出之，望共勉之。[1]

1 國防部情報局編印：《戴雨農先生傳》第五十四至五十五頁。

六、考績獎懲

民國二十一年特務處成立之初，戴笠即擬具「工作人員信條」、「工作人員獎懲規則」、「工作人員保障辦法」等文件，以規範工作人員之言行，並作為獎懲之依據。

「工作人員信條」包含八項：一，願以服務本處為終身職業；二，願為任務犧牲一切；三，絕對保守祕密；四，絕對不變更意志；五，不畏難、不招搖、不撞騙；六，絕對服從本處命令；七，絕對不玩忽職務；八，本處工作人員對於上開各款一律宣誓接受，如有違反行為，經偵察屬實時，分別按照本處工作人員獎懲條例辦理之。[1]「工作人員獎懲規則」包含給獎、懲處及死刑三個部分。[2]「工作人員保障辦法」則包含營救、醫藥費、撫恤費、休養費、補助費五項內容。[3]

上述各件經戴笠呈送蔣中正後，蔣中正似不甚滿意，乃於十月二十三日批下另由力行社方面擬就之「考績獎懲條例」，作為「總社特務工作通用條例」，交情報局負責人林蔚及戴笠「酌核施行」。然而戴笠收到後，認為該條例「頗多不合實情」，「如定成績標準多以報告次數為轉移，殊覺失平，且特務工作不僅限於情報，若如此規定，行動與內勤則不能概括而評定。」由於「考績獎懲條例」之種種缺陷，戴笠遂於二十二年七月將修改後之文本呈請蔣中正實施，奉蔣中正批示「將加薪及撫恤之辦法均詳為列入。」於是戴笠重行增刪修正，終於形成了迄今所見「考績獎懲條例」的最終文本。[4]

「特務處考績獎懲條例」凡十五條，其原文如下：

---

1 特務處工作人員信條，國防部軍事情報局檔案。
2 特務處工作人員獎懲條例，國防部軍事情報局檔案。
3 特務處工作人員保障辦法，國防部軍事情報局檔案。
4 戴笠呈蔣中正，蔣中正總統檔案。此件年份注為二十六年，當係二十二年之誤。

第一條，本條例對於特務處全體工作人員之考績獎懲適用之。

第二條，本處內外勤工作人員每月舉行考績一次，于月終舉行之，各組、站所屬之組員于每月月終由各該組、站長遵照本條例考核，列表報告本處。

第三條，本處內外勤工作人員每半年舉行總獎懲一次，于每年六月底及十二月底根據各月份考績舉行之。

第四條，考績標準如下：

一，關於內勤工作者：1，品行端正，能力優越，辦事努力，有特殊成績表現者為甲等；2，品行端正，能力尚佳，辦事負責者為乙等；3，能稱職守者為丙等；4，品行不端或能力薄弱，辦事不力者為丁等。二，關於情報工作者：1，報告分數月終考核九十一分至百分者為甲等；2，報告分數月終考核八十分至九十分者為乙等；3，報告分數月終考核六十分至七十九分者為丙等；4，報告分數月終考核不及六十分者為丁等。三，關於行動工作者：1，執行重大案件奏有功效者為甲等；2，執行案件安全達到任務者為乙等；3，不辱職守者為丙等；4，工作不力或能力薄弱者為丁等。

第五條，情報工作人員每月應報告之次數規定如下：

一，甲種通訊站、通訊組（經費在一千二百元以上者）每月應報告三十次；二，乙種通訊站、通訊組及特別組每月應報告二十二次；三，直屬通訊員每月應報告十次；四，特約通訊員每月應報告七次；五，各組員對於各該組、站之報告標準次數為每月十五次，但各組長得斟酌情形辦理之。

第六條，凡外勤工作人員，每月月終應作一工作月報表，呈報本處。行動組不規定報告次數，于每案執行終了時，用書面報告本處，本處即根據此項報告及月報表與視察員之報告，考核其成績。

第七條，情報核定分數，其標準如下：

一，有下列各項之一者為甲等：1，對於敵國之祕密計劃能于事前發覺並獲得證據，因而在外交上或戰事上致勝者；2，關於反動黨派祕密計劃偵查詳確並能獲得證據，因而破獲其重要機關及首要份子者。二，有下列各項之一者為乙等：1，對於敵國之祕密計劃能作詳確迅速之報告者；2，對於黨政軍各種特殊情形偵查詳確且有重大價值者；3，對於反動黨派之祕密計劃及其內幕或實力能作詳確之報告者；4，能見機于未萌先作靈敏之報告者；5，報告內容豐富至七項事件以上者。三，有下列各項之一者為丙等：1，對於敵國之陰謀及其偵探活動之各種情形能偵查詳確者；2，對於反動派之組織、策略、活動及其首領份子之重要言行能偵查詳確者；3，對於軍事、政治、黨務、社會各種問題為有系統之報告者；4，對於貪官污吏之劣跡偵查確實者；5，報告內容尚佳至五項事件以上者。四，有下列各項之一者為丁等：1，報告事實已失時效者；2，報告內容空泛無關宏旨者；3，道聽途說不合事實者；4，每次報告內容不及三項事件以上者。

第八條，獎勵分五級，其辦法如下：

一，有左列各項之一者，傳諭嘉獎：1，工作努力不辭勞苦者；2，月終考績列乙等者。二，有左列各項之一者，記功一次：1，傳諭嘉獎三次者；2，月終考績列甲等者。三，有左列各項之一者，給予休假一星期至四星期：1，工作勤勞至六月不斷者；2，工作滿一年而從未請假者。四，有左列各項之一者，給予獎金：1，執行重要案件艱難達到目的者，給予一千元至一萬元之獎金；2，破獲反動機關及反動首領異常有功者，給予五百元至二千元之獎金；3，遇有危難始終不屈能保守祕密者，給予三百元至一千元之獎金。五，有左列各項之一者，加原薪百分之十五：1，工作滿六月而成績優良者；2，在半年內連續記功三次者；3，在半年內除獎懲抵銷外，尚有三次成績列甲等者。

第九條，懲戒分六級，其辦法如下：

一，有左列各項之一者申誡：1，工作不力者；2，未依限期報告者；3，月終考績列丁等者。二，有左列各項之一者記過：1，誇大事實企圖邀功者；2，在當地發生重大事故而未及時報告者；3，不經請假藉故離開職守者；4，每月報告不及規定次數三分之一者；5，申誡三次者。三，有左列各項之一者罰原薪（一次）百分之二十：1，奉行不力者；2，不能將活動費作為活動之用致工作無進展者；3，行動浪漫者。四，有左列各項之一者減原薪百分之十五：1，工作滿六月毫無成績表現者；2，在半年內記過三次者；3，在半年內受有罰薪處分而工作仍無進展者。五，有左列各項之一者停職查辦：1，擅離職守或臨事畏難致誤事機者；2，藉端招搖或其他不法行為者；3，捏詞謊報誣陷良善者；4，行為荒謬欺騙上級者；5，有傾害同事之企圖者。六，有左列各項之一者處死刑：1，通敵有據者；2，有意洩露祕密者；3，敲詐或收賄情節重大者；4，謀害同事情節重大者。

第十條，凡內外勤工作人員因公死亡時，由本處呈請發給撫恤費，其標準依其最後在職之薪額發給撫恤費十五年，撫恤費之全部得一次領足，交給其遺族。

第十一條，凡內外勤工作人員，工作一年以上因積勞病故時，由本處呈請發給撫恤費，其標準依其最後在職之薪額發給撫恤費十年，撫恤費之全部得一次領足，交給其遺族。

第十二條，凡在職之內外勤工作人員因公受傷致殘廢，不能從事相當工作者，由本處呈請發給終身撫恤費，其標準依其最後在職薪額之半數發給之，並得先一次領足十五年之撫恤費，十五年以後逐年發給之，至其身死為止。

第十三條，凡內外勤工作人員任職十年以上，因精神、體力不能繼續工作者，自請退休時，由本處呈請發給養老金，其標準依其最後在職薪額之十分之三逐年發給之，至其身死為止。如中途擔任他項工作領有薪俸者，停止其養老金之發給。

第十四條，凡內外勤工作人員其成績優良有下列情形之一者，分別補助之：一，婚姻、喪事者，補助一百元或二百元；二，因公致傷或因勞致病者給予醫藥費全部；三，因病死亡者發給治喪費一百元至五百元。

第十五條，本條例自呈准之日起施行。

上述「考績獎懲條例」中關於撫恤的規定日後又有修改，修改結果於二十四年一月十二日經呈奉蔣中正批准，以「特務處工作人員撫恤條例」名義重新施行，因顧念國家財政困難，原規定中工作人員因公死亡及積勞病故之撫恤費皆予減半，惟仍准遺族一次領足。[1]

除「考績獎懲條例」外，特務處還專為處本部內勤人員制定了工作紀律。此一紀律係於二十四年二月制定，

---

[1] 戴笠呈蔣中正，民國二十九年三月二十九日，蔣中正總統檔案。

當時調查課併入特務處，工作人員陡增，有嚴肅紀律之必要，戴笠遂於二月五日手令內勤負責人唐縱、徐亮曰：「特務工作首重紀律，內勤人員之請假、外宿等項應即規定實施。」[1]制定後的內容略為以下數條：

辦公：內勤人員辦公時間是十小時，上午八時至十二時為一次，下午二時至六時為一次，夜間八時至十時為一次，正午十二時至下午二時及下午六時至八時是休息時間，可以憑普通出入證外出。

用餐：內勤人員一律集中用餐，每月在各人薪水項下扣除伙食費，薪水在百元以上者每月扣十元，百元以下者每十元扣一元。

住宿：內勤人員一律在處內住宿，有眷屬在南京者每星期可以外宿一次，無眷屬在南京者不准外宿，外宿時間自下午六時起至次晨八時止，須憑特別出入證外出，股以下單位如有眷屬在南京者在七人以下，則不能有兩人同時外宿。

休假：內勤人員每星期每人輪流休假半天，自正午十二時起至夜間十時止，須憑特別出入證外出，股以下單位如在七人以下，則不能有兩人同時休假。

出入：普通出入證由本人保管，特別出入證由人事股保管。休息外出時，須將普通出入證交由警衛驗明，歸來時取回，如逾時未歸，則由警衛將普通出入證送交人事股登記議處。外宿和休假外出時，須持假條到人事股領取特別出入證，交由警衛驗明，歸來時取回，交還人事股，如逾時未歸，須聲明理由。科長以上人員出入，不受上述限制。

婚姻：工作人員結婚時，須事先將對方姓名、年齡、籍貫、學歷、經歷、職業、住址、政治背景等報告，經審查批准後方能結婚。[2]

上述「考績獎懲條例」及處本部工作紀律，體現了特務處的工作精神，且制定後多能嚴格執行，茲就考績、

1 戴笠手令唐縱、徐亮，民國二十四年二月五日，《戴先生遺訓》第三輯第二十六頁。

2 李邦勛：《軍統局的前身復興社特務處》，《文史資料存稿選編》第十三冊第四三八至四三九頁；喬家才：《戴笠和他的同志》第一集第六十八頁。

獎勵、懲戒、保障等方面之事實分述如下：

考績方面，特務處有月終成績表與年終成績表之編製，當二十二年初特務處成立一年之際，蔣中正曾電令戴笠：「去年一年中，各處偵察員之成績總評，希即切實核定，以憑賞罰，並備召見也。」[1]戴笠於次日復電稱：「去年各偵查組與各直屬偵查員之總成績表，生不日來贛當有面呈，至去年全部工作總報告書正在彙集編製中，本月底可完成。」[2]此後，蔣中正復以戴笠未能按時呈送四、五兩月之成績表，而去電責問：「此二月來特務工作人員成績表為何不呈閱，豈已不照前評定而疏懶乎？」[3]由此可見蔣中正對特務處考績的重視。

獎勵方面，按「考績獎懲條例」之規定，特務處每半年例須考績一次，並對成績合乎標準者予以加薪，然而特務處人員眾多，戴笠擔心「考核欠週，有失正確」，並顧慮「中央經費困難」，故而未能按時照例辦理，僅於二十三年年終總考績時，呈請蔣中正為特務處人員增薪一次，計一四五人，共增經費一四五〇元。至於二十四年年終總考績增薪人員名冊，戴笠曾於二十五年二月及七月兩次送呈蔣中正核示，然而均未奉批。同年八月，戴笠再將增薪人員名冊造具一份，計六二七人，共計增加薪額四一二八元，此一數字已經刪去「另調工作者」，並為撙節公帑，將所有列入甲上、甲中之人員原擬增薪在十五元以上者，一律改為十元。戴笠呈報蔣中正稱：「伏念生處內外勤人員工作確較勞苦，薪給亦甚低微，為仰邀體恤，並茲鼓勵起見」，請迅賜批示。此次終獲蔣中正批准，並電軍需署照發。[4]

除考績合乎標準者獲得加薪外，特務處在成立後的兩年間，均蒙蔣中正於舊曆年底下發特別費一萬元，「分犒各努力同志」。[5]此外，華北特派員鄭介民與北平通訊組長陳恭澍曾因制裁張敬堯案，於二十二年六月各記大功一次。[6]上海行動組長趙理君自二十四年三月起，月增活動費三十元。[7]上海行動組員相強偉、呂國華、過正

1 蔣中正電戴笠，民國二十二年二月八日，蔣中正總統檔案。
2 戴笠電蔣中正，民國二十二年二月九日，戴笠史料。
3 蔣中正電戴笠，民國二十二年五月二十九日，蔣中正總統檔案。
4 戴笠呈蔣中正，民國二十五年八月七日，國民政府檔案。
5 蔣中正電戴笠，民國二十三年一月十八日，蔣中正總統檔案。
6 戴笠電蔣中正，民國二十二年九月三十日，蔣中正總統檔案。
7 戴笠手令，民國二十四年三月六日，戴笠史料。

根、王紀才、駱震、邊志烈、徐明善、過運臣、劉炳章、黃雲高、吳敬平、王群玉各加薪五元。[1]

懲戒方面，茲舉廖淑倫、何鴻、翁光輝、張我佛、蔡崇勳、王天木、陳恭澍、解鴻祥等人為例：

廖淑倫，廣東人，黃埔軍校四期出身。二十一年六月，入南京特警班第一期受訓，入班次日不假外出，偕其戀人遊玩，蔣中正因令戴笠將其送往憲兵司令部執行監禁，由特務處供給書籍及費用。直至二十二年十二月六日，經戴笠向蔣中正說明廖淑倫「能力尚強，近頗悔悟」，請求准予保釋，仍由特務處任用，方獲蔣中正批准開釋。[2]

何鴻，廣西人，黃埔軍校六期出身。二十一年四月，參加特務處工作。二十二年，任侍從室警衛組組員。因在漢口查獲毒品案，受賄八百元，被押赴南京，經戴笠呈准蔣中正，於六月予以槍決。其同謀者余定華逃逸。[3]

翁光輝自特務處成立即負責上海方面工作，但他並不尊重特務處的組織。戴笠於二十二年七月七日報告蔣中正稱：「上海通訊組組長翁光輝工作不力，敷衍塞責，交查之件，每置不覆，而逮捕人犯，尤少報告來處。查去年十二月間，逮捕共黨李英、朱愛華，解送中央黨部，領取賞金三千元，事前事後毫無報告。又如女共黨林素琴一案，五月十五日該組長翁光輝會同法捕房在環龍路駱德里三十七號拘獲，徑送中央黨部，迨至六月十三日為本處聞悉，去函查詢，始具報說明。如此賣上圖利，破壞組織，殊為特務工作前途之一障礙，若不懲處，無以率下。」因請將翁光輝撤職察看，以儆效尤。蔣中正接閱後，批示照辦。[4]翁光輝被禁閉半年後，已有悔悟之表示，戴笠復於十二月六日呈請蔣中正准予釋放，繼續任用。[5]

張我佛，江蘇無錫人。上海中國無線電校畢業，初任職於上海國際電台。二十二年十月，經老師方硯農介紹，參加特務處，奉命襄助魏大銘建立南京總台，薪水僅為國際電台之一半，工作艱苦而繁重。三個月後，張我佛經家兄推介，被中國銀行總行聘為上海總台報務主任，於是向上級請求辭職，因等候月餘未奉批示，乃自購

1　戴笠手令，民國二十四年三月六日，戴笠史料。
2　戴笠呈蔣中正，民國二十二年十二月六日，蔣中正總統檔案。
3　特務處編製：《歷年殉難殉職病故殉法工作人員姓名擬卹清冊》，何鴻條；余定華：《軍統特務在武漢製造的一件血案》，《湖南文史資料選輯》第二集第二二二頁。
4　戴笠呈蔣中正，民國二十二年七月七日，國防部軍事情報局檔案。
5　戴笠呈蔣中正，民國二十二年十二月六日，蔣中正總統檔案。

京滬鐵路快車票，自行離職前往上海。張我佛上車後，於開車前五分鐘，即被特務處京滬路交通員唐光輝請下車來，直接送往羊皮巷禁閉。[1]

特務處在南京之監獄，有甲地、乙地、丙地之稱。甲地地址不詳，條件特別優待，犯人除不許出門外，其他禁制一切從寬；乙地位於羊皮巷，所關犯人多為特務處違犯紀律之同志；丙地係在老虎橋陸軍監獄劃出的一片區域，專為羈押重刑犯。[2]張我佛即被關押于乙地，被諧稱為「送進大學」。禁閉期間，法官面交《三民主義》等書，囑咐細讀，不及格不准「畢業」。三個月後，張我佛對黨義確有心得，仍由唐光輝奉令帶出乙地，交回特務處無線電總台主任于織生任用。唐光輝性格豪爽，兩次護送張我佛期間，均對其剖析特務工作之性質，諄諄告誡對國家、領袖之重要，語重心長，真情流露，二人性格相近，竟結為知己。[3]

蔡崇勳，湖南人，黃埔軍校出身。二十一年十二月，參加特務處工作，任首都警察廳特務組特務員。[4]二十三年三月二日，蔡崇勳向下關天寶里居民辛小鄂出示用軍委會公用箋所書之函件並警廳之特別證，以漢奸嫌疑恐嚇辛小鄂，索詐一千元。此事經首都警察廳特務組主任趙世瑞偵悉後，於三月五日夜在劉軍師橋巧園小吃店門口將蔡崇勳與辛小鄂逮捕，搜獲鈔洋六四二元及其他證件，並於三月六日電告戴笠。戴笠於三月七日轉報蔣中正稱：「查特務工作人員首重廉潔與守法，該組名雖隸屬警廳，實由生處負責指揮，趙主任世瑞亦係生所保舉，現該特務員蔡崇勳既索詐有據，為整飭紀綱，厲行特務工作紀律計，俟陳廳長呈報到後，伏乞電令即行將該蔡崇勳槍決為禱。」蔣中正批示：「非可槍決了事，特務主持之人應負責處分，否則用人無責任，只知槍決，則機關不能有進步也。」[5]

三月十四日，戴笠續電蔣中正稱：「竊查首都警察廳特務組自前主任方超奉准為駐外武官助手調往南昌訓練後，當由生保薦現任之趙世瑞接充。趙到任甫經月餘，而蔡崇勳欺騙詐財事實被其親自偵悉，迅速檢舉，趙於部屬之一切行動，似覺尚能厲行考察，奉電諭特務組主持之人亦應負責處分一節，合將破案經過補呈，擬乞免予議

1 特務處編製：《二十六年份內外勤工作人員總考績名冊》，張我佛條；張我佛：《抗戰與我》第三十六至三十七頁。
2 陳恭澍：《北國鋤奸》第二八七頁。
3 張我佛：《抗戰與我》第三十七頁。
4 特務處編製：《歷年殉難殉職病故殉法工作人員姓名擬卹清冊》，蔡崇勳條。
5 戴笠電蔣中正，民國二十三年三月七日，蔣中正總統檔案。

處。惟特務員蔡崇勳詐財有據，似非從嚴處決，不足以肅紀律，仍懇鈞座迅電陳廳長飭將該蔡崇勳明令槍決，以儆效尤而昭炯戒。」蔣中正批示「照辦」。[1]由此足見，戴笠雖對蔣中正高度忠誠，但他絕不盲從蔣中正的指示，尤其事涉獎懲，必使賞罰分明。

蔡崇勳案剛剛結束不久，戴笠又於三月十九日接到北平來電，稱天津站組員四人於三月十四日夜被天津市公安局捕去。此事牽涉到天津站的一起重大紀律案件，戴笠為澈查真相並維持華北工作，決定親赴平津一行。[2]

自特務處成立以來，天津方面的工作一直由王天木負責，王天木不負戴笠期望，亦迭有工作表現。二十三年初，天津通訊組已升格為站，由王天木任站長，下設行動組，亦由王天木兼任組長。[3]二月間，蔣中正曾命戴笠舉薦廈門公安局長，戴笠認為「廈門台人甚多，動涉中日外交，又反動份子潛伏堪慮，非有熟諳外交、精明幹練者不能勝任」，因向蔣中正舉薦王天木，並陳述理由，如：「王曾居日本八年，對日人情形甚為熟悉」；「王主持特務工作，迭著勳勞，對取締反動份子頗有辦法」；「王在華北因努力特務工作，樹敵甚多，迭遭青年黨暗殺未遂，理應另調公開工作，以圖減少目標，保障同志」；「王好讀書，富於涵養，與陳主席必能相得」以及「王在廈門，可使福建情報站增強效力」等等，戴笠甚至已經想好，如蒙蔣中正照准，則為王天木易名「王治平」，以免注目。[4]

戴笠雖然極力舉薦，蔣中正終因王天木「別有工作，不能來廈」，沒有批准其請求。[5]此後不久，王天木的天津行動組即闖下了大禍。當時前熱河都統姜桂題之女孫姜淑英年方八歲，與其家人居住在天津意租界。三月九日下午三時許，天津行動組組員數人竟甘作綁匪，趁姜淑英照例放學返家時，於意租界三馬路將其綁架，並向其家索洋五萬元。姜家得訊後，以近況拮据，實難籌措，故未能接洽。後綁匪又由北平來信稱：「女票現在北平，請派人赴北平西直門外三貝子花園內接洽贖票」，姜家雖焦急萬分，卻因款項無著，仍未前往接洽。不久，北平德勝門外發現了一隻柳條箱，內裝年約八歲之少女屍身一具，經檢驗係被麻繩勒斃，而其著裝與姜淑英

1 戴笠電蔣中正，民國二十三年三月十四日，蔣中正總統檔案。
2 戴笠電蔣中正，民國二十三年三月十九日，蔣中正總統檔案。
3 陳恭澍：《北國鋤奸》第一二四頁。
4 戴笠電蔣中正，民國二十三年二月十三日，蔣中正總統檔案。
5 陳儀電蔣中正，民國二十三年二月十七日，蔣中正總統檔案。

頗多相似之處。姜家聞悉後，即派人前往北平驗屍，後證實死者確係姜淑英。[1]

此一「箱屍案」轟動平津，天津行動組四名組員即因涉案被捕。當時，王天木正在張家口工作，對本案並不知情，但他作為天津站長兼行動組長，至少負有失察之責。戴笠北上處理此事時，曾到北平一行，他特意密囑北平站長陳恭澍替他開一個房間，不要通知任何人。戴笠抵平當晚，由陳恭澍陪同入住長安街中央飯店，兩人隨便吃了點東西，又回到房間小憩。戴笠心情極差，坐在房內出神，他想到不久之前，自己還向蔣中正舉薦王天木擔任廈門公安局長，備述王天木如何工作得力，此時不禁悵然若失，因自言自語地說：「人家為誰辛苦為誰忙嘛！」過一會，又把這句話說了好幾遍，陳恭澍聽得一頭霧水，不知何故。後來，戴笠向陳恭澍問起王天木的近況，又東一句西一句詢問天津站的工作情形，卻始終未曾觸及正題。[2]

不久，戴笠為維繫紀律，將王天木帶回南京議處，而將涉及「箱屍案」之天津行動組組員金少軒、李永貴、韋弦、羅景漢、馬登明、朱殿元、寧時若、關嶽生八名，經訊明案情並呈准蔣中正後，於八月間全部執行槍決。[3]查特務處自二十一年成立以迄二十七年改組，因觸犯紀律被處死刑者僅有十一人，而「箱屍案」竟佔八人之多，此案誠為特務處最為嚴重的一次紀律案件。

戴笠對王天木的處置也頗感棘手，他念及舊情，有意保全王天木的性命，在起草呈送蔣中正的報告時，曾考慮再三，在措詞上字字推敲，一件僅有數百字的報告，竟從晚上寫到了黎明。這件報告是戴笠親自用毛筆端楷恭書的，首先扼要說明事件真相，而後列舉王天木的功績與才能，最後擬就三項處置辦法：死刑、無期與戴罪立功。第三項在事實上無此可能，只是聊備一格，意在沖淡第一項之「死刑」，而戴笠的期望則在第二項的折中辦法。最終正如戴笠所望，蔣中正在接閱後，批示了「無期」，王天木得以從輕發落。[4]

戴笠沒有想到的是，僅僅半年之後，北平站也發生了重大紀律案件，且同樣和綁架案有關。是年年底，北平

1 「姜桂題女孫被綁後」，《大公報》天津版，民國二十三年三月二十五日；「姜桂題女孫淑英被綁撕票經過詳情」，《大公報》天津版，民國二十三年三月二十七日。
2 陳恭澍：《北國鋤奸》第一二四至一二六頁。
3 特務處編製：《歷年殉難殉職病故殉法工作人員姓名擬卹清冊》，金少軒、李永貴、韋弦、羅景漢、馬登明、朱殿元、寧時若、關嶽生各條。
4 陳恭澍：《北國鋤奸》第一二七頁。

站策動漢奸石友三的副官史大川，密謀對石友三進行制裁，並由北平站行動員王文通過同鄉劉兆南與史大川進行聯絡。後王文懷疑劉兆南侵吞了史大川的經費，一怒之下，將其綁架至北平，拘禁於西城臥佛寺街北平站站部。不料劉兆南設法逃脫，以非法綁架罪向治安機關控告北平站。[1]

案發後，北平站的祕密澈底暴露，站長陳恭澍卻置工作於不顧，畏罪潛逃。後陳恭澍在外飄蕩年餘，終於決定自首，他自北平寄信到南京雞鵝巷五十三號，請戴笠派處內好友連謀來平接洽。不久，北平《世界日報》刊出了一則啟事，略謂：「仁風兄：弟已抵平，現住花園飯店，盼速來晤。良順。」周仁風係陳恭澍之化名，良順則是連謀的字號。陳恭澍見報後，即往花園飯店與連謀見面，後由連謀陪同返回南京，去找戴笠領受處分。

戴笠和陳恭澍見面後，依然和往常一樣，和他過手，讓他坐下。戴笠沉默了很久，對陳恭澍說：「國有國法，家有家法，一個團體自必有它維繫存在的團體紀律，我如果不處分你，不但別人會說閑話，對一般同志也沒有交代。」這時連謀插嘴說：「恭澍兄，你藉這個機會修養一個時期也好，我想戴先生寬大，頂多也不會超過一年。」戴笠聽了，顯得很不高興，質問連謀：「是你決定的一年？」連謀只好笑了笑。[2]最終，戴笠手令：「此案雖屬索債，實類似綁票，陳恭澍、王文均應按照特工紀律處以極刑，姑念陳、王過去對工作均有相當功績，且陳悔悟，自動投案，特予減輕。陳恭澍處以有期徒刑三年六個月，王文處以有期徒刑八年。」[3]

由王天木與陳恭澍兩案可知，戴笠之所以制定嚴格的懲戒條例，實由於特務人員所負責任重大，所行亦多非常之舉，如不加以規範，導之正軌，則其對社會之危害實較任何犯罪份子為烈，只有嚴明法紀，才不致發生偏差，產生流弊。有一次，戴笠在雞鵝巷處罰了一位同志，時鄭修元隨侍在側，說了句「未免過嚴。」戴笠馬上教訓鄭修元說：「你要曉得，我們這種工作和我們的革命組織，如果沒有鐵的紀律，怎麼控制？怎麼維持？」[4]

因觸犯生活紀律而遭懲處者有統計股長解鴻祥。解鴻祥於二十五年二月二十五日下午以送友上車為由請假外出，其假條上明寫「請假二小時」，而將請假時間寫作「自二十五日下午七時起至二十六日上午八時止」，且二月二十六日一天復以病為由，未蒙准假，逗留不歸。此外，解鴻祥任意介紹其弟解鴻禧投考杭州特訓班，解鴻禧

1 陳恭澍：《北國鋤奸》第二六三至二八〇頁。
2 陳恭澍：《北國鋤奸》第二八〇至二八四頁。
3 戴笠手令，民國二十五年五月五日，戴笠史料。
4 鄭修元訪問紀錄，《健行》民國七十三年特刊，第一二五頁。

性情浪漫，竟在旅館招妓，並洩漏特務處之祕密，種種行為，已屬重違紀律。戴笠於二月二十八日手令：「解鴻祥、解鴻禧兩人著即由司法股分別看押，從嚴議處，至解鴻祥之統計股長任務由副股長代理可也。」[1]

誠然，戴笠對工作人員要求嚴格，他曾對主管人事的胡子萍說：「糖果是給人家的孩子吃的，最好不要給自己的孩子吃。」還常說：「我不受任何人要挾。」可是他對自己的學生和年輕的同志也有例外。有一天，他呵責了寓所的警衛，這些小夥子都是杭州特警班剛畢業的學生，大家年輕氣盛，便聯名請長假。戴笠無奈，只好派人去安撫，並發特別費五十元，讓大家放假去玩一天。[2]

保障方面。戴笠非常重視工作人員的伙食待遇。南京處本部的伙食由公家供給中晚兩餐，每餐五大碗菜、一大碗湯，有雞鴨、魚肉、素菜、海參等等，主食有米飯、饅頭。夜間十點，還有一餐稀飯，四碟小菜。伙食之好，非一般機關所能比。[3]

除伙食外，戴笠更為重視同志們的工作保障，對於被捕人員，往往設法營救；對於殉職殉難及積勞病故人員，更於第一時間請求上級撫恤。茲舉鄧超、吳迺憲、張炎元、李東華、汪鶴、過德成、過顯臣、周聲敷等人為例：

鄧超係南京特警班第一期學員，於二十一年六月十日病故。戴笠於六月十三日電報蔣中正稱：「該員家有老母，身後蕭條，擬乞恩予一次撫恤，以勵後死。」獲蔣中正批示：「照社員死後待遇例撫恤，並先發二千元為一次撫恤金。」[4]

吳迺憲、張炎元為特務處最早派往港粵從事情報工作之人員，二人於二十一年九月間遭港英當局逮捕。戴笠獲悉後，先派鄭介民赴港營救，後又報告蔣中正，請求准與外交部長羅文幹接洽營救。最終，張炎元於兩星期後獲釋，吳迺憲則被監禁一年。[5]

---

1 戴笠手令，民國二十五年二月二十八日，戴笠史料；李邦勛：《軍統局的前身復興社特務處》，《文史資料存稿選編》第十三冊第四三九至四四〇頁。

2 毛鍾新：《戴笠將軍別傳七》，《中外雜誌》第三十卷第六期第一二五頁。

3 喬家才：《戴笠和他的同志》第一集第六十八頁。

4 戴笠電蔣中正，民國二十一年六月十三日，蔣中正總統檔案。

5 李士璉編校：《張炎元先生集》第三十一至三十二頁。

李東華係杭州特訓班韓國籍教員，於二十二年三月十一日率領甲班學員往萬柿嶺山中試驗自製炸彈，因親放失慎，竟致自傷殞命。三月十三日，戴笠電報蔣中正稱：「查李教官精造各種炸彈，來杭三月，教授異常熱心，此次竟因試驗自製炸彈而殞命，殊深哀惜，生除急電趙龍文同志厚為棺斂並嚴守祕密外，伏乞鈞座從優賜予撫恤，以為因公亡身者勉。查李教官有妻一、子女三，遺族異常孤苦。」蔣中正接閱後，批示：「令議恤可也。」[1]

汪鶴為特務處電務股長，於六月五日在南京鼓樓醫院病故。同日，戴笠電報蔣中正稱：「該員自服務以來，對於工作異常努力，為顧全時效，工作常不分晝夜，以致積勞成疾，遂賦病亡，其遺體已由生著人棺斂，惟其老母、妻子皆賴該員存活，刻下驟失事畜之人，身後蕭條，情殊可憫。」因請優予撫恤，以慰忠魂而勵後來。獲蔣中正批准。[2]

過德成為上海行動組組員，於六月十八日因制裁楊杏佛案身死，是為特務處因從事行動工作而殉職之第一人。戴笠悲痛之餘，除呈請蔣中正對其家屬給予撫恤外，並對其子一直負責養育。[3]

過顯臣在特務處之職務不詳，他於二十三年六月十七日病故上海。戴笠除於當晚派員前往料理後事外，並於次日電報蔣中正稱：「查過同志遺有一妻一妾，妻有一九歲之子，妾有子一，年方週歲，其身後異常蕭條。生除向本處工作同志代為募捐撫卹外，擬乞鈞座賜予撫卹，並准其九歲之子入遺族學校讀書，是否有當，謹乞示遵。」[4]蔣中正接報後，准予發給卹金。[5]

周聲敷，湖南寧鄉人，為特務處內勤，參加工作以來，辦事熱誠，成績最優。二十四年二月，上級以其年輕志廣，前途可期，爰調往杭州甲班受訓，研究學術，甚為努力。五月二十七日，周聲敷在江邊試驗其自製之水爆炸彈時，不慎將左手炸斷，右臂、胸部、面部均受傷，經送往廣濟醫院急救後，仍因傷創太重而身故，年僅二十

1 戴笠電蔣中正，民國二十二年三月十三日，蔣中正總統檔案。
2 戴笠電蔣中正，民國二十二年六月五日，蔣中正總統檔案。
3 戴笠呈蔣中正，民國二十九年三月二十九日，蔣中正總統檔案；沈醉：《楊杏佛、史量才被暗殺的經過》，《文史資料選輯》第三十七輯第一五〇頁。
4 戴笠呈蔣中正，民國二十三年六月十八日，國民政府檔案。
5 戴笠呈蔣中正，民國二十九年三月三十一日，蔣中正總統檔案。

一歲。戴笠聞之甚感痛惜，於五月二十九日電令特訓班負責人余樂醒、王孔安曰：「關乎周聲敷事，殷教官應負何等責任及應受如何處分，請詳查當時情形，與龍文兄妥商處理辦法，詳行電示，以便核辦，非撤職罰薪可以了事也！」[1]

五月三十一日，戴笠為周聲敷事致電蔣中正稱：「查該員五歲喪父，家境貧寒，十七歲在外奔走，供養家庭。現遺有祖母、孀母一，弟妹三，生計均瀕絕境，殊屬可矜。」查周聲敷生前在特務處之月薪為五十五元，按照「撫卹條例」應一次發給撫恤費四九五〇元，惟該員在受訓期間，與在職人員有別，且時值國帑奇絀之際，戴笠亦不敢過分干求，因懇請蔣中正減半發給一次卹金二四七五元，以安存歿。蔣中正接閱後，當予批准。然而特務處會計股向軍需署具領此筆卹金時，軍需署卻稱未奉蔣中正電令，未便發給，戴笠乃於六月十四日再電蔣中正，「懇電令軍需署知照，以便具領轉發」，周聲敷卹金事始獲解決。[2]

戴笠於二十四年四月一日特務處成立三週年之際，曾以「情理法公誠明」六字在處本部總理紀念週上講話。[3]觀乎「考績奬懲條例」之實施，可知此六字正體現了戴笠對同志的領導和掌握原則。

1 戴笠電余樂醒、王孔安，民國二十四年五月二十九日，戴笠史料。
2 戴笠電蔣中正，民國二十四年六月十四日，蔣中正總統檔案。
3 公安部檔案館編註：《侍從室幕僚唐縱日記》，民國二十四年四月一日。

七、反共活動

戴笠對共產黨是深具戒心的，早在黃埔求學時期即投身清黨運動之中，可以說，戴笠從事特種工作就是從偵查和檢舉共產黨員開始的。

當民國二十一年特務處成立之初，曾制定八項偵查計劃，其中第一項係對政治組織之偵查，共產黨之活動則在第一項計劃中居於首要地位。四月，共產黨員百餘人在上海菜市路結隊示威，特務處設法逮捕七人，示威活動因而解散。五月，共產黨藉「五一勞動節」在上海市公共體育場擴大宣傳，其幹部多人齊集東新橋，特務處向捕房通報後，逮捕共產黨總指揮一名、黨員二名。六月，共產黨在上海八仙橋暴動示威，復經特務處向法捕房通報，逮捕黨員十餘人，示威者被驅散。[1]

自二十二年起，特務處除逮捕共產黨員外，開始破獲共產黨組織。十月十七日，特務處破獲共產黨在南京中央大學組織之「中國青年民眾革命團」，其後並查悉有共產黨員王家麟一名，正由南京回四川原籍，枉道南昌作種種活動。戴笠當即電令南昌通訊組長柯建安切實偵查，相機逮捕。柯建安受命後，即會同隨節偵查組長黎鐵漢、警衛組長羅毅及憲兵第五團第一營長劉煒，派遣組員、憲兵將王家麟逮捕，搜出特種登記黨證、護照、符號、臂章、金陵大學學生證章、社會學筆記等物。經四次審問，得悉王家麟與國軍二十七師政治訓練員常宜中、南昌行營調查科職員李介民、江西省黨部職員湯山等人均有往還，常宜中曾為其代辦護照並符號、臂章等，李介民曾請其敘餐，湯山則代其收信，故三人均有重大嫌疑。戴笠以事關重大，於十一月十四日親赴南昌向蔣中正面陳經過，並請示將常宜中、李介民、湯山三人予以扣押，歸案審辦。[2]

二十三年三月二日晚，特務處廈門通訊組長連謀會同憲兵第四團，在福州捕獲共產黨要員嚴靈峯及其同志三

---

1 國防部情報局編印：《國防部情報局史要彙編》上冊第二〇四頁。
2 戴笠呈蔣中正，民國二十二年十一月十四日，戴笠史料。

人。據戴笠向蔣中正報稱，嚴靈峯是繼陳獨秀之後「共產黨取消派」之負責人。[1]三月十八日，特務處上海站會同公安局，逮捕中共上海江灣區委宣傳部長兼育青中學支部書記任廣魁。三月二十一日，再會同公共租界巡捕房，在上海北四川路海軍路口逮捕中共江蘇省委宣傳部長王維。[2]

五月，共產黨員姚迺勳在南京下關以「大風報推銷辦事處主任」身分為掩護，從事活動，特務處南京通訊組接獲另一共產黨員崔劍雲告密，經複查屬實，乃於五月三十一日晚往下關祥泰里四十五號進行搜查，先後將共產黨員姚迺勳、王仲篪、黃梓和、葉志亞、王國棟等人密捕，並搜獲印章、手槍彈、委任狀等甚多。[3]

十一月，特務處北平站對共產黨要員吉鴻昌進行了制裁。吉鴻昌原為馮玉祥舊部，曾參加中原大戰反對中央，戰敗後加入共產黨，被國民政府通緝。馮玉祥發動「察變」時，吉鴻昌就任「察哈爾抗日同盟軍」第二軍軍長。其後馮玉祥不願與中央兵戎相見，被迫收束軍事，撤銷「同盟軍」總部，惟吉鴻昌、方振武等人仍在中共支持下，將所部改稱「抗日討蔣軍」，開始與國軍作戰。迨該部遭國軍擊潰後，方振武流亡海外，吉鴻昌則匿居天津租界，繼續從事其反對國民政府的活動。

特務處制裁吉鴻昌的行動，本應由天津站負責，但天津站受到「箱屍案」的影響，行動組正處在青黃不接之中。故此次行動改由北平站負責，天津站情報組亦暫時撥歸北平站指揮。[4]十一月九日，天津站情報組查悉吉鴻昌正在法租界國民飯店一四五號房間內與人密議，即由北平站長陳恭澍命令行動組組員王文負責執行。不料王文臨場慌亂，誤殺粵方政客劉少南，而將吉鴻昌及其同志任應岐擊傷，未能達到預期目的。不過經此事件，吉鴻昌、任應岐亦被法租界工部局逮捕，其後並由天津市公安局引渡，於十一月二十四日由北平軍分會執行槍決。故陳恭澍晚年自述此次行動之意義稱：「用單純的任務觀點來說，當然算是失敗的，但就政治觀點而言，卻產生了一定的效果。」[5]

1 戴笠電蔣中正，民國二十三年三月三日，戴笠史料；戴笠電黎鐵漢，民國二十三年三月三日，戴笠史料。
2 國防部情報局編印：《國防部情報局史要彙編》上冊第二〇六頁。
3 國防部情報局編印：《國防部情報局史要彙編》上冊第二〇五頁；「毛澤東羽黨潛居首都密謀異動」，《大公報》天津版，民國二十三年六月七日。
4 陳恭澍：《北國鋤奸》第一五七頁。
5 陳恭澍：《北國鋤奸》第一九二頁。

吉鴻昌案發生不久，特務處又在上海制裁了《申報》總經理史量才。史量才本非共產黨員，但自九一八事變以後，其政治觀點與共產黨日趨接近。當二十一年六月蔣中正剿共期間，《申報》曾登載「論『剿匪』與『造匪』」等社評文字，批評剿共政策，力言「貪官污吏即皆為匪之製造者」，國民政府「對殺人放火姦淫擄掠之日軍，既委曲求全，禮讓言和」，「獨對於國內鋌而走險之人民，則竟動員大軍，大張撻伐。」這些言論立場偏激，頗為蔣中正所不滿。七月，《大公報》負責人胡政之、張季鸞以外傳蔣中正別有法西斯蒂組織之說，特向蔣中正電詢真相。蔣中正以此事關乎國人觀聽，不可不闢謠明志，乃於七月九日作鄭重答復，否認其事。[1]不料《申報》刊載此一重要談話時，竟又頗多刪改，蔣中正對此大感不懌，其日記記曰：「見《申報》將余之原稿改惡錯亂，反動派之搗亂，猶方興未艾也！不加嚴厲處理，何以征服反動？」[2]是年底，「左翼」人士宋慶齡、楊杏佛等人組織「中國民權保障同盟」，史量才積極支持該組織活動，並在《申報》上發表宋慶齡批評國民政府的文章，登載有關「民權保障同盟」的代電和報道。此外，史量才還聘請「左翼」人士開辦職業學校，在《申報》及其副刊上刊登「左翼」作家的文章，其政治立場已經與共產黨幾乎完全一致。

戴笠出於擁護領袖的熱誠，曾於二十二年八月呈請蔣中正制裁史量才，報告稱：「史量才挾其資財與政治野心，平日豢養陳彬龢、接濟鄒韜奮等國家主義派，專事反動宣傳，鼓惑青年，最近用申報館名義創辦許多職業學校、外國文補習班等，在暑假期間又令陳彬龢在各大學暑期補習班大事演講，時有反中央之言論，最近復聘請左翼作家郁達夫為申報副刊主編，此後必更不利於中央，故對史量才擬嚴密加以制裁，以遏亂萌。」[3]此一報告當獲蔣中正之批准，但特務處在短期內並未行動。直至二十三年十月，史量才攜眷赴杭州休養，特務處終於決定行動。十一月十三日下午，史量才乘汽車由杭返滬，途徑翁家埠附近，突遭特務處派員制裁，當場身亡。[4]

在制裁吉鴻昌、史量才前後，特務處還運用公開單位廈門公安局偵緝處破獲了共產黨的重要組織。據偵緝處主任劉漢東於十一月十九日電告戴笠稱：「于世日前得識一共黨陳玉山，廣東人，數次晤談，力促其自新，乃下最大決心與吾人合作，盡量宣布共黨祕密。」嗣悉共產黨將於十一月十日下午六時集會，紀念蘇俄十月革命，乃

1 「蔣委員長明志闢謠」，《大公報》天津版，民國二十一年七月十一日。
2 蔣中正日記，民國二十一年七月十二日。
3 戴笠呈蔣中正，民國二十二年八月十八日。
4 沈醉：《軍統內幕》第一六一至一六四頁。

嚴密佈置，捕獲中共廈門中心市委組織部長嚴壯真。此後，劉漢東親率探員搜捕，自十日晚八時至十一日上午十時，「計連續破大小機關十三個，逮捕共黨三十九名，並收穫無線電收發機二具、電印機一具暨共黨宣傳刊物無數」，「案破後，廈市共黨已全部瓦解。」戴笠據情轉報蔣中正，獲蔣中正批示傳諭嘉獎。[1]

同年，特務處破獲之共產黨組織尚有如下數起：運用公開單位三省總部第三科查獲共產黨員趙蓮溪、危紫稻致孫殿英代表張遜仲一函，遂按址捕獲張遜仲、危紫稻，復因供在上海捕獲趙蓮溪。[2]在天津捕獲負責青年工作之共產黨員李學書，續在天津逮捕「特委書記」韓慶元、在蒿城逮捕「特委書記」王永林，在欒城逮捕「組織部長」劉先住、「宣傳部長」梁夢麟、在定縣逮捕「縣委書記」白宏恕、「組織幹事」戴珊杰等六十四人。[3]

另有共產黨員張卓吾等人，在漢口組織「左翼大同盟武漢分盟」，乘「熱察事變紀念日」散發傳單，反對國民政府推行之「新生活運動」。特務處湖北站檢獲其文件多起，即派員設法打入其組織，跟蹤偵查達半年之久，查獲各種證件，然後開始行動。一夜之間，捕獲張卓吾、洪勛、謝遠宜、于仲儒、許蔭武、程瑞概、許澄宙、廖特全、陳易黃、陳俊傑等人，另根據線索分電上海、河南進行緝捕。[4]

案特務處自二十一年從事反共活動以來，至二十三年因配合第五次剿共軍事而達到高潮，尤以是年制裁吉鴻昌、史量才兩案，影響甚大。自二十四年以後，隨著江西剿共的結束，反共工作的力度有所減緩，惟仍有「怪西人案」等重要案件之偵破，其經過詳下卷。

---

1 戴笠電蔣中正，民國二十三年十一月十九日；戴笠史料；國防部情報局編印：《國防部情報局史要彙編》上冊第二〇五頁；中共廈門市委黨史研究室：《中共廈門地方史（新民主主義革命時期）》第一六三至一六五頁。

2 國防部情報局編印：《國防部情報局史要彙編》上冊第二〇四頁。

3 國防部情報局編印：《國防部情報局史要彙編》上冊第二〇四至二〇五頁。

4 國防部情報局編印：《國防部情報局史要彙編》上冊第二〇五頁。

八、護衛領袖

戴笠在黃埔求學時，曾與同學各言所志，或曰想作方面大員，或曰想當外交武官，或曰想要訓練部隊，或曰想要棄軍從政，戴笠則說：「我希望將來做校長的衛士。」此言一出，眾人皆嗤笑之。事後，戴笠曾對徐亮說：「校長一身系革命成敗，國家安危，民族存亡，還有比衛護校長更重要的工作嗎？那班『有志氣、有抱負』，想做方面大員、活躍國際的，都是自私自利，不是真正革命。」[1]戴笠的話雖然略顯偏頗，但其投身革命的初衷與其擁護領袖的熱誠，不難從中概見。

戴笠對蔣中正安全的憂慮並非杞人憂天，而是基於事實做出的判斷。早在民國十四年蔣中正擔任黃埔軍校校長兼廣州衛戍司令期間，即曾遭遇刺殺。自十七年蔣中正統軍主政以來，行刺事件更是屢有發生。

二十一年特務處成立之初，即以護衛領袖作為基本工作，在漢口豫鄂皖三省剿匪總司令部內成立警衛組，由戴笠自兼組長，因戴笠經常不在武漢，另由邱開基負責實際主持。惟此後邱開基脫離特務處，警衛組之存廢不得而知。

二十二年一月三日，蔣中正由家鄉奉化來杭州停留數日。當時杭州特訓班創辦伊始，有化裝演習課程，戴笠認為機會難得，即令杭訓班祕密組成警戒網，由指導員指揮，擔任衛護蔣中正安全之任務。學生們感到萬分榮幸，莫不竭忠盡智，全力以赴。最終，衛護任務圓滿達成，戴笠十分高興。[2]

七月，蔣中正為增進剿共效能，在廬山創設軍官訓練團，並親臨牯嶺主持。戴笠經蔣中正核准，在軍事委員會委員長侍從室之下正式成立偵查和警衛兩班，作為護衛領袖安全之永遠機構，開特別警衛工作之先河。[3]偵查

1 喬家才：《鐵血精忠傳》第五十七至五十八頁。

2 張毓中：《滄海拾筆》第三十五至三十六頁。

3 國防部情報局編印：《戴雨農先生年譜》第三十三頁；蔣公侍從人員史編纂小組：《蔣公侍從見聞錄》第一〇三頁；張毓中：《滄海拾筆》第五十三頁。

班又稱隨節偵查組，以黎鐵漢任組長，陳善周副之，曾澈任書記；警衛班又稱隨節警衛組，以羅毅任組長，不設副組長。兩班組員多由黃埔軍校、南京特訓班及杭州特訓班畢業生中遴選，皆能力優越，忠實可靠。[1]至此，戴笠終於達成了衛護領袖的夙願。

九月二十五日，蔣中正下廬山，此後長期駐節南昌。偵、警兩班在蔣中正官邸附近租賃民房安身，既可隱秘身分，又能方便工作。偵查班負責南昌市區之社會調查、情報蒐集，及與有關治安單位之聯繫配合；當蔣中正外出前，並須與當地治安單位提前佈置，以策安全，是為先遣任務。警衛班則負責官邸周圍的警衛任務。[2]十月，偵、警兩班會同南昌通訊組破獲共產黨組織，逮捕共產黨員王家麟一名，是為兩班工作之首見成效。[3]

是年底，閩變爆發，蔣中正於十二月二十三日自南昌飛杭州。二十三年一月三日，抵建甌，開始向延平總攻。一月十五日，蔣中正由建甌赴延平前線指揮，一路之上，早出晚歸，經常翻山越嶺，渡江過橋，安全顧慮極多。偵查班為確保領袖安全，嚴密控制渡船，規定聯絡暗號，安排休息和就餐場所，並與特務處之潛伏人員暗中配合，部署十分周密，最終圓滿達成任務，給侍從室侍衛長宣鐵吾留下了深刻印象。[4]

二月九日，蔣中正返抵南昌，偵、警兩班亦隨節返回。時偵查班有組員鐘民祉，係南昌人，黃埔軍校六期畢業，奉派到梁家渡工作。梁家渡為南昌到臨川必經之渡口，為警衛線上重要據點。當時偵查組員均發有密件一枚，必要時可調動部隊增援，不料鐘民祉因被當地駐軍懷疑，竟遭拘捕、捆綁、逼供，並搜出密件，暴露身分。上級因恐密件外洩，發生重大影響，只得密令作廢，是為偵查班成立初期所經歷之一段插曲。[5]

三月三日，謝鎮南繼任柯建安為南昌通訊組長，戴笠電囑黎鐵漢、羅毅與謝鎮南共策工作之進行，稱：「吾人於南昌工作第一應注意於反動派之陰謀與活動，因查各反動派近均感覺用明刀不能危害我領袖也，只有暗箭耳。領袖駐贛日久，且行動隨便，難免不為人注意。吾人責任重大，萬懇時刻督促各同志激發天良，時刻留心，處處留意，杜漸防微，庶可盡衛護領袖之天職。」「德顧問所擬整飭侍衛隊之辦法，藉以振作精神、增加威

1 張毓中：《滄海拾筆》第五十三頁。
2 張毓中：《滄海拾筆》第五十四頁。
3 戴笠呈蔣中正，民國二十二年十一月十四日，戴笠史料。
4 張毓中：《滄海拾筆》第五十六頁。
5 張毓中：《滄海拾筆》第五十八至五十九頁。

勢，計固得也，但以之防止反動、制裁反動則猶未足也。因中國社會之複雜，有形之警戒已失卻作用耳，萬望吾兄注意，並以之奉陳宣侍衛長，請其注意及之。」

戴笠並稱：「弟與諸同志成敗與共，生死相同，關係之密切，故督責不得不嚴也，務希諸同志鑒原。聞有少數同志前因弟在建甌之講話，表示不滿，殊深歎息。」[1]案「閩變」期間，戴笠曾調在南京擔任郵檢工作之馬壬、張玉麟等人前往建甌，擔任偵查班組員。其時軍用繁忙，交通不便，馬壬等人復不明路徑，且須攜帶沉重之電機，故遲遲趕來。戴笠為此勃然大怒，見面後連招呼也不打，劈頭就罵：「你們怎麼現在才到？我還以為你們被土匪擄去了！不要自以為了不起，在我眼裡你們不過是廟裡的木偶，靈的話，我會供酒肉水果，如不靈，就丟到茅廁裡去！」戴笠所謂少數同志之不滿，或許是指此事。[2]

戴笠除叮囑偵、警兩班注意工作方法外，也很注意與侍從室之侍衛長宣鐵吾維繫關係。畢竟兩班與侍衛班同負衛護領袖之責，兩班工作能否順利開展，在相當程度上取決於侍衛班是否支持與配合。宣鐵吾係浙江諸暨人，黃埔一期畢業，革命資歷甚老，頗獲蔣中正之信任。戴笠視宣鐵吾為兩班之長官，對其一向表示尊重，曾電宣鐵吾，有「黎（鐵漢）、羅（毅）、柯（建安）各組工作務乞多多指導，俾各有所遵循」[3]以及「公暇乞多賜教」之表示。[4]其後傳聞羅毅工作態度不佳，戴笠特電宣鐵吾稱：「聞羅毅日驕，未悉究竟如何，如有傲慢行為，務乞嚴加訓誨。」[5]

二十三年二月，宣鐵吾有意遴選偵查班組長黎鐵漢擔任侍衛官，然戴笠認為不便，乃另派特務處其他人員擔任，他於二月二十五日復電宣鐵吾稱：「茲決調三期浙籍同學張業、四期蘇籍同學莫鈞、五期湘籍同學婁劍如前來，聽候選充為侍衛官，不足之額，請就近於偵查班中選充之。偵查班弟意仍須保留，故黎鐵漢同志可不必入選為侍衛官也。張、莫、婁等弟均認為忠實努力有辦法者，兄如有認為不合條件者，不妨遣回。」[6]

1 戴笠電黎鐵漢，民國二十三年三月三日，戴笠史料。
2 張毓中：《滄海拾筆》第五十一頁。
3 戴笠電宣鐵吾，民國二十二年九月二十四日，戴笠史料。
4 戴笠電宣鐵吾，民國二十二年十一月二十五日，戴笠史料。
5 戴笠電宣鐵吾，民國二十三年二月二十八日，戴笠史料。
6 戴笠電宣鐵吾，民國二十三年二月二十五日，《戴先生遺訓》第三輯第四十六頁。

戴笠並電囑黎鐵漢稱：「偵查班多賴賢勞主持，已有基礎，棄之殊深可惜，故兄不可入為侍衛官，致減少活動效能，務請為整個工作前途計也。」[1]。張、莫、婁三人等候蔣中正批示期間，戴笠曾電請宣鐵吾予以照顧：「張等如無費用，敢乞稍予接濟，容日由弟奉趙。」[2]不久，三人正式奉准擔任侍衛官，遂與偵、警兩班相配合，形成蔣中正自內而外的警衛力量。[3]

偵、警兩班工作得力，逐漸獲得宣鐵吾的器重與信賴。當時侍從室之德國顧問施太乃斯對偵、警兩班也相當滿意，遂與宣鐵吾一起對兩班進行訓話，計劃將兩班正式納入侍從室編制，其中偵查班人員一律以上尉侍衛官任命，警衛班人員則以少尉特務員任命，擬由宣鐵吾電商戴笠同意後，再呈報蔣中正核辦。對於兩班而言，擁有侍從室的正式編制是夢寐以求的好事，大家都很高興，不料偵查班書記曾澈密報戴笠，略謂：「偵、警兩班是鈞座苦心訓練的精華，如被他人吸收，將對團體影響甚大，請考慮婉拒之。」結果戴笠採納了曾澈的建議，覆電宣鐵吾予以婉拒，宣鐵吾大出意外，非常難堪，自此與戴笠有隙。曾澈是一位忠貞、熱情的革命幹部，他向戴笠密報的動機純粹出於對特務處的愛護，但是偵、警兩班同志對他的做法極不諒解，認為他沒有遠見。[4]

此後不久，張業等人因對侍從室的同仁不滿，乃向蔣中正密報，結果密信落入宣鐵吾之手。宣鐵吾大為不悅，毫不客氣地當面指責戴笠說：「我提拔你的人，你不肯，你推舉進來的人又專打小報告，原來你的人不是來護衛領袖，而是來打我們小報告的！」宣鐵吾的資歷、階級、地位都比戴笠高很多，戴笠只得一再解釋道歉，並於五月二十日派黎鐵漢將張業等人押回南京，另派工作。這件事發生後，偵、警兩班首當其衝，宣鐵吾一改過去關懷愛護的態度，開始對兩班冷落，其他侍衛官也開始冷嘲熱諷，排斥為難。[5]

偵查班的組員有三分之二是黃埔六期以上出身，全部受過特種訓練，無論學識、資歷、經驗，都不低於侍從室的侍衛官。大家年輕氣盛，不甘心受到不合理的待遇，更怕此種情形繼續下去，會對護衛領袖的重大職責造成疏忽或差錯，於是向戴笠反映，希望有所改善，甚至想以黃埔學生的身分直接向蔣中正面陳委曲。戴笠了解情況

1 戴笠電黎鐵漢，民國二十三年二月二十五日，戴笠史料。
2 戴笠電宣鐵吾，民國二十三年三月十三日，戴笠史料。
3 張毓中：《滄海拾筆》第五十六頁。
4 張毓中：《滄海拾筆》第五十九至六十頁。
5 戴笠電宣鐵吾，民國二十三年五月二十日，戴笠史料；張毓中：《滄海拾筆》第五十九至六十頁。

後，特別來到偵查班對大家說：「你們的委屈和處境我都非常清楚，也許你們曾經聽說過，我在七、八年前所遭受的誤會和屈辱，比你們現在要嚴重多了，但我始終抱定一切為領袖的決心，一再容忍，終蒙領袖垂愛。希望你們為了領袖，為了團體，要百般容忍，堅守崗位。」戴笠說話時，沒了往日顧盼自若的神態，而是臉色沉悶，聲調很低，說完便離開了。大家聽了這番語重心長的話，聯想到戴笠當年「攔車投書」的故事，都深深地感受到了他的辛酸與無奈，於是決心接受戴笠的勉勵和囑咐，忍辱負重，堅守下去。[1]

七月底，戴笠接任南昌行營調查課長及豫鄂皖三省剿匪總部第三科長，不久即因公務繁忙，疲勞過度，由中暑引發喉症，病困杭州十餘日。當時蔣中正仍在廬山海會寺主持軍官訓練團，戴笠念念不忘偵、警兩班之職責，於八月十二日電囑黎鐵漢稱：「偵、警兩組及海會寺方面之臨時工作，關乎保護領袖之安全，責任重大，萬懇兄與毅兄時刻勉勵我全體同志共同努力為要。」[2]

自二十三年八月至二十四年七月間，偵、警兩班及特務處其他單位在戴笠的督責下，先後破獲三件行刺蔣中正的要案，其主使者分別是袁鏘、何仲甫、蔡維坤及劉仲武。袁鏘，自稱西南政務委員會政委兼高等顧問，隨帶侍從陳子法一人，於二十三年八月來京，圖以晉謁蔣中正時行刺，後被偵查班發現形跡可疑，予以破獲。[3]何仲甫，係新國民黨份子，在滬與同黨程映川、柏拔三密謀行刺蔣中正，於二十四年七月被特務處上海站偵悉捕獲。[4]

和上述兩案相比，蔡維坤、劉仲武案之情節最為重大。蔡維坤，又名蔡雄圖，湖北江陵人，落拓滬上。劉仲武，江蘇鹽城人，早年投軍，後在滬閒居。二人相識後，曾假鋤奸之名，數次拋擲炸彈，擾亂滬上治安。二十三年，蔡、劉復集合同黨多人，組織「中華民族共濟會」，意欲勾結新國民黨反對中央，由蔡維坤任總務部長，劉仲武任宣傳部長，並請同黨張宗海代覓聯絡西南當局之路線。不久，張宗海在上海遇到舊識梅光培，因知其過去為廣東政界中人，乃以蔡、劉介紹。蔡、劉與梅光培見面後，希望梅光培致函胡漢民，為二人介紹工作，遂將共

1 張毓中：《滄海拾筆》第六十至六十一頁。
2 戴笠電黎鐵漢，民國二十三年八月十二日，《戴先生遺訓》第三輯第四十四頁。
3 國防部情報局編印：《國防部情報局史要彙編》上冊第二一〇頁。
4 國防部情報局編印：《國防部情報局史要彙編》上冊第二一〇頁。

濟會之宗旨詳為陳述，並將該會油印之簡章、宣言交出，以示反對中央之成績。[1]

梅光培，一名梅培，廣東台山人，美國芝加哥大學畢業。早年參加中國同盟會，追隨孫中山先生革命。民國十四年國民黨元老廖仲愷被刺殺，由蔣中正負責緝兇，梅光培時任粵軍南路司令部參謀長，被認為與廖案有關，因遭蔣中正逮捕，拘押甚久，由是與蔣中正有宿怨。蔡維坤、劉仲武當對梅光培的經歷有所了解，遂將密謀坦然相告，他們沒有料到的是，梅光培早在二十二年十一月就已轉向，參加了特務處的工作。[2]

梅光培想要深切探查蔡維坤、劉仲武的詭謀，乃對二人說，須表現一事，方能向胡漢民介紹，於是二人答以準備刺殺蔣中正，並將謀刺計劃及黨羽秦天等十七人名單交給梅光培，請其給款進行。[3]當時胡漢民在香港組織暗殺機關，由朱卓文主其事，[4]梅光培與朱卓文係舊識，乃以蔡、劉謀刺蔣中正之計劃相告，朱卓文即匯給梅光培洋二千六百元，囑其轉交蔡、劉備用。梅光培一面將洋一千五百元陸續轉交蔡、劉、張三人，一面將蔡、劉行蹤向特務處上海站進行密報。[5]

二十三年十一月間，蔡維坤、劉仲武探悉蔣中正將由南昌返回南京，出席中國國民黨四屆五中全會，即向某日本人買到一枚炸彈，並派兩名女性黨羽，將炸彈夾藏在柚子心中，混入柚子群，先期由上海攜往南京。蔡、劉並與梅光培、張宗海商定電報秘語，如明日行刺則稱「明日返滬」，即日行刺則稱「即日返滬」等，以資掩護，凡有消息，均由張宗海轉知梅光培。十一月二十三日，蔡、劉親率黨羽，攜帶手槍潛入南京。抵京後，即計劃于夜間在國府至行政院路旁埋設炸彈，在埋設地點前後，預伏黨羽數人，如蔣中正乘車經過時炸發不中，即由預伏之黨羽圍擊。設計既定，蔡、劉函告張宗海轉告梅光培，梅光培則迅速報告滬站轉報戴笠。戴笠獲悉後，派員四出偵察防範。[6]

十一月二十九日，特務人員偵悉蔡維坤、劉仲武正用化名匿寓安樂酒店，於是跟蹤逮捕。劉仲武發覺有人跟

1 戴笠呈蔣中正，民國二十四年七月一日，國民政府檔案；劉仲武筆供，民國二十三年十一月三十日，蔣中正總統檔案。
2 特務處編製：《二十六年份內外勤工作人員總考績名冊》，梅光培條。
3 戴笠呈蔣中正，民國二十四年七月一日，國民政府檔案。
4 陳立夫電蔣中正，民國二十一年十月五日，蔣中正總統檔案。
5 戴笠呈蔣中正，民國二十四年七月一日，國民政府檔案。
6 戴笠呈蔣中正，民國二十四年七月一日，國民政府檔案。

蹤，但圖逃未果，後在公共汽車中被捕，蔡維坤、張宗海亦被捕獲。經數次訊問，蔡、劉供認組織共濟會、勾結西南、反對中央及收到朱卓文洋一千五百元、並率黨羽來京謀刺蔣中正等情不諱，惟堅稱刺殺未及實行，並已向蔣中正首告。二人所供收到朱卓文匯款一節，梅光培並未據實向特務處報告，於是特務處復將梅光培傳訊。據梅光培供認，他欲深切探查蔡、劉謀刺蔣中正之計劃，確曾聯絡朱卓文匯款給蔡、劉，但為避免嫌疑，遂未將匯款之事呈明滬站，至於蔡、劉之計劃則無一不向滬站報告。梅光培因對案情有所隱瞞，亦被特務處關押，但因情結輕微，半年後即獲釋放，戴笠飭其繼續工作，立功贖罪。[1]

七月一日，戴笠將本案案情呈報蔣中正，並提出對蔡維坤、劉仲武之判決建議稱：「查蔡、劉兩犯共同組織中華民族共濟會，勾結西南，企圖反動，及來京謀刺各節，均各承認不諱。雖其對於謀刺事堅稱未及實行，然查其計劃派人攜彈來京，及在國府路旁埋藏炸彈各行為（由該兩犯告之於張宗海轉告梅光培者），特以軍警戒護周密，其逆謀未遂耳。復查蔡、劉兩犯自十一月二十三日來京，至二十九日被捕，為期已有六天，果欲首告，首都機關林立，曷竟不一首告，而反欲潛逃耶，足證其欲托詞首告，冀以減輕其刑罪，尤屬顯然若揭。基上論結，該蔡、劉兩犯共同組織共濟會，勾結西南，並謀刺鈞座之所為，實以擾亂治安危害民國為其唯一之目的，擬依危害民國緊急治罪法第一條第三款及同法第十條之規定，並適用刑法第四十二條，各處死刑。」

另對張宗海之判決建議稱：「查該犯對於蔡、劉兩犯與梅光培接洽，勾結西南及謀刺鈞座，均由其介紹及傳遞消息，既經供認不諱，其朱卓文匯給蔡、劉謀刺之款又經分用，是該犯對蔡、劉所為反動行為依法應成立從犯之罪。擬依危害民國緊急治罪法第一條第三款之規定，並依同法第十條適用刑法第四十四條第三項辦法，判處無期徒刑。」上述建議，均經蔣中正批准照辦。[2]

戴笠破獲蔡、劉案不久，偵、警兩班的處境也因侍從室更換侍衛長而有所好轉。二十三年底，宣鐵吾調任浙江省保安處副處長，遺缺由何雲接任，並於十二月十三日到差。[3]何雲於民國初年即追隨蔣中正從事革命工作，在上海、杭州、寧波等處祕密活動，其後擔任杭州公安局長多年，深受蔣中正之信任。他身材清瘦，蓄八字

1 戴笠呈蔣中正，民國二十四年七月一日，國民政府檔案。
2 戴笠呈蔣中正，民國二十四年七月一日，國民政府檔案。
3 何雲呈蔣中正，民國二十三年十二月，國民政府檔案。

短鬚，神態外貌皆與蔣中正類似，故當時盛傳他是蔣中正之替身。[1]

二十四年二月二十一日，蔣中正為指揮各部追剿紅軍，由南昌經九江到漢口，三月二日飛重慶，二十四日飛貴陽，五月十日飛昆明，二十一日返貴陽，二十二日返重慶，二十六日飛成都。自蔣中正離開南昌到各地巡視後，偵、警兩班人員亦乘專車赴九江，再換專輪溯長江而上，先後在漢口、宜昌、巫山、萬縣等碼頭短暫停留，於四月底抵達重慶。[2]在此期間，戴笠對兩班工作十分關注，當五月十六日蔣中正在昆明時，戴笠曾電黎鐵漢詢問：「校座在滇約有幾日勾留？滇邊匪情如何？警衛工作如何佈置？務希詳行電示。」[3]

何雲年已五旬，為人寬厚，自接任侍衛長以來，因與侍從室素無淵源，工作常不能稱心如意。他發現偵查班做事認真，能力亦強，一再完成他交付的任務，遂對偵查班另眼相看，事事託付。[4]五月下旬，何雲有感於偵、警兩班工作表現良好，而待遇與侍從室人員相差兩倍之多，乃報准上級，將兩班編入侍從室，成為編制內的正式人員，兩班人員的階級和待遇比照去年南昌提案，自五月份起實施。這次戴笠得到報告，不僅不再拒絕，反而高興地對兩班慰勉有加。兩班之名稱，經呈奉蔣中正批示，改為特務股與警衛股。兩股人員有了正式的官階和公開的職務，從此以後峰迴路轉，繼續擔負外圍警衛與情報蒐集的任務，大家有感於蔣中正對特務工作之重視，皆甚感快慰。[5]

自二十二年七月偵查班、警衛班成立以來，兩班人員在戴笠督責之下，秉持對蔣中正之高度忠誠，憑藉優越的工作能力，迭有表現。尤其兩班獲得侍從室正式編制後的一年，更是漸入佳境，這種良好的工作環境維持至二十五年初，卻又因蔣孝先接掌侍從室第三組長而發生變故。

1 張毓中：《滄海拾筆》第六十五頁。
2 張毓中：《滄海拾筆》第六十六至六十七頁。
3 戴笠電黎鐵漢，民國二十四年五月十六日，戴笠史料。
4 張毓中：《滄海拾筆》第六十五頁。
5 張毓中：《滄海拾筆》第九十二頁。

卷五　民國二十四年

民國二十四年，南昌行營調查課併入特務處，特務處的組織和工作獲得了前所未有的充實與發展。五月，破獲共產國際情報組織案，逮捕「怪西人」華爾頓；嗣於八月捕獲意圖營救華爾頓之西人蒲林森、雷地斯、蘭姆克；七月，檢舉漢陽火藥廠廠長譚寄陶貪汙舞弊各案；十一月，偵破行政院長汪精衛被刺案。

是年，第五次剿共軍事結束，西南各省漸次聽命中央，惟兩廣當局仍欲維持其半獨立狀態，而日寇攝於中國之統一，更陰謀策動「華北五省自治」。於是特務處致力於兩廣軍事策反，並積極佈置華北抗日工作。另一方面，隨著工作範圍的擴展，特務處牽涉的糾紛與枝節也日漸增多，策反粵艦、制裁石友三、檢舉緝私室等案均屬此類。

本卷凡八節，主要敘述民國二十四年戴笠與特務處的活動情況。其中逮捕「怪西人」與偵辦刺汪案之經過，均係首次完整披露，另對戴笠策反粵艦這一積非成是的說法，亦專設一節予以糾正。

一、組織擴展

民國二十四年前後是特務處組織急劇擴展的時期，其人員數量、隸屬關係、內外單位以及公開單位均發生繁複的變化。

人員數量方面，二十三年因調查課的併入，特務處的工作人員由六七二人增至一七二二人，二十四年增至二〇二三人，二十五年再增至二四〇二人。[1]此數年間參加工作且日後在特務處內擔任要職者有：余鐸、徐羽儀、何芝園、毛人鳳、陳紹平、傅勝藍、馬漢三、郭履洲、靳汝民、嚴靈峯、陸遂初、劉啟瑞、王蒲臣、姜瞻洛、朱燾等人。

余鐸，號天鳴，江蘇儀徵人。中國公學政治經濟系畢業。[2]二十三年五月，參加特務處工作，時年三十八歲。曾任處本部第二科司法股股長。[3]

徐羽儀，湖南耒陽人。湖南群治法政學院畢業。二十三年六月，參加特務處工作，時年三十六歲。曾任處本部第二科司法股副股長。[4]

何芝園，號商友，浙江江山人。國立東南大學數學系畢業。曾任浙江昌化縣政府科長、杭州私立弘道女中教員、江蘇省立南京中學教員、鐵道部統計處營業股長。[5]

二十三年六月，何芝園在南京某一宴會中得識戴笠，他見戴笠濃眉大眼，隆準高顴，身材雖不高大，卻厚重而結實，堪稱氣宇非凡。戴笠問何芝園現在何處工作？何芝園答以：「原在鐵道部統計處任股長，因該部同

1 國防部情報局編印：《國防部情報局史要彙編》上冊第九頁。
2 軍事委員會委員長侍從室人事登記卷，余鐸。
3 特務處編製：《二十六年份內外勤工作人員總考績名冊》，余鐸條。
4 特務處編製：《二十六年份內外勤工作人員總考績名冊》，徐羽儀條；息烽縣縣志辦公室編：《息烽縣人物志》第一四八頁。
5 國民政府文官處人事調查表，何芝園。

仁大部分都講廣東話，且官僚習氣甚重，余厭惡之而辭職，現正賦閒中。」戴笠說：「我現在需要一位統計人員。」即約何芝園於次日至雞鵝巷五十三號面談。翌晨，何芝園如約前往，進門之後彎彎曲曲才到客堂，只見室內窗明几淨，一塵不染。戴笠對何芝園說，特務處從事的是救亡圖存的革命工作，待遇微薄而工作辛勞，問他願否屈就？何芝園答以：「既是救亡圖存之革命工作，遑論待遇之多寡？」慨然允之。於是戴笠立即繕寫一通介紹函，囑何芝園往漢口向禁煙密查組組長周偉龍報到。[1]何芝園時年三十三歲，以後歷任禁煙密查組組員、處本部第一科副科長等職。[2]

毛人鳳，字齊五，原名毛善餘，浙江江山人。少懷大志，與戴笠同硯於江山文溪小學，常以報國相勗勉。弱冠畢業於浙江省立第一中學，旋入上海復旦大學肄業，中途感國事之蜩螗，憤軍閥之殘暴，毅然間道入粵，投入黃埔軍校第四期。旋因病休學，病愈後轉入黨軍戎幕，略嘗夙願。十五年春，因父去世，返籍奔喪，適值戴笠南下黃埔，人鳳贊助甚力。二十三年，戴笠主持特務處已逾兩載，挽人鳳為之臂助。[3]人鳳遂於八月參加特務處工作，時年三十五歲。[4]曾任西北剿匪總部第三科第二股股長、處本部書記室書記等職。

陳紹平，字策奇，湖北黃陂人。黃埔軍校二期、日本騎兵學校畢業。十三年九月，加入中國國民黨。曾任黃埔同學會兩湖通訊處上校主任、陸海空軍總司令部少將參議、國民政府參軍處少將參議、豫鄂皖三省保安團隊幹訓班大隊長兼訓育主任。二十三年八月，參加特務處工作，時年三十歲。曾任豫鄂皖三省剿匪總部第三科長、重慶行營第三科長、鐵道隊警總局督察長、特務處鐵道組組長等職。[5]

傅勝藍，浙江金華人。莫斯科中山大學畢業。歷任莫斯科中山大學政治經濟教授、編輯委員、主任、中央軍校特別研究班教務主任、軍事委員會政訓處宣傳科科長。[6]二十三年八月，參加特務處工作，時年三十三歲。[7]曾任處本部第一科編審股長、代科長。

---

1 何芝園：《芝園老人自述》第二十五頁。
2 特務處編製：《二十六年份內外勤工作人員總考績名冊》，何芝園條。
3 鄭修元：「陸軍二級上將毛故局長人鳳行狀」，《毛故上將人鳳先生哀思錄》第十三頁。
4 特務處編製：《二十四年年終總考績擬請增薪人員名冊》，毛人鳳條。
5 軍事委員會委員長侍從室人事登記卷，陳紹平；特務處編製：《二十六年份內外勤工作人員總考績名冊》，陳紹平條。
6 中央陸軍軍官學校政訓研究班編印：《中央陸軍軍官學校政訓研究班同學錄》，官佐年齡籍貫通訊一覽表傅勝藍條。
7 特務處編製：《二十六年份內外勤工作人員總考績名冊》，傅勝藍條。

馬漢三，河北宛平人。河北省立黃村甲種農校、國立農業專門學校蠶桑科畢業。曾任甘肅軍務善後督署秘書、第二集團軍第一方面政治部主任、山東省禁煙總局科長、西北軍官訓練班教官。[1]二十四年三月，參加特務處工作，時年三十一歲。[2]曾任察綏通訊站站長、察哈爾站站長。

郭履洲，浙江寧海人，黃埔軍校六期畢業。二十四年四月，參加特務處工作，時年三十二歲。曾任處本部第一科華北股長。[3]

靳汝民，遼寧海城人。早年負笈安東省三育中學，篤信基督教。卒業後，考入東北電工專門學校，適值五卅慘案發生，志切救國，熱血激蕩，乃不畏危險加入中國國民黨，旋於黨組織策動下，歷經艱險，於十五年考入黃埔軍校六期礟科。十六年十二月，共產黨在廣州暴動，靳汝民忍痛淚別母校，輾轉至杭州編隊受訓。二次北伐期間，奉派參加戰地宣傳工作，多年流離，時以未能完成軍校學業為憾，乃與江蘇籍同學楊震對調，終得卒業。凡同年自東北考入黃埔之同學，能獲卒業者，惟靳汝民一人。畢業後，歷任陸軍第四十八師見習官、礟兵排長、礟兵連長等職。[4]二十四年五月，參加特務處工作，時年三十一歲。[5]一度負責天津工作。

嚴靈峯，字明傑，福建連江人。私立福建大學、蘇聯莫斯科東方大學政治經濟系畢業。早年加入共產黨。二十三年三月，在福州被特務處廈門組捕獲，立場轉向。二十四年七月，經戴笠介紹，加入中國國民黨，[6]同時參加特務處工作，時年三十一歲。[7]曾任處本部第一科編審股股員、華南股股長。

陸遂初，號默生，湖南岳陽人。國立北京師範大學英文系畢業。十四年二月，由黃少谷、李世軍介紹，加入中國國民黨。曾任國立上海暨南大學講師、河南省農民協會整理委員、江蘇省黨部秘書、國立上海勞動大學教

1 軍事委員會委員長侍從室人事登記片，馬漢三。
2 特務處編製：《二十六年份內外勤工作人員總考績名冊》，馬漢三條。
3 特務處編製：《二十六年份內外勤工作人員總考績名冊》，郭履洲條。
4 國史館編印：《國史館現藏民國人物傳記史料彙編》第五輯第三二三頁。
5 特務處編製：《二十六年份內外勤工作人員總考績名冊》，靳汝民條。
6 國民政府文官處人事調查表，嚴靈峯。
7 特務處編製：《二十六年份內外勤工作人員總考績名冊》，嚴靈峯條。

授。[1]二十四年九月，參加特務處工作，時年三十歲。[2]曾任短訓班主任、處本部第一科國際股股長、湖南區岳陽小組組長。

劉啟瑞，安徽貴池人。國立北京大學哲學系畢業。十六年十二月，加入中國國民黨。曾任安徽省黨部改組委員會暨指導委員會秘書主任、安徽大學文學院兼任教授。[3]二十四年十一月，參加特務處工作，時年三十六歲。[4]

王蒲臣，浙江江山人。浙江省立第八中學畢業。二十五年一月，參加特務處工作，時年三十五歲。曾任處本部書記室書記助理等職。[5]

姜瞻洛，浙江江山人。浙江省立第八中學畢業。二十五年七月，參加特務處工作，時年三十六歲。曾任處本部書記室書記助理等職。[6]

朱燾，浙江杭州人。浙江憲兵教練所畢業。二十五年七月，參加特務處工作，時年四十九歲。[7]曾任處本部第三科庶務股股長。

特務處係由考核股負責人事工作，凡欲吸收工作人員，均由考核股先行約談並簽擬意見，再由戴笠決定取捨。如果決定吸收，考核股即在規定時間為新同志舉行宣誓儀式，然後簽派工作。[8]特務處在全盛時期，有數以千計的工作人員，每個人的爭取與吸收，都貫注了戴笠的心力。[9]戴笠曾交代考核股長胡子萍：「談話時要把歹話說在先頭，必須把情報工作的約法三章告訴對方：第一，我們的工作很苦；第二，我們的紀律很嚴；第三，我

1 國民政府文官處人事調查表，陸遂初。
2 特務處編製：《二十六年份內外勤工作人員總考績名冊》，陸遂初條。
3 軍事委員會委員長侍從室人事調查表，劉啟瑞。
4 特務處編製：《二十六年份內外勤工作人員總考績名冊》，劉啟瑞條。
5 特務處編製：《二十六年份內外勤工作人員總考績名冊》，王蒲臣條。
6 特務處編製：《二十六年份內外勤工作人員總考績名冊》，姜瞻洛條。
7 特務處編製：《二十六年份內外勤工作人員總考績名冊》，朱燾條；黃康永：《軍統特務組織的發展和演變》，《文史資料存稿選編》第十三冊第六七五頁。
8 黃康永口述、朱文楚整理：《軍統興衰實錄》第十八頁。
9 毛鍾新：《戴笠將軍別傳一》，《中外雜誌》第三十卷第五期第一三三頁。

們的待遇很薄。對方聽了約法三章，如果知難而退，那就不必多費口舌；如果對方能接受，再進一步詢問他的志趣、抱負以及過去的種種情形。」[1]

隸屬關係方面。特務處在二十四年初仍然同時隸屬於力行社與情報局。四月，情報局改稱軍事委員會調查統計局，內部組織一切照舊，特務處仍隸屬該局為第二處。[2]五月四日，國民政府任命陳立夫為調查統計局局長，陳焯為副局長。[3]

特務處與兩個隸屬機關的情感，與此前略有變化。力行社方面，因書記長酆悌有意與戴笠合作，故雙方關係較融洽。調統局方面，則因戴笠與局長陳立夫、第一處長徐恩曾積怨已深，雙方關係愈發惡劣。[4]

是年五月，特務處破獲共產國際「怪西人」案，案涉中央政治會議秘書黃友郢之女黃維佑，陳立夫、徐恩曾等人有意從輕發落，頗令戴笠不滿。月底，徐恩曾由京赴川晉謁蔣中正。戴笠聞悉後，特電囑咐隨節偵查組長黎鐵漢：「聞徐恩曾已來川晉見校座，請注意徐此行之目的，隨時電示為盼。」[5]

此後，特務處與局方及第一處的衝突仍然不斷。八月三日，戴笠電詢峨眉參謀團第三科副科長陳紹平：「前為黨方竊收本處電報之呈報校座一電，兄有無轉呈？」並囑：「黨方對吾人之攻擊近益加劇，陳某擬不日赴川晉見校座，請注意其對吾人之報告。」所謂「黨方」，即指徐恩曾負責的第一處亦即國民黨中央調查科；陳某，當指陳立夫。[6]

不久，又發生「黨方」逮捕特務處湖北工作人員藍松青事件，戴笠一面與陳立夫「嚴重交涉」，一面亦電囑武昌行營第三科副科長張毅夫注意健全自身之組織：「藍松青之工作能力與其忠實程度並其品格如何，務請吾兄加以調查也，蓋今後工作吾人徒與人作意氣之爭無益也，唯一辦法只有健全本身之組織耳。查近來我湖北整個工作糾紛多而成效少，一言以蔽之，諸同志雖負責而欠切實與嚴密也，兄為湖北工作之領導者，萬懇不必顧忌，力

1 喬家才：《戴笠和他的同志》第一集第六十七頁。
2 徐恩曾呈蔣中正，民國二十五年二月，國民政府檔案。
3 國民政府文官處印鑄局：《國民政府公報》第一七三三號第六頁。
4 力行社自二十一年成立，先後由滕傑、賀衷寒任幹事會書記，至二十三劉健群接任時，改稱書記長，其後酆悌、鄧文儀、鄭介民、康澤等人亦皆稱書記長，見《國民黨核心組織真相》第九十五頁。
5 戴笠電黎鐵漢，民國二十四年五月二十八日，戴笠史料。
6 戴笠電陳紹平，民國二十四年八月三日，戴笠史料。

行整飭為幸。」[1]由此電可知，特務處與局方及黨方的摩擦，除去工作因素外，亦有意氣之爭。遺憾的是，雙方的矛盾後來一直延續，不僅未見緩和，反而愈演愈烈。

內勤方面。二十四年二月調查課併入特務處後，處本部沿用特務處原有組織，僅略作變更：第一科指導、編譯兩股改為編審、統計兩股；另為發展無線電通訊，增設第四科，以魏大銘為科長，是為特務處特業幕僚組織建立之始。[2]處本部書記長之人選，在二十三年先後由林桓、張師擔任。[3]二十四年一月，張師調杭州工作，由唐縱暫時負責。[4]調查課併入後，改由李果諶擔任，亦稱主任書記。

是年，處本部計有甲處文書室、乙處書記室、督察室、特務隊、第一科、第二科、第三科、第四科等單位。[5]書記室下轄文書、考核、譯電、收發、事業五股；第一科亦即情報科，下轄華東、華北、華南、華中、國際、統計、編審七股；第二科亦即行動科，下轄執行、司法兩股；第三科亦即總務科，下轄會計、庶務、交通三股；第四科亦即通訊科，下轄無線電總台、無線電機製造所、三極無線電學校、偵察電台及各地分台。[6]

已知處本部各單位負責者有：處長戴笠；甲處文書室助理書記鄭修元；乙處書記室主任書記李果諶、助理書記涂壽眉、劉欲仙；考核股長胡子萍、副股長周康、譯電股長姚敦文；第一科科長唐縱、副科長劉哲民、華南股長謝鎮南、華中股副股長唐玉琨、華北股長王立生、國際股長顧子載、統計股長解鴻祥、編審股長傅勝藍、副股長毛繼和；第二科科長戴笠兼任、執行股長蘇子鵠、副股長許建業；第三科科長鐘振、會計股長徐人驥、庶務股長張袞甫、交通股長陸矩吾；第四科科長魏大銘、南京總台報務主任于熾生；督察室督察石仁寵、胡天秋、蘇民；特務隊隊長劉乙光、隊附羅日明。[7]

1 戴笠電張毅夫，民國二十四年八月十八日，戴笠史料。另據《二十六年份內外勤工作人員總考績名冊》，「藍松青」寫作「藍青松」。
2 國防部情報局編印：《國防部情報局史要彙編》上冊第十四頁。
3 黃康永口述、朱文超整理：《軍統興衰實錄》第十七頁。
4 公安部檔案館編註：《侍從室高級幕僚唐縱日記》，民國二十四年一月三日。
5 特務處編製：《二十四年年終總考績擬請增新人員名冊》。
6 國防部情報局編印：《國防部情報局史要彙編》上冊第一篇第二章附表四。
7 特務處編製：《二十四年年終總考績擬請增新人員名冊》。戴笠兼任第二科科長，見黃康永口述、朱文楚整理：《軍統興衰實錄》第十七頁。

二十五年，因人事業務日繁，書記室之考核股改稱人事股，以符其實；另為發展公開單位之工作，於書記室下增設警務股；第三科之交通股改隸書記室。第一科編審、統計兩股合併為統計股；另成立軍事股，負責軍事通訊工作，隸屬中央軍校畢業生調查處，由特務處指揮。[1]乙處計有書記室、第一科、第二科、第三科、第四科等單位，書記室下轄文書、譯電、人事、交通、警務五股，第一科下轄華東、華北、華南、華中、國際、統計、軍事七股，第二科下轄執行、司法、特務三股，第三科下轄會計、庶務兩股。[2]處本部書記長之人選，自是年二月起，由西北剿匪總部第三科秘書兼代科長張毅夫調任，化名馮道南。[3]十二月，張毅夫調重慶行營工作，由梁幹喬接任，化名梁中和。[4]

外勤方面。自特務處兼併調查課後，範圍推廣，人員增多，以前的分區制度已不適用，乃將外勤組織調整如下：華東、華中、華南、華北四區及特派員名義取消；另設粵港、上海、武漢、平津、南京五特別區；成立湖南、河南、重慶、甘寧、成都、閩北、閩南、徐海、北平、津浦路、貴州、察綏十二個通訊站。[5]

同年底，各地組織計有：南京特別區、南京直屬通訊員、上海特別區、上海直屬通訊員、上海行動組、京滬通訊組、徐海通訊組、江北通訊組、浙江第一通訊站、浙江第二通訊站、安徽通訊站、湖北通訊組、武漢特約通訊員、武漢通訊站、平漢路通訊站、湖南通訊站、江西通訊站、河南通訊站、重慶通訊站、成都通訊站、西康通訊組、西安通訊站、甘寧青通訊站、北平特別區、天津通訊站、保定通訊站、察綏通訊站、石家莊通訊站、山西通訊站、山東第一通訊站、山東第二通訊站、港粵特別區、南寧通訊組、柳州通訊組、湖北通訊站、延平分站、閩北通訊站、閩南通訊站、貴州通訊站、隨節偵查組、隨節警衛組、憲兵特約組、軍事通訊組等單位。

已知各地組織負責者有：南京特別區區長趙世瑞、第一組組長錢新民、第二組組長李家傑、第七組組長張夢武；上海特別區區長王新衡、書記曾澈、第一組組長王昌裕、第二組組長鄒湘、行動組組長趙理君；京滬路通訊組組長楊斌；徐海通訊站站長鄭興周；江北通訊組組長顧思明；浙江第一通訊站書記何培榮、第二通訊站書記

1 國防部情報局編印：《國防部情報局史要彙編》上冊第十四頁。
2 國防部情報局編印：《國防部情報局史要彙編》上冊第一篇第二章附表五。
3 軍事委員會委員長侍從室人事登記片，張毅夫；戴笠函張毅夫，民國二十五年二月十八日，戴笠史料。
4 戴笠電梁幹喬轉朱紊，民國二十六年一月十六日，戴笠史料。
5 國防部情報局編印：《國防部情報局史要彙編》上冊第十五至十六頁。

王秋舫；安徽通訊站書記周憲文；湖北通訊組副組長朱若愚；武漢通訊站副站長李修凱；湖南通訊站站長吳賡恕；江西通訊站副站長劉暨；河南通訊站站長劉藝舟、副站長尚振聲；成都通訊站書記田動雲；西安通訊站書記徐一覺；北平特別區區長張炎元、書記毛萬里；察綏通訊站站長馬漢三；港粵特別區區長邢森洲、書記鄒適、廣州第三組組長吳齡、廣州第五組組長翟耀宗、北江第二組組長馮德；南寧通訊組組長謝代生；延平分站站長毛善森；隨節偵查組組長黎鐵漢、副組長陳善周、隨節警衛組組長羅毅。[1]

二十五年，特務處又將工作地區重新劃分：華東區轄江蘇、浙江、安徽三省及南京、上海；華南區轄福建、廣東、廣西、四川、貴州、雲南、西康七省及香港、廣州、澳門；華中區轄河南、湖北、湖南、江西、陝西、青海、寧夏、甘肅八省及武漢、西安；華北區轄山東、山西、河北、察哈爾、綏遠五省及北平、天津；其餘東北、新疆、蒙古、西藏為邊疆地區。[2]

公開單位方面，就警政系統、軍事機關與郵檢單位分述如下：

警政系統方面，特務處自二十三年至二十五年，先後掌握了上海公安局警士教練所、淞滬警備司令部偵查隊、浙江省會公安局、陝西省會公安局、廈門公安局、甘肅省會公安局、鐵道部隊警總局、福建警官訓練所等重要單位。

上海公安局警士教練所成立於二十二年底，由特務處華東區特派員吳迺憲兼任該所訓育主任，吸收畢業學生為通訊員，並利用滬市各公安分局及保安隊隊員為特務處工作。[3]

淞滬警備司令部偵查隊長原由朱海珊擔任，朱海珊於二十三年二月兼任上海市公安局水巡隊長，因職務忙碌，呈請司令吳鐵城辭職照准。遺缺初由吳迺憲接任，至遲在二十四年間改由特務處上海工作人員翁光輝擔任。[4]

浙江省會公安局局長原由何雲擔任，何雲於二十三年底調任侍從室侍衛長後，遺缺由浙江警校校長趙龍文接任。另由特務處杭州站長胡國振兼任省會公安局督察長，運用警校畢業生派充各縣區公安局工作，同時兼任特務

1 特務處編製：《二十四年年終總考績擬請增薪人員名冊》。
2 國防部情報局編印：《國防部情報局史要彙編》上冊第十六頁。
3 國防部情報局編印：《國防部情報局史要彙編》上冊第二十至二十一頁。
4 「警備部偵查隊長吳迺憲昨日到差」，《申報》，民國二十三年二月二十三日。

處通訊員。

陝西省會公安局局長原由魏炳文擔任，魏炳文於二十三年底因案撤職查辦，蔣中正命力行社書記長酆悌保薦接任者。[1]時酆悌接任書記長不久，鑒於特務處在社內處於半獨立狀態，遂幾次託唐縱向戴笠表達合作之意。[2]十二月二十二日，酆悌再對唐縱表示，他與戴笠「不要做政治上的合作，而要做道義上的合作」，且為表誠意，請戴笠介紹西安公安局長。[3]戴笠得知後，指示唐縱兩點：「一，弟對力餘兄素甚欽仰，彼所希望於本處者，在可能範圍內，自當完全照辦。二，西安公安局長在陝籍同學中應以第一期之馬志超同志最為適當。馬甚忠誠廉潔，頗有魄力，原任八十師副旅長，現在浙警校任特訓班隊長，請轉達力餘兄，如蒙介紹，一切弟可負責。」[4]

經唐縱居間聯絡，酆悌於十二月二十九日致電蔣中正，保薦馬志超接任陝西省會公安局長，旋獲蔣中正批示照辦。[5]戴笠聞悉後甚感高興，特電好友胡宗南告知：「馬志超同志在警校任特訓班隊附已三月，弟日前保其為西安省會公安局長，已奉校座照准，今後對陝工作較有展佈矣。」[6]然而馬志超獲悉此事後，擔心難以勝任，對戴笠說：「俺沒幹過公安局長，恐怕幹不來。」戴笠則肯定地告訴他：「好幹！只要有一位好督察長和一位能幹的偵緝隊長就成。」馬志超不解地問：「那麼公安局長幹什麼呢？」戴笠說：「坐汽車，吃大餐。」馬志超覺得戴笠在說笑話，戴笠卻反問：「難道你連汽車都不會坐？大餐都不會吃嗎？」[7]實則戴笠的用人哲學是與天下英才共天下事，在他看來，督察長負責綜攬全局業務，偵緝隊長負責偵破刑事案件，公安局長只要知人善任，即可高枕無憂。

廈門市公安局長原由市長王固磐兼任，王固磐於二十四年四月辭去局長兼職後，由省府薦任杭州公安分局

1 蔣中正批示酆悌來電，民國二十三年十二月二十一日，蔣中正總統檔案；蔣中正批示邵力子來電，民國二十四年一月十日，蔣中正總統檔案。
2 公安部檔案館編註：《侍從室高級幕僚唐縱日記》，民國二十三年十二月十九日。
3 公安部檔案館編註：《侍從室高級幕僚唐縱日記》，民國二十三年十二月二十二日。
4 戴笠電唐縱，民國二十三年十二月二十三日，《戴先生遺訓》第三輯第四一〇至四一一頁。
5 蔣中正批示酆悌來電，民國二十四年一月三日，蔣中正總統檔案。
6 戴笠電胡宗南，民國二十四年一月五日，《戴先生遺訓》第三輯第二二七頁。
7 喬家才：《戴笠和他的同志》第二集第九十三至九十四頁。

長沈覲康繼任。[1]沈覲康係特務處工作人員，戴笠曾於五月二十八日指示沈覲康：「貴局預算為工作進行之基準，應請市府轉呈省府從速批准，以利工作，廈市情形務乞多多電示。」[2]並於六月六日再電指示：「廈門情形複雜，地位重要，務請在可能範圍內積極建立警政之基礎，以期工作之進展。」[3]

甘肅省會公安局局長原由拜偉擔任，七月，甘肅省民政廳長王應榆亟圖整頓警政，以拜偉年齡過老，遂商請省政府主席朱紹良另行物色人選。事為戴笠所知，即電蔣中正保薦史銘：「浙江省警官學校訓育主任史銘，係軍校一期畢業，前在第一師曾任團長，到職以後，擔任警察教育工作前後三年，且曾二次主持廬山實習工作，對警察行政頗具經驗，倘蒙電介朱主席任用，必能使各方融洽，力圖改進。再浙省改局為科，改公安分局為區署，科長、區署長人選不限，警校學生以此警官學校出身在各縣任事者，近來紛紛失業，安插困難。此次甘省局改組，倘蒙以史銘繼任，並可使一般有相當警察學識與經驗之青年獲一到西北去工作之機會。」當時，戴笠與趙龍文主持的杭州警察實驗區計劃頗著成效，蔣中正對戴笠革新警政的能力已經更加信任，故接其來電後，對其請求當即批准。[4]

鐵道部隊警總局成立於二十五年一月，以葉蓬為局長。[5]葉蓬到任後，鑒於局內頗多守舊落伍份子，因請蔣中正遴選忠誠之青年幹部前來任事，以圖整飭局務，刷新風氣。[6]戴笠獲悉後，為便佈置鐵路方面之情報工作，有意向蔣中正保薦重慶行營第三科長陳紹平調任鐵道隊警總局辦公廳主任，乃去電徵詢陳紹平之意見，然而陳紹平久不復電，蔣中正已經指派他人充任，戴笠只得作罷。[7]後戴笠再請蔣中正調陳紹平為鐵道隊警總局督察處長，旋獲蔣中正批准，他於二月二日致電陳紹平告以此事，並稱：「今後京處與團體工作得兄來京贊助，一切將必大有進展矣。」其喜悅之情溢於言表。[8]

1 「沈覲康繼任廈公安局長」，《警高月刊》第二卷第五期第一四二頁。
2 戴笠電沈覲康，民國二十四年五月二十八日，戴笠史料。
3 戴笠電沈覲康，民國二十四年六月六日，戴笠史料。
4 戴笠電蔣中正，民國二十四年七月十三日，蔣中正總統檔案。
5 「簡報」，《大公報》天津版，民國二十五年一月二十八日。
6 葉蓬電蔣中正，民國二十五年一月十七日，蔣中正總統檔案。
7 戴笠電陳紹平，民國二十五年一月二十八日，《戴先生遺訓》第三輯第四一三頁。
8 戴笠電陳紹平，民國二十五年二月三日，《戴先生遺訓》第三輯第四一三頁。

然而陳紹平認為督察處長一職權責有限，復電表示不願就任。戴笠為此於二月五日再電陳紹平，殷殷告以擔任督察處長之意義，稱：「自校座兼任行政院後，對首都各部院會工作之整飭雷厲風行，而團體工作亦日形緊張，校座且甚關心團體工作之推進。今日之時代，個人之力量決不足以成事業也，故弟極盼望兄之來京，共策共力，以期吾人工作之改進。且鐵道隊警總局督察處之工作實較辦公廳為重要，其任命不日當可發佈，萬希吾兄再勿言辭為幸。」[1]

陳紹平接電後，詢問能否就副局長職，戴笠於二月五日復電稱：「鐵道隊警總局礙難添設副局長，兄萬不可向葉局長示意，以免葉之為難。督察處長責任匪輕，務乞勉為其難為幸。」[2]然而直至月底，陳紹平仍在猶豫，戴笠乃迭電勸駕。經戴笠一再催促，陳紹平卒就督察處長之職，使特務處在鐵路方面之情報工作獲益不少。[3]

福建警官訓練所所長一職係於二十五年間出缺。戴笠於六月十二日請示蔣中正委派浙江省會公安局督察長胡國振接任，獲蔣中正批准。[4]

軍事機關方面，特務處自二十三年至二十五年，先後掌握各省保安處諜報股、武昌行營第三科、行營參謀團調查科、重慶行營第三科、西北剿匪總部第三科等重要單位。

各省保安處諜報股原由南昌行營調查課指揮運用，自戴笠擔任調查課長後，即由特務處掌握。後調查課併入特務處，各省諜報股長由特務處派員接充，或以股長兼任該地站長、組長，或受該地站長、組長之指揮運用。[5]

武昌行營第三科成立於二十四年二月。當時江西剿共軍事告一段落，南昌行營及豫鄂皖三省剿匪總部結束，新設武昌行營，由張學良擔任行營主任。在此前後，戴笠奉命將南昌行營調查課遷往武昌，三省總部第三科亦改隸武昌行營。戴笠認為：調查課與第三科均由特務處掌握，且任務相同，即應進行合併，以便統一指揮，其名稱仍以第三科較為妥當，並應「直屬委員長與行營主任之下，俾得單獨行使職權。」[6]他將此一設想向蔣中正、張

1 戴笠電陳紹平，民國二十五年二月五日，戴笠史料。
2 戴笠電陳紹平，民國二十五年二月五日，戴笠史料。
3 國防部情報局編印：《國防部情報局史要彙編》上冊第二十一頁。
4 戴笠呈蔣中正，民國二十五年六月十二日，蔣中正總統檔案。
5 國防部情報局編印：《國防部情報局史要彙編》上冊第十九頁。
6 戴笠電張學良，民國二十四年二月二十二日，《戴先生遺訓》第三輯第一七二頁。

學良進行陳述，很快獲得批准。[1]

二月二十八日，戴笠致電張學良表示感謝，並請允准原任三省總部第三科副科長陳紹平繼續擔任武昌行營第三科副科長，謂：「聞三科托庇保留，直屬主任辦公室，俾工作得進行無阻，殊深銘感！惟職因京中有事，不克常川留鄂，為工作指揮便利計，擬乞准予照前南昌行營調查課成例，委任陳紹平同志為第三科副科長，以便職不在鄂時，由陳同志代理一切，是否可行，謹乞鑒核。」[2]這一人事請求也很快獲得張學良的批准，不過陳紹平旋因參謀團入川而去職，三科改由張毅夫負責。[3]

行營參謀團調查科成立於二十四年四月，自始即由特務處掌握。先是二十三年十二月，國民政府為促進剿共軍事，決定在四川成立軍事委員會委員長行營參謀團，為軍事委員會委員長對四川剿共軍事運籌、指導、督察之特設機關，以南昌行營第一廳廳長賀國光為參謀團主任，剋日率團入川。[4]二十四年一月十二日，賀國光率參謀團抵達重慶。三月十四日，戴笠接奉蔣中正指示，速即派員赴渝加入參謀團工作。戴笠奉命後，遵即電令南京特務處、武昌第三科選派人員剋日起程。[5]四月，特務處在參謀團下設調查科，由陳紹平主持，另以參謀團秘書沈重宇暗負調查科書記責任。

戴笠曾於四月十八日致電參謀團主任賀國光致意，謂：「目前川中調查工作應如何佈置之處，謹乞指示陳紹平同志辦理為禱。」[6]事實上，調查科僅在名義上隸屬參謀團，所得情報並不呈送賀國光，而由武漢行營三科轉呈蔣中正。戴笠曾於四月二十日致電陳紹平，囑其向賀國光解釋此點稱：「本處對四川工作佈置原甚單薄，因校座前曾面諭弟四川工作由康澤同志多負責也。後奉校座電令調查科應即派員加入參謀團工作一節，似注意於各方情報之收集與整理，隨時專呈校座，以供參考。故請兄對於各方情報應交本科整理轉呈一節，須呈請賀主任照准。」[7]

1 戴笠電楊永泰，民國二十四年二月二十二日，戴笠史料。
2 戴笠電張學良，民國二十四年二月二十八日，《戴先生遺訓》第三輯第一七二至一七三頁。
3 戴笠電張學良，民國二十四年三月十二日，《戴先生遺訓》第三輯第一七三頁。
4 劉維開：《國難期間應變圖存問題之研究》第三六九至三七〇頁。
5 戴笠電蔣中正，民國二十四年三月十四日，蔣中正總統檔案。
6 戴笠電賀國光，民國二十四年四月十八日，戴笠史料。
7 戴笠電陳紹平，民國二十四年四月二十日，戴笠史料。

關於調查科之經費，陳紹平起初編列預算七千餘元呈請賀國光發給。戴笠對此項經費之批准頗有信心，曾指示陳紹平：「經費七千餘元，弟意應大部為川、滇、黔外勤工作之經費，因內勤人員大都由總處與三科調往，原有經費也。此七千餘元如大部用於川、滇、黔外勤，當不至批駁。」不料於四月二十四日接賀國光來電，內稱：「調查科工作奉委座電諭應由行營第三科兼辦，不能另行成立預算」等因，戴笠復電一面表示「自當遵照辦理」，同時仍請賀國光酌量發給少量經費，稱：「由京、鄂兩處調用者當由原處照原額按月撥發，至少數新增之人員及辦公費等，擬請准由陳紹平同志造具預算呈請核發，因行營第三科及南京部分經費均甚拮据也。」[1]同日，戴笠亦電告陳紹平：「請兄即酌量情形，造具少數預算，呈請賀主任設法批發。因中央財政困難，加以吾人今日之環境，多數之經費實難奉准也。」[2]

六月二十日，戴笠鑒於四川剿共軍事之進展，及川軍中下級軍官將調峨嵋訓練，今後蔣中正與賀國光駐節成都之時增多，因請示賀國光將調查科移往成都辦公。同時「為對外免為人注意而易守祕密計」，請求將調查科名義改為第三科，仍直隸主任辦公廳，「如是則與武昌行營第三科之組織名實亦相符也」。[3]上述請示，旋獲賀國光照准。戴笠遂根據過去兩月來調查科工作之弊端，於六月二十五日致電陳紹平指示：「本處對四川工作所有外勤人員應嚴飭其祕密活動，以期基礎之建立。查現在四川各外勤工作人員大都有參謀團或各軍之參謀等名義為掩護，如此工作永無基礎建立之望，且足以予各工作人員招搖之方便也，務請特別注意。」[4]

重慶行營第三科及西北剿匪總部第三科均成立於二十四年十月，係分別由行營參謀團第三科及武昌行營第三科改組而來。先是九月底，蔣中正因應剿共軍事之進展，決定將武漢行營移設四川，以顧祝同為重慶行營主任，同時調整西北方面全盤部署，在西安成立西北剿匪總司令部，以原武漢行營主任張學良為副司令。戴笠針對上述變化，於十月四日指示副處長鄭介民、書記長李果諶：參謀團撤銷後，原參謀團三科以改隸重慶行營為宜；武漢行營撤銷後，原武漢三科以改隸西北剿匪總司令部為宜，同時分電兩科負責人陳紹平、張毅夫注意。[5]

1 戴笠電賀國光，民國二十四年四月二十四日，戴笠史料。
2 戴笠電陳紹平，民國二十四年四月二十四日，戴笠史料。
3 戴笠電賀國光，民國二十四年六月二十日，《戴先生遺訓》第三輯第一九六頁。
4 戴笠電陳紹平，民國二十四年六月二十五日，戴笠史料。
5 戴笠電鄭介民、李果諶，民國二十五年十月四日，《戴先生遺訓》第三輯第一三四頁。

成都方面，三科成功改隸重慶行營，仍以陳紹平為副科長實際負責，另由督察葉道信在旁協助，習稱「渝三課」。[1]二十五年二月，陳紹平調京擔任鐵道隊警總局督察處長，三科暫由沈重宇主持，並由第一股股長徐進、第二股股長周大烈負責大部工作。[2]七月，由浙江警校政治特派員辦公室書記長王孔安接任。[3]

武漢方面，經張毅夫請示張學良，三科亦成功改隸西北總部辦公廳，仍由張毅夫以秘書名義負責。[4]與此同時，特務處為開展西北工作，在西安成立西北區，由張毅夫兼任區長，統一指揮陝西、甘肅、寧夏、青海四省活動。此前，特務處在西北僅有西安通訊站及甘寧青通訊站，分別由西安公安局長馬志超及蘭州公安局長史銘兼任站長，自西北區成立後，特務處在西北的組織迅速擴展。二十五年二月，張毅夫調任南京處本部書記長，由江雄風接任西北區長兼第三科長。[5]

郵檢單位方面，特務處對此項職務之掌握係在二十四年四月情報局改稱之後。是年八月十二日，調查統計局局長陳立夫、副局長陳焯向蔣中正請示，將各省軍政機關管理之郵電檢查工作劃歸調統局辦理，電稱：「竊以郵電檢查對於情報工作效力極大，制裁反動尤屬息息相關。刻查各省市郵電檢查工作分由當地軍政機關管理，黨部間或派員參加，管轄既不統一，組織亦多歧異，規模簡陋，技術幼稚，對於情報效用綦微，甚至有因私人企圖或增糾紛者，此種情形極須籌進。竊以調查統計局既為採訪情報、制裁反動之正式機關，而在軍事委員會之地位，亦經確定，似可明令飭將全國郵電檢查工作劃歸調查統計局統籌指揮，藉可便利考核，完全設備，以求進步，而宏實效。」[6]蔣中正接閱後，即電軍事委員會辦公廳主任朱培德照辦。[7]

當時，全國有南昌、西安、蘭州、重慶、成都、開封、鄭州、安慶、蕪湖、蚌埠、海州、福州、杭州、長沙、廣州、貴陽、寧夏等二十四處郵檢所。除重慶、廣州、長沙三所仍隸屬於當地最高軍政機關外，其餘各所均改隸調統局。各所以所長、副所長、審查員、檢查員、技術員、書記、司書、事務員等組織之，並依其所在地

1 周震東：《戴笠特務渝三課、蓉組及西康組在軍事方面的活動》，《四川文史資料選輯》第二十二輯第二八〇頁。
2 戴笠電陳紹平，民國二十五年二月十七日，戴笠史料。
3 陸海空軍官佐履歷表，王孔安。
4 戴笠電張毅夫，民國二十五年十月十九日，戴笠史料。
5 張嚴佛：《抗戰前後軍統特務在西北的活動》，《文史資料選輯》第六十四輯第七十八至八十一頁。
6 陳立夫、陳焯電蔣中正，民國二十四年八月十二日，蔣中正總統檔案。
7 蔣中正電朱培德，民國二十四年八月二十八日，蔣中正總統檔案。

重要與否分一、二、三三級。人事方面，調統局以第一、第二兩處平均遴員薦請委派為原則，各地黨政軍警機關亦得派遣檢查人員參加工作，但須受所長指揮監督。特務處共計派出一三三人，除寧夏所外，其餘各所均有掌握。[1]

特務處雖然組織擴展、人員激增，但是絕無人浮於事、效率低下的現象。處本部傳遞文書、接洽業務的工作人員，急急忙忙，跑步行進，沒有慢騰騰挪方步的人；一般人員工作調動，上午接到通知，下午攜帶行李就走，從來沒人因為家裏有事，要求隔一天再動身。[2]在這種工作作風下，特務處的工作成果亦逐年增加。二十三年共計收入情報二三一五三件，較去年增長七一二四件；其中摘呈長官者九三一五件，較去年增長三一三六件。二十四年共計收入情報三九五八九件，較去年增長一六四三六件；其中摘呈長官者一四一二六件，較去年增長四八一一件。二十五年共計收入情報五六五二八件，較去年增長一六九三九件；其中摘呈長官者二四〇一九件，較去年增長九八六三件。[3]

1 國防部情報局編印：《國防部情報局史要彙編》上冊第二十六頁。
2 毛鍾新：《戴笠將軍別傳五》，《中外雜誌》第三十一卷第四期第一一〇頁。
3 國防部情報局編印：《國防部情報局史要彙編》上冊第一九二頁。

二、怪西人案

民國二十四年五月，特務處破獲了一件共產國際情報組織案，其影響之大，在特務處的歷史上是空前絕後的。破獲此案的主力，是特務處掌握的兩個公開單位，武漢行營第三科以及淞滬警備司令部偵查隊。

起初，漢口有關兆南者，以「鴻雁通訊社」為掩護，為共產黨從事情報活動。武漢三科偵查有據，經報告行營後，將關兆南及其妻崔爾容逮捕。[1]四月二十四日，三科復根據線索，捕獲由上海來武漢之共產黨員陸獨步一名，並在其身上搜出一封送給「陳珊」的密函。據陸獨步供稱，「陳珊」即現任武漢行營第五處上校法規專員劉燧元之化名，其真實身分是共產國際駐漢情報員。[2]

四月二十七日，劉燧元因陸獨步未按約定時間前來晤面，拍電上海方面探詢，迨察覺情形有異，即於四月二十九日托詞父喪，向行營方面請假，而後迅速離漢赴滬。三科雖未捕獲劉燧元，但於五月二日發現劉燧元之妻曾兆蓉正乘坐「德和輪」相繼出走前往上海，乃祕密派員跟蹤，並與淞滬警備司令部偵查隊取得聯絡，以便一致行動。五月五日，曾氏抵滬，入住東亞酒店，警備部偵查隊當即會同公共租界捕房對其進行監視。下午三時，有一男一女先後來訪曾氏，與其密晤二小時以上。密晤結束後，三人走出東亞酒店，曾氏與該女子乘預僱汽車離去，偵查隊員未能趕上。該男子正要離去時，偵查隊員誤認其為劉燧元，即大呼「劉先生！」將其逮捕。

據該男子供稱：他叫陸海防，加入共產黨擔任格柏烏工作已近七年，現在第三國際中共格柏烏負責人下任交通，該負責人為一不知姓名之西人；本日與曾氏接頭之女子名黃維佑，黃維佑之父名黃友郢，號柳仲，在中央政治會議充秘書；劉燧元夫婦及黃維佑均與該西人有工作上之直接關係，劉燧元且與武漢行營第五處長甘乃光友善，利用供職行營，以掩護其情報活動。

---

1 國防部情報局編印：《國防部情報局史要彙編》上冊第二〇七頁。
2 戴笠電蔣中正，民國二十四年五月二十四日，蔣中正總統檔案。

當晚七時許，警備部偵查隊根據陸海防供出的時間、地點，會同公共租界捕房，在福熙路哈同路路口將該西人捕獲，並在其身上搜出俄、法、捷克等國護照多張、銀行存摺及保險箱鑰匙十七副。該西人被押往捕房後，堅不吐露姓名及國籍，也不承認自己是共產黨員或從事非法活動，故時人以「怪西人」、「神祕西人」稱之。五月六日，怪西人被送往江蘇高等法院第二分院，等待開庭審理。[1]

怪西人案發生時，戴笠正在廈門召集華南工作會議，至五月七日接獲警備部偵查隊長翁光輝之電報後始獲悉案情，當即復電勉勵：「我方近捕獲共黨首要，甚佩賢勞。灰日開庭，務請設法迎提究辦。弟俟此間事畢，當即回程，過滬當約晤，請勿必也。滬上工作甚關重要，萬希認真督飭諸同志努力工作，以求進步。」[2]五月八日，戴笠另電南京處本部書記長李果諶囑咐：「劉燧元等之共黨一案，應即電毅夫兄速查究劉入行營工作之原介紹人，而後再將全案電呈委座，飭令該原介紹人將劉交案審辦。」[3]

接下來幾天，陸海防繼續舉發負責傳遞密件之汪墨清、胡克林及擔任翻譯之俞瑞元等人，亦由警備部偵查隊按名捕獲。此外，劉燧元因事情敗露，於五月中旬偕其妻曾兆蓉逃往蘇州陳文路家，特務處派員前往抓捕時，劉燧元夫婦及陳文路均已遠颺，惟陳文路之弟陳文杰曾代曾兆蓉購買由蘇州逃往濟南之車票，遂將陳文杰逮捕。[4]

陸海防供出的同黨中，以陳紹韓的關係最為重大：陳紹韓時任第三軍參謀處科長，其真實身分為格柏烏情報人員，負責刺探國軍軍事祕密，其兄陳小杭尤與格柏烏有深切關係。為此，戴笠於五月二十八日電報蔣中正稱：「陳紹韓參與剿匪軍事機要，乃為匪黨擔任情報，其危險之狀，實未可以言語形容」，因請蔣中正「飭第三軍軍長王均將該陳紹韓迅予扣留交案，以便根究。」[5]

五月二十九日中午，戴笠接京區區長趙世瑞報告，獲悉陳紹韓已由蚌埠軍次請假返京，有潛逃模樣，即令趙世瑞復查。後得知陳紹韓已赴江蘇，乃命江蘇保安處諜報科長徐廷貴嚴密緝拿。五月三十日中午，徐廷貴將陳紹

1 戴笠電蔣中正，民國二十四年五月二十四日，蔣中正總統檔案；「上海神祕西人案鄂高院已起訴」，《申報》，民國二十四年八月十日；孔海珠著：《左翼上海》第二一一至二一二頁。
2 戴笠電翁光輝，民國二十四年五月七日，戴笠史料。
3 戴笠電李果諶，民國二十四年五月八日，戴笠史料。
4 「上海神祕西人案鄂高院已起訴」，《申報》，民國二十四年八月十日；孔海珠著：《左翼上海》第二一三頁。
5 戴笠電蔣中正，民國二十四年五月二十八日，蔣中正總統檔案。

韓捕獲，隨即解往南京審辦。陳紹韓受審時，起初不肯吐露實情，只承認與陸海防係舊識，但否認與格柏烏有關，又稱與其兄陳小杭已多年不通音問，其兄現在何處，任何工作，彼均不知。戴笠對陳紹韓的話並不相信，認為其「供詞狡展，無非避重就輕」，於是「盡力開導並從嚴研究」，「務得其情」。[1]

經過一天的審訊，陳紹韓終於有所吐露，據供：他是雲南講武堂第一期畢業，歷充排長、連長、營長、團長、參謀、副官等職，去年以第三名畢業於軍校高等教育班，加入力行社的外層組織復興社，現任第三軍軍部參謀處上校科長，屢經戰陣，負傷四次。此外，據戴笠呈給蔣中正之電報，陳紹韓曾坦承加入共產黨的兩個原因：「一，目睹第三軍打著革命旗幟，實行軍閥行為；二，復興社第三軍負責人如龍次雲處長，專事嫖賭，不能領導同志。根據此兩原因，認為國民革命惟鈞座一二人，其餘皆不足與言革命，反不若共黨之人人努力也。」[2]

在逮捕陳紹韓之前，戴笠於五月二十四日首次向蔣中正報告了案情，並請蔣中正「令飭甘乃光、黃友郢負責交出劉燧元夫婦及黃維佑歸案，以便引渡西人，澈底根究。」蔣中正時在成都追剿紅軍，他接獲報告後，對案情極為重視，當即致電武漢行營第五處長甘乃光，令其盡力緝拿劉燧元；另電中央執行委員會秘書長葉楚傖及組織委員會主任委員陳立夫，「希即勒令該黃友郢將其女黃維佑限期交出，否則即惟該黃友郢是問。」[3]

此時，戴笠已經趕往上海辦理怪西人引渡事，然而引渡過程並不順利。先是，在戴笠抵滬之前，特務處已經試圖辦理引渡，但因英、法、美等列強在華享有領事裁判權，而怪西人被捕後堅不吐露姓名及國籍，以致捕房美籍律師博良反對引渡，雖經特務處多方交涉，仍無辦法。[4]戴笠抵滬後，一面商請上海市長吳鐵城積極向捕房交涉，一面催促上海特區法院「速行裁決，務達引渡之目的而後已」，經過多次洽商，始有結果。至六月四日下午，法院方面開庭審理，「因劉燧元等犯罪地點在武昌行營，應由當地法院引渡」，遂裁判准由湖北高等法院引渡怪西人。然而公共租界捕房忽然聲稱：「法領署有公函送達捕房，該西人是否法籍，尚須電法國調查，目下不能由中國政府引渡。」[5]

1 戴笠電蔣中正，民國二十四年五月三十日，蔣中正總統檔案；戴笠電蔣中正，民國二十四年六月一日，蔣中正總統檔案。
2 戴笠電蔣中正，民國二十四年五月三十一日，蔣中正總統檔案。
3 蔣中正電葉楚傖、陳立夫，民國二十四年五月三十一日，蔣中正總統檔案。
4 戴笠電蔣中正，民國二十四年五月二十四日，蔣中正總統檔案。
5 戴笠電蔣中正，民國二十四年六月七日，蔣中正總統檔案。

於是戴笠只好向蔣中正求助，他於六月七日致蔣中正一長電，陳述引渡受阻之事實及原因稱：「關於行營第三科交由淞滬警備司令部偵查隊辦理之共黨劉燧元等一案，在滬捕獲之重要共黨不知姓名、不知國籍之西人一名，已於上月迥未電呈報，並奉卅巳秘蓉電諭示在案。茲就該案所獲之共黨陸海防、胡克林、袁殊等所供與所抄獲之中西文文件證明，該西人實為共黨格柏烏在我國之負責人無疑。我中央各院會部處多有其同黨潛伏工作，其重要性實過於牛蘭。但因當上月五日該西人在滬捕獲時，我承辦是案之淞滬警備司令部未能向公共租界捕房積極交涉引渡，而上海特區法院、江蘇高等法院第二分院復多方遷就捕房，事事仰捕房之鼻息，一再延期審判，致歷久未能引渡。究其主要之原因，過去中央辦理牛蘭、陳獨秀等引渡案件，均費鉅款向捕房及有關各方面運動，不僅捕房要錢，甚至辦理各該案之上海特區法院與中央經辦各該案之人員亦有於中取利之嫌。」

接著，戴笠表明了自己的辦案原則：「該重要共黨西人引渡事宜，生因既有人證、物證，足以證明該西人為共黨之格柏烏之負責人無疑。且該西人迭次審問，復不肯供出姓名，而在該西人身上所搜出之法、俄兩國護照，復先後經法、俄兩國駐滬領事聲明，是項護照均非該西人所有，均係被竊云云。則該西人又無國籍，理應解歸我國政府辦理。生為政府威信與國家體面計，對該西人之引渡決不敢化錢運動。」

至於法國領事阻止引渡的原因，戴笠分析稱：「一，因俄、法協定關係，法領受俄領之請託，包庇該西人之活動；二，歷任法領類多貪污，此次為該西人辯護之法籍律師普拉梅平日又與法領有勾結，或受俄領與該西人金錢之運動也。」並陳述利害稱：「現據多方觀察，此案若待法領事向法國查復後方能引渡，則引渡恐將絕望，因共黨詭譎多端，將來法領查復，必更所證明，可以預料，蓋證據可以偽造，而況法領事有意庇護乎！故吾方應於此時據理力爭，以期達到引渡之目的，而便澈究其同黨。生已商請吳市長派人員向捕房並法領署，由口頭與書面分別提出抗議矣，但仍無效。」

綜上所述各點，戴笠懇請蔣中正電令外交部，據情向法國駐華公使正式提出交涉，並電令司法行政部轉飭江蘇高等法院第二分院，在不違反租界協定原則的前提下，盡力保持主權及司法尊嚴，並立即知照捕房迅行引渡，「否則特區法院權限被外人侵犯殆盡，將無法存在矣。」[1]

蔣中正對戴笠的請求全力支持，他於六月十四日電告外交部長汪精衛及司法行政部長王用賓：「上月在滬捕

1 戴笠電蔣中正，民國二十四年六月七日，蔣中正總統檔案。

獲共黨在華格柏烏負責之西人一名，人證、物證均極充份，但該西人不肯供出姓名，當時在其身上搜出法俄兩國護照，均非該西人所有，則該西人既無國籍，理應解歸我政府辦理」，並轉述戴笠之意見稱：「法領態度前後兩歧，其中顯有情弊。查該西人案情異常重大，若待法領向法國查復後方能引渡，周折必多，各種犯罪證據，彼尤可從容設法湮沒。我方應於此時據理力爭，請由外部據情向法公使交涉，不得藉詞阻撓引渡，並由法部轉飭特區高等第二分院在不違反租界協定原則之下，應盡力保持主權，知照捕房執行引渡，以維法權是荷。」[1]

其實法領署阻止引渡的原因，未必如戴笠所言，是「受俄領與該西人金錢之運動」的結果，而是怪西人六月一日被押江蘇高等法院第二分院時，曾一改緘口不言的態度，對人聲稱他是法國人，並編造了法國姓名、出生地和出生時間，於是法領署不得不向法國方面調查。至六月十九日，法領署致函租界工部局，略謂調查結束，證明怪西人不是法國人。當日午前，租界捕房終於將怪西人引渡，交上海公安局羈押。此時，戴笠已離京赴川向蔣中正報告怪西人案案情，並視察當地工作，他於六月二十日在重慶接到上海翁光輝來電得知引渡成功後，即電請武漢行營主任張學良知照湖北高等法院，迅電上海公安局長蔡勁軍將怪西人迅速解往湖北審辦。[2]

怪西人引渡不久，特務處又因逮捕袁殊遭到了日本方面的干擾。當特務處捕獲怪西人後，曾在其日記簿中檢出，有袁殊者與其有工作關係，於是由警備部偵查隊將袁殊按址逮捕。袁殊一名袁學易，又名袁逍遙，據供：早年曾加入共產黨，一二八事變後「自新」，近年來在上海社會局長吳醒亞處擔任情報工作，今年春復加入共產黨，受怪西人指揮，擔任格柏烏工作，其行動因有機關掩護，外間甚難查悉。袁殊被捕次日，吳醒亞曾親至偵查隊要求保釋，翁光輝向吳鐵城請示後，鑒於案情重大，未予照辦。至六月十九日怪西人被解送湖北高等法院後，袁殊亦由偵查隊連同全案各犯解往武昌行營審理。[3]

袁殊其人交游甚廣，不僅和吳醒亞關係密切，且與日本方面時相過從。六月二十日上午，忽有日人山田純三郎來找吳鐵城交涉，聲言「袁因與日人多有往來之故，被『藍衣社』逮捕解京，有生命之虞。」吳鐵城一面否認有「藍衣社」之組織，一面答應代為調查袁殊被捕之原因。六月二十一日，吳鐵城復約山田到市府，告以逮捕袁

1 蔣中正電汪精衛、王用賓，民國二十二年六月十四日，蔣中正總統檔案。
2 戴笠電蔣中正，民國二十四年六月二十日，蔣中正總統檔案；孔海珠著：《左翼上海》第二一四頁。
3 戴笠電蔣中正，民國二十四年六月二十八日，蔣中正總統檔案。

殊係因「袁為共黨，供證俱全」，與其親近日方無關，山田當時「表示諒解」。不料六月二十二日及六月二十六日兩天，上海日文報紙《日日新聞》及《上海日報》忽對袁案故意顛倒是非，聲稱：「袁為素來親日份子，此次被捕，因五月十六日袁代表中國記者團參加日情報部招待中日記者團時，袁曾作親日之演說故也。」為此，戴笠電請張學良將袁殊移解湖北高等法院與怪西人併案審訊，並公佈袁殊確為共產黨之供詞，以抵制日方之宣傳。[1]

袁殊被解往武昌前後，正值日本藉口天津「胡、白暗殺事件」與上海「新生事件」向國民政府頻繁尋釁之際，故湖北高等法院不得不對其從輕發落，以免過分刺激日方。七月初，湖北高等法院偵查終結，僅以「宣傳與三民主義不相容之主義」對袁殊提起公訴，而未追究其從事共產黨情報工作的事實。[2]此後，日方態度漸趨和緩，吳鐵城於七月八日告知戴笠，「日方對袁殊案已稍釋懷疑」。[3]次日，戴笠也獲悉了上海日本武官室傳出的最新消息：「袁案現不重視，使館方面採取不侵之態度，並取締館員再發表意見。」[4]

除租界與日方的阻礙外，戴笠還遭到了上級機關調查統計局的掣肘，究其原因則與黃維佑有關。

自五月二十四日戴笠電請蔣中正飭令黃友郢交出黃維佑歸案後，蔣中正於五月三十一日轉電中央黨部秘書長葉楚傖及組織委員會主任委員兼調查統計局長陳立夫照辦。六月十二日，葉楚傖、陳立夫復電蔣中正，一面表示遵辦，一面卻為黃維佑說項，謂：「據黃秘書友郢稱，其女維佑現在滬交大研究院求學，因與劉燧元之夫人少時同學，時相往還，惟思想頗為正確，此次事件或係受劉夫人蒙蔽，代為轉遞函件所牽累，並謂其參加工作則恐非事實，日前因滬警備司令部欲將其拘捕，故特來京探詢究竟，本擬自投法院，今既奉鈞電，自當將其女交至中央，聽候詳訊，請求勿嚴刑拷訊，俾免冤抑，並上書辭職，以自請罪，態度甚為坦白。當即詳詢黃女士以經過，彼亦自認曾受劉夫人之託，轉信于陸海防若干次，初不知陸為何如人，態度亦極從容。現該女士暫寄寓于中央黨部宿舍，究竟交何處法院，敬候電諭。」[5]案黃維佑為怪西人手下之重要幹部，黃友郢所謂「受劉夫人蒙蔽」云云，純屬藉詞為其女脫罪，而葉楚傖、陳立夫徑行轉述，當屬罔顧事實。六月十九日，蔣中正接閱葉、陳

1 戴笠電蔣中正，民國二十四年六月二十八日，蔣中正總統檔案。
2 「共黨袁殊偵查完畢」，《申報》，民國二十四年七月五日。
3 戴笠電周偉龍轉鄭介民，民國二十四年七月八日，戴笠史料。
4 戴笠電蔣中正，民國二十四年七月九日，蔣中正總統檔案。
5 葉楚傖、陳立夫電蔣中正，民國二十四年六月十二日，蔣中正總統檔案。

來電，復以：「黃維佑應先解交武昌行營審問，彼但須據實直供，決不刑訊也。」[1]

六月十一日，戴笠抵成都晉見蔣中正，面陳怪西人案案情。[2]他於六月十五日接南京鄭介民電告，獲悉黃維佑已被送押中央調查科，且陳立夫已致電蔣中正請示交何機關辦理，尚未奉復。當即請示蔣中正將黃維佑解交行營三科，報告稱：「劉燧元、黃維佑等共黨一案，係由武昌行營第三科所舉發，劉又係行營職員，且其同黨之西人復由湖北高等法院要求上海特區法院引渡，而現押淞滬警備司令部之該同黨陸海防等已由行營電令解交第三科辦理，以便將來審問終結時移交湖北高等法院辦理。故對黃維佑一名，伏乞電知立夫先生交由生處轉解行營第三科審究為妥。」蔣中正接閱後，批示「照辦」。[3]

怪西人案案情重大，戴笠始終希望從嚴審訊，以澈究真相，進而將潛伏在國民政府各軍政機關之共產黨情報人員全面清除，故其獲悉黃維佑歸案後，即請示蔣中正將黃解往行營三科併案審究。此事獲准後，戴笠即電南京鄭介民向調查統計局方面接洽，然而調統局仍然有意庇護黃維佑，竟對鄭介民的請求擱置不理。六月十九日怪西人被引渡後，戴笠再派鄭介民前往請示，調統局秘書丁墨村竟稱黃維佑「可准在京自首」，不加深究，等於明白告知不必解往行營三科。[4]至六月二十二日葉楚傖、陳立夫接到蔣中正電諭後，雖不得不將黃維佑押赴武漢，但仍未完全按照電諭將其解往行營三科，而是解往湖北高等法院。葉、陳二人對此解釋稱：「黃維佑女士經淞滬警備司令部及軍委會派員前來詳加審訊，已得全部口供，同時接上海鐵城兄來電稱，該西人已引渡，全部人犯即日解鄂高等法院審訊，故決定不必多費周折，將黃女士交警廳解送鄂法院併案辦理矣。」[5]

六月二十五日，戴笠業已由川回京，他向鄭介民了解案情進展後，不禁對調統局方面大為不滿，於是以「有未」長電再度向蔣中正請示將黃維佑交行營三科審究，並將遭到「局方」刁難之經過詳為傾訴：

查本案各犯，除共黨要人因國際關係不得不解法院審訊外，如黃維佑之為共黨總交通，凡與西人有關

1 蔣中正電葉楚傖、陳立夫，民國二十四年六月十九日，蔣中正總統檔案。
2 戴笠電邢森洲，民國二十四年六月十二日，戴笠史料。
3 戴笠呈蔣中正，民國二十四年六月十五日，蔣中正總統檔案。
4 戴笠電蔣中正，民國二十四年六月二十五日，蔣中正總統檔案。
5 葉楚傖、陳立夫電蔣中正，民國二十四年六月二十二日，蔣中正總統檔案。

> 之共黨，黃均知之，供證確鑿，關係重大。自該犯之父黃友郢將其送交中央黨部時，生處即派員赴中央黨部，會同徐恩曾先生審訊。據供，劉燧元在行營請假離職，係彼恐所派赴漢之交通陸獨步被捕，危及其身，乃乘飛機赴漢，密囑其逃，並送其川資三百二十元。返滬後，又設法將劉妻曾兆蓉藏匿各情不諱，均經紀錄在卷。該犯對於本案之重要性，局方自應明瞭，乃立夫、楚傖兩先生呈報鈞座，則力為洗刷，請求保釋，只知徇情，不究敵共。且局方又一再不遵鈞令，留不交案。
>
> 揣其原因，無非生處此次破獲斯案，尚關重大，加之向滬工部局引渡西人，始終據法理以力爭，不如彼等過去之化錢運動，致遭嫉妒。故遇生有要求，則漠不關心，甚至從而掣肘。例如與劉燧元有關之現任職行政效率委員會職員張畏凡，生以其係現任公務人員，且在首都不便施行密捕，乃呈請局用公開機關將張設法捕案，而局方毫不負責，仍令生處辦理，致迄未拘捕。又如案內與已捕之袁殊有關左傾電影女演員王瑩一名，生處前在上海因欲探詢共黨沈瑜先住址，乃令淞滬警備司令部偵查隊將王傳訊，因其情節不重，當予保釋。而局方則張大其詞，謂為如何重要。及生處令保交案，而局方又來書面通知，謂王係電通公司重要演員，王被捕，該公司勢將倒閉。又稱該公司職員許幸之、袁牧之等已組救王委員會，意在擴大事態。於是生處又秉承局方意旨，予以保釋。似此不顧事實，任意刁難，不知是何用意。
>
> 生於局方無不竭力服從，遇事請示，而局長竟不視生為部屬，不惟不能得其援助，反受阻難，尤以秘書丁墨村，遇事蠱惑立夫先生，破壞一、二兩處之團結，操縱局務，生雖竭其駑鈍，恐終不得局方之諒解……生固知處事應堅忍艱貞，逆來順受，但長此以往，處處受不應有之阻礙，遭不應有之困難也。[1]

次日，戴笠再電蔣中正進行陳述：「此次黃由其父友郢送交中央黨部時，頗蒙優待，且當時有准予自新、不加深究之擬議。後因迭奉鈞座之電諭，將黃解送行營審辦，及鄭介民同志之再三請求與警察陳廳長之說項，始由黨部將黃交警廳遞解鄂高等法院辦理。惟法院方面對於審問共黨，既缺經驗又不認真，而況黃維佑恃有黨部可以寬容，伊必不肯盡情吐露，據實供出也。查此案最關重要者，在西人之下，應首推黃，為澈究其在中央各軍警政學機關之餘黨起見，伏乞准照有未電所呈，由行營三科簽呈張主任轉咨鄂高等法院，將黃維佑即交行營審究為

1 戴笠電蔣中正，民國二十四年六月二十五日，蔣中正總統檔案。

禱。」[1]

蔣中正當然不願看到調統局的內部糾紛日趨嚴重，他於接閱戴笠「有未」長電後，把其中過激的措辭略作刪改，即抄交陳立夫，告以：「查局中兩處工作人員似頗有意氣之爭執，希兄詳加審核，分別告誡調洽，務使和衷合作為要。」[2]同時亦電告戴笠：「已將來電略為改正字句抄交立夫，囑其切實告誡局內人員，但弟處各辦事人員亦不可動逞意氣，應與局方和衷合作也。」[3]

戴笠對蔣中正的訓誨，復電表示：「生對局方自當仰體鈞座諭旨，遇事尊重立夫先生指導，切實合作，祈釋廑念。」[4]但他對蔣中正把痛詆調統局之電文抄交陳立夫的做法頗感無奈，其電李果諶談及此事稱：「委座將本處有未電略為改正字句抄交立夫先生，今後吾人工作更加困難，正所謂『官法遠、私法近』也，吾人今後只有慎密將事耳。」[5]

經戴笠一再請示，蔣中正復於六月二十九日電告張學良：「查共黨女子黃維佑係此次在滬捕獲共黨西人之總交通，現已由首都警廳轉送鄂高法院，併案歸訊。惟恐法院對於審訊此類案件不易深悉底蘊，被其狡賴，希即由行營令鄂高法院將該黃維佑先送行營審究，俟送到時，即交第三科審訊為盼。」[6]張學良也認為：「葉秘書長、陳委員立夫所報黃維佑犯罪事實頗欠詳盡」，「黃犯對此案之責任殊非葉、陳文電所可容其萬一。」遂就近飭令湖北高等法院將黃維佑解送行營交三科審問。[7]

黃維佑、陸海防等人被解往三科後，戴笠因京中事羈，不能親往武漢辦理，乃於七月二日特派鄭介民赴鄂協助張毅夫。[8]七月八日，戴笠向鄭介民指示辦理此案之原則：「黃維佑、陸海防可交法院併案起訴，我方對黃，志在追究其餘黨，終要法院方面能使黃盡情吐露，而使其同黨無所倖免，並科黃以應得之罪即得矣。至陸海

1 戴笠電蔣中正，民國二十四年六月二十六日，蔣中正總統檔案。
2 蔣中正電陳立夫，民國二十四年七月二日，蔣中正總統檔案。
3 蔣中正電戴笠，民國二十四年七月一日，蔣中正總統檔案。
4 戴笠電蔣中正，民國二十四年七月十一日，蔣中正總統檔案。
5 戴笠電李果諶，民國二十四年七月十日，戴笠史料。
6 蔣中正電張學良，民國二十四年六月二十九日，蔣中正總統檔案。
7 張學良電蔣中正，民國二十四年六月二十九日，蔣中正總統檔案。
8 戴笠電張學良，民國二十四年七月一日，《戴先生遺訓》第三輯第五十八頁。

防對本案有相當功績，且其才可用，我方應予以保障，目前似可由軍法處送交法院審判，惟將來仍須送還行營執行也。弟意如此，一切請兄斟酌辦理可也。」[1]

起初怪西人不肯吐露姓名，故辦理本案之各方多稱其為「共黨西人」，至六月十九日怪西人被引渡後，始知其真實姓名為Walden，中文譯名約瑟夫・華爾頓。[2]八月八日，華爾頓、黃維佑、陸海防、汪墨清、胡克林、陳文杰、俞瑞元等七名犯人經湖北高等法院檢查官石鎮湘偵查完畢，根據「危害民國緊急治罪法」提起公訴：其中對華爾頓的指控為：「指揮中國剿匪機關之高級職員劉燧元、陳紹韓及共產黨徒陸海防、黃維佑等刺探政治及軍事之祕密，供給叛徒，實觸犯危害民國緊急治罪法第五條第二款之罪。」[3]八月二十四日宣判，華爾頓判處監禁十五年，黃維佑判處有期徒刑七年。[4]

各犯之中以陸海防的情節最為特殊。起訴書中說：「該被告於民國十六年在第十一軍政治部工作時，即加入共黨組織，去年七月份，因張放之介紹，與蕭炳實相識，自此遂與約瑟夫・華爾頓接近，擔任翻譯及傳遞軍事、政治之種種祕密，自上年十一月以後，關於該組織之支付款項，均由該被告經手，其工作之重要自不待言，核其行為，實觸犯危害民國緊急治罪法第五條第二款之罪。」「乃該被告毅然自首，自承為陸海防，且歷歷陳明過去之犯罪事實及與本案之關係，並登時率領探警至福煦路捕獲首要人犯約瑟夫・華爾頓及其他共犯多名，以表示自首之誠意，卒因此抄獲反動文件及各種證據甚夥，是全案之破獲，繫於被告一念之轉移。此種情形，核與危害民國緊急治罪法施行條例第三條及共產黨人自首法第三條之規定相符。」[5]此後，陸海防更名陸遂初，參加了戴笠領導的特種工作，成為特務處的重要幹部。

怪西人案有關各犯，除簽請行營發交湖北高等法院依法辦理者外，尚有關兆南、陳紹韓二人情節較重，故未移送法院。戴笠於八月二十八日將二人犯罪事實及其應得罪刑電報蔣中正稱：「一，關兆南當十四歲時，即已加入共黨青年團，歷任童子團要職，清黨後，本已脫離，旋又恢復組織，更從事活動。兩年以來，受第三國際上海

1 戴笠電鄭介民，民國二十四年七月八日，戴笠史料。
2 外交部電蔣中正，民國二十四年六月二十一日，蔣中正總統檔案。
3 「上海神祕西人案鄂高院已起訴」，《申報》，民國二十四年八月十日。
4 孔海珠著：《左翼上海》第二二四至二二五頁。
5 「上海神祕西人案鄂高院已起訴」，《申報》，民國二十四年八月十日。

格柏烏之命令，在武昌創辦鴻燕通訊社，以為刺探情報活動之掩護，如我方去歲批准共黨胡鄂公自首一案，亦為該犯談報於格柏烏。似此甘心附逆，勾結外國，希圖擾亂治安之罪，昭然若揭，擬依危害民國緊急治罪法第一條第二項之罪，處以死刑。二，陳紹韓現任第三軍軍部上校參謀，據供，因其兄小航、嫂倪淑雲均任偽組織格柏烏重要職務，因而加入組織，擔任第三軍及其駐地之一切情報。其傳遞方法不假郵電，咸由偽上級派張純熙來取或由本人親自送去（按該犯住眷蘇州，月可請假返蘇一次），各等語。查該犯身任剿匪部隊重要職員，以職務上知悉或掌管之軍事政治上之祕密洩之于第三國際間諜機關，實不啻為赤匪作間諜，擬請依陸海空軍刑法第十八條第二項之罪，處以死刑。」蔣中正接閱後，即電行營軍法處依判執行。[1]

華爾頓作為共產國際情報組織負責人，身分十分重要，其被捕後，共產國際立刻祕密設法營救，此一營救行動也被特務處偵悉，予以破獲。

當七月下旬怪西人案各犯正在審究期間，戴笠突然接獲報告：有美人蒲林森者，正以重金運動北平辰宮飯店經理金紹周，密謀協同赴漢，以營救在押之華爾頓脫逃。戴笠知到問題嚴重，當即分飭京、平、滬、漢等地組織一體偵查。不久，戴笠接到漢口方面來電報告：確有金紹周偕美人蒲林森來漢，在南樓旅館住宿一宵，翌日遷寓福昌旅館，此晚金紹周即返平，蒲林森亦赴滬。至此，戴笠更加確定，此前所報蒲林森意圖營救華爾頓之說不為無因，於是特派書記長李果諶飛往北平展開活動。

李果諶抵達北平後，通過教育界人士唐嗣堯介紹，見到了辰宮飯店經理金紹周。李果諶對金紹周許以重金，曉以大義，勸其協助政府破獲蒲林森的陰謀。金紹周甚為感動，當即表示同意，據他說：蒲林森對他謊稱，華爾頓並不是共產黨，而是美國派往日本的間諜，後因被日方發覺逃亡上海，並由日方要求中國政府以共產黨之罪名將其逮捕，現在美國政府不便公開營救華爾頓，只好祕密進行。由此可見，蒲林森對中國國情有很深切的了解，知道一般民眾反日情緒高漲，且對國民政府「攘外必先安內」的政策有所不滿，故其收買金紹周時，特意把華爾頓塑造成抗日志士的形象，且將其被捕說成是中國政府對日妥協的結果，以騙取金紹周的同情。此外，金紹周還將蒲林森營救華爾頓的三種設想全部供出：甲，乘機邀劫；乙，賄買中國政府公務員，將另一西人替換；丙，購買看守人員伺便私釋，約定事成酬以四萬元。

[1] 戴笠電蔣中正，民國二十四年八月二十八日，蔣中正總統檔案。

上述情形經李果諶報告戴笠後，戴笠判斷必係第三國際主持無疑，於是決心破獲，並制定三步計劃：首先取得蒲林森之信任，而後取得證據，最後將蒲林森逮捕。當時蒲林森在上海，戴笠即令李果諶偕金紹周離平赴滬，與蒲林森接洽。李果諶見到蒲林森後，佯稱自己是武昌行營的軍法人員，有私釋華爾頓之可能，蒲林森果然相信，並與李果諶、金紹周相約一同前往武漢進行營救。在此期間，戴笠一直與李果諶密切聯絡，指示機宜，他令李果諶先行飛往武漢，會同行營三科妥為佈置。[1]

此時，戴笠正在牯嶺隨侍蔣中正，他鑒於本案關係重大，而蒲林森又極狡猾，特於八月十八日電囑南京鄭介民前往武漢協助李果諶：「西人案已有進展，第一部可說成功，即取得蒲林森等之信任也；第二步須取得證據，比較困難；第三步須扣留蒲林森等，更覺為難。弟恐果諶兄個人不易應付，故擬請兄即飛漢一行，暗中主持一切，以免敗事。」[2]八月十九日，戴笠再電行營三科副科長張毅夫轉告李果諶稱：「已電請介民兄明日飛漢，幫忙一切矣」，「此案經過情形務乞隨時電示，款如用完，請向毅夫兄處支取兩百元可也。」[3]

蒲林森、金紹周抵達武漢後，李果諶與蒲林森幾經接洽，又查悉了一些重要線索：蒲林森之主使者，為另一西人雷地斯，雷地斯往來上海、武漢之間以經營汽車為掩護，現在武漢；雷地斯、蒲林森打算用替換人犯的方法營救華爾頓，替換華爾頓者為現居上海之西人蘭姆克。不久，蒲林森向金紹周提出條件：一，先交金紹周活動費三分之一；二，李果諶釋放華爾頓前一日交款二萬三千元；三，由李果諶將華爾頓於夜間送至漢口法租界附近，交蒲林森送往上海；四，事成後再向金紹周交足五千元。李果諶對上述條件全部應允，並在商談過程中取得了下列證據：一，蒲林森之親筆交款字據；二，蒲林森致雷地斯信件；三，蒲林森致金紹周信件；四，雷地斯致上海催款電報；五，蒲林森交給金紹周的一萬二千元運動費。至此，戴笠設想的第二步「取得證據」已經實現，接下來即可進行抓捕。

雷地斯、蒲林森等人均屬外籍，戴笠為免抓捕行動有所滯礙，一面派鄭介民將上列經過詳呈武昌行營主任張學良，奉准逮捕；一面請漢口市長吳國楨與美國領事祕密交涉，以免誤會。八月二十六日，蒲林森協同蘭姆克由

1 戴笠電蔣中正，民國二十四年九月五日，蔣中正總統檔案。
2 戴笠電鄭介民，民國二十四年八月十八日，戴笠史料。
3 戴笠電張毅夫轉李果諶，民國二十四年八月十九日，戴笠史料。

上海飛來武漢，準備替換華爾頓，抓捕時機已經成熟。八月二十七日夜間，戴笠密令漢口公安局偵緝隊以「最敏捷之手段」將蒲林森、雷地斯、蘭姆克三人先後捕獲，押往漢口公安局訊問。

據雷地斯供認，他受上海蘇俄代表珂羅夫之命，幫助華爾頓脫逃。據蒲林森供認，其犯罪之要點有：幫助共黨危害民國；賄賂中國官吏；陰謀幫同在押重要共黨西犯脫逃。蘭姆克雖然堅不承認參與此事，但據蒲林森所供，足以證明蘭姆克確為準備入監替換華爾頓之人。漢口公安局將三人取具口供後，以蒲林森、蘭姆克均係美國人，即依照條約，於八月二十八日將二人移送美國駐漢領事館依法究辦。另據雷地斯護照證明，他是無國籍的猶太人，於是以漢口公安局名義移送湖北高等法院審理。九月五日，戴笠將本案詳情電報蔣中正，獲蔣中正復電嘉勉：「破獲迅速，佈置周密，殊堪嘉慰。」[1]惟蒲林森等人依約移送美領署究辦後，因外報登載消息，以致主使犯珂羅夫聞風於九月七日乘輪遠颺海參崴，得以逍遙法外。[2]

1　戴笠電蔣中正，民國二十四年九月五日，蔣中正總統檔案。
2　戴笠電蔣中正，民國二十四年九月二十日，蔣中正總統檔案。

三、粵艦歸順

民國二十四年六月，日本藉口「河北事件」向國民政府尋釁，企圖分離華北。此一事件緊張交涉之際，蔣中正正在成都督率各部追剿紅軍。六月十二日，蔣中正突接中央駐粵代表蔣伯誠急報，稱粵桂各方藉平津多故，欲趁機聯合發難。[1]他對此甚為重視，急電武昌行營主任張學良、江西省政府主席熊式輝、航空委員會主任委員陳慶雲、軍政部次長曹浩森、駐贛預備軍總指揮陳誠、剿匪軍第一路軍總司令何鍵、剿匪軍第二路軍總司令龍雲等人嚴加戒備。[2]

六月十一日，戴笠來蓉晉見蔣中正報告「怪西人案」案情，他於次日獲悉粵桂聯合北犯之訊後，當即電告南京處本部副處長鄭介民：「頃悉粵陳有分路出兵反抗中央之企圖，事關緊急，請即電令粵、桂、港、滬、魯、陝、湘、贛、川、滇、黔各地工作人員嚴密偵查一切，隨時電告，對外並請飭令守秘。」[3]另電告港粵特別區區長邢森洲：「頃悉粵陳今日態度大變，有分路出兵反抗中央之企圖，情勢急迫，務請督飭各工作同志努力偵查一切，隨時電京報告為要。」[4]

六月十三日，戴笠再電鄭介民並轉書記長李果諶、情報科長唐縱，告知應付當前局勢所應注意之各點：「一，粵陳反動日益暴露，西南情形請電促森洲兄飭屬加緊偵查，隨時電示。二，請即令京、滬、蓉各台加多通報時間。三，請即電柯建安兄暫赴南昌策動江西工作，對贛州、萍鄉方面之工作須增派人員加強偵查力量。

1 蔣伯誠電蔣中正，民國二十四年六月十一日，蔣中正總統檔案。案蔣中正以剿共期間及之後一切應付國難之重要改革，中央與兩廣有開誠合作之必要，於二十三年六月派蔣伯誠以剿匪軍東路代表之名義，前往廣州會晤剿匪軍南路總司令陳濟棠，並令久駐粵垣接洽。
2 呂芳上主編：《蔣中正先生年譜長編》，民國二十四年六月十二日。
3 戴笠電鄭介民，民國二十四年六月十二日，戴笠史料。
4 戴笠電邢森洲，民國二十四年六月十二日，戴笠史料。

四，請即電令各地工作人員須注意反動派之活動與各地駐軍之情況，隨時查報。五，本處於接到各方之緊要之情報後，應立即用限即刻到電報告委座，並同時由本台電弟。六，當此時局緊急之時，本處書記室、情報科、譯電股應日夜有人辦公，以免遺誤機要。」[1]

就在特務處加緊偵查之際，突然發生「海圻」、「海琛」兩艘巡洋艦脫離粵方的事件。起初，海圻、海琛與肇和三艦隸屬於東北艦隊，駐山東青島，三艦官兵因對艦隊司令沈鴻烈不滿，於二十二年七月南下廣東，歸附第八路軍總司令陳濟棠。時廣東已有「第一集團軍艦隊」，陳濟棠另將海圻等三艦編為「粵海艦隊」，使自成系統，用以羈縻。然而粵海艦隊究屬自外來投，陳濟棠雖有意借重，卻不敢信任，乃逐步更調三艦艦長，安插親信。即便如此，海圻等三艦駐粵兩年期間，陳濟棠心懷疑忌，始終不曾登艦檢閱。[2]

戴笠對海圻等三艦情形一直有所關注，當三艦歸附粵方之初，他即向蔣中正報告「海圻等三艦官兵日來鼓譟索餉，伯南派人嚴加註意」等情。[3]由於三艦與陳濟棠之間存在矛盾，特務處曾運用廣東海軍舊將、前中山艦長陳滌對粵海艦隊進行策反。特務處得與陳滌建立關係，當與陳滌的侄兒陳策有關，蓋邢森洲早在十一年赴滬晉謁孫中山先生時，即與陳策結交。[4]陳策於十八年擔任海軍第四艦隊司令，駐廣東，後與陳濟棠發生矛盾，遭驅逐出粵，遂於二十三年初投效中央，擔任軍事委員會第二廳海軍事務處長，其第四艦隊則全部落入陳濟棠之手，被改編為「第一集團軍艦隊」。[5]

四月十日，粵海艦隊曾派代表譚某來香港與陳滌晤面，有回歸中央之表示。譚某對陳滌說：「陳策君能恢復第四艦隊南來，三艦極為歡迎，或由陳設法將三艦歸附中央亦可，但須保留原有官兵。」還說：「海琛艦長現已由粵陳改委其親信充任，並由粵黃埔海軍學校學員補充粵海艦隊官兵三百餘名」，因此彼等現對粵陳甚為不滿與不安。惟上述情況由戴笠轉報蔣中正後，蔣中正認為「陳滌與三艦無關，不必重視」，此事遂無果而終。[6]

1 戴笠電鄭介民、李果諶、唐縱，民國二十四年六月十三日，戴笠史料。
2 許耀震：《陳濟棠統治時期的廣東海軍》，《廣州文史資料》第十五輯第七十四頁。
3 戴笠電蔣中正，民國二十二年八月十四日，蔣中正總統檔案。
4 馮秀雄、陳容子合編：《阿公歷險奇跡》第七頁。
5 國民政府令，民國二十三年四月四日，國民政府檔案；張鳳仁：《東北海軍的分裂與兩艦歸還建制》，《（遼寧）文史資料選輯》第四輯第六十二頁。
6 戴笠電蔣中正，民國二十三年四月十三日，蔣中正總統檔案；國防部情報局編印：《戴雨農先生傳》第四十頁。

此後，粵海艦隊與陳濟棠之間的矛盾愈演愈烈。二十四年四月，陳濟棠突然令飭粵海艦隊併入第一集團軍艦隊，由其自兼司令，並削減三艦薪餉，由大洋改為小洋。[1]為此，三艦官兵異常激憤，不甘繼續留在陳濟棠手下，一致表示「死也不死在廣東。」於是前海圻副艦長唐靜海、前海琛副艦長張鳳仁、海琛輪機長陳精文等人經過密商，決定脫離粵陳，帶艦出走，惟肇和艦正在修理主機，不能隨行。[2]

海圻、海琛均駐廣州黃埔港，如欲脫離粵陳，須沿珠江行駛，經虎門要塞出海。當時兩艦並無珠海領航員，而虎門要塞裝有新舊大炮百餘門，且水面很窄，這些都成為兩艦出走的重大威脅，然而兩艦官兵去志已決，明知兇險異常，仍然義無反顧。六月十五日夜，唐靜海、張鳳仁、陳精文等人率領兩艦官兵，將海琛艦長陳浩等粵籍官兵軟禁後，正準備駛離黃埔港，卻被陳浩的勤務兵跳水逃跑，向第一集團軍艦隊副司令張之英報訊。而海琛起錨時，雙錨纏在一起，解脫頗費時間，故剛剛起航，即遭岸上機槍掃射。這時，海琛開炮還擊，壓制岸上火力，兩艦趁機駛離黃埔港，並迅速通過第二淺灘及車歪砲台。[3]

陳濟棠聞訊後，自不甘心兩艦出走，乃派大隊飛機前往轟炸，並令虎門要塞防軍進行截擊。[4]此時兩艦行至蓮花山江面，因潮退擱淺，鑒於粵陳來勢洶洶，乃用緩兵之計，佯稱內部意見分歧，已不打算出走，並致電陳濟棠，請派代表前來談判。陳濟棠接電後，復電准予兩艦「自新」，即令飛機停止轟炸，並派代表談判。六月十六日中午，因談判無果，陳濟棠復派飛機向兩艦投彈，落彈水柱高過艦樓，兩艦視線被遮，不能互見。正在危急時刻，忽然風雨大作，江面昏暗，陳濟棠之飛機不能飛行，兩艦則藉水漲擺脫擱淺，遂於午後七時直駛虎門要塞。兩艦行至距離要塞約八千米時，先發制人，開炮擊毀要塞之探照燈，並用全部炮火不斷向兩岸射擊。要塞在昏暗中還擊欠準，兩艦經過半小時砲戰，終於衝出虎門，經伶仃洋面到達香港附近海面停泊。[5]

最先向蔣中正報告兩艦離粵情形的是蔣伯誠與戴笠，蔣伯誠於六月十六日密電蔣中正稱：「昨夜虎門、黃埔

1 賴祖鎏、劉達生：《海圻、海琛、肇和三艦的投粵反粵》，《廣東文史資料》第七輯第二十二頁。
2 張鳳仁：《東北海軍的分裂與兩艦歸還建制》，《（遼寧）文史資料選輯》第四輯第五十六至五十七頁。
3 張鳳仁：《東北海軍的分裂與兩艦歸還建制》，《（遼寧）文史資料選輯》第四輯第五十七至五十八頁。
4 李尚銘電楊永泰，民國二十四年六月十七日，蔣中正總統檔案。
5 戴笠電蔣中正，民國二十四年六月十八日，蔣中正總統檔案；李尚銘電楊永泰，民國二十四年六月十八日，蔣中正總統檔案；賴祖鎏、劉達生：《海圻、海琛、肇和三艦的投粵反粵》，《廣東文史資料》第七輯第二十三頁；張鳳仁：《東北海軍的分裂與兩艦歸還建制》，《（遼寧）文史資料選輯》第四輯第五十八至五十九頁。

已大戒嚴，制止船隻進口，昨夜港方開省輪船一律折回，因發覺海圻、海琛、肇和三艦有昨夜九時離粵北歸之可疑。」[1]同日夜間十一時，戴笠亦報告蔣中正：「頃接南京轉據香港銑卯電：粵陳頃調海陸軍包圍黃埔海面，解決海圻、海琛、肇和三艦，該三艦開炮抵抗，詳情續陳。」[2]此外，香港電報局長李尚銘也向行營秘書長楊永泰報告了「黃埔與虎門之間發生特別變故」的情況。[3]

兩艦脫離粵陳後，因行止未定，遂成為各方爭相拉攏的對象。廣西李宗仁、白崇禧派代表來艦，略謂西南政務委員會不同意陳濟棠對三艦的處置，請兩艦不要離粵，只須停泊在西南沿海，西南當局即負責接濟；日本駐廣州領事田中也趕來香港求見兩艦艦長，意圖煽動兩艦投靠偽滿，兩艦官兵對桂方予以婉謝，並重申脫離廣東之志，對日方則嚴詞拒絕，表示決不當漢奸，於是彼等皆絕望而返。[4]

最終，兩艦官兵決定回歸中央，兩位艦長唐靜海、張鳳仁派代表攜函訪晤李尚銘，託其設法懇請中央予以收容，時蔣伯誠在港，李尚銘即將該函轉交。[5]六月十八日，蔣伯誠與中央特派駐港宣傳指導員陳其尤將唐靜海、張鳳仁之函轉報蔣中正，內稱「匪共頻仍，國勢日蹙，我國以四分五裂之局，籌畫綦難，職等分屬軍人，不甘坐視，無如嘗膽有心，報國無計，惟有將圻、琛兩艦國家武器仍以交還國家，俾資整個籌應，至若個人利祿，在所不計」等語，蔣中正接閱後，於六月二十日復電指示：「希切實撫慰兩艦員兵，可飭其開往廈門停泊候令。」[6]

戴笠對兩艦行動本極關注，但他連接邢森洲篠子、篠酉、巧寅各電，獲悉兩艦已與中央進行接洽後，即復電邢森洲指示：「海琛、海圻兩艦歸順中央事宜，既有蔣百誠與之接洽，吾人可不必進行，因該兩艦已脫險，善後問題由蔣百誠電請委座指示辦理較妥，此事無功可爭也。」[7]戴笠擬電完畢，即由成都前往重慶視察當地工作。他沒有想到的是，邢森洲在未奉復電之前，竟已自作主張，隻身前往兩艦宣慰，並表明身分，自稱是代表

1　蔣伯誠電蔣中正，民國二十四年六月十六日，蔣中正總統檔案。
2　戴笠呈蔣中正，民國二十四年六月十六日，國民政府檔案。
3　李尚銘電楊永泰，民國二十四年六月十六日，蔣中正總統檔案。
4　張鳳仁：《東北海軍的分裂與兩艦歸還建制》，《（遼寧）文史資料選輯》第四輯第五十九至六十頁。
5　李尚銘電蔣中正，民國二十四年六月十八日，蔣中正總統檔案。
6　蔣伯誠、陳其尤電蔣中正，民國二十四年六月十八日，蔣中正總統檔案。
7　戴笠電邢森洲，民國二十四年六月十九日，戴笠史料。

「戴先生」而來。當時兩艦倉促出走，艦上缺乏燃煤和淡水，邢森洲復請陳滌在香港押出私有樓房一座，得港幣一萬元，以為兩艦補充煤、水之用。[1]

此外，邢森洲另代兩艦官兵致戴笠一電，請轉呈蔣中正，內稱：「職等暨全體員兵此次犧牲奮鬥，衝出虎門，志在效忠中央，各情諒達鈞聽。茲以水、煤缺乏五百噸，車油、伙食尚缺三千元，又各員兵家屬在省於倉促中紛紛隻身逃港，尚乏川資北上，又受傷員兵七人留醫在港，尚乏醫藥等費，故職艦現暫泊於長灣洲待援甚急，擬哿辰駛入香港，哿夜航行入京受訓候命。萬懇鈞座就近派員指導，職等暨全體員兵誓絕對服從鈞座之命令，為安內攘外、復興民族而犧牲奮鬥，雖至死而不渝。」[2]

戴笠於六月十九日下午飛抵重慶後，始知邢森洲已經擅作主張與兩艦接洽，他深感無奈，除將兩艦來電轉呈蔣中正外，並電邢森洲稱：「兩艦官長上委座一電頃由蓉轉來，刻已由有線電仍電蓉轉呈委座矣，此事想委座必有電指示蔣百誠先生就近辦理也。兄乎！兄之熱心黨國固令弟欽佩莫名，惟此次兩艦之來歸事，即成不僅吾人無功可言，且將受領袖之責罵也，蓋吾人工作與百誠不同，無論如何不可公開，即有所活動，亦應從間接接洽。今該兩艦官兵不僅知有兄，且知有『戴先生』，實大違特務工作絕對祕密之原則，而況該兩艦來歸，徒增粵陳對中央之惡感，實足促成粵陳之叛變，致妨礙四川剿匪之工作，而上暴日之大當，實為領袖所不願也！在目前情勢之下，吾人對於粵之陸海空軍只有密切聯絡，在時機未成熟之前，萬不可縱恿其隨便發亂，致妨礙領袖之大計也！今兩艦之事固非吾人所縱恿，但領袖未免懷疑耳，今後萬希注意！」[3]戴笠對策反粵艦本不反對，早先亦派陳滌進行活動，然而當此多事之秋，策反時機已經錯過。邢森洲不顧政治環境，擅作主張，頗有弄巧成拙之

1 戴笠電邢森洲，民國二十四年六月二十六日，戴笠史料；張鳳仁：《東北海軍的分裂與兩艦歸還建制》，《（遼寧）文史資料選輯》第四輯第六十頁。

2 戴笠電蔣中正，民國二十四年六月十九日，蔣中正總統檔案。

3 戴笠電邢森洲，民國二十四年六月十九日，戴笠史料。《戴雨農先生傳》記粵艦歸順事略云：「民國二十四年六月，（戴先生）偵知陳濟棠將原由青島調防南海的中央海軍海琛、海圻、肇和三艘巡洋艦扣留，編入其廣東海軍司令部，更調艦長，減發薪餉，引起三艦官兵的憤激，當即命令潛伏在廣東的陳滌同志，策動三艦棄暗投明，設法駛歸中央。」案戴笠六月十八日巧亥電蔣中正云：「查該三艦均不滿粵陳更調艦長及併入海軍司令部，致受姜西園及肇和艦長楊超崙之鼓動，聞將報效南京，有謂逃走時有日艦掩護或北投偽國等語。」據此，戴笠對三艦事顯不知情。復據六月十九日戴笠責備邢森洲之皓申電，其並未策反三艦尤為明證，《戴雨農先生傳》所載殊非事實。

虞，自然難獲戴笠的諒解。

兩艦與中央接洽後，蔣中正於六月二十日電令南京軍事委員會辦公廳主任朱培德、第一廳主任唐生智，令飭海軍部長陳紹寬設法收容。[1]陳紹寬遵派海軍部政務次長陳季良率領寧海、海容、海籌、通濟等艦前往香港接洽。[2]不料陳季良抵港後，因懷疑兩艦缺乏歸順中央之誠意，要求兩艦卸去炮閂，兩艦方面則認為蔣中正無此命令，且卸去炮閂無可保障，雙方遂各執己見，相持不決。[3]蔣中正獲悉後，於七月一日急電陳紹寬，告以：「希即電季良先調寧海、應瑞北返，以免枝節愈多，遺笑中外，即著由陳策赴港收容，帶同直航首都可也。」[4]陳策以自身經歷的緣故，對海圻、海琛兩艦極表同情，蔣中正派他赴港，使兩艦終於看到了歸順中央的曙光。

兩艦滯留香港期間，戴笠除令邢森洲隨時調查其情形外，並迭電邢森洲告以特務工作之原則。其六月二十五日電曰：「此次對兩艦事，兄之熱忱，弟甚欽佩，惟暴露吾人工作之祕密，實屬大錯，誠恐因此次之暴露，累及今後整個兩廣之工作與吾兄之活動也。」[5]次日再電曰：「弟日前赴川晉見委座時，奉諭：『特工人員事事應請示領袖，絕對秉承領袖之意旨以處理一切。』元旦領袖在杭以『特工人員絕不許在政治上有何主張』為訓示之一，吾輩擁護領袖，應秉承領袖之意旨以從事也。此次對兩艦之事吾兄為一時情感之衝動與包圍，只知局部之利害而未顧及中央整個之利害，實屬錯誤。而況開支萬餘金，未得總處認可，遽爾支付，還要代表弟登艦宣慰，暴露吾人整個工作之祕密，兄不僅徒勞無功，實應負相當之責任也。」[6]六月二十七日又電曰：「自經此次兩艦之事變後，吾人之工作、兄行動必為粵方所注意無疑，即伯誠等恐亦難免有所不滿也。吾人所任之工作完全為政治鬥爭也，事不簡單，萬懇顧慮週到，以免敗事。」[7]

戴笠鑒於邢森洲在港粵之工作環境已受影響，決定調其回京，派梁幹喬、岑家焯暫代其職務。[8]邢森洲曾致

1 蔣中正電朱培德、唐生智，民國二十四年六月二十日，蔣中正總統檔案。
2 陳紹寬電蔣中正，民國二十四年六月二十三日，蔣中正總統檔案。
3 蔣伯誠、陳其尤電蔣中正，民國二十四年六月二十六日，蔣中正總統檔案。
4 蔣中正電陳紹寬，民國二十四年七月一日，蔣中正總統檔案。
5 戴笠電邢森洲，民國二十四年六月二十五日，戴笠史料。
6 戴笠電邢森洲，民國二十四年六月二十六日，戴笠史料。
7 戴笠電邢森洲，民國二十四年六月二十六日，戴笠史料。
8 戴笠電邢森洲，民國二十四年六月二十五日，戴笠史料。

電戴笠有所辯解，戴笠於六月三十日復電稱：「兩艦事現可說告一段落矣，吾人多一次失敗即多一次教訓也。兄如有功，弟固與有榮焉，兄如有罪，弟當共同擔負；為功為罪，請容日回京面議可也。」至於邢森洲為兩艦墊付的一萬元，戴笠亦耿耿於懷，後聽說中央已決定由陳策攜款五萬元赴港接洽，即派鄭介民與陳策商談發還。[1]

七月五日，陳策抵達香港，登艦宣達中央意旨，兩艦官兵同深感荷。[2]七月九日，兩艦離港北航。[3]七月十八日，駛抵南京，正式回歸中央懷抱。[4]至此，擾攘一個多月的粵艦歸順事件終告圓滿解決。

1 戴笠電邢森洲，民國二十四年六月三十日，戴笠史料。
2 唐靜海、張鳳仁電蔣中正，民國二十四年七月六日，蔣中正總統檔案。
3 朱培德電蔣中正，民國二十四年七月十一日，蔣中正總統檔案。
4 陳策電蔣中正，民國二十四年七月十八日，蔣中正總統檔案。

四、西南工作

自民國二十年寧粵分裂之局形成後，粵方長期以「中國國民黨中央執行委員會西南執行部」及「國民政府西南政務委員會」等組織對抗中央，且以「均權分治」為號召，維持其半獨立狀態。除兩廣外，雲南、貴州、四川三省長期以來與中央的關係亦十分疏離，遂成為兩廣積極拉攏的對象。中央以內外多故，加以統治力量尚未到達西南，故對西南各省的現狀只得任其存在，彼此在表面上和平共處。

就兩廣當局而言，所謂「西南」，每將雲、貴、川、康包括在內，事實上即便兩廣亦非一體。從體制上言，兩廣黨政軍各方面更非一致：黨務方面，西南兩機關名義上的領袖是胡漢民，但他蟄居香港，而由鄧澤如、鄒魯等人在廣州負責一般黨務；政治方面，廣東省主席林雲陔、廣西省主席黃旭初的權力亦很有限，並未受到黨或省議會的節制，而直接向軍事首領負責；軍事方面，兩廣合組「軍事委員會西南分會」，實際上廣東由陳濟棠掌握，廣西由李宗仁、白崇禧掌握。[1]

特務處在二十一年四月成立伊始，鑒於西南地位之重要，即由邢森洲建立港粵單位，負責蒐集西南情報。六月，戴笠以邢森洲所得情報浮泛而不切實，再派粵籍人員吳迺憲、張炎元前往香港另行建立工作基礎。不料未及三月，吳、張二人即遭港英當局逮捕。戴笠獲悉後，特派鄭介民赴港，一面營救吳、張，一面指導邢森洲之工作。[2]

九月八日，戴笠接鄭介民來電報告，得知吳迺憲、張炎元被捕時，「無甚證據搜去，經聘請律師辯護結果，張決驅逐出境，吳因往年在港犯有共黨輕微嫌疑，決定監禁一年，再行驅逐出境。」另據承辦此案之香港律師關祖堯說，如國民政府外交部能於近期向港英當局申辯，說明張、吳二人係公務人員，因公回粵，道經香港，確無

1 教育部主編：《中華民國建國史》第三篇第一六一二頁。
2 戴笠呈蔣中正，民國二十二年七月七日，國防部軍事情報局檔案。

其他作用，並由該律師請求復審，則二人尚有獲釋的可能。戴笠乃將上述各情轉報蔣中正，請求協助營救。[1]九月十四日，蔣中正電允戴笠與外交部長羅文榦接洽此事。[2]惟接洽之後並無結果，張炎元雖於兩星期後獲釋，吳迺憲仍被判處監禁一年。[3]

邢森洲負責之工作，自二十二年四月以來「成績益壞」，戴笠乃於五月再派梁幹喬赴港從新佈置，務期於短期內樹立西南工作之基礎。梁幹喬長於廣東，在當地人脈廣泛，他於五月十八日由京起程，五月二十三日到達香港，到港翌日即憑藉個人的社會關係，以函電邀約多名預定之工作人員來港。五月二十八日，眾人陸續到港，由梁幹喬分配任務，很快在廣州、香港等地建立了四個情報組：

第一組以已故粵籍將領張民達遺孀鄧淑賢為骨幹，佐以鄒樸，另雇傳遞員一人，以姊妹之關係，從粵軍第一軍軍長余漢謀之夫人、第一軍師長莫希德之夫人、蔡廷鍇副官鄧啟英之夫人等處刺探消息；復以參加傷兵工藝教養委員會工作之關係，與粵方要員鄒魯、鄧澤如、蕭佛成、莫秀英等人極力接近；且以建築民達學校名義，極力向各方活動。第二組以余來慧為骨幹，佐以饒春昭一人、傳遞員一人，運用余來慧與粵軍獨一師師長黃任寰及其後方辦事處主任區芳浦、省執委陳季博、潮陽縣長溫翀遠等之關係，盡力與上列諸人接近，以鈔票投機為名，從事消息之刺探。第三組以梁珍為骨幹，在廣州開設麻雀館，同時選派聰明少年，相機介紹為要人及機關之勤務，藉以偷竊及刺探消息。另派溫鈞武從事上述三組工作人員之暗中偵探。第四組係香港組，由梁幹喬兼任，由楊正安與桂籍舊將俞作柏聯絡，由溫銓賢與一船員及洋行職員聯絡，由梁大凡與「聯義社」人物聯絡。

各組之經費：第一組，張夫人月支薪及活動費五百元，鄒樸月支薪一百元，傳遞員五十元，交通費一二〇元，共七七〇元。第二組，余來慧月支薪及活動費三百元，饒春昭月支薪八十元，傳遞員四十元，交通費八十元，共五百元。第三組，梁珍月支薪及活動費一百元，麻雀館活動費二百元，夫役工費六十元，共支三六〇元。溫鈞武月支薪一五〇元。第四組，梁幹喬月支薪及活動費四百元，楊正安月支薪及活動費一五〇元，溫銓賢月支薪及活動費一百元，梁大凡月支薪及活動費一百元，交通費一五〇元，租屋費五十元，共九五〇元。每月共

1 戴笠電蔣中正，民國二十一年九月八日，蔣中正總統檔案。
2 蔣中正電戴笠，民國二十一年九月十四日，蔣中正總統檔案。
3 李士璉編校：《張炎元先生集》第三十一至三十二頁。

需活動費港幣二七五〇元，約合華幣三千一百元。[1]梁幹喬到港之前，香港通訊組經費原為每月二千一百元，至此，每月經費增加了一千元。[2]

自寧粵分裂以來，中央特務人員在粵活動無異於身處敵境，梁幹喬卻能憑藉其卓越的活動能力，使工作很快有了起色。八月間，他已將廣東全省無線電分局、分站及其呼號偵悉，並密派人員將各種密碼送往南京研究。[3]九月間，他再與旅滬粵軍舊將楊坤如建立聯繫，希望藉助其在廣東的力量對胡漢民有所行動。九月十九日，戴笠電報蔣中正稱：「楊坤如已自滬赴港，與幹喬同志商妥對胡辦法，頃接幹喬同志來電，促速匯款應用。」為此請求蔣中正「賜發特別費壹萬圓，以利工作進行」。[4]九月二十四日，戴笠再電蔣中正稱：「頃又接幹喬同志電稱，對某事已與楊某商妥辦法，僅一先給兩萬元之開辦費條件耳，伏乞迅賜發給特別費兩萬元以便進行。」[5]

然而就在西南工作漸次開展之際，梁幹喬卻因力行社方面的失誤而受到牽連。先是年初，力行社曾派葉簡修等十餘人到廣東陳濟棠部從事分化工作。九月間，若干社員違反原定工作內容，圖謀破壞粵漢鐵路而未果，由此引發陳濟棠對在粵「藍衣黨」的總清查，廣東當局開始大事搜捕與中央有關之人。[6]

結果，因「藍衣黨」罪名被捕判罪者百餘人，梁幹喬所屬組長余來慧及與特務處有關之粵軍將領練炳章亦在其中。起初，梁幹喬一面派溫鈞武攜款赴省營救，一面對工作重新規劃，期於艱難困厄中繼續工作。[7]然而終因身分暴露，遭粵方通緝，不得不於十月初返回南京，與戴笠磋商重新佈置港粵工作之辦法。[8]後葉簡修、練炳章等人均遭粵方殺害，楊坤如亦突然在港病故，戴笠鑒於梁幹喬已不便返港活動，改委其為處本部情報科長，同時呈請蔣中正委任其為憲兵政訓處長，「以懈粵方緝梁之企圖」。[9]

1 戴笠呈蔣中正，民國二十二年七月七日，國防部軍事情報局檔案。
2 戴笠呈蔣中正，民國二十二年八月十八日，國防部軍事情報局檔案。
3 戴笠電蔣中正，民國二十二年八月二十二日，蔣中正總統檔案。
4 戴笠電蔣中正，民國二十二年九月十九日，戴笠史料。
5 戴笠電蔣中正，民國二十二年九月二十四日，戴笠史料。
6 鄧元忠：《國民黨核心組織真相》第二七五頁。
7 戴笠電蔣中正，民國二十二年九月三十日，蔣中正總統檔案。
8 戴笠電蔣中正，民國二十二年十月九日，蔣中正總統檔案。
9 鄧元忠：《國民黨核心組織真相》第二七六頁；練炳彝：《廣州淪陷前後蔣介石密派特務在粵活動的片段回憶》，《廣州文史資料存稿選編》第二輯第五十三頁。

自二十三年起，中央與西南的形勢發生了明顯的變化。是年初，閩變平定，中央軍事力量進入福建；年底，江西剿共軍事結束，國軍沿桂、滇、黔、川各省邊區地帶追剿自江西突圍的紅軍，使中央軍事力量進入湖南、雲南、貴州、四川等省，對兩廣形成一個大的包圍圈，兩廣與中央的關係乃愈形緊張。[1]

同年，特務處設立華南區，以岑家焯為區特派員。[2]華南區在西南活動之具體情況不詳，僅知曾由李式曾負責香港行動工作。[3]二十四年，華南區及特派員名義均取消，改設港粵特別區，以邢森洲、龔少俠為正、副區長。[4]

先是，香港方面因李式曾失誤而遭遇重大挫折，幾乎使工作「整個破產」，至邢森洲到任後，賴其苦心經營，乃得繼續維持。四月二十九日，戴笠致電邢森洲指示今後西南工作應注意之點：「今日西南之工作首宜謀內部人事之安定，而後再圖工作之推進，不患經濟之困難，特患枉費金錢耳。今後如有確實之路線，必需之經費，無論如何困難，弟必設法應付也。」「蔡廷鍇此時回國，對於今後西南局勢不無影響，務請兄督飭西南工作同志認真偵查蔡之活動情形，隨時報京。」[5]「西南工作如多用埔校同學，恐難活動，因粵陳、桂系對埔校同學均有調查，極其注意也，故對西南工作人員之羅致，此點應請兄注意。」

先是閩變期間，李濟深、陳銘樞之親信張傑英投效中央。後有劉堅者，由張傑英推薦擔任港粵情報與行動工作。戴笠為此電告邢森洲：「劉堅在粵能否活動，是否有特工之膽識與技術，務乞詳細考察。劉與張傑英有何關係，張在粵有何路線，均乞詳查，因張之為人與做事過去甚馬虎也，並乞注意。」「劉要求成立一特別組，負情報與行動之責。弟意情報部分如確有路線者，不妨試用；行動部分如無充分準備，嚴密佈置，決無倖成之事，似不可照准，以免徒費經濟。」[6]

戴笠對港粵工作之調整十分重視，他於四月三十日親往廈門，召集華南工作負責人會議，並約香港李式曾、

1 劉維開：《國難期間應變圖存問題之研究》第三九九頁。
2 國防部情報局編印：《國防部情報局史要彙編》上冊第十五頁。
3 戴笠電張行深，民國二十三年八月十三日，《戴先生遺訓》第三輯第三〇九至三一〇頁。
4 喬家才：《鐵血精忠傳》第九十四頁。
5 戴笠電邢森洲，民國二十四年四月二十九日，戴笠史料。
6 戴笠電邢森洲，民國二十四年四月二十九日，戴笠史料。

張石風、李勉成、鄧大璋等人來廈晤面。[1]李式曾抵廈後，因工作不力被扣留，旋被送回南京，張石風、李勉成、鄧大璋三人仍回香港工作。[2]戴笠曾就鄧大璋之工作指示邢森洲：「鄧大璋可令其回港繼續負行動之責，因鄧為人忠厚，雖無甚用處，但決不至漏吾人之祕密，將來即將該行動組解散，鄧亦不敢有其他也。」[3]

華南工作會議召開前後，戴笠還積極佈置雲南電訊工作。此因雲南接壤廣西，受歷史、地理等因素影響，與中央關係疏遠，是粵桂當局積極拉攏的對象。二十四年以前，特務處在雲南未能建立組織，戴笠只能依靠力行社的關係獲取情報。當時，力行社同志裴存藩擔任雲南省黨部書記長，即曾密告戴笠「粵桂當局迭電龍雲，藉防共為名，約滇聯防，誓以攻守同盟，反對中央」等情。[4]

當二十四年初參謀團入川後，戴笠開始積極謀劃在雲南、貴州建立組織。他曾於三月二十日致電重慶參謀團調查科副科長陳紹平，詢問四川交通情形，謂：「滇黔工作本處素少佈置，刻正在積極謀擴展中，電台亦急擬派遣，惟交通不便，如取道四川往昆明、貴陽，交通情形何如，請即查明詳示。」[5]

五月十日，蔣中正自貴陽前往昆明巡視，指示剿共與建設方針。此係蔣中正首次蒞滇，對調整中央與雲南之關係實有重大意義。蔣中正抵昆期後，與雲南省政府主席龍雲迭次接談，意極懇摯，龍雲亦表示：「盱衡大勢，國家地位危險如此，再不亟謀統一，結果國即滅亡，若不互見以誠，統一亦終難實現。」此番表示代表雲南與中央關係之改善，對穩定西南政局裨益甚大。蔣中正於五月二十一日離昆明返抵貴陽，他認為：「滇行完成，實關乎國家之統一，剿匪之前途。」[6]

蔣中正蒞滇前後，戴笠決定藉機在貴陽、昆明建立電台。五月四日，電訊科長魏大銘擬具滇黔建台之人員與辦法，電請戴笠核准，戴笠於五月八日復電指示：「所擬調遣之人員與機器準備之辦法可以照辦，惟昆明、貴陽兩地之一切情形必須調查明白。現黎鐵漢同志尚隨節在貴陽，約十三、四赴昆明，關乎在滇黔兩地建立電台必須

---

1 戴笠電李式曾，民國二十四年四月二十九日，戴笠史料。

2 戴笠電邢森洲，民國二十四年五月五日，戴笠史料。

3 戴笠電邢森洲，民國二十四年五月六日，《戴先生遺訓》第二集第八頁。

4 戴笠電蔣中正，民國二十三年十月二日，蔣中正總統檔案。

5 戴笠電陳紹平，民國二十四年四月二十日，戴笠史料。

6 劉維開：《國難期間應變圖存之研究》第三七二至三七三頁。

明瞭之情況，請即將詳細情形即電京處轉電黎同志詳查具復，以便辦理為要。」[1]最終，戴笠派遣葉文昭、姜毅英夫婦以及陳瓊潛往昆明佈建祕密電台，他們以「中央航空公司昆明辦事處」工作人員身分為掩護，由葉文昭為主任報務員，姜毅英、陳瓊為報務員。[2]當時，雲南與中央的關係尚處於若即若離的狀態，特務人員在滇活動並非易事，而葉文昭等人憑藉智力與勇氣，成功地潛伏了下來。

六月中旬，香港方面盛傳粵桂當局擬趁日本侵逼華北之際動員北犯。戴笠聞悉後，一面指示鄭介民、邢森洲、李果諶、唐縱等人嚴密偵查，一面策動馬育航、梅光培等人赴港刺探消息。

馬育航為陳炯明舊部，自陳死後，即代替陳成為中國致公黨的負責人。致公黨總部設於香港，由馬育航等人組織中央幹事委員會領導之，海外支部有五十餘處，登記之黨員有十餘萬人，聲勢不小。二十三年十月，馬育航由港至滬，與中央代表陳立夫、張道藩兩度長談，表示竭誠擁戴蔣中正之意。據陳立夫報告蔣中正稱：「其（馬育航）目的雖不外為致公黨謀出路，但彼等年來似頗覺悟，且對於國事觀察，認為唯鈞座足以擔當國家救亡圖存大任，亦一重大原因。故斷彼等此次與吾人合作，決非毫無誠意。」[3]十二月，馬育航由蔣中正委任為軍事委員會參議，更迭次表示效忠中央之意。[4]

二十四年四月，戴笠資助馬育航赴港作情報活動。五月五日，馬育航自香港來電，陳述分化胡漢民、陳濟棠之策略，囑戴笠轉呈蔣中正，略謂：「胡、陳相倚遂成西南割據之局，去一則潰。以云去胡，促之入京亦法之一，前次孫、王奔走，本有希望，因未得竅，故無成就。育航南來工作，多方刺探，與友談胡近狀，據其所述，展堂外憤伯南之柔滑，內因病魔糾纏，早有倦意，苟運用佈置得宜，胡之入京不難辦到。」[5]

六月初，戴笠赴成都向蔣中正面陳怪西人案案情，同時亦將馬育航對西南問題之見解轉報蔣中正，頗蒙嘉許。粵陳出兵之訊傳來時，馬育航已經由港返滬，化名馬庸行，寓呂班路巴黎新村十八號。戴笠於六月十二日致

1 戴笠電魏大銘，民國二十四年五月八日，戴笠史料。
2 特務處編製：《二十四年年終總考績擬請增新人員名冊》，葉文昭、姜毅英、陳瓊各條；張毓中：《滄海拾筆》第一一一頁。
3 陳立夫電蔣中正，民國二十三年十月三十日，蔣中正總統檔案。
4 蔣中正電朱培德，民國二十三年十二月二十八日，蔣中正總統檔案。
5 戴笠電蔣中正，民國二十四年五月五日，戴笠史料。

電馬育航指示：「請立即赴港刺探粵陳最近之態度，並軍事之佈置，隨時告之忠言兄，俾有電告而便轉呈。」[1]六月十三日，戴笠再電馬育航稱：「昨電諒達，聞西南方面日謀反動，先生公忠黨國，請即命駕赴港策動工作，弟已電忠言同志與先生面商一切矣。」[2]此處「忠言」即係邢森洲之化名。同日，戴笠另電邢森洲指示：「西南反動日益暴露，務請兄轉飭所屬，加緊偵查，隨時電示。港方行動實有恢復必要，此種人才馬庸行或有辦法，弟已電促其即回港矣，請兄就近密商進行。」[3]

與此同時，戴笠鑒於邢森洲忠實有餘，而短於應變，於六月十五日請示蔣中正暫調憲兵政訓處長梁幹喬赴港策動工作。[4]豈料梁幹喬尚未赴港，邢森洲已擅作主張，與脫離粵陳之海圻、海琛兩艦進行接洽。戴笠以邢森洲不顧政治環境，不僅暴露祕密，且徒增粵陳對中央之惡感，乃大不諒解，旋將邢森洲調回南京，另派梁幹喬、岑家焯接替其職。[5]

後粵陳出兵未成事實，但戴笠並未因此放鬆對兩廣的警惕，他曾於六月二十五日致電友人田西原稱：「兩廣情形雖曾一度緊張，現已安靜，日人故極慫恿兩廣發動，但粵陳與桂之李、白均有所顧忌也。弟刻正力謀擴大兩廣軍事之調查，遇緊急時當隨時摘要奉聞，請轉達銘公。」[6]田西原時任駐閩綏靖公署參謀處長，銘公則為綏署主任蔣鼎文。

自下半年起，特務處開始積極策動粵陳所部反正，執行此項工作的核心人物是梅光培。梅光培係於二十三年底因接受粵方朱卓文經費一事而被特務處關押。二十四年五月，朱卓文為陳濟棠所殺，梅光培已無兩端觀望之可能。戴笠遂於六月呈請蔣中正將其釋放，俾能將功贖罪，並囑鄭介民對梅光培面加安慰，「請其剋日赴港工作」。[7]

梅光培赴港後，曾與余耀華、陳振興等人建立工作聯繫，復由陳振興聯絡程天斗、黃志剛、余平想等人共同

1 戴笠電馬育航，民國二十四年六月十二日，戴笠史料。
2 戴笠電馬育航，民國二十四年六月十三日，戴笠史料。
3 戴笠電邢森洲，民國二十四年六月十三日，戴笠史料。
4 戴笠呈蔣中正，民國二十四年六月十五日，戴笠史料。
5 戴笠電邢森洲，民國二十四年六月二十五日，戴笠史料。
6 戴笠電田西原，民國二十四年六月二十五日，戴笠史料。
7 戴笠電鄭介民，民國二十四年六月十四日，戴笠史料。

致力於策反活動，頗著成效。

余耀華係粵方第一軍軍長余漢謀之親信，號稱余漢謀之「堂兄」，早在二十二年底閩變期間，即曾祕密由粵來京，要求鄭介民偕其趨贛晉謁蔣中正，以便當面密陳余漢謀對蔣中正之信仰。事實上，余漢謀係高要人，余耀華係台山人，二人雖同姓余，但並非同族，更非堂兄弟關係，故余耀華被蔣中正視為「招搖撞騙之流」，未予接見。然鄭介民頗知余耀華確為余漢謀所信任，故日後仍與其保持聯絡。[1]

二十四年十月二十四日，戴笠致電梅光培稱：「耀華兄熱忱堪佩，惟事關重大，務請其取得漢將軍之手書來，較易奏效也。」此處「漢將軍」即指余漢謀。[2]十月二十九日，戴笠再電梅光培稱：「耀兄盛意可感，惟由委座手書交介民攜往，在目前情勢之下實難辦到也，請轉達耀兄為荷。」[3]上述兩電涉及之內情雖不得而知，但特務處長期透過余耀華策反余漢謀則是事實，日後余漢謀毅然反正，特務處實與有力焉。

陳振興畢業於香港皇仁書院，早年曾入廣東航空學校學習，與粵方空軍人員多係同學關係。此外，他還是一名出色的游泳選手，於二十四年九月由香港華人體育協進會選中，北上南京參加第六次全國運動大會。[4]並於十月十八日之男子五十米自由式游泳決賽中，以二十八秒之成績奪冠。[5]先是陳振興在港時已被梅光培吸收，並囑其北上後伺機面見戴笠。十月二十四日，陳振興利用賽事間歇，自上海潛赴杭州與戴笠晤談，當經戴笠面授機宜，付予策反粵方空軍之任務。迨全運會結束，陳振興即返回香港，不久正式擔任特務處直屬通訊員。[6]

陳振興是美國華僑，當初在廣東航校學習時，因言語不通，頗受孤立，惟有同學黃志剛對其格外關心，每逢假日必相攜出遊，因此二人交情甚篤。[7]陳振興為特務處從事策反工作時，黃志剛正擔任粵方空軍第五中隊少尉飛行員，駐從化機場，陳振興即密約黃志剛來港密商。初秋之夜，黃志剛乘車抵達香港九龍，與陳振興吃過晚飯後，經陳引見，在半山的一座高級住宅內拜訪了國民黨粵籍元老程天斗。

1 戴笠電蔣中正，民國二十二年十一月二十七日，蔣中正總統檔案；戴笠電蔣中正，民國二十二年十一月三十日，蔣中正總統檔案。
2 戴笠電梅光培，民國二十四年十月二十四日，戴笠史料。
3 戴笠電梅光培，民國二十四年十月二十九日，戴笠史料。
4 「香港通信」，《大公報》天津版，民國二十四年九月二十三日。
5 「第六屆全國運動會特刊」，《大公報》天津版，民國二十四年十月十八日。
6 戴笠電梅光培，民國二十四年十月二十四日，戴笠史料；特務處編製：《特務處二十六年份內外勤工作人員總名冊》，陳振興條。
7 陳立柱：《中國早期空軍飛行員黃志剛先生》，《徐州文史資料》第十八輯第二四七頁。

程天斗早年追隨孫中山先生革命，曾任廣東財政廳長，他與陳振興當係基於反對粵陳、擁護中央的共識而結交，惟具體經過不詳。當日三人見面，彼此寒暄後，程天斗對黃志剛說：「我通過振興約你來，是想跟你談一件大事。目前，日寇正加緊侵華，全國群情激憤，但是粵桂當局與中央歧見日深，時下已逼近火藥邊緣，不知你對當前的局勢看法如何？」黃志剛說：「內戰一起，就是煮豆燃豆萁，這樣只有利於日本帝國主義。我和全國各界人民一樣，極力主張避免內戰，團結一致，共赴國難！」程天斗高興的說：「你能明辨是非，我非常欣慰！現在我受中央的命令，要你負責一項重大而危險的任務，在粵桂當局與中央歧見無法諒解的時候，希望你揭竿而起，做個帶頭人。今後振興會常與你聯絡。」

經過一夜暢談，黃志剛聆聽了程天斗對當前形勢的分析，明確了奮鬥的方向，決心維護國家統一，祕密效忠中央。他返回從化機場後，不禁心潮翻滾，思緒萬千，經過再三考慮，最終決定脫離粵陳，架機北上。然而茲事體大，責任甚重，黃志剛不敢大意，乃約軍中好友余平想協助進行，關於如何聯絡以及應行步驟，均由特務處派在香港之人員隨時指示。在二十五年六月中旬以前，黃志剛與余平想因恐機密外洩，危險隨之而至，不使任何人與聞此事，只在暗中認清何人可以共同進行，何人則否，並注意粵方空軍之設備與調動，將情報擇要報告特務處。[1]

[1] 黃志剛呈蔣中正，民國二十五年七月八日，國民政府檔案；梁毅生：《兩廣事變中的黃志剛先生》，《高要文史》第十四輯第四十二頁；陳立柱：《中國早期空軍飛行員黃志剛先生》，《徐州文史資料》第十八輯第二四八頁。

五、檢舉貪污

特務處自民國二十一年成立伊始，即將檢舉政治機關及警察機關之貪污實況列為偵查計劃之一。[1]戴笠在呈給蔣中正的報告中，曾這樣闡述檢舉貪污之原因，略謂：「竊思今日中國之大難，一為帝國主義之侵略，一為赤禍之橫流。帝國主義侵略之內因，為國內之不統一，予敵國以可乘之機，故欲統一，必須肅清反動勢力；而赤禍橫流，其總因為人民衣食無告，與青年煩悶之鋌而走險。夫中國以農立國，今中國之農村崩潰無餘，窮其極，皆由貪官污吏之榨取敲削，使赤匪得以乘間而起，集彷徨歧路之青年與痛苦無知之民眾，逐之死地，欲不為匪，寧復可得。今我領袖督師剿匪，備極辛勞，而貪官污吏之搜刮，實逼民反，若不嚴予懲處，其將何以竟剿匪之全功！」

特務處在二十三年以前檢舉貪污之實況已難考實，僅知此項工作之處理原則係作有系統之偵查，俟偵查有結果或至相當程度時，則專案擬具辦法呈報蔣中正。[2]二十四年以後，則將偵查所得貪污腐化各案按月列表附入情報內，均由航郵寄送侍從室，由侍從秘書汪日章轉呈蔣中正。[3]此外，特務處編製有「禁煙流弊表」，每隔數月呈報，專載禁煙公務人員貪污舞弊之情報。[4]

蔣中正接閱上述情報後，當批交侍從室專人處理，其人如有疑義，則直接向特務處方面詢問。如二十四年七月，蔣中正交下特務處呈報之「五月份公務員不法行為調查冊」及「六月份各部隊不法行為調查冊」兩種，由侍從室第四組組長毛慶祥分別查辦。毛慶祥發現前者載有「皖省長淮水上公安局懷遠第二區署署長何崑峯腐化」一案，尚有後續進展未能明悉，因於七月二十日致電戴笠，請再查明電示；後者載有「三十八師軍需蔣志仁在永安姦佔民婦」一案，經查三十八師張自忠部久駐察省，而察省無「永安」地方，毛慶祥因詢問戴笠所謂「三十八

1 「特務處工作計劃」，時間不詳，國防部軍事情報局檔案。
2 戴笠電唐縱，民國二十三年某月四日，《戴先生遺訓》第三輯第二四〇至二四一頁。
3 戴笠電蔣中正，民國二十四年五月十五日，蔣中正總統檔案。
4 戴笠函侍從室，民國二十四年十二月十五日，國民政府檔案。

師」是否為「八十三師」之誤，並請戴笠在今後呈報之部隊不法行為調查冊內註明各該部隊最高長官姓名，以免番號錯誤。[1]

二十四年間，特務處曾檢舉漢陽火藥廠廠長譚寄陶所涉各案，影響較大。

先是二十二年九月，軍事委員會為使兵工經費收支有據、有賬可查，頒布「兵工會計試行規則草案」，規定各廠應編造收支旬報及材料月報，按期呈送兵工署。[2]譚寄陶為此於二十三年一月召集職員會議，以該廠消耗物料冬夏不同，決難使成本平均，議決以上下半年所用材料平均呈報，俾冬夏價目不相懸殊，但因技術員鄒世強反對而作罷。同年年終考績，譚寄陶命題考詢鄒世強，鄒世強疑其有意作難，即行辭職，並於二十四年初向武昌行營控告譚寄陶浮報名額、冒領公款等情，請行營派員查辦。[3]

行營將譚寄陶案交由三科偵查，三科副科長張毅夫轉令朱若愚負責辦理。朱若愚研究鄒世強的檢舉書，不但具名，且有地址，可見敢負責任，即按址往訪，當面進行詢問。鄒世強對檢舉各點完全負責，並稱：「若有不實，情願反坐。」此外，鄒世強係漢陽兵工專校第一期畢業生，他的同學智洪、沈漢模等人也在漢陽火藥廠工作，亦先後與朱若愚見面，證明鄒世強所言全系事實。朱若愚將調查結果報告行營及戴笠，戴笠接報後，指示朱若愚確實追查，務必嚴懲貪污。[4]蔣中正獲悉偵查結果後，亦於七月二十一日致電兵工署長俞大維，令嚴密查究譚寄陶侵佔鉅款情形，翔實具報。[5]

此後，譚寄陶即因涉案而被撤職，由軍政部交軍法司訊辦。俞大維並於九月二十一日致電蔣中正，自請議處，略謂：「職以該前廠長譚寄陶自職到任後，對於提高品質、減低成本、安裝新機器，不無貢獻，即該廠職員亦多在廠服務有年，未便遽為更動，現竟發生控案，實難辭失察之咎。應請鈞座察核，予以議處。」蔣中正接閱後，對其議處一節准予免議，惟予警戒。[6]

1 毛慶祥電戴笠，民國二十四年七月二十日，國民政府檔案。
2 「兵工會計試行規則草案」，《中國近代兵器工業檔案史料》第三冊第七四一頁。
3 軍政部編輯：《軍政公報》第二三五號第一三八頁；喬家才：《鐵血精忠傳》第七十四至七十五頁。
4 喬家才：《鐵血精忠傳》第七十五至七十六頁。
5 蔣中正電俞大維，民國二十四年七月二十一日，國民政府檔案。
6 俞大維電蔣中正，民國二十四年九月二十一日，蔣中正總統檔案。

後譚寄陶被控各案，由軍政部調查員李世瓊等人與朱若愚會同查辦。當時鄒世強指控，譚寄陶曾於二十二年、二十三年兩年間在廠內添造光藥桶三具、烘棉柜二架，係由該廠修理間工人就舊有材料造成，而串通漢口五金號蔣鴻記偽造單據，謊稱係由國外進口，以冒領工款。軍政部調查員在蔣鴻記取得證件後，聲稱此項指控不實，朱若愚則認為彼等有意包庇譚寄陶，遂與鄒世強、沈漢模商量對策。沈漢模說：「既是外國進口，一定有海關進口證明單，如果五金行拿不出來，不就是沒有進口嗎？」於是朱若愚以行營會查員身分前往五金號，查看海關進口證明單以及日記賬。五金號老闆無法提供，只得承認：「為了要做火藥廠的生意，譚廠長要我們開假發票，我們不敢不開。」朱若愚瞭解實情後，即令五金號老闆寫明偽造單據的證明書。[1]

除上述案件外，朱若愚、鄒世強、智洪所檢舉之其他各案則多被視為證據不足，未經軍政部高等軍法會審認可。軍政部於翌年六月公佈之判決書中，曾將譚寄陶被控各案分三部分述明，其大要如下：

一，行營查報部分，包括浮報槍藥成本、建造第三鉛室兩案。

第一，據智洪舉發，譚寄陶自二十一年九月至二十四年三月浮報槍藥成本共計四十四萬餘元。

判決書認為：該廠最初槍藥單價在九元以上，譚寄陶到差後，將槍藥品質改良，費用減少，至二十四年六月，有單價結餘款項八十一萬餘元，則譚寄陶對該廠廠務之改進，不能謂無成績。且譚寄陶逐年有單價結餘之報告，比所謂浮報數尚有盈餘三十六萬餘元，故浮報槍藥成本一案顯有違誤，不足為憑。

第二，據朱若愚查報，該廠於二十四年四月間呈報兵工署出售剩餘硫酸，在漢口久豐五金號購得鉛皮三十九卷，以添建第三鉛室，實則該廠在久豐號僅購得二十九卷鉛皮，其餘十卷係前任購買而未用罄之材料，為譚寄陶所利用，並由久豐號出具文據報銷。

經軍政部調查，該廠物料庫尚有「六四」公釐厚鉛皮一卷零，「九五」公釐厚鉛皮十四卷零，且第三鉛室所用鉛皮為「三二」、「六四」、「九六」公釐厚之三種，未用「九五」公釐厚。判決書由此認為，「九五」公釐厚鉛皮十四卷零係前任所留存，而未用於製造第三鉛室，譚寄陶建造第三鉛室之鉛皮並非前任未用罄之物。

另據第三鉛室用去三種鉛皮之總數，與該廠物料庫所收久豐號三種鉛皮之收條存根相較，僅差「九六」公釐厚鉛皮三卷零，雖然相差之數是否為製造鉛室時消耗拆摺所致，不能估計，但查該廠物料庫已無「九六」公釐厚

1 喬家才：《鐵血精忠傳》第七十六至七十七頁。

鉛皮留存。判決書由此認為，此項差數鉛皮係盡量用於製造鉛室。

綜上，判決書稱，製造第三鉛室實須用去鉛皮三十九卷，而該廠前任剩餘之鉛皮尚有留存，朱若愚檢舉之點殊嫌證據未確。

二，鄒世強控告部分，包括所用材料分填對內對外兩表、浮報工人名額冒領工餉、偽造單據冒領工款三案。

第一，據朱若愚查報，該廠於二十三年一月試辦新成本會計，將所用材料分填對內對外兩表，對內表所列為實數，對外表所填為虛數。該廠所屬無煙藥廠對內對外兩表所列材料相差甚多，浮報之數折入價格有五千餘元；酸廠對內對外兩表所列硝石相差八噸，浮報之數折入價格有一千餘元。

經審訊，無煙藥廠主任顧廷孝稱：「無煙藥廠之對內對外兩表係物料庫囑我們填的，但是填了沒有用過。因民國二十三年一月份，本廠奉令試辦新成本會計，曾由廠長召集開會，因廠裏製造消耗物料，冬夏不同，如以實用實銷，決難使成本平均，故會議議決，以上下半年所用材料，平均一下呈報。嗣以技術員有持反對態度之人（即指鄒世強），致未實行。」酸廠主任蔣光曾稱：「二十三年一月份，智利硝石本領了五十八公噸，用了五十公噸，餘下八公噸已退還物料庫。」譚寄陶則稱：「是種材料，多係違禁品，買賣均須國民政府護照，私人間絕對不能買賣，浮報何為。」判決書據此認為，該廠曾有填報對內對外兩表之事，但並未實行。

第二，譚寄陶浮報無煙藥廠浸藥間工人名額，冒領工餉。

經查，譚寄陶自二十一年九月擔任廠長後，因產量加多，工人均須加開夜工，後無煙藥廠主任顧廷孝以夜工益薪無法應付，即商得譚寄陶同意，添報浸藥間工人名額，以所得工餉藉資發放。譚寄陶辯稱：「無煙藥廠添加浸藥間工人，係該廠顧主任之報請，但工人是歸主任指揮僱用，如係空名，應由彼等負責。」顧廷孝則稱：「彼時因工務人員之夜工益薪，被兵工署以額造關係未準備案，而該廠之工務人員屢向催索，於是呈奉廠長同意，多報幾名工人，以所得工餉移充夜工益薪，至工人花名，由我填造。」顧廷孝所言，核與該廠所送之夜工益薪卷情形相符，另核顧廷孝浮報工人名額之簽呈，曾經譚寄陶之批示，譚寄陶殊不得諉稱不知。此外，譚寄陶一面浮報工人名額，一面仍向兵工署請求發放夜工益薪。至二十二年二月，兵工署已指准夜工益薪在工資項下支給，而浮報之工人名額並未及時剔除，乃至六月始行刪去。

判決書認為：譚寄陶犯罪之動機係為彌補夜工益薪，與單純浮報名額、意圖冒領工餉者不同，且據該廠會計蕭勛麟呈報，譚寄陶任內未報款項摺內有列夜工益薪等費，可證譚寄陶款未入己，但浮報名額應刪而不刪，夜工益薪應報而不報，譚寄陶應負責。顧廷孝造報虛名工人名冊，將明知為不實之事項登載於公文書上，其罪實無可辭。

第三，譚寄陶於二十二年、二十三年兩年間，在該廠添造銅質光藥桶三部、烘棉柜二架，係該廠修理間工人就舊有材料造成，偽造單據，冒領工款。

據該廠修理間主任朱廷項供認：此兩項工程先擬包商承做，後因計劃圖樣變更，包商不願承造，乃由修理間工人自做，復因廠長津貼職工等費無從挹注，即由朱廷項及事物課主任羅華穠託蔣鴻記出立包工合同單據，以便報銷，蔣鴻記先後具領光藥桶工料費四千六百餘元及烘棉柜包工費一千八百餘元，交朱、羅二人轉交會計蕭勛麟，以資彌補，朱、羅二人亦各得津貼有差。羅華穠所供亦與朱廷項所供相符。至於該廠員工月受津貼之名額及款數，羅華穠所供與蕭勛麟摺列無甚差異。

譚寄陶除承認津貼職工外，對上述情事矢口否認。判決書認為：「身充廠長，豈有日令部屬朦弊，毫不察覺，揆之情理，殊非可通。惟酌給津貼，無非激勵員工，今以彌補此款而獲罪，情雖可原，仍難免侵占罪責。朱廷項、羅華穠共同囑託蔣鴻記出具合同單據，業據自白無訛，各應以教唆偽造私文論罪。」

三，智洪舉發譚寄陶賄賂部分。

據智洪稱，譚寄陶被控後，曾於二十四年九月一日上午叫他到辦公室，請他幫忙。下午九時，譚寄陶又叫他到家中，重申前說，並交給他一個紙包，內有中央鈔票數千元。譚寄陶對上述情事矢口否認，說：「他們有倒我組織，設計陷誣我，這事非智洪可幫忙，亦非交他錢可了。」並呈該廠員工「倒譚宣言書」一紙為證。先是會審時，智洪曾稱：「譚廠長平素沒有對我說過私話，我也不能對他說私話。」與譚寄陶請其幫忙之情節相矛盾。且當庭飭智洪繪譚寄陶會客室之佈置，亦與譚寄陶所繪者不同。

判決書據此認為，譚寄陶是否請智洪幫忙不能確定，即譚寄陶果有給錢之事，智洪之身分非仲裁人，而係該廠之屬員，核與刑法規定之行賄罪構成條件不符，難予論罪。

綜合上述三個部分，判決書認為：譚寄陶被控浮報槍藥成本、製造第三鉛室、行新會計成本及行賄四案，犯罪嫌疑不足，毋庸置議。浮報工人名額及偽造單據、冒領公款兩案，實犯刑法，以侵犯公務上持有物處斷，雖連續兩次侵佔，均屬挪移之用，其犯罪情節與圖侵佔入己者不同。依陸海空軍刑法第一條第二項、刑法第五十六條前段，酌處有期徒刑一年。顧廷孝呈報浸藥間工人虛名，因公獲罪，實可憫恕，依刑法減處有期徒刑六個月。朱廷頊、羅華禮共同教唆蔣鴻記偽造單據，依刑法各處有期徒刑六個月。[1]

案特務處檢舉貪污不法，因各地工作人員多係祕密活動，缺乏公開名義直接行使職權，故對於高級軍政官長之案件往往不易獲得證據。朱若愚檢舉譚寄陶各案，則以獲得行營會查員之身分，而能獲致較為良好的結果，惟此種案例並不多見。

除譚寄陶外，特務處於二十四年間還曾奉命密查國民革命軍遺族學校校董兼陵園管理處主任傅煥光所涉各案。此事起因，係有人於三月三日以「遺族學校高中學生全體」名義致函蔣中正，控告傅煥光以誘姦女教師、強買民地、勾結包工、偷工減料等罪。蔣中正接閱後，命戴笠負責查復。[2]戴笠以此案關係重大，經妥派幹員嚴密偵查，後於五月二十七日將迭次偵查所得擇要呈報蔣中正，他在報告中分述傅煥光與女教師劉學志、凌震、姚素貞等人之關係、強買民地之方法、勾結包工舞弊之情形及其資產概況各點，並稱「上呈各點，經分別派員祕密偵查，所報均大略相同，故敢據以呈復。」但他同時說明：「因傅之為人極其狡詐，雖劣跡昭彰，卻難得其證據。」[3]五月二十九日，戴笠將由滬赴川晉謁蔣中正，曾致電南京處本部書記長李果諶，令促南京區長趙世瑞切實搜集傅煥光各案之憑證，以便赴川時面呈。[4]後以各案證據終未覓得，此事乃不了了之。

是年底，隨著日本加緊侵略華北，戴笠於十一月三十日手令情報科長唐縱、副科長劉哲民，告以：「關乎貪污之案件，弟意應電令各原報告人多搜集憑證，目前可暫緩轉呈也。因在此種情勢下，委座無暇閱此也，反覺吾人不知輕重與緩急耳。」[5]此後，對日情報工作逐漸成為特務處的工作重心，檢舉貪污工作的重要性隨之下降。

1 軍政部編輯：《軍政公報》第二三五號第一三七至一四四頁。
2 「遺族學校高中學生全體」函蔣中正，民國二十四年三月三日，蔣中正總統檔案。
3 戴笠呈蔣中正，民國二十四年五月二十七日，國民政府檔案。
4 戴笠電李果諶，民國二十四年五月二十九日，戴笠史料。
5 戴笠手令唐縱、劉哲民，民國二十四年十一月三十日，戴笠史料。

六、周邱搆釁

邱開基曾任特務處本部執行科長，後因不願接受戴笠指揮，於二十二年脫離特務處，而與軍事委員會別動總隊長康澤接近。邱、康二人為黃埔三期同學，關係密切，邱開基經康澤保薦，得於二十三年擔任禁煙督察處緝私室主任兼巡緝團團長。他到任後，以禁煙密查組係特務處所運用之單位，乃禁止所屬與密查往來，因此與密查組長周偉龍有隙。[1]

邱開基為嚴格執行緝私任務，曾令緝私團在武漢水陸要隘檢查商旅，此舉有超越緝私權限之嫌，引起當地憲警機關的不滿，而緝私團檢查市民行李時又有趁機侮辱人身、扣押貴重物品情事發生，以致武漢市民亦怨憤難平。反對邱開基的人，乃編造歌謠，使武漢兒童滿街傳唱，云：「邱開基，真邪氣，來到武漢把民欺，上又不能坐飛機，只落得兩腿跑到諶家磯。」周偉龍素對邱開基的活動十分注意，後來接到很多控告文件，乃派出組員調查數月，卒將邱開基之材料積成巨冊。[2]

二十四年七月前後，周偉龍開始控告緝私室，他與邱開基的矛盾從此公開。七月二日，邱開基曾因周偉龍的控告，向蔣中正懇請辭職，報告云：「竊生奉命主辦緝私，迄今已十九閱月，所有工作情形業詳逐月報告，惟實幹硬幹，廉慎自矢，猶不免購怨叢尤，此種苦痛，惟沈開越同學及三千同志深知之，倘繼續主辦，必至隕越遺羞，擬請俯念下情，調回侍從室服務。」[3]不過蔣中正頗為信任邱開基，對武漢市面上的反對聲音並不看重，他於七月九日復電勉勵稱：「應安心努力，繼續服務，未便准辭。」[4]

此時鄭介民正在漢口協辦怪西人案，戴笠聽說周偉龍與邱開基之糾紛後，特電鄭介民告以對待周、邱二人之

1 郭旭：《蔣介石禁煙政策的內幕》，《文史資料存稿選編》第十二冊第六一九頁。
2 章向陽：《邱開基、戴笠、周偉龍的內訌暗鬥》，《文史資料存稿選編》第十三冊第四六三至四六四頁。
3 邱開基呈蔣中正，民國二十四年七月二日，蔣中正總統檔案。
4 蔣中正電邱開基，民國二十四年七月九日，蔣中正總統檔案。

態度稱：「吾人對衛華兄事，自當以至公至誠態度處之，衛華、道三均同學同志也，如道三有不對之處自當嚴行糾正，決不偏袒。至衛華兄辭職與否，在私方面，吾人固希望同志能多任艱鉅，在公方面，實未便有所表示也」，「道三之輕燥舉動，請兄多多糾正。」[1]後周偉龍將邱案材料送往南京，戴笠於七月二十二日再電鄭介民指示：「道三送來對邱案各項報告，現正在審閱中。請兄對邱露弟對彼案不甚重視，尤其是在此國破家亡之時，吾輩宜精誠親愛，不應自相摧殘也，以免彼著急。」[2]

邱開基面對周偉龍的進攻，亦馬上展開反擊，他在九月二十五日呈給蔣中正的《禁煙督察處巡緝團團部旬報》中指出：武漢公安局十三分局探警田東山，兼為密查組長周偉龍及副組長陳德謀做祕密工作，實則係日本間諜大西楚雄收買之漢奸，曾於九月二十一日向大西楚雄密報，稱同德里二十二號胡宅內住有禁煙緝私處密查人員五人，日方即到該處抄查三次，將男子二名、女子四名抓取，私刑拷問。[3]

周偉龍也不甘示弱，繼續將緝私室人員瀆職的材料報告總監察陳希曾轉報蔣中正，蔣中正接閱後，批交行營軍法處辦理。[4]十月十八日，軍法處長陳恩普經對涉案人員進行審訊，將訊得情形呈報蔣中正如下：

一，二十三年七月間，漢口住民左榮卿得知私販徐雲卿家藏有私土，即報告緝私室查緝班長陳鴻錚，陳鴻錚率查緝員何鴻鈞等前往徐家，抄出私土一千三百餘兩，並將徐雲卿捕押緝私室訊辦。時逾半月，陳鴻錚先行擬好報告，誣陷盛記煤油公司經理杜雲卿與徐雲卿夥同販賣私土，迫令左榮卿在報告上簽名畫押。左榮卿始而堅持反對，不肯誣陷他人，繼因屈於脅迫，遂在報告上畫押。陳鴻錚即將杜雲卿捕押緝私室，經秘書蔡天祚、課長文慕亮會同審訊，嚴刑逼供。杜雲卿被押月餘，復由密查員徐子卿脅迫，向德康公司購得官土三千兩，裝箱繳解緝私室，由課長黃止端、文慕亮監視開箱，黃、文二課長見係有花官土，即令值日員將印花撕去，作為私土沒收，而後始將杜雲卿釋放。此案由原報告人左榮卿、被害人杜雲卿及關係人兩名供同前情，且經緝私室緝私班長江聲濤證明屬實，並稱文慕亮侵吞此項報口獎金五〇七元。

1 戴笠電周偉龍轉鄭介民，民國二十四年七月八日，戴笠史料。
2 戴笠電周偉龍轉鄭介民，民國二十四年七月二十二日，戴笠史料。
3 邱開基呈蔣中正，民國二十四年九月二十五日，蔣中正總統檔案。
4 郭旭：《蔣介石禁煙政策的內幕》，《文史資料存稿選編》第十二冊第六一九頁。

二，二十三年八月間，湖南航空處長黃飛運輸大批嗎啡一案，其共犯農工銀行副行長胡聘珊在逃未獲。緝私室始派江聲濤跴緝，後因胡聘珊託人向蔡天祚、黃止端疏通，賄賂洋三萬元，乃停止緝拿。所有當時經過情形，業經江聲濤供述，歷歷如繪。

三，二十三年三月間，項老二販運大批嗎啡，由日清公司鳳陽輪茶房帶運抵漢，交碼頭班子劉光復、黃三元經手接運。黃止端、文慕亮即派江聲濤等人至碼頭守候，將劉光復、黃三元二人拘獲，嗣經徐子卿從中疏通，由劉、黃二犯繳出紅丸十件、現洋五百元，謊報於碼頭拾得，遂將劉、黃二犯交保釋放。

此外，總監察室原呈尚列有其他各案，均在繼續偵訊中。除被告江聲濤在押，隨時可以提訊外，其餘被訴之秘書蔡天祚、課長黃止端、文慕亮、查緝班長陳鴻錚、查緝員何鴻鈞、密查員徐子卿等人尚在緝私室供職，就偵訊所得情形而論，實有瀆職嫌疑。[1]

此時正值武昌行營結束，禁煙督察處改隸重慶行營。蔣中正於十月二十三日電令軍法處：蔡天祚、黃止端、文慕亮等六人有重大瀆職嫌疑，即拘解重慶行營候訊。邱開基接到軍法處密函後，曾致電行營秘書長楊永泰，力保蔡天祚等人之清白，稱：「該員等究犯何項瀆職嫌疑，無從懸揣，惟該員等聲稱，確自問無愧，甘願具死結，即日投案候訊。職默察該員等尚有人格，一俟經手事件了楚，准東日前來渝投案。」[2]

十月二十九日，邱開基另具摺呈，請侍從室某公代向楊永泰婉陳，敢保蔡天祚等人絕無瀆職情事，並對密查組所控之五起案件逐一辯解，呈云：

> 伏查本室自成立迄今凡十八閱月，約計緝獲私土二千餘擔、人犯近二萬人，對於軍警團隊庇私者又復多方舉發與制止，以故蓄怨甚深，報復更烈，私毒為積恨之端，人犯皆中的之矢。更有人圖謀位置，聯合各方，勾結私販，任意攻擊，直接陷害緝私員兵、間接藉以攻擊基者，無所不用其極，媒孽之計既工，而上實難洞燭其奸。年來奉令解訊之員兵不下數起，最近又復拘傳秘書、課長蔡天祚、黃止端、文慕亮等，查其所控，案由多屬似是而非，與事實相去甚遠。且妄取已經罰放之私犯誣告誣證，每案動輒株連多人，吹

1 陳恩普呈蔣中正，民國二十四年十月十八日，蔣中正總統檔案。

2 邱開基電楊永泰，民國二十四年十月二十四日，蔣中正總統檔案。

毛求疵，含沙射影，使全體緝私員兵灰心氣阻，危慮不前。在基原不足惜，誠恐緝務日形停頓，以致影響禁政。謹略述顛末，敬懇我公代為婉陳暢公秘座，對於此次拘傳秘書、課長一案，再予派員澈查。該員等均廉潔自愛，且富有革命性，與基相處將近兩年，知之素稔，敢保其絕無瀆職情事，在未查明以前，該員等均各有經手事件，可否緩令到案，俾免受者含冤，施者得計，幸甚感甚！

關於緝私室查緝班長江聲濤與長樂戲院競爭營業案。密查組稱：江聲濤聯合漢市流氓強奪長樂戲院營業，並送給緝私室課長乾股，後因人調解，遂索詐長樂戲院損失費八百元。邱開基則稱：「查此案本室於五月二十八日發覺後，即經傳集各關係人詳加訊問，後因雙方情詞各執，本室未便處理，經將該班長停職，檢同各項賬據、口供，一併移送武漢警備司令部澈底訊究。旋於六月十日准警備司令部法字第一四四五九號公函，以該班長並無詐財情事，業經開釋等由。可見該密查等報告之不確。」

關於私犯杜雲卿夥販私土案。密查組稱：杜雲卿係正當商人，緝私室挾嫌栽誣，威逼刑訊，勒繳官土三千兩，並剋扣報口獎金。邱開基則稱：「查杜雲卿即杜勝，向在宜昌、漢口一帶慣行販私，有案可查。此次據密報，該犯夥同徐道人等在湖南販運私土五擔，除本室拏獲一千餘兩外，該犯再三要求，願意將匿藏他處之私土悉數繳出，並願報效工作，負責尋覓主犯到案。本室當以湖南私土充斥，妨礙稅收，該犯果能改除前非，報效工作，於緝務不無小補，因此允如所請。至於變賣私土，向由總監察室、會計長室、督察處第三科派員會同辦理，至分配獎金，亦係遵照定章支配。該密查謂該杜勝所繳之土確係有花官土，豈有眾目睽睽之地而能指官為私？此杜案之實在情形也。」

關於胡聘三通緝案。密查組稱：緝私室課長黃止端經手得賄洋三萬元，即予停緝胡聘三。邱開基則稱：「湖南航空處長黃飛利用軍用飛機夾帶嗎啡一案，本室自獲案後，即將辦理經過情形陸續呈報委座有案，至夥犯胡聘三，業經呈請通緝。本年據報該胡聘三逗留青島大中銀行，亦經呈請嚴密緝拏。至本室課長黃止端得賄一節，去歲風聞此事，經將各關係人傳集質訊，並分別拘押，聽候澈查究辦。後因胡聘三之弟胡純臣否認有行賄情形，且查無佐證，即予分別交保釋放，卷牘俱在，不難復按也。」

關於楊子廷鞭炮船內夾帶嗎啡私土案。密查組稱：緝私室所緝楊子廷鞭炮船內嗎啡私土數量不合，有朋分贓物，侵蝕報口獎金情事。邱開基則稱：「本室查抄船隻，所派查緝員兵人數甚多，向係請水保正在場證明，並押同私犯眼同查抄。該犯獲案後，亦經詢以所販私毒若干，數目極相符合。文配獎金向係遵照定章辦理，絕無在眾目昭彰之地而有作偽之舉也。」

關於釋放劉光復、黃三元案。密查組稱：劉、黃兩人係毒犯，緝私室釋放該兩人時有受賄情形。邱開基則稱：「查漢口向有運送特貨出口班七組，據報本市各項私毒多由該出口班暗地接送，且監運所與渠等互相勾結，每月由該出口班餽致津貼若干元。本室當以此害不除，漢市私毒終無肅清之日，因陸續責令各班即時解散。該劉光復、黃三元係義記出口班中堅份子，因即傳案辦理，該兩犯當堂願將義記出口班即時解散，並登報聲明。至於緝獲紅丸一節，因嚴訊該兩犯漢市運私情形，渠二人願意報效工作，謂鳳陽輪業經進口，可派人往抄云云。因派員嚴密辦理，當緝獲紅丸十包、銀洋五百元，亦經呈請李處長處理有案。」[1]

十一月九日，蔣中正以本案情形複雜，致電陳恩普指示：「江聲濤等瀆職一案，前經以梗辰蓉秘電，令飭將有嫌疑之蔡天祚等六人拘捕解渝候訊，頃據緝私主任邱開基報告，已令蔡天祚、黃止端、文慕亮等自行赴渝投案候訊，不日即可到達，並據轉報，該員等自稱確無弊端，願具死結等情。查該員等既能自行投到，姑准隨時聽審，在無確實證據發現之前，可不必管押。惟該案情形複雜，非負責報告人當面對質，不足以明真相，除另電陳總監察囑令密查組正副組長及負責報告人一併赴渝對質證明外，希即照辦，並從速審結為要。」[2]另致電陳希曾指示：「蔡天祚、黃止端、文慕亮等已赴重慶行營軍法處投案候審，希即飭令密查組組長及負責報告人一併到渝對質證明為要。」[3]

戴笠對緝私室舞弊案極為關注，他於十一月二十一日電囑重慶行營三科書記沈重宇：「禁煙緝私室舞弊一案，行營軍法處應遵照委座批示從速審理，今歷久不審究，必使作奸犯科者有所準備與掩飾，將來無法明瞭事實之真相也，即請轉陳顧主任與陳軍法處長。」[4]十一月二十三日，戴笠接沈重宇養電，始悉本案未能從速審理係因邱開基聲稱密查組誣控，故須等待周偉龍等人前往重慶對質，乃復電指示：「禁煙緝私室舞弊事，原告係總監察室之禁煙密查組，在行營未發覺該組有誣控緝私室之前，實不能與被告同押重慶對質也，該組只有應傳派員前

1 邱開基摺呈，民國二十四年十月二十九日，蔣中正總統檔案。
2 蔣中正電陳恩普，民國二十四年十一月九日，蔣中正總統檔案。
3 蔣中正電陳希曾，民國二十四年十一月九日，蔣中正總統檔案。
4 戴笠電沈重宇，民國二十四年十一月二十一日，戴笠史料。

來對質耳，請注意。」[1]

自周、邱搆釁以來，戴笠一直對周偉龍暗中支持，然而密查組檢舉各案與邱開基並無直接牽涉，且由緝私室逐案提出了辯解，各案不僅未對邱開基造成若何傷害，反而使戴笠深陷在這場內訌之中。

1 戴笠電沈重宇，民國二十四年十一月二十三日，戴笠史料。

七、華北危機

民國二十二年中日雙方簽訂「塘沽協定」後，日寇暫時中止軍事進攻，而由關東軍在冀東非軍事區內設置特務機關，由機關長土肥原賢二積極培植漢奸、間諜。此種特務活動由華北蔓延至濟南、鄭州、上海、鎮江、廈門等地，大都以日本租界或日本商行為掩護。[1]

特務處對漢奸、日諜之防制素極注意，自二十二年五月擊斃張敬堯後，又陸續對莊景珂、石友三、張顯如等人進行過制裁或逮捕。

莊景珂，曩任浙江高等法院院長，精通日語，後在天津充律師，與日寇進行勾結，係主持「華北國」外交之首要份子。二十三年二月十三日為舊曆除夕，當夜十時許，特務處天津站長王天木親率行動員數人來到日租界仰止坊莊宅扣門，聲言「造訪莊律師有事」。莊景珂時在三樓祭祖，由廚夫啟門後，兩名行動員留在樓下把守，另有兩名行動員直奔樓上，對莊景珂射擊四槍而去，莊景珂應聲倒地，移時殞命。日租界之華捕雖聞砰然之聲，但與鞭砲聲雜混，不知發生事故，全部行動員均安全而歸，未彰形跡。[2]戴笠獲悉後，除去電嘉獎並先發獎金五百元外，並將本案經過電報蔣中正。[3]

石友三曾任十三路軍總指揮，是一個朝秦暮楚的反覆小人，自國府奠都南京以來，便迭次稱兵作亂，反對中央，此後又與日寇勾結，為害平津，戴笠遂於是年春下令北平站予以制裁。當時石友三匿居天津日本租界，制裁任務本應由天津站負責，但津站受「箱屍案」之影響，原有行動人員幾乎全被紀律制裁，而新的行動組尚未重建，故改由平站承擔此項任務。[4]六月，平站站長陳恭澍致電戴笠，稱制裁石友三已有線索，並請下發行動準備

1 國防部情報局編印：《戴雨農先生傳》第三十五頁。
2 「日租界明石街廢曆除夕之兇殺案」，《大公報》天津版，民國二十三年二月十七日。
3 戴笠電蔣中正，民國二十三年二月十四日，戴笠史料。
4 陳恭澍：《北國鋤奸》第一二八至一二九頁。

金一千五百元。戴笠復電照准，並令即行制裁。[1]此後遷延日久，平站竟無進展，戴笠曾於八月十三日電告處本部書記長張行深：「請電詢恭澍，對石行動特別費早已照發，渠當時來電亦云頗有把握，何以迄無消息？請囑其做事須有恆心、有毅力、有計劃，切實進行，務期早達目的。」[2]

平站的線索是指石友三的副官先鴻霞，此人是平站行動組員王文的同學，經平站曉以大義後祕密反正，並說服另一副官史大川及廚司老褚一同鋤奸。是年底，老褚在火鍋中下藥，企圖將石友三毒斃，但他生性軟弱，把火鍋端給石友三時，竟因心情緊張而動作失常，當場即被識破。結果先鴻霞、老褚都被石友三綁送日本憲兵隊殺害，史大川隻身逃亡，不知去向，制裁行動以失敗告終。[3]

除先鴻霞外，平站還曾通過沈熾昌制裁石友三，但此一路線並不可靠，最終亦未成事。沈熾昌係天津人，初於二十三年間挾重金至南昌活動，並迭呈蔣中正報告，聲稱有力制裁華北漢奸頭目劉桂堂、石友三等人。[4]是年底，特務處奉命與沈熾昌聯絡，戴笠曾派平津單位陳恭澍、吳安之、靳汝民與其接洽，並給與特別費一千二百元。[5]不料沈熾昌毫不保守祕密，竟將接洽內情函告侍從室祕書毛慶祥。

後毛慶祥將沈熾昌來函轉交戴笠，戴笠頗感意外，於二十四年一月二十日致電陳、吳、靳三人，告以：「頃由毛秘書慶祥交來沈熾昌本月四日及十一日致伊兩書，將兄等所與計議者盡情明寫，並要求毛在京為之租屋安頓眷屬，並匯款接濟等情。弟意該沈某難免不招搖撞騙，事關重大，萬希諸兄不動聲色，嚴密注意一切，以免上人之當，惟不可稍露風聲，並須絕對審慎也。如沈某確係忠實可靠，不過不懂祕密者，兄等亦應嚴防一切為要。」[6]

起初，戴笠仍對沈熾昌抱有希望，曾於一月二十二日電告陳恭澍：「沈熾昌事，務希嚴密督促進行，以期大功早成。」[7]但他後來他詳細考察沈熾昌的言行，發現此人極為可疑。先是沈熾昌與特務處接洽的同時，自稱由

1 戴笠電陳恭澍，民國二十三年七月一日，《戴先生遺訓》第三輯第三〇九頁。
2 戴笠電張行深，民國二十三年八月十三日，《戴先生遺訓》第三輯第三〇九至三一〇頁。
3 陳恭澍：《北國鋤奸》第二五一至二五二頁。
4 戴笠手令，民國二十四年五月二十二日，戴笠史料。
5 戴笠電徐亮，民國二十四年三月二十日，戴笠史料。
6 戴笠電陳恭澍、吳安之、靳汝民，民國二十四年一月二十日，戴笠史料。
7 戴笠電陳恭澍，民國二十四年一月二十二日，戴笠史料。

駐閩綏靖公署主任蔣鼎文給金在津活動，戴笠欲探查究竟，即以此事函詢蔣鼎文。[1]一月二十七日，蔣鼎文復電稱：「沈熾昌去歲來閩，跡近招搖，弟不之理，不久即他去，沈所謂弟近給與三千金在津活動一節絕無其事，務請查究。」戴笠接電後，當即轉告陳恭澍、吳安之、靳汝民：「據弟觀察，沈必係招搖撞騙之流，萬懇兄等嚴密偵查，注意沈之一切。沈如果有招搖撞騙情事，應即設法拘捕，解京審究。」[2]

一月三十日，戴笠再電告陳恭澍：「沈熾昌事危險性甚大，萬希兄速往津密偵，如其生活闊綽，必為漢奸無疑，否則亦將為漢奸也。據弟觀察，此人必係招搖，斷難成事，究竟如何，乞即詳查電復。」並囑：「特務工作貴迅速嚴密，萬望吾兄振作精神，認真督飭，慎勿自誤誤公，至要至盼。」[3]此後，至遲在三月間，沈熾昌卒因漢奸嫌疑，由特務處拘捕解京，通過他制裁石友三的行動自然無從實現。[4]

張顯如與其妻石惠君均係日諜，曾將蔣中正各種不公開之演講集密送日方，並誘殺東北義勇軍數十人，為敵鷹犬，殊堪痛恨。三月，北平軍分會委員長何應欽命令特務處華北區特派員鄭介民密捕張顯如，惟該犯已事先逃匿，未能捕獲。五月三十一日，特務處查悉張顯如已經偕妻逃抵廈門，乃派員跟蹤，隨其由廈門至上海又轉漢口。最終由跟蹤人員會同漢口站將彼等密捕，解京訊辦。[5]

二十三年至二十四年間，特務處為應對日寇之侵略，亟待加強華北工作，然而平津單位卻先後發生兩次重大紀律事故，使工作大受影響。先是二十三年三月津站發生「箱屍案」，站長王天木被判無期徒刑；繼而二十四年二月平站被控綁架案，站長陳恭澍畏罪出走。值此多事之秋，戴笠除令平津督察王平一維持局面外，並派副處長鄭介民親往北平，與王平一共謀補救之方。[6]

三月二十日，戴笠致電鄭介民，告以現階段平津工作之重心，在於行動之加緊與情報基礎之建立，請其多多物色忠勇有能之士作為基本工作人員。[7]三月二十三日，戴笠再電鄭介民指示：「津埠之行動工作務乞積極進

1 戴笠電蔣鼎文，民國二十四年一月二十五日，戴笠史料。
2 戴笠電陳恭澍、吳安之、靳汝民，民國二十四年一月二十七日，戴笠史料。
3 戴笠電陳恭澍，民國二十四年一月三十日，戴笠史料。
4 戴笠電蔣鼎文，民國二十四年三月二十日，戴笠史料。
5 國防部情報局編印：《國防部情報局史要彙編》上冊第二〇一頁。
6 戴笠電王平一，民國二十四年三月十四日，戴笠史料。
7 戴笠電鄭介民，民國二十四年三月二十日，戴笠史料。

行，以期恢復特處在華北之威力為幸。」[1]鄭介民鑒於平津單位經歷兩次事變，在華北之信譽大受影響，乃向戴笠建議：「擬將被捕人員之經費移充佈置新路線之用」。戴笠對此完全同意，復電指示：「如對領袖忠實、對特工有興趣有路線者，即經費稍有超出預算亦可羅致。」

人事方面，戴笠在北平設區，本擬羅致中央憲兵第三團團附丁昌為區長，但因未獲團長蔣孝先之同意而作罷。四月四日，戴笠電告鄭介民，擬以平津督察王平一暫時兼代區長，另以廖興序為站長，負實際工作責任，鄭介民仍以副處長職權在平負責整理。[2]此後，在鄭介民指導下，平站情報質量日有進步，戴笠深感欣慰。五月初，廖興序調津工作，戴笠再以范行接任平站站長，同時指示鄭介民：「天津為華北總樞紐，對情報工作之佈置，應請注重日偽及漢奸之活動，而於日本經濟之侵略，華北各軍事長官相互間之關係，亦請注意偵查。故工作佈置應較北平為週密，務乞吾兄廣事搜羅人才，交興序善予運用。」[3]

除注重平津工作外，戴笠還積極運用軍事委員會參議王鯤徙開展對日情報工作。王鯤徙係一頻年失意之政客，他於二十三年十月受日本友人之邀赴日參觀，二十四年一月返國，將觀察所得向中央報告。[4]後往南昌謁見蔣中正有所陳述，並迭次與戴笠晤談。戴笠認為王鯤徙雖然境況不佳，但工於心計，且希望取信中央以謀得出路，故可運用其蒐集日方情報。惟王鯤徙在國內沒有事業基礎，不為日人看重，乃另外說服旅滬日僑陳伯藩赴日，對日本經濟界進行聯絡。陳伯藩因在上海與劉鴻生合營大中華火柴公司，頗得日本朝野重視，他於三月間回國後，曾通過王鯤徙向戴笠表示願意效忠蔣中正。

四月二十日，日本駐華公使有吉明乘輪返國，將向日本外相廣田弘毅作有關對華政策之重要建議。[5]陳伯藩、王鯤徙得知後，擬乘此機會偕往日本刺探一切，於是二人繕具手摺一件，交戴笠轉呈蔣中正，其中指出：「日本之外交當局實依迴於軍、財兩閥之間，據軍部傳出消息，廣田之中日經濟提攜政策如至本年六月底不能有

1 戴笠電鄭介民，民國二十四年三月二十三日，戴笠史料。
2 戴笠電鄭介民，民國二十四年四月四日，戴笠史料。
3 戴笠電鄭介民，民國二十四年五月六日，《戴先生遺訓》第三輯第一一〇頁。
4 王鯤徙函蔣中正，民國二十四年一月三十日，國民政府檔案。
5 「有吉昨回國」，《大公報》天津版，民國二十四年四月二十一日。

所成功，則軍閥將仍用武力政策以對我，屆時華北或不免多事。」[1]

陳、王手摺所言確有先見之明。當時，日本關東軍司令官南次郎和中國駐屯軍司令官梅津美治郎正在密議，為使華北五省「脫離南京政府，將該五省作為和在日本領導下的滿洲國保持密切關係的一個自治區域」，首先「以製造事端作為提出要求的藉口」，將中國國民黨勢力逐出平津及河北，最後達到「黃河以北事實上之獨立目的」。在此背景下，日寇於五月至六月先後製造了「河北事件」與「張北事件」。[2]

所謂「河北事件」，起因於「胡恩溥、白逾桓暗殺案」。胡、白皆為親日份子，分別為天津日本租界《國權報》社長及《振報》社長，二人常受日寇指使，在報紙上發表漢奸言論。五月二日及三日，二人先後在日本租界遭人暗殺，兇手不明，日寇即以此為藉口向國民政府尋釁。五月二十九日，中國駐屯軍參謀長酒井隆偕駐華使館武官高橋坦來到北平居仁堂，向北平軍分會代委員長何應欽提出撤調河北省政府主席于學忠、罷免憲三團團長蔣孝先等一系列無理要求。六月九日，酒井、高橋再向何應欽提出取消河北省一切國民黨黨部、中央軍撤離河北省境、禁止全國排日行為等更為苛刻的條件。

面對日方尋釁，何應欽多次致電軍事委員會委員長蔣中正、行政院長汪精衛商討對策，最終決定基於「先安內後攘外」之國策，忍痛接受日方條件。六月十日，何應欽會見高橋坦，以口頭答覆方式接受了日方的全部要求。但日方仍不滿足，催促中方以文書方式答覆。六月十一日，梅津美治郎復派高橋坦送給何應欽「覺書」一件，請照繕一份，蓋章送交日方。七月六日，何應欽經汪精衛同意復函梅津：「六月九日酒井參謀長所提各事項均承諾之，並自主的期其遂行。」至此，中日雙方以梅津備忘錄及何應欽復函的特殊形式達成了協議，此即所謂「何梅協定」。

「河北事件」尚未落幕之際，日寇又製造了「張北事件」。六月五日，日本關東軍四名特務潛入察哈爾省偷繪地圖，為國軍扣留，不久釋放。日寇卻以此為藉口，逼使察哈爾省政府主席宋哲元去職，國軍第二十九軍亦撤出昌平、延慶、大村堡長城一線以東及獨石口至張家口一線以北地區。至此，中國在冀、察兩省的主權大部喪失。冀、察已成為姦宄橫行，混亂而又恐怖的地帶。

1 戴笠呈蔣中正，民國二十四年四月二十一日，戴笠史料。
2 中國社會科學院近代史研究所民國史研究室編：《中華民國史》第八卷第三六六至三六七頁。

「河北事件」交涉期間，日方堅稱胡恩溥、白逾桓係遭中國政府派人暗殺，何應欽似亦懷疑此事與特務處有關，因而對平區區長王平一頗表不滿。時鄭介民已離平返京，戴笠則在上海辦理「怪西人案」，他於五月三十一日致電鄭介民謂：「聞自兄離平後，平一晉見敬公大碰釘子，想必敬公因津案難於應付所致也。」[1]

六月十三日，何應欽因不堪日寇逼辱，離平南下，不肯回任。特務處平區辦事處則移往天津，失卻指揮效力，且軍分會津貼取消，經費亦感困難。戴笠乃將平區暫行撤消，調廖興序為平津督察，負指導監督之責。此時北平局勢緊張，特務處在北平之電台已經暫停工作，以免為日寇發覺。戴笠對此並不同意，他於六月十七日致電平站書記曾澈，告以平台必須於最近期間設法重行建立，並勉勵他：「我特工人員固無時無地不在艱難困苦中與敵人作殊死戰也，熱忱如兄，機警如兄，諒不以為危險也。」[2]

六月二十日，戴笠另電第四科長魏大銘，請其面詢書記長李果諶，平台暫停工作後機器與人員現在何處。並囑：平台機器與人員如尚在平，可設法囑其妥為暗藏，暫勿南下，以便再行設法建立，「弟意如能於北平方面找得一入英、美、法各國國籍之華人為掩護，諒必無妨也，此事請即就近與介民兄一商。」[3]後戴笠與魏大銘商定，於六月二十八日晚密派杭州電訊班學生何簡等人搭車北上，擔任北平電訊工作。[4]是後，特務處在北平成功保留了兩座電台，北平一台以程浚為主任報務員，王軼先為報務員，北平二台以何簡為報務員，情報之傳遞得以維持不墜。[5]

不久，戴笠鑒於日寇對中央過去在平津之人員甚為注意，決定調廖興序南下，他於六月二十七日電告曾澈：「弟決定調廖興序兄即行回京處擔任工作，務希即促其南下，以免日人有所藉口，因興序兄過去在平津之活動，外間多有知者，至兄與范行兄等則無甚妨礙也。」戴笠並勉勵曾澈等人稱：「在此種情勢之下，只要處處留心，嚴密行動可耳。國事至此，吾輩負救國之責者，惟有堅忍毅力，不畏難，不怕險，再接再厲，庶可挽回劫

1 戴笠電鄭介民，民國二十四年五月三十一日，戴笠史料。
2 戴笠電曾澈，民國二十四年六月十七日，戴笠史料。
3 戴笠電魏大銘，民國二十四年六月十七日，戴笠史料。
4 戴笠電魏大銘，民國二十四年六月二十八日，戴笠史料。
5 特務處編製：《二十四年年終總考績擬請增薪人員名冊》，程浚、王軼先、何簡各條。

運，穩定基礎也。請以此意轉達范行兄並諸同仁為幸。」[1]

王鯤徙方面，此時擬運用外交界人士馬靜遠擔任對日通訊工作，他向戴笠請示，擬自七月份起，月給馬靜遠費用三百元。六月二十六日，戴笠復電王鯤徙，請其對馬靜遠先行試用兩月，其情報與經費均由王鯤徙轉給。[2]

在華北情勢空前緊張之際，特務處還曾偵悉日寇製造事端的陰謀。戴笠於六月中旬接到上海方面報告：自日本駐華公使有吉明於五月間升格為大使後，中日兩國關係出現改善的契機，日本軍部之對華政策頗受打擊，在華武官均感生活困難，於是好戰份子企圖暗殺有吉，以引起中日重大糾紛；有日本浪人山本榮治者，現任日本駐滬武官處顧問，嗾使王亞樵之黨羽「馮某」相機謀刺有吉，俾軍部資為口實，「馮某」現已接受山本之委託籌組暗殺團，所有用費悉由山本負擔。戴笠除飭繼續偵查外，並向蔣中正報告上述各情，蔣中正接閱後，指示戴笠密告上海市長吳鐵城轉告有吉防範。[3]

七月十七日，戴笠續報蔣中正稱：「山本與馮商定，決報酬華幣十萬元，並於事先交馮五萬元，所需用之炸彈、手槍概由山本供給，其進行方法擬由山本簡請有吉宴會，馮等乘機於有吉赴宴中途或宴罷辭出時刺殺之，等語。除已密電吳市長注意，並飭原報告人妥為監察馮某行動。」[4]在戴笠嚴密關切下，「馮某」卒於八月間被吳鐵城派員捕獲，始悉其真實姓名為洪東夷，山本榮治謀刺有吉明之陰謀因而破產。[5]

除日方情報外，戴笠對國內政情之發展也很留意。當時，行政院長汪精衛因「河北事件」、「張北事件」交涉問題，備受中央要員和社會輿論的指責，他於六月三十日稱病赴滬，復於七月十五日前往青島療養。[6]戴笠為探查汪精衛的動向，特派兩位金蘭之交許兆賢、陳華同赴青島。[7]

許兆賢，原名許盈盈，女，廣東人，出身會黨家庭，性情俠義。她長於上海，會說廣東話、上海話和普通話，曾任上海民新電影公司演員，於民國十五年主演電影《和平之神》。婚姻方面，她先嫁給香港一位唐先

1 戴笠電曾澈，民國二十四年六月二十七日，《戴先生遺訓》第三輯第一一六頁。
2 戴笠電王鯤徙，民國二十四年六月二十六日，戴笠史料。
3 戴笠電蔣中正，民國二十四年六月十九日，蔣中正總統檔案。
4 戴笠電蔣中正，民國二十四年七月十七日，蔣中正總統檔案。
5 洪東夷自述，民國二十四年八月二十九日，蔣中正總統檔案。
6 「汪院長轉地療養」，《大公報》天津版，民國二十四年七月十六日。
7 陳華口述、章君穀著：《陳華女士回憶錄》第一〇三頁。

生，離婚以後，再嫁給民新電影公司的主持人李應生，後與李應生意見不合，再次離婚。陳華，上海人，青樓出身，是戴笠的結義兄弟、上海保安處長楊虎的夫人。二十四年春，戴笠在上海台拉斯脫路雙梅邨陳華寓所，與許兆賢、陳華義結金蘭，許兆賢最長，戴笠次之，陳華最少，是為戴笠一生僅有的兩位女性金蘭之交。[1]

八月八日，汪精衛致電國民政府主席林森，請辭行政院長及外交部長兼職。[2]此時蔣中正在川主持峨嵋軍官訓練團，聞訊後，為免中樞渙散，決定於八月十四日前往牯嶺海會寺與汪兆銘約晤，以便挽留。八月十一日，侍從室侍衛長何雲請偵查組長黎鐵漢、警衛組長羅毅電告戴笠：「委座準寒日自蓉飛潯轉往牯嶺，此行異常祕密」，並囑「祕密派遣幹員於寒日以前到達潯、牯，分別擔任祕密警戒。」戴笠接電後，即電武昌行營第三科長張毅夫，命其轉令駐漢特務第一分隊長許忠五，速率該隊全體隊員於明日搭輪赴九江。並切囑：「須嚴守祕密，萬不可稍有暴露，即武漢其他同志亦不必告知，並請代發該隊特別費兩百元，以作川旅之需」，「請轉告忠五，一切務守祕密，如有洩漏風聲，定必嚴懲。」[3]戴笠為策萬全，並於八月十三日親自飛抵九江，寓大華飯店，主持九江、牯嶺兩地之祕密警衛事宜。

八月十四日，蔣中正由成都飛抵九江，下午六時半安抵廬山。[4]然而汪精衛來電告以不能赴約，蔣中正頗為失望。[5]八月十五日，蔣中正復電汪精衛，再約其在京晤面，曰：「辭職問題，必待面商辦法後方能決定，否則實無解決之法，弟亦只有徑回四川。務望兄即日到京，弟亦同時赴京，面商一切，無論何事，必須要講辦法，亦絕無不可解決之事。」[6]

八月十六日，戴笠致電南京鄭介民，詳細指示警衛事宜：「校座有明日午前飛京訊，請密令趙世瑞同志嚴密警戒，不可使其他方面得知。杭甲訓班已分發未離京之學員及短訓班之學員全部，可組織一臨時警偵指揮部，由力公同志擔任指導員，合警廳特務組全部，以趙世瑞同志為指揮官。在工作期間，杭班及京班之學員每人每日准

1 李士璉編校：《張炎元先生集續編》第一六八頁；陳華口述、章君穀著：《陳華女士回憶錄》第九十六至九十七頁。
2 「汪院長辭本兼各職」，《大公報》天津版，民國二十四年八月十日。
3 戴笠電張毅夫，民國二十四年八月十一日，戴笠史料。
4 蔣中正日記，民國二十四年八月十五日。
5 戴笠電黎鐵漢、羅毅，民國二十四年八月十五日，戴笠史料。
6 蔣中正電汪兆銘，民國二十四年八月十五日，蔣中正總統檔案。

發活動費一元，因各學員平日之津貼太少也。大別克蓬車須準備為校座侍衛之用，請囑庶務股照辦，該車可調華永時駕駛，兄車則調倪一之駕駛可也。」[1]

八月十七日，蔣中正行期有變，並未飛往南京。八月十八日晨，戴笠電告鄭介民：「校座決明日上午十時左右飛京，當在明故宮機場降落，城外機場可不必警戒也。自牯至京之電報恐非兩小時內所能達到，而波音機自潯飛京至多不過兩小時也，故警戒人員必須於明日上午十時以前出動，佈置完畢也。如專機有座位，弟當可附行，否則決乘鄱航回京。校座到時，請兄前往機場迎候。如校座行期有更動時，當隨時奉告也。」[2]當晚，戴笠得知蔣中正行期又有變化，乃再電告鄭介民：「校座準明日下午二時離廬，約四時可由潯起飛，六時前準可到明故宮機場，因波音機飛行迅速也。」[3]

八月十九日下午五時，蔣中正偕夫人宋美齡如期飛抵南京明故宮飛機場，中央大員數十人到場歡迎，特務處亦按照戴笠的指示，在機場佈置嚴密警戒。只見蔣中正身著灰綢長衫，黑色皮鞋，神采奕奕，下機與歡迎人員點首為禮後，即偕夫人返軍校官邸休息。[4]此時汪精衛留居杭州，定當晚入京，蔣中正遂於八月二十日晨親往車站迎候，然而仍不見汪來。戴笠鑒於蔣中正或須飛往杭州與汪會晤，乃電告杭州胡國振，在筧橋至澄廬一帶嚴密準備便衣警戒，萬不可暴露痕跡。[5]當晚，戴笠再次致電胡國振：「汪如今晚車再不入京，則校座明日必赴杭也，如何當續告。」[6]次日，汪精衛終於遵從蔣中正的意旨，由滬入京，並於次日答允復職，一場政治風波得以平息，特務處的警戒任務也告一段落。八月二十三日，蔣中正由南京飛返成都，繼續主持追剿軍事。

九月底，戴笠因鼻病加劇，害及腸胃，經在上海割治後，來杭州療養。此後直至十月底，一直留居杭州。[7]時力行社書記長酆悌有意調特務處情報科長唐縱擔任力行社副書記，乃親自致函戴笠辦理借調手續，並派大學區書記左曙萍前往杭州面交。戴笠與左曙萍見面後，邀他在樓外樓吃晚飯，對他說：「酆先生給我的信應該是

---

1 戴笠電鄭介民，民國二十四年八月十六日，戴笠史料。
2 戴笠電鄭介民，民國二十四年八月十八日，戴笠史料。
3 戴笠電鄭介民，民國二十四年八月十八日，戴笠史料。
4 「蔣離蓉已一週」，《大公報》天津版，民國二十四年八月二十日。
5 戴笠電胡國振，民國二十四年八月二十日，戴笠史料。
6 戴笠電胡國振，民國二十四年八月二十日，戴笠史料。
7 戴笠電張毅夫轉袁守謙，民國二十四年十月二日，戴笠史料。

命令，我當然祇有服從，不應另有意見，祇是因為乃建兄在特務處掌理一切事物，情形比我更為熟悉，更為重要。我想請示酆先生，可否要乃建兄在擔任總社副書記同時，仍兼特務處的工作，每天上下午分到兩處辦公，時間由乃建兄商承酆先生決定，我沒有意見。」左曙萍返京復命後，酆悌對戴笠的建議表示同意，然而不久發生刺汪事件，唐縱調職之事遂告擱置。[1]

1 左曙萍：《唐縱先生與我》，《唐乃建先生紀念集》第二五九頁。

八、刺汪風波

全國代表大會為中國國民黨之最高權力機關。依據三全大會修正通過之「中國國民黨總章」，全國代表大會每二年舉行一次，遇有不得已之情形無法召開時得通告延期，但不得超過一年。四全大會係於民國二十年十一月舉行，依總章規定應於二十二年十一月召開五全大會，然而時值「閩變」發生，因而決定延期一年；至二十三年十一月復以剿共軍事之影響，決定再行延期一年，最終定於二十四年十一月召開。

十一月一日，中國國民黨在南京召開四屆六中全會，檢討四全大會以來黨務、政治等各項工作執行情形，準備向五全大會提出報告，同日卻發生了行政院長汪精衛遇刺的不幸事件。

是日晨七時，國民黨各中委陸續赴中山陵集合。八時，到林森、蔣中正、汪精衛、孫科、于右任、蔡元培、戴傳賢、閻錫山、張學良等八十餘人，即由林森主席，舉行謁陵典禮。行禮如儀後，獻花圈，全體人員入靈寢瞻謁總理孫中山先生遺容，旋攝影禮成，各中委紛赴中央黨部。九時，在中央大禮堂舉行六中全會開幕典禮，到中委百餘人，各機關代表及黨部職員共千餘人，蔣中正、閻錫山、汪精衛三人坐最前排，位於林森之左右。行禮如儀後，由汪精衛致開會詞，對精神團結、共赴國難之旨再三致意，語極懇切。

九時半，開幕典禮結束，各委員離開議場，來到第一會議廳門首攝影。攝影時，各中委分五排站立，汪精衛與張靜江、閻錫山、張學良、張繼諸委員均列於第一排。九時三十五分，攝影完畢，各委員相繼返身，擬走入會場。不料此時，突有一名兇手竄入，由大衣口袋內拔出手槍，向汪精衛連連射擊，汪精衛身中三槍，當即倒地。兇手開槍時，立於汪精衛身旁之張繼立即馳至兇手身後，將其攔腰緊抱。兇手仍亂放數槍，此時張學良奔至，舉足將兇手踢到，汪精衛之衛士亦出槍射擊，兇手始受傷被擒。[1]

各中委攝影時，蔣中正見情形紛亂，心緒不佳，乃回至會場，不願參加攝影，並向中委朱培德等人告誡：

1 「汪院長遇刺詳情」，《大公報》天津版，民國二十四年十一月二日。

「本黨同志之不知禮樂，不守秩序」，將「啟敵國之輕侮攻伐，增友邦之卑視」，乃未及片刻，忽聞槍聲連作，有人來報「汪先生被刺！」蔣中正即奔出，只見汪精衛已倒在地上，血流滿面，於是立即趨前，與汪夫人陳璧君同坐地上將汪精衛扶起，並由各委員協助將其抬至會議室內。中央醫院院長劉瑞恒及外科主任沈克非聞警，立即率救護車馳至中央黨部，將汪精衛傷處稍加包紮，使其仰臥救護床上，由蔣中正、孔祥熙、褚民誼、陳璧君等人抬上救護車，送至中央醫院。據醫生檢查，汪精衛共中三槍，一中左頰，一中左臂，一中背肋骨上，因子彈藥力不足，且均未中要害，故傷勢並不嚴重。汪精衛精神尚佳，說話清晰，惟覺背脊作痛，左眼皮下浮腫，據醫生稱，各傷當無大礙。[1]

刺汪事件發生後，在中央黨部擔任警衛之警察立時全體出動，首都警察廳長陳焯、憲兵司令谷正倫均親臨指揮，搜查至下午一時許始告完畢。經查，兇手持晨光通訊社記者證，名孫鳳鳴，曾於十月三十一日向中央黨部新聞記者招待處領得六十三號出入證。因其身受槍傷，亦被送往中央醫院醫治，俾得審訊口供。首都警察廳員警並馳至晨光社搜捕餘黨，發現該社所有人員已於事前潛逃無蹤，所有文件亦均焚毀，僅在土竈中檢出焚餘灰燼及殘餘紙片。而於灶前檢得留函一件，函面寫「留交來人們」五字，箋上寫「本社之事，與郭智謀、吳璜、周希齡三君毫無關係，特此聲明」等語。就這些事先從容佈置的情節來看，足證該社為有目的之組織，社內諸人胥為刺汪之同謀無疑。員警經在社內嚴密搜查，並傳詢鄰右，殊乏線索可尋，即將房屋、器具一併暫予發封。[2]

孫鳳鳴刺汪案是一宗非同尋常的重大政治暗殺事件，尤其國民黨內在過去數年有過裂痕，一旦發生此等流血事件，便會引起政治上的軒然大波。汪夫人陳璧君和汪精衛的親信陳公博等人由於感情激動，聲言此事與蔣中正及中央組織委員會有關，甚至反詰：「如果不是出自蔣先生的陰謀，為什麼他遲遲不出來參加攝影？」諸如此類的猜疑指摘，一時甚囂塵上。[3]蔣中正聽說後，殊為悲痛，其日記記曰：「黨內之無精誠，而猜疑如此之深，天地間誠無人生意義矣！」[4]面對謠諑四起，中央組織委員會主任委員陳立夫異常鎮靜，他以軍事委員會調查統計

1 蔣中正日記，民國二十四年十一月一日；「汪院長遇刺詳情」，《大公報》天津版，民國二十四年十一月二日。
2 陳焯呈蔣中正，民國二十四年十一月二十四日，國民政府檔案；「汪院長突遇刺受傷經過良好生命無虞」，《大公報》天津版，民國二十四年十一月二日。
3 陳立夫：《成敗之鑑》第一九〇至一九一頁；王思誠：《瞻園憶舊》第八十二至八十三頁。
4 蔣中正日記，民國二十四年十一月二日。

局局長身分，召集副局長兼南京警察廳長陳焯、第一處長兼國民黨中央調查科長徐恩曾、第二處長兼特務處長戴笠等各部門負責人研討案情，並動員各部門指派專人分別偵緝兇犯。[1]

事發當日中午十二時三十分，陳焯派員前往中央醫院四〇九號病房，對孫鳳鳴進行第一次審問。據孫鳳鳴供稱：他是徐州人，三十二歲，曾任十九路軍排長，去年來到南京，任晨光社記者，係奉社長胡雲卿之命刺殺汪精衛，手槍由胡雲卿處取得，行刺原因是「窮苦的老百姓沒有飯吃」，此時行刺是因為「六中全會開完就要簽字，再不打他，要亡國，做亡國奴了。」對於胡雲卿的情況，孫鳳鳴只說他是上海人，四十歲，且於昨晚已經離開南京，至於他的住址、家眷則均稱不知，並稱傷痛，拒絕再回答問題。[2]

是晚九時許，陳焯接中央醫院通知，孫鳳鳴傷勢危急，乃會同行政院所派各部會長官張道藩、陶履謙、彭學沛、谷正剛等人前往醫院，於十時半對孫鳳鳴進行第二次審問，審問記錄略為：

問：「你今天行刺汪院長是幾個人同去？」
答：「只我一個人。」
問：「你是想刺別人誤刺汪院長嗎？」
答：「我是專為刺汪院長的。」
問：「汪院長與你有私仇嗎？」
答：「無私仇。」
問：「為什麼要刺他？」
答：「我是完全站在老百姓地位。」
問：「汪院長對國家有什麼不對呢？」
答：「現在華北一帶還有嗎？還有那些條約呢？」
問：「你在社中每月拿多少薪水？」
答：「僅僅吃飯，一個銅板也沒有拿。」

1 王思誠：《瞻園憶舊》第八十七至八十八頁。
2 孫鳳鳴供詞，民國二十四年十一月一日，蔣中正總統檔案。

問：「社長到那裏去了？」
答：「不曉得。」
問：「他什麼時候走的？」
答：「他昨天晚上就走了。」
問：「他們昨天燒了許多文件，你知道是什麼？」
答：「不知道。」
問：「你是信什麼主義呢？」
答：「我一個鳥字也不認識，沒有什麼主義。」
問：「你是共產黨嗎？」
答：「我不是站在共產黨的地位。」
問：「是某國人叫你幹的嗎？」
答：（睜眼做憤怒狀）「什麼某國人叫我幹的！哈哈哈，哈哈哈，哈哈哈」
問：「有人看見你在俄國使館裏去過。」
答：「看見鬼吧。」
問：「你社長平時傾向那一方面？」
答：「不曉得。」
問：「你社長與何人接近？」
答：「不曉得。」
問：「社長平時介紹你給他的朋友沒有？」
答：「沒有見過他的朋友。」
問：「你從前在十九路軍當過連長嗎？」
答：「當過的。」
問：「你家裏有什麼人？你要寫信給你家裏嗎？」
答：「我的父母在我九歲時就已死了，我的女人抗日時在上海死於日本人刀下了，我也沒有兄弟。」

問：「現在我們醫院院長替你醫治，大家對你這樣好，你應該把真話同我們講講。」
答：「我痛的狠，不能講。」
問：「你當新聞記者，從前在那裏讀書？」
答：「我是個老粗，一個鳥字也不認得。」
問：「不識字，為何當新聞記者？」
不答。
問：「中央黨部你去過幾次？」
答：「去過五六次。」
問：「你在南京有什麼朋友？」
答：「一個鬼都不認識。」
問：「你們社裏的朋友呢？社長是你的好朋友嗎？」
答：「好朋友都走了。」
問：「你們社裏的情形你總知道一些？」
答：「我現在糊糊塗塗，不能講，你們把社長抓到就清楚了。」
問：「新聞記者出入證是你自己向中央黨部領的嗎？」
答：「是社長去要來的。」
問：「你做的事是政治犯，不會有死罪的，你曉得汪院長從前也刺過攝政王嗎？」
不答，點頭。
問：「他被抓到，便直說他的道理，留下一個光榮的紀念，你也可以那樣做呀。」
不答。
問：「你對於中國現在的人物佩服那一個可以做我們的領袖嗎？」
不答。
問：「國民黨中難道沒有一個好人嗎？」
答：「那裏會沒有呢？」

答：「一個人的力量怎樣去抗日呢？要老百姓個個出力才能抗日。」

問：「你有這種膽量，好好留著你的身體為國家努力不好嗎？」

答：「好得很，就是不抗日。」

問：「蔣委員長好不好？」

……[1]

孫鳳鳴因傷勢嚴重，延至次日上午三時許身死，其屍體因無人認領，即由警廳予以掩埋。孫鳳鳴生前雖對諸多重要問題堅不吐實，但由第二次審問記錄可知，他是一個目不識丁的熱血青年，對政治的見解甚為淺薄，其刺殺汪精衛雖是出於愛國熱忱，然而受人利用的意味亦極明顯。[2]

除孫鳳鳴的零星供詞外，此時偵緝人員尚能掌握兩條線索：

一是首都警察廳和中央宣傳委員會的登記原卷。據警廳戶籍股報告：晨光社於十月二十二日成立於南京望鶴樓二號，社址一再遷徙，現址位於陸家巷二十三號，有社長胡雲卿、編輯賀坡光、劉書遲、外勤記者劉書容、郭惠忠、錄事陳鵬飛及女傭伍駱氏、許童氏、附居之郭張氏等九人。警廳復向中央宣傳委員會調閱晨光社呈請登記之原卷，則列有社長胡雲卿、總編輯賀坡光、編輯王益俊、外勤主任劉書容、外勤劉書遲、孫鳳鳴、總務卜子衡等七人。[3]

二是晨光社的留函。該函提到的郭智謀、吳璜、周希齡三人，經查：郭智謀係實業部科員，負責招待新聞記者，吳璜、周希齡則為中央黨部幹事。[4]郭智謀為晨光社呈請登記時之擔保人，並以同鄉關係，商請吳璜、周希齡為晨光社編輯賀坡光核發出入證，再由賀坡光轉給孫鳳鳴，因此三人均有相當嫌疑，乃由警廳逮捕審訊。[5]

---

1 孫鳳鳴供詞，民國二十四年十一月一日，蔣中正總統檔案。
2 陳焯呈蔣中正，民國二十四年十一月二十四日，國民政府檔案。
3 陳焯呈蔣中正，民國二十四年十一月二十四日，國民政府檔案；「汪傷勢昨益良好兇犯於昨晨死去」，《大公報》天津版，民國二十四年十一月三日。
4 郭智謀供詞，民國二十四年十一月一日，蔣中正總統檔案；俞鐘駱：《汪精衛被刺案的審理經過》，《合肥文史資料》第三輯第七十六頁。
5 陳焯呈蔣中正，民國二十四年十一月二十四日，國民政府檔案；「汪院長突遇刺受傷經過良好生命無虞」，《大公報》天津版，民國二十四年十一月二日。

十一月二日，偵緝人員在清涼山警士教練所對郭智謀、吳璜、周希齡等人進行審問。據郭智謀供稱：他因在實業部負責招待記者，曾結識中央社記者章玉華，復於本年二三月間經章玉華介紹認識賀坡光；章玉華也在晨光社做事，但章玉華現在何處以及賀坡光的相關情況，郭智謀均稱不知。[1]

戴笠對郭智謀的供詞並不相信，他於十一月四日午夜一時半手令處本部情報科長唐縱稱：「郭智謀與賀坡光往還頗密，賀之陰謀，郭雖未必參與，但賀之日常生活與行動及與往來者，郭必得知也。無如迭次審問，郭終不肯詳細說出，致此案偵查頗覺為難。故請兄明日上午九時前約同世瑞兄，以同鄉關係前往探詢，動以利害，務令郭將賀之日常生活及與往來者盡情說出，以作參考而便偵查。」[2]案唐縱與郭智謀均是湖南酃縣人，故戴笠欲圖利用同鄉關係進行勸說。

就在戴笠設法取得郭智謀口供以便捉拿賀坡光時，賀坡光已由經辦此案的其他單位搶先捕獲。當時首都警察廳督察處長金斌、中央組織委員會調查科總幹事顧健中、上海市公安局偵緝總隊長季源溥、特務股主任劉仁貴等人協同緝捕，派員分佈上海、鎮江等處偵查線索。經四日之偵緝，查悉賀坡光原名賀少茹，曾在上海浦東工會工作，且一度充任小學教員，乃依此線索，覓獲其家屬及朋友多人。首先於十一月四日上午三時，在上海浦東賴義渡逮捕賀坡光的堂兄賀國鈞、堂姊葉賀文瑜及其朋友金守訓、張必富。復於五日下午四時三十分，在上海十六舖逮捕其姐夫江新吾，下午十一時在上海哈同路慈厚南里八十五號逮捕其朋友李懷誠。[3]

江新吾被捕後，供稱賀坡光業已逃回丹陽原籍。於是偵緝人員押解江新吾直趨賀坡光老家，抵達時卻發現賀坡光已經離去，只有老母及弟、妹在家。賀家人表示：「賀坡光闖下如此滔天大禍，實是一個不孝之子，我們願意將他交出來，聽憑政府法辦。」並說出其藏身之所。[4]十一月六日下午一時，偵緝人員終於在距丹陽城約六十里之楊莊將賀坡光捕獲。復於同日下午三時在上海小北門放浜橋附近電車站捕獲賀坡光的朋友項仲霖。十一月八日在鎮江拘獲賀坡光之同謀盧慶麒。上述各犯，均被先後押往南京到案。[5]

1 郭智謀供詞，民國二十四年十一月二日，蔣中正總統檔案。
2 戴笠手令唐縱，民國二十四年十一月四日，戴笠史料。
3 蔡勁軍呈蔣中正，民國二十四年十一月七日，蔣中正總統檔案；陳焯呈蔣中正，民國二十四年十一月九日，蔣中正總統檔案。
4 王思誠：《瞻園憶舊》第九十六至九十七頁。
5 蔡勁軍呈蔣中正，民國二十四年十一月七日，蔣中正總統檔案；陳焯呈蔣中正，民國二十四年十一月九日，蔣中正總統檔案。

賀坡光被捕當日，即由金斌、顧健中在上海市公安局偵緝總隊內對其進行審問。賀坡光供稱：他是江蘇丹陽人，二十七歲，十五歲即加入國民黨，過去是擁護汪精衛的「改組派」份子，但現在已不再同意汪精衛的外交主張，且他已不再相信民主政治，而改信「馬克斯主義」；他於事發當日上午九時逃往鎮江，次日曾到姐夫江新吾家中躲避；對於晨光社的刺汪計劃，他說：「擊汪先生全是張玉華、郭智謀等主張」，「不是我主動的，過去的計劃我是不知道的，我是在本年四五月間始發覺的，一切的計劃須問張玉華，我是做記者求生活而來的。」並稱此一計劃「沒有人主使，也無整個團體」云云。[1]顯然，賀坡光雖然直認同謀行刺不諱，卻在極力掩飾晨光社的政治背景。

賀坡光受審時，曾提及有陳子良者與他有「改組派關係」，於是戴笠設法找到陳子良，以探究竟。據陳子良說，本年四月間，賀坡光曾密告他：「在京謀刺蔣委員長已有把握，但久候不來京。」且說賀坡光、項仲霖均與金雅丞交情甚好。案金雅丞係王亞樵之友，去年曾由香港來京數次晤見戴笠，為王亞樵輸誠，後因王亞樵無誠意而未果。由陳子良供詞可證，晨光社行刺之主要目的初不在汪精衛，而在蔣中正，其背景則為王亞樵。先是刺汪案發生後，戴笠曾向蔣中正報告，謂此事「諒係王亞樵之所為」，現在他的推測得到了證明。[2]

戴笠於十一月八日審問項仲霖時，驚悉賀坡光同黨中有一身分十分特殊的人，此人乃是力行社本部助理書記陳光國。據項仲霖稱，賀坡光與日本籍高麗人田和民有往來，田和民則住在建鄴路陳光國家。戴笠意識到問題嚴重，當即報告力行社書記長酆悌。酆悌本來對陳光國甚為信任，曾一度使其代理主持社務，但他對陳的政治背景並無把握，此時惟恐其果有關係，一旦潛逃無蹤，自己責任更大，便將陳交給戴笠扣留。[3]

陳光國被捕後，戴笠查悉田和民現寄居於集慶路一三六號，居停主人為一女性，名程德懿，即派警廳特務組主任兼特務處南京區長趙世瑞押解陳光國前往緝拿。趙世瑞鑒於田和民已入日本籍，為免日本方面察覺，引起外交問題，特穿便衣前往。到該處後，陳光國有意放走田和民，乃佯作不認識程德懿的樣子，問她是否認識田姓，程德懿也佯作不認識陳光國的態度答話。其後程德懿被傳喚，經戴笠訊問，始知田和民寄居程德懿家中時化

1 陳焯呈蔣中正，民國二十四年十一月九日，蔣中正總統檔案。
2 戴笠呈蔣中正，民國二十四年十一月八日，蔣中正總統檔案。
3 戴笠呈蔣中正，民國二十四年十一月八日，蔣中正總統檔案；公安部檔案館編註：《侍從室高級幕僚唐縱日記》，民國二十四年十一月八日。

名蘇姓，程德懿確實不知「田和民」為何人，她見陳光國故作不認識之態度，因一時不明真相，故亦作不認識陳光國之態度答話，實則她與晨光社並無關係。[1]

十一月十一日，賀坡光經過數日之審訊，又吐露了一些重要線索：晨光社長胡雲卿又名華均實、華克之，與中央軍校辦公廳司書張必荃係連襟。據此，特務處當即將張必荃拘捕，詳行研審。據張必荃供稱：一，華克之之妻尹鵬傑在京時與陳光國等人居住；二，華克之於十月二十八日夜車赴滬，轉往香港。十一月十二日午前，賀坡光繼續供稱：孫鳳鳴打汪精衛之手槍，事前係由華克之寄存張必荃家中。戴笠據此當即提出張必荃審問，據張必荃供稱：本年五月間，華克之有左輪手槍一支、子彈六顆寄存其家，於九月間由華克之派晨光社工役谷梓峯取去。又據賀坡光續供：晨光社原為行刺蔣中正而組織者，經費由華克之向香港陳銘樞方面領取，因蔣中正久不回京，且警衛嚴密，致遲遲未實現，為此陳銘樞不發經費，故臨時計及汪精衛。[2]

陳光國被捕後，起初態度倔強，曾在看守所內飲阿墨林自殺未遂，口吐鮮血。[3]後經戴笠數日審訊，且賀坡光、張必荃皆已吐露諸多線索，乃不再堅持，據供：一，華克之近年常跑香港，與陳銘樞、李濟深有密切關係；二，華克之之妻尹鵬傑有共產黨嫌疑；三，華克之夫婦均認識酆悌。

陳光國係力行社社員，戴笠原擬由特務處對其進行祕密審究，以免暴露團體祕密，但刺汪案發生後，所有人犯均由各方臨時組織之特種委員會審問，如由特務處單獨審究有所不便，戴笠為此於十一月十二日向蔣中正建議處理陳光國之辦法稱：「經日來偵審之結果，陳光國不僅與田和民有關，且與華克之、項仲霖等均有直接關係也，陳之加入我團體，必有其政治陰謀，惜乎酆悌同志不詳加考察，致令陳本年三月加入團體，五月即為力行社之助理書記，參與團體最內層之祕密。生恐日內由特種委員會正式審問時，陳有暴露團體祕密之供詞，今晚擬即向其祕密警告：『你只能說在酆悌主辦之交通研究所任教官，不能涉及團體半句，你如供出你參加團體情事，即將你全家殺死』等語。」此外，戴笠請蔣中正批准，「由陳光國加入團體之份子，擬即祕密監視或禁閉」，並請「密囑立夫先生轉囑黨部方面諸同志，對陳光國事勿過事宣揚。」[4]

1 戴笠呈蔣中正，民國二十四年十一月八日，蔣中正總統檔案；戴笠呈蔣中正，民國二十四年十一月十二日，蔣中正總統檔案。
2 戴笠呈蔣中正，民國二十四年十一月十二日，蔣中正總統檔案。
3 公安部檔案館編註：《侍從室高級幕僚唐縱日記》，民國二十四年十一月九日。
4 戴笠呈蔣中正，民國二十四年十一月十二日，蔣中正總統檔案。

蔣中正接到戴笠報告後，極為震驚意外，他為解決陳光國之問題，即於當晚召集力行社幹事、檢察會報。眾人到齊坐定後，蔣中正舉目遍視，獨缺酆悌，即命戴笠去召。酆悌片刻到了，甫坐下，蔣中正即責問：「為何重用陳某？」不料酆悌並不認錯，反而一再起立辯解，蔣中正不勝憤怒，痛斥道：「像這樣重要的人員，你不請示，也未提會通過，真是愚而好自用！」頓使會場氣氛十分緊張。酆悌說：「請領袖處罰。」蔣中正說：「處罰就能了事嗎？」於是戴笠起立報告審訊陳光國情形，蔣中正指示「嚴訊」。會議結束後，酆悌被免職，由劉健群接任書記長，陳光國則因圖謀不軌，被處死刑。[1]

陳光國被處死前，由唐縱負責審問。唐縱一度認為：陳光國雖與晨光社有關，但他在案發後並未逃跑，可見他沒有參與刺汪陰謀。戴笠對唐縱的判斷不以為然，批評唐縱「到底還是老實」，並反問：「陳光國挾有團體的掩護，還怕人檢舉嗎？」唐縱不得不感歎：「雨農的見解，真不可及。」[2]後唐縱對戴笠與酆悌進行比較，其日記曰：「雨農成功有兩點要訣：一是不放過一點機會，凡有機會，便不分晝夜，不顧一切，切實抓住去做；二是凡事有利，絕對不顧人情，絕對不為人情影響事功。力餘（酆悌）為人尚厚道，城府不深，惟政治鬥爭經驗欠強。」[3]

戴笠審問陳光國期間，警廳方面也續有捕獲。先是警廳以晨光社文件均已焚毀，無從著手，曾向郵局方面調查該社往來信件，查悉十月五日有具名郭文成者，自上海茂海路鳳德里七號寄快信一件交社長胡雲卿。經密飭在滬偵緝人員偵查，發現鳳德里係鳳生里之誤，寄信地址鳳生里七號實為孫鳳鳴在滬之住址，孫鳳鳴於十月下旬來京後，已遣其至友郭惠忠將其家具、行李遷往塘山路進行保管。十一月十一日下午二時，偵緝人員將郭惠忠按址捕獲，並在其家守候。十一月十二日，賀坡光之愛人王文圭因不知賀坡光、郭惠忠均已被捕，乃至郭惠忠處探問賀坡光消息，也被偵緝人員捕獲。當晚九時，偵緝人員復根據王文圭之供述，捕獲晨光社另一要犯劉書暹。查劉書暹於刺汪案發生前一日，協同主謀要犯張玉華避往滬埠，當晚手持賀坡光之函件約同王文圭避居於晨光社工役谷梓峯家中，越日再遷匿於新閘路，至此被偵緝人員一併逮捕。[4]

1 蔣中正日記，民國二十四年十一月十二日；干國勳：《關於所謂復興社的真情實況（中）》，《傳記文學》第三十五卷第四期第七十一頁；宣介溪：《關於力社幹部群及我所知道的酆悌免職》，《傳記文學》第三十五卷第五期第二十六頁。

2 公安部檔案館編註：《侍從室高級幕僚唐縱日記》，民國二十四年十一月十三日。

3 公安部檔案館編註：《侍從室高級幕僚唐縱日記》，民國二十四年十一月八日。

4 陳焯呈蔣中正，民國二十四年十一月二十四日，國民政府檔案。

在此前後，警廳還逮捕了李鐘英、黃貺書、崔正琪等人：李鐘英係李懷誠之子，李懷誠曾以其名義為要犯華克之、張玉華等收轉信件；黃貺書曾給李懷誠一函並附短柬，請其帶寄華克之之妻尹鵬傑，員警拆閱該函，發現內容費解，事涉重大嫌疑；崔正琪係孫鳳鳴之妻妹。上述各人均分別押解歸案。[1]

王文圭被捕不久，戴笠又查悉了要犯谷梓峯的匿跡之處。十一月十五日，戴笠派員往谷梓峯寓所搜查，時谷梓峯不在家，乃逮捕其妻張震奇，不久復在北火車站捕獲谷梓峯。據谷梓峯夫婦供述：是晨王亞樵親信陳惘之到其家中，付與銀錢，囑往輪船碼頭接客，所接客人為孫鳳鳴之妻王寶珍與王亞樵之黨徒王仁山，彼等係由香港攜款接濟張玉華而來。同日下午五時，戴笠派員在新亞酒樓捕獲王寶珍及陳惘之，在孟淵旅館捕獲張玉華。[2]逮捕時，張玉華跳樓圖逃，特務人員不假思索，亦立刻同時跳下，張跌斷一腿，當場被擒，經送往工部局醫院醫治後，無生命危險。捕獲張玉華為本案一大關鍵，戴笠極為欣賞此次行動，若干年後談及此事，仍然眉飛色舞。[3]

以上各犯之被捕地點均在英、法兩租界，故先由捕房方面關押。其中陳惘之又名陳新白，綽號陳大頭，係王亞樵派在上海之總交通，在引渡之前，戴笠商得捕房用冷水灌鼻等刑，以逼取口供，然而其人兇悍異常，毫無效果。至十一月十六日下午陳惘之被引渡至淞滬警備司令部偵查隊嚴行審問後，始供出華克之之妻尹鵬傑之住址，戴笠當即派員往捕，然而尹鵬傑早已逃逸。[4]

十一月十七日，戴笠將王寶珍、王仁山、陳惘之、張玉華等犯自滬解京，詳細審究。[5]據張玉華供稱：此次行刺，完全出於香港陳銘樞、李濟深、王亞樵、華克之等人主使，並由華克之來京創辦晨光社，化名胡雲卿充任社長，所有經濟均由陳銘樞、李濟深供給，其主要目的在蔣中正，汪精衛次之；華克之、張玉華、賀坡光、孫鳳鳴等人曾於十月二十二日在晨光社內開小組會議，計劃於六中全會時實行暗殺，原擬使用炸彈，後因攜帶不便，而改用手槍，意圖由此引起政局糾紛，以便陳、李等人乘機奪取政權。[6]

1 陳焯呈蔣中正，民國二十四年十一月二十四日，國民政府檔案。
2 陳立夫呈蔣中正，民國二十四年十一月十六日，蔣中正總統檔案；陳焯呈蔣中正，民國二十四年十一月二十四日，國民政府檔案；俞鐘駱：《汪精衛被刺案的審理經過》，《合肥文史資料》第三輯第八十二頁。
3 毛鍾新：《戴笠將軍別傳五》，《中外雜誌》第三十一卷第四期第一一〇頁。
4 戴笠呈蔣中正，民國二十四年十一月十八日，蔣中正總統檔案。
5 陳焯呈蔣中正，民國二十四年十一月二十四日，國民政府檔案。
6 戴笠呈蔣中正，民國二十四年十一月十八日，蔣中正總統檔案；陳焯呈蔣中正，民國二十四年十一月二十四日，國民政府檔案。

至此，在刺汪案發生半個月後，晨光社之主犯除華克之夫婦逃逸、孫鳳鳴已死外，其餘張玉華、賀坡光、劉書遲、郭惠忠、王寶珍、陳惘之、谷梓峯、李懷誠、項仲霖、盧慶麒等及重要嫌疑人王文圭、黃覎書、張震奇等均已捕獲。總核案情，晨光社中除王益俊原係虛設、本無其人外，其餘：張玉華原名張維，字四明，化名張秋實，又名張九如；賀坡光原名賀少茹；劉書容、劉書遲實即劉鐘琥一人之化名；郭惠忠化名郭文成；王寶珍真名崔正瑤；陳惘之又名陳新白，綽號陳大頭；卜子衡即係谷梓峯；盧慶麒又名盧佛慧。

十一月二十四日，首都警察廳廳長陳焯以本案要犯大部就獲，真相明瞭，乃據情繕具詳細報告呈送蔣中正。報告中「組織預謀之溯究」一節指出：

> 據已獲各犯迭次供證，該華克之、張玉華等原係失意青年，意志薄弱，王亞樵乃加以利誘，旋復偕往閩、港，引見於陳銘樞，始有創辦通訊社、從事密謀之議。迨該晨光通訊社成立之後，張玉華雖未居任何名義，但於賀坡光為實際負責之人。華克之化名胡雲卿自任社長，不常到社，僅負與港方接洽活動經濟之任務，一面並由王亞樵指派其徒孫鳳鳴來京責令實行。在此年餘之期間內，張玉華等復又結合項仲霖、李懷誠、盧慶麒、谷梓峯、陳惘之等加入其團體，迭次商議進行方案，並借用李懷誠之滬寓收轉京港信件。上年五中全會期中及本年八九月間，該孫鳳鳴曾兩次意圖行刺黨國領袖，俱以懾於軍警戒備之嚴密，未敢下手，不圖冥頑之徒，此心未死，猶復肇斯鉅變。

又有「本案背景之揭露」一節指出：

> 查核各犯之供述及自白，可信此案發生之動機，全在陳銘樞、李濟深、王亞樵等之直接或間接唆使，以期奪取政治地位，竟不惜以卑污手段，值此國難嚴重時期，加害黨國領袖，希圖促成政局糾紛，遂其私慾，用心險劣，可勝浩歎。[1]

---

1 陳焯呈蔣中正，民國二十四年十一月二十四日，國民政府檔案。

卷六　民國二十五年

民國二十五年，日寇加緊侵略華北與內蒙，無恥漢奸甘為走狗，為虎作倀，北方局勢一片混沌。中共自長征至陝北後，提倡「抗日民族統一戰線」，擔任剿共任務的東北軍和十七路軍受其影響，軍心不穩。六月，兩廣當局以「抗日救國」為名，公然倡亂。桂方政客趁機與湖南當局勾結，組織「民眾抗日救國會」，企圖運動軍隊，響應兩廣異動。迨事變平定，蔣中正親率黨國要員蒞臨南粵，「閩變」餘黨乃組織暗殺團，陰謀行刺。十月，湖北省政府主席楊永泰被害，暗殺之風有愈演愈烈之勢。

是年，特務處的工作開展達到前所未有的高潮。組織方面，先後掌握廣東緝私部隊與中央警官學校等重要公開單位。情報方面，舉凡日寇對華之侵略陰謀、東北軍聯合中共之祕密、兩廣當局購買軍械之情形，均有詳細調查，提供中央參考。行動方面，舉凡圖謀不軌之敵諜漢奸、製造恐怖之職業兇手、反對中央之異己份子，均予以相機制裁，充份發揮鎮壓反動、翦除姦宄之效果。是年十二月，「西安事變」爆發，蔣中正蒙難，戴笠一面設法應變，一面維護京中治安，並親隨蔣夫人赴西安營救，蔣中正卒能化險為夷，成為舉世公認、無可爭議的民族領袖。

本卷凡十節，主要敘述民國二十五年戴笠與特務處的活動情況。其中運用向影心制裁殷汝耕、逮捕郭增愷、策反粵方空軍、密裁桂方政客段方溪、破獲十九路軍暗殺團、破獲劉蘆隱「中國國民黨革命軍團」、制裁職業兇手王亞樵等案之經過，驚心動魄，內幕複雜，皆為以往著作語焉不詳甚至從未提及的秘史。

一、抗日活動

中國國民黨自成立之始即以民族主義相號召，其維護國家民族獨立、自由以及尊嚴的立場極為明顯。民國二十年九一八事變後，中國進入「國難時期」，國民黨作為執政黨，制定了安內攘外的國策，其意義是：對國內叛亂先行肅清，以求國家之統一，同時推動建設，充實國力；對日本侵略則忍辱負重，待時機來臨再作決戰。

安內攘外自古以來即是治國安邦的基本原則，世界上從來沒有一個內部四分五裂的國家可以抵抗強敵，這是人人皆知的道理，本不應有任何懷疑。然而反對國民黨的團體和個人，對此一國策大肆攻擊，足使一部分思想偏激的青年受到影響，因而將國民政府視為對內窮兵黷武、對外妥協投降的賣國政府。

蔣中正日後曾自述：「自從九一八經過一二八以至於長城戰役，中正苦心焦慮，都不能定出一個妥當的方案來執行抗日之戰，關於如何使國家轉敗為勝、轉危為安，我個人總想不出一個比較可行的辦法，祇有忍辱待時、鞏固後方、埋頭苦幹。」「所以自民國二十一年至二十四年入川剿匪之前為止，那時候是絕無對日抗戰的把握，一切誹謗只好暫時忍受，決不能漫無計劃的將國家犧牲，真正為國家負責者斷不應該如此。」[1]

二十四年夏，川、滇、黔三省納入中央統治範圍，擴大了國民政府應付日本侵略的對抗空間，於是蔣中正決定以四川為抗日戰爭的基地，確定了對日抗戰的根本計劃。九月，日寇加緊對華北進行侵略，鼓動「華北自治」，新任中國駐屯軍司令官多田駿聲言要排除國民黨在華北的勢力，中國駐屯軍參謀長酒井隆、駐華使館武官高橋坦等人更是往來於北平、天津、濟南、太原間，對華北軍政長官宋哲元、商震、韓復榘、閻錫山等人威脅利誘，冀使彼等宣布與國民政府脫離關係。

面對華北空前險惡的情勢，行政院長汪精衛束手無策，不能不仰賴正在四川剿共的蔣中正主持大局。蔣中正於十月七日由成都北上，一面派軍政部次長熊斌前往北平，面晤宋哲元、商震，告知中樞抗日決心，令彼等堅持

---

1 劉維開：《國難期間應變圖存問題之研究》第三七八頁。

立場，不為日寇所分化拉攏，一面赴太原與閻錫山懇談應付華北局勢之方針，至為滿意。十月十五日，蔣中正致電熊斌，請轉告宋、商：「只要華北各主官團結堅忍，則彼將無所用其技」，「中在中央一日，必對華北負其全責，決不使華北各同志獨任其難，然最後之處置決心，不可不堅定，則成竹在胸，即可主動在我，一切運用，皆可自如。」是後宋、商拒絕日方之「自治」要求，十月危機遂得安然度過。[1]

值此國勢飄搖、大計待決之際，全國各界均對即將召開的中國國民黨五全大會抱有熱切的期待，國民黨黨內人士亦衷心希望這次大會能促成全黨真正之團結，以期擔負起雪恥禦侮的艱巨任務。蔣中正以黨政實際負責人的身分，決定邀請北方及兩廣重要負責同志晉京共商大計。廣東方面，他以親筆函交由戴傳賢、馬超俊攜往邀請，粵方要員鄒魯、陳濟棠、林雲陔、蕭佛成等人均表同意，其中鄒魯原是堅決主張「倒蔣」的人，但他逐漸認清了蔣中正準備抗日的政策，思想為之一變。[2]

十一月十二日，中國國民黨第五次全國代表大會在南京開幕，由國民政府主席、中央常務監察委員林森主持，出席中央執、監委員一〇三人、國內及海外代表四〇五人，與會人數創歷屆全國代表大會之最。尤其北方的閻錫山、馮玉祥與西南的鄒魯、林雲陔、黃旭初等曾對中央發生誤會或懷有異見者，悉數捐棄成見前來出席，實乃「民國十八年以來所未有之盛況」，開黨內團結之新紀元。

十一月十九日第四次會議通過的「接受蔣委員中正關於外交之建議案」，是五全大會最具歷史意義的議案之一。當日，蔣中正以中央常務委員身分對大會提出對外關係報告，略謂：「和平未到完全絕望時期，決不放棄和平；犧牲未到最後關頭，亦決不輕言犧牲。以個人之犧牲事小，國家之犧牲事大；個人之生命有限，民族之生命無窮故也。果能和平有和平之限度，犧牲有犧牲之決心，以抱定最後犧牲之決心，而為和平最大之努力，期達奠定國家復興民族之目的，深信此必為全黨建國唯一之大方針。」

陳述至此，蔣中正向大會提出臨時建議案：「大會如以上述方針為是，請大會授權政府，在不違背方針之下，政府應有進退伸縮之全權，以應此非常時期外交之需要。政府誓必竭誠盡能，對全黨負完全責任，是否有當，敢請大會公決。」蔣中正沒有指明此一原則係針對日本，但無人懷疑此語係為日本侵華而發。於是主席宣

1 李雲漢：《中國國民黨史述》第三編第二五四至二五五頁。
2 李雲漢：《中國國民黨史述》第三編第二五九至二六〇頁。

告：「大會如贊同蔣同志建議，請起立表示接受。」全場一致起立接受。[1]

五全大會召開期間，日寇必欲達到華北五省自治的目的，乃繼續對宋哲元、商震、韓復榘進行拉攏、壓迫，限期於十一月三十日宣布獨立。十一月二十四日，河北省灤榆區兼薊密區行政督察專員殷汝耕在日本特務土肥原賢二操縱下，率先於通縣成立親日傀儡政權「冀東防共自治委員會」，宣布脫離國民政府，宋哲元、韓復榘亦有動搖之象。於是中央決定將冀察軍政全權交付宋哲元，任其為冀察政務委員會委員長並兼河北省政府主席，負責主持冀察兩省及平津兩市之政務。十二月十六日，冀察政務委員會成立，擾攘半年之久的華北危局暫時告一段落。此會係為應變而設，其具有特殊性質乃勢所難免，惟建制人事均操之於中央，該會亦對中央負責，於華北主權並無妨害，而日寇所欲策動之自治或獨立則成為泡影。[2]此後，蔣中正鑒於國內外大勢之變化，決定將工作重心由剿共調整為抗日，其自記年終感想曰：「今年中心工作是為剿匪，可說已達到七分之成功，明年則可以抗倭為中心，而對匪僅著力於清剿可也。」[3]

自二十五年起，蔣中正開始多次祕密或公開表明他堅定的抗日態度。他在一月十六日接見請願學生代表時曾坦承說明自己的立場、責任和決心：「當九一八事變發生的時候，因為我們國家力有未逮，沒有辦法和日本去拼命，這是無可諱言的。這次事變當然是我們國家空前的恥辱和創痛，但是我們政府雖然不抵抗，卻絕對沒有放棄東北，絕對沒有一時一刻忘記東北。」「總之，我現在要告訴各位一句話，就是我們革命的國民政府，絕對不會簽訂任何喪權辱國的條約。」「我可以負責告訴大家，我決不怕戰爭，不過我要作有準備有計劃的戰爭，我們和日本不戰則已，戰則必勝！」[4]

隨著蔣中正的對日政策愈趨強硬，戴笠陸續調派幹員赴平津工作，加緊制裁漢奸、日諜，使特務處的抗日活動在二十五年達到了前所未有的高潮。

先是二十四年六月，特務處北平區受「河北事件」之影響暫時撤銷。十月，戴笠從武漢行營三科調張炎元回

1 袁惠常編：《事略稿本》，民國二十四年十一月十九日。
2 李雲漢：《中國國民黨史述》第三編第二五六至二五七頁。
3 李雲漢：《中國國民黨史述》第三編第二九三至二九四頁。
4 李雲漢：《中國國民黨史述》第三編第二九四至二九五頁。

京，旋派其北上擔任北平特別區區長。[1]另調甲室書記毛萬里為平區書記。平區工作領域包括平津、冀察、綏遠，而以北平為中心，下設三個站：第一站站長喬家才，書記周世光；第二站站長陳資一，負責冀察政務委員會方面的情報；察綏站站長馬漢三，書記許揆一，負責察綏兩省及平綏路情報。[2]

當時，戴笠的金蘭之交許兆賢有一位密友熊少豪，是冀察政務委員會外交委員會的委員，名為外交，實則專以日本為工作對象。因熊、許均為廣東人，張炎元亦係粵籍，戴笠遂派張炎元擔任平區區長，以利運用熊、許開展工作。張炎元到平後，與熊、許住在東交民巷瑞金大樓，由於局勢險惡，張、熊分別化名為「敬松」、「龍士傑」。熊少豪常將與日方交涉情形轉告張炎元，由張炎元當面寫成電報，經熊少豪確認後，送電台譯發。[3]

察綏站方面，情報的主要來源是張北世家子弟張季春。張季春，本名鐸，以字行，察哈爾張北人，河北大學法律學系畢業，早年加入中國國民黨，任察省第一師範學校校長及省黨務特派員。二十二年，經友人介紹，結識特務處平綏線交通王雨人，出於革命道義與愛國熱誠，無條件為王雨人全力提供幫助與便利。察變發生後，張季春被迫去職，後與省內許多進步、正義人士離開家鄉，在北平設立察省黨務臨時辦事處。在此期間，張季春經王雨人介紹，結識在北平軍分會任職的特務處工作人員江雄風，再經江雄風轉介，結識特務處副處長鄭介民。於是鄭介民懇請張季春幫助開展平綏線活動，尤其是以張家口為重點的察省地下工作。

察變結束後，張季春返回察省復職，旋戴笠派高榮、許揆一到張家口工作，請張季春給以適當的掩護和照顧，張季春即介紹高榮為第一師範軍訓教官，許揆一為公民教員。二十四年，馬漢三接任察綏通訊站站長，其工作領域除察省外，還包括平綏鐵路全線，由於張季春在北平至包頭沿線地區都有良好的社會關係，無論黨政軍方面均有路線，使察綏站的工作頗得便利。[4]是年十月，張季春正式參加特務處工作，時年三十二歲。[5]

此時，日本加緊侵略內蒙古地區，並積極嗾使被稱為「德王」的蒙古地方自治委員會秘書長德穆楚克棟魯普脫離中央。二十五年二月，德王在蘇尼特右旗就任「蒙古軍」總司令兼政務部長，以李守信為副總司令兼軍務部

1 戴笠電張毅夫，民國二十四年十月十九日，戴笠史料。
2 喬家才：《關山煙塵記》第九至十頁。
3 李士璉編校：《張炎元先生集》第一三四至一三五頁。
4 張季春：《憶往事念雨公》，《健行月刊》第一七六期第三十八至三十九頁。
5 軍事委員會調查統計局編製：《二十八年工作總報告》，張季春條。

長，採用成吉思汗年號紀元，正式成立受日寇操縱的傀儡組織。五月，「蒙古軍總司令部」改組為「蒙古軍政府」，以德王為總裁，開始積極部署軍事，意圖建立「蒙古國」。

德王組織偽軍政府後，雖沉醉於日寇幫助蒙古建國的美夢，但也不願和國民政府完全決絕，還想留有餘地，以備萬一，因而造成了一種微妙的政治氣氛。德王、李守信都與張季春有很好的友誼，他們左右也不乏明理篤義之士，深為蒙古之前途擔憂，常和張季春討論時局，因而張季春對德王的陰謀，自始至終均能明瞭底細。此外，第一師範有許多蒙旗師範班的畢業生在德王與李守信屬下任職，其中若干人經張季春特別推薦，並在偽軍政府中擔任處長職務，掌握了不少重要而具體的資料，張季春遂不斷向馬漢三提供情報，並作詳盡深入的分析。

偽蒙古軍政府成立之初，中央尚無力制止。張季春只好把蒙旗學生加以組織，使他們盡量打入德王和李守信的圈子，掌握職務，形成力量，以深入的部署，作策反的準備。張季春這樣做，完全是出於愛國熱忱與抗日大義，然而事關機密，不便對外明言，有些朋友不明究竟，對張季春很不諒解，責怪他為什麼把優秀的蒙旗青年送到偽軍政府去？當時深知張季春用心並對他加以鼓勵和贊助的，只有馬漢三和戴笠。

戴笠為了增加張季春的勇氣，曾邀他往南京一敘。張季春抵京後，下榻中央飯店，當日即往雞鵝巷五十三號與戴笠會晤，這是兩人第一次見面。張季春對戴笠的印象是：威嚴而誠懇，剛毅而親切，對人有感染力和吸引性，每一句話都能扣緊人的心弦，使人不期然對他發生一種真誠、正確、忠義的感覺，從內心裏覺得，既不願也不能給他以反對或輕慢，毫不勉強的相信他是一位大可信靠的領導者。談話開始後，戴笠對張季春的家庭、生活均有所詢問，對德王與李守信方面的工作提出許多重要而深刻的問題，對華北局勢也徵詢了張季春的意見，兩人談得十分坦誠、融洽而暢快。當晚，張季春參加了戴笠為他準備的晚宴，有徐亮、劉培初二人作陪。飯後，戴笠再和張季春懇談，他言辭中肯而意氣風發，使張季春覺得他是一個熱忱充沛、永不疲困的人。

翌日上午，戴笠又約張季春長談，一面指示工作，一面熱情地邀請他在南京遊覽數日。張季春因自身所負校務及黨務責任，不能在京久留，婉謝了戴笠的盛意，並即向他辭行。戴笠送走張季春前夕，又問他還有什麼建議？張季春有感於戴笠的熱誠，即向他進言：希望中央軍校每期都能到邊疆地區招生，這是中央的軍事力量能在邊區生根發展的最有效捷徑，戴笠當即表示接納，並稱會向當局轉陳。張季春回到中央飯店不久，徐亮奉戴笠之命前來送行，並帶來車票和程儀二百元。張季春返回察省後，有感於戴笠的信任，更加盡心竭力，完成戴笠交付的任務。[1]

平區因有熊少豪、張季春等上層路線，情報基礎較為穩固，自張炎元擔任平區區長後，平區工作頗有起色，戴笠曾致電嘉勉稱：「日來兄處所來情報都有價值，且不失時效，足證吾兄指導之有方也，至為感佩！」同時，戴笠為加緊督促天津工作，並為預防平津交通斷絕時張炎元不便指揮，另派前平區區長王平一為天津特派員。[2]二十五年春，張炎元調回南京處本部，由李果諶接任北平區長。[3]

在此前後，天津方面人事亦有變動，王平一不再負責，而由湘站站長吳賡恕調任津站站長。[4]吳賡恕接任後，曾於五月底向戴笠報告津站情形，並請發給準備金以利工作，戴笠於六月一日復電稱：「宥日手書並世寅電均奉悉，津站工作人員一般之態度與其心理及其工作之情形，兄所見者實較弟尤為詳盡與明確，甚感佩也。華北情勢日急，津站之準備金洵屬必要，弟日來正在籌措中，不久當勉籌若干以匯奉也。現存之準備金八百元，當可稍濟緊急之需，請勿輕易動用，實因中央經濟極困難也。至津站今後之工作，應即預想變亂時期，吾人內外勤之人員仍可安全掩護之下照常活動並加強效率，務請斟酌當地情形，因應人地事時四原則，妥為籌劃具報為盼。」[5]

不久，戴笠聽聞吳賡恕有與美國駐天津領署交換情報之嫌，乃於六月十九日電促吳賡恕赴平一行，令與平區區長李果諶聯絡，實則欲使其離津一天，以便津站書記曾澈設法探查究竟。六月二十日，戴笠特電李果諶囑咐：「吳到平時，請兄妥慎應付為幸。」[6]吳賡恕究竟有無交換情報之事以及曾澈調查結果如何，皆已不得而知，惟同月吳賡恕即調任湘站特派員，離開了天津。[7]此後，戴笠繼續物色津站站長人選，最終決定將關押在「乙地」的前北平站長陳恭澍開釋，派往天津負責。[8]

1 張季春：《憶往事念雨公》，《健行月刊》第一七六期第三十八至四十三頁。
2 戴笠電張炎元，時間不詳，《戴先生遺訓》第三輯第一一〇至一一一頁。
3 李士璉編校：《張炎元先生集》第一三四至一三五頁。
4 國民政府軍事委員會調查統計局編印：《先烈史略稿》初輯第二十二頁。
5 戴笠電吳賡恕，民國二十五年六月一日，戴笠史料。
6 戴笠電李果諶，民國二十五年六月二十日，戴笠史料。
7 國民政府軍事委員會調查統計局編印：《先烈史略稿》初輯第二十二頁。
8 陳恭澍：《北國鋤奸》第二八九頁。

陳恭澍接任時，津站規模不大，內勤僅有書記曾澈、會計王孟博、內交通安錫純、聯絡員張奉馨等數人；有祕密電台一座，另設地址，由安錫純負責聯繫；外勤方面，由鄭恩普、傅丹墀主持軍事組，另有直屬通訊員及運用員數人，經陳恭澍請示，戴笠又陸續派來白世維、王文、唐英傑等人擔任行動工作。津站的情報工作，以一位化名為「張九」的通訊員提供的資料最有價值，此人係日本天津駐屯軍屬下單位的一名翻譯，因毒癮甚深，常需用錢，遂為津站所收買。[1]

陳恭澍接任津站站長後的半年間，津站工作陷於低潮，除由「張九」提供一些情報外，可說一無所獲。於是陳恭澍決定制裁冀東偽政權頭目殷汝耕，以期在行動方面有所表現。[2]其實在此之前，平區已經運用殷汝耕的親信丁希文開展過制裁行動。丁希文曾往南京與戴笠接洽，返平後還曾電請戴笠派特務隊長劉乙光北上相助，惟戴笠認為劉乙光不便離京，且其對北平素不熟悉，去亦無益，因而沒有同意。[3]實則丁希文其人唯利是圖，制裁之事始終沒有結果。[4]

陳恭澍決定制裁殷汝耕後，曾往北平與李果諶、毛萬里接洽，以便瞭解平區的進一步計劃，而免平津單位之間相互妨礙。見面後，李果諶態度誠懇地表示：「我對於行動工作缺乏經驗，已完全交付萬里兄負責主持了，平津兩單位如果有什麼交換意見之處，請你們二位直接商洽。」

陳恭澍與毛萬里私交甚篤，乃直言相告津站打算採用突擊的方式制裁殷汝耕，但毛萬里聽完計劃，認為不妥，他說：「你們準備出動多少人投入此項計劃？人多了目標大，行動不便；人少了寡不敵眾，無濟於事。且無論人手多少，光是『切入脫出』、『集合分散』這些必經的過程，需要做到分毫不爽，恰到好處，庶可僥倖於萬一，稍微有一點脫節舛誤，必將導致全盤皆墨。」毛萬里還向陳恭澍透露：「戴先生有一封親筆信，介紹一位南京來的漂亮小姐給我，提到此人與殷某有舊，可以直接見到殷某，很可能被招待住在殷的公館裏。關係良好，將大有可為，指定由我負責聯絡，並給予技術指導和一切必要的支援。」毛萬里並請陳恭澍參與此案的設計指

1 陳恭澍：《北國鋤奸》第二九六至三〇〇頁。
2 陳恭澍：《北國鋤奸》第三〇二至三〇三頁。
3 戴笠電李果諶，民國二十五年七月五日，戴笠史料。
4 國防部情報局編印：《國防部情報局史要彙編》上冊第二〇二頁。

導，陳恭澍當即同意。[1]

毛萬里提到的「漂亮小姐」名叫向影心，是前陝西省政府駐京辦事處主任胡逸民的妻妾。[2]先是，胡逸民因案被押，至二十四年九月取保就醫，出獄後在杭州休養。[3]戴笠於胡逸民被押期間，曾協助武漢行營軍法處長陳恩普破譯胡與他人往來之密電。[4]他與胡建立工作聯繫之時間，或在其留居杭州前後。此時向影心已與胡逸民仳離獨處，戴笠得知她係殷汝耕之舊好，即囑她赴通州與殷重拾舊情，伺機用藥毒殺。[5]

戴笠為保障向影心之安全，曾派白世維在暗中相助。某天中午，戴笠在上海某飯店某號房間約晤向影心，晤面之前，他先告知白世維待會有客人來訪，在隔壁房間可以窺視，須仔細觀察來客的長相。白世維到隔壁後，戴笠偕向影心入室談話，白世維遵照指示，牢牢記住了她的面貌。傍晚，戴笠再和白世維晤面，問他：「你看清楚和我談話的女人沒有？」白世維說：「看清楚了，不會忘記。」戴笠告訴白世維：「她可以接近殷汝耕，她的任務是去通州收拾這個可惡的漢奸。」即令其潛赴北平，在暗中進行支援保護。[6]

向影心北上後，化名「張啟榮」，不時往來於北平、通州之間，伺機行動。為慎密起見，她在北平與毛萬里進行個別聯絡，而不通過平區的組織系統，即便區長李果諶也不知道有這樣一著棋子。[7]此外，向影心與熊少豪、許兆賢亦有接觸，戴笠曾於八月二十一日電詢許兆賢：「張啟榮同志最近有無來平？伊所進行之事未悉有無

---

1 陳恭澍：《北國鋤奸》第三〇四至三〇五頁。

2 向影心與胡逸民之關係，始見於《胡逸民訪問記》（載上海魯迅紀念館編：《紀念與研究》第九輯第一七二頁）及鄧葆光訪問紀錄（見陸野、肖煥偉著：《少將情報官拂曉歸來》第一四二頁）。至於戴笠運用向影心制裁殷汝耕之經過，《國防部情報局史要彙編》僅書向之化名「張啟榮」，而未書其本名，此因其日後與毛人鳳結縭，為尊者諱之故。惟此事雖極隱秘，仍不乏旁證，除鄧葆光訪問紀錄外，如戴笠於二十五年十月三十一日電請趙龍文轉告胡逸民「向君已出險」；再如沈醉指稱向係殷汝耕的「小老婆」，見《戴笠其人》第一二三頁；又如陳恭澍詳述「尚小姐」制裁殷汝耕事，指出「她是西北某一單位駐京辦事處的處長夫人」，並直言「尚小姐」係化名，「她並不姓尚，而且有名有姓」，因受毛萬里囑託，故有所避諱，見《北國鋤奸》第三〇八至三一三頁，案「尚」、「向」音近，「尚小姐」實即向影心。

3 蔣中正電張學良、陳恩普，民國二十四年九月十八日，蔣中正總統檔案；應寶容、孫南沙整理：《胡逸民與方志敏》，《金華文史資料》第二輯第一一九頁。

4 戴笠電陳恩普，民國二十四年二月二十三日，戴笠史料。

5 國防部情報局編印：《國防部情報局史要彙編》上冊第二〇二頁；陳恭澍：《北國鋤奸》第三〇八頁。

6 喬家才：《六十年落花夢》第二七〇至二七一頁。

7 陳恭澍：《北國鋤奸》第三一一至三一三頁。

把握？殊深系念也！」由於事機極密，戴笠在這封電報中沒有使用通常的化名「江漢清」，而是專門起了一個從未用過的名字「自新」，這是迄今所見戴笠最早使用的與專人聯絡的化名。[1]

向影心到通州見到殷汝耕後，認為親自動手頗多困難，於是誘通了一名深受殷汝耕寵信的副官，她對副官說：「你把他幹掉，我嫁給你，我們到南方去好好生活。」向影心的姿色不同凡俗，有種難以形容的魅力，副官聽了滿口答應，且將此事告知了自己的母親。不料其母是殷汝耕的奶娘，與殷素極親近，聞之膽戰心驚，竟向殷告密。結果向影心被殷汝耕捕送日本憲兵隊，使這項極有希望的行動計劃頓成泡影。[2]

向影心被日本憲兵隊囚禁在崇文門內蘇州胡同的祕密機關審訊了一個多星期，至十月底經熊少豪營救始得脫險。戴笠獲悉後，頗感欣慰，特電杭州趙龍文轉告胡逸民：「向君已出險，不久可南歸，請勿著急，致為人所注意為荷。」[3]另電熊少豪致謝：「欣悉某已仗大力營救出險，至為感佩，今後某之一切仍乞兄設法維護，俾其早日得安全南下。而兄與賢姊之一切，務請善自保重為幸。」[4]十一月初，冀察政務委員會委員蕭振瀛因事由平抵滬，曾向人談及熊少豪營救向影心事，戴笠誠恐風聲洩露，對熊不利，再次致電熊少豪，囑其與許兆賢託故南下，以策安全。[5]至於向影心，她為免出入關卡發生意外，乃在陳恭澍舅舅家潛伏了一個多月，終於女扮男裝離開了北平。[6]

特務處的制裁行動雖然迭受挫折，但在逮捕日諜、漢奸方面頗有作為。自二十四年底至二十五年底，曾先後捕獲徐冠九、黃逸民、張時宜、魏清祥、何廷學、何其偉、王文忠、何安亭、周希曾等人。

徐冠九，偽滿洲國間諜，月領活動鉅款，來京暗組機關、散佈黨徒，並加入濟眾善堂為掩護，刺探中央消息。另由日寇供給經費，陰謀組織軍隊。二十四年十一月二十三日，被南京區查明捕獲，其黨徒馮維新亦在下關

1 戴笠電許兆賢，民國二十五年八月二十一日，戴笠史料。
2 國防部情報局編印：《國防部情報局史要彙編》上冊第二〇二頁；喬家才：《六十年落花夢》第二七〇至二七一頁；陳恭澍：《北國鋤奸》第三一三至三二二頁。
3 戴笠電趙龍文，民國二十五年十月三十一日，戴笠史料。
4 戴笠電熊少豪，民國二十五年十一月一日，戴笠史料。
5 戴笠電熊少豪，民國二十五年十一月四日，戴笠史料。
6 陳恭澍：《北國鋤奸》第三二二頁。

就逮。[1]

黃逸民，又名吳大根，奉日寇之命，率黨羽陳鴻文自滬來京組織「暴力團」，圖謀刺殺韓國在華抗日志士金九，並探查我國政治消息。二十五年一月，被南京區捕獲，對其罪行供認不諱。二月，戴笠在牯嶺面請蔣中正對黃逸民、陳鴻文二名予以槍決，當蒙諭准，惟以未奉條諭，迄未執行。十一月間，黃逸民趁機將同室人犯閱讀之《國聞週報》拆開，在縫線處密寫日文，託同押之犯人程和卿於釋放時帶投日本領事館。此事經看守發覺，並由程和卿密報，其陰謀乃未得逞。查其所寫日文，係請日領援救，並有「被禁地點為藍衣社密設之機關」等語。戴笠以事關重大，為剷除漢奸、防止後患計，於十一月十九日呈請蔣中正將黃逸民、陳鴻文兩犯即行祕密槍決。[2]

張時宜，任日諜組織「第七支隊」隊副，率領隊員多人在開封、鄭州一帶活動，於三月六日在鄭州被河南站捕獲。[3]

魏清祥、何廷學，在河南武陟組織偽「自治會華北分會」，分任盟主、副盟主，聯絡會匪，擾亂地方。四月十三日，河南站派員在鄭州將何廷學捕獲，並透過豫皖綏署電令武陟縣政府將魏清祥逮捕。[4]

何其偉，在福建保安處服務，受日寇指使，擔任情報工作，於七月二十六日被閩北站捕獲。[5]

王文忠，奉日寇之命組織「先鋒隊」，吸收黨羽齊亞夫、王秀英、楊老大、郭文里、劉忠法、陳繼銀、趙金德、王正榮、劉金光、僧機明、益德、自修等人，專以調查我國軍情為務。七月，南京區派員打入該組織，經偵查確切，於九月三十日將王文忠捕獲，其餘人員均由王秀英逐一指認拘捕。[6]

何安亭，受巨奸石友三及日本駐北平領事田中之指使，在河南舞陽一帶組織「護清剷民會」，聯絡土匪，任偽「華北自治軍第三路副總指揮」，以杜瑞亭為該軍師長。經河南站查悉，並呈報河南綏靖公署，於十月十八日

---

1 國防部情報局編印：《國防部情報局史要彙編》上冊第二〇一頁。

2 國防部情報局編印：《國防部情報局史要彙編》上冊第二〇一至二〇二頁；戴笠呈蔣中正，民國二十五年十一月十九日，蔣中正總統檔案。

3 國防部情報局編印：《國防部情報局史要彙編》上冊第二〇三頁。

4 國防部情報局編印：《國防部情報局史要彙編》上冊第二〇二頁。

5 國防部情報局編印：《國防部情報局史要彙編》上冊第二〇三頁。

6 國防部情報局編印：《國防部情報局史要彙編》上冊第二〇二頁。

由舞陽縣政府協助該站將何、杜二犯捕獲。[1]

周希曾，原任國軍第六師十八旅文書上士，利令智昏，竟將國防工事等重要情報函送日本領事館。經河南站查悉，於十一月十一日在鄭州捕獲。[2]

此外，特務處還調查到上海的「上海市人民自治促成會」、「中日滿文化協會」、「興滿會」、鎮江的「日中青幫義氣聯合會」、廈門的「大亞細亞同盟會」、「福建自治委員會」、天津的「普安會」、「中華國社民眾黨」、北平的「大光社」、濟南的「一貫道」、漢口的「同盟社」、「洪強社」等漢奸組織，但因取證困難等原因，一時未能破獲。

1 國防部情報局編印：《國防部情報局史要彙編》上冊第二〇二頁。
2 國防部情報局編印：《國防部情報局史要彙編》上冊第二〇三頁。

二、郭增愷案

民國二十三年十月國軍第五次剿共勝利後，中共紅軍被迫放棄了經營七年之久的「中央蘇區根據地」，經過一年的戰略轉移，於二十四年十月到達陝北地區。紅軍轉移期間，中共駐莫斯科代表王明曾於八月一日以「中華蘇維埃中央政府」和「中國共產黨中央委員會」名義發表「為抗日救國告全體同胞書」，呼籲國人停止內戰，為抗日救國而奮鬥，是為「八一宣言」。紅軍到達陝北後，中共中央接受莫斯科第三國際要求糾正「左傾關門主義」及建立反法西斯統一戰線的決議，於十二月十七日在瓦窯堡召開政治局擴大會議，制定了「抗日民族統一戰線」的策略方針，開始向全國各階層進行統戰。

民國二十五年是中共全力推動「抗日民族統一戰線」的一年，而其工作的重點之一即為爭取在陝甘地區擔任剿共任務的張學良所部東北軍與楊虎城所部十七路軍，這是因為張、楊所部「處在蔣介石反共戰線的最前哨，和紅軍直接對峙著，時刻威脅著蘇區的安全」，如果做好東北軍及十七路軍的工作，「對粉碎蔣介石向紅軍的圍攻，具有十分重要的意義」，而且可以「西北地區的統一戰線來推動至全國抗日民族統一戰線的實現」。[1]

張學良之愛國思想，從未後人，然而他對共產黨缺少研究和認識，對國民黨的歷史和理論亦殊不瞭解，因而他對中共素來抱持寬容、同情的態度，卻對蔣中正「攘外必先安內」的深意無法深刻體會。[2]二十四年十月，國民政府特任蔣中正兼任西北剿匪總司令，張學良為副司令，設總司令部於西安，擔任剿共任務。然而張學良視剿共為非必要之舉，而東北軍亦多思鄉心切，迨與紅軍交手，即連遭敗績，更由此產生畏敵避戰之心理，對剿共前途發生動搖。

東北軍幾次戰敗，被紅軍俘獲者頗多。中共對東北軍被俘官兵採取優待政策，一面進行「思想教育」，一面

1 劉維開：《國難期間應變圖存問題之研究》第五二二頁。

2 李雲漢：《西安事變始末之研究》第二頁。

宣布來去自由，於是許多被俘官兵回到東北軍後，均成為中共統一戰線的宣傳者。在眾多被俘官兵之中，以六一九團團長高福源產生的影響最大，他被放回東北軍後，極力促成張學良與中共建立聯繫，張學良卒於二十五年一月十九日在所部六十七軍防地洛川與中共代表李克農見面，是為張學良與中共中央首次接觸。

一月二十七日，中共領導人毛澤東、周恩來等人聯名發表「致東北軍全體將士書」，指稱蔣中正調派東北軍剿共的目的，是要「消滅東北軍，使東北軍官兵流離失散，凍死、病死、打死，好教日本帝國主義少一個敵人，好使蔣介石少一個對頭」，因此「抗日反蔣是你們唯一的出路」。二月二十五日，中共中央再派李克農前往洛川與張學良會晤，時張學良因事赴京，指示六十七軍軍長王以哲與李克農交換意見。二月二十八日，雙方達成互不侵犯之口頭協定。三月三日，張學良返抵西安，次日即赴洛川與李克農見面，並請中共方面派一名全權代表與他作進一步商談。[1]

除張學良外，中共對楊虎城的統戰工作也有相當進展。楊虎城為陝西蒲城人，刀客出身，早年參加護法運動，擔任陝西靖國軍支隊長。十三年投身馮玉祥國民軍，擔任第二軍第三師師長。十九年參加討逆有功，獲任陝西省政府主席。二十三年，改任西安綏靖主任兼第十七路軍總指揮，駐屯西安。

楊虎城與中共接觸甚早，且對「先安內後攘外」之國策素表不滿。當其擔任陝西省政府主席時，即派共產黨員南漢宸擔任省府秘書長，二十一年南漢宸身分暴露，國民政府明令通緝，楊虎城不僅不予扣留，反而將其禮送離陝。二十三年，國民政府以陝北紅軍劉志丹部日益壯大，陝南亦感豫鄂邊區紅軍之威脅，特令楊虎城專任西安綏靖主任兼第十七路軍總指揮，負責軍事，而以邵力子繼任陝西省政府主席，掌理省政，楊虎城認為中央此舉是有意削弱其權力，因而深致不滿。二十四年十月，中央設立西北剿匪總部，楊虎城曾向張學良抱怨「剿匪為無期徒刑」，並言以中央軍之數量及東北軍之精銳皆未能消滅紅軍，區區如彼之軍隊何能為乎？此時，南漢宸祕密派人向楊虎城傳達了「八一宣言」的主張，楊虎城表示贊同。是年底，毛澤東另派中共陝西省委負責人汪峰到西安與楊虎城面談，受到楊虎城的熱情接待。最終，楊虎城於二十五年年初與中共達成四點協議，其內容略為互不侵犯、互通情報、十七路軍幫助紅軍運輸物資、掩護中共人員往來等等。[2]

1 劉維開：《國難期間應變圖存問題之研究》第五二三至五二四頁。

2 李雲漢：《西安事變始末之研究》第二十七至三十頁。

四月五日，中共中央應張學良之請，派周恩來為全權代表與其會談。四月九日，張學良由王以哲陪同，與周恩來、李克農在膚施天主教堂晤面，坐談竟夜，達成「停止內戰，一切抗日」等一系列協議。此際，張學良已對國民黨完全喪失信仰，竟向周恩來表示：「國民黨完了，中國只有兩條路，一條共產黨，一條法西斯蒂。」會談期間，張學良還曾分析「南京各派蔣系」的政治立場，有「藍衣社為蔣信徒」之語，他對「藍衣社」的這種印象，在相當程度上取決於他和戴笠的交往。[1]

戴笠早在二十二年三月赴北平活動期間，即與張學良所部東北籍幹部有所聯絡，惟當時張學良以熱河失守，辭去北平軍分會代委員長職務，赴歐考察，故戴笠與其並無接觸。二十三年初，張學良回國接任豫鄂皖三省剿匪副司令，他以遊歷歐洲期間，目睹德、意等國在法西斯主義之下團結奮發，深有感觸，乃向蔣中正建議成立類似德國納粹黨的組織，從事安內攘外，復興民族。蔣中正以張學良志切雪恥報國，未予拒絕，但以法西斯主義不合中國國情之需要，只允許他以中國固有文化為主義，組織「四維學會」，並派戴笠參與四維學會之籌備工作。[2]

四月十日，戴笠就四維學會籌備事晉見張學良面陳一切，並與張之幹部王卓然、王化一、黎天才等人共策進行，是為戴笠接觸張學良之始。五月九日，四維學會為紀念五九國恥正式成立，以蔣中正為會長，張學良為副會長，王卓然為書記兼理事，黎天才為副書記兼理事，力行社方面劉健群、鄧文儀、邱開基、戴笠、鄭介民、趙龍文、干國勳等人均參與其中，擔任理事。[3]

同年七月，戴笠接任豫鄂皖三省總部第三科長，三科旋於二十四年三月改隸武昌行營，直屬主任辦公室，張學良時為武昌行營主任，成為戴笠名義上的直接長官，兩人的聯繫愈趨緊密。在此前後，張學良以特務處組織擴展，京中房屋不敷使用，特將曹都巷舊居出售給戴笠，作為特務處之辦公處所。

戴笠與張學良商洽房屋事宜的電文中，有若干細節頗值注意。如戴笠擬呈張學良之電稿，原有「曹都巷房屋事敢乞迅賜電示，以便定妥」等語，後來自覺「以便定妥」四字不甚得當，經詢問秘書毛萬里，改為「俾便遵

1 楊奎松：《西安事變新探》第七十八頁。
2 干國勳：《關於所謂復興社的真情實況》，《傳記文學》第三十五卷第五期第八十五頁。
3 劉健群電蔣中正，民國二十三年五月九日，蔣中正總統檔案；干國勳：《關於所謂復興社的真情實況》，《傳記文學》第三十五卷第五期第八十五頁。

循」，由此足見戴笠對張力表尊重，雖細微之處亦字斟句酌，不肯放鬆。[1]

此外，在戴笠購買曹都巷房屋之前，何應欽亦曾出價五萬元向張學良洽購，但未獲張同意。後張學良決定將房屋出售給戴笠，乃請戴笠在何應欽所出價款之上「增加千元左右」，「以便轉挽」，而免何應欽之誤會。最終，戴笠出價五萬二千元，並獲張學良允許以分期付款方式，先付半價，其餘二萬六千元則在三個月內交清。[2] 在張學良的偏私與愛護下，特務處本部得於二十五年間由四條巷遷入曹都巷，有了新的辦公處所。[3]

戴笠雖與張學良私交甚篤，但他效忠領袖，擁護中央，絕不以私害公，一旦得知張學良有背叛黨國之言行，即會毫不猶豫報告蔣中正。當張學良於二十五年三月間在六十七軍防地密晤周恩來、李克農時，六十七軍副官處有副官劉宗漢者，係復興社同志，他於三月五日密報戴笠稱：

> 現在陝北之匪已大部竄山西中陽、石樓、隰等縣，張學良氏有與匪合作消息。一，六十七軍前三日曾接匪電，令購大批書報；二，匪中央曾派來偽外交部部長李克農來洛川與王軍長協立多項口頭協定，宗漢竊視偽李部長發與匪中央之電，內云：『略有協定，彼此不相攻打，採買給養可隨意，但我軍（匪自稱）可著便服，以掩外人耳目，大體須俟張來後始決定』等語；三，該偽部長李克農於本（五）日回偽中央部，攜去大批文電與地圖；四，此次匪與張部之接近談判，係壹零柒師陸壹玖團被俘團長高福源所為；五，李匪，皖人，目力不佳，談鋒極健，對外界活動力頗強，常有函致滬、平兩地學校，其來洛川已二三次矣；六，現六十七軍一般人對剿匪頗黯淡，處處表示一種反領袖與中央之意態」等語。

戴笠接報後，除急電西北工作人員嚴密偵查隨時報告外，並於三月十三日將上述各情轉報蔣中正，同時附呈六十七軍防地張貼之中共「八一宣言」宣傳品一紙，以供蔣中正參考。[4] 蔣中正根據戴笠之報告，曾於三月二十

---

1 戴笠電張學良，民國二十四年一月二十五日，戴笠史料。
2 戴笠電鄭介民，民國二十四年三月十五日，戴笠史料；戴笠電張冠夫，民國二十四年三月二十六日，戴笠史料。
3 程一鳴：《程一鳴回憶錄》第二十三頁；章微寒：《戴笠與軍統局》，《浙江文史資料選輯》第二十三輯第八十九頁。
4 戴笠呈蔣中正，民國二十五年三月十三日，蔣中正總統檔案。

四日記有「漢卿對匪態度之可慮」等語，但他並未揭穿此一事實，而是繼續督促張學良全力進剿西北紅軍。[1]

四月間，張學良指使部屬高崇民、劉瀾波等人，用化名撰寫了一系列批評中央的文章，合成小冊，取名《活路》，準備廣為印刷，散發到東北軍剿共前線。但因東北軍沒有印刷廠，張學良請楊虎城代為設法，當時西安綏署參謀處有一部鉛印機，楊虎城遂派處長王惟之祕密印刷了八千冊。張、楊沒有料到的是，特務處西北區長兼西北總部第三科代科長江雄風在印刷廠內早有佈置，他把兩名印刷工人吸收為工作人員，從他們手中取得了《活路》的校對清樣。由於事關重大，江雄風立即將此事報告西北總部參謀長晏道剛。

晏道剛召集江雄風與西安警察局長馬志超、總部政訓處長曾擴情等人開會研究，大家認為這本小冊既然出自十七路軍印刷廠，則其編者應該是十七路軍的人，但其內容與口氣卻像東北人寫的，而且宣傳對象也係針對東北軍，於是判定《活路》的作者是十七路軍參議郭增愷。[2]

郭增愷為河北人，早年擔任馮玉祥秘書，九一八事變後曾赴東北活動。嗣經馮玉祥向楊虎城介紹，擔任陝西綏署參議、全國經濟委員會西北專員。戴笠、胡宗南均與郭增愷係舊識，當二十三年八月戴笠病困杭州期間，郭增愷適隨楊虎城前往牯嶺，戴笠特電蔣中正懇請賜見，以堅其擁護中央之心，電稱：「郭增愷為人工於心計，曩曾任馮玉祥之秘書，現列楊主任虎城左右，頗得楊之信任。此次隨楊來牯，擬晉謁鈞座，日前胡師長宗南迭電囑生相機引見，以堅其信仰，生現病羈杭垣，尚須二三日後方能離杭前來，因電請宣鐵吾同志代為周旋。鈞座如有片暇，務乞賜郭一見，俾遂來歸之願。」蔣中正接閱後，同意接見。[3]戴笠同日另電郭增愷，告以「宣侍衛長鐵吾兄與宗南與弟均相知甚深，刻已電請代為奉候矣。」[4]

然而郭增愷一向反對中央，並不因為受到蔣中正的接見而回心轉意。他曾向楊虎城進言：蔣中正之所以命令十七路軍剿共，是企圖「使紅軍與我們兩敗俱傷」，因建議楊虎城與中共「互不侵犯」，「絕不能上蔣的當」。二十五年初，郭增愷復祕密煽動太原綏靖公署主任閻錫山聯合山東韓復榘、北平宋哲元，組織「華北抗日同盟」反對中央。江雄風對郭增愷的活動早就有所注意，對其反對中央的言行當有瞭解，故郭增愷雖與《活

1 蔣中正日記，民國二十五年三月二十四日。
2 楊瀚：《傳奇人物郭增愷》，《文史資料選輯》第一五九輯第一三七頁。
3 戴笠電蔣中正，民國二十三年八月十九日，蔣中正總統檔案。
4 戴笠電郭增愷，民國二十三年八月十九日，《戴先生遺訓》第三輯第一三四頁。

路》無關，卻被認為是此一事件的主謀。[1]

西北區抄獲《活路》不久，又於五月七日破獲了陝省教育界的共產黨組織。時有共產黨員王洪德擔任宣傳工作，係《生死線》雜誌負責人。西北區掌握的郵檢單位查獲了王洪德的函件，將其逮捕審訊，嗣據王洪德所供，又按址捕獲教育界人士姚權、何邦魁、陳克敏、薛英俊、楊炳林等二十餘人，均供認參加中共不諱。[2]晏道剛鑒於《活路》與《生死線》兩案事涉重大，於五月八日密報蔣中正稱：「西北情形極為複雜，共匪、漢奸、野心軍人彼此勾結利用，乘機圖逞，此時若不清理，一旦有事，將必敗壞大局。職於今、昨兩日督飭特務人員破獲西安之共匪偽省府，捕獲要犯二十七人，並抄出反動刊物甚多，均係力詆中央，反對剿匪。獲犯中以教育界人最多，陝省教育極為不良，而綏靖公署所屬部隊之內潛伏共匪及漢奸甚多，恐為將來之害。而其中為楊謀主者，為全國經濟委員會所派之西北專員郭增愷，蒙蔽虎城，陰結漢奸、共匪，以為大局變動時個人勢力發展。最近抄獲《活路》之反動刊物，力詆中央，煽惑東北軍聯共抗日，即在綏署參謀處印刷。」蔣中正接報後，於五月九日復電指示：「郭增愷應即在陝直接逮捕解京可也。」[3]晏道剛接電後，即令江雄風會同總部第六科長李鴻鳴密捕郭增愷，於五月十三日解往南京，由戴笠負責辦理。[4]

郭增愷經戴笠數日審訊，並不承認《活路》為其所起草，戴笠乃於五月十九日向蔣中正初步報告案情，並對郭增愷其人陳述看法，稱：

> 自四川赤匪竄陝以後，入陝之東北軍及楊虎城所屬部隊不僅不能認真剿匪，且公然盛倡聯共抗日之說，甚至與匪勾通。如去冬駐鄜縣之東北軍一〇七師六一九團團長高福源，被俘投匪，旋即有在洛川之六十七軍王軍長以哲部與匪方偽外交部長李克農之成立多項協定，六十七軍且公開張貼匪之通告標語（詳情經於本年三月十三、十四兩日先後報告鈞座在案）。最近西北方面發現反動刊物兩種，一名《東望》，一名《活路》，該《活路》中之口號為：一，反對中央軍入西北；二，反對撤散東北軍集中西北的形勢；三，肅清

1 郭增愷：《我在西安事變前後的親身經歷》，《文史資料存稿選編》第五冊第六八三頁。
2 國防部情報局編印：《國防部情報局史要彙編》上冊第二〇七至二〇八頁。
3 晏道剛電蔣中正，民國二十五年五月八日，蔣中正總統檔案。
4 戴笠電胡宗南，民國二十五年五月十四日，戴笠史料。

> 一切法西斯活動及其組織；四，聯合西北地方軍及一切抗日軍隊成立抗日聯軍；五，向晉綏出動，對日作戰等。此項刊物，據晏參謀長本月寒午電稱：「今年某月底，郭增愷與東北文人高崇民，共草一《活路》反動刊物，主張聯共抗日，詆毀領袖，挑撥東北軍仇視中央，分裂華北，此刊文字印刷均極精緻，經查明係在綏署參謀處之印刷所印刷，高崇民現在洛川，其手草《活路》前數頁，曾親向副司令言之。」似此情形，該項反動刊物為楊虎城及東北軍之部下所印發，當為事實，迹其用心，無非以剿匪失敗，欲藉抗日口號以圖掩飾也。惟郭增愷自解京後，迭經審訊，均不承認該項刊物為其起草，對《活路》且稱並未寓目，自難信實。

戴笠之所以堅信郭增愷確有反對中央的事實，乃是根據晏道剛的電示與郭增愷的供詞，以及他對郭增愷思想言行的一向了解。晏道剛曾於五月十四日電告戴笠：「郭利用楊之腦筋簡單，誘啟楊之野心，取得楊之信任。散佈聯共抗日，以誘惑東北軍離開陝甘；一面則注全力組織武裝民團，以擴張勢力，挑撥張、楊發生惡感；薦李興中為楊之參謀長，以勾結宋、韓。楊部下之共黨灰色份子，均由郭為之保護，今春楊赴晉，郭亦同往，即為運用其聯共主張。」而郭增愷也供稱：「本年四月初，宋哲元派代表張子奇，韓復榘派代表張鉞，先後分謁楊、張，徵詢對中日局勢之主張，楊與我商量之後，始決定含糊答覆之而不明白說明抗日與否」等語，與晏道剛來電可相互印證。

戴笠鑒於郭增愷深得楊虎城之信任，且一向反對中央，「若任其挑撥離間，致西北將領意志動搖，因而阻礙剿匪，為害滋大」，因向蔣中正陳述：「生素識郭，知其為一傾向社會主義毫無政治道德者，此次就捕，未可輕縱。」復鑒於「郭被捕後，聞已為楊虎城所知，楊日來頗現不安」，建議蔣中正「電告楊主任虎城、宋委員子文：『以郭有發行刊物，鼓吹聯共抗日之謬說，並詆毀中央，搖惑軍心之重大嫌疑，已密令總部拘捕，解京審究云云。』而對楊則請予以安慰，免其不安。」[1]

此後，戴笠繼續蒐集郭增愷案之證據，以憑審訊，但因郭增愷確與《活路》無甚關聯，以致戴笠與江雄風迭電往返，而「郭之犯罪確證尚無所得」。不過，戴笠根據郭增愷的供詞，復經電詢江雄風查證，仍然獲悉了一些

1 戴笠呈蔣中正，民國二十五年五月十九日，國民政府檔案。

西北方面的內情，遂於六月四日將郭增愷案審訊經過向蔣中正擇要陳明：

一，關於《活路》之主編與印刷。郭增愷供稱：「想係高崇民所為，因高之平日言論頗相類，我決未參加主張，如提出任何證據，或查出原稿，如有一字是我所寫，願負認識錯誤及不忠實責任」等語，並稱由楊虎城之參謀長李興中處得知，《活路》係由陝西綏署印刷所代印。上述各情經江雄風復電稱：「張副司令亦謂《活路》刊物中之抗日對話係高崇民所編，其二三兩編為何人所編，則云不知。」則高崇民係《活路》之主編已無疑義。

二，關於高崇民在東北軍之情形。查高崇民本為張學良之舊屬，因拒絕參加四維學會，一度離開張學良，避居上海租界，後赴平津與共產黨發生關係，復於二十四年底前往西安遊說張學良、楊虎城「停止內戰，一致抗日」。據郭增愷供稱：「高與東北軍之軍長王以哲、師長劉多荃往來較為密切，高駐西安雙仁府，以我推想，高仍駐西安或洛川，緣洛川為王以哲軍部之駐在地。」戴笠鑒於高崇民罪證確實，遂聯絡四維學會在京同志電請張學良將高崇民逮捕解京，然而張學良惟恐事機敗露，竟為高崇民提供川資，助其逃逸。張學良並向江雄風解釋，他之放走高崇民，是因為「高之言論雖有錯誤，而對抗日問題在東北軍中頗有同情者。」戴笠據此向蔣中正陳述：「副司令此次未能允准四維學會在京同志之電請將高崇民扣留，解京審究，致《活路》反動刊物之主編與郭增愷對《活路》之關係尚未能證明，實為缺憾。」

三，關於東北軍聯共抗日之傳說原因。據郭增愷供稱：有周啟悟者，又名董健吾，自稱由財政部派來西安，曾向張學良、楊虎城陳述抗日意見，而且曾到前線與中共方面商洽抗日問題。經戴笠電飭江雄風詢問張學良，張學良解釋稱：「周啟悟前赴西安，請我派飛機往匪區，我初嚇以『將予拿辦』之語，周稱：『係奉孔部長命令』，乃派高團長陪往」，「其後聯匪抗日之論調，由此發生。」

四，郭增愷之親筆陳述。其大意謂：一，擬請許其公開發表個人之見解與主張，以昭信守。二，關於楊虎城及其所部之抗日問題，願向中央保證，絕對可以遵從中央命令，因深知其平素主張與信仰，故可負責如此說。三，願今後凡我所知之軍事政治等事情，直接報告中央領袖蔣委員長。[1]

1 戴笠呈蔣中正，民國二十五年六月四日，國民政府檔案。

綜上觀之，郭增愷確如戴笠所評價者，是一個「工於心計」的人，他避重就輕地供出了一些已經暴露或是無關緊要的內容，而對自己參與張學良、楊虎城祕密聯共的事實極力掩飾，甚至聲言楊虎城絕對尊從中央命令，自己亦對蔣中正絕對信仰。由於缺乏確證，戴笠對郭增愷的審辦陷入了僵局。就在此際，兩廣事變突然發生，戴笠忙於對粵策反，一時無暇繼續審辦本案。

另一方面，自郭增愷被捕後，楊虎城即電十七路軍南京辦事處長李志剛，令其疏通各方出面營救。[1]於是軍事委員會副委員長馮玉祥、太原綏靖公署主任閻錫山、陝西省政府主席邵力子、天津市長張自忠、國民政府委員宋子文等人出於各自的目的，皆竭力為郭增愷緩頰。[2]七與下旬粵局平定後，蔣中正曾令戴笠對郭案繼續詳加研究，此後卻因確證難覓，卒於十一月間准予邵力子、楊虎城將郭增愷保釋，僅要求其攜眷在京居住，安分思過。[3]

1 李雲漢：《西安事變始末之研究》第十七頁。
2 孔祥熙電蔣中正，民國二十五年七月十三日，蔣中正總統檔案。
3 戴笠電蔣中正，民國二十五年八月四日，蔣中正總統檔案；邵力子、楊虎城電蔣中正，民國二十五年十一月四日，蔣中正總統檔案。

三、兩廣事變

民國二十四年十二月二日，中國國民黨第五屆中央執行委員會第一次全體會議開幕。十二月七日，大會推定胡漢民為中央常務委員會主席，蔣中正為副主席；汪兆銘為中央政治委員會主席，蔣中正為副主席；林森為國民政府主席，蔣中正為行政院長。此次中樞改組，由胡漢民、汪兆銘、蔣中正分擔黨政責任，時論認為「黨國三公，多年以來，總是天南地北，意見參商，這次能有機會合作，是政府的幸事，也是國民的幸事。」十二月十八日，國民政府特任閻錫山、馮玉祥為軍事委員會副委員長，程潛為參謀總長，亦被認為是國民黨趨於空前團結的象徵。由於中央常務委員會主席胡漢民、中央政治委員會主席汪兆銘均不在南京，蔣中正以兩會副主席身分主持兩會會議，又為行政院長、軍事委員會委員長，集黨政軍重責大任於一身，任務自甚艱鉅。

二十五年四月，蔣中正時隔一年再度巡視西南，戴笠為考察西南工作，亦隨侍前往。四月十三日自宜昌乘輪西上，四月十六日到重慶，四月十七日抵成都，四月二十二日飛昆明。[1]蔣中正赴滇當日上午九時許，戴笠與侍從室特務組人員乘坐「薩維亞」運輸機先遣昆明，此機係義大利總理墨索里尼所贈，龐大笨重，爬高性能不良，且速度慢，噪音大。由於季風強勁，飛機不停地搖擺震蕩，飛了四個多小時才到終點，很多人都忍不住一再嘔吐。戴笠由於十分疲倦，上機後便蜷臥大睡，經過一路顛簸，也必然感到難受，但他下了飛機便迅速離開，不但身邊的人沒有注意到他，就連當地的報紙也沒有刊登他的任何消息。[2]

戴笠在昆明的下榻之所，是當地著名的法國商務酒店。在雲南特殊的政治環境中，他被視為一個神祕而可怕的人物，遭到當局的監視與提防，但他成竹在胸，不但不在意，反而加以運用，坐收「反間」之效。[3]

1 戴笠電楊虎，民國二十五年四月十六日，戴笠史料；戴笠電毛慶祥，民國二十五年四月二十一日，戴笠史料。
2 張毓中：《滄海拾筆》第一〇五至一〇六頁。
3 張毓中：《滄海拾筆》第一一一頁。

先是去年，特務處密派葉文昭、姜毅英在昆明建立電台，戴笠此次來昆，特別前往二人的住處進行突然檢查。葉文昭、姜毅英住在五華山附近的高級住宅區，環境寧靜，十分適合電台潛伏。戴笠來到時，只有姜毅英在，他仔細巡視了各個房間和天井，均未發現電台藏匿何處，便問姜毅英：「葉文昭同志去那裏？」姜毅英說：「他正在和南京通報。」戴笠甚感驚奇，讓姜毅英帶他去看。於是二人登上閣樓，看到了正在發報的葉文昭。戴笠參觀之後，不住點頭，對房子的格局與技術的運用，連聲讚許。之後幾天，他不再親自前往，如須與葉、姜聯絡，便令隨節特務組組員張玉麟擔任「交通」。[1]

四月二十五日，蔣中正結束巡視，由昆明飛返貴陽，戴笠與特務組副組長陳善周、組員張玉麟及侍衛官徐文貴等人因一時無機可乘，留在昆明等候。候機期間，仍由雲南省政府安排住在法國商務酒店，該處豪華瑰麗，設備一流，吃的是正式法國大餐，餐前美點，餐後水果，皆盡情享用。張玉麟與徐文貴各住一間套房，自覺太過奢侈浪費，經向陳善周請示，移到了雙舖房間去住。不料第二天早晨戴笠發覺張、徐擠在同一房間後，就毫不留情的訓斥他們：「你們真太沒見過世面了！也不想一想自己是委員長的侍從人員，住在昆明這種特殊的地方，被招待在法國人經營的飯店內，竟一點氣派也沒有，實在太丟人了，趕快叫茶房換回每人一間的套房！」[2]

戴笠為便開展工作，在候機期間與當地各方人物頻繁交際，應酬極多。有一次，他應滇省黨務指導委員裴存藩之邀赴宴，在飯桌上談笑風生，既熱情又風趣，充分展現了善於交際應酬的一面，然而他始終舉杯而不進酒，雖經裴存藩等人一再勸飲也不為所動，後來他講了些風趣的故事，終於沖淡了堅持不喝酒的尷尬場面。[3]

五月二日，戴笠結束歷時半個多月的川滇之行，回抵南京。[4]此時京中案件堆積，他開始埋首清理。[5]一個月後，兩廣事變發生，特務處多年以來從事西南工作的成果，已經到了最終接受檢驗的時刻。

兩廣事變的突然發生，實與胡漢民的猝逝有關。蓋胡漢民德望素著，為兩廣當局擁戴之領袖，當西南執行部和西南政務委員會成立後，關於黨務和政事的處理都以胡漢民馬首是瞻。五屆一中全會選舉胡漢民為中央常務委

1 姜毅英訪問紀錄，《健行》民國七十五年特刊第九十六頁；張毓中：《滄海拾筆》第一一一至一一二頁。
2 張毓中：《滄海拾筆》第一一四頁。
3 張毓中：《滄海拾筆》第一一四至一一五頁。
4 戴笠電胡宗南，民國二十五年五月二日，戴笠史料。
5 戴笠電朱惠清，民國二十五年五月二十二日，戴笠史料。

員會主席，是為中央期望全黨復歸於統一的具體行動，胡漢民果能捐棄前嫌，應邀赴京就職，西南自然可與中央復合，實現黨的真正統一與團結。當時，胡漢民尚在歐洲考察，他於二十五年一月五日自歐返國，一月十九日抵達香港，中央已派居正、葉楚傖兩委員在港迎候，鄒魯也將去年參加五全大會經過向胡漢民詳告，促其即速入京。然而胡漢民旅途勞頓，決定先到廣州，抵廣州後，以多病未即北上，曾向人表示，待北方氣候轉暖時即可赴滬，不意於五月九日突患腦溢血病，延至十二日逝世。

胡漢民逝世的消息當晚傳至南京。五月十三日，中央執行委員會召集臨時常務會議，由蔣中正主席，於全體起立向胡故主席默哀三分鐘後，討論誌哀辦法。五月十八日，中央執行委員會第十二次常務會議，仍由蔣中正主席，討論胡漢民葬祭事宜，決議三項：一，推居正、許崇智等八委員代表中央前往致祭；二，舉行國葬，並慰問胡主席家屬；三，定本月二十五、二十六、二十七三日為全國公祭日期。

就在寧粵雙方的國民黨人漸趨團結之際，兩廣的軍事首領陳濟棠、李宗仁卻不願罷手。胡漢民在世時，陳、李對胡尚能尊重，未有越軌行為，及胡逝世，鄒魯又赴歐洲出席世界大學會議，而北方情勢緊張，全國抗日聲浪復起，陳、李遂以抗日為名，派代表前往湖南、四川及北方各省聯絡，陰謀「倒蔣」。六月一日，西南執行部和西南政務委員會召開聯席會議，籲請中央領導抗日，兩廣事變發生。六月四日，陳濟棠、李宗仁、白崇禧領銜西南將領數十人通電響應，並請西南兩機關改頒軍號，准其北上「抗日」。六月二十三日，陳濟棠所部改稱「中華民國國民革命抗日救國軍第一集團軍」，六月二十九日，李宗仁、白崇禧所部改稱「第四集團軍」，隨即分道出兵，進迫湘黔贛閩邊境，而以重兵擅入湖南，志在取得衡陽，進窺武漢。

蔣中正對陳、李等人的異動似在意料之中，他於六月二日聞悉事變爆發後，考慮事變原因及處置辦法曰：「（粵陳）惟一目的在求自保，因此不能不謀叛中央，以推倒中央為其自保之地，而置國家於不顧。非收復廣東，不能統一全國，亦不能鞏固革命基礎，不能不調重兵於粵邊鎮懾之。」[1] 於是分電重慶行營主任顧祝同、福建綏靖公署主任蔣鼎文、滇黔剿匪總司令龍雲等人注意防範兩廣軍隊襲擊。

當時，國家的各項建設正在積極進行，卓著成效。國軍也經過數年之圍剿，迫使中共紅軍「長征」至陝北一隅。雖然外患方殷，但是全國在蔣中正所提倡的新生活運動與國民經濟建設運動之下，無論是人民生活、社會秩

[1] 蔣中正日記，民國二十五年六月二日。

序、國防準備，都在穩步向前邁進之中。而蔣中正鑒於日寇侵華的野心有增無減，中日最終難免一戰，為愛惜國力，為抗日大計，頗不願以戰爭手段解決國內問題，乃於六月七日復電陳濟棠、李宗仁、白崇禧，勸其團結禦侮，切勿出兵鄰省，然而去電之後，未見回復。

六月十日，蔣中正再度去電，略曰：「現二中全會已決於一月內舉行，一切均當決於黨議，我全國軍人聽命黨國，萬不宜自由行動，使群情益深惶惑。當此華北情形嚴重，外交局勢緊張，舉國憤慨，人人悲痛之際，知兄等必不忍乘國家之危，而加重國難。」[1]粵籍中委李文範、馬超俊等十人則於六月十一日電誡陳濟棠：「務望臨崖勒馬，立即停止軍事行動，並婉勸德鄰、健生兄等，於此張脈僨興之時，為民族為國家為個人過去參加革命救國之光榮歷史，鄭重考慮，毋為仇讎所快，親厚所痛。」[2]

然而兩廣當局蓄謀已久，「抗日救國」只是藉口，當然不會因為中央文電的勸告而善罷甘休。與此同時，山東省政府主席韓復榘也同情兩廣異動，乃聯合冀察政務委員會委員長宋哲元，於六月二十一日通電呼籲和平，反對中央用兵。在此種情勢之下，如不迅速設法遏阻兩廣事變，一旦戰事觸發，必將釀成大患。

自特務處成立起，戴笠即高度重視兩廣情勢之演變，先後派遣粵籍幹員邢森洲、吳迺憲、張炎元、梁幹喬、梅光培、陳質平等人佈置港粵工作，蒐集到大量關於兩廣的重要情報。舉凡兩廣當局之內部活動以及對外聯絡情形，戴笠均有掌握。

多年以來，陳濟棠著力於擴充軍備，尤其對空軍的壯大不遺餘力，他以一省的財力向國外購買各式軍機百餘架，幾乎有緊追中央之勢，如何化解陳濟棠的空軍力量，便成為解決事變的關鍵。因此，戴笠對兩廣當局擴充軍力、購買軍機的情報特別注意，他將這類情報隨時報告蔣中正，以供參考：

二十一年十一月二十一日報告：「粵陳現又訂購戰鬥機二十五架，每架十五萬元，並決發行航空救國公債千萬元，桂又運到戰機兩架，並運械一批。」[3]二十二年八月十八日報告：「粵訂購之飛機炸彈共重八十噸，寒日到港，粵已派員起運。」[4]二十三年九月二十八日報告：「粵陳於前兩月向義國訂購戰鬥機六十架、轟炸機十

1 王宇高編：《事略稿本》，民國二十六年六月十日。
2 李雲漢：《中國國民黨史述》第三編第二八四頁。
3 戴笠電蔣中正，民國二十一年十一月二十一日，蔣中正總統檔案。
4 戴笠電蔣中正，民國二十二年八月十八日，蔣中正總統檔案。

架，定三個月交貨，號日第一批運抵香港二十架，梗日運往省城。」[1]二十四年六月十日報告：「桂省近向日本訂購九一式戰鬥機四十架，已運到九架，在梧州裝配，分飛南寧、柳州兩地訓練。」[2]八月三日報告：「廣西近與日本泰平組合訂立契約，訂購九二式戰鬥機及爆擊機各兩架、野砲八門、重機關槍八挺及步槍彈藥等，共計日金八十萬元。」[3]等等。

戴笠的辦事作風是迅捷靈敏，決不猶豫觀望，當兩廣事變發生之初，他即命令特務處根據二十五年一月至五月所蒐集之情報材料，調製成《粵桂空軍調查》一冊，於六月三日呈送蔣中正。該冊包括「廣東空軍實力調查表」、「廣東軍用飛機數量分類統計表」、「廣東軍用飛機性能調查表」、「廣東各地飛機場位置圖」、「廣西空軍概況調查表」及「廣西各地飛機場位置圖」六個部分，雖然篇幅不大，但內容甚為詳盡。其中「廣東空軍實力調查表」與「廣東軍用飛機性能調查表」之材料最為充實，前者詳列粵方空軍司令部、航空學校、軍官訓練班及八個中隊之飛機數量、飛行員數量、戰鬥力強弱以及駐地，後者詳列粵方空軍之飛機種類、式樣以及各機之數量、馬力、速率、航程、載重、座位數量、機槍數量、炸彈架數量、出產國、備考等項。蔣中正接閱後，認為甚有價值，批示速交航空委員會主任周至柔參考。[4]

接著，戴笠分電各地同志注意兩廣情報。六月五日，致電香港邢森洲：「港區五月份上半月經費已於昨日滙出，下半月經費明日當有滙奉也。當此時局緊張之時，所有東北江及桂組留港之人員，應請立即斟酌情形，派回原地工作。粵桂軍事之調動情形，務請轉令各地工作人員詳查確報為要。」[5]六月六日，致電長沙「超群」：「粵桂變動已證實，湖南地當衝要，吾人職司情報，責任重大，湘西、湘南均為粵桂軍入湘必爭之區，此時粵桂軍之行動及湘何之態度與湘軍之佈防情形，務請兄轉知各工作同志加緊偵查，不誤時機，詳查確報。衡州電台實有設立之必要，刻正在準備中，日內準可出發。湘站五月份之經費，昨已盡數滙奉矣，茲又滙上準備金五百

1 戴笠電蔣中正，民國二十三年九月二十八日，蔣中正總統檔案。
2 戴笠電蔣中正，民國二十四年六月十日，蔣中正總統檔案。
3 戴笠電蔣中正，民國二十四年八月三日，蔣中正總統檔案。
4 戴笠呈蔣中正，民國二十五年六月三日，國民政府檔案。
5 戴笠電邢森洲，民國二十五年六月五日，戴笠史料。

圓，以備緊急之需。對衡州、永州、常德方面之工作應急物色得力人員加緊偵查為要。」[1]六月七日，下達手令：「衡州電台準明早出發，希即電告湘站，速于衡城覓妥電台地址，並派妥員在長沙車站接候，該電台出發人員之旅費及本月份薪與辦公費等，即由會計股照發勿誤為要。」[2]

此外，戴笠亦積極聯絡有關方面之友人請求幫助。當時粵漢鐵路通車在即，中央與西南之間的天然屏障行將打破，戴笠於六月三日致電長沙財政廳長何浩若謂：「粵漢通車，湘對粵桂情形今後必更明瞭，兄遇有所聞，敢乞隨時電示。」[3]六月八日，戴笠接何浩若密報，獲悉粵桂軍已擅入湖南，復電謂：「陽電奉悉，已轉呈矣。粵桂軍入湘後之情形及湘當局之態度與湘軍佈防之情形，乞多多電示。」[4]

由於各地工作加緊展開，特務處的經費開始不敷使用。戴笠正在心急之際，許兆賢由上海發來快電，內稱擬於月中攜陳華來京，為戴笠慶賀四十壽辰。戴笠除復電予以婉謝外，趁機向許大姐提出了借錢的請求：「粵桂變動，弟近日來晝夜紛忙，故不克赴滬與兄及華弟晤談一切，甚悵。兄與華弟擬月中來京，固甚歡迎，但祝壽萬不敢也。兄之屋價餘款已兌來否，如已兌齊，擬請假我三萬元，期以一個月本利送還。因公家五月份之錢尚未完全領到，而當此時局緊急之時，各地六月份之款急待發給也。可否請於今夜二時電三一四七另告知，華弟請代道念。」[5]

當特務處工作漸次開展之際，曾遭遇吳滄桑被捕之打擊。吳滄桑原名吳經界，廣東大埔人，誠實純篤，果敢忠義。少時家貧，弱冠從叔父業商於潮安，曾因友人之累繫獄數月，其平時酒食徵逐、聲氣相投若兄弟者，明知經界受誣，竟不一營救。經界有感於斯，頓興雄飛之念，案白省釋，取字滄桑，毅然隻身赴穗，考入黃埔軍校第四期。卒業後，隨軍北伐，歷任第一師排長、連長，由閩而浙而蘇，萬里長征，每戰輒身先士卒。上海北站之役，率部死鬥，卒告克復，追擊孫傳芳，轉戰於棲霞山麓，亙三晝夜，出生入死，終殲頑敵。其後全國底定，入北平陸軍大學，課餘復泛覽古今中外軍事典籍，手著《開發西北》一書，切中時要，宿儒競相嘆異。二十年，自

1 戴笠電「超群」，民國二十五年六月六日，戴笠史料。
2 戴笠手令，民國二十五年六月七日，戴笠史料。
3 戴笠電何浩若，民國二十五年六月三日，戴笠史料。
4 戴笠電何浩若，民國二十五年六月八日，戴笠史料。
5 戴笠電王湘蓀送許兆賢，民國二十五年六月八日，戴笠史料。

陸大畢業，先後擔任南京中央軍校及廣東燕塘軍校教官，登壇論戰，聽者動容，陳濟棠刮目相看，許為一時之選。二十三年，奉派獨立第三師參謀長，嗣調第二軍第六師參謀長，參贊戎機，建樹尤多。其時外侮日急，國勢阽危，滄桑以為欲求對外，必先統一，遂於二十五年參加特務處工作，任特別通訊員。詎料事機不密，為陳濟棠偵知。六月初，滄桑由韶關赴廣州，甫下車，即為粵方憲兵四名出示粵省當局手令逮捕，卒於七月十一日為陳濟棠所害，時年三十一歲。是為兩廣事變發生後特務處殉難之第一人。[1]

六月中旬過後，兩廣情勢愈形緊張，邢森洲為通訊安全計，已化名為「雷明」。戴笠為增進邢森洲之工作效能，特派副處長鄭介民前往香港指導。[2]鄭介民首先需要解決的問題，是恢復電台通訊。當時特務處在粵桂之多處電台，皆因環境惡劣中斷通報，戴笠於六月十九日電囑鄭介民、邢森洲：「廣州、韶關、柳州三電台務請從速設法恢復通報」，「聞西南執行部於篠開會討論組織抗日救國軍政府事，未悉結果如何？盼查復！」「桂總部發出之密本吾人能否設法收買一二本？如有辦法，請立即進行！」[3]六月二十二日，戴笠再囑鄭介民：「柳州電台不通，請速查明原委，並謀補救之方。」[4]

此外，戴笠繼續調派人馬前往粵桂活動。六月二十六日，電告漢口禁煙密查組副組長陳德謀：「據匡元兄云，現在兄處為司書之傅徽意能回桂活動，請即查詢。如有可能，乞即准其來京一談。」[5]七月三日，下達手令：「派梁君怡赴港，設法運電機入桂，發來回旅費等肆佰圓。派鄧匡元赴港，幫同雷明重新佈置廣西情報網，發來回旅費三百五十圓。派鄧慶修、傅徽意、楊麗川、鄧韋豹、黃世寶等五人回桂工作，除楊麗川回桂聯絡民團不給生活、活動費外，餘均為通訊員，其生活、活動費另支，即發鄧慶修等五人回桂旅費各一百五十元。」[6]同日再下手令：「派謝鎮南赴香港工作，月支生活、活動費貳佰六十元。派廖化機赴香港工作，月支生

1 國防部情報局編印：《本局殉職殉難先烈事蹟彙編》第三十一至三十二頁；大埔縣地方志編纂委員會編：《大埔縣志》第一〇四七頁；「李漢魂通電霹靂一聲」，《大公報》上海版，民國二十五年七月十三日。
2 戴笠電邢森洲，民國二十五年六月七日，戴笠史料。
3 戴笠電邢森洲，民國二十五年六月十九日，戴笠史料。
4 戴笠電鄭介民，民國二十五年六月二十二日，戴笠史料。
5 戴笠電陳德謀，民國二十五年六月二十六日，《戴先生遺訓》第三輯第一九四頁。
6 戴笠手令，民國二十五年七月三日，《戴先生遺訓》第三輯第一九四頁。

活、活動費二百元。」[1]

七月十日，戴笠電囑邢森洲：「最近陸續派遣回兩廣工作之人員，務請吾兄個別詳談，妥為規定各人工作之方針與其待遇之數目，以期人與財均不濫費為主旨。」[2]蔣中正對特務處在粵桂方面的工作也很關注，特於六月二十九日電囑戴笠：「凡關於廣東、廣西之軍事運動報告，在香港應皆用海線電，不可再用舊密本之無線電。如用無線電應多印各種密本，每次密電必須另換密本。」[3]

鄭介民方面，此時在港還負有一項特殊任務，即聯絡唐生智。唐生智時任軍事委員會訓練總監部總監，於六月一日以「處理家事債務」為由，向蔣中正告假三星期，隨即離京赴港。[4]蔣中正亦以「港中情報及接洽乏人主持」，電請唐生智暫時留港負責，並約定通訊化名。[5]唐生智與粵方關係密切，早年「反蔣」甚烈，此時雖已歸附中央多年，但在時局緊張之際藉故赴港，不能不引起戴笠的注意。戴笠於六月二十二日電告鄭介民：「唐總監住跑馬地龍潛台一號三樓，約定通訊之化名為『唐霍文』，請兄即與之通訊，並代為奉候。唐之行動亦請注意，以便明瞭唐之活動情形也。」[6]

除恢復通訊與監視唐生智外，鄭介民最重要的任務，則是聯絡陳勵吾、陳勉吾、甯克烈、譚禮庭等粵籍有力人士，以策動粵方空軍反正來歸。陳勵吾早年在粵歷任軍職，後居香港；其弟陳勉吾時任粵方第一軍軍長余漢謀部參謀處長，早與特務處有所聯絡。[7]甯克烈曾在廣東航空學校及第八路軍航空處服務，對粵桂空軍內部實情頗為熟悉，且與粵桂空軍人員尤多知交，數年以來皆在粵港為中央祕密效力。[8]譚禮庭為廣東巨賈，其富國煤礦公司曾因業務發達，引起陳濟棠的覬覦，被迫由陳入股，由此與陳有隙，願為中央工作。[9]

1 戴笠手令，民國二十五年七月三日，《戴先生遺訓》第三輯第三七三至三七四頁。
2 戴笠電邢森洲，民國二十五年七月十日，戴笠史料。
3 蔣中正電戴笠，民國二十五年六月二十九日，蔣中正總統檔案。
4 唐生智呈蔣中正，民國二十五年六月一日，蔣中正總統檔案。
5 蔣中正電唐生智，民國二十五年六月二十二日，蔣中正總統檔案。
6 戴笠電鄭介民，民國二十五年六月二十二日，戴笠史料。
7 喬家才：《鐵血精忠傳》第九十四頁。
8 楊永泰呈蔣中正，民國二十三年八月三十日，蔣中正總統檔案。
9 譚禮庭：《我與富國煤礦公司》，《廣州文史資料》第八輯第一〇〇至一〇一頁。

戴笠曾於六月二十二日電告鄭介民：「奉校座諭，關乎空軍聯絡，甯克烈、譚禮庭亦有路線，甯、譚現均在港，請兄設法聯絡。」並匯鄭介民一萬元以備緊要之需。[1] 惟上述諸人似未發生作用，最終策動粵方空軍來歸的仍是特務處於二十四年間聯絡的粵方空軍人員黃志剛與佘平想。

自六月中旬陳濟棠叛跡漸明後，黃志剛、佘平想即正式展開活動，遂以同學、友好等關係，先後策反粵方空軍飛行員黃居谷、封是強、蔡志昌、鄧華高、馬維棟、岑澤鎏、譚卓勵、陳崇文、劉志英、羅承業十人，其中黃居谷、封是強、蔡志昌三人是第二中隊飛行員，駐廣州機場；其餘七人則與黃志剛同屬第五中隊顧彭年分隊，駐從化機場。黃志剛、佘平想將架機投效中央的想法明白誠懇地告訴大家，迨大家均表贊同後，即將各人在廣州的家眷先行安頓，以免後顧之憂。[2]

待機發動期間，黃志剛曾到香港，與特務處人員陳質平進行接洽，陳質平說：「中央與兩廣歧見毫無緩和，現已僵局，所以戴先生特派我南來，要你立即準備行動，時間由你決定，地點有二，一是飛往江西吉安，二是飛往福建漳州。望盡量爭取飛機和人員一齊抵達，無法取到飛機的人員，則可分別首途來港，我會在港妥為接應。」並再三詢問黃志剛有無困難與要求。黃志剛說：「困難自當設法克服，我們架機飛往中央，純是愛國愛民的行動，從未作升官發財之想，如果僥倖達到目的，只望得到更多學習、訓練的機會，除此別無他求。」[3]

黃志剛等人從未經歷過長途飛行，在起義之前，特意買來江西和福建的地圖，仔細認清航向、距離以及地面明顯目標，以作準備。時值廣東雨季，山嶺稍高處常為雲霧所籠罩，對於遠航造成危險，黃志剛為策萬全，決定等待天氣良好時再開始行動。七月一日，大雨傾盆，至下午五時雨停後，只見雲層逐漸稀薄，西方晚霞似錦，天氣已有轉好的跡象。黃志剛把握時機，決定明日練習編隊飛行時架機北上，遂於當晚聯絡廣州的封是強來到從化，與其在竹林僻靜處密談。

黃志剛告訴封是強：「今晚星斗滿天，明天天氣一定很好，我決定明天就行動。請謹記幾件事，分別通知有關同學：第一，要爭取首批飛行的機會，因為這樣才能有充足的油量飛抵目的地；第二，如果爭不到首批飛

[1] 戴笠電鄭介民，民國二十五年六月二十二日，戴笠史料。

[2] 黃志剛呈蔣中正，民國二十五年七月八日，國民政府檔案；梁穀生：《兩廣事變中的黃志剛先生》，《高要文史》第十四輯第四十二頁。

[3] 梁穀生：《兩廣事變中的黃志剛先生》，《高要文史》第十四輯第四十二至四十三頁。

行，立即穿上便裝去三水西南搭港梧輪赴港，或入中山石歧轉去澳門，千萬不要在大沙頭上東站搭火車或到省港輪碼頭搭船，須知我們一行動，當局必會在此兩處佈下羅網；第三，飛行時要東向，由黃居谷領隊，若中途天氣不好，可飛出汕頭上空，循海岸飛行，再轉赴漳州；最後，希望各人必須鎮定，絕不可有絲毫驚慌之神態，以免引人疑惑。」囑咐完畢，二人即各自返回駐地。當晚，黃志剛心緒不寧，無法入睡，因中隊長敖倫對他十分關懷，而今不告而別，心有內疚，而且擔心起義之後，敖倫會受陳濟棠的責問。然而他幾經思索，最終決定不能以私廢公。

七月二日晨，分隊長顧彭年率隊進行飛行訓練。六時，黃志剛、鄧華高、馬維棟、岑澤鎏、譚卓勵、陳崇文、劉志英、羅承業八人備好空中必需品。六時半，陳崇文、劉志英二人隨顧彭年先行升空，黃志剛、馬維棟等人隨之而起。當升空約四千呎時，黃志剛即將飛機調整至計劃角度，向前猛進，陳崇文、劉志英等人見時機已至，亦脫離隊形，追隨黃志剛而去。顧彭年起初不知底細，也加入北飛行列，而後眼見各機航向不對，即以手勢飭令南返，黃志剛卻以手勢示意繼續北航，經互相示意多次，顧彭年始知黃志剛等人無意南向，只得自行返航。

此時，黃志剛等人已升空約七千呎，正式脫離危險，遂途經三南、信豐、贛州而至吉安。吉安本是黃志剛與陳質平約定的地點，然而他在吉安機場上空盤旋一週，發現地面並未擺出符號，於是決定循河向東北方向前進，最終於中午時分在南昌新機場安全降落，整個飛行過程共計四個多小時。當時空軍教導總隊駐南昌，黃志剛等人降落後，當即晉見總隊長毛邦初，並將歸來各情報告。廣州方面，黃居谷、封是強、蔡志昌三人於同日上午八時由廣州起飛，八時五十分在羅浮山附近遇雨，乃冒險穿行，經惠陽、海豐、陸豐等縣，於十一時到達福建漳州，見到地面符號後，即各繞機場兩週，安全降落，當晚謁見駐閩綏靖公署主任蔣鼎文，面報經過。此外余平想、李德標等十一人因未取得飛機，乃潛往香港與特務處方面接洽，亦擇日北上。[1]

同日，蔣中正得知黃志剛等人歸順中央，倍感欣慰，當即電告毛邦初、蔣鼎文：「今日飛來贛、漳之粵中空軍各同志，准每機犒賞洋貳萬圓，並各升一級。望先代為嘉獎，一面屬其發表宣言，勸粵中空軍同志來歸

---

1 黃志剛呈蔣中正，民國二十五年七月八日，國民政府檔案；梁毅生：《兩廣事變中的黃志剛先生》，《高要文史》第十四輯第四十四至四十六頁。

中央，擁護領袖，服從命令，保全我中國整個空軍之國防，勿為陳濟棠擁兵自衛、害國殃民者封建軍閥之工具。」[1]

七月六日，黃志剛、余平想遵照蔣中正之意旨，與粵方來歸空軍二十餘人聯名發表通電，反對兩廣異動，略云：「吾國不幸，頻年來外受暴日之侵凌，內遭共匪之蹂躪，民生國計，日見凋殘，尚幸中央諸公忍辱負重，埋首苦幹，實行安內攘外，清除匪患，準備國防，與民更始，共禦外侮，以期挽狂瀾於既倒，求民族之復興。全國上下，兢兢業業，無不鵠步以趨，此中外所共見共聞者也。不期陳濟棠、李宗仁、白崇禧等，主政南疆，實同割據，夜郎自大，為所欲為，據兩粵以自私，阻國家之統一，綜其罪惡，罄竹難書。夫國家之能致富強，首須統一，數年來朝野上下之一心一德，無不以此為期，乃陳李白等利祿薰心，人言罔恤，竟於民二十年反叛中樞，自行組府，繼設兩機關，以割據稱雄，置中樞政令如弁髦，不顧啟外敵覬覦之心，陷國家分崩之禍。而陳李白等此次之揭櫫抗日，雖孩提之童，亦知為藉抗日之名而實行反叛中央者。志剛、平想等供職空軍，許身黨國，只知為國家民族爭自由，為三民主義求實現，決不做叛逆之鷹犬，遺萬世之罪名，故而率機逕飛中央，為黨國以效勞，保我空軍令譽，樹起軍人人格。還望我粵中海陸空軍同胞，一致奮起，服從中央，促叛逆之覺悟，為國家謀統一，順逆之分，繫於一念，興亡之機，決於此舉，願速起圖之！國家幸甚！兩粵幸甚！」[2]

黃志剛等人得以順利來歸，程天斗實有貢獻，不幸的是，他突於事發兩天後即七月四日被刺身亡。[3]戴笠對程天斗的死頗感意外，他於七月五日電告鄭介民：「今日報載，程天斗昨在港被刺身死，此事係何方所為，請即查明電復。現香港暴徒既能活動，務請兄與雷明兄注意一切，縝密行動為要。」[4]另致電南昌毛邦初，請轉告黃志剛飛京一談，以便探悉程天斗被刺的真相。[5]七月七日，黃志剛應戴笠之約來京，戴笠特邀其遊覽中山陵，以增強其革命意識，並慰勉他說：「此地平常人是不容易進入的，今天領你來此，是因為你完成了重大使命，有資

1 蔣中正電毛邦初、蔣鼎文，民國二十五年七月二日，蔣中正總統檔案。
2 「粵空軍四十餘人率機徑飛中央」，《大公報》上海版，民國二十五年七月七日。
3 「時局依然無變化」，《大公報》天津版，民國二十五年七月五日。
4 戴笠電鄭介民，民國二十五年七月五日，戴笠史料。
5 戴笠電毛邦初，民國二十五年七月五日，戴笠史料。

格來瞻仰孫總理的遺容。」[1]至於戴笠是否從黃志剛處探悉程天斗被害的內幕，則不得而知。

陳濟棠倒行逆施，不僅黃志剛、余平想等人不直其所為，即便是粵方空軍司令黃光鋭、參謀長陳卓林等高級將領，亦早已心懷不滿。事變發生後，陳卓林曾派親信陳善到香港，與鄭介民、梅光培約定率領空軍離粵，擁護中央。當時粵方空軍共有八個中隊，第一中隊長譚壽、第二中隊長丁紀徐、第三中隊長陶佐德、第四中隊長謝莽、第五中隊長敖倫、第六中隊長馬庭槐、第七中隊長何涇渭、第八中隊長郭漢庭。陳卓林與特務處方面接洽後，即分別找來陶佐德、謝莽、敖倫、馬庭槐、何涇渭等人談話，告以：「兩廣與南京作戰，無異以卵擊石，陳濟棠抗日是幌子，如果廣東空軍能歸附中央，中國統一抗日就有力量，歸附後每架飛機可得賞金二萬元。」[2]

不久，陳濟棠也召集空軍各中隊長開會，聲言：「蔣介石不得人心，快要垮臺，現在北方實力派已響應我的抗日主張，時局對兩廣出兵很有利。目前關鍵，要看各空軍隊長的意見，如果各隊長贊成我的主張，我馬上出兵北上，如不同意，出兵就作罷論。」陳濟棠把空軍當作手中的王牌，他這番話，實為逼迫各人表明態度，大家沉默片刻之後，只好違心地說了些「誓為前驅」的話。會後，馬庭槐在返回機場途中對敖倫說：「如果陳濟棠今天給我五萬元港幣，我就不反對他。」敖倫說：「陳濟棠是孤寒種（吝惜鬼），你不要做夢。」

當晚，陳卓林率敖倫、馬庭槐、何涇渭等人去見黃光鋭，請其領導空軍投效中央。其實黃光鋭早與中央有所接洽，但他出於慎重，乃故作詫異，問大家：「怕不怕槍斃？」大家一再表示：「跟陳濟棠打內戰是死路一條。」於是黃光鋭接納了大家的要求，並令眾人嚴守祕密，等候時機。

七月二日黃志剛等人架機歸順中央後，陳濟棠異常震怒，一面向黃光鋭追究責任，將第二中隊長丁紀徐扣押，一面限制飛機載油量，以防再有出走事件發生。這樣一來，陳卓林等人的出走計劃受到很大影響。[3]七月七日，邢森洲密報戴笠稱：「現駐從化之第四、第五兩隊均未准架機演習，故旬日內恐無機會達到目的，但對於第四隊謝隊長及四、五兩隊之飛行員，現尚繼續慎密聯絡。」「現對駐韶之一、三兩隊及駐廣州之二、六兩隊，並

1 黃志剛呈蔣中正，民國二十五年七月八日，國民政府檔案；梁毅生：《兩廣事變中的黃志剛先生》，《高要文史》第十四輯第四十七頁。

2 戴笠電蔣中正，民國二十五年七月十九日，蔣中正總統檔案；敖倫：《我參加廣東空軍倒陳投蔣》，《廣州文史資料》第十五輯第八十五頁。

3 敖倫：《我參加廣東空軍倒陳投蔣》，《廣州文史資料》第十五輯第八十五至八十七頁。

空軍司令部直轄飛行員、航空學校飛行員，均在分別進行運動聯絡中。」[1]

就在粵方空軍醞釀反正之際，陸軍若干重要將領因對陳濟棠不以為然，突然來歸中央。當時陳濟棠之「第一集團軍」下轄三個軍，每軍轄三個師，首先表明態度的是第二軍副軍長李漢魂，他於七月六日「掛印封金」，將官印、公款一切返還陳濟棠，而後離開汕頭，在香港通電籲和。七月八日，第一軍軍長余漢謀亦毅然自大庾飛抵南京，當日晉見蔣中正，並於次日電勸粵中將領服從中央。余漢謀嚮義歸順，使兩廣的形勢急轉直下。七月十一日，戴笠致電香港鄭介民，轉達中央意旨，稱：「中央對粵決不輕易放過，惟能使陳之部下表示反陳，所謂不血刃而底定粵局者，固中央在今日內外情勢之下所唯一希望也。如陳不軟化，只有出於軍事解決之一途。」[2]

七月十日，中國國民黨五屆二中全會在南京開幕，會期五天。全會最重要之決議案為撤銷西南兩機關案，其內容三項：一，撤銷中央執行委員會西南執行部及國民政府西南政務委員會；二，陳濟棠免職，改任余漢謀為廣東綏靖主任兼第四路軍總司令，負責整理廣東全省軍事，任李宗仁為廣西綏靖主任，白崇禧為副主任；三，任林雲陔為廣東省政府主席，黃旭初為廣西省政府主席。[3]

全會期間，粵方海軍第一號魚雷艇長鄺文光、第四號魚雷艇長鄧瑞功、肇和艦分隊長馬廷偉、槍炮副梁顯邦、魚雷副馮汝珍、航海副覃忠等人，亦經海軍部軍令處長陳策派袁良驊、李英傑運動，於七月十二日晚率領兩艘魚雷艇駛抵香港，脫離粵方關係。[4]七月十三日，余漢謀自南京飛返大庾，次日宣誓就職，通電催促陳濟棠聽命中央，釋兵入京。[5]七月十四日，粵方第二軍軍長張達不戰而退，余漢謀部順利進佔粵北屏障韶關。七月十六日，陳濟棠的心腹愛將、粵方第四師長巫劍雄，亦經鄭介民運用其舊識張君嵩曉以大義，在馬壩集議反陳，通電服從中央。[6]

七月十七日，蔣中正電勸陳濟棠急流勇退，善保始終。陳濟棠面對眾叛親離的窘境，不得不復電表示遵命

1 戴笠呈蔣中正，民國二十五年七月八日，國民政府檔案。
2 戴笠電鄭介民，民國二十五年七月十一日，戴笠史料。
3 李雲漢：《中國國民黨史述》第三編第二八五頁。
4 袁良驊、李英傑電陳策轉蔣中正，民國二十五年七月十二日，國民政府檔案。
5 「余漢謀昨日發出通電促陳濟棠入京」，《大公報》上海版，民國二十五年七月十五日。
6 戴笠呈蔣中正，民國二十五年七月二十日，蔣中正總統檔案；費雲文：《戴雨農先生傳》第四十一頁。

下野，但他仍然反對中央對余漢謀的任命，聲稱：「粵事交幄奇（余漢謀）主持，各將領多不服從，恐不免一戰，應請鈞座另派一孚眾望大員」，查其用意，一為挑撥離間，一為討價還價。[1]就在陳濟棠仍無悔悟之際，粵方空軍在鄭介民策動之下，終於七月十八日全部投效中央，澈底宣告了粵陳的崩潰。

先是，中央曾派輕轟炸機三架在廣州上空散發傳單，勸告粵中官兵反正來歸，於是黃光銳藉口加強防空，請陳濟棠撤銷限制飛機載油量的命令，陳濟棠不知是計，批准了黃光銳的請求。[2]陳卓林認為時機已到，即與鄭介民約定「巧晨」發動。發動前夕，陳卓林與各中隊長聯合向黃光銳請示辦法，惟黃光銳仍然猶豫不決，陳卓林乃責以大義，復由各中隊長環請再三，黃光銳終於同意。[3]

南京方面，戴笠為了這次策反，一度需要五萬元的現款進行活動，然而特務處經費有限，拿不出這筆錢。於是戴笠向蔣中正報告急需用款情形，蔣中正瞭解後，吩咐他去找航空委員會主任周至柔商洽。不料周至柔根本無意幫忙，對戴笠說：「領袖的錢不好隨便花呀！」戴笠聽了，頗感洩氣。

戴笠悶悶不樂地回到了雞鵝巷，經過一番思索，決定仍向許兆賢求助，當即吩咐交通股長胡子萍買了兩張當夜到上海的臥車票。到了上海，許大姐慨然借出名貴項鏈，解決了戴笠的困難。第二天，戴笠回到南京，高興地對胡子萍說：「我們為領袖工作，為國家負責，要有承擔，五萬元算不了甚麼，祇要工作做成功，五十萬元也值得。昨天周主任不撥給我們款子，卻說錢不好隨便花，我們甚麼時候隨便花過國家的錢呢？為了工作，不能不花錢，他們不給，工作又不能不做，只好自己想法辦。」[4]

除經費外，戴笠還要解決通訊方面的難題。當時他在粵方空軍內部佈置了一條極為隱秘的路線，對方正是粵方空軍電訊總台報務主任梁伯崙，此人是梁幹喬的堂侄，係於二十三年三月祕密參加特務處工作的。[5]兩廣事變以前，梁幹喬奉戴笠之命，潛入廣東主持策反事宜，常於傍晚化裝黃包車夫，在空軍總台附近徘徊，梁伯崙下班後，即搭其黃包車，至僻靜處下車，給以車資兩毫紙幣，情報即裹在其中。梁伯崙體形較胖，梁幹喬深以拉車為

1 蔣中正電余漢謀，民國二十五年七月十八日，蔣中正總統檔案。
2 敖倫：《我參加廣東空軍倒陳投蔣》，《廣州文史資料》第十五輯第八十七頁。
3 戴笠電蔣中正，民國二十五年七月十九日，蔣中正總統檔案。
4 喬家才：《戴笠和他的同志》第一集第七十一頁；張霈芝：《戴笠與抗戰》第八十頁。
5 特務處編製：《二十四年年終總考績擬請增薪人員名冊》，梁伯崙條。

苦，但因工作得以進行，反以為樂。當年粵方查緝「藍衣社」份子甚為嚴厲，處刑亦極慘酷，梁幹喬以處內前輩，不惜苦身勞形，冒險犯難，深得處內知情同志的尊敬。

梁伯崙在粵方地位重要，傳遞的情報自然價值巨大，但他為避免粵方監察電台的監聽，只能不定時且不定波長與南京方面聯絡，這對特務處而言是一個很大的挑戰，如何與梁伯崙通報成了頗為棘手的技術難題。

某日晚，南京總台報務主任于熾生突召報務員張我佛、王惠民、單一鳴、莊菘民四人前來，指定負責專機一部，自即日起二十四小時守聽呼號為「XHOB2 DEXSF」的電台，可自三十米至四十五米波段廣泛搜聽。這種既無會晤時間又無固定波長的聯絡任務，近乎強人所難，四人聽了面面相覷，愕然不知如何應對。張我佛年少氣盛，抗命不服，大聲答道：「此種任務，無異包青天命令王朝、馬漢去捉『落帽風』！」不料于熾生把臉沉下來說：「你現在已知這裏是軍事機構，上級交下之命令，必有其道理，吾人只有服從，你不幹，恐怕你有二進宮之患了！」案張我佛曾因擅自離職被禁閉三個月，所謂「二進宮」即指再被禁閉，於是他無可奈何，只好硬著頭皮接受了任務。

此後，張我佛等四人開始全天候專心搜聽上述呼號的電台，每人每天均須枯坐六個小時，然而幾天下來毫無結果。某日，戴笠親自打電話到白鷺洲總台，詢問：「本案由何人值班？」于熾生答以：「責成張我佛為主報，正在日夜不停搜聽中。」至此，張我佛始知此次任務的重要性，否則不會勞動戴笠親自查詢。這時電台仍然聯絡不上，大家急得坐立不安，卻又覺得毫無辦法。

到了第五天，奇跡終於出現，這天清晨二時左右，正值張我佛值班，他在三十五米波段上竟然聽到了「XHOB2 DEXSF PSEQSY 38MKKK」的信號，亦即是說該神祕電台請南京總台用三十八米波段與他聯絡，張我佛高興地跳起來，立即叫醒了已經入睡的于熾生。于熾生將總台三部最大的二百瓦發報機調整到三十八米左右，聯在一起回答對方，由於電力強大，立即接通，經證實確為上級急切取得聯絡的神祕電台後，即由收發員毛鍾新打電話到雞鵝巷報告戴笠。

戴笠激動地從睡夢中爬起，專等該台來電，他在電話中命令總台，將對方發來的電報抄下一個字即用電話報告一個字。於是總台方面由毛鍾新在報房抄收，每抄三五字，即由于熾生親自奔走至電話機旁傳達，甲室方面再由姚敦文轉達戴笠。就這樣，一張八十多字的電文，未經傳令兵的傳遞就已經到了戴笠的手中。當夜，雞鵝巷辦公室的氣氛緊張而忙碌，曙光才露，戴笠即乘車去面謁蔣中正了。

兩天後的中午，處本部負責總務的譚良譜給于熾生打來電話，告以：「今晚夫子廟名菜館『別有天』將送兩桌酒席來總台外燴，這是戴先生的犒賞，戴先生可能親自前來參加，但不必等他，可準時在晚上六時開席。」另對張我佛建立奇功，予以特別嘉獎。同日深夜，總台又與神祕電台通報一次，抄報一張，從此即奉令撤銷專機，終止聯絡。[1]

梁伯崙來電的內容不得而知，但無疑與粵方空軍反正有關，在他來電後的第三天亦即七月十八日，粵方空軍即全數出走。是日晨五時，粵方空軍各中隊集中天河機場，當各中隊長宣布飛往韶關的命令後，各飛行員並無不安神色，似乎早已預知了投效中央的決定。於是大家紛紛登機，全部飛往韶關，總計各中隊長、副隊長、分隊長、飛行員、機械員及航空學校主任、處長、教官共有一一五員，抵韶後受到了余漢謀的接待。此外，黃光銳、陳卓林二人未與各中隊一致行動，而是先飛香港再轉南京。[2]

粵方空軍傾巢來歸的新聞轟動一時，南京全市的報販都在大聲叫賣「號外」，一時街頭巷尾的熱鬧，異於往日，總台諸人買來報紙一看，才體會到「捉落帽風」的專機以及戴笠不尋常的犒賞或許與此有關。過了兩天，梁伯崙突然出現在總台，佈告欄中隨即貼出人事命令，派他為領班。領班是報務員的頂頭上司，張我佛不知梁伯崙的底細，看他比自己年輕，技術也不一定比自己好，沒有當總台領班的資格，於是內心不服，形諸顏色。于熾生發現情形不對，乃召張我佛至辦公室密告：「梁同志的職務乃是戴先生親自交辦的，他是有功升級，老兄所捉的『落帽風』就是他，各報紙發『號外』、戴先生犒賞的兩桌酒席，都和梁領班有關。」張我佛聽了，恍然大悟，始知總台之所以和神祕電台終止聯絡，係因梁伯崙在最後一次通報結束後，必然棄職潛逃，祕密會同準備北飛的空軍官兵一體行動，他頓時對梁伯崙深入虎穴的勇氣，感到由衷的佩服！梁伯崙到總台上班後，每日笑口常開，但當同仁詢及粵機北飛一案時，則笑而不答。[3]

粵方空軍反正後，陳濟棠自知大勢已去，乃乘英國軍艦前往香港，旋即通電下野，其在電文中猶唱高調，

---

1 張我佛：《抗戰與我》第一二一至一二四頁；毛鍾新：《為戴笠先生白謗辯誣》，《中外雜誌》第三十卷第四期第十九頁；喬家才：《戴笠和他的同志》第一集第一一二至一一三頁。

2 余漢謀電蔣中正，民國二十五年七月十八日，蔣中正總統檔案；敖倫：《我參加廣東空軍倒陳投蔣》，《廣州文史資料》第十五輯第八十七至八十八頁。

3 張我佛：《抗戰與我》第一二四至一二六頁。

詭稱：「此次呈請中央領導抗日，不蒙鑒諒，致徒懷救國之心，未遂請纓之志」云云。陳濟棠篤信星象占卜，當謀亂之初，有術士翁半玄者為其扶乩，得「機不可失」之語，遂定「反蔣」大計。及黃志剛、余平想倡義於先，黃光鋭、陳卓林繼起於後，陳濟棠以失空軍憑藉，兵敗下野，為天下笑，始知「機不可失」之「機」乃飛機也。[1]至此，中央解決兩廣事變已獲階段性的勝利，蔣中正對特務處策反粵方空軍的工作至為滿意，其日記記曰：「廣東全體飛行員歸順中央，可為欣慰。此次陳濟棠得以解決，與空軍歸附至有關係也。」[2]

1 廣西政協文史資料研究委員會編：《李宗仁回憶錄》第六六四頁。
2 蔣中正日記，民國二十五年七月二十五日。

四、防制異己

陳濟棠離粵後，解決兩廣事變的關鍵轉移至廣西。七月十八日，蔣中正由南京飛往牯嶺，一路天氣清涼，精神為之一快。七月二十五日，蔣中正決調李宗仁、白崇禧離桂，遂以行政院長身分致電國民政府文官長魏懷、行政院秘書長翁文灝、政務處長蔣廷黻，斷然發佈廣西人事改組命令：廣西綏靖主任李宗仁、副主任白崇禧久不到任，著即免職；浙江省政府主席黃紹竑另有任用，著免本兼各職；特派黃紹竑為廣西綏靖主任，李品仙為副主任；特派李宗仁為軍事委員會常務委員，白崇禧為浙江省政府主席。[1]李、白二人對此新任命，認為中央「墨瀋未乾，自毀信譽」，表示殊難遵令，於是發動全省動員，「大家非和蔣氏中央軍一拼不可。」[2]八月一日，蔣中正以李宗仁、白崇禧不服從命令，致電二人剴切曉諭，直告以：「中央新命，無非一方面愛護兄等之革命歷史與勳業，解脫兄等所處環境之困難，以發揮兄等效力黨國之長才；一方面澈底實現國家之統一，加強本黨之團結，俾人盡其才，得以共同一致發展力量以對外。」[3]此後並一再致電，希望李、白二人接受新職。

蔣中正赴廬之前，戴笠已由侍從室警衛股長羅毅處獲知消息。當時廬山警察署長賀元係特務處之同志，戴笠特於七月十四日電囑其注意護衛蔣中正之安全，謂：「委座不日赴廬，羅毅等今日已自京登輪赴潯，山上警衛請兄妥為佈置，關乎各擔任警衛人員之思想、服裝、行動等，務請嚴行考核。」此外，戴笠亦有意赴廬，另囑賀元辦理租房與電台事宜，謂：「上中路六四號房屋似不甚適宜，如有較新式而較小者，仍乞代租兩宅。牯嶺電台準即派遣架設，地址請兄與毅兄商辦。」[4]

---

1 蔣中正電魏懷、翁文灝、蔣廷黻，民國二十五年七月二十五日，蔣中正總統檔案。
2 廣西政協文史資料研究委員會編：《李宗仁回憶錄》第六七二至六七四頁。
3 王宇高編：《事略稿本》，民國二十五年八月一日。
4 戴笠電賀元，民國二十五年七月十四日，戴笠史料。

七月二十三日，戴笠由京趕往牯嶺，以便就近向蔣中正報告工作。[1]他在牯期間，由助理書記鄭修元在旁協助處理公文，工作甚為忙碌，住的是賀元租妥的民房，吃的葷菜不過炒炸醬回鍋肉而已。起初，戴笠經常獨自進餐，後來對鄭修元說：「以後如無客人時，汝可與我共餐。」鄭修元是二十幾歲的小夥子，每餐至少要吃三四碗飯，可是戴笠飯量不大，每餐只吃一碗，多則一碗半，而且吃的很快。鄭修元不好意思讓戴笠等自己，往往吃到五六成飽便擱下碗筷，過不多時，又飢腸轆轆，只得再偷偷跑到廚房弄些冷飯充飢。[2]

有一天，戴笠親自繕寫一件呈給蔣中正的報告，內容是關於政府重要人事的安排，寫到中途，因不能確定某字的筆畫是否正確，便叫鄭修元來看一下。鄭修元看完筆畫的問題，順便看了這篇報告，他覺得措辭過於直率，於是婉轉陳詞，希望戴笠慎重考慮是否上呈。戴笠卻說：「有什麼關係，大不了我給委員長罵一頓好了，我們對領袖不應該祇顧自己，畏首畏尾，有所隱諱。」鄭修元後來感慨：「戴先生對領袖的忠貞，真是鮮與倫比，在進盡忠言方面，他真正做到知無不言言無不盡的地步。在他的心目中，只有國家，只有領袖，從來不顧及個人的利害成敗。」[3]

又有一天，特務處在廬山的幾名幹部謝力公、汪祖華、連謀、賀元一起來找戴笠鳴不平。起因是特務處杭州特訓班自七月一日起，奉命併入星子海會寺中央軍校特訓班，為特警隊，由謝力公等人負責。[4]特訓班不是特務處掌握的單位，其總隊長是康澤。有一次，康澤來特警隊點名，謝力公等人認為特警隊人員不便暴露身分，便造具一份化名名冊。後來康澤用這本假名冊點名，點到某人，名冊上竟寫有「成吉思」三字，顯然是把「成吉思汗」去掉一個字編造的。康澤認為特務處的人故意戲弄他，乃勃然大怒，大發脾氣道：「特訓班既然由我負責，你們就不應該對我守祕密。你們要知道，戴雨農可以晉見領袖，我康澤也照樣可以晉見領袖！」謝力公等人把康澤斥責彼等之經過報告戴笠後，不料戴笠並不生氣，反而笑著說：「你們本來不對，應該罵！做假也要做到天衣無縫才行，怎麼可以露出馬腳呢？甚麼名字不能叫，要叫『成吉思』這種怪名字？」[5]

---

1 戴笠電鄭介民，民國二十五年七月二十二日，《戴先生遺訓》第二集第十四頁。

2 鄭修元：《隨侍戴雨農先生十三年（上）》，《春秋》第三卷第三期第八頁。

3 鄭修元：《隨侍戴雨農先生十三年（上）》，《春秋》第三卷第三期第八頁。

4 特務處編製：《二十六年份工作總報告》第四十二頁；國防部情報局編印：《國防部情報局史要彙編》中冊第一〇四頁。

5 喬家才：《戴笠和他的同志》第一集第一七七頁。

八月三日，戴笠因京中事促，自牯回京。[1] 八月六日，戴笠接香港邢森洲來電，獲悉對桂策反工作之最新進展，略謂：已與桂方空軍人員陸光球、鄧提等人接洽妥當，可率九一式驅逐機三架、甲式機一架、偵察機一架來歸，邢森洲已發給各員安家費共二千元，促其於十五日前後發動。戴笠立即轉報蔣中正，奉批示：凡對桂軍特種工作，須積極進行。[2]

與此同時，戴笠為探查桂省當局之動態，密派黃慶平、吳嘉勛、安競賢、干鶴年等人前往柳州建立秘密電台，詎料四人甫抵柳州，即被桂省當局偵悉，於八月九日將電台破獲，並將四人密捕殺害，此次犧牲之慘，為特務處成立以來前所未有的重大損失。尤以四人均極年輕，未展所長，竟於事變和平解決前夕殉職，至為可惜。[3]

八月七日，蔣中正接陳誠、余漢謀報告，謂桂方已派代表劉為章到粵商談和平，即於十一日由九江飛往廣州。戴笠聞訊後，決定隨同赴粵，一面護衛蔣中正之安全，一面開展粵省特務工作，乃於同日晨自上海乘郵機抵九江，午刻換軍用機飛廣州。[4] 抵廣州後，初寓農林路一橫馬路四號，不久再遷至百子路菜園西七號一座三層洋樓。[5] 戴笠在粵隨節期間，組建了特務處廣州臨時辦事處，凡屬南京處本部呈報蔣中正之情報，均電告臨時辦事處，譯出之後，先彙呈戴笠核閱，再向上轉呈。辦事處所需內勤人員，均隨時電京增調補充。[6]

臨時辦事處事務紛繁，助理書記鄭修元常因簿書鞅掌，每至午夜猶不能安寢，翌晨又要趕在戴笠睡醒之前起來工作。此外，他因接待來處洽公之同志，不能按時用餐，迨訪客離去，再草草進食，飯菜多已失溫，以致腸胃受損。一日，鄭修元突發高燒，頭暈目眩，直流冷汗，戴笠即派另一秘書李崇詩將其送往光孝路王德光醫院診治。

王德光醫院是廣州一流的私立醫院，戴笠曾往該院探視特務處同志張君嵩，因見該院設備齊全，遂指定鄭修元前往。經醫師檢查，鄭修元患腸熱症，熱度高達四十一度，於是住院治療，每日注射特效藥，三四日後，熱度

1 戴笠電朱惠清，民國二十五年八月四日，戴笠史料。
2 戴笠電蔣中正，民國二十五年八月六日，蔣中正總統檔案。
3 國防部情報局編印：《本局殉職殉難先烈事蹟彙編》第二十九至三十一頁。
4 戴笠電楊嘯天，民國二十五年八月十二日，戴笠史料。
5 戴笠電蔡勁軍，民國二十五年八月十三日，戴笠史料；戴笠電毛邦初，民國二十五年八月二十九日，戴笠史料。
6 鄭修元：《誠廬文存》第一九七頁。

始漸次下降，其餘症狀也逐漸消失。戴笠十分關心鄭修元的病況，曾親臨探視，囑咐他：「不必性急，應多住幾天，澈底治愈，多花點錢沒有關係。」至十月初離穗返京前夕，再度前往醫院叮囑他：「完全康復後，可經由香港、上海返回南京。」[1]

戴笠探視鄭修元不久，自己也因水土不服病倒了。戴笠首次來穗是在民國十五年投考黃埔軍校時，如今相隔十載，「人地均感生疏，氣候飲食亦均所不慣」，乃於八月二十日晨突患腸胃炎，即入中山大學附屬醫院診治。[2]戴笠住院期間，力疾從公，曾與南京處本部電報往還，對桂方勾結湖南當局之活動進行防制。

多年以來，湖南省政府主席何鍵的立場一直搖擺於中央與粵桂之間，早在二十四年九月間，戴笠即迭據報告，獲悉前因何鴻受賄案逃往廣東之前警衛組員余定華，現已化名鄭學僑，為西南當局胡漢民、李宗仁、白崇禧等人所倚信，授以運動湖南部隊全權。復據香港、湖南兩站報稱，有湖南劉俊明、劉楚峯、趙鳳鳴、趙中和、劉榮山、唐靜佛、李長卿、黃聘三等人曾密函李森，略稱：「湘西部隊已有五團可靠，請即來湘一行。」其中，李森即余定華之化名。旋又檢獲李森九月五日復函，略謂：「諸事均將就緒，擬趕秋節前返里。」

戴笠得報後，即令湘站站長吳賡恕妥為佈置，務將李森密拿解究。旋吳賡恕報告戴笠，已將上開人犯悉數查明，予以嚴密監視，並查得李森將取道郴州回湘，劉楚峯、趙鳳鳴已赴郴州迎接。此後，吳賡恕派員跟赴郴州，相機逮捕，不料李森因事不來，劉、趙二人則中途折回。九月二十日晚，吳賡恕運用長沙公安局，將劉楚峯、趙鳳鳴、趙中和、劉榮三、唐靜佛、李長卿、成國彪、舒某等八人捕獲，搜出證據多件。據諸人先後供稱，彼等係奉胡漢民、李宗仁、白崇禧之命，攜鉅款運動湖南部隊，其目的在「抗日、剿匪、倒蔣」，「李森」即李濟深、李烈鈞、李宗仁等人共同化名。本案經戴笠呈報蔣中正後，上述各犯均被解往武昌行營第三科訊辦。[3]

迨兩廣事變發生，桂方又派南寧軍校教官段方溪前往湖南，勾結湘省參議黃任平、熊國璋、綏署參議何柱帆、李君堯、蔡支華等人，組織「湖南民眾抗日救國會」，企圖運動軍隊，響應兩廣異動。此事為特務處偵

1 鄭修元：《誠廬文存》第二〇三至二〇四頁。
2 戴笠電許兆賢，民國二十五年八月二十一日，戴笠史料。
3 戴笠電蔣中正，民國二十四年九月二十二日，蔣中正總統檔案；國防部情報局編印：《國防部情報局史要彙編》上冊第二一二頁。

悉，即令湘站設法破獲，湘站奉命後，密派工作人員陳祖康打入該組織。[1]

陳祖康，福建漳平人，早年留學法國，加入共產黨組織。民國十五年應共產黨員熊雄之邀，回國擔任黃埔軍校教官，其所撰校歌歌詞，一直為軍校所沿用。[2]十七年，任中共福建省委常委，一度代理省委書記，後立場轉變，於六月間在《漳州日報》發表「中國革命的前途」一文，公開聲明脫離共產黨。[3]二十二年底，參加閩變，未幾失敗，遁往長沙定居，從此萬念俱灰，態度消極，日惟縱酒、雀戰，不再關心政治。時有黃埔五期生范裕厚者，任職長沙警備司令部，實為特務處湖南通訊站之特約通訊員，素與陳祖康相識，遂力勸其參加救國工作，說：「蔣委員長已決心抗日，每一個中國人都應貢獻其所能。」陳祖康答以：「如果抗日，我當全力以赴。」即由范裕厚介紹與湘站站長吳賡恕長談，並於二十五年五月正式參加特務處工作，受湘站書記金遠詢指揮。[4]

陳祖康奉命後，前往湘桂邊境零陵，設法參加段方溪等人組織的「湖南民眾抗日救國會」，並佯裝彼等之「同志」列席會議，進而將該組織反對中央之實情取得證據，呈報湘站。[5]當時，段方溪為聯絡湖南當局，經永州前往長沙，他在永州時，已為湘站工作人員鄧樹勛偵知面貌特征，乃派人跟蹤，不使其脫漏。段方溪抵長沙後，湘站命令警察局通訊員唐乘騮、警備司令部通訊員范裕厚、省政府交際室通訊員朱度恢、第四路軍總指揮部通訊員羅蓋、特約通訊員王俊勛等人全面活動，對其行蹤加以注意。[6]

此次段方溪來長沙活動，何鍵密派黃任平隨其返桂聯絡。湘站偵悉後，向南京處本部請示辦法，處本部復電指示：可于湘桂邊境將段、黃兩人制裁，使何鍵有所顧忌。吳賡恕根據指示，即派站員徐谷冰探聽段、黃二人

1 國防部情報局編印：《戴雨農先生傳》第四十二頁。
2 喬家才：《戴笠和他的同志》第一集第二九二至二九三頁。
3 林南：《陳祖康叛變之後》，《龍岩文史資料》第十八輯第六十二頁。
4 陳祖康：《憶念戴笠將軍》，《中外雜誌》第十九卷第三期第六十六頁；特務處編製：《二十六年份內外勤工作人員總考績名冊》，陳祖康條。
5 戴笠呈蔣中正，民國二十五年十一月二十八日，戴笠史料；國防部情報局編印：《國防部情報局史要彙編》上冊第二一四頁；陳祖康：《憶念戴笠將軍》，《中外雜誌》第十九卷第三期第六十六頁。
6 黃德曾：《湖南的特務機構湘站的發展和活動》，《湖南文史資料》第三十二輯第七十二頁。此文回憶湘站制裁段方溪等人之經過甚詳，惟細節多不確。

赴桂日期，另派通訊員宋鶴加強跟蹤。又派特約通訊員王俊勛每天到長沙汽車站等候，如見段、黃搭車前往永州，即上車同往，並令范裕厚以警備司令部名義與長沙汽車站聯繫，將每天前往永州的汽車預留一個客位，以便王俊勛隨時購票乘車。此外，湘站仍以警備司令部名義向開明汽車公司定了一輛小包車，隨時聽候調用。

不久，段方溪、黃任平乘車前往永州，王俊勛同車跟蹤，吳賡恕也立即率領交通員谷玉林等人乘坐小包車進行追趕。段、黃抵永州後，夜宿某旅店，王俊勛佯稱赴桂探親，請與二人結伴前往。[1]七月二十八日，王俊勛隨段、黃動身，步行至永州城外五里之茶山中，吳賡恕早已率領鄧樹勛、谷玉林等人在此等候，當即迎上前去，將段、黃二人絞殺，屍體埋於山中。[2]

此外，湘站設計引誘熊國璋、何柱帆、李君堯、蔡支華等人前往武漢活動，再由鄂站派員將熊國璋、何柱帆二人祕密處決，將李君堯、蔡支華二人逮捕關押，惟有何柱帆之妻趁機逃回長沙，未能捕獲。[3]

此時，蔣中正專注於兩廣事變之解決，對何鍵尚須盡量容忍，故特務處對熊、何等人之制裁必須以絕對祕密之手段進行，以免刺激何鍵，造成蔣中正的困擾。然而何柱帆之妻逃走後，此事已有外洩的可能，更讓戴笠意想不到的是，李君堯、蔡支華二人也趁鄂站看守疏忽逃回了長沙。八月二十日，處本部書記長張毅夫自南京致電戴笠請示補救辦法，詢問可否電飭湘站設法將李、蔡毒斃，並對鄂站站長廖樹東、副站長李修凱進行懲處。戴笠於八月二十二日始接閱此電，當即復電指示：「李、蔡兩犯已逃回長沙，如用毒藥殺斃頗為不妥。而況何柱帆之妻亦已逃回，即將李、蔡解決，恐亦難不為人知，弟意此案應電飭湘站再想妥善方法呈候核奪。至廖樹東、李修凱等應付失當，防範不密，俟本案告一段落再議可也。」[4]

李君堯、蔡支華不知熊國璋、何柱帆已死，逃回長沙後，對陳祖康信任依舊，並匿居陳家。八月二十三日，

---

1 黃德曾：《湖南的特務機構湘站的發展和活動》，《湖南文史資料》第三十二輯第七十二頁。黃德曾回憶，何鍵曾派「侄兒」何猶夫隨「王某」赴桂聯絡，遂遭湘站制裁。查民國三十三年《醴陵何氏五修族譜》，何鍵譜名元纓，元纓長子允同，字猶夫，曾任軍事委員會駐桂撫恤處上校副主任，民國三十二年癸未沒。黃德曾所憶細節多不確，蓋何猶夫係何鍵之子，「王某」當係段方溪，隨段方溪赴桂者當係黃任平。

2 國防部情報局編印：《國防部情報局史要彙編》上冊第二一四頁；黃德曾：《湖南的特務機構湘站的發展和活動》，《湖南文史資料》第三十二輯第七十二至七十三頁。

3 國防部情報局編印：《國防部情報局史要彙編》上冊第二一四頁。

4 戴笠電張毅夫，民國二十五年八月二十二日，戴笠史料。

戴笠指示張毅夫：「即電湘站轉囑陳祖康，對李、蔡兩犯可說：『熊、何赴漢至今未回，迄今又無信來，其中恐有變故，曷若出亡廣西，抑或逃亡南京，以免在湘吃虧』等情。李、蔡如能同意，無論或南或東，則再令賡恕派幹員伺之于途以解決之，何如？惟對何妻尚須設法應付也。」[1]

八月二十三日，戴笠接閱張毅夫養電，又獲悉了一些不利的消息：熊國璋、何杜帆到武漢後曾與何鍵聯絡，而鄂站密裁熊、何之事已經風聲外洩。戴笠立即復電指示四點：「應即立電湘、鄂兩站，參加熊、何等一案之工作人員一律來京。鄂站對熊、何之處置何以風聲外洩，即請果謀兄飛漢澈究，並設法彌補一切缺憾。熊、何已到漢，何以要致書湘何，此事係何人設計，何人核准，應請查明電示。即電湘站將全案證據派妥員送京。」[2]

當時，蔣中正電召閩、贛、湘、滇等省長官赴粵，會談桂局意見，何鍵亦於八月二十四日由長沙抵廣州，當晚謁見蔣中正。[3]何鍵如果在蔣中正面前提及熊國璋、何杜帆之事，會使局面相當棘手，不過戴笠對此甚有把握，致電張毅夫稱：「湘何已謁委座，此事尚無消息，何此來，想委座必面加慰勉，此事伊只有啞子吃黃連，諒不至有多大問題也。」

此外，戴笠向張毅夫指示對付李君堯、蔡支華之辦法稱：「李、蔡久匿陳祖康家頗不妥善，陳單獨出走又非辦法，此事必須密令陳與李、蔡共同出走，或京或桂，俟其決定出走方向與途徑後，飭陳即報知湘站佈置制裁，請立即電囑賡（吳賡恕）、遠（金遠詢）兩兄妥為計劃，並囑湘、鄂兩站應絕對守秘，除參與主持與行動者外，無論何人不得與聞，亦不得洩露風聲。此次鄂站辦理熊、何等一案，佈置毫不嚴密，竟令要犯脫網，且令外間得知，殊屬誤事不淺，應請查明嚴懲。」[4]

八月二十五日，戴笠出院，他於次日接閱張毅夫寢中、感中兩電，獲悉了一些新的情況，乃復電指示：「蔡犯之處置，只宜密捕，不必制裁。」[5]九月一日，戴笠再接張毅夫東電，獲悉蔡支華已捕獲，復電指示：「應電令三科嚴密管押，並設法誘供，更須多方安慰，以減少其疑懼。」張毅夫來電沒有提到李君堯，此人下落不得而

1 戴笠電張毅夫，民國二十五年八月二十三日，戴笠史料。
2 戴笠電張毅夫，民國二十五年八月二十三日，戴笠史料。
3 「中央軍自桂邊後撤」，《大公報》天津版，民國二十五年八月二十五日。
4 戴笠電張毅夫，民國二十五年八月二十五日，戴笠史料。
5 戴笠電張毅夫，民國二十五年八月二十六日，戴笠史料。

知。[1]至此，密裁「湖南民眾抗日救國會」份子之行動告一段落。

除段方溪外，廣西當局還密派李血淚、李巧妹、陳六安等人四出活動。李血淚又名李文釗，往上海、平津等處鼓動學潮；李巧妹又名李菲尼，係李血淚之妹，勾結「哈瓦斯通訊社」記者趙達，為兩廣當局作國際宣傳，二人均由特務處上海區偵悉，於八月二十四日在滬捕獲。陳六安奉桂方駐滬代表黃建平之命，赴寧波運動防守司令部參謀長朱其爙，其致兩廣當局之密電被特務處截獲，乃將其逮捕，經審問，陳六安對其月收津貼百元為桂方活動等情直承不諱。[2]

另據特務處掌握之侍從室第三組特務股查悉，有失意軍人多名，受廣西當局指使潛伏廣州，密謀收編湘粵邊境之土匪，擾亂後方。臨時辦事處派員偵查，並設法收買彼等之同黨曹楚雲，查明桂方已經委任唐宗藩為縱隊司令，張百雄、雷全忠為支隊司令，毛少亭為秘書，黃邦懷為軍需，擬前往湘粵邊境成立縱隊，擾亂中央軍後方及粵漢路一帶，乃於九月一日在廣州將唐宗藩等六犯一併捕獲。[3]

八月底，廣西方面之緊張情勢已趨和緩。八月二十九日，蔣中正反覆權衡利弊，決定寬容桂方，其日記記曰：「對桂決定和平解決，如其仍頑強不服，亦惟置之，聽其自然，一本原定方針，先防倭寇與消滅赤匪為主旨。以桂省地瘠而僻，無論政治、經濟，皆無用兵之價值。此後只要廣東掌握確實，則廣西當不戰而屈，惟稍延時間耳。」[4]九月六日，國民政府重新調整李宗仁、白崇禧之任命：李宗仁為廣西綏靖主任，白崇禧為軍事委員會常務委員，黃旭初仍任廣西省政府主席，黃紹竑仍任浙江省政府主席。九月十日，李宗仁、白崇禧復電表示接受任命，並於九月十六日在南寧就職。九月十八日，李宗仁、黃旭初至廣州晉謁蔣中正，蔣中正不待李宗仁來謁，即先訪之，自此大家言歸於好，共赴國難。

兩廣事變得以兵不血刃而底定，蔣中正甚感欣慰，其日記記曰：「六月一日以來，兩粵謀叛稱兵，全國動搖，華北冀魯以及川湘，幾乎皆已響應，其態度與兩粵完全一致，黨國形勢岌岌危殆。時經三月，幸得上帝佑我中國，乃至本月廣西李、白拜命就範，一場惡潮至已平熄，兩廣乃得統一，革命基礎於此已定。十三年來之惡戰

1 戴笠批示張毅夫來電，民國二十五年九月一日，戴笠史料。
2 國防部情報局編印：《國防部情報局史要彙編》上冊第二一五頁。
3 國防部情報局編印：《國防部情報局史要彙編》上冊第二一四頁。
4 蔣中正日記，民國二十五年八月二十九日。

苦鬥，從此內憂果能告一段落，是誠上天不負苦心之人也。」[1]

在桂局未決以前，戴笠尚須防制一股重要的異己勢力，即由李濟深、陳銘樞等人組織的「中華民族革命大同盟」。李、陳自閩變失敗後，於二十四年九月聯絡第三黨、國社黨等失意份子組織該同盟，並向廣東陳濟棠、廣西李宗仁進行煽惑，遊說彼等放棄國民黨之旗幟，反對中央。[2]

二十五年以來，戴笠迭接湘站報告，獲悉社會民主黨首要份子李天錫奉李濟深、陳銘樞及蔣光鼐、蔡廷鍇等人之命，在湘祕密組織「革命大同盟」，勾結匪首唐桂生、鄧振坤等人，招收土匪，並暗中指揮「抗日武裝自衛軍湘鄂黔區第二軍」，企圖擾亂治安。戴笠當飭湘站打入該組織偵查，歷時四月，偵悉該組織除負責軍運工作外，另負有宣傳任務。軍運方面，已委任蕭廷幹為第一師師長兼第一旅旅長，朱英為第二旅旅長，江文炳為師部秘書，另派鄧振坤、何得貴在道縣、貴陽等處聯絡土匪、民軍約五百人；宣傳方面，李天錫已與同黨甘全、唐桂生、曹雲眩、朱蒙泉等人創辦名為「抵抗」之刊物，專作反對中央之宣傳。

湘站根據上述情報，續命打入該組織之工作人員取得入盟表誓詞及其反動刊物等證據多件，後於四月呈由軍事委員會轉令湖南省政府主席何鍵，先後將要犯李天錫、甘惠卿夫婦及其同黨甘全、唐桂生、鄧振坤、曹雲眩、周榮生等十三名逮捕，解軍法處訊辦。七月，湘站又查悉李天錫餘黨甚多，仍在暗中企圖暴動，乃運用湘省永州區保安司令唐闢衡，破獲偽自衛軍第二軍第一師機關，當場捕獲偽旅長蕭廷幹、朱英、秘書長江文炳及該同盟幹部分子朱蒙泉、姚增益等人。[3]

除湖南外，「革命大同盟」還派重要幹部多人入閩活動，由鄧長吉任閩、古、屏三縣軍事特派員，假借抗日名義招收土匪，並委派程道鎔為第三旅旅長，以「林朝安律師」名義掩護其活動。上述情形由特務處閩站偵悉後，經報告福建省政府予以密捕，蒐得證據甚多，並因其線索捕獲該同盟福州總負責人郭藎民，遂將同黨高書田、薩士武、趙修鼎、鄭傳淦、林啟榮、陳鳴達、趙琦、林謙齋、王贊河、江依山、程振斌等人一併逮捕。

此外，閩北站於七月十日查獲該同盟份子鐘英、夏禹欽、王健才等人在閩北聯絡匪軍，復於八月二十六日

1 蔣中正日記，民國二十五年九月三十日。
2 國防部情報局編印：《國防部情報局史要彙編》上冊第二一一頁。
3 戴笠電蔣中正，民國二十五年七月十二日，蔣中正總統檔案；國防部情報局編印：《國防部情報局史要彙編》上冊第二一二至二一三頁。

查獲楊鵬飛奉翁照垣之命聯絡民軍，均予捕獲。另有該同盟獨立旅長張何山部被國軍第八十師解決，其重要份子黃元、馮芳輝、蔡文雷、張讓升、張鵬飛、張荷花、張麗美、周志遠等人均逃匿鼓浪嶼，亦被廈門站偵破捕獲。[1]

自李宗仁、白崇禧聲言反對中央後，各路「反蔣」份子均雲集廣西，李濟深及原十九路軍將領蔡廷鍇、蔣光鼐、翁照垣等人亦來南寧響應，李宗仁並撥出一師部隊，委派翁照垣為師長，仍以十九路軍名義進行號召。[2]在桂事未解決之前，廣州情形異常紛亂，戴笠抵此之初即察覺環境不良，他於八月十四日致電力行社書記長劉健群稱：「廣州秩序不好，吾人到此，幾食宿問題不能完全解決。領袖之住處尚未確定，教導總隊與憲兵又意見衝突，弟對警衛之佈置頗多顧慮也。」[3]

廣州治安之所以惡劣，實與十九路軍暗殺團的活動有關。中央與桂方談判期間，戴笠接廣東站密報，獲悉十九路軍派遣暗殺團團員多人潛入廣州市區，專事暗殺中央來粵之要人及廣州汕頭之日人，他當即選派幹員多名分佈市區偵查。嗣後找到兩名線人，一是第四路軍官團學員吳省三，一是暗殺團直接行動責任者歐陽勝，遂立即派員跟同查緝。

九月十七日正午，特務人員首先在廣東省財政廳前蘭苑茶室緝獲暗殺團要員曾林保、劉錦芳二名，復在途中拿獲曾伯朋一名，又往小北門豆腐寮二十一號曾林保之家搜得粵造二三八式之手榴彈二枚，同時為保守祕密起見，另將曾林保之妻鄧氏逮捕。不久，特務人員又在該暗殺團之交通機關丹桂里步蟾坊七號搜出重要文件一束，並拘獲嫌疑犯李春祥、曾海賢、張佛金、陳學元四名。

經隔別審訊，曾林保、劉錦芳、曾伯朋三名自白不諱。曾林保係負該團偵查任務及指揮直接行動之責任；劉錦芳係負輸送手榴彈供給各行動人員之責任；曾伯鵬亦曾參加其事。三人均稱：暗殺團主使人係前十九路軍旅長廖鳴鷗，在廣州負責指揮者係羅鵬；暗殺團已工作二星期，每日正午在財政廳前安樂、陸園、蘭苑、仙泉各茶室，專候中央各要員來宴會時進行暗殺，主要目標除蔣中正外，尚有委員長行轅參謀長陳誠、侍從室第一處主任

1 國防部情報局編印：《國防部情報局史要彙編》上冊第二一三頁。
2 廣西政協文史資料研究委員會編：《李宗仁回憶錄》第六七四頁。
3 戴笠電劉健群，民國二十五年八月十四日，戴笠史料。

錢大鈞、廣東省政府主席黃慕松、財政廳長宋子良等人；如行動成功，每人獎港幣二萬元，羅鵬已於十五日赴港領款；暗殺團係分組行動，除上述者外，尚有二組分駐沙面、汕頭兩處，專謀暗殺日本人，企圖引起中日嚴重外交，在汕頭負責者為羅振。

特務處根據上述供詞，於九月十八日又捕獲馬勝、李興二名。此後，戴笠繼續派員會同線人查緝餘黨，雖然未能捕獲主使者廖鳴鷗及指揮者羅鵬，然而直至九月二十八日蔣中正安然北返，暗殺團的圖謀始終未能得逞。[1]

綜觀兩廣事變期間，戴笠除致力策反外，其另一工作重心即為「鎮壓反動」與「偵查反動」。他為了維護中央的權威，護衛領袖的安全，不惜對「反動份子」嚴厲制裁，也因此招致若干地方大員的非議，行轅參謀長陳誠曾電告蔣中正：「關於特務工作，何主任、楊主席、陳司令均有煩言，過湘時芸樵（何鍵）亦以此見告。」[2]何鍵因在兩廣事變中首鼠兩端，故對特務工作最感不滿，他於十月一日致電陳誠，公然詢問何杜帆在武漢被祕密處決之真相。陳誠將此事轉報蔣中正後，蔣中正於十月六日電令戴笠查復，惟戴笠接電時蔣中正已往杭州巡視，故未即復電。

十一月二十三日，蔣中正再電戴笠，有「現廣東、湖南特務人員擅自捕殺，怨聲載道」等語，並質問「上月電詢湘省案件，何以至今不復？」。戴笠乃於十一月二十八日復電解釋：「遵查本案辦理情形，前經七月二十六日在牯嶺、八月二十五日在廣州先後將密裁為桂系活動，勾結湖南軍隊與土匪之反動要犯段方溪、黃任平、熊國璋、何杜帆四名之經過事實呈報鈞座在卷。前奉魚電時，值鈞座出巡，故未即呈復，擬候鈞座旋京時再行詳陳一切也，遲緩之罪應請處分。」

戴笠並向蔣中正懇切陳述從事特務工作之素志稱：

> 竊念特務工作人員之職責，首在偵查反動、鎮壓反動，當兩廣叛變時，湖南之情形何如，湘省當局之態度何如，生處有工作人員參加反動之組織、列席反動之會議，經將各種經過實情並取得證件呈報在案。即就廣東而言，當鈞座駐粵、桂事未和平解決以前，廣州市反動份子之到處活動與暗殺機關之設立，地方軍警

1 戴笠呈蔣中正，民國二十五年九月二十日，蔣中正總統檔案。
2 陳誠電蔣中正，民國二十五年九月十九日，陳誠副總統檔案。

視若無睹。生因特務人員負有警衛領袖、制裁反動之責，乃呈准鈞座，運用中央在粵之憲兵等，在不引起地方當局誤會原則之下，用祕密與公開之方法，從事鎮壓反動之工作。經先後破獲謀刺鈞座及中央在粵要員之機關與黨徒，均經供認不諱，並搜得武器，亦迭經呈報在案。生自信所制裁與逮捕者均係反動派也，技術不良事誠有之，生受良心督責，誓不敢陷害無辜，欺騙領袖，而胡作亂為自散失革命人格也。現事過境遷，當局者為文過飾非計，竟利用陳參謀長之地位與信用，來向鈞座質問，致累鈞座之憂慮，生誠罪該萬死。惟特務工作人員之環境，鈞座睿明，當蒙洞鑒。茲奉電諭，自當督飭全體同志，更加縝密一切之進行也。[1]

其實，蔣中正對何柱帆的下落當然了解，對戴笠的忠誠更無懷疑，他一再催促戴笠查復，當屬應付何鍵的無奈之舉。此事的癥結確如戴笠所言，在於技術不良且機密外洩，雖然何鍵自知輕重，沒有一再追問，但對戴笠而言，這仍是一次值得吸取的教訓。

1 戴笠電蔣中正，民國二十五年十一月二十八日，戴笠史料。

五、廣東緝私

陳濟棠主政廣東時期，曾於二十二年十月設立全省水陸緝私總處，隸屬省財政廳，以廳長區芳浦兼任處長，由副處長范展鵬實際負責。[1]二十五年七月粵局底定後，戴笠根據袁良驊報告，獲悉范展鵬有種種貪污情形，乃於八月二十三日轉報蔣中正，略謂：

一，范展鵬私人購到福航、禎祥、禎發三艘爛船，由今年春迄今，均掛緝私旗號，但絕無做過緝私工作，惟修船、養船各費均由公款挪支。二，科員何報雄、科員何洪敢、廣源艦長崔桂玉三人為范展鵬斂錢之經手人，設有機關為范展鵬偽造單據：河南之利盛店由何報雄經理，每月偽造單據三千元以上；河南尾之何步記由何洪敢經理，每月偽造單據數千元；香港海旁馬路合成行由崔桂玉經理，每月偽造單據亦不少。緝私總處對省財政廳報銷係由財廳科員范伯祥經手，范展鵬每月津貼范伯祥三百元，所有報銷與處內報銷完全不同，倘能將內外報銷搜查比對，則弊偽立揭。三，范振鵬曾收買爛電船共二十隻，每隻六七百元，略加修理後，即作新裝報價，每隻三四千元不等。四，各艦服裝費每年每名上士為八十元，列兵每名六十元，實際上數年來祇發過一次，每人兩套。五，燃料費每月原定預算三萬多元，實際各艦之燃料費不過萬餘元。[2]

蔣中正接閱報告後，即電中央新任粵省財政廳長宋子良注意查辦。[3]九月，中央以粵省緝私總處積弊甚深，影響稅收，改組該處人事。於是戴笠謀以特工監督緝私，而藉緝私掩護特工，遂推薦張君嵩接任緝私總處長，並就特務處港粵兩站人員中，選擇性能適合緝私工作者介入該處。[4]

---

1 賴祖鎏：《廣東省水陸緝私總處憶述》，《廣州文史資料存稿選編》第五輯第二二八頁。

2 戴笠呈蔣中正，民國二十五年八月二十三日，國民政府檔案。

3 蔣中正電宋子良，民國二十五年八月二十五日，國民政府檔案。

4 特務處編製：《二十六年份工作總報告》第九十六頁；國防部情報局編印：《國防部情報局史要彙編》上冊第二十六頁；國防部情報局編印：《戴雨農先生年譜》第五十六頁。

張君嵩，廣東合浦人，中央軍校一期畢業，歷任連長、營長、團長等職。[1]貌清癯而軀短小，然膽氣過人，馳騁槍林彈雨之中，常虎虎有雄威。嘗解除兵柄寄跡香港，寓鹹魚欄三益礦務公司。三益礦務公司為其同鄉劉瑞圖所創設，瑞圖於博戲有豪名，每當閒暇則挈君嵩共游石塘為博戲，以澆胸中塊壘。君嵩甚精竹戰，尤擅撲克，或詢其：「於博場果操何術能為常勝將軍者？」君嵩笑曰：「敗則不餒，勝則不驕，其氣自壯，氣壯則可操勝券，而運用之妙，在存乎一心耳。」其以兵法為博戲，能常勝也宜矣。[2]二十五年七月，君嵩參加特務處工作，時年三十七歲。[3]

除張君嵩外，戴笠另派兩名重要幹部參加粵省財廳工作：調湘站站長吳賡恕為粵站站長，以緝私總處督察長身分為掩護，從事監督，銳意整飭；[4]調李崇詩擔任財廳秘書，運用地方政權之一切有利條件，加強緝私機關，掌握緝私部隊。[5]

十二月八日，戴笠再電蔣中正，請示設立財政密查組，報告稱：「查廣東緝私處自張君嵩同志負責整飭以來，財廳直屬各稅收，十、十一兩月均有特殊之成績表現，但貪污之風尚未盡除。宋廳長為澈底整頓稅收，剷除貪污起見，囑生選派廉潔可靠之人員二三十人組織一財政密查組，運用公開與祕密之方式負調查監察各稅收機關財務人員與緝私部隊等之有無貪污事宜。生以為剷除貪污，澄清吏治實目前抗日剿匪同等重要，惟廉潔可靠之人員頗難物色。現擬于此次星子特警隊畢業實習學員中選擇籍隸兩廣而忠實可靠者約有十五人來粵，嚴密組織，擔任是項工作。」[6]此事旋獲批准，由李崇詩擔任密查組長。[7]

戴笠介紹張君嵩擔任粵省緝私處長後，又於九月二十四日呈請蔣中正合併改編廣東現有之緝私部隊，報告云：

1 國防部情報局編印：《本局殉職殉難先烈事跡彙編》第六四〇頁。
2 武裝同志：《張君嵩小史》，《香港九龍雜誌》第一卷第四期第二十九至三十頁。
3 國民政府軍事委員會調查統計局編製：《二十八年工作總報告》第三十七頁。
4 國民政府軍事委員會調查統計局編印：《先烈史略稿》初輯第二十二頁；國防部情報局編印：《國防部情報局史要彙編》上冊第二十六頁。
5 任建冰：《軍統骨幹李崇詩在廣東的特務活動》，《文史資料存稿選編》第十四冊第三二四頁。
6 戴笠電蔣中正，民國二十五年十二月八日，戴笠史料。
7 特務處編製：《二十六年份工作總報告》第十九頁。

竊查廣東緝私工作向分為三：一曰鹽警隊，隸屬於鹽運使；二曰緝私隊，隸屬於財廳之全省緝私處；三曰禁煙緝私隊，隸屬於禁煙局。此三種性質相同之機關，而以事權不一，統轄有別，致使彼此不相聯繫，未能收緝私之成效。此次粵局底定，政制刷新，所有財政特派員、財政廳長及禁煙監督三職，概由宋子良先生一身兼任，是則上列之三種緝私部隊，事實上業已統屬，而上層事權可稱統一矣。

茲為求指揮、業務、財政、編制四者之統一起見，擬進而將下層之緝私制度亦乘機合併改編，使成為整個機構，則于行政上既可全部控制，脈絡貫通，而於緝務上，更能兵力充實，運用自如。查過去緝私人員弊端百出，官兵視此為利藪者，要皆久駐其地，相互勾結之所致。此制實行，則調動無常，督察便利，不但收運用靈活之效，並可杜舞弊之風。且部隊統一編制之後，除必要之緝私勤務外，尤可以節餘之兵力加以訓練，使成勁旅，計在不妨礙緝務之範圍內，隨時由大部兵力可供其他軍事上之使用也。

綜上所述，則三種緝私部隊之合併改編，人力財力集中，事權統一，誠為目前急切之要圖，雖在全國緝私制度尚未實行統一以前，廣東一省不妨先行舉辦也。至各該緝私機關與部隊，其經費之支出，雖有國家與地方之分，但此係技術問題，一俟鈞座對此原則核准後，實易於解決也。茲謹將管見所及縷陳如上，並擬具辦法呈復核奪。

戴笠在報告中闡述的各條理由，除統一事權、運用靈活、督察便利等外，最值得注意者，則為「隨時有大部兵力可供其他軍事上之使用」一條。此因粵局底定之初，中央部隊駐粵者尚少，而陳濟棠舊部十餘萬人與中央不無隔閡，稅警總團成立後，既可擴充中央在粵之實力，又能防範異動，由此足見戴笠的深謀遠慮。蔣中正接閱報告後，批示：「轉交宋廳長審核，似可照辦。」[1]

戴笠擬具之辦法，係將廣東現有緝私部隊合併改編為稅警總團，委任緝私處長張君嵩兼任總團長。其具體編組略為：

甲，編制。一，在緝私處之下設稅警總團，總團長以緝私處長兼任之。二，在緝私處長之下設副處長，總團

[1] 戴笠呈蔣中正，民國二十五年九月二十四日，國民政府檔案；郭旭：《蔣介石禁煙政策的內幕》，《文史資料存稿選編》第十二冊第六二〇頁。

長之下設副團長及參謀長。三，以現有之緝私隊、鹽警隊及禁煙緝私隊三部合併編組，按照現行之陸軍軍制，編為三個總隊，由稅警總團長統轄指揮。

乙，經費。一，現在各緝私部隊之經費開支，總計毫洋十五萬九〇七一元二角五分，折合法幣約計十萬元強。此項數字並未計入各該部隊所屬緝私機關之經常費與臨時費，戴笠因請蔣中正諭令宋子良，「就各緝私部隊與各緝私機關原有之經臨兩費妥籌編配，務求收支適合。」此外，鹽務緝私原來隸屬鹽運使署，現在改隸財政特派員統屬，戴笠請蔣中正電財政部長孔祥熙知照。二，今後為養廉防弊起見，擬將官兵生活酌予提高，或增加薪餉，改發大洋。

丙，人數與武器。一，各緝私部隊原有官兵合計七四三五員名，步槍五九九〇枝。按現在編制編成三總隊（等於步兵團）、一特務大隊（等於營），每總隊轄三大隊、一特務中隊（等於連），每大隊轄四中隊，每中隊轄三分隊（等於排），共計四十三個中隊，每中隊以槍兵一二六名計算，共編步槍五四一六枝，以原有槍枝編配，尚存槍五七四枝。

丁，人事。一，總團長以緝私處長張君嵩兼充。二，將鹽務緝私之鹽警隊改為廣東緝私總團第一總隊，將現禁煙緝私總隊改為第二總隊，廣東財廳現有之緝私部隊改為第三總隊，將現有財廳直轄之特務大隊改為緝私總團之特務大隊。三，三名總隊長之人選，其中禁煙總隊長鐘光潘係黃埔二期生，亦為特務處之工作人員，八月間已由戴笠呈准蔣中正轉電宋子良予以委任，其餘兩名，戴笠請蔣中正在陳孝強、甘競生、萬全策、羅克傳四人中圈定兩人。[1]

蔣中正接閱後，於九月二十八日電告宋子良：「戴參謀笠報稱，廣東三種緝私部隊似應合併改編，以求指揮業務財政編制四者之統一，並附擬編制辦法及編制系統表各一份，呈請核奪前來。查所擬辦法似可照辦，茲特抄附全文，隨電轉發，即希審核具復。至所請圈定總隊長兩人一節，查甘競生、羅克傳二人可選任，并希知照。」[2]

戴笠的計劃雖獲蔣中正批准，但在實行過程中發生了許多曲折，他首先遇到的困難是禁煙緝私總隊長鐘光潘

1 戴笠呈蔣中正，民國二十五年九月二十四日，國民政府檔案。
2 王宇高編：《事略稿本》，民國二十五年九月二十八日。

遭到了撤換，此事與軍事委員會別動總隊總隊長康澤有關。

當時，康澤兼任禁煙督察處緝私室主任，他於十月五日呈文蔣中正，略謂廣東禁煙緝私總隊之組織、訓練、精神、紀律等方面均甚差，應嚴加整頓，擬即改為別動隊巡緝第二支隊，原任總隊長鐘光潘調往特訓班工作，遺缺由黃埔一期生林英充任。蔣中正接閱後，批示：「名稱暫勿改編，餘照辦。」[1]康澤明知鐘光潘為戴笠所保薦，卻提出不同的人事意見，這對戴笠掌握緝私部隊的意圖造成了挑戰。戴笠於十月九日聞訊後，立即電請蔣中正注意：「現任禁煙緝私總隊長鐘光潘係二期同學，曩任該隊總隊附，參加生處工作三年，頗著成績。此次粵局底定，原該隊總隊長離職，當時由生呈准鈞座，電令宋財政特派員任充現職。頃聞康澤同志因聞粵省各種緝私部隊將由財政特派員統一指揮之消息，在此未實行統一以前，擬將鍾光潘撤換。謹此報聞，伏乞鈞注。」[2]

十月十四日，蔣中正根據戴笠的陳述，電告康澤不必撤換鐘光潘，不料康澤仍然堅持己見，於十月十六日復電蔣中正稱：「廣東緝私部隊積習太深，現任總隊長鐘光潘對中央法令、精神全不了解，面從背違，固步自封，擬請仍准予調訓練班任用，俾廣東緝私得以整理，鐘同學亦得有進步之希望。」在康澤強烈要求下，蔣中正最終同意他的請求，並批示將康澤來電抄交戴笠參考。[3]此時戴笠正在陝西華陰隨侍蔣中正，聞訊後只能接受事實，電囑李崇詩對鐘光潘多加安慰。[4]不過，康澤舉薦的林英，後來因故並未到差，戴笠遂於十一月十五日電詢廣州鄭介民：「鍾光潘同志已否離職？如已離職，現代理禁煙緝私總隊長者何人？請即查明電示。」[5]後鄭介民復電，告以鐘光潘並未離開禁煙緝私總隊，戴笠聞訊甚感欣慰。[6]

戴笠遭遇的另一個困難，是鹽務緝私部隊的改隸事宜。早在十月四日，戴笠即電請蔣中正轉電財政部長孔祥熙辦理此事，稱：「生所擬呈統一廣東緝私部隊與緝私機關之辦法，日前奉批似可照辦，並交宋財政特派員審核辦理等因，聞宋特派員已攜前項批件就商孔部長矣。事關整飭緝私工作與統一緝私部隊，在目前廣東情勢之

1 康澤電蔣中正，民國二十五年十月五日，蔣中正總統檔案。
2 戴笠電蔣中正，民國二十五年十月九日，戴笠史料。
3 康澤電蔣中正，民國二十五年十一月十六日，蔣中正總統檔案。
4 戴笠電李崇詩，民國二十五年十一月二十五日，戴笠史料。
5 戴笠電鄭介民，民國二十五年十一月十五日，戴笠史料。
6 戴笠電鄭介民，民國二十五年十一月十九日，戴笠史料。

下，尤為切要之圖。禁煙緝私之合併固無甚問題，惟鹽務緝私係隸屬財政部，擬乞鈞座電知孔部長，俾是項計劃得早實行為幸。」蔣中正接閱後，對此似須考慮，僅批示「知」。[1]

至十月二十一日，蔣中正終於聽從戴笠的請求，電促孔祥熙從速決定廣東緝私部隊統一辦法。戴笠於次日將此事告知鄭介民，並囑「轉告君嵩、競生、克傳諸兄。」[2]十月二十八日，戴笠接甘競生、羅克傳來電，獲悉二人因「私總隊長事迄未發表，久困旅邸，生活既感困難，且甚無聊也。」時宋子良已離粵赴京，向孔祥熙報告整理粵省財政金融經過，並請示今後辦理方針。[3]戴笠因再致電蔣中正，呈請「速電宋特派員對廣東緝私部隊統一問題早日向孔部長商決，俾利一切進行。」[4]

十月二十七日，戴笠自西安飛往武漢。十一月三日，飛回上海。此時粵省緝私部隊統一問題仍然遲未解決，戴笠特於十一月十一日向宋子良面陳一切，經宋子良相告，始知孔祥熙因病未能到部辦公，故此一問題尚未解決。戴笠因與宋子良商妥，擬請蔣中正先令禁煙緝私部隊歸併廣東全省緝私處統一指揮，張君嵩可先就稅警總團長兼職，「如蒙照准，則廣東全省緝私處之原有部隊可先改編一總隊，甘競生同志可先行到差，其他準備派往各部隊工作之同學亦可先安插一部分，而宋廳長更可藉此便與孔部長洽商統一鹽務緝私部隊矣。」上述各情經戴笠請示蔣中正後，獲批照辦。[5]

十一月十七日，宋子良返抵廣州。[6]不久，電請蔣中正轉促戴笠赴粵一行，繼續對統一廣東緝私部隊事宜詳加研討。[7]十一月二十四日，戴笠自上海乘英郵南行，二十七日晨抵香港，隨即前往廣州與宋子良迭次會商。[8]

十二月九日，宋子良致電蔣中正，報告統一過程中遭遇的困難，略謂：現已著手歸併之禁煙緝私部隊與將來必須歸併之鹽務緝私部隊，原均隸屬中央，宋子良雖以財政部廣東財政特派員兼任廣東財政廳長，但由粵省緝私

1 戴笠電蔣中正，民國二十五年十月四日，蔣中正總統檔案。
2 戴笠電鄭介民，民國二十五年十月二十二日，戴笠史料。
3 「宋子良昨飛滬」，《大公報》天津版，民國二十五年十月一日。
4 戴笠電蔣中正，民國二十五年十月二十八日，蔣中正總統檔案。
5 戴笠電蔣中正，民國二十五年十一月十日，蔣中正總統檔案。
6 「時人行蹤」，《大公報》上海版，民國二十五年十一月十八日。
7 戴笠電劉健群，民國二十五年十一月二十二日，戴笠史料。
8 戴笠電姜穎初，民國二十五年十一月二十七日，戴笠史料。

總處統一指揮原屬中央之部隊，「因系統關係，實有種種不便。」而且「粵財廳之緝私總處係屬特設機關，各省無此組織」，當此全國統一之時，政令首應力求統一。為解決這一難題，宋子良請蔣中正以「禁煙緝私處已先令歸併廣東財政特派員公署統一指揮，藉以集中緝私力量，以期增加稅收」為詞，電令粵省政府將緝私總處及其所屬緝私部隊亦撥歸財政特派員公署隸屬指揮，今後即以緝私總處及稅警總團負責辦理廣東全省中央與地方所有稅收機關水陸緝私事宜，以一事權。十二月十一日，蔣中正根據宋子良的建議，轉電廣東省政府主席黃慕松遵照辦理。至此，廣東緝私機關與緝私部隊統一事宜始告解決。[1]

自張君嵩擔任粵省緝私總處長兼稅警總團長後，一面以特工支持緝私之推行，一面以緝私掩護特工之開展。自九月至年底，四個月間共緝獲私貨四五五件，粵海關稅收比上年同月份共增收三三二萬八九三一元，一時弊絕風清，成效大著。[2]

1 宋子良電蔣中正，民國二十五年十二月九日，蔣中正總統檔案。

2 國防部情報局編印：《國防部情報局史要彙編》上冊第二十六頁。

六、中央警校

戴笠自辦理杭州警察實驗區著有成效後，產生了一個更為宏大的志願，即統一整頓全國警察教育，以建立警政長久不拔之基。

早在二十三年八月，戴笠聽說內政部警官高等學校將併入中央政治學校，即電蔣中正建議：「該校併入政校不若改為中央憲警學校，由鈞座自兼校長，既可為警察最高學府，且可免另設憲兵學校也。」惟蔣中正並無批示，警官高等學校亦未併入中央政治學校。[1]

二十五年二月初，浙江省政府主席黃紹竑向浙省警校校長趙龍文表示：「本省警官人員擁擠，復以經濟困難，擬將警校移歸內政部辦理。」戴笠為此擬具浙江警校改組辦法與整飭警官訓練意見，於二月十九日呈請蔣中正鑒核，其要點為成立中央警官學校，由蔣中正自兼校長，趙龍文任教育長，戴笠任政治訓練特派員，校址設於浙江警校現址：

竊查警察教育過去均支離破碎，省自為政，除首都現有警官高等學校、浙江、河北現設有警官學校，及江蘇、河南、湖北、江西、廣東、福建現設有警官訓練班外，其餘各省均無警官訓練，全國現任警官二萬一千員，曉暢警察原理者絕少，不論落伍軍人、失意官僚，咸以警官為尾閭，欲求警政之不腐敗，實屬難能。至全國長警二十四萬人，雖人數遜於陸軍，而預防危害，鞏固地方，對內性質之重要，實遠過於陸軍。年來陸軍軍官教育經鈞座竭力整飭，已趨統一，獨對於政治上軌道，控制力日益增大之警察尚缺整頓統一之方案，生不揣冒昧，謹陳管見及擬呈辦法如次：

一，警官應注重初級訓練，亦猶之陸軍下級幹部同樣重要，故初級警官如巡官、分局長以上，必須統

1 戴笠電蔣中正，民國二十三年八月十一日，蔣中正總統檔案。

一訓練，因其學術、思想、動作、行為均最易感化警士，移風易俗也。生意似應設立中央警官學校，由鈞座親兼校長，以示整頓警官訓練與統一全國警察之決心。矧警官為親民之官，苟得親受熏陶，必能使人民信仰集中，于化民成俗必能收效也。

二，現有各省警官學校暨警官訓練班，一律停辦，現有學生經甄別後統併入中央警官學校，使今後全國警察人才同出一源，免生門戶之見，蓋欲統一警察行政，必自統一警察教育始也。

三，以警高原有每月一萬五千元暨浙警校每月一萬零零五十元，統由中央撥發，充中央警官學校經費，當足敷用。並將警高已奉批准之建築費十二萬元，撥為中央警官學校建築費，則嗣後對建築方面即可不再請費，揆諸經濟原則，實屬允當。

四，中央警官校址設于杭州。因內政部警高自還京校舍方謀建築後，一切設備均未完備，前此部定建築費十二萬元，僅能建築一部分校舍，即以人力而論，警高且併專門刑事警察教育而無之，際此物力維艱，國家舉事，似宜採取經濟原則。杭州警校現有地五十畝，房屋均係官產，歷年來對刑事警察、化學實驗室、指紋室等設備，粗具規模，教官人才亦較健全。綜計杭警校各期各班，已畢業學生達二千八九百人，其分佈地區為浙、蘇、贛、皖、閩、黔、陝、甘、川、冀、鄂、湘、粵等十三省，學生學識經驗雖尚不足，但對革命領袖之信仰與其緊張之革命情緒，實堪稱革命警察之中堅也，如棄此已成基礎而不顧，實屬可惜。

五，關於負責人選，除請鈞座兼任中央警官學校校長外，擬請以趙龍文同志為教育長，仍乞派生為政治訓練特派員。

蔣中正接閱報告後，批示密交內政部長蔣作賓核辦。[1]然而蔣作賓沒有採納戴笠的建議，內政部雖以警政紛雜，於四月十三日擬定「統一各省市警政綱要」呈由行政院第二六〇次院會審查，但其中並未包括統一警察教育的內容。惟統一警察教育已是大勢所趨，當「統一各省市警政綱要」進行研討、尚未定案之時，內政部警官高等

1 戴笠呈蔣中正，民國二十五年二月十九日，國民政府檔案。

學校校長李士珍也向蔣作賓建議，將統一警察教育事宜併案研究。這次蔣作賓表示採納，並向行政院提出。[1]

李士珍曾任首都警察廳警士教練所所長，與戴笠係力行社同志，曾於特務處成立之初，應戴笠之請擔任南京特警班訓育課長兼學員隊長。二十四年，李士珍赴歐考察警政，歷時年餘，於二十五年三月回國，旋於四月十五日接任警官高等學校校長。[2]李士珍與戴笠的想法非常接近，他也認為整理警政應從統一警察教育著手，並於五月二十三日報告蔣中正，擬改警官高等學校為中央警官學校，請蔣中正兼任校長，「俾全國警察集中於鈞座領導之下，統一教育，嚴密組織，打破過去與現在分崩離析、各自為政之弊。」與此同時，李士珍亦將籌建中央警校之計劃向蔣作賓作口頭報告。[3]

五月十日至十六日，中央在京舉行十省高級行政人員會議。會議期間，浙江省政府主席黃紹竑等人倡議廢除警察，節省其經費移辦保安團。在京警察同仁對此不以為然，但以人微言輕，頗有下情不能上達之苦。戴笠認為警察存廢，事關社會安全，茲事體大，未便沉默。乃聯絡警察界同仁，推舉杭州公安局長趙龍文、廈門公安局長沈覲康、蕪湖公安局長徐會之為代表，由戴笠率領謁見蔣中正陳述意見，力斥廢除警察之荒謬，並建議充實警政經費，以作澈底改良。蔣中正對戴笠等人的建議表示採納與嘉許，於是高級行政人員會議不但沒有通過「廢除警察」案，反而限各省於是年八月以前擬具切實計畫，將所有保安團隊逐漸結束，以其經費移辦警察，在三年之內改辦完竣。

警察存廢問題解決後，戴笠復約集在京警界知名人士集會，討論我國警界應如何團結一致，力圖振奮，以不負蔣中正與全國國民之期望。當場一致決議，應由警界同仁自行組織學術團體「中國警察協進會」，公推戴笠與內政部警政司長李松風、內政部警官高等學校校長李士珍、首都警察廳長王固磐、首都警察廳督察長李國俊、浙江省會公安局長趙龍文五人負責籌備。[4]

六月三日，行政院第二六五次院會通過「整理警政原則」，令內政部遵照實施，規定：警官教育應統一於中央警官學校，將內政部警官高等學校改為中央警官學校，各省已辦有之少數警官學校應一律停辦。據此，浙江警

1 中央警官學校編印：《中央警官學校校史》第一〇七至一〇九頁。
2 陳又新、李士珍電蔣中正，民國二十五年四月十七日，蔣中正總統檔案。
3 李士珍呈蔣中正，民國二十五年五月二十三日，國民政府檔案。
4 國防部情報局編印：《戴雨農先生傳》第五十六頁。

校應予停辦，然而浙江警校創建頗久，且經歷任負責者苦心經營，甚具基礎，如果直接停辦殊屬可惜。行政院有鑒於此，復於八月四日第二七二次院會修正通過「整理警政原則」，規定：一，就警官高等學校合併辦理較有成效之浙江省警官學校，成立中央警官學校。二，准請行政院長蔣中正俯兼校長，簡調原警官高等學校校長李士珍為教育長。[1]

戴笠原本設想由浙江警校改組為中央警校，趙龍文擔任教育長，自己擔任政治訓練特派員，然而行政院決議由警高學校改組為中央警校，李士珍擔任教育長，使戴笠掌握中央警校的計劃完全落空。不過蔣中正有意讓浙江警校人員參與警政革新與中央警校校務，他於八月二日手諭蔣作賓：內政部警政司長李松風應即另調工作，遺缺由浙江警校教務主任酆裕坤接充。[2]八月二十二日，蔣中正再電蔣作賓，告以「中央警官學校應設校務委員會，承校長之命，負設計、指導、監督校務之責，派戴笠、王固磐、酆裕坤、趙龍文、李士珍為校務委員，以戴笠主任委員可也。」[3]

九月一日，中央警校在南京城郊馬群鎮改組成立，蔚為全國警察最高學府。九月四日，中央警校奉內政部令轉奉蔣中正養電，即日成立校務委員會，除指派教育長李士珍兼任委員外，並簡派戴笠、王固磐、酆裕坤、趙龍文為校務委員，以戴笠為主任委員。[4]不久，酆裕坤亦正式接任內政部警政司長，戴笠對此甚感欣慰，於九月九日致電蘭州警察局秘書姜穎初謂：「現酆裕坤兄已接任警政司長，今後吾人對中國警察之改革當可貢獻意見也。」[5]

中央警校成立前後，正值兩廣事變，戴笠於八月七日即離京赴粵隨侍蔣中正，直至十月十一日始離粵北返，他在粵期間事務紛忙，但仍對中央警校之校務極為關切，不斷與南京酆裕坤、王固磐、趙龍文、李士珍等人電報往還，討論相關事宜。

1 中央警官學校編印：《中央警官學校校史》第一〇七至一〇九頁。
2 戴笠電趙龍文，民國二十五年八月二日，《戴先生遺訓》第三輯第四〇六頁。
3 蔣中正電蔣作賓，民國二十五年八月二十二日，蔣中正總統檔案。
4 中央警官學校編印：《中央警官學校校史》第一〇九至一一〇頁。
5 戴笠電姜穎初，民國二十五年九月九日，戴笠史料。

九月初，中央警校開課在即，浙江警校舊有員生卻遲遲未能來校，李士珍為此迭電戴笠從速辦理。[1]然而戴笠遠處南粵，無暇顧及，遂請趙龍文全權負責。九月十七日，戴笠電告李士珍：「文電因日來電報擁擠，頃始奉悉。弟因此間事羈，日內不克回京。中警校之人事問題，請與龍文兄洽商電示為荷。」[2]九月十八日，戴笠獲悉趙龍文已與李士珍商妥浙江警校及校委會事宜，特電李士珍表示感謝：「浙警校調京人員已蒙兄與龍文兄商妥，校委會第一次會議多勞兄與靜庵、裕坤、龍文諸兄協商辦理，至為感慰！」並稱：「中警校為全國員警最高之學府，吾人奉命辦理，責任匪輕，而吾兄負經常教育之主責，責任尤其重大，吾人只有一德一心，互信共信，秉承校座之意旨，努力進行，以期毋負校座之厚望，樹立革命員警之基礎，是為至禱。」[3]

中央警校自籌建以至成立，李士珍一直是戴笠的競爭對手，戴笠雖在電文中語氣懇切，實則對李士珍不無芥蒂，至於請李士珍與趙龍文商洽中央警校人事一節，更是言不由衷。事實上，戴笠極望掌握中央警校的重要人事，以限制李士珍的權力，然而他遠處南粵，且連日忙於破獲十九路軍暗殺團、善後湘省何柱帆案、統一粵省緝私部隊等諸多要務，不能與京中及時聯絡，以致李士珍率先向蔣中正提出了中央警校各重要負責人的名單。戴笠得知後頗感無奈，於九月十四日電告王固磐稱：「士珍所提各負責人名單已奉委座批准，並由內政部明令發表，吾人目前只得承認，容日再設法變動可也。」[4]

中央警校校委會共有五名委員，除李士珍外，其餘王固磐、酆裕坤、趙龍文均係戴笠之至友。戴笠如欲掌握中央警校的人事，限制李士珍的權力，關鍵在於健全校委會之組織與充實校委會之職權，為此，他採取了幾項辦法：

首先是在「中央警官學校組織規程」中確定校務委員會之組織。「中央警官學校組織規程」係由內政部於八月二十二日公佈，當時校委會尚未成立，故「組織規程」中亦無相關規定。[5]然而直至九月四日中央警校奉蔣中正電令成立校委會後，「組織規程」中仍未列入相關條目。戴笠遂於九月七日電告酆裕坤：「校委會在中

1 李士珍電蔣中正，民國二十五年九月七日，蔣中正總統檔案。
2 戴笠電李士珍，民國二十五年九月十七日，戴笠史料。
3 戴笠電李士珍，民國二十五年九月十八日，《戴先生遺訓》第三輯第二五七頁。
4 戴笠電王固磐，民國二十五年九月十四日，戴笠史料。
5 中央警官學校組織規程，民國二十五年八月二十二日，《中央警官學校校刊》第一卷創刊號第三七八頁。

警校組織法內尚未列入，致立法手續不完備，辦事諸感困難，此事請兄速轉呈部長，遵照委座前成立校委會電令，於中警校組織法中增設校委會，並照原電令規定校委會之職責，於最近期內提出行政院會議通過，以便辦事為要。」[1]九月八日，戴笠再電酆裕坤，告以：「中央警校內部人員之佈置，已電請龍文兄赴京，與兄等商辦」，「校務委員會之組織及辦事細則，俟龍文兄到京，應請提前議妥」。[2]

其次是盡力爭取蔣作賓的支持。九月十七日，戴笠電告趙龍文：「吾人目前應多方設法接近蔣部長，免彼事事與吾人為難。」[3]九月十九日再電告趙龍文：「吾人目前應極力表示與蔣部長接近，以圖減少今後辦事之困難」，甚至告以「萬一蔣之態度不能轉變，則吾人應援照中央軍政兩校成例，設法脫離內政部之統屬。」[4]

最後是在「校務委員會組織大綱」及「辦事細則」中確定校委會職權。戴笠曾於九月十四日電告王固磐、酆裕坤、趙龍文稱：「吾人目前最要之辦法，即健全本委員會之組織與確定本會之職權，並補充警校各部負責或幫辦之人員，以充實指導、監督之力量耳。」[5]九月二十日，戴笠接到南京來電，獲悉校委會已開會議決三項事宜：一，委員人數五人至十一人；二，本校明令公文由教育長酌量辦理；三，人事由教育長辦理。這三項內容均使教育長職權大增，而對校委會之職權有所限制。戴笠甚感不安，即電王固磐、酆裕坤詢問消息確否，並謂「如果屬實，則吾人將不能實施設計、指導、監督該校之職責矣，而第三項更非修正不可也。」[6]

此時戴笠對李士珍頗有成見，甚至懷疑李士珍擔任校務委員並非蔣中正之本意，而係蔣作賓擅改蔣中正命令所致，他於九月二十三日致電酆裕坤稱：「頃查悉中警校校務委員，委座原手令中無李士珍之名，而蔣部長及士珍來電請增加校務委員，委座均批仍照前令辦理，則校務委員不應有士珍也。因就中警校現在之系統言，蔣部長固可更改校長之命令，但現在之校長係行政院長兼任，蔣部長實不應違抗也。委座前月有電之原文如何，請即查明電示。又蔣對兄之態度如何，兄辦事感棘手否，均乞示及。」[7]其實，蔣中正在手令中確將李士珍列入校務委

1 戴笠電酆裕坤，民國二十五年九月七日，《戴先生遺訓》第三輯第二五七至二五八頁。
2 戴笠電酆裕坤，民國二十五年九月八日，戴笠史料。
3 戴笠電趙龍文，民國二十五年九月十七日，戴笠史料。
4 戴笠電趙龍文，民國二十五年九月十九日，戴笠史料。
5 戴笠電王固磐，民國二十五年九月十四日，戴笠史料。
6 戴笠電王固磐、酆裕坤，民國二十五年九月二十日，戴笠史料。
7 戴笠電酆裕坤，民國二十五年九月二十三日，戴笠史料。

員名單，戴笠掌握之情況顯然有誤。

十月五日，戴笠擬呈之「中央警官學校校務委員會組織大綱」及「辦事細則」均奉蔣中正批行。[1]十月九日，戴笠將「組織大綱」及「辦事細則」之抄件由航郵寄南京酆裕坤參考。[2]十月二十二日，內政部核准「中央警官學校校務委員會組織規則」，規定校委會之執掌如下：一，核議本校一切章則；二，審核本校各處室隊高級職員之任免；三，議核教育方針；四，議核各班隊之設立與停辦；五，議核本校重要建築及設備事項；六，審核本校預決算；七，核議其他有關本校之重要事項。並規定：校委會每兩週開會一次，必要時得由主任委員隨時召集之，開會時以主任委員為主席，主任委員因故不能出席時，公推主席；校委會議決之疑議案，得交教育長執行之；校委會因故不能開會時，得由主任委員斟酌行使本會之職權。[3]上述各項規定使校委會的職權大為充實，而使教育長的職權有所削弱，至此，戴笠掌握中央警校的夙願終於得到了實現。

戴笠掌握中央警校，對他領導的中國特種工作助益甚大，全面抗戰爆發後，戴笠在中央警校附設特警班，成為特務處最重要的訓練單位。抗戰時期，軍統局的情報組織之所以能夠急劇發展、無遠弗屆，得益於特警班者實多。然而戴笠在中央警校的籌備與成立過程中，不可避免的與李士珍發生了競爭，從此他與李士珍長期不睦，為他日後的事業埋下了難以逆料的隱憂。

1 戴笠電酆裕坤，民國二十五年十月五日，戴笠史料。
2 戴笠電酆裕坤，民國二十五年十月九日，戴笠史料。
3 中央警官學校編印：《中央警官學校校史》第一三〇頁。

七、邱開基案

民國二十五年一月緝私室舞弊案偵訊期間，突有鄭灼華者，自稱係遭邱開基遺棄之未婚妻，延請上海律師方中在《申報》及《中央日報》代為刊登啟事，敘述其被姦污之經過，並對邱開基進行警告，略謂：

灼華生長名門，素守閨訓，從來未與異性交接。詎於前年在漢讀書，被該處公務人員邱開基行使詐術，以願訂白首為由，引至東方旅館，闢室求歡。當時灼華雖力持不可，卒以孤掌難鳴，無法抵抗，遂致身為所污。迨後向之催促，履行婚約，詎竟假意敷衍，延不實踐，終且見異思遷，另結絲蘿，公然背婚，棄如敝屣。中間灼華因心有不甘，曾經迭與交涉，乃該邱開基始猶花言巧語，許以緩圖，及至最近，忽然態度大變，恃勢欺凌，不特親自貽書，百般恐嚇，並敢派遣爪牙，到家壓迫，致使不能安居，狼狽來滬，一生名節，犧牲殆盡。似此情形，實屬蹂躪女性，視同玩具，手段惡辣，無以復加。惟是彼縱憑藉權力，恣意妄為，而國法具在，究屬難逃公論，且灼華一息尚存，亦誓不甘休。茲除擬俟少緩將其親筆自書恐嚇函件影印公佈，以求社會制裁，如彼仍無解決辦法，當再冒險往漢與之法律週旋外，特先聘請貴律師為灼華常年法律顧問，並代登報警告，促其反省等情前來。[1]

一月十二日，戴笠見到了《申報》的啟事，他以大局為重，即令滬區區長王新衡往訪方中，阻止登載。一月十四日，戴笠又在《中央日報》上見到同一啟事，乃再派京區區長趙世瑞與該報交涉，於是兩報全部停止登載。一月十六日，戴笠曾為此事致電邱開基稱：「弟意此事應即與鄭交涉，以免有妨令譽。」[2]

1 「方中律師受任鄭灼華女士法律顧問並代警告邱開基」，《申報》，民國二十五年一月十一日。

2 戴笠電邱開基，民國二十五年一月十六日，戴笠史料。

緝私室舞弊案有關人證二十餘人，自奉蔣中正電令前往重慶行營對質後，即從武漢乘輪西上，溯江湍，入三峽，在重慶住了兩個多月。後本案又轉移到南京方面繼續審理，於是眾人再轉往南京，一路煙波浩蕩，不勝顛沛奔波之苦。[1]二月前後，蔣中正手諭軍事委員會軍法處長王震南，略謂邱開基有重大嫌疑，應即扣留候訊。至此，在禁煙密查組檢舉緝私室舞弊案八個多月後，邱開基終被撤職拘押。四月，報紙上已經公開登載了邱開基去職的新聞。[2]於是武漢出現了一首兒歌，唱道：「邱開基，鴻運終，偏偏遇著周偉龍。」[3]

邱開基被押後，曾於三月二日在獄中寫下一封摺呈，向蔣中正辯解，內稱：「獄中讀書思過，理應靜候訊處，何敢妄瀆，惟思江案之責任與案情均無致生入獄之必要，意或見忌者乘機將舊案楊華山事件上聞，有以致之。」尾稱：「生數年來上感鈞座之殊遇，下鑒國勢之危殆，過於熱心，過於操切，結怨於人實有之，然亦所以報鈞座殊遇於萬一也。若云貪污淫亂，則請飭查生之家境何如，平日生活何如，為人與抱負又何如，然後再議處之。」此外，他並對「楊華山事件」所涉各點進行簡要說明，[4]

緝私團副團長沈開越則於三月十日呈文蔣中正，為邱開基緩頰，略謂：「同學邱開基充任緝私主任兼巡緝團長，二載於茲，生深知其頗能自愛，經濟公開。近聞因案被拘，鈞座明鏡高懸，自有定裁，惟緝私事務，繁重複雜，不可一日無人主持。」

蔣中正接閱上述呈文後，自然不會聽信邱、沈的一面之詞，他對邱開基的呈文未予理會，而對沈開越的呈文僅批示：「希盡忠職務，完全負責為要。」[5]

王震南偵查案件的內容，確如邱開基摺呈中所說，是「楊華山事件」，而非「江聲濤案」。先是去年緝私室被控之初，周偉龍係以江聲濤、蔡天祚等人瀆職各案進行檢舉，此即所謂「江案」，惟「江案」與邱開基並無直接牽涉，對其並未造成若何傷害。於是周偉龍再以密拿徐偉卿案、密拿李漢卿案、招搖撞騙案、變賣嗎啡案、收受黃柏泉賄款案、誘奸鄭灼華案進行控告。

1 戈士德：《戴笠與周偉龍上》，《中外雜誌》第三十一卷第五期第一三七頁。
2 「康澤繼任漢市禁煙督察處緝私主任」，《申報》，民國二十五年四月二十九日。
3 章向陽：《邱開基、戴笠、周偉龍的內訌暗鬥》，《文史資料存稿選編》第十三冊第四六四頁。
4 邱開基呈蔣中正，民國二十五年三月二日，國民政府檔案。
5 沈開越電蔣中正，民國二十五年三月十日，蔣中正總統檔案。

上述六案，除鄭灼華案「未經合法告訴」、不予受理外，其餘五案均由軍法處於五月偵查結束，並由王震南簽呈蔣中正，詳細說明各案內情及所擬辦法：

一，密拿徐偉卿案。

邱開基於二十二年在漢口擔任懲治漢奸、奸商工作，曾派行動組負責人李仲威逮捕福昶公司老闆、奸商徐偉卿。據周偉龍舉發：邱開基欲殺徐偉卿，為李仲威不滿，後偵知李仲威受賄私放徐偉卿，乃將李仲威處死，並迫行動組工作人員龔春山編造報告，誣陷另一工作人員楊華山為本案最重要之負責人。

起初，周偉龍提供了一件他與行動組楊華山、龔春山、吳炎卿、朱全紅等人的談話記錄，內稱：徐偉卿捉到後，李仲威即派楊華山、龔春山先後與徐偉卿之父接洽錢款，並派朱全紅找乞丐，由吳炎卿將乞丐勒斃，替徐偉卿死；後由楊華山、龔春山、吳炎卿送徐偉卿至普愛旅館，與徐父人款兩交。據此，勒款釋放徐偉卿、找乞丐替死之事，係李仲威所主使，楊華山、龔春山、朱全紅、吳炎卿分工合作，事實甚為明顯。

不料三月十九日楊華山等人在軍法處庭供時突然改口，凡是談話記錄中所載李仲威主使之事，均改稱係承邱開基之命而行，或稱係由李仲威請示邱開基，得其許可而行。楊華山並稱：「聞李仲威說，邱於本案之款留得八百元」等語。

王震南鑒於楊華山等人所供，與之前談話記錄多有不符，乃於四月十五日再次審訊，於是朱全紅、吳炎卿二人的供詞又有變化。朱全紅稱：「三月十九日我等所供，係周偉龍教我們推到邱開基頭上的。」吳炎卿稱：「自三月十六日到京以後，周偉龍天天到環球旅館與楊華山計劃，教我們口供，如徐案、李案、兩起嗎啡案，以及閻天澤之參證，迄今出頭報告，並向周局長報告之話言，均一一指示。」據此，楊華山等人三月十九日所供既為周偉龍所教唆，自屬無可採信。

另據本案報告人閻天澤四月二十五日供稱，他曾向邱開基為徐偉卿求情，並呈繳徐願罰四千金之函，但邱不同意，且說要處決徐，李仲威對此甚為不滿，遂計劃救徐。據此，邱開基毫無要款釋放徐偉卿之意思，而楊華山所供邱開基得款八百元之說顯屬虛誣。

又據邱開基三月十六日報告，他處決奸商徐偉卿及為維持紀律使李仲威自裁，均經報告鄧文儀轉呈蔣中正核准，並非草菅人命。又據王震南偵查，李仲威釋放徐偉卿之動機，係由於楊華山之查報，而與徐父往返論價以及釋徐取款等事，均由楊華山與龔春山共同實施，楊華山對於徐案確係重要負責人員，難謂邱開基枉法誣陷。

王震南並指稱：據楊華山自述書及其四月二十日供稱，本案發覺時，他為躲避邱開基之逮捕，借日人為護符，往見漢口日領事清水八百一，雖未洩露機密，但乘日輪赴滬，到埠又有日領館派員迎接，使居「清快丸」旅社，有日婦陪伴，「縱非甘心作賊，其行為卑污已可想見。」楊華山利用李仲威死無對質，設詞妄供，現既證明，則本案往返論價及人款並交部分由楊華山、龔春山共同實施，二人自應依法分別論罪。

二，密拿李漢卿案。

二十二年三月中旬，李仲威得報，漢和東煤炭公司老闆李漢卿專辦雜糧供給日人等情，即派朱全紅等人將李漢卿捉至蘆席街四十二號，逼其繳款十萬元。結果由湖北飯店經理王敬齋說合，繳款四千元，分發所屬人員，業經楊華山等人供明。

本案關鍵問題，在於邱開基有無勒款？以及李仲威是否秉承邱開基之命而行？楊華山為證明此案係邱開基所主使，曾繳呈邱開基致李仲威之函件，略云：「李案之未了事項，兄既坦白自認，果為兄為，則不妨請將用途一言，若如外間所說，所謂『血流團』亦為兄所主持者，則此款不成問題，亦用之此內，果如是，弟則負強盜之名，亦所甘願，弟不惟不加追究，並願更加設法同樣進行，不幸而事機敗露，願與兄等共殉之。明早九時，請到弟處重敘，一切尚容面話。」此函語意模糊，且未註明時間，但由其內容觀之，邱開基似有嫌疑。

邱開基對此函之解答書則稱：此函係李仲威被捕之後，對李漢卿案不肯吐實，因致函促其招供。函中「李案未了事項，兄既坦白自認，果為兄為，則不妨請將用途一言」一句，係因傳聞李仲威有向李漢卿詐財行為，乃促其明言為何行詐，詐財多少。「若如外間所說，所謂『血流團』亦為兄所主持者，則此款不成問題，亦用之此內，果如是，弟則負強盜之名，亦所甘願」一句，係因傳聞李仲威主持「血流團」，乃表示欽佩該團，並稱若詐款用在此內，則邱開基絕對負責，以堅定李仲威坦白承認之心。「弟不惟不加追究，並願更加設法同樣進行，不幸而事機敗露，願與兄等共殉之」一句，係惟恐李仲威不相信，故作進一步之摯誠表示。「明早九時一敘」一句，係指預定九時審訊。

據此，邱開基致函李仲威時，對其是否行詐尚在疑似之間，楊華山所謂李仲威秉承邱開基之命而行、邱開基分得詐款云云，業已不攻自破。且楊華山所供邱開基得款數目、交款地址、送款人員及李仲威分款時對眾宣布之言，核與朱全紅、龔春山、吳炎卿等人所供不符。如朱全紅供：「款由李仲威帶了楊華山、龔春山，送東方飯店交邱開基的。」吳炎卿供：「李仲威拿去交邱科長，楊華山同去，其餘不知道。」龔春山則供：「李仲威在楊華山家中將款拿去，送到萬國旅館，交付邱科長。」嗣後又改稱：「楊華山同李仲威送到東方飯店，李仲威一個進去，楊華山沒有進去的。」而不承認自己同去。因此，王震南認為，「未便以此虛矯之詞，遽入人罪。」

三，招搖撞騙案。

據密查組副組長陳德謀檢舉，邱開基曾奉命逮捕煙土商人趙典之，後以停止逮捕趙典之為交換條件，向其摯友劉少巖招股開設拔提書店。

經王震南偵查，邱開基為開發民智、砥礪民德，開設拔提書店，並無別種用意。且經拔提書店股東江述之來函證明，劉少巖代為招股，係因與邱開基有私交關係，毫無交換條件作用。上述情形，並有劉少巖函可證。所謂邱開基招搖撞騙，自屬無稽。

四、五，變賣嗎啡及收受黃柏泉賄款案。

二十二年四月，楊華山在浦口車站捉到嗎啡販黃柏泉，嗣將該犯放走，而將嗎啡帶到漢口變賣六二八元。五月，再在鄭州車站捉到黃柏泉，又將該犯釋放，得洋六五〇元，交鄭州上海銀行寄回漢口多聞里嚴家誥處三百元，寄法租界偉英里自己家中三百元，五十元作零用。業經迭次自白無訛。

楊華山謂兩次緝私任務均係奉邱開基之命令，但其變賣嗎啡之款六二八元及鄭州賄賂之款六五〇元則均交嚴家誥。經查緝私公文，緝私任務係嚴家誥所交付。另查邱開基於二十二年三月即已交卸偵緝隊長職務，楊華山所謂奉邱開基命令云云，顯屬張冠李戴。

王震南指出：上述五案之起因，係楊華山夤緣密查組組員鄧匡元而認識周偉龍，向其報告各案。嗣後周偉龍於二十四年七月邀約龔春山、朱全紅、吳炎卿到漢，並由陳德謀設辭介紹工作、函囑閻天澤到漢，由周偉龍親自記錄各人之自述，造成筆錄。此事為邱開基所知，曾逮捕吳炎卿，但翌日即釋放。周偉龍乃託詞保護，將朱全紅、龔春山、吳炎卿私禁八公安局第八派出所，月給津貼各二十元，並月給楊華山津貼六十元，閻天澤回京旅費八十元，令其在京擔任情報工作。迨二十五年三月邱開基被扣押後，周偉龍即召集楊華山、朱全紅、吳炎卿、龔春山等人，令默記上年七月談話記錄所載事項，並囑：「邱已打到籠裏去了，總要你們到京將事項證明，一切不要怕，橫直有我站在前線奮鬥，你們即使被押，亦可設法保釋」等語，又在公館設筵餞行，叮嚀囑咐，並發各人安家費二十五元。後周偉龍坐飛機到京，在環球旅館日與楊華山計劃，對於上述各案教唆口供，凡屬李仲威所為者，都推在邱開基身上，並云：「本案俟王敬齋、徐偉卿到京，可以開邱的追悼會了。」

綜上所述，王震南認為，邱開基所稱「周偉龍假借特工特權，不惜威脅利誘，以造成本案」云云，不為無據；而周偉龍對於構成控案，教唆口供，嫌疑又屬重大；楊華山、龔春山共同嚇詐徐偉卿，依刑法，擬各處有期徒刑四年，各褫奪公權十年；楊華山連續受賄，縱容販毒，依禁煙法、刑法，擬處無期徒刑，褫奪公權終身；朱全紅、吳炎卿共同殺人，惟係受命而行，不無可原，依刑法，擬各減處有期徒刑五年，褫奪公權十年。[1]

按照王震南的偵查結果，邱開基並無違法瀆職行為，其被控各案，純系周偉龍與陳德謀設辭捏造。蔣中正接閱王震南的簽呈後，必然對周偉龍印象不佳，但本案情形複雜，牽涉甚多，蔣中正顯然沒有完全採信王震南的說法，因而並未釋放邱開基。

蔣中正除令王震南進行偵查外，還曾授意侍從室第二處主任陳布雷調解本案，但本案係力行社內部糾紛，陳布雷非團體中人，實不便處理，於是蔣中正再派侍從秘書蕭贊育詳查具報。[2]後蕭贊育召集力行社幹部賀衷寒、桂永清、康澤、周復等人會談辦法，戴笠、鄭介民亦在座，戴笠主張嚴懲邱開基，蕭贊育則力言：「領袖交查，必求是非明白。」會談結束後，蕭贊育將會談經過呈報蔣中正，直言戴笠的表現太過剛強氣盛。事為戴笠所知，曾對人說：「蕭某膽子不小。」[3]戴笠亦曾致電胡宗南談及此事，有謂：「為邱開基案，弟與蕭化之、周復輩已入短兵相接時期矣。」[4]

邱案延宕不決之際，戴笠最為擔心的就是密查組人員言行不檢，貽人口實。他曾於五月十五日接到一位化名為「化一」的漢口工作人員的密函，內云：「陳德謀等諸同志漁色浪漫，好色好賭，上層人員無不染患花柳、梅毒諸病，別人有錯則小題大做，大都敢怒而不敢言，特請注意，勿為蒙蔽。」據考核股查報，漢口工作人員並無化名「化一」者，「此事或係挾嫌，但當不至盡屬子虛。」戴笠對此甚為重視，當即致電陳德謀予以忠告。[5]五月二十一日，陳德謀復電自請處分。戴笠接閱後，對其自請處分一節，免予置議，惟致電懇切告誡曰：「武漢社會情形之腐敗，吾人工作環境之險惡，務請謹慎交遊，並避免無謂之應酬，聚精會神以求工作之推進，是為至

1 王震南呈蔣中正，民國二十五年五月，國民政府檔案。
2 戈士德：《戴笠與周偉龍上》，《中外雜誌》第三十一卷第五期第一三七頁。
3 中國國民黨中央委員會黨史委員會編印：《蕭贊育先生訪問紀錄》第四十八頁。
4 戴笠電胡宗南，民國二十五年五月十二日，戴笠史料。
5 戴笠批示「化一」來函，民國二十五年五月十七日，戴笠史料。

盼。」[1]

不久兩廣事變發生，蔣中正無暇再過問邱案，戴笠亦終日忙於對粵策反之工作，暫未顧及此事。至七月底陳濟棠下野後，兩廣事變已有和平解決之希望，於是蔣中正對邱案舊事重提，改派力行社書記長劉健群繼續負責審辦。

起初，劉健群希望周偉龍、邱開基停止傾軋，故向雙方施壓，一面對邱開基說：「領袖最相信戴笠，你這官司怎麼打？」一面又對戴笠說：「領袖沒有意思殺邱開基，這個官司不用拖下去了。」然而雙方均無意罷手，劉健群只得呈准蔣中正，以「兄弟鬩牆，不識大體」，不分原被告一併關押。[2]周偉龍雖然被扣，戴笠仍對其十分支持，曾於八月二日致電安慰稱：「漢口工作在此特殊情形下，已派員接任矣，務乞吾兄安心休養，多讀書史，以求進步。兄事弟當完全負責也。」[3]

周偉龍被扣後，密查組工作不能停頓，時該組書記倪超凡在南京，戴笠請其返回漢口與陳德謀共同負責，並於十月十七日致電勉勵曰：「邱案委座交劉健群同志簽呈，現劉在廣州，解決尚有待，兄應即回漢主持禁煙密查組工作。對貪污與走私等之偵查與檢舉，我密查組同志應繼續努力，打破此沉悶之局面，以樹立特工之威信，而免領袖之失望，此事務請吾兄與德謀兄切實負責為幸。」[4]

力行社內對邱開基表示同情者頗不乏人，除前述蕭贊育、周復等人外，鄧文儀也是其中之一。鄧文儀自二十三年七月辭去南昌行營調查課長後，一度擔任駐俄武官，後於二十五年六月回國，旋因劉健群在廣州負責兩廣事變後之軍政工作，不能兼顧團體任務，由鄧文儀接任力行社書記長。[5]他認為周偉龍控告邱開基是「自相殘殺」，因而對周頗有煩言。[6]

十一月初，鄧文儀有感於邱案拖延過久，遂與檢查會書記長周復呈准蔣中正，限十日內結束本案，並將邱開

---

1 戴笠電陳德謀，民國二十五年五月二十五日，戴笠史料。
2 戈士德：《戴笠與周偉龍上》，《中外雜誌》第三十一卷第五期第一三七頁。
3 戴笠電周偉龍，民國二十五年八月二日，戴笠史料。
4 戴笠電倪超凡，民國二十五年十月十七日，戴笠史料。
5 鄧文儀：《從軍報國記》第二八一至二八五頁。
6 章向陽：《邱開基、戴笠、周偉龍的內訌暗鬥》，《文史資料存稿選編》第十三冊第四六四頁。

基先行保釋。戴笠對鄧文儀的態度有所耳聞，曾於十一月八日致電劉健群稱：「邱案弟反對雪冰（鄧文儀）、旭人（周復）兩兄來干預，應仍請兄秉公處理。」[1]至於鄧、周呈准蔣中正保釋邱開基一節，戴笠因在上海聖心醫院割治鼻病，消息不暢，遲至十一月十日接到南京陳紹平來電後始獲悉。[2]

邱案發生一年有餘，結果周偉龍仍遭拘押，邱開基則先行保釋，這自然是戴笠無法接受的。他於十一月十一日致電鄧文儀稱：「自兄主持團體以來，一切均能積極進行，至佩賢能。頃聞衛華同志一案，已由兄與旭人兄呈准領袖，限十日內結束，甚善！甚善！惟禁煙密查組實際上係隸屬弟處，即此案係由弟處經辦，弟係幹會特務處負責人，是幹會之幹部，亦即兄之部屬也。此案之經過，兄自回國後未曾一向弟詢及，豈兄亦認弟有濫用職權、誣陷善良同志之嫌乎？此案兄將作何處置，乞勿見外賜示為禱！」[3]

次日，戴笠再電鄧文儀，明白表示反對開釋邱開基：「衛華同志一案，非衛華同志有違法瀆職之行為，即周偉龍有捏造事實誣陷同志之罪過也，事關團體紀綱，弟意應徹查嚴究也。今在案情未判決、責任未判明以前，旭人兄呈請領袖將邱保釋，而置周偉龍部分于不理，周亦同志也，揆之法理，均不得謂之平！弟站在團體同志立場，實未敢贊同也！」[4]

除向鄧文儀表明態度外，戴笠並於十一月十二日致電蔣中正，力言邱開基之違法瀆職均有事實可憑，呈請仍令劉健群限期審理，稱：「頃悉邱開基違法瀆職案，周復同志乘鈞座五十壽辰，以請求減輕同志違犯紀律者之罪刑為名，不待劉健群同志之遵諭審理，簽呈意見，先行呈准鈞座將邱開基交保釋放，而對於周偉龍部分則認為罪有應得。邱曾以禁煙緝私室公款貸周，有憑證在卷，周復同志對邱案實應避嫌。邱之違法瀆職所檢舉者，均有事實可憑，今違法瀆職者可由檢會書記長徇私朦蔽，呈請領袖交保釋放，而奉行法令實施職責者，反認為罪有應得，久禁囹圄，豈得謂之平？萬懇鈞座澈底究辦，仍請令由劉健群同志限期審理，簽呈意見，聽候鈞裁。對邱開基之交保開放一節，敢乞收回成命。」[5]同日，戴笠查悉劉健群曾於十一月五日致蔣中正一電，內容與邱案有

1 戴笠電劉健群，民國二十五年十一月八日，戴笠史料。
2 戴笠電陳紹平，民國二十五年十一月十日，戴笠史料。
3 戴笠電鄧文儀，民國二十五年十一月十日，戴笠史料。
4 戴笠電鄧文儀，民國二十五年十一月十一日，戴笠史料。
5 戴笠電蔣中正，民國二十五年十一月十二日，戴笠史料。

關，遂致電侍從室第四組組長毛慶祥詢問該電措辭如何。[1]

蔣中正接閱戴笠來電後頗為不悅，於十一月十四日復電痛責曰：「收回成命是何等事？革命者對團體與領袖豈有如此跋扈非法之言行？難怪團體中之不直弟之所為也！況特務人員更不准有此言行！周偉龍素行不對，是余親見，此人不能信任，非團體有所好惡與偏袒輕重也。如弟能擔保，則周偉龍亦准保釋，但不得再與以工作也。」[2]

戴笠對蔣中正的意旨向來絕對服從，但他同時堅信周偉龍的清白，在接到蔣中正復電後，仍欲再做最後的努力。他於十一月十八日夜與鄧文儀詳談，仍然主張「應候健群兄簽呈，經校座認為邱無罪後再行保釋，方合理也。」同時，並令此前承辦邱案之特務處司法股長余鐸乘輪南下廣州，協助劉健群辦理。[3]十一月二十日，戴笠另電劉健群，告以「一，自邱奉准保釋後，弟曾電呈領袖請求先審明事實而後再行釋邱，日前奉領袖復示，周偉龍亦准保釋。弟因事關團體之紀綱，仍主張澈究事實，判明責任，再定懲處，故對周迄未進行保釋。二，承辦邱案之法官已赴滬候輪南下矣，至請指示一切。」[4]

戴笠沒有想到的是，僅僅二十多天過後，爆發了震驚中外的西安事變，他無法在領袖蒙難之際再對邱案繼續糾纏，於是邱開基、周偉龍雙雙開釋，此案終以不了了之收場。[5]

1 戴笠電毛慶祥，民國二十五年十一月十二日，戴笠史料。

2 蔣中正電戴笠，民國二十五年十一月十四日，蔣中正總統檔案。

3 戴笠電鄭介民，民國二十五年十一月十九日，戴笠史料。

4 戴笠電劉健群，民國二十五年十一月二十日，戴笠史料。

5 郭旭：《蔣介石禁煙政策的內幕》，《文史資料存稿選編》第十二冊第六一九頁。

八、劉蘆隱案

楊永泰，字暢卿，廣東茂名人，早年擔任北京臨時眾議院議員、參政員，參與護國運動、護法運動。北伐後，為蔣中正幕僚，歷任豫鄂皖三省剿匪總部參謀長、南昌行營秘書長，提出「三分軍事、七分政治」之剿共策略，收效宏大。二十四年十一月，當選中國國民黨第五屆中央委員，旋任湖北省政府主席。二十五年十月二十五日中午，楊永泰偕夫人赴漢口安利英洋行美領事之宴，午後三時許返回武昌，至江漢關輪渡碼頭下車時，突遭暴徒行刺，身中兩彈，傷重殞命。時蔣中正在西安巡視，聞訊記曰：「今日由西嶽歸來，得楊暢卿被刺殞命驚耗，不勝驚駭悲痛，嗚呼哀哉！」[1]

楊永泰被刺時，兇犯成燮超當場被捕，治安機關在其身上搜獲獨立卅四旅漢字軍用證明書一紙，並在該犯所住旅館房間內搜出其所書就尚未付郵之私函一件，封面書「致貴陽樊其書收」，內稱「旅座鈞鑒」，語意似係商承行兇計劃。[2]查獨立卅四旅駐貴州黎平，旅長為羅啟疆，此一軍用證明書係該旅駐漢辦事處發給，治安機關遂將該辦事處查封，並將辦事處長羅緒丞拘押。[3]另查樊其書曾任二十五軍獨立旅旅長，係原貴州省政府主席王家烈之部下，案發次日，重慶行營主任顧祝同曾令貴州綏靖主任薛岳按址密拿，然而憲兵趕到之時，樊其書已經攜眷逃逸。[4]

其實，樊其書鴉片煙癮甚大，如能迅速追捕，尚有拿獲之可能。當時貴州縣政研究會主任雷嘯岑判斷，樊其書夤夜潛逃，既不敢前往四川，亦不會走入湖南，一定是往廣西而去，因請別動隊大隊長蕭樹經通知黔桂公路沿線之別動隊，嚴密檢查從貴陽坐汽車前往廣西的乘客，如此必可緝獲樊某，置之於法。然而蕭樹經以未奉命

1 蔣中正日記，民國二十五年十月二十六日。
2 何成濬在中國國民黨五屆三中全會之報告，民國二十六年二月，蔣中正總統檔案。
3 戴笠電蔣中正，民國二十五年十月三十日，蔣中正總統檔案。
4 薛岳電蔣中正，民國二十五年十月二十八日，蔣中正總統檔案。

令，沒有聽從雷嘯岑的建議，終使樊其書成為漏網之魚。[1]

自楊永泰被刺後，各方謠言甚多，或謂係黨部方面所為，或謂係湖北權要所為。駐鄂綏靖主任何成濬為避嫌計，乃主張組織楊案審理委員會，由湖北省政府委員劉壽朋為審理委員長，另由武漢各機關近二十人參與其事。[2]楊案發生時，戴笠正在西安隨侍蔣中正，亦奉命於十月二十七日飛往武漢襄辦此案，他抵漢之初，即料定此案因憑證頗多，「主謀者不難審究。」[3]為便辦案，他特召湖北站長朱若愚、湖北保安處第四科長廖樹東以及南京處本部司法科長余鐸前來聽命。

楊案審理委員會自十月二十八日下午開始審理，歷經八個小時的審訊，兇犯成燮超在朱若愚循循善誘之下，終於有所吐露。起初，審理人員訊問成燮超係受何人主使？他竟理直氣壯的回答：「是奉中央黨部的命令殺漢奸。」不但不認為自己有罪，反而自鳴得意，自認是愛國英雄。朱若愚看成燮超說話的神態和招供的內容，知道兇犯一定是受人愚弄，於是用閒聊的方式，以輕鬆的語氣告訴成燮超：「楊主席是政府官員，不是漢奸，中央黨部如果真的對他懷疑，可以商請政府免他的職，辦他的罪，怎會下達此種暗殺命令？一定是楊主席的仇人利用你，你上當了。」成燮超思考之下，幡然醒悟，乃承認他是一個暗殺集團的打手，並將他加入暗殺集團的經過詳細供出。[4]

據成燮超供稱：此前他的長官樊其書由貴陽來漢口，介紹他認識了一個暗殺團體的負責人楊爾謙，不久再認識楊爾謙的黨羽龔柏舟、曹炳榮、梁九寶等人，他隨即加入此一暗殺團體，由樊其書、楊爾謙等人先後接濟生活費。樊其書離開漢口後，楊爾謙、龔柏舟告訴成燮超，彼等之工作「係為國剷除漢奸」，並出示楊永泰照片一張，聲言所欲剷除者即此人，命令成燮超行兇。成燮超接受任務後，即偕梁九寶日赴武昌，伺隙圖逞，然而月餘迄未得機。楊永泰被刺當日，楊爾謙特由武昌來到漢口，告知成燮超：「楊主席將於午後渡江」，囑其至江漢關碼頭下手，於是成燮超趨往江漢關碼頭等候，楊爾謙、龔柏舟、曹炳榮三人也前來助勢。迨見楊永泰下車，成燮超首先開槍，龔柏舟隨之一擊，楊永泰即中槍殞命。除上述情形外，楊爾謙、龔柏舟係受何人主使，有何組

1 雷嘯岑：《憂患餘生之自述》第一一三至一一四頁。
2 戴笠電蔣中正，民國二十五年十月二十八日，蔣中正總統檔案。
3 戴笠電劉健群，民國二十五年十月二十八日，戴笠史料。
4 戴笠電蔣中正，民國二十五年十月二十八日，蔣中正總統檔案；國防部情報局編印：《戴雨農先生傳》第三十六頁。

織，成燮超均稱不知。[1]至於他身上的軍用證明書，則係由獨立卅四旅已開除之勤務兵孫少臣處取得。

成燮超雖然吐露不少實情，但他對自己的真實身分仍有隱晦。為此，戴笠於審問次日找來獨立卅四旅辦事處傳令兵吳竟成進行指認，當場指出所謂成燮超者，真名譚文信，化名譚戎軒，係獨立卅四旅隨縣幹部隊畢業，曾充幹部隊第二分隊長。成燮超對指認各點，亦予以承認。[2]

戴笠總合審問所得，認為偵破本案有兩個關鍵：一，如能捕獲在逃之龔柏舟，則可審究主使者為誰；二，如能捕獲孫少臣，則可審究羅啟疆與本案之關係。為便於辦案，他於十月二十八日致電蔣中正請示：「為圖保守祕密與便於一切進行起見，實應由何主任負主辦之責，參加審問人應竭力減少，庶幾事權統一，易於進行也。」蔣中正接閱後，批准以何成濬主辦，另由何成濬薦派審判官若干員審理之。[3]

此時，羅啟疆在黎平已經聽說駐漢辦事處被查封之事，他異常不安，於十月三十日致電何成濬稱：「聞職旅駐漢辦事處被警備司令部查封，處長羅緒丞亦被拘押，不悉何故，請查明電示，並賜予營救。」何成濬接閱後，經與戴笠相商，一致認為「復電言之過重，恐激成意外，如說無甚關係，又恐使彼懷疑」，於是以不卑不亢之態度復電羅啟疆稱：「楊主席被刺，在其兇犯成燮超身上搜獲獨立卅四旅漢字一零三號軍用證明書一張，為查究是項證明書為何落入兇徒之手，不得不將貴辦事處負責人暫行押審。」

戴笠並將上述各情轉報蔣中正，請蔣中正親電羅啟疆告以案情。此外，戴笠為使羅啟疆安心，特為蔣中正擬好了一篇頗具政治智慧的電文，略謂：「據武漢警備司令部電稱，於刺楊主席兇犯成燮超身上搜獲獨立卅四旅漢字軍用證明書一紙，已將該辦事處負責人押審等情。案關重大，警備司令部為查究是項軍用證明書之來源，不得不如是辦理。惟該旅駐漢辦事處不可無人負責，可即另派妥員前往接替，並希該旅長查明該軍用證明書為何落入兇徒之手，迅行具報，以憑核辦。」蔣中正接閱後，當即批示照辦。[4]

次日，羅啟疆復電蔣中正解釋稱：「職昨得漢息，謂職旅駐漢辦事處羅處長緒丞被警備司令部拘留，辦事處亦被派兵堅守，職母及眷屬等均不許出入等語，聞之不勝惶駭。」「竊查職旅年來剿匪，逃逸官兵及損失證章符

1 何成濬在中國國民黨五屆三中全會之報告，民國二十六年二月，蔣中正總統檔案。
2 戴笠電蔣中正，民國二十五年十月二十九日，蔣中正總統檔案。
3 戴笠電蔣中正，民國二十五年十月二十八日，蔣中正總統檔案。
4 戴笠電蔣中正，民國二十五年十月三十日，蔣中正總統檔案。

號之事，不一而足，或者該刺楊兇手拾得此項失去之證章符號亦未可知。又或辦事處中人辦事不慎，將證章符號隨意假人。又或為兇手所偽造。總之，該刺楊兇手既經當場緝獲，則一切情形不難水落石出。現該羅處長緒丞自應拘捕聽訓，惟職母及眷屬與今後派去辦事人等，應懇乞鈞座飭武漢當局賜予維護，無任企禱。」[1]

在此前後，特務處南京區加緊偵查案情，終於捕獲八名重犯，其中包括參與刺楊案的曹炳榮，於是真相漸露，證明羅啟疆確與本案無關。[2]十一月一日，何成濬致電蔣中正，一面盛讚戴笠之努力，一面亦請蔣中正電慰羅啟疆，稱：「此次暢卿主席被刺，當場雖捕獲正兇一名，然以牽涉甚多，情形複雜，武漢偵緝特務機關有恐受嫌疑不敢多言者，亦有堅持成見過於誤解者，因是眾論紛紛，不易統制進行偵查，幸蒙鈞座派戴笠同志來漢助理，此案乃得減去困難。又以戴同志到漢後，異常努力，不分晝夜，研究審訊，並在南京捕獲重犯八名，於是案情大白，真相畢露。」「惟查羅啟疆之辦事處長，平日疏忽，不能管束勤務兵夫，致將證章符號被其偷竊，轉落奸人手中，遂蒙重大嫌疑，幾至不能剖白，聞其辦事處被抄時，羅母既被侮辱，羅眷亦被監視，處內人員又被刑訊，現全案破獲，已證實與羅無干。除由職去電慰問解釋外，擬懇賜電加慰。」[3]

戴笠為澈究案情，於十一月二日離漢回京。[4]他回京不久，另一要犯龔柏舟亦於十一月三日在蕪湖被捕。先是，成燮超供稱，龔柏舟常在法租界鐵路飯店留住，有個叫「老三」的妓女常去找他。朱若愚當即派員到鐵路飯店緝拿，惟龔柏舟已經聞警逃走。於是朱若愚設法將「老三」找到，盤問之下，獲悉如下情形：龔柏舟已於前一天搭乘日本輪船離開漢口前往上海，該輪船在中途可能靠岸一次。

朱若愚立即趕回住所，經與余鐸會商，連夜打長途電話到南京向戴笠報告，並通知沿江各碼頭同志依照龔柏舟的身材、口音、面貌、衣著等特徵進行截留。天明以後，再由廖樹東帶同「老三」乘機飛往南京，以便指認。很快，九江碼頭的同志急電報告，日本輪船開到九江後，無人上岸，現已離開九江前往蕪湖。於是蕪湖碼頭的同志積極準備，南京方面的同志則帶同「老三」前往蕪湖。不久，日本輪船在蕪湖靠岸，龔柏舟在「老三」當

---

1 羅啟疆電蔣中正，民國二十五年十月三十一日，蔣中正總統檔案。

2 陳希曾電蔣中正，民國二十五年十一月一日，蔣中正總統檔案；特務處編製：《二十六年份各級工作人員功過賞罰考核表》，汪德龍條。

3 何成濬電蔣中正，民國二十五年十一月一日，蔣中正總統檔案。

4 戴笠電熊少豪，民國二十五年十一月一日，戴笠史料。

面指認之下，只好俯首就逮，隨即被押往首都警察廳審問。[1]

特務處捕獲曹炳榮及龔柏舟之行動，均由南京區長兼首都警察廳特警課主任汪德龍直接指揮，他因功得特獎一次，並獲獎金及特別費。[2]曹、龔經過審訊，供出彼等之暗殺組織與西南方面有關，據曹炳榮供稱：「楊爾謙是由香港過上海的，他是頭腦，楊主席過江是楊爾謙在武昌打電話給新太安棧的，陳燮超、龔柏舟的手槍我在新太安棧內曾經見過，行兇時我是在江漢關附近為他們把風。」龔柏舟則稱：「暗殺組織名行動隊，隊長為楊爾謙，我們都是受他主使。暗殺的對象，第一步為楊主席，第二步為張部長。」[3]

此時，直接參與刺楊案之四名要犯楊爾謙、龔柏舟、成燮超、曹炳榮，只剩主犯楊爾謙尚未就逮。時特務處偵悉楊爾謙之住宅位於上海法租界台拉斯村二號，即趕往逮捕，惟楊爾謙已逃逸，遂派員守候。十一月四日，有蕭若虛者自粵到滬前往楊爾謙住宅，被守候人員當場捕獲。[4]查蕭若虛曾任中央宣傳部總務處長，係由劉蘆隱所介紹，劉蘆隱係胡漢民之心腹，於五全大會被選舉為中央宣傳部長，但留居香港，久不到職，自胡漢民逝世後，即擔任「新國民黨」之主持人。

據蕭若虛供稱，刺楊案之主使人即為劉蘆隱，他並詳細解說此案發生之動機稱：「楊與胡故主席在粵時，公誼私情極不相投。胡故主席長立法院時，楊曾往訪，有東山再起之意，胡故主席不予接見，因往謁委員長，委員長聰明睿智，欲以收拾天下之人心，因予錄用。西南兩機關成立後之國是乃為一表面統一之局面，在此形式統一之局面下，楊先生頗足左右中央之黨政，此為刺楊之動機。」又稱，當刺楊案發生次日，他曾往香港般含道七十七號訪劉蘆隱，後在香港某旅館中居留。十月三十日，劉蘆隱之幹部蕭汝韞來到旅館，請他赴滬帶一口信給楊爾謙，囑其來港，此即他由港赴滬之原因。

此外，蕭若虛供出一個重要事實，即去年十二月發生的交通部次長唐有壬被刺案，亦與蕭汝韞、楊爾謙有關。刺唐案發生後，他曾在某日聚談中聽到蕭汝韞說：「唐有壬係被楊筱明（楊爾謙）派人刺殺，唐之住屋，頗易行事，楊等事先於其左右賃屋而居。」關於刺唐案之動機，他供稱：「汪精衛先生自德回國，道經香港，曾與

1 國防部情報局編印：《戴雨農先生傳》第三十六頁；戴笠電蔣中正，民國二十五年十一月四日，蔣中正總統檔案。
2 特務處編製：《二十六年份各級工作人員功過賞罰考核表》，汪德龍條。
3 何成濬在中國國民黨五屆三中全會之報告，民國二十六年二月，蔣中正總統檔案。
4 戴笠電蔣中正，民國二十五年十一月四日，蔣中正總統檔案。

胡故主席懇談，胡主席希望其不應再為對日外交之傀儡，扮演丑戲，汪先生頗然之。抵京以後，（汪先生）復兼任外交部長，實權及計謀操之決之均為唐有壬，其失態處，較之往昔，有過無不及，刺殺之動機即在於是。而意義乃在於為外交部長知所警惕，以爭抗日之領導權也。」

蕭若虛被捕前後，特務處又捕獲另一要犯楊其新，據他供稱：「我們的組織是青年暗殺團，團長楊爾謙，最高首領姓劉，宗旨是聯合失業軍人及流氓，暗殺各黨國大員。第一步刺殺楊主席，再則以次刺殺張外交部長、蔣內政部長、俞交通部長、蔣委員長。我加入此組織是擔任通信工作，並在南京負責偵查要暗殺各人之行蹤，曾與龔柏舟到外交部偵查一次，又單獨前往偵查二次，均隨時函楊爾謙報告。」並稱：「刺唐有壬案，亦係楊爾謙及蕭準、項應昌、陳浩波等所為。」[1]

先是刺唐案發生時，有兇犯劉振南被捕。戴笠為驗證蕭若虛、楊其新之供詞，特向劉振南出示楊爾謙之相片，經其證明，楊爾謙確係刺唐案之主使人。至此，戴笠根據各犯口供以及各種情況判斷：唐、楊兩案似均與劉蘆隱有關，楊爾謙之經濟即由劉蘆隱之幹部蕭汝韞供給，惟劉蘆隱身分特殊，在無確證之前，不便直接逮捕，於是分電港粵單位先行緝捕蕭汝韞。[2]戴笠於十一月八日向劉健群密報案情時稱：「唐有壬、楊暢卿兩案均為楊犯一人所主持，而主使者似為劉蘆隱，此案終要張雪麟即蕭汝韞及楊筱明兩犯捕獲即可大白。」並囑劉健群「對劉蘆隱有關一節請守秘。」[3]戴笠為便迅速捕獲蕭汝韞，並於十一月九日請示蔣中正，請外交部長張群照會英大使轉知港政府，派特務處工作人員陳質平化名黃斌負責緝捕。蔣中正接閱後，批示照准。[4]

起初，戴笠認為楊爾謙雖已逃逸，但「諒未離滬」。[5]至十一月二十一日，特務處檢獲楊爾謙由香港上海銀行向南京匯款之匯款單，方知楊爾謙早已離滬赴港。楊爾謙在匯款單上化名楊新德，匯款時間是十一月十二日，地址沒有註明，收款人則為已經被捕的楊其新。戴笠判斷：「匯款人如當時未註明地址，日後必向該行面行索取回單。」遂電香港堡壘道卅四號二樓陳質平指示：「請兄即向上海銀行詳細查明當時匯款之情形，設法偵

1 何成濬在中國國民黨五屆三中全會之報告，民國二十六年二月，蔣中正總統檔案。
2 戴笠電蔣中正，民國二十五年十一月五日，蔣中正總統檔案。
3 戴笠電劉健群，民國二十五年十一月八日，戴笠史料。
4 戴笠電蔣中正，民國二十五年十一月九日，蔣中正總統檔案。
5 戴笠電蔣中正，民國二十五年十一月五日，蔣中正總統檔案。

緝。同時請於該行內佈置密探一人，常川駐守，注意持前項匯款收據向該行查詢是項匯款有無送到及索取回執之人，應立即拘捕密訊。」並切囑：「事關重大，萬希兄認真辦理為要。如能捕獲楊犯，政府可給港探以重賞也。」[1]

後戴笠得知，陳質平並不在港，當時他已前往廣州另有任務，即協助梧州方面之同志對另一暗殺團體之首腦王亞樵進行制裁。戴笠為此於十一月二十二日再電廣州李崇詩轉電陳質平及鄭介民指示：「港方事情異常重要，盼兄即與杰夫（鄭介民）兄洽商一切，即回港辦理，梧事恐不能迅速得手也。楊爾謙之能自滬而港逍遙法外者，均我工作人員偵緝不力也。吾兄在港職責重要，萬懇慎密言行，期有所成，弟與有榮焉。杰兄均此。」[2]

在戴笠一再督責之下，楊爾謙始終未能捕獲，惟陝西省會警察局長馬志超於十二月初在西安捕獲刺唐案兇犯之一項應昌，使案情又有進展。[3]項應昌被解京後，經迭次審問，亦供認刺唐案係劉蘆隱所主使，戴笠至此斷定：「唐、楊兩案均係劉所主使明矣，因指揮刺唐與楊者，均楊筱明一人也。」於是他致電蔣中正請示對劉蘆隱進行逮捕或予制裁，稱：「查劉已於上月灰日離港，避往梧州，自王亞樵案發生後，劉已往桂林，生意如劉密回香港，則由我駐港代表隨時報告港警司予以逮捕，如劉仍往還桂、梧兩地，則擬設法祕密制裁，是否可行，謹乞示遵。」[4]

此後，特務處並在香港奇雲街九號搜得祕密文件三種：其一為「中國國民黨革命軍團總章」，內稱：「本團團員應嚴守祕密，恪遵紀律，服從本團領袖劉蘆隱指揮，以完成總理及胡先生之遺訓」等語，尾批：「照辦」，並簽有「蘆隱」兩字。其二為楊爾謙化名徐群擬具之「中華青年抗日除奸特務隊」經費預算，內稱：「為求發展工作，達到任務起見，實有擴大組織之必要，因上海方面之機會甚少，不易按步進行，故非轉移目標於京鄂不可，但仍以上海為主持推動工作地，由同志二人主持，另於京鄂兩地各設一組」及「非常時期之預備費，不在活動費內，須於事前準備若干，以做事後必要時逃亡之旅費。」尾批：「每月核定二千元，由汝韜匯去。」經查，係劉蘆隱之筆跡。其三為贛湘鄂豫皖浙蘇等省分區及五個特別區每月交通費預算，尾批：「核定每

---

1 戴笠電陳質平，民國二十五年十一月二十一日，戴笠史料。
2 戴笠電陳質平，民國二十五年十一月二十二日，戴笠史料。
3 特務處編製：《特務處二十六年份各級工作人員功過賞罰考核表》，馬志超條。
4 戴笠電蔣中正，民國二十五年十二月六日，戴笠史料。

月一千元」，亦簽有「蘆隱」兩字於下。[1]至此劉蘆隱之罪證益為彰顯，根據所獲各件，足證其係以「新國民黨」幹部之身分，組織「中國國民黨革命軍團」，自為領袖，並組織「中華青年抗日除奸特務隊」，派遣黨羽於京滬鄂各地，實行暗殺黨國要人，並陰謀行刺蔣中正。[2]

十二月十二日，西安事變爆發，蔣中正蒙難，戴笠偵悉劉蘆隱趁機在香港策動廣西當局響應張學良，遂於十二月十七日指示香港區長岑家焯對劉嚴密制裁，電稱：「現領袖尚未出險，吾人為釜底抽薪計，萬希兄即查明劉之住址與明其面貌，即命克斯兄等嚴密制裁，以除後患而免增加領袖之危險為要。」[3]十二月十九日，戴笠再電陳質平、岑家焯指示：「劉之來港，應即多方設法，查明其行蹤，嚴密制裁，不必報港府，以免洩漏祕密。」[4]不久，西安事變和平解決，蔣中正安返南京，制裁劉蘆隱之行動始告暫停。

二十六年二月十五日，中國國民黨五屆三中全會在南京開會，劉蘆隱以中央委員之身分亦於全會期間由港北上，過滬晉京，惟其似有畏罪之意，行蹤異常詭秘，且進京後並未出席全會，即於二月二十一日先行來滬，下榻雲南路揚子飯店六一二號房間，候輪南返。[5]

二月二十二日，戴笠呈請蔣中正將劉蘆隱逮捕法辦，經蔣中正面諭鄭介民照准。戴笠奉命後，找來淞滬警備司令部偵緝隊長王兆槐，交給他一張劉蘆隱的照片，限令二十四小時內逮捕歸案。王兆槐嚴密佈置偵查，並根據平日監視劉蘆隱行蹤之情報線索，於二月二十四日晨一時在上海公共租界將其捕獲，暫押於租界巡捕房。隨即依據合法手續，由湖北高等法院迎提，終於三月二日由滬起解赴鄂，歸案訊辦。[6]

溯自去年十月底刺楊案發生以來，特務處歷經四個多月之偵辦，以兇犯成燮超為突破口，先後捕獲要犯曹炳榮、龔柏舟、楊其新，進而引出蕭若虛、項應昌，卒使幕後首腦劉蘆隱就逮，雖然要犯樊其書、楊爾謙、蕭汝韞仍然在逃，但是肆虐一時的暗殺機關已經澈底宣告瓦解。與此同時，戴笠也非常明白，捕獲劉蘆隱只是階段性的

1 何成濬在中國國民黨五屆三中全會之報告，民國二十六年二月，蔣中正總統檔案。
2 特務處編製：《二十六年份工作總報告》第七十四頁。
3 戴笠電岑家焯，民國二十五年十二月十七日，戴笠史料。
4 戴笠批示陳質平、岑家焯來電，民國二十五年十二月十九日，戴笠史料。
5 「劉蘆隱在滬被捕」，《大公報》上海版，民國二十六年二月二十五日。
6 特務處編製：《二十六年份工作總報告》第七十四頁；國防部情報局編印：《戴雨農先生傳》第三十七頁；喬家才：《鐵血精忠傳》第八十七至八十九頁。

勝利，而非全部工作之結束，為使特務處歷盡艱辛之工作成果不至付諸東流，他必須繼續注意劉蘆隱案之有關輿論與審理結果，使劉蘆隱違法干紀之事實得以公佈於眾，並科其以應得之罪。

劉蘆隱作為新黨之重要幹部，多年以來均持反對中央之態度，故其被捕後，戴笠為免外界藉「排除異己」為攻擊中央之口實，於二月二十六日呈請蔣中正宣布劉蘆隱之罪狀，以明是非。報告稱：「劉蘆隱逮捕，各方必甚重視，生意除應將劉之犯罪行為由政府負責機關宣布外，關於劉組織革命軍團，自為總團長之總章及劉親署照辦之原件亦應拍照宣布，以示中央非為排除異己也。如鈞座認可，乞即諭知生處書記長梁幹喬同志照辦。」但戴笠的建議經侍從室主任錢大鈞轉述司法行政部次長洪陸東之意見稱：本案「將來交法院辦理，由檢察官提起訴訟時，自當全案公佈，方為合法，且不露痕跡。至其大概案由，前日已以新聞披露，故無再宣布必要也。」[1]

三月一日午前，湖北高等法院以危害民國罪及殺人罪，行文滬特區法院，委託上海市警察局協助引渡劉蘆隱，將其解往漢口歸案訊辦。[2]當時外界對劉蘆隱案頗多猜測，桂方中委黃季陸、王公度、白崇禧、李濟深等人更是連日洽商營救劉蘆隱之辦法，一度決定聯絡各省「救國團體」與實力派赴滬、漢活動，並要求中央提出刺楊案之確證，依據法律手續解決。[3]在此種情勢下，戴笠極為注意新聞界對劉蘆隱犯罪事實的認定。

三月四日，戴笠在上海《大公報》上看到一則「漢口航信」，內有「劉來漢後，聞法院將先開偵查庭開始偵查，如認為有犯罪行為後，再正式起訴」云云，言下之意，劉蘆隱是否有罪尚不確定。戴笠頗感詫異，當即致電武漢行營主任何成濬請其注意：「日來漢口方面對楊主席案所發之通訊多不得體，且有矛盾之處。今日此間《大公報》所載漢口航信甚有謂『劉蘆隱須俟法院開偵查庭，認為有犯罪行為後再行起訴』云云。是項通訊之登載，滬新聞檢查所不予注意，殊深詫異。總之，劉組織革命軍團，自為領袖，成立中華青年特務隊，迭謀暗殺領袖，並刺殺楊主席，是其犯罪行為且有確證。現劉已解漢，楊案將移送湖北高等法院審理，務乞我公注意是案消息之露佈與法院方面之審理為禱。」[4]

同日，戴笠再電蔣中正，請對中央新聞檢查工作有所注意，謂：「年來中央對新聞檢查之失敗，與其說檢查

1 戴笠呈蔣中正，民國二十六年二月二十六日，蔣中正總統檔案。
2 戴笠電蔣中正，民國二十六年三月一日，戴笠史料。
3 調統局呈蔣中正，民國三月一日，蔣中正總統檔案。
4 戴笠電何成濬，民國二十六年三月四日，戴笠史料。

新聞人員技術太差，毋寧說檢察新聞人員不能切實負責也。如劉蘆隱此次之逮捕與將來之審判均有關中央之威信，中央對宣傳方面應始終注意也。劉案既竭力避免由軍事機關負責審理，乃本日滬《大公報》漢口航信偏說『行營方面派彭、張兩副官會同鄂高等法院書記官飛滬移提』，甚至說『劉來漢後，聞法院將先開偵查庭開始偵查，如認為有犯罪行為後，再正式起訴』云云，是劉之被捕究竟有無犯罪行為尚屬疑問也。滬之新聞檢查員對日前各報所披露劉之組織革命軍團，自為領袖，組織中華青年特務隊實行暗殺自最高領袖以下各要員，證據確實之登載，竟一視無睹也，甚為缺憾。因劉案關係之重大，生刻除電請漢口何主任對劉案消息之發佈與法院之審理予以注意外，今後中央對新聞檢查之改進，敢乞鈞座注意及之。」[1]

劉蘆隱自移提歸案後，即由湖北高等法院首席檢察官魯師曾負責審理。魯師曾將劉蘆隱危害民國部分之罪行劃歸湖北高等法院檢察處偵查，而將其殺人部分之罪行令由武昌地方法院檢察處偵查。雖然劉蘆隱極力否認其組織暗殺機關之犯罪事實，甚至在其書面供述中直接否認「新國民黨」之存在，但其親批之「中國國民黨革命軍團總章」及「中華青年抗日除奸特務隊」暨交通預算書等有力證據，業經核對筆跡，毫無差異，足證其犯危害民國罪而有餘；至於殺人部分，亦可於兇犯成燮超、龔柏舟等之供詞及關係犯蕭若虛之書面供述中證明。然而，最高司法當局的態度頗不嚴正，司法院長居正不知出於何種目的，有意開脫劉蘆隱的罪行，曾對湖北高等法院院長郄朝俊表示：「張漢卿犯大法不過特赦，何必如此認真？」並囑郄朝俊轉知魯師曾將案情陸續報告。司法行政部長王用賓則懷疑證據不確，乃直接授意郄朝俊轉囑魯師曾「辦到六成，不必過甚。」

先是，戴笠為便審理工作之進行，特派熟悉案情之余鐸赴漢協助魯師曾，魯師曾即把自己遭遇的困難都向余鐸傾訴，他說：「我對此案決不言情，自當依法認真辦理，但司法當局態度如此，應付不免困難，況居院長及王部長係我直接長官，若故意為難，則進行尤多不便。我對劉決定起訴，但有兩點值得顧慮：一，如司法當局因我認真辦理，將我另調他職，使離開湖北高等法院首席檢察官地位而無法進行；二，劉案在湖北高等法院檢察處方面，我固決定起訴，但將來高等法院審判方面，如不依法採納我之起訴意見，而竟判其無罪，此實難堪，蓋郄院長對我之言，不能不使我有此顧慮也，至於我個人之環境與地位尚在其次。」余鐸將魯師曾所言各點均向戴笠報告，戴笠意識到問題嚴峻，即於三月二十八日將上述各情轉報蔣中正懇請注意，報告稱：「劉蘆隱罪責重大，證

---

1 戴笠電蔣中正，民國二十六年三月四日，戴笠史料。

據確實，自應依法嚴辦，惟居院長及王部長之態度極堪注意，將來對於本案之審判方面，誠恐不無影響之處。事關中央威信與反動之懲處，用敢轉報，伏乞鑒核。」[1]

在戴笠嚴密注意之下，劉蘆隱雖然極力狡展，且有最高司法當局的庇護，但他終究難逃法網。六月五日，湖北高等法院對刺楊案進行初審判決：劉蘆隱教唆殺人，處有期徒刑十年，褫奪公權五年；成燮超共同殺人，處死刑，褫奪公權終身；龔柏舟連續共同殺人，處死刑，褫奪公權終身；曹炳榮共同殺人，處無期徒刑，褫奪公權終身；楊其新連續共同預備殺人，處有期徒刑二年。[2]劉蘆隱等人不服判決，提出上訴。經湖北高等法院於十月三十日二審宣判，認定原判決無何不合，上訴應予駁回，惟原判決中劉蘆隱部分係依教唆殺人罪處以有期徒刑十年，高院認為劉蘆隱實犯連續共同殺人罪，原判應予撤銷，另按連續共同殺人罪處以有期徒刑十年。[3]此後，劉蘆隱等人仍然不服判決，繼續上訴。[4]終因鐵證如山，維持原判。

1 戴笠呈蔣中正，民國二十六年三月二十八日，蔣中正總統檔案。
2 「刺楊永泰案昨宣判」，《大公報》天津版，民國二十六年六月六日。
3 「劉蘆隱案上訴案昨日宣判」，《大公報》武漢版，民國二十六年十月三十一日。
4 「劉蘆隱不服二審判決」，《大公報》武漢版，民國二十六年十一月二日。

九、梧州翦兇

民國二十四年十一月，刺汪案發生，根據要犯張玉華等人供述，可證王亞樵在本案中所處的地位十分關鍵。[1]當時，另一要犯王仁山供出了王亞樵在香港的住址，經戴笠查證，確與特務處港粵單位最近所報告者相同，於是他趨謁國民政府委員宋子文，請其密商英公使函告港督緝捕王亞樵，宋子文當即同意。十一月十七日午，戴笠特派鄭介民化名楊素平，攜英公使致港督函登輪赴港。[2]

十一月二十二日，特務處港粵單位人員與港英政府華探聯絡，於香港皇后酒店捕獲王亞樵同黨余立奎等四人。[3]戴笠獲悉後，當即轉告宋子文：「頃接港電，曩在北站指揮行刺我公之余立奎已捕獲，同時被捕者有吳大海、周治平、張志翰等，王某尚未捕獲，刻仍在搜查與嚴密守候中。」[4]

余立奎等人被捕後，特務處商請外交部向港府辦理引渡，但余立奎等人堅決否認參與刺汪案，李濟深、陳銘樞等人復在幕後進行援助，以致引渡發生困難。戴笠深感余立奎等人引渡一案關係我國國際地位，且與緝捕王亞樵密切相關，不能不了了之，於是再派李果諶、陳質平等人赴港，協助鄭介民活動，務期引渡成功。[5]

起初，鄭介民係以「憲兵司令部第二處長」名義代表政府辦理引渡，後因英國領事告知戴笠：「引渡各犯，應極力避免用軍事機關（名義）」，戴笠遂與外交部政務次長徐謨商議，決定再派李果諶以「首都警察廳督察處副處長」名義赴港，代替鄭介民擔任政府代表，並由外交部照會港府。李果諶受命後，於二十五年元旦攜帶引渡

1　王述樵：《王亞樵生平活動記略》，《合肥文史資料》第三輯第二十四頁。
2　戴笠呈蔣中正，民國二十四年十一月十八日，蔣中正總統檔案。
3　國防部情報局編印：《戴雨農先生傳》第三十八頁；余立奎：《我被作為刺汪案要犯逮捕、引渡、判刑的前後經過情況》，《江蘇文史資料選輯》第十一輯第六十二頁。
4　戴笠電宋子文，民國二十四年十一月二十四日，戴笠史料。
5　國防部情報局編印：《戴雨農先生傳》第三十八頁。

證件，偕港粵區書記鄒適搭威爾遜總統輪自滬赴港，同日，戴笠電囑鄭介民稱：「果諶兄到時，表面上由其負責進行，而實際上仍須兄主持一切也。」[1]

除李果諶外，辦理引渡的另一重要人員是陳質平。陳質平，廣東文昌人，早年加入中國國民黨，星加坡中英學校、國立暨南中學、國立東南大學商科、紐絲綸威靈頓大學政治經濟科畢業。十九年回國，歷任國民革命軍第一師司令部教官、河南大學教授、淞滬警備司令部秘書、上海公安局警士教練所訓育主任。[2]陳質平最遲在二十四年初已與戴笠有密切聯繫，當時係以淞滬警備司令部秘書名義負責上海方面之情報任務。[3]同年八月，陳質平正式參加特務處工作，時年三十二歲。[4]刺汪案偵辦期間，陳質平化名「黃斌」，率領上海工作人員捕獲要犯張玉華，成為偵破本案之關鍵。此次他赴港辦理引渡，仍化名「黃斌」進行活動。[5]

李果諶、陳質平等人抵港後，一面延聘英籍律師，作法理上的研討，一面提出有力證據，向香港法庭提出控訴。最終歷時七個多月，提訊三十三次，港府終於二十五年六月三十日宣布余立奎等四人有罪，判令引渡中國政府。不久，余立奎等人被押回國，送江蘇高等法院歸案法辦。[6]

余立奎等人被捕後，王亞樵在香港已經不能立足，遂經李濟深介紹，偕同黨羽來到廣西梧州，在李宗仁、白崇禧庇護下，由廣西省政府每月補助生活費五百元。[7]兩廣事變期間，行轅參謀長陳誠曾報告蔣中正：桂方擬利

---

1 戴笠電鄭介民，民國二十五年一月一日，戴笠史料。

2 軍事委員會委員長侍從室人事調查表，陳質平；中央訓練團學員自傳，陳質平。

3 戴笠電陳質平，民國二十四年二月二十四日，戴笠史料。

4 軍事委員會調查統計局編製：《二十八年工作總報告》，陳質平條。

5 俞鍾駱：《汪精衛被刺案的審理過程》，《合肥文史資料》第三輯第八十一至八十二頁。俞鍾駱為刺汪案要犯張玉華、賀坡光之辯護律師，存有部分卷宗，其文多可徵信者，唯細節有誤，略謂：「張玉華由南京憲兵司令部秘書王賓到滬，會同當地軍警捕獲」，又謂：「香港方面對余立奎等引渡的問題爭論很烈，南京憲兵司令部就派原來在滬督率捕人的王賓，押王仁山去香港指證。」案陳質平時任淞滬警備司令部秘書，而非南京憲兵司令部秘書。另據戴笠二十五年十一月九日電蔣中正，請示「仍派辦理汪案之黃斌為商請港警司緝捕楊主席案逃港兇犯之政府代表」；十一月二十一日再電香港「黃斌」，請設法偵緝刺楊案主犯楊爾謙；次日又電陳質平，有「楊爾謙已逃至香港，弟昨有一有線電致港，請兄調查一切」等語，則「黃斌」實即陳質平之化名，「王賓」當係「黃斌」之誤。

6 國防部情報局編印：《戴雨農先生傳》第三十八頁；「汪案同謀犯余立奎等在港判決」，《大公報》天津版，民國二十五年七月一日。

7 王述樵：《王亞樵生平活動記略》，《合肥文史資料》第三輯第二十五頁。

用王亞樵製造混亂，由其策動國內大都市下級社會中之潛勢力，出發滬、漢、平、津等處同時活動，每處約有經費兩萬元，其手段是利用民眾自動抗日名義，碰見日人即殺。陳誠指出：「此等逆謀險惡，比一般漢奸為甚，而影響於國策之推進尤巨，似應早為設法消除，嚴加防範。」[1]

陳誠的報告並非空穴來風，當時王亞樵在上海即有「血魂除奸團」之組織，由其黨羽王鐵民與三星棉織廠經理張子廉、文化界人士任矜蘋等人負責，從事暗殺活動。其中，張子廉在上海有相當潛勢力，年來藉營商名義作政治活動，暗中多方反對中央，因其與杜月笙接近，故備得庇護，一直逍遙法外。八月前後，王亞樵與杜月笙發生矛盾，命王鐵民詐騙杜月笙，事為張子廉得知，乃向特務處滬區告密，遂將王鐵民等人逮捕。王鐵民怨恨張子廉出賣自己，亦將張子廉與彼輩之祕密盡量供出，至此滬區始知張子廉與王鐵民實有深切之關係。此外，王鐵民之姘婦宗雲俠亦為「血魂團」團員之一，對王鐵民歷來之不法行動均有參與，滬區於九月十日將宗雲俠祕密逮捕，經審核王鐵民在捕房寄給宗雲俠之函件，足以證明張子廉不僅為「血魂團」之主腦，且為王亞樵之同黨。

上述各情經滬區報告戴笠後，戴笠認為「此乃除張最好之機會」，乃多方設法聯絡捕房進行緝捕。不料捕房之華探多與杜月笙相通，張子廉已聞風逃逸。起初，戴笠認為張子廉有逃往杭州之可能，乃密令浙江通訊站及浙省公安局嚴密偵緝。其後接滬區報告，始悉張子廉於王鐵民被捕後，即匿居杜月笙家，嗣因捕房得訊，向杜月笙探詢，張子廉遂偕同黨王志祥於八月二十三日逃往西安。[2]

「血魂團」被破獲後，王亞樵的暗殺活動仍然沒有停止的跡象。至十月初，又有情報稱：王亞樵得日本浪人庇護，企圖在上海施行暗殺。此時上海市長吳鐵城鑒於王亞樵遲遲未能捕獲，乃向蔣中正建議「佈告懸賞，俾眾周知，重賞之下，必有勇士。」並約戴笠來滬面洽解決辦法。[3]

戴笠深知王亞樵是職業兇手，如不設法翦除終有後患。然而王亞樵對戴笠的為人與特務處的工作方法都有瞭解，他既蓄意避匿，即非一般場合明查暗訪所能奏效，戴笠必需另想辦法。當時戴笠根據陳質平等人在香港辦理引渡案件的詳細報告，發現余立奎的小妾王木蘭與王亞樵有不正常的關係，乃立即親赴香港約晤王木蘭，曉以大

1 陳誠電蔣中正，民國二十五年六月二十一日，蔣中正總統檔案。
2 戴笠呈蔣中正，民國二十五年九月十一日，蔣中正總統檔案。
3 吳鐵城電蔣中正，民國二十五年十月七日，蔣中正總統檔案。

義，動以利害，說服她為國立功。[1]

戴笠與特務處人員說服王木蘭的經過，據說是這樣的：

問：「你愛你的丈夫嗎？」答：「愛。」問：「既愛，是否欲救其出牢籠？」答：「當然想他出來！」「你丈夫係因王亞樵而入獄，如果逮王亞樵不著，將代王亞樵而被槍斃。朋友妻不可欺，欺了朋友之妻，就不是好人，在這件事上你也有些對不起你丈夫的地方。你是知道王亞樵來蹤去跡的，帶我們去把王亞樵逮到，馬上就放你丈夫出來。你救了丈夫，丈夫就可原諒你的前非了，你也問心無愧了。」於是王木蘭接受了任務，此後即在戴笠有計劃的佈置之下，伺機與王亞樵進行聯絡。[2]

王木蘭一名余婉君，她與戴笠見面的時間，當在粵局平定以後，亦即戴笠重臨南粵期間。[3]戴笠於十月十一日自廣州北返後，旋往杭州、西安等地隨侍蔣中正，在此期間，他曾迭電陳質平詢問王木蘭之近況。其十月十七日電曰：「木蘭近日有無見面？王之來港有無確息？盼復。」[4]十月二十五日，電曰：「弟頃致廣州李崇詩兄一電，詢其杰夫兄在粵時有無批發兄處用款，如無，弟已電李同志囑陳賢榮即付兄八百元，其中五百元係發王木蘭之特別費，請即轉交，其餘三百元為兄之用。」[5]

戴笠最初的計劃是由王木蘭引誘王亞樵來香港，從而逮捕之。然而王亞樵已成驚弓之鳥，並無來港之意，他在梧州西江江邊租了一幢別墅，有一艘快艇，準備一有風聲，便隨時逃遁。[6]王木蘭為了創造機會，乃主動前往梧州，對王亞樵說自己在香港帶小孩無法生活，特來投奔，王亞樵不疑有他，當即同意。這時，王亞樵之妻王亞瑛及黨羽許志遠、蔡克強等人均對王木蘭表示懷疑，王亞瑛說：「小婉君不像窮困，她在香港底細未搞清楚，你不能同他見面。」還說：「她口口聲聲說沒有生活，看她穿的用的又不像無錢。」王亞樵對此不予理會，只說：「是要注意，但不能過疑，過疑對不起朋友。」於是由許志遠在西江岸邊租了房子，供王木蘭居住，並給搬

1 國防部情報局編印：《戴雨農先生傳》第三十八頁。
2 鄭青士：《回憶王亞樵》，《合肥文史資料》第三輯第五十頁。
3 王亞樵赴梧州，其妻王亞瑛及黨徒鄭抱真、許志遠等皆相隨亡命，王亞樵既死，王述樵未幾出獄，與上述諸人先後晤談，始悉乃兄死於「余立奎小老婆余婉君」之手，見王述樵口述、郭超整理：《王亞樵之死》，《合肥文史資料》第三輯第一三四頁。
4 戴笠電陳質平，民國二十五年十月十七日，戴笠史料。
5 戴笠電陳質平，民國二十五年十月二十五日，戴笠史料。
6 國防部情報局編印：《戴雨農先生傳》第三十九頁。

家費二百元，供她回港搬家之用。[1]

戴笠於十一月初獲悉上述情況後，決定對王亞樵實行逮捕。當時兩廣事變雖已平息，但廣西在李宗仁、白崇禧控制之下，環境特殊，因此必須慎密進行。於是戴笠派遣行動幹員岑家焯、王魯翹、史克斯、程亦川等五人扮作商旅模樣，密隨王木蘭乘坐輕快汽艇前往梧州。[2]

岑家焯，字克全，廣東文昌人。廣州市立專門學校、中央軍校三期畢業。曾任中央軍校第五、六期區隊長、津浦鐵路督察、虎門炮台總台長。二十二年七月，參加特務處工作，歷任股長、行動組長、副站長、華南區督察、香港特別站站長等職。[3]

王魯翹，字嵩阜，山東濟南人。少懷大志，穎悟過人。先後畢業於中央國術館教授班及浙江警校。二十四年二月，參加特務處工作，一身是膽，豪氣干雲。[4]

史克斯，字舉東，海南瓊山人。黃埔軍校二期畢業。歷任國民革命軍第一軍第二師排長、連長、營長，參加東征、北伐、剿共諸役，英勇過人。二十一年，入中央軍校軍官高等教育班第一期深造，升任第十四師團長，後調鐵道警備第四支隊副司令，皆著辛勤。[5]二十五年九月，參加特務處工作，任香港站通訊員。[6]

程亦川，安徽霍邱人。中國大學出身，與王亞樵之黨徒余亞農為舊識。二十二年四月，參加特務處工作，任直屬通訊員，此後伴入王亞樵之暗殺團體，在香港探聽消息。[7]

此外，由鄭介民、陳質平在廣州聯絡指揮，並向戴笠隨時報告進展。當時，戴笠正在南京忙於偵辦楊永泰被刺案，他在相當長的時間內沒有接到鄭、陳二人的報告，一度認為此事不能得手，乃於十一月二十二日電囑陳質

1 王述樵口述、郭超整理：《王亞樵之死》，《合肥文史資料》第三輯第一三四頁。
2 國防部情報局編印：《戴雨農先生傳》第三十九頁；王述樵口述、郭超整理：《王亞樵之死》，《合肥文史資料》第三輯第一三五頁。
3 國防部情報局編印：《本局殉職殉難先烈事蹟彙編》第四九六頁。
4 特務處編製：《二十六年份內外勤工作人員總考績名冊》，王魯翹條。
5 國防部情報局編印：《本局殉職殉難先烈事蹟彙編》第七七六頁。
6 特務處編製：《二十六年份內外勤工作人員總考績名冊》，史克斯條。
7 特務處編製：《二十六年份內外勤工作人員總考績名冊》，程亦川條；王述樵：《王亞樵生平活動記略》，《合肥文史資料》第三輯第二十五頁。

平暫回香港偵緝刺楊案逃港要犯，不必再留廣州負責王亞樵事。[1]戴笠並不知道，在他給陳質平發電前一天，王魯翹等人已在梧州將王亞樵擊斃。

十一月二十一日，王亞樵偕鄭抱真在李濟深之兄李任仁家吃晚飯。夜幕初降，二人離開李家，行至半途，王亞樵因與王木蘭有約，即對鄭抱真說：「我去婉君那裏一下，馬上就回。」時王亞樵有學生蔡克強、張國屏二人，皆身材高大，常攜帶武器隨侍左右，數年來未有疏失，人稱「哼哈二將」。鄭抱真遂問：「要不要叫克強他們同你一道？」然而王亞樵說不必，即隻身前往。[2]

這時，王魯翹等人已與王木蘭聯絡妥當，在她和王亞樵幽會之處預伏，專等王亞樵入彀。當晚八時許，王亞樵帶著醉意一顛一簸來到王木蘭家，剛一進門，卻見王魯翹等人候在彼處。王亞樵見勢不妙，欲退不能，乃施展臂力，奮起反抗，於是雙方激烈格鬥，一時桌椅皆翻，杯盤俱碎，滿地都是玻璃碎片。王魯翹不欲糾纏，從旁出槍擊之，王亞樵應聲而倒，仰臥血泊之中，其身凡中三槍，被短劍刺傷三處，另有匕首橫貫胸際，始一命嗚呼。於是王魯翹等人急攜王木蘭登上江邊預置的快艇，飛駛撤離。[3]

王亞樵死後，盛傳王木蘭亦被特務人員帶到深山滅口。[4]事實上，王木蘭不僅未遭任何意外，反而長期得到特務處的嚴密保護，她在戴笠親自佈置之下，於任務完成後不久撤退至杭州，從此變異姓名為「金石心」，在平安中隱居下來。

王亞樵死後三日，亦即十一月二十四日，戴笠由上海經香港前往廣州，與粵省財政廳長宋子良會商緝私事宜。他在港粵停留期間，於十二月一日親自指示港粵單位吳明生等三人護送金石心前往莫干山隱居，並於次日

1 戴笠電陳質平，民國二十五年十一月二十二日，戴笠史料。

2 王述樵口述、郭超整理：《王亞樵之死》，《合肥文史資料》第三輯第一三五頁。

3 國防部情報局編印：《國防部情報局史要彙編》上冊第二一三頁；飛：《王亞樵遇刺補記》，《天文台三日刊》，民國二十五年十二月十六日；程敬德：《記王亞樵》，《雜誌》第十四卷第五期第六十九頁；王述樵：《王亞樵生平活動記略》，《合肥文史資料》第三輯第二十六頁；王述樵口述、郭超整理：《王亞樵之死》，《合肥文史資料》第三輯第一三五頁。

4 王木蘭遭滅口之說多源自王亞樵之黨徒、故舊，如洪耀斗謂：「亞樵毫未注意，偶至該棄妾寓所，竟被暗殺，該棄妾事後亦被特務所害」，見《合肥文史資料》第三輯第四十五頁；鄭青士謂：「這個可『欺以其方』的女人被說動了，就帶著特務們到廣西，將王亞樵擊斃於旅館中。回南京途中，那女人也被特務殺害，懷中還抱著一個奶孩子！」見《合肥文史資料》第三輯第五十一頁；王述樵謂：「特務殺害亞樵後，在回南京途中又將余婉君殺死以滅口。」見《合肥文史資料》第三輯第一三六頁。

親電杭州毛宗亮，令其當面囑咐浙江省會公安局長趙龍文對金石心進行照顧，電稱：「此間派明生同志等三員送金石心女士于昨晚十一時粵漢通車赴漢，轉搭船赴九江，轉乘車赴杭州。到杭時，囑以吳明生名寓西湖飯店，弟曾親函交吳陳兄，到時請兄親往訪問。金女士決往莫干山暫事修養，請兄囑宗亮赴莫干山代租臨近警察所之穩妥房屋為其修養之所，並雇一可靠之女傭服侍，對警察所方面可告以係兄之朋友眷屬，請予照顧。金女士只知弟姓王，其到山後之開支，由吾人支付，或由伊自付，可聽其便，為一切請嚴守祕密。」[1]十二月八日，戴笠仍在廣州，再電毛宗亮面呈趙龍文稱：「金女士已安抵杭州否？莫干山房屋有無租定？至念。金到杭及赴莫干山之一切開支與被服用具等，可囑宗亮墊款代辦。」[2]

金石心潛往杭州隱居後，一度因為汪精衛的回國而受到安全威脅。先是二十四年十一月汪精衛遇刺受傷，翌年出國就醫，至二十六年一月自歐洲返國，正值要犯賀坡光、張玉華宣判不久，汪精衛為收攬人心，竟於一月二十九日呈請國府主席林森特赦張玉華等人，林森接閱呈文後，亦於次日轉交司法院長居正核辦。[3]

戴笠閱報獲悉此事後，甚覺不妥，且深以金石心之安全為憂，他於二月一日致電蔣中正稱：「查法院對賀、張、余各犯之判決僅處以五年七年之徒刑已覺太輕，正擬於法律方面謀補救，今汪先生復呈請特赦，將使兇徒目無法律，肆無忌憚矣。而況自王亞樵死後，其黨徒鄭益堅、蔡蹈和、華克之等正在杭州、香港、上海等處多方圖謀為王報仇，在南京馬市長掩護下之南京市政府內，尚有王之黨徒潛伏，刻生處正在嚴密注意中。且王案重要線索之余立奎妻王木蘭現尚在杭州，由生嚴密保護中，如汪案各犯一經特赦，若輩必不能悔悟。在目前國內尚未真正統一時，勢必為虎作倀，黨國又將蒙其禍矣。謹電奉陳，伏乞電汪先生、居院長注意為幸。」[4]

蔣中正接閱後，即於二月三日致電汪精衛，告以刺汪案各犯「決不可以尋常政治犯相待」，且「王亞樵之黨徒在港滬等處仍密謀活動」，如果特赦賀坡光等人，則「此輩必愈無顧忌，而負責緝獲兇犯者將不免有所逡巡」，因建議「由司法院設法補救」，「以使兇徒知所震懾」。[5]經蔣中正勸阻，汪精衛特赦之議遂寢，金石心

1 戴笠電趙龍文，民國二十五年十二月二日，戴笠史料。
2 戴笠電趙龍文，民國二十五年十二月八日，戴笠史料。
3 「刺汪犯將邀特赦」，《大公報》天津版，民國二十六年一月三十一日。
4 戴笠電蔣中正，民國二十六年二月一日，戴笠史料。
5 蔣中正電汪精衛，民國二十六年二月三日，汪兆銘史料。

亦得免遭王亞樵黨徒之報復，且於日後繼續為戴笠從事情報活動。

自二十三年以來，戴笠連續偵破行刺蔣中正、汪精衛、楊永泰、唐有壬等人之要案，並將兇犯蔡維坤、劉仲武、龔柏舟、王亞樵等人先後蕩除，以後十年之間，再無行刺黨國要人之案件發生。戴笠與特務處翦除暗殺份子的努力，頗得若干關係人士的認可，戴笠重臨南粵期間，宋子文適在廣州，他曾往宋公館拜訪，獲宋夫人張樂怡當面稱讚道：「戴先生，儂真是福爾摩斯。」[1]

戴笠曾談及偵辦案件的兩項要領：第一，現場搜查，細心縝密；第二，精神貫注，動作敏捷。他還常說：「辦案最要緊的兩個動作，一隻手電話，一隻手用錢。」一有情況，立刻行動，一分一秒，在所必爭；用錢更須主動而充分，給的多一點、快一點，便能激勵士氣、鼓舞人心，使承辦同志瞭解任務之重要，以盡最大努力，在這種急於用錢的時刻，戴笠最討厭用文書報告或履行手續而貽誤事機。[2]

1 戈士德：《戴笠與周偉龍上》，《中外雜誌》第三十一卷第五期第一三八頁。

2 毛鍾新：《戴笠將軍別傳五》，《中外雜誌》第三十一卷第四期第一一〇頁。

十、西安事變

民國二十五年十二月十二日，西北勦匪副司令張學良與陝西綏靖主任楊虎城在西安合謀發動兵變，劫持軍事委員會委員長、行政院院長兼西北勦匪總司令蔣中正，要求停止勦共，改組政府，出兵抗日。此一事件震驚中外，史稱「西安事變」。西安事變背景複雜，影響深遠，而釀成此一事變的最主要因素，則是張學良為中共之統戰政策所征服。

張學良、楊虎城發動事變之初，曾寄望各省「實力派」的支持和社會輿論的同情，然而事實證明，他們的估計是一項錯誤，除極少數反對中央的政客及接近中共的學生集會鼓譟外，海內外各方力量均對他們同聲撻伐。最讓張學良感到失望的，則是蘇聯方面的反應。蘇共中央機關報《真理報》和最高蘇維埃機關報《消息報》均於十二月十四日刊出社論，強烈指責張學良。《真理報》嚴詞抨擊張學良的行為是「幫助日本帝國主義推行奴役中國的事業的那些親日份子的陰謀活動」，目的在破壞中國的統一；《消息報》則稱「張學良之反動，足以破壞中國反日力量之團結，不獨為南京政府之危險，抑且威脅全中國。」這兩家大報的社論，足以代表蘇聯官方對西安事變的態度。[1]

蔣中正被劫持後，張、楊本欲強諫其接受彼等之主張，初不意蔣中正態度強硬，威武不屈，曾於事變當日當面訓斥張學良：「今日之事，爾有武器，我有正氣」，「余身可死，頭可斷，肢體可殘戮，而中華民族之人格與正氣不能不保持」。此後，張學良看過蔣中正的日記和其他重要文件，對蔣中正的抗日準備有了更深的了解，始悉懷疑蔣中正不抗日是沒有根據的。然而楊虎城沒有張學良這樣純真，他也看過這些文件，卻認為這不過是蔣中正應付抗日激烈份子的一種手段罷了，並不足以證明其有抗日決心。[2]而且此時的西安是東北軍、十七路軍與紅

1 劉維開：《國難期間應變圖存問題之研究》第五三七頁。

2 李雲漢：《西安事變始末之研究》第七十至七十一頁。

軍「三位一體」的局面，張學良須與其他兩方共進退，故他雖有悔禍之意，卻已成為騎虎難下之勢。

事變發生之際，戴笠尚在港粵處理緝私工作，當他聞悉蔣中正蒙難的消息後，頓時痛不欲生。他基於十幾年的革命經歷，真切地體認到，只有領袖才能救中國，否則莽莽神州便是一群爾虞我詐、寡廉鮮恥之輩不停地割據造反、相斫相殺。如今領袖蒙難，他在悲憤與自責之中，於十二月十三日自香港星夜趕回南京，立刻召集特務處的同志展開緊急應變處置。[1]

十二月十四日，戴笠決定派遣幹員潛入西安從事瓦解和制裁工作，下達手令：「一，即挑選甘肅、陝西、河南、山東、河北籍之同志若干人出發前方工作。二，即組織前方臨時辦事處，由本人前往主持，所有前方辦事處之書記、譯電、交通、警衛、會計等即由書記室擬派。三，即用本人名義函請交通部俞部長，手諭開封、鄭州、洛陽、華陰、南京各地有無線電報局，准予以江漢清名義免費發電。四，前方辦事處應帶一強有力之電台及電務員三人出發。五，前方辦事處人員限明日上午七時出發。」[2]

同日，戴笠擬定前方辦事處之人事：主任陳紹平、情報組長劉哲民、行動組長趙世瑞、書記王蒲臣、助理書記周紹其、譯電戴安、楊泰階、駱君敏、會計劉孫錕、交通周少卿、隊長黎鐵漢。[3]上列人選，以趙世瑞、黎鐵漢二人的情況最為特殊。趙世瑞原任南京區長，因故禁閉，而今特准開釋，戴罪圖功。[4]黎鐵漢本為隨節偵查組長，因故閒居，而今責無旁貸，重新振作。

黎鐵漢的遭遇實與侍從室的人事更迭有關。先是二十四年底侍衛長何雲調任，改由侍從室第一處主任錢大鈞兼任侍衛長，後於十二月在第一處下添設第三組，以蔣孝先為組長，專負侍衛職責。[5]蔣孝先到差後，對特務處隨節之偵查、警衛兩組頗為輕視，自蔣中正於二十五年九月底自廣州北返後，偵、警兩組即未再分派隨扈任務，此後蔣中正巡視杭州、洛陽、太原、西安等地，偵、警兩組一直留守南京，投閒置散，過著既苦悶又沮喪的

1 國防部情報局編印：《國防部情報局史要彙編》上冊第一九七頁；毛鍾新：《戴笠將軍別傳三》，《中外雜誌》第三十一卷第一期第三十四頁。
2 戴笠手令，民國二十五年十二月十四日，戴笠史料。
3 戴笠手令，民國二十五年十二月十四日，戴笠史料。
4 戴笠手令，民國二十五年十二月十四日，戴笠史料。
5 蔣孝先電蔣中正，民國二十四年十二月三十一日，蔣中正總統檔案。

日子。黎鐵漢曾主動致電西安請示行止，竟未得到任何回復。[1]而今西安事變爆發，蔣孝先已遭叛軍殺害，戴笠遂命黎鐵漢趕赴前方，重新擔負起護衛領袖的重責大任。

此外，戴笠報請軍政部長何應欽批准，保釋了兩位資深同志：王天木和周偉龍。王天木自二十三年初因北平箱屍案被判永遠監禁後，至此始由禁閉室走出，尚剃光頭，戴笠請他到家裏吃飯並密議，只有主客兩人，飯後，王天木即立刻前往西安活動。[2]戴笠為便王天木開展工作，特調其舊屬馬河圖趕赴前方協助。[3]

周偉龍係因邱開基案之糾纏於二十五年底遭遇禁閉，現在他從「甲地」開釋出來，理髮沐浴後，即往見戴笠條陳解決時局的意見。周偉龍指出了最為切要的兩點：一，請在各衝要地區擴大行動，編列重要敵對份子與反側份子之名單，並嚴密監視，萬一不幸，即採取緊急處置；二，請戴笠親赴西安，實踐君辱臣死之義，並對張學良予以安全保證，冀其有悔禍之心。當時特務處上千同志，堅決主張和平解決事變並要戴笠不計禍福生死親赴西安者，周偉龍實為第一人。這些意見，體現了周偉龍豪邁不群的一面，事實也證明，他與戴笠的想法不謀而合，正所謂英雄所見略同。[4]

戴笠當即任命周偉龍擔任特務處第二科副科長，負責行動工作。[5]對於周偉龍的第一點建議，戴笠一面查扣京滬平津一帶與張學良有關的四維學會重要幹部。一面選派杭州警校學生及第二處特務隊隊員三百名組織便衣隊，以備非常時期鎮壓反動及護衛京中治安。萬一不幸，有天崩地坼之禍，則準備霹靂行動，與叛亂攜貳之輩同歸於盡。[6]至於周偉龍的第二點建議，戴笠須視中央之決策如何再定行止。

當事變發生之日，中國國民黨中央常務委員會與政治委員會於當晚十二時召開臨時聯席會議，決議：一，張學良應先褫奪本兼各職，交軍事委員會嚴辦；二，行政院由孔副院長祥熙負責；關於指揮調動軍隊，歸軍事委員

1 張毓中：《滄海拾筆》第一三二至一三三頁。
2 毛鍾新：《戴笠將軍別傳三》，《中外雜誌》第三十一卷第一期第三十四頁。
3 戴笠手令，民國二十五年十二月二十一日，戴笠史料。
4 戈士德：《戴笠與周偉龍上》，《中外雜誌》第三十一卷第五期第一三七頁。
5 特務處編製：《二十六年份工作總報告》第二十七頁。
6 國防部情報局編印：《國防部情報局史要彙編》上冊第一九七頁；毛鍾新：《戴笠將軍別傳三》，《中外雜誌》第三十一卷第一期第三十四頁。

會常務委員兼軍政部部長何應欽負責。[1]十二月十六日，國民黨中央政治委員會召開第三十次會議，由孫科主持，決議由國民政府下達討伐張學良命令，並特派何應欽為討逆軍總司令，迅速指揮國軍，掃蕩叛逆。[2]

中央諸公對西安事變之應付分為兩說：一主武力討伐，一主和平談判。持前說者，為戴季陶及黃埔出身之青年將校；持後說者，則為蔣夫人宋美齡及孔祥熙、宋子文等人。兩說所採之應付手段雖有不同，而其目的皆以營救蔣中正脫險為第一要圖。當時，力行社的態度屬於前者，即以「營救領袖安定後方」為總目標，並建議政府迅速採取軍事行動。[3]在此剿撫兩派議論紛紜之際，戴笠並未盲從力行社的決定，在他看來，張、楊絕望之時，便會自暴自棄，倒行逆施，以至玉石俱焚，一定要使禍首有安全感，才有迴旋餘地，才能確保蔣中正的安全。因此，他於十二月十五日親赴上海見宋子文，請其前往南京與宋美齡、孔祥熙一致力促中央和平解決。[4]

西安方面，張學良、楊虎城於事變當日除發出通電外，另有私電分致宋美齡、孔祥熙等人，聲稱「暫請介公留住西安，促其反省」，且保證「決不加以危害」。孔祥熙認為張學良來電既有保證蔣中正安全之語，則是「明示尚有轉圜餘地」，而且「蔣公安全，在其掌握，尤不能遽閉談判之門」。[5]於是宋美齡先於十二月十四日派澳籍顧問端納飛往西安，探詢張、楊的真實態度，再於十二月二十日派宋子文前往西安，與蔣中正面議談判事宜。

張學良雖然聲稱決不危害蔣中正的安全，但這並不是他的真實想法，他於十二月十七日與中共代表周恩來達成共識：「為緩和蔣系進兵，使我集中分化南京內部，推廣全國運動，在策略上答應保蔣安全是可以的，但聲明如南京進兵挑起內戰，則蔣安全無望。」周恩來並電告中共中央，一旦戰爭不可避免，就應當對蔣中正「採取最後手段」，張學良對此亦表示同意。[6]

就在蔣中正態度強硬而張學良已不惜「採取最後手段」之際，宋子文於十二月二十日飛抵西安，終於使事變

1 李雲漢：《西安事變始末之研究》第七十六至七十七頁。
2 李雲漢：《中國國民黨史述》第三編第三二六至三二七頁。
3 李雲漢：《西安事變始末之研究》第八十二至八十三頁。
4 毛鍾新：《戴笠將軍別傳三》，《中外雜誌》第三十一卷第一期第三十四頁。
5 李雲漢：《西安事變始末之研究》第七十八至七十九頁。
6 楊奎松：《西安事變新探》第三一七頁。

發生轉機。宋子文曾與蔣中正單獨面談，告知蔣中正此次事變並未使他蒙羞，全世界都關心且同情他的遭遇。蔣中正表示，他拒絕在脅迫下答應任何條件，並稱：「此時非迅速進兵，不能救國家脫離危險」，乃親示進兵方略，俾宋子文歸告中央。宋子文指出情勢危急，軍事勝利並不能確保蔣中正之生命，即便討逆軍攻佔西安，張、楊仍可撤至共產黨區域，隨著內戰蔓延，國家將會分裂，蔣中正之性命攸關國家存亡，不僅僅是個人問題。其意擬請蔣中正對張學良稍作妥協，以便設法轉圜。蔣中正經此勸說，始表示同意。[1]宋子文見事變已有和平解決之希望，乃於次日返回南京，與宋美齡、孔祥熙及其他政府領袖再作研商。

在端納、宋子文飛陝前後，戴笠不斷與前方辦事處函電往返，密切注意西安方面之情報。前方辦事處隊長黎鐵漢、行動組長趙世瑞於十二月十六日晚抵達洛陽後，當晚即向戴笠報告前方消息稱：「一，校座被劫持後，禁閉於地洞有三日，不說話，不飲食，現得端納見面勸慰始說話，已移住馮欽哉宅，頗受優待。二，張學良推辭責任，謂委座之劫禁非其所為，是他部下耳。三，張所提條件，須委座立即簽字，並以孔祥熙或宋子文抵押為履行保障，及由洛起劃歸張部駐守。委座不願以孔、宋為抵押，須釋放回京後簽字。四，端納提議移送委座赴太原，然後簽字。五，聞本晨我軍在華縣與張叛軍小接觸，恐調停起變化，故端納飛西安制止。六，毛慶祥、汪日章、蕭化之、項傳遠、邵存誠、邱宗鼎六人確安全，錢主任微傷頸後，其他人員未悉。七，張部叛軍陸續集中西安。八，觀上情勢，以先求委座安全出險計為上。」[2]

黎鐵漢、趙世瑞的情報來源是「端納歸來所得消息」，事實上，在二人抵洛之前，端納已經再度飛往西安，故上述消息皆為輾轉之傳說，電文中所謂「校座被劫持後，禁閉於地洞有三日」，「不說話，不飲食」，「已移住馮欽哉宅」以及「委座不願以孔、宋為抵押，須釋放回京後簽字」等情皆與事實不合。惟戴笠據此已對西安方面之現況有所了解，他於十二月十七日電囑潼關劉哲民稱：「兄所率領之人員如有東北籍與陝甘籍者，應即化裝，並妥訂通訊與聯絡之方法，趕往前方設法混入西安，以便刺探一切。吾人為營救領袖，應不避艱險也。」[3]

1 劉維開整理：《蔣中正西安事變日記》，《近代中國》第一五三期第二一四至二一五頁。邵銘煌編輯：《宋子文西安事變日記》，《近代中國》第一五七期第一八四頁。

2 黎鐵漢、趙世瑞電戴笠，民國二十五年十二月十六日，蔣中正總統檔案。

3 戴笠電劉維明，民國二十五年十二月十七日，戴笠史料。據章微寒說，劉維明即劉哲民之化名，見《浙江文史資料選輯》第二十三輯第九十及九十四頁。

起初，戴笠擬俟十二月十八日天氣稍好，即由南京飛往洛陽。[1]後因宋子文赴陝，須等候其消息，故暫緩赴洛。十二月二十日，戴笠派趙龍文代往前方督察工作，並電洛陽航空分校主任王叔銘，囑以「洛陽電台務請建立，兄處所得前方之消息務請隨時電示。」[2]同日，戴笠另電黎鐵漢囑咐：「兄除留一幹練同志在洛與王叔銘兄切取聯絡，調查一切，隨時告弟外，其他人員兄應立即率往前方擔任軍事聯絡與調查工作，至要至盼。」[3]

十二月二十日，討逆軍已推進至潼關以西之華州，戴笠即電劉哲民、陳紹平、趙世瑞將前方辦事處由潼關推進至華州，並迅速建立電台，以便指揮與通訊。此外並囑兩事：「東北軍警戒素不嚴密，而其部下又多直魯豫籍之官兵，請兄等速挑選陝甘直魯豫籍之同志，仿製東北軍之官兵符號、服裝等，混入西安城偵查一切。對我前線各軍之行動與紀律及作戰情形等，應派員隨軍偵查隨時具報，並與各部隊原有特約通訊員切取聯絡。」[4]

十二月二十一日下午，宋子文由西安返抵南京，旋赴孔祥熙官邸與宋美齡晤談。宋美齡於聽取宋子文報告之後，決定於翌日與宋子文、端納同機赴陝，促成事變之和平解決。先是宋子文在西安時，張學良曾託其帶一信給戴笠，目的是「使黃埔同學明白我們的動機和主張」。戴笠接閱此信後，即決定預留遺囑，並效仿當年蔣中正赴難永豐艦隨侍孫中山先生之精神，於次日奉侍宋美齡同飛西安。[5]

消息傳出，戴笠在京中的友好、同志均以他是中央特務工作負責人，向為叛軍所嫉恨，勸他不可深入虎穴、自投羅網。戴笠則本其忠肝義膽以及對前方情報的掌握，力排眾議，慨然曰：「領袖蒙難，關係國家存亡，余縱身殉，亦何所惜，往者陳炯明叛變，總理蒙難於中山艦，領袖侍總理側，今領袖蒙難，余為領袖學生，能不捨此身以與領袖共患難乎！」[6]

戴笠行前，特在處本部曹都巷大禮堂臨時召集在京同志話別，他置身於這座張學良出讓的禮堂中，不禁百感交集。他對大家說：「如委員長不能安然返京，我必以身殉之，望爾等為革命繼續努力，奮鬥到底，不必以我為

1 戴笠電趙世瑞，民國二十五年十二月十七日，戴笠史料。
2 戴笠電王叔銘，民國二十五年十二月二十日，戴笠史料。
3 戴笠電黎鐵漢，民國二十五年十二月二十日，戴笠史料。
4 戴笠電劉維明、陳紹平、趙世瑞，民國二十五年十二月二十一日，戴笠史料。
5 李雲漢：《西安事變始末之研究》第一一九至一二〇頁。
6 國防部情報局編印：《國防部情報局史要彙編》下冊第六頁。

念。」悲壯激憤，語不及私。[1] 同志們聞言，都不禁流淚，戴笠則堅強的說：「你們哭什麼？成功、成仁是革命工作者的抱負，我戴某既然以身許國，忠於領袖，就無可懼怕之事。只要能俯仰無愧，就能內心平安，古人所謂『泰山崩於前而色不變』，就是一種無愧於心的修養表現，我自信尚有此修養，大家應該為我此行高興才對，我不要大家以眼淚為我送行，我要大家以掌聲壯我行色！」他言猶未畢，全場響起一片如雷的掌聲。[2]

其實，戴笠自知此行兇險異常，唯大義所在，不容反顧，故在臨行前夕，亦召其獨子藏宜回南京訣別。[3] 當天，全家老少團聚暢飲，有如度歲景況，戴笠於席間對家人說：「我此去西安，必無生還之理，惟效忠領袖，萬死不辭，望家人勿以我死而悲，祗要藏兒善待祖母，以娛餘年，則我死亦瞑目。」言畢即將遺囑交出。[4]

最後，戴笠拜別老母，他雙膝跪在藍月喜面前，流淚陳詞說：「母親，自從迎養你到南京以後，孩兒奔忙國事，少盡孝道，不要說席履豐厚，就是晨昏定省也常有缺失。現在我又要離開您到很遠的地方去了，自古忠孝不能兩全，我為了要做國家的兒子，以後也許再不能……」戴笠說到傷心之處，痛哭流涕不能自已，藍月喜卻平靜而溫和的安慰他說：「我從年輕守寡到撫養你成人，嘗盡世態艱辛，今天看到你能為國家做事，為長官分憂，內心感到非常高興。只要你能夠努力盡忠，而又能心存孝思，我就放心了。我雖上了年紀，但身體很健康，如果有什麼不方便，我會攜帶家人回鄉安居，你不必以我們為念，好好努力辦你的事吧！」[5]

十二月二十二日下午四時，宋美齡偕蔣鼎文、宋子文、端納、戴笠四人飛抵西安。宋美齡見到蔣中正後，告以外間各方情況，力勸蔣中正「先設法出去再說」。於是蔣中正態度趨於和緩，終於同意對張、楊做出一些讓步，他於當晚向宋子文指示了與中共代表周恩來談判的要點：中共必須廢除蘇維埃政權，取消紅軍名義及階級鬥爭，並表示願意服從蔣委員長之領導。並請宋子文告知周恩來，他無時無刻不在思考重組國民黨，保證在三個月內召開國民大會，如果中共願意服從他的領導，他同意抗日、容共、聯俄。[6]

1 國防部情報局編印：《國防部情報局史要彙編》上冊第一九七頁。
2 國防部情報局編印：《戴雨農先生傳》第四十七頁。
3 毛鍾新：《戴笠將軍別傳四》，《中外雜誌》第三十一卷第二期第八十九頁。
4 周開福：《平凡中的偉大》，《家風月刊》第二十六期第三十九頁。
5 國防部情報局編印：《戴雨農先生傳》第四十七頁。
6 邵銘煌編輯：《宋子文西安事變日記》，《近代中國》第一五七期第一八六頁。

戴笠抵西安後，原擬隨侍蔣中正左右，不料一下飛機，就被張學良安置在寓所地下室。[1]戴笠之「被捕」，實乃出於張學良的善意，名為扣押，實則保護。此因西安環境複雜，叛軍中人欲加害戴笠者不少，張學良既邀戴笠來陝，則不能不設法維護其安全，其軟禁戴笠之目的，在於避免使其落入楊虎城之手。當夜，戴笠與張學良進行了長談，內容不得而知。次日中午，戴笠電告南京力行社劉健群、賀衷寒、鄧文儀、潘佑強、杜心如、鄭介民諸同志稱：「弟昨夜與副座談甚久，意見接近，一切正在商討中，俟大致就緒，即請示領袖，事或可解決也。請轉陳敬公。」[2]

十二月二十三日，亦即戴笠抵西安後第二天，前方辦事處已遵照戴笠指示，進至華陰。是日，辦事處書記王蒲臣忽然在天上發現三個太陽、一個月亮和一顆星，其形狀是：中間一個太陽，太陽周圍有一個橢圓形的彩虹圈，彩虹圈的左右兩端各有一個太陽，左邊太陽的左上方是月亮，月亮的旁邊有一顆明亮的星。這種現象自下午三時半到四時，共有半個小時光景，王蒲臣沒帶照相機，只得照樣記了下來。當時有位鬚髮銀白的老先生說：「這就是所謂『三陽開泰』，《易經》：十月為坤卦，純陰之象；十一月為復卦，一陽生於下；十二月為臨卦，二陽生於下；正月為泰卦，三陽在下，其應為冬去春來，陰消陽長，有吉亨之象，是一個吉祥之兆。」還說：「凡是遇到『三陽開泰』，國家一定有好預兆，就目前情形而論，或許應驗在蔣委員長身上。若果如此，委員長不出三日就要出來了！」[3]

同日，宋子文開始代表蔣中正與西安諸人進行談判。此時周恩來「儼然為西安之謀主」，而其所持條件則是來自共產國際和中共中央的指示。

談判開始後，周恩來向宋子文說明了中共方面的保證，包括放棄赤色宣傳、取消蘇維埃政權以及在中央政府領導下抗戰等，同時提出了條件，包括討逆軍撤至潼關外、改組中央政府、保障民主權利、聯共抗日、召開救國會議、與同情抗日之國家合作等。[4]下午，宋子文將上述保證及條件轉告蔣中正，蔣中正鑒於中共已有廢除蘇維埃政權、追隨中央政府之表示，遂同意派蔣鼎文赴洛陽下令討逆軍停止前進，改組中央政府、由孔祥熙擔任行政

---

1 國防部情報局編印：《戴雨農先生傳》第四十七頁。
2 戴笠電劉健群等，民國二十五年十二月二十三日，戴笠史料。
3 王蒲臣：《滾滾浪沙九十秋》第九十頁。
4 楊奎松：《西安事變新探》第三六五頁。

院長以及紅軍改變番號、編入國軍等條件。宋子文將蔣中正之意旨傳達張、楊、周，彼等均感滿意。

本日，戴笠曾與宋子文、蔣鼎文商議談判事宜，但他仍被軟禁於張寓地下室，雖僅咫尺之隔，竟不能親謁蔣中正。[1]他非常焦慮，乃於下午奮筆留書云：「自昨日下午到此，即被監視，默察情形，離死不遠。來此殉難，故志所願也，惟未見領袖，死不甘心。領袖蒙難後十二日戴笠于西安張寓地下室。」一腔忠義，躍然紙上。[2]與此同時，戴笠曾致一短函給張學良，函中僅有一句話：「請祈領見委座，謹呈副座。職戴笠。十二、二十三。」張學良接函後，復函稱：「雨農兄，目下弟十分忙，事成或夜間即當奉陪。」[3]

十二月二十四日淩晨，張學良在極端疲乏之餘，來到地下室與戴笠見面，並拿出黎天才等數十人聯名請求「速殺戴笠以絕後患」的報告給他看。戴笠看後，正色答曰：「古語云，主辱臣死，現領袖蒙難西安，凡為部屬者豈忍偷生？怕死即不來西安，惟余之同志必將繼余之志願，維護領袖，為國除奸也。」張學良聞言，告以並無加害之意。於是戴笠向張學良曉以利害，對其如何善為結束事變多所謀劃與建議。[4]

是日，西安方面激烈份子忽然提出，蔣中正離開西安以前應該履行部分條件，後由張學良出面召集最為激烈之份子，予以大聲訓斥，最終彼等只得服從張學良之命令，同意蔣中正有口頭承諾即可送其回京。楊虎城為此頗為不懌，對張學良說：「你發動政變，什麼也沒得到就放走委員長，他一定會把我們砍頭！」張學良則強硬表示，如果服從他的領導，他會扛起政變的全部責任；如果不服，大可開槍打死他。楊虎城聽罷，乃憤憤而去。這天下午，宋美齡、宋子文為解除西安方面之恐懼，派蔣鼎文先飛洛陽，囑華縣前線各軍先行撤退一千米達，以避免與東北軍發生衝突。[5]與此同時，戴笠也被張學良允許離開西安，當晚抵達洛陽，此事引起西安激烈份子的極大不滿。[6]

十二月二十五日，蔣中正動身離陝。臨行時，張學良堅請同行，蔣中正再三阻之，謂：「爾行則東北軍將無

1 邵銘煌編輯：《宋子文西安事變日記》，《近代中國》第一五七期第一八八頁。
2 戴笠手書，民國二十五年十二月二十三日，戴笠史料。
3 戴笠函張學良，民國二十五年十二月二十三日，戴笠史料。
4 國防部情報局編印：《戴雨農先生傳》第四十八頁；周開福：《平凡中的偉大》，《家風月刊》第二十六期第三十九頁。
5 邵銘煌編輯：《宋子文西安事變日記》，《近代中國》第一五七期第一八八至一八九頁。
6 邵銘煌編輯：《宋子文西安事變日記》，《近代中國》第一五七期第一八九頁；戴笠電宋子文，民國二十五年十二月二十四日，戴笠史料。

人統率，且此時到中央亦不便。」張學良謂：「一切已囑託虎城代理，且手令所部遵照矣。」遂登機起飛。下午五時四十五分，蔣中正伉儷及宋子文、張學良乘坐波音客機抵達洛陽。

蔣中正脫險抵洛的消息傳到南京後，孔祥熙、何應欽等人立即以電話告知各方，並正式通知各報館及各國使領館，大好消息立即傳遍全國，報紙競出號外，民眾欣喜若狂。有開宣傳車廣播者，有散發五彩傳單者，有以鼓號遊行高呼「蔣委員長萬歲」口號者，有眉飛色舞奔走相告者，萬民歡騰，舉國稱慶，歡呼聲、鞭炮聲，徹夜不絕，其熱烈情形，乃空前所未有。南京如此，北平如此，全國各大都市無不如此，即使仍在楊虎城嚴密控制下的西安亦復如此。自本日晚間起，全國各地掀起了慶祝蔣中正脫險的浪潮。通電慰問，開會慶祝，游行歡呼，晉京致敬，持續了一個星期之久，沒有一地例外。[1]戴笠離陝後，於十二月二十五日中午回抵南京。[2]不久，他就獲悉了蔣中正脫險的喜訊，頓時難抑激動，高興地對家人說：「滿城都放炮仗，我們為什麼不放？」[3]

十二月二十六日上午九時四十分，蔣中正座機自洛陽起飛，十二時二十分抵南京光華門外大校場機場，國民政府主席林森及中央高級文武官員均迎於機場，戴笠亦到場隨侍。蔣中正下機後，林森首先趨前慰問，蔣中正向林森鞠躬致謝，並向諸人答禮。迨登車入城，見夾道民眾歡迎甚盛，蔣中正心中「悚慚無已」，自念曰：「回憶半月來此身在顛沛憂患之中，雖幸不辱革命之人格，無忝於總理教訓，然黨國憂危，元氣耗損。溯源禍變，皆由余督教無方、防範不密之所致。愧疚之深，實非筆墨所能形容。幸賴中樞主持得宜，黨、政、軍各方同志與全國國民同心一德，於國家紀綱則維護必嚴，對個人安全尤關切備至，卒能消弭變局，鞏固國基，使震驚世界之危機，得以安全渡過。余以自分殉國之身，乃得重蒞首都，洵有隔世之感。對同志同胞之垂愛，與林主席及中央諸同志之焦勞顧念，私衷感激，直將與此生相終始。今後唯有益自惕勵，倍矢忠貞，以期報答於萬一而已。」[4]

---

1 李雲漢：《西安事變始末之研究》第一四〇至一四一頁。
2 戴笠電胡宗南，民國二十五年十二月二十五日，戴笠史料。
3 戈士德：《戴笠與周偉龍上》，《中外雜誌》第三十一卷第五期第一三八頁。
4 王宇高編：《事略稿本》，民國二十五年十二月二十六日。

徵引文獻

甲、檔案

國史館藏國民政府檔案。

國史館藏蔣中正總統檔案。

國史館藏軍事委員會委員長侍從室檔案。

國史館藏戴笠史料。

國史館藏國防部軍事情報局檔案。

乙、文獻

中央警官學校特種警察訓練班編印：《息烽訓練集》，一九四一年。

國民政府軍事委員會調查統計局編印：《先烈史略稿》初輯，一九四六年。

國民政府軍事委員會調查統計局編印：《先烈史略稿》貳輯，一九四六年。

國防部保密局編印：《戴先生遺訓》第一輯，一九四八年。

國防部保密局編印：《戴先生遺訓》第二輯，一九五二年。

國防部保密局編印：《戴先生遺訓》第三輯，一九五四年。

國防部情報局編印：《國防部情報局史要彙編》，一九六二年。

國防部情報局編印：《本局殉職殉難先烈事蹟彙編》，一九六五年。

中央警官學校編印：《中央警官學校校史》，一九六七年。
陸軍軍官學校編印：《陸軍軍官學校校史》，一九六九年。
國防部情報局編印：《戴雨農先生年譜》，一九七六年。
國防部情報局編印：《戴雨農先生傳》，一九七九年。
國防部情報局編印：《戴雨農先生全集》，一九七九年。
秦孝儀主編：《總統蔣公思想言論總集》，中國國民黨中央委員會黨史委員會，一九八四年版。
何應欽上將九五壽誕叢書編輯委員會編：《何應欽將軍九五紀事長編》，台北：黎明文化事業公司，一九八四年版。
國史館編印：《國史館現藏民國人物傳記史料彙編》第一輯，一九八八年。
國史館編印：《國史館現藏民國人物傳記史料彙編》第五輯，一九九一年。
公安部檔案館編注：《侍從室高級幕僚唐縱日記》，北京：群眾出版社一九九一年版。
國史館編印：《國史館現藏民國人物傳記史料彙編》第六輯，一九九一年。
國史館編印：《國史館現藏民國人物傳記史料彙編》第七輯，一九九二年。
中國國民黨中央委員會黨史委員會編印：《國父年譜》，一九九四年。
萬仁元主編：《蔣介石與國民政府》，香港：商務印書館有限公司一九九四年版。
國史館編印：《國史館現藏民國人物傳記史料彙編》第十四輯，一九九六年。
呂芳上主編：《蔣中正先生年譜長編》，國史館二〇一四年版。

丙、報刊

申報。
新聞報。
大公報。
國民政府公報。

軍政公報。
近代中國雜誌。

丁、史著

李雲漢：《西安事變始末之研究》，台北：近代中國出版社，一九八二年版。
教育部主編：《中華民國建國史》，國立編譯館，一九八五年版。
賴淑卿編撰：《國民政府六年禁煙計劃及其成效》，國史館，一九八六年版。
李雲漢：《從容共到清黨》，自印本，一九八七年版。
李雲漢：《中國國民黨史述》，中國國民黨中央委員會黨史委員會，一九九四年版。
劉維開：《國難期間應變圖存問題之研究》，國史館，一九九五年版。
中共廈門市委黨史研究室：《中共廈門地方史（新民主主義革命時期）》，北京：中央文獻出版社，一九九九年版。
鄧元忠：《國民黨核心組織真相》，台北：聯經出版事業公司，二〇〇〇年版。
孔海珠：《左翼上海一九三四－一九三六》，上海：上海文藝出版社，二〇〇三年版。
經盛鴻：《南京淪陷八年史》，北京：社會科學文獻出版社，二〇〇五年版。
中國社會科學院近代史研究所民國史研究室編：《中華民國史》，北京：中華書局，二〇一一年版。
楊奎松：《西安事變新探》，桂林：廣西師範大學出版社，二〇一二年版。
楊奎松：《國民黨的聯共與反共》，桂林：廣西師範大學出版社，二〇一二年版。
金以林：《國民黨高層的派系政治》，北京：社會科學文獻出版社，二〇一六年版。

戊、傳記、回憶錄、訪問紀錄

陳恭澍：《藍衣社內幕》，上海：國民圖書印刷公司，一九四三年版。

戚再玉主編：《上海時人誌》，上海：展望出版社，一九四七年版。

馮秀雄、陳容子合編：《阿公歷險奇跡》，新中國出版社，一九四七年版。

毛上將哀思錄編輯委員會編輯：《毛故上將人鳳先生哀思錄》，一九五六年。

劉培初：《浮生掠影集》，台北：正中書局，一九六八年版。

劉培初先生治喪委員會編：《劉培初先生紀念集》，一九七一年。

喬家才：《海天感舊錄》，台北：中外圖書出版社，一九七五年版。

鄭修元：《誠廬文存》，台北：意林出版社，一九七八年版。

鄧文儀：《從軍報國記》，台北：正中書局，一九七九年版。

程一鳴：《程一鳴回憶錄》，北京：群眾出版社，一九七九年版。

廣西政協文史資料研究委員會編：《李宗仁回憶錄》，南寧：廣西人民出版社，一九八〇年版。

土肥原賢二刊行會編：《土肥原秘錄》，北京：中華書局，一九八〇年版。

喬家才：《關山煙塵記》，台北：中外圖書出版社，一九八一年版。

陳恭澍：《北國鋤奸》，台北：傳記文學出版社，一九八一年版。

雷嘯岑：《憂患餘生之自述》，台北：傳記文學出版社，一九八一年版。

唐乃建先生治喪委員會編：《唐乃建先生紀念集》，一九八二年。

干國勳等：《藍衣社復興社力行社》，台北：傳記文學出版社，一九八四年版。

喬家才：《鐵血精忠傳》，台北：中外圖書出版社，一九八五年版。

喬家才：《戴笠和他的同志》，台北：中外圖書出版社，一九八五年版。

喬家才：《為歷史作證》，台北：中外圖書出版社，一九八五年版。

何芝園：《芝園老人自述》，自印本，一九八五年版。

沈醉：《軍統內幕》，北京：文史資料出版社，一九八五年版。

李士璉編校：《張炎元先生集》，自印本，一九八七年版。

中央研究院近代史研究所編印：《郭廷以先生訪問紀錄》，一九八七年版。

陳華口述，章君穀著：《陳華女士回憶錄》，台北：獨家出版社，一九八八年版。

沈醉、文強：《戴笠其人》，北京：文史資料出版社，一九八八年版。

良雄：《戴笠傳》，台北：傳記文學出版社，一九九〇年版。

喬家才：《六十年落花夢》，台北：聖文書局，一九九一年版。

王蒲臣：《滾滾浪沙九十秋》，自印本，一九九一年版。

中央研究院近代史研究所編印：《馬超俊先生訪問紀錄》，一九九二年版。

中國國民黨中央委員會黨史委員會編印：《蕭贊育先生訪問紀錄》，一九九二年版。

李士璉編校：《張炎元先生集續編》，自印本，一九九三年版。

陳立夫：《成敗之鑑》，台北：正中書局，一九九四年版。

國防部史政編譯局編印：《蔣公侍從見聞錄》，一九九六年版。

張霈芝：《戴笠與抗戰》，國史館，一九九九年版。

張我佛：《抗戰與我》，自印本，二〇〇一年版。

王思誠：《瞻園憶舊》，台北：展望與探索雜誌社，二〇〇三年版。

張緒心、馬若孟編述，卜大中翻譯：《撥雲霧而見青天：陳立夫英文回憶錄中譯本》，台北：近代中國出版社，二〇〇五年版。

涂壽眉：《蕩蕩老人自述》，台北：商鼎文化出版社，二〇〇五年版。

張毓中：《滄海拾筆》，台北：傳記文學出版社，二〇〇九年版。

樂炳南編著：《鄭介民將軍生平》，台北：時英出版社，二〇一〇年版。

萬墨林：《諜戰上海灘》，台北：秀威資訊科技股份有限公司，二〇一三年版。

於憑遠、羅冷梅編纂：《胡宗南上將年譜》，台北：臺灣商務印書館，二〇一四年版。

黃康永口述筆記，朱文楚採訪整理：《軍統興衰實錄：國民黨將領的親歷回憶》，杭州：浙江大學出版社，二〇一四年版。

魏大銘、黃惟峰著：《魏大銘自傳》，台北：文史哲出版社，二〇一五年版。

滕傑口述，勞政武編撰：《從抗日到反獨：滕傑口述歷史》，桃園：淨明文化中心，二〇一五年版。

己、回憶文章

周開福：《平凡中的偉大》，《家風月刊》第二十六期，一九五四年三月。
王立生：《戴先生對於督察工作的重視》，《家風月刊》新第一卷第一期，一九五五年三月。
王蒲臣：《戴先生在軍校時期的一頁對共鬥爭史》，《健行月刊》第四十四期，一九六一年三月。
周念行：《先進奮鬥工作之一斑》，《健行月刊》第五十六期，一九六二年三月。
賴祖鎏、劉達生：《海圻、海琛、肇和三艦的投粵反粵》，《廣東文史資料》第七輯，一九六二年十二月。
沈醉：《楊杏佛、史量才被暗殺的經過》，《文史資料選輯》第三十七輯，一九六三年九月。
譚禮庭：《我與富國煤礦公司》，《廣州文史資料》第八輯，一九六三年十月。
王敬宣：《戴先生外紀之一》，《健行月刊》第八十期，一九六四年三月。
張鳳仁：《東北海軍的分裂與兩艦歸還建制》，《（遼寧）文史資料選輯》第四輯，一九六四年六月。
鄭修元：《隨侍戴雨農先生十三年上》，《春秋》第三卷第三期，一九六五年九月。
鄭修元：《隨侍戴雨農先生十三年下》，《春秋》第三卷第四期，一九六五年十月。
敖倫：《我參加廣東空軍倒陳投蔣》，《廣州文史資料》第十五輯，一九六五年十月。
許耀震：《陳濟棠統治時期的廣東海軍》，《廣州文史資料》第十五輯，一九六五年十月。
張炎元：《由雞鵝巷、洪公祠到鼓樓》，《健行月刊》第一〇四期，一九六六年三月。
章亮銘：《模範母親藍太夫人》，《健行月刊》第一一六期，一九六七年三月。
王孔安訪問紀錄，《健行月刊》第一四〇期，一九六九年三月。
邱開基訪問紀錄，《健行月刊》第一五二期，一九七〇年三月。
王立生：《一個情報老卒的回憶》，《健行月刊》第一六四期，一九七一年三月。
鄧展謀：《一代偉人》，《健行月刊》第一七六期，一九七二年三月。
張季春：《憶往事念雨公》，《健行月刊》第一七六期，一九七二年三月。
陳祖康：《憶念戴笠將軍》，《中外雜誌》第十九卷第三期，一九七六年三月。

張嚴佛：《抗戰前後軍統特務在西北的活動》，《文史資料選輯》第六十四輯，一九七九年七月。
周震東：《戴笠特務渝三課、蓉組及西康組在軍事方面的活動》，《四川文史資料選輯》第二十二輯，一九八〇年九月。
毛鍾新：《為戴笠先生白謗辯誣》，《中外雜誌》第三十卷第四期，一九八一年十月。
余定華：《軍統特務在武漢製造的一件血案》，《湖南文史資料選輯》第二集，一九八一年十一月。
毛鍾新：《戴笠將軍別傳一》，《中外雜誌》第三十卷第五期，一九八一年十一月。
毛鍾新：《戴笠將軍別傳二》，《中外雜誌》第三十卷第六期，一九八一年十二月。
毛鍾新：《戴笠將軍別傳三》，《中外雜誌》第三十一卷第一期，一九八二年一月。
毛鍾新：《戴笠將軍別傳四》，《中外雜誌》第三十一卷第二期，一九八二年二月。
戈士德：《胡宗南與戴笠上》，《中外雜誌》第三十一卷第二期，一九八二年二月。
戈士德：《胡宗南與戴笠下》，《中外雜誌》第三十一卷第四期，一九八二年四月。
毛鍾新：《戴笠將軍別傳五》，《中外雜誌》第三十一卷第四期，一九八二年四月。
戈士德：《戴笠與周偉龍上》，《中外雜誌》第三十一卷第五期，一九八二年五月。
毛鍾新：《戴笠將軍別傳六》，《中外雜誌》第三十一卷第五期，一九八二年五月。
毛鍾新：《戴笠將軍別傳七》，《中外雜誌》第三十一卷第六期，一九八二年六月。
章微寒：《戴笠與軍統局》，《浙江文史資料選輯》第二十三輯，一九八二年十二月。
余立奎：《我被作為刺汪案要犯逮捕引渡判刑的前後經過情況》，《江蘇文史資料選輯》第十一輯，一九八三年一月。
王化云、張天魁、王德俊：《王鰲溪傳略》，《巴中縣黨史資料》第一輯，一九八三年八月。
喬家才：《我們的工作在山西》，《健行》特刊，一九八四年三月。
鄭修元訪問紀錄，《健行》特刊，一九八四年三月。
邱開基訪問紀錄，《健行》特刊，一九八四年三月。
申元：《戴笠家世》，《江山文史資料》第五輯，一九八五年九月。
姜毅英訪問紀錄，《健行》特刊，一九八六年三月。

王述樵：《王亞樵生平活動記略》，《合肥文史資料》第三輯，一九八六年六月。
洪耀斗：《我所知道的王亞樵》，《合肥文史資料》第三輯，一九八六年六月。
俞鐘駱：《汪精衛被刺案的審理經過》，《合肥文史資料》第三輯，一九八六年六月。
鄭青士：《回憶王亞樵》，《合肥文史資料》第三輯，一九八六年六月。
王述樵口述、郭超整理：《王亞樵之死》，《合肥文史資料》第三輯，一九八六年六月。
黃德曾：《湖南的特務機構湘站的發展和活動》，《湖南文史資料》第三十二輯，一九八八年十二月。
林南：《陳祖康叛變之後》，《龍岩文史資料》第十八輯，一九九〇年十月。
袁中行：《我所知道的鄭錫麟》，《溫江文史資料選輯》第三輯，一九九二年十月。
梁毅生：《兩廣事變中的黃志剛先生》，《高要文史》第十四輯，一九九六年十二月。
陳立柱：《中國早期空軍飛行員黃志剛先生》，《徐州文史資料》第十八輯，一九九八年十月。
毛森遺稿、胡德珍提供：《往事追憶—毛森回憶錄（二）》，《傳記文學》第七十五卷第二期，一九九九年八月。
夏詠南：《淞滬警備司令部包庇紅丸毒品案紀略》，《上海文史資料存稿彙編》第十二冊，二〇〇一年十二月。
郭增愷：《我在西安事變前後的親身經歷》，《文史資料存稿選編》第五冊，二〇〇二年八月。
顧綴英：《藏本事件始末》，《文史資料存稿選編》第十二冊，二〇〇二年八月。
郭旭：《蔣介石禁煙政策的內幕》，《文史資料存稿選編》第十二冊，二〇〇二年八月。
徐遠舉：《軍統最早的一個特訓班》，《文史資料存稿選編》第十三冊，二〇〇二年八月。
李元超：《東北訓練班》，《文史資料存稿選編》第十三冊，二〇〇二年八月。
黃康永：《軍統特務組織的發展和演變》，《文史資料存稿選編》第十三冊，二〇〇二年八月。
李邦勛：《軍統局的前身復興社特務處》，《文史資料存稿選編》第十三冊，二〇〇二年八月。
李邦勛：《情報局和中統、軍統前身的錯綜隸屬關係》，《文史資料存稿選編》第十三冊，二〇〇二年八月。
章向陽：《邱開基、戴笠、周偉龍的內訌暗鬥》，《文史資料存稿選編》第十三冊，二〇〇二年八月。
谷兆芬：《軍統局初創期三個月見聞》，《文史資料存稿選編》第十三冊，二〇〇二年八月。
蕭烈：《國民革命軍司令部密查組概況》，《文史資料存稿選編》第十五冊，二〇〇二年八月。
練炳彝：《廣州淪陷前後蔣介石密派特務在粵活動的片段回憶》，《廣州文史資料存稿選編》第二輯，二〇〇八年五月。
賴祖鎏：《廣東省水陸緝私總處憶述》，《廣州文史資料存稿選編》第五輯，二〇〇八年五月。
楊瀚：《傳奇人物郭增愷》，《文史資料選輯》第一五九輯，二〇一一年十月。

血歷史145　PC0796

新銳文創
INDEPENDENT & UNIQUE

亂世行春秋事：

戴笠與中國特工（1897-1936）

作　　者　孫雨聲
責任編輯　杜國維
圖文排版　周妤靜
封面設計　楊廣榕

出版策劃　新銳文創
發 行 人　宋政坤
法律顧問　毛國樑　律師
製作發行　秀威資訊科技股份有限公司
114 台北市內湖區瑞光路76巷65號1樓
電話：+886-2-2796-3638　傳真：+886-2-2796-1377
服務信箱：service@showwe.com.tw
http://www.showwe.com.tw
郵政劃撥　19563868　戶名：秀威資訊科技股份有限公司
展售門市　國家書店【松江門市】
104 台北市中山區松江路209號1樓
電話：+886-2-2518-0207　傳真：+886-2-2518-0778
網路訂購　秀威網路書店：https://store.showwe.tw
國家網路書店：https://www.govbooks.com.tw

出版日期　2019年4月　BOD一版
定　　價　650元

Printed in Taiwan

國家圖書館出版品預行編目

亂世行春秋事：戴笠與中國特工(1897-1936) / 孫雨聲著. -- 一版. -- 臺北市：新銳文創, 2019.04

面； 公分. -- (血歷史；145)

BOD版

ISBN 978-957-8924-49-9(平裝)

1.戴笠 2.傳記

782.886 108003294

讀者回函卡

感謝您購買本書，為提升服務品質，請填妥以下資料，將讀者回函卡直接寄回或傳真本公司，收到您的寶貴意見後，我們會收藏記錄及檢討，謝謝！

如您需要了解本公司最新出版書目、購書優惠或企劃活動，歡迎您上網查詢或下載相關資料：http:// www.showwe.com.tw

您購買的書名：________________________________

出生日期：________年________月________日

學歷：□高中（含）以下　□大專　□研究所（含）以上

職業：□製造業　□金融業　□資訊業　□軍警　□傳播業　□自由業

□服務業　□公務員　□教職　□學生　□家管　□其它_____

購書地點：□網路書店　□實體書店　□書展　□郵購　□贈閱　□其他

您從何得知本書的消息？

□網路書店　□實體書店　□網路搜尋　□電子報　□書訊　□雜誌

□傳播媒體　□親友推薦　□網站推薦　□部落格　□其他__________

您對本書的評價：（請填代號　1.非常滿意　2.滿意　3.尚可　4.再改進）

封面設計____　版面編排____　內容____　文／譯筆____　價格____

讀完書後您覺得：

□很有收穫　□有收穫　□收穫不多　□沒收穫

對我們的建議：________________________________

____

____

____

請貼
郵票

11466
台北市內湖區瑞光路 76 巷 65 號 1 樓

秀威資訊科技股份有限公司 收

BOD 數位出版事業部

....

（請沿線對折寄回，謝謝！）

姓　名：________________　年齡：________　性別：□女　□男

郵遞區號：□□□□□

地　址：____

聯絡電話：（日）________________（夜）________________

E-mail：____